上虞年鉴

SHANG YU NIAN JIAN

绍兴市上虞区史志工作委员会 编

2014

方志出版社
Publishing House of Local Records

图书在版编目(CIP)数据

上虞年鉴. 2014 / 绍兴市上虞区史志工作委员会编
. — 北京 : 方志出版社, 2017.12
ISBN 978-7-5144-2920-6

Ⅰ. ①上… Ⅱ. ①绍… Ⅲ. ①上虞—2014—年鉴
Ⅳ. ①Z525.54

中国版本图书馆CIP数据核字(2018)第014644号

上虞年鉴（2014）

编　　者：绍兴市上虞区史志工作委员会
责任编辑：李志瑜
出 版 人：冀祥德
出 版 者：方志出版社
地址　北京市朝阳区潘家园东里9号(国家方志馆4层)
邮编　100021
网址　http: //www.fzph.org
发　　行：方志出版社图书经销中心
电话（010）67110500
经　　销：各地新华书店
印　　刷：杭州富春电子印务有限公司
开　　本：889×1194　　1/16
印　　张：30.5
字　　数：920千字
版　　次：2017年12月第1版　　2017年12月第1次印刷
印　　数：0001~1000册
ISBN 978-7-5144-2920-6　　定价：160.00 元

△ 上虞市区全景

大通购物中心
金科
金科大酒店
时代百货
Times
Walmart
McDonald's

△ 浙东新商都——上虞

△ 2013年1月21日，上虞市第十六届人民代表大会第二次会议开幕

△ 2013年1月20日，中国人民政治协商会议第九届上虞市委员会第二次会议开幕

△ 2013年9月17日，农业部部长韩长赋(右一)到上虞调研新农村建设、粮食功能区、农村土地流转和家庭农场建设情况

△ 2013年8月15日，省委书记、省人大常委会主任夏宝龙(右三)轻车简从到道墟镇积山村，第二次赴基层走亲连心活动

△ 2013年11月2日，商务部国际贸易谈判代表(正部长级)兼副部长、广交会副主任钟山，专程巡视崧厦伞业抱团参展展区

△ 2013年7月25日，副省长毛光烈（前排中）到上虞调研工业强市和重点企业研究院建设情况

△ 2013年7月9日，副省长熊建平(左二)专程到上虞看望有“机床奇人”之称的潘旭华

△ 2013年5月6日，副省长黄旭明(右三)到上虞调研省农发集团上虞农业园区

△ 2013年5月8日至9日，省人大常委会副主任程渭山（前排右一）一行到上虞调研中小型水库管理运行工作

△ 2013年1月20日，市人民医院将与上海交通大学医学院附属瑞金医院举行协作医院签约仪式，市委书记孙云耀（右）揭牌

△ 2013年5月29日，市委书记孙云耀在实验幼儿园走访慰问时，和小朋友做起快乐游戏

◁ 2013年8月15日，上虞交通集团有限公司正式挂牌成立

△ 2013年8月1日，市委副书记、市长王慧琳慰问消防队员

△ 2013年10月31日，市人大常委会主任徐尧峰视察全区职业教育发展情况

◁ 2013年5月17日，市政协主席卢一勤一行赴上浦镇王湖村慰问调研，踏看该村农房改造情况

▷ 2013年1月6日，《大围涂》纪录片拍摄现场

△ 2013年1月8日，上虞市文学艺术界联合会第六次代表大会

△ 2013年2月28日，召开全市经济工作会议

△ 2013年2月27日，市人大常委会组织视察南北中心大道和高铁新城建设情况

△ 2013年4月19日，2013上虞生态休闲旅游节启动

◁ 2013年4月26日，"一江两岸"重点项目集中开工仪式

▷ 2013年4月28日，第二届浙东(上虞)汽车文化博览会开幕

◁ 2013年6月20日，上虞市举行绍诸高速上虞连接线(长海线)建成通车仪式

◁ 2013年6月20日10时，作为全国太空课堂3个直播点之一的春晖中学，学生认真观看“太空授课”直播

◁ 2013年7月1日，高铁上虞北站投入使用

◁ 2013年7月19日，嘉绍大桥开通仪式

△ 2013年8月13日，上虞市舜杰奖教奖学基金颁奖大会召开

▷ 2013年9月17日，浙东新商都(上虞)购物节盛况

◁ 2013年9月28日，位于沪杭甬高速公路上虞出口的上虞国际裘皮城正式开业

△ 2013年9月30日，上虞市大通小额贷款股份有限公司挂牌运行

△ 2013年10月8日，永和镇洪灾，冲锋艇被火速运抵永和镇，武警官兵奋力搬运参与抢险

◁ 2013年10月11日，专题召开城乡公交运营体制改革动员大会，标志着上虞城乡公交公营化改革工作全面启动

▷ 2013年10月17日，上虞第十一届全运会上，著名游泳运动员孙杨的教练朱志根护旗，运动员代表庄严宣誓

△ 2013年11月3日，上虞社会各界祭祀中华道德始祖舜帝典礼

△ 2013年11月7日，上虞成功创建省级餐饮服务食品安全示范县(市)，图为检查组到上虞验收检查

△ 2013年11月8日，举行撤市设区挂牌仪式

△ 2013年11月17日，上海市第六人民医院合作医院揭牌仪式在上虞中医医院行政楼学术报告厅举行

△ 2013年11月18日，东山大桥主桥顺利合龙

△ 2013年11月21日，在杭州湾上虞工业园区东二区举行企业集中开工仪式

上虞城区图

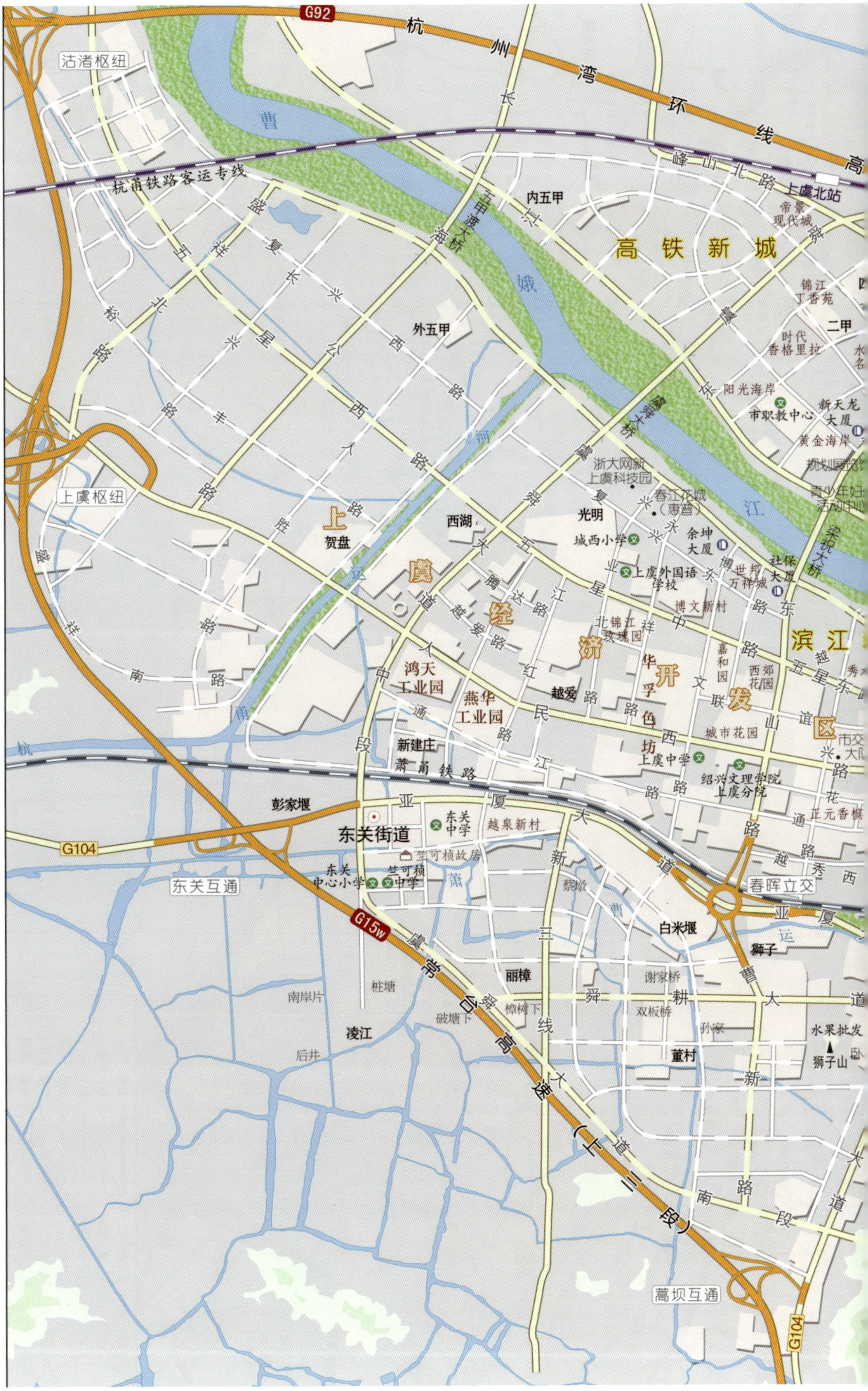

G92
杭州湾环线高
沽渚枢纽
杭甬铁路客运专线
曹娥江
峰山北路
上虞北站
帝景现代城
高铁新城
内五甲
五甲渡大桥
盛复长兴西路
五星北路
裕祥路
兴丰路
外五甲
公西人路
锦江丁香苑
二甲
时代香格里拉
阳光海岸
市职教中心
新天龙大厦
黄金海岸
规划展览馆
青少年妇女活动中心
梁祝大桥
虞舜大桥
浙大网新上虞科技园
春江花城（惠普）
光明
城西小学
余坤大厦
上虞外国语学校
世邦万祥城
社保大厦
博文新村
西湖
上虞经济开发区
贺盘
上虞枢纽
盛祥南路
胜利路
虞达路
腾达路
越爱路
北锦江玫瑰园
华孚色坊
嘉和园
西郊花园
滨江
鸿天工业园
燕华工业园
越爱路
红民路
城市花园
新建庄
萧甬铁路
上虞中学
绍兴文理学院上虞分院
市交警大队
正元香榭
彭家堰
亚厦大道
东关中学
越泉新村
东关街道
竺可桢故居
东关中心小学
竺可桢中学
东关互通
G104
G15w
常台高速（上三段）
蔡墩
春晖立交
白米堰
狮子
丽樟
谢家桥
舜耕大道
樟树下
双板桥
刘家
破塘下
南岸片
桩塘
凌江
后井
董村
水果批发
狮子山
新南路
蒿坝互通

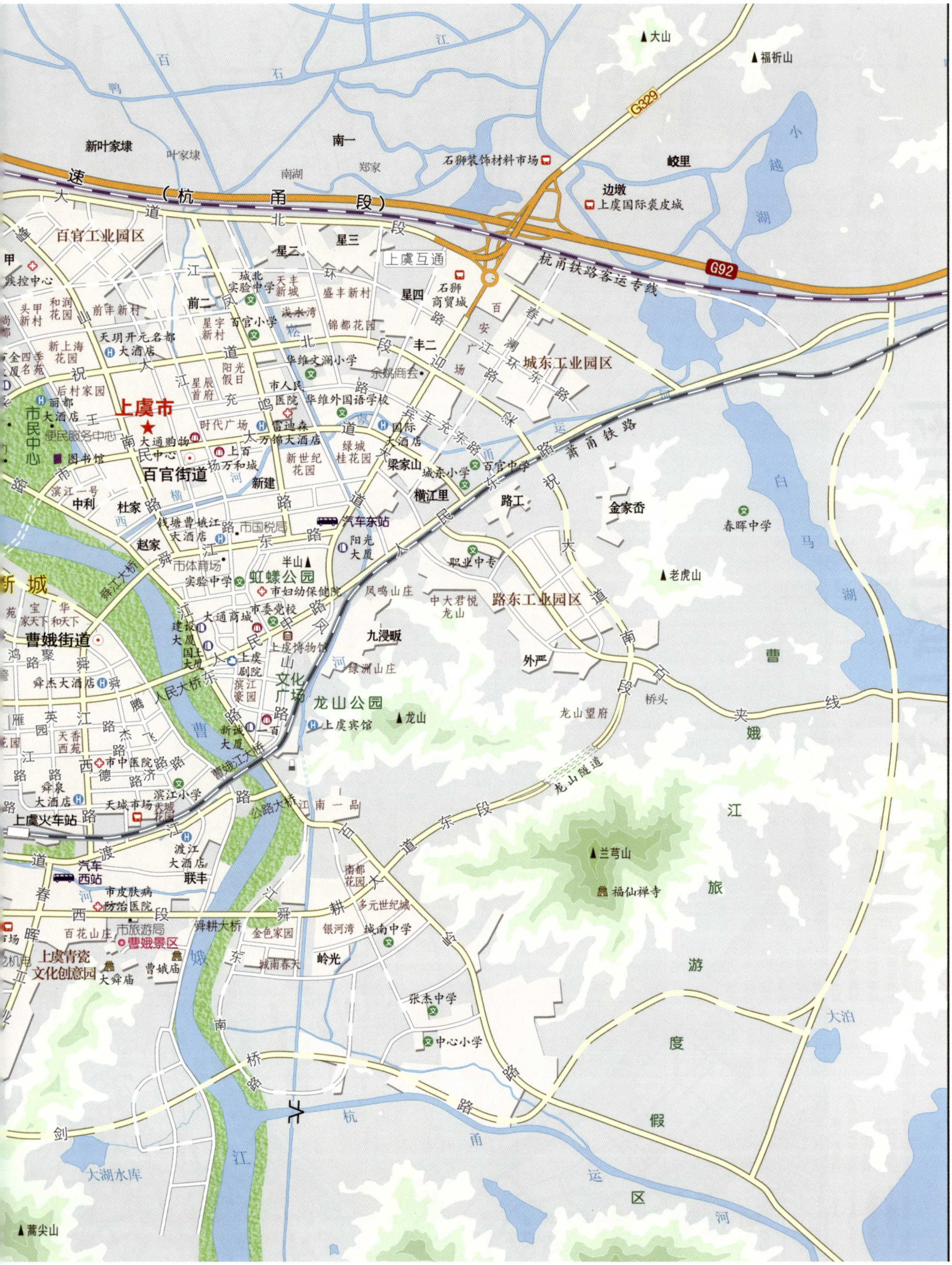

上虞市
百官街道
曹娥街道
百官工业园区
城东工业园区
路东工业园区
上虞互通
汽车东站
汽车西站
上虞火车站
虹螺公园
龙山公园
文化广场
曹娥景区
上虞青瓷文化创意园
大舜庙
曹娥庙
舜耕大桥
曹娥江大桥
人民大桥
舜江大桥
公路大桥
杭甬铁路客运专线
萧甬铁路
杭甬运河
大湖水库
小越湖
白马湖
兰芎山
福仙禅寺
龙山
老虎山
大山
福祈山
蒿尖山
新叶家埭
南一
峧里
边墩
上虞国际裘皮城
石狮装饰材料市场
星二
星三
星四
丰二
前二
梁家山
横江里
路工
金家岙
九浸畈
外严
半山
桥头
岭光
联丰
中利
杜家
赵家
春晖中学
职业中专
百官中学
城南中学
张杰中学
中心小学
滨江小学
百官小学
实验中学
城北实验中学
华维文澜小学
华维外国语学校
上虞宾馆
龙山望府
多元世纪城
银河湾
金色家园
城南春天
南都花园
市人民医院
市中医院
市妇幼保健院
市皮肤病防治医院
疾控中心
市体育场
市国税局
市旅游局
市委党校
上虞博物馆
上虞剧院
图书馆
便民服务中心
市民中心
龙山隧道
G329
G92
曹娥江旅游度假区

总　目

Table of Contents

目　录

特　载

特　辑

大事记

总　述

农林牧渔业

制造业

电力、燃气和供排水

建筑业

房地产业

商贸业

中介服务业

市 场

旅 游 业

金融业

财政税务

对外及港澳台经济贸易

生态环境

城乡建设与管理

水 利

经济管理与监督

国土资源管理

交通运输

高铁新城

邮政通信

机构及负责人

中共上虞区(市)委员会

上虞区(市)人大常委会

上虞区(市)人民政府

政协上虞区(市)委员会

民主党派·工商联

社会团体

法 治

军　事

科学技术

教 育

文　化

体　育

社会事务

民生保障

开发区

乡镇 街道

统计资料

文件目录选编

人　物

附　录

索　引

特　载

稳中求进　进中求好
在全面贯彻落实十八大精神中奋力开创科学发展新局面

——在市委十四届四次全体(扩大)会议上的报告

(2013年1月10日)

孙　云　耀

同志们:

这次市委全体(扩大)会议的主要任务是全面贯彻落实党的十八大、中央经济工作会议、省委十三届二次全会、省经济工作会议、绍兴市委七届四次全会精神,回顾总结2012年工作,认真分析当前形势,研究部署今年目标任务,动员全市各级党组织、广大党员和干部群众,进一步解放思想、抢抓机遇,开拓创新、奋勇争先,全力推动经济社会又好又快发展。

下面,我受市委常委会委托,向大会作工作报告。

一、2012年工作简要回顾

过去一年,面对复杂严峻的宏观经济形势,我们在上级党委的正确领导下,深入贯彻科学发展观,牢牢把握"稳中求进、克难奋进、和谐共进"的工作基调,扎实推进招商选资"一号工程",大力开展"项目推进年""城市提质年""企业服务年"等"三个年"活动,全力以赴稳增长、调结构、惠民生、保稳定,有力促进了经济社会健康平稳协调发展,实现了"四个上虞"建设的良好开局。

实体经济在攻坚克难中较快发展。面对经济下行的巨大压力,我们积极谋划、科学应对,政企联手、共克时艰,及时出台扩大有效投入、促进外贸出口、推进企业解困和减负等一系列有效措施,实体经济基础有效夯实,全市经济呈现"稳中趋

升、难中向好”的良好态势。全年地区生产总值预计达到574亿元，增长10%；实现规上工业产值1298.81亿元，增长11.03%；限额以上固定资产投资296.54亿元，增长23%；财政总收入72.93亿元，增长12%，其中公共财政收入39.19亿元，增长10.3%；实到外资2.53亿美元，增长68.7%；引进内资57.75亿元，增长14.2%；社会消费品零售总额180.34亿元，增长16.5%；自营出口预计达到27.5亿美元，增长0.36%。

*产业结构在转型升级中不断优化。*完成工业强市规划编制，列入全省工业强市试点县(市)。启动“三个一批项目三年建设计划”，实施5亿元以上重点产业类项目28只，完成工业生产性投资170.05亿元，增长28.8%，增速居绍兴市第一。深入推进“1331”新兴产业培育计划，成功引进了一批重大项目，新兴产业投资和产值分别占全市规上工业的40%和29%。大力发展回归经济，分地域组建了7个虞商联谊会，虞商回归到位资金34.4亿元。扎实开展“211”企业培育工程，积极鼓励企业兼并重组，新增上市企业1家，完成资本市场直接融资45.17亿元，总量居绍兴市第一；加强科技创新和品牌创建，新认定国家重点扶持高新企业16家，新列入国家、省级新产品数量均居全省第二，新增中国驰名商标2只，省级著名商标、名牌13只，引进各类人才8877人；淘汰改造低效化工企业8家，全面完成节能减排任务。全力打造“两区”、乡镇工业功能区开发平台，加快南北中心大道、标准海塘等重大工程建设，临时码头基本完工，新围海涂1.57万亩，成功发行10亿元交投债券。大力实施“服务业兴市”战略，曹娥江旅游度假区被省政府批准为省级旅游度假区，十大服务业集聚区、杭州湾商旅综合体等重大项目加快建设，“浙东新商都”“四季仙果之旅”品牌进一步打响，预计全年服务业增加值达到210亿元，占GDP比重提高1个百分点。建成5个省级主导产业示范区和特色农业精品园，粮食生产保持稳定，农业现代化步伐加快。积极推进建筑业提质创强，实现建安产值1151亿元。

*城乡面貌在统筹推进中明显改善。*开展城市总体规划修编，完成曹娥江“一江两岸”整体城市设计规划并出台加快开发建设政策意见；高铁新城站前广场区域、滨江新城基础配套设施、滨海新城滨海大道等进展顺利，一大批功能性项目加快推进。完成拆迁签约68万平方米，启动实施城市门户靓化工程，扎实推进城市排涝改造等市政民生工程，城市管理十大行动富有成效。中心镇培育力度加大，完成基础设施投资4.67亿元，增长34.1%，在工业产值、财政收入等方面对全市贡献度明显提升，一般乡镇产业培育、集镇建设、基础完善等方面取得积极进展。编制完成“美丽乡村”建设总体规划，村级集体经济增收五年计划扎实实施，新增年经营性收入20万元以上村27个，村级集体资产股份制改革、宅基地置换、农房用地保障等试点工作顺利推进，违法用地和违法建设“三制式”管理、“清洁家园”行动卓有成效，城乡道路、公交运行、污水管网等一体化工程进程加快。

*社会事业在协调发展中全面进步。*牢固树立“民生优先”理念，扎实做好十方面民生实事工程，预算内民生支出达29.7亿元，占公共财政支出的74.4%。加大职业培训、就业援助力度，新增就业岗位1.66万个，成功创建省级创业型城市。预计城镇居民人均可支配收入37854元，增长11.3%，农民人均纯收入17701元，增长11.8%。全面实施市级公立医院综合改革，实现城乡医保一体化，医疗服务、医疗保障、公共卫生三大体系更趋完善，通过省级卫生城市复验。加快社会保障扩面提标，新增“五大保险”7.41万人次；人才公寓、保障房加快建设，住房救助等工作扎实开展，城乡低保、医疗救助、慈善捐赠等社会救助制度更为健全。推行义务教育零择校，基本完成“校安工程”，通过全国县域义务教育均衡发展督导评估，全民健身活动更加活跃。充分发挥舆论宣传引导作用，深入实施“魅力文化十大行动”，扎实开展“孝义、诚信、责任”主题教育活动，总结提炼“崇孝守信务实创新”新时期上虞精神，成功举办中国(上虞)信义文化节，被命名为中国信义城市。开展“811”生态文明建设推进行动，启动实施“清水工程”“蓝天行动”五年计划，扎实推进“四边三化”专项整治，新创国家级生态乡镇2个。

*民主法治在制度规范中切实加强。*人民代表大会制度、中国共产党领导的多党合作和政治

协商制度不断完善，人武、统战工作得到加强，工青妇等群团组织作用进一步发挥。全面完成社区换届，党务政务村务公开不断深化，基层民主政治建设扎实推进。深入实施“六五”普法，推进依法行政，保障司法公正。深化行政审批制度改革，创新实施模拟审批、联合图审和网上审批，行政审批提速提效。积极推行规范行政处罚裁量权工作，加大项目投资、经济责任审计监督，“三公”治理等工作取得实效。平安创建深入推进，打黑除恶力度加大，防控体系日趋健全，新居民服务管理切实加强，信访维稳、安全生产和公共安全管理态势良好，扎实开展食品药品“双百”行动，成功创建省级药品安全示范县(市)，社会稳定“三色预警”经验全省推广，社会总体保持和谐稳定。

回顾过去一年，市委常委会突出抓好了三方面的工作：

一是始终坚持总揽全局、协调各方，齐心协力推进发展。全面贯彻落实科学发展观，深入分析上虞面临的新形势、新机遇、新挑战，在市第十四次党代会上提出了建设“四个上虞”的总体要求，精心谋划上虞新一轮发展；部署推进“一号工程”“三个年”活动，积极应对严峻复杂的经济形势；年中全委会专题研究今后一个时期建设“创新上虞”、加快转型升级的目标路径和举措，努力构建现代产业体系。加强对人大、政府、政协和法院、检察院的领导，全力支持各方面围绕中心开展工作。建立财经工作领导小组会议制度，增强市委对经济社会发展的领导力。严格执行民主集中制，坚持常委会集体讨论决定重大事项，推动科学、民主、高效决策，调动了方方面面的积极性，形成上下齐心、合力共抓的良好氛围。

二是始终坚持务实创新、突出重点，全面推进各项工作。面对严峻的宏观经济形势和激烈的区域竞争，常委会紧紧围绕“坚持经济中心、推进科学发展”要求，着力推动先进制造业和现代服务业两轮驱动、招商选资和留商发展两手齐抓，更加突出市镇两级平台建设。积极谋划“一江两岸”和曹娥江省级旅游度假区开发建设，打造新的发展极；大力推进政银企合作，积极推进融资担保体系和企业互助基金建设，较好维护了区域金融生态安全；建立市委常委会定期听取和研究“两区”、中心镇工作机制，启动实施村级集体经济增收五年计划；扎实抓好开发开放、项目有效投入、科技品牌创新、城乡一体推进、节约集约发展、社会管理创新等重点工作，牢牢把握发展主动权，有力推动了全市经济社会又好又快发展。

三是始终坚持抓人促事、真抓实干，切实转变工作作风。紧扣上级部署，精心组织党的十八大精神学习贯彻活动。积极推进基层组织建设年活动，深化“娥江先锋”创先争优，基层基础进一步夯实。坚持正确的用人导向，选优配强乡镇部门领导班子，加大干部竞争性选拔力度。切实抓好干部大规模教育培训，选派年轻干部到基层一线实践锻炼，实施第二轮“三个一百”村干部培养计划。扎实开展“进村入企”大走访活动，深入基层解难题、办实事，进一步密切党群干群关系。积极推进惩防体系建设，认真落实省委巡视组提出的整改意见，深化履职联审，加强重点项目督查和机关效能检查，严肃查处违法违纪案件，着力营造风清气正的干事创业环境。建立健全市委、市政府月度例会、难题协调等八方面工作推进机制，健全完善乡镇(街道)、部门岗位责任制考核，有效增强了工作推动力。

同志们，过去一年中，宏观经济环境复杂严峻、各类困难挑战相互叠加，取得这样的成绩来之不易。这是上级党委正确领导的结果，是全市各级党组织、广大党员和干部群众同心同德、攻坚克难的结果。在此，我代表市委常委会，向所有关心支持并积极参与上虞建设发展的同志们，表示崇高的敬意和衷心的感谢！

同时，我们也清醒认识到，上虞的发展还存在着一些突出的困难和问题，主要表现在：市场有效需求持续疲弱，企业发展仍然面临不少困难，经济趋稳回升的基础还不牢固；经济开放水平、创新能力与转型升级的要求还有差距，发展的质量和效益有待提升；乡镇整体实力依然偏弱；民生保障存在薄弱环节；社会不稳定因素增多，协调各方面利益、维护社会和谐稳定压力加大；部分干部的思想作风、能力水平与新一轮发展的要求还有一定差距。对此，我们必须高度重视，并在今后的工作中切实加以解决。

二、新一年工作的指导思想、奋斗目标和主要任务

今年是全面贯彻落实党的十八大精神的开局之年，也是深入实施“十二五”规划、加快推进“四个上虞”建设的关键一年，做好今年工作具有十分重要的意义。

新的一年，国际形势依然复杂，低速增长仍将延续。全球经济仍处于应对金融危机的状态之中，主要经济体总需求仍然疲弱，欧债危机影响仍在持续，各种形式的保护主义明显抬头，真正走出危机仍需时日。同时，全球化趋势不可逆转，知识创造和技术创新速度明显加快，新一年整体国际环境将更有利于全球经济的复苏。

新的一年，国内经济稳中求进，积极因素不断增多。当前，我国仍处于重要战略机遇期，经济社会发展基本面长期趋好，国内市场潜力巨大；十八大强调要推动经济持续健康发展，中央经济工作会议提出继续以“稳中求进”为总基调，体现了政策的连续性和稳定性，经济有望继续保持稳定增长。同时更要看到，未来推进改革的力度将进一步加大，一系列更有力度的政策举措将陆续出台，城镇化红利、改革红利和技术红利将得到更好发挥，为我市发展带来更多新的机遇。

新的一年，上虞优势加速凸显，发展动力更为充足。随着嘉绍跨江大桥、杭甬高铁的建成通车，我市将真正进入大桥经济、高铁时代，交通区位、产业发展、生态资源和发展空间等方面的优势将更加*488凸显，有利于我们发挥比较优势，引进更多的优质项目，实现借力发展。同时，我市已列入全省工业强市建设试点县(市)，将全面启动“一江两岸”和曹娥江省级旅游度假区建设，加快推进高铁新城、滨江新城、滨海新城开发，发展后劲充足。通过这几年持续不断的大招商、大投入，许多项目正进入产能释放期，快速增长的势头将进一步显现。

总之，在新的一年中，我市发展虽然面临不少挑战，但机遇更加难得、有利条件不断增多。我们要切实增强信心，积极谋划、开拓创新，扬长避短、乘势而上，推动经济社会又好又快发展。

今年工作的指导思想是全面贯彻落实党的十八大精神，以科学发展观为指导，按照中央经济工作会议和省、绍兴市有关重要会议精神，紧紧围绕“四个上虞”建设的总体要求，以“稳中求进、进中求好”为工作基调，深入实施招商选资“一号工程”，大力开展“项目推进年”“城建攻坚年”“作风建设年”等“三个年”活动，发挥比较优势，加大开发开放，全力提质提速，着力在深化改革开放、加快转型升级、统筹城乡发展、保障改善民生、加强党的建设等方面取得新突破，努力开创科学发展、赶超发展新局面。

今年工作的主要预期目标建议为地区生产总值增长10%，力争11%；财政总收入增长10%，力争12%；公共财政收入增长10%，力争12%；固定资产投资增长20%，力争25%；工业生产性投资增长25%，力争30%；自营出口增长8%；社会消费品零售总额增长15%；服务业增加值占地区生产总值比重提高1个百分点以上；城镇登记失业率控制在3.5%以内，城镇居民人均可支配收入增长10%，农民人均纯收入增长11%。

根据上述指导思想和奋斗目标，今年要着力抓好以下六方面工作：

1. 以发展大桥经济为契机，大力提升区域开放水平。充分发挥桥头堡优势，大力开展“项目推进年”活动，加大开发开放，做深做透大桥经济文章，着力夯实实体经济基础。

加大招商选资力度。坚持招商选资“一号工程”不动摇，主动接轨大上海，进一步强化驻点招商，启动建设上海金桥经济技术开发区上虞分区，最大限度承接上海产业外溢；更加注重北京央企、国企项目和广深外企、民企产业转移项目招商；积极发挥虞商联谊会平台优势，大力发展回归经济，力争引进回归项目20只，到位资金39.5亿元。强化错位招商，杭州湾园区重点引进新兴产业大项目好项目，经济开发区重点引进科技型、生态型、总部型产业项目，乡镇街道重点实施“零增地”招商。力争新引进总投资超5000万美元外资项目3只，实现合同外资2.8亿美元、实到外资2亿美元、引进内资60亿元。加大国内外市场拓展力度，深入实施外贸以质取胜和市场多元化战略，组织开展抱团参展，切实加强营销网络建设，扩大国内市场份额。

加大有效投资力度。进一步强化“打桩是硬

道理、产出是真本事”,大力推进“三个一批项目”三年建设计划,推动签约项目快落地、落地项目快建设、建设项目快投产。重点实施5亿元以上产业类项目29只,其中10亿元以上13只、20亿元以上5只。落实重大项目“一只项目、一名领导、一个班子、一抓到底”的工作机制,切实优化项目服务,重点推进剑桥科技、中化蓝天、杭州湾商旅综合体等重大项目建设。全年固定资产投资确保完成355亿元、力争371亿元,其中服务业投资确保142亿元、争取150亿元。

加大平台建设力度。重点打造“两区”和中心镇两级平台,对接大桥经济、提升承载能力。杭州湾工业园区要围绕创建国家级经济技术开发区目标,加快打通与跨江大桥衔接的“三横三纵”道路框架,完善东二区配套,抓好东三区基础建设,加快滨海新城综合服务中心、职工居住区建设和重大产业项目招商落户。经济开发区重点推进江滨路、杭甬运河桥等基础配套,完成拓展区控制性详规编制,加快滨江新城道路、管网等基础设施建设,提升项目承载能力。乡镇街道重点加快工业功能区扩容提质,拓展发展空间。完成南北中心大道建设,加快推进百年一遇的一线标准海塘建设。

*2. 以经济转型升级为主线,切实提高经济质量效益。*围绕“强工、兴商、优农”基本方针,切实加快转型升级步伐,着力提升产业竞争力。

大力推进工业强市建设。全面实施工业强市“1237”行动计划,全力做强先进装备制造业、做优绿色化工产业、做大新能源新材料产业,工业生产性投资确保212亿元、力争达到220亿元,增速保持绍兴市第一,规上工业产值增长15%,产业质量效益实现同步提升;突出新兴产业主攻方向,以市场化为导向、集群化为目标,着力引进建设一批大项目好项目,加快打造具有较强竞争力的现代产业集群,确保新兴产业投资增速高于工业投资增速5个百分点,产值占比提高2个百分点;加快改造提升传统产业,鼓励优势企业实施跨地区收购重组,整合国内外品牌、市场和技术,加快“机器换人”步伐,力争项目设备投资比重提高3个百分点。大力实施龙头型、品牌型、创新型“三个一批企业”培育工程,深度推进工业化和信息化“两化融合”,切实加强品牌质量建设,新增省级以上著名商标5件、名牌5只,力争新增亿元以上企业16家。加快建立现代企业制度,扎实推进股改上市,力争新上市企业2家。积极推进“个转企”和“规下升规上”工作,加强政策引导,完善服务举措,促进个体工商户和小微企业规范发展。推进建筑业转型升级,加快做大做强做专,力争完成产值1200亿元。

切实加快现代服务业发展。积极实施“服务业兴市”战略,全面推进曹娥江省级旅游度假区建设,抓紧建立开发建设体制,精心编制总体规划和专项规划,启动基础设施建设,积极做好高速道口至度假区快速干道前期工作,全面开展项目招商,力争引进1~2只有影响力的重大项目,积极打造长三角最具山水田园特色的生态休闲度假目的地。修编完成旅游业发展总体规划,加大旅游资源整合力度,进一步提升“四季仙果之旅”品牌影响力。精心组织大型购物节,加大“浙东新商都”品牌建设力度,城北金融商务商贸区争创省级现代服务业集聚区。大力发展生产性服务业,扎实推进省交投集团高速物流等重点物流项目,规划建设现代物流产业园区,深化上虞新港建设研究,加快打造区域物流节点城市。积极发展金融服务业,加快市外银行、非银机构引进和小贷公司、村镇银行组建步伐。大力发展总部经济,推进企业主辅分离,积极培育科创研发、文化创意、电子商务、中介服务等新兴服务业,加快发展健康养生、家政养老等社区服务业。

着力提升现代农业水平。扎实推进农业“两区”建设,完成2.49万亩粮食生产功能区建设,建成2个主导产业示范区、4个特色农业精品园,不断提高农业综合生产能力。完善各类扶持政策,加大农业科技投入,加强水利等基础设施建设,健全农业社会化服务体系。积极发展设施农业、生态农业,力争新建设施农业3000亩,创建成为省级循环农业示范县(市)。大力发展休闲农业,切实抓好品质提升、诚信经营、设施配套等重点环节,促进农业增效、农民增收。

*3. 以实施新型城镇化为引擎,统筹推进城乡协调发展。*坚持以新型城市化引领城乡统筹发展,大力开展“城建攻坚年”活动,促进主城区、小城镇和新农村融合互进。

全力打造精致城市。严格按照“一江两岸”整体城市设计规划，加快开发建设，重点面向本地大企业和在外虞商，实施带方案招商，集聚建设一批总部楼宇和功能性、标志性建筑，力争有8~10只重大项目落户并启动建设。按照现代化城市的要求，积极推进经济开发区城市路网、管网等基础工程提档升级，加快四环线以内不符合城市发展的工业企业“提转搬”，整体提升开发区建设管理水平。加快高铁新城开发建设，全面完成区域整体征迁，加大项目招商推进力度，完成站前广场建设，启动体育馆、汽车北站等工程。合理规划房地产项目，吸引国内知名房产企业参与，促进房地产业平稳健康发展。扎实推进城市“门户靓化”工程，切实抓好市政民生项目，加强小区物业管理和环境整治，不断提高城市建设管理科学化水平。

积极培育实力城镇。进一步强化“中心镇就是小城市”的理念，深化“扩权强镇”改革，坚持中心镇季度现场督查等制度，突出平台建设、招商选资、有效投资等重点，积极推动传统块状经济向现代产业集群转型，确保中心镇发展速度高于全市平均水平。扎实推进中心镇拆迁改造三年建设计划，加快实施一批功能性项目，有序推进“退二进三”，积极发展城镇商贸服务业，稳步推进房地产项目开发，切实提升综合承载力。鼓励一般乡镇加快发展，全面实行政策扶持与发展速度质量相挂钩、资源配置与内部挖潜盘整相挂钩，进一步形成比学赶超、齐头并进的良好局面。加快城乡道路、污水管网、公交、电力等配套工程建设，提升一体化水平。重视虞南山区发展，启动虞南大环线可行性研究，加强资源整合和联动共建，大力发展生态经济、富民经济。

加快建设美丽乡村。全面推进以联建物业为重点的村级集体经济增收五年计划，积极开展增收达标乡镇创建活动，力争有5个以上乡镇创建达标。大力推进“三改一拆”行动，加大城乡控违拆违专项整治力度，开展环境卫生达标创建活动，加强道路两侧绿化建设，切实改善农村环境面貌。启动编制城乡发展一体化空间布局规划，加大中心村、历史文化村培育，积极争创全省美丽乡村建设先进县(市)。深化宅基地置换改革，加快保障性住房建设，大力推进农房用地保障试点工程扩面，切实解决一批农村弱势群体和住房困难户的住房问题。

*4. 以加大改革创新为动力，积极增创科学发展优势。*坚持把改革和创新作为推进科学发展的最大动力，抢抓机遇，大胆探索，深化重要领域改革，为全市经济社会发展注入新的动力和活力。

着力提升创新能力。积极推进“创新驱动”战略和省级创新型试点城市建设，启动实施浙大网新上虞科技园，切实抓好汽车及零部件、绿色化学制药、伞业等行业公共服务平台，力争新认定国家重点扶持高新技术企业10家、新增省级企业研发中心、企业研究院5个，全社会研究与试验发展经费占地区生产总值比重达到2%以上。全面实施科技对接“双百”工程，加快科技成果产业化。梳理完善区域创新扶持政策，实施分层次的扶持政策，强化政策激励效应。深入实施人才强市战略，推进“娥江英才”等十大人才重点工程，加快人才公寓建设，重视抓好企业创新型的技术人才队伍、精细化的管理人才队伍和爱岗敬业的职工队伍等三支队伍建设，全力打造引才、留才、用才高地，力争引进各类人才8000人。

积极盘整要素资源。加快拆迁改造步伐，力争全年完成旧房拆除62万平方米、新签约拆迁40万平方米以上。扎实做好用地保障，加大土地盘整力度，力争新增计划耕地指标、戴帽指标、存量盘活“三个1000亩”，综合整治800亩。强化亩产论英雄理念，综合运用财税、行政、环保等倒逼手段，健全节约集约用地考核激励机制，推进低效建设用地二次开发，鼓励企业“零增地”技改，加快“腾笼换鸟”步伐。努力拓宽融资渠道，加强政银企对接互动，积极争取政策性银行融资贷款，做好杭州湾工业园区国有企业债券发行工作。牢固树立“开放建城”理念，鼓励社会资本以各种形式参与城镇建设。

注重加快改革步伐。以行政审批制度改革为突破口，不断完善网上审批、模拟审批、联合图审，切实提高审批效能。推进地方金融制度改革创新，引导金融机构加大对战略性新兴产业、小微企业的支持。推进政府投融资体制改革，提升各投融资公司的运作水平，加快组建交投集团。按照上级统一部署，积极推进收入分配制度、财税体制、城镇化综合配套等关键领域的改革。进一步优化工作推进机制，健全完善重点区块、重点工作、重点项目的领导体制、考核机制和督查机制，更好地推动各项工作落实。

5.以保障改善民生为重点，扎实推进社会事业建设。坚持以人为本、民生优先，大力推进以保障和改善民生为重点的社会建设，加快健全基本公共服务体系，不断提高人民生活水平。

着力增加居民收入。大力实施就业优先战略，深入开展充分就业社区(村)创建，推进零就业家庭助业行动，努力实现更高质量的就业，新增就业岗位1.2万个。坚持以创业带动就业，以产业拓展就业，积极引导和扶持全民创业，大力扶持小微企业发展，推进农村劳动力转移，巩固省级创业型城市创建成果。健全人力资源市场，加强职业技能培训，完善就业服务体系。稳步提高最低工资标准，完善工资集体协商制度，健全工资正常增加机制，构建和谐劳动关系。

努力办好民生实事。稳步推进社保扩面提标，健全完善社会救助体系，重视养老服务和社区建设，支持慈善和社会福利事业发展，不断提升社会保障水平，新增五大保险5万人次。推进省现代化教育强市建设，深入实施学前教育发展三年行动计划，积极推进园安工程，大力发展职业教育。广泛开展全民健身活动，积极创建省体育强市。深化阳光文化惠民行动，开展十大文化创意村建设，加强文化遗产保护传承，积极推进青瓷文化创意园等文化产业发展。深化医药卫生体制改革，支持民办医疗机构建设，积极争创省卫生强市。优化计生服务，稳定适度低生育水平。积极发展残疾人事业，切实保障妇女儿童权益。

切实加强生态建设。大力发展循环经济、生态产业，积极推进清洁生产，严格实行新建项目环境、用地、效益综合评价制度，进一步提高准入门槛；深入实施"蓝天行动""清水工程"五年计划，持续加大企业和园区的生态化改造力度，切实抓好化工、印染等重点行业整治提升，扎实推进低效化工企业退出改造五年计划，力争退出改造6家，做好杭州湾工业园区国家级生态示范园区创建，完成节能减排各项任务；加大污水管网、固废处置、清水河道等基础设施建设，实施虞北平原河道综合治理，开展"四边三化"整治行动，加强平原绿化，持续改善生态环境质量。

6.以深化平安建设为抓手，努力保持社会和谐稳定。加强和创新社会管理，全面落实维稳责任措施，努力保持社会和谐稳定。

注重强化源头治理。深化社会稳定"三色"预警机制建设，完善市镇村三级联动摸排机制，加强网格管理，完善重大事项社会稳定风险评估制度，加快构筑全方位、全天候、全员化维稳体系。加大信访矛盾调处力度，坚持定期接访和干部下访制度，高度重视初信初访，积极化解信访积案。加强基层综治队伍建设，积极调动社会力量参与综治工作，提升基层综治平台的运作实效。加强新居民服务管理，健全融合式优质服务机制，落实常态化的维权帮扶机制。完善网上舆情监测研判和快速反应机制，提高虚拟社会管理能力。

切实维护公共安全。强化社会治安综合治理，进一步加大人防技防物防力度，健全社会治安防控体系，继续保持对各类违法犯罪的高压态势，营造安定和谐的社会环境。切实加强安全生产，全面落实工作责任，严防发生各类重特大事故，积极争创国家级药品安全示范县(市)。完善应急管理体制，加强日常演练，提高突发公共事件防范应对能力。高度重视经济领域的不稳定因素，积极防范和处置企业经营风险，有效维护区域金融生态安全。

推进民主法治建设。健全科学民主依法决策机制，支持人大、政府、政协和法院、检察院依法开展工作。充分发挥民主党派、工商联和无党派人士的作用，加强民族、宗教、对台和侨务工作，重视老干部工作，加强工青妇等群团组织建设，更好地凝聚发展合力。坚持党管武装，认真做好双拥、人武及国防等工作。加强基层民主建设，依法保障人民的知情权、参与权、表达权、监督权。深入推进"法治上虞"建设，扎实开展"六五"普法宣传教育，提升干部依法行政能力，形成全社会自觉学法用法守法的良好法治环境。

三、加强党的建设，为推进"四个上虞"建设提供更为坚强有力的保障

事业兴衰，关键在党，根本在人。要按照党的十八大提出的新任务、新要求，以执政能力建设、先进性和纯洁性建设为主线，努力造就一支“有激情、敢担责、重实干、守纪律”的干部队伍，为加快“四个上虞”建设提供坚强保障。

1. *以新精神夯实思想基础*。把学习贯彻党的十八大精神作为当前和今后一个时期的首要政治任务，紧密结合上虞现代化建设的生动实践，积极构建分层互动的理论学习宣教体系，努力以十八大精神武装头脑、指导实践、推动发展。积极开展“崇孝守信务实创新”新时期上虞精神主题教育活动，着力推动党员干部率先示范实践，提升党性修养。把握正确舆论导向，加强新闻宣传工作。大力弘扬理论联系实际的学风，扎实推进大规模干部培训，不断创新学习模式，切实提高干部培训的质量和效果。健全完善党委中心组学习和干部学习考核制度，办好虞舜论坛、虞舜讲堂，不断深化学习型党组织建设。

2. *以新要求打造干部队伍*。按照干部队伍建设“十二字”要求，坚持德才兼备、以德为先的用人标准，重视基层导向，认真落实干部选拔任用各项规定，加大优秀干部选拔力度，进一步激发干部干事创业积极性。深化干部人事制度改革，加强人岗相适机制建设，积极推进竞争性选拔干部和多岗位交流，优化干部资源配置，提高选人用人公信度。落实驻企指导、一线锻炼、双向挂职等措施，加大源头干部培养力度，重视年轻干部、女干部、党外干部的培养选拔。重视建设、规划等发展急需人才的引进培养，优化干部队伍结构，进一步强化发展保障。

3. *以新举措加强组织建设*。健全落实创先争优长效机制，扎实开展服务型党组织建设。全面推行区域化党建，加快构建统筹城乡基层党建新格局。切实加强村级(社区)组织规范化建设，抓好村级组织换届试点，推进第二轮“三个一百”村干部培养计划，深化社区在职党员“双管双争”活动，实施两新组织党建“三年提质计划”，深入推进新居民党建工作，进一步增强基层组织的凝聚力和战斗力。健全基层党建专项述职、约谈等制度，完善基层组织项目化建设，积极开展基层党组织星级管理等工作。

4. *以新作风提升队伍形象*。扎实开展“作风建设年”活动，大力开展为民务实清廉主题教育活动，认真贯彻执行上级关于“改进工作作风、密切联系群众”的各项规定，自觉遵守“四个严禁、两个严控”规定；坚持领导带头示范，开展问需于民办实事、问计于企解难题、“百千”关爱送温暖“两问一送”活动，推行蹲点调研制度，着力办成一批群众满意的好事实事，进一步增进与人民群众的感情。大力弘扬艰苦奋斗、勤俭节约之风，严格控制“三公”经费，有效降低行政成本，切实转变会风文风。强化机关效能建设，深化群众满意基层站所等行风评议活动，积极开展查执行、查效能、查作风“三查行动”。严格落实党风廉政建设责任制，切实加强惩防体系建设，深化履职联审，强化“廉基联创”，切实加强对党员干部从政行为的规范监督。深入开展“勤廉双优示范乡镇”“农村基层党风廉政建设示范村”创建，加强农村“三资”管理，严格村级工程变更监督，及早发现并制止倾向性、苗头性的问题。严肃查办各类违法违纪案件，坚决纠正损害群众权益的不正之风，以良好的党风促政风带民风。

同志们，实干成就事业，奋斗铸就辉煌。让我们以科学发展观为指导，全面贯彻落实党的十八大精神，抢抓机遇、乘势而上，凝心聚力、开拓进取，为加快“四个上虞”建设、率先基本实现现代化而努力奋斗！

上虞市人民代表大会常务委员会工作报告

（2013年1月22日在上虞市第十六届人民代表大会第二次会议上）

上虞市人大常委会主任　徐尧峰

各位代表：

我受上虞市第十六届人民代表大会常务委员会的委托，向大会报告工作，请予审议，并请市政协委员和其他列席人员提出意见。

2012年工作回顾

2012年，市人大常委会在中共上虞市委的领导下，认真贯彻落实党的十七届六中全会和十八大精神，按照市第十四次党代会的总体部署，围绕“创新上虞、精致上虞、人文上虞、幸福上虞”的奋斗目标，紧扣“稳中求进、克难奋进、和谐共进”的工作基调，依法履行宪法和法律赋予的各项职责，较好地完成了市十六届人大一次会议确定的各项任务。一年来，共召开常委会会议7次，主任会议10次，听取和审议“一府两院”专项工作报告16项，组织执法检查、视察活动7次，开展各类调研26次，提出审议、视察意见12个，依法任免“一府两院”国家机关工作人员86名，较好地发挥了地方国家权力机关的作用，为推进基层民主法治建设和依法治市进程、推动全市经济社会平稳较快发展做出了积极贡献。

一、围绕中心，服务大局，合力促进经济稳步发展

一年来，常委会围绕经济建设中心，突出审议重点，深入调查研究，强化工作监督，合力促进全市经济社会平稳运行、较快发展。

1. 关注国民经济运行。2012年，常委会听取和审议了国民经济发展、财政决算和预算执行及审计、政府重大投资项目建设等工作情况报告，对政府积极应对复杂多变的宏观形势，深入实施招商选资“一号工程”，扎实开展“三个年”活动，全力以赴调结构、保增长，抓投入、兴实体，强保障、优服务，确保全市经济平稳运行的有力举措给予充分肯定。同时针对经济发展中的困难和不足，常委会提出要“认真贯彻落实市委十四届三次全体（扩大）会议精神，共度时艰增信心、正视困难促发展、注重项目抓投入、推进转型谋长远”等审议意见，全力支持政府工作，共同营造良好发展环境，合力促进经济社会平稳较快发展。

2. 助推经济转型升级。2012年，常委会听取和审议了全市工业经济转型升级工作情况的报告，对政府扎实推进工业经济转型升级的积极举措表示充分肯定，提出要“提升传统产业、培育新兴产业，重视有效投入、实施科技创新，优化政务环境、强化服务保障”等意见建议，促进我市产业核心竞争力的提升和新型工业化道路的拓展。常委会专题视察了“两区”平台建设情况，对“两区”重抓产业规划、招商选资、项目推进、财源培育、新区拓展等工作表示充分肯定，提出了“抢抓机遇强投入、有效拓展快产出、转型升级高效率、转化职能强服务”等视察意见，全力支持“两区”发挥全市工业经济主平台、主阵地作用。

3. 重视商贸服务发展。2012年，常委会专题视察了全市服务业发展及重点项目建设情况，对政府坚持工业强市和服务业兴市双轮驱动，扎实推进项目建设、推动产业融合、拓展发展领域的系列举措表示充分肯定，提出要“优化规划引领、重视实体支撑、破解要素制约、加强政策扶持”等视察意见，推动全市服务业快速健康发展。常委会专题视察了“四季仙果之旅”品牌建设情况，要求政府进一步推进品牌培育、加大扶持力度、提高服务水准、做深推介文章，打响“浙东新商都”品牌，提升新兴城市发展魅力。此外，常委会还专题调研了我市文化产业发展情况，提出了“以规划引领文化产业发展、用政策推动传统文化转型、靠创意挖掘特色文化品牌”等建议，共同推动“文化强市”建设。

4. 促进现代农业建设。2012年，常委会听取和审议了全市农村集体“三资”管理工作的报告，对政府建立健全农村集体“三资”管理长效机制、积极壮大农村集体经济、全力维护农民群众合法权益的工作成效表示充分肯定，提出了“配强管理队伍、强化制度执行、壮大集体经济、启动农村集体资产产权制度改革”等审议意见。市政府对此高度重视，按照市委的要求，启动农村集体资产产权制度改革，推动农村集体经济五年增收计划的深入实施。常委会听取和审议了我市农业“两区”建设情况的报告，对政府加快农业“两区”建设的工作成效表示充分肯定，并提出要“进一步落实工作责任、优化规划布局、强化政策保障、提升综合效益、打造名牌名品”等审议意见，推动农业转型升级和现代农业产业体系的打造。

二、关注民生，促进和谐，有效推动城乡统筹发展

一年来，常委会从维护人民群众根本利益出发，推动以城乡统筹发展为主线的民生保障，着力促进民生改善和社会和谐。

1. 推动良性用地机制的构建。2012年，常委会主任会议专题听取了全市工业用地节约集约利用情况的报告，充分肯定政府完善用地机制、深挖用地潜力、重抓用地监管的积极举措，提出了“强化节约集约用地意识、加大存量盘活激励力度、完善项目供地机制、健全项目综合验收制度”等意见，推动“布局集中、用地集约、产业集聚、管理集成”的良性用地机制的构建，积极为经济社会平稳较快发展提供土地要素支撑。

2. 推动区域生态环境的改善。2012年，常委会积极配合绍兴市人大常委会督查了曹娥江流域水环境保护工作，积极推动《浙江省曹娥江流域水环境保护条例》的有效实施和曹娥江流域污染的综合治理。常委会专题视察了全市“清水工程”实施情况，充分肯定政府围绕引水、截污、清淤和整治等重点，大力推进“清水工程”建设，着力打造美好家园的工作举措，提出要坚持以规划为龙头、项目为载体、要素为保障，始终突出“引水活水、截污治污、清淤疏浚、综合整治”的工作重点，扎实推进“清水工程”有效实施的视察意见，积极改善城乡生态环境，全力助推“幸福上虞”建设。

3. 推动公共安全体系的建设。2012年，常委会专题视察了公共安全“天网工程”建设情况，充分肯定政府在社会治安动态视频监控系统建设方面取得的积极成效，提出了进一步“加大保障力度、夯实工作基础、加强专技队伍、规范应用管理、促进公共资源高效整合”等视察意见，促使“天网工程”在加强城市管理、打击违法犯罪、增强群众安全感、促进社会治安持续好转等方面发挥更大作用。

4. 推动门户靓化工程的实施。“门户靓化”工程是2012年市政府十方面民生实事之一。常委会专题视察了全市“门户靓化”工程建设情况，充分肯定政府按照市委建设“精致上虞”的要求，大力推进杭甬高速小越道口区域、舜帝岭至岭光区域等城市门户改造工作，提出了要“强化多要素项目保障、实施高品位工程建设、探索长效化管护机制”等视察意见，进一步推动“精致上虞” 建设，合力打造“生态走廊、城市窗口和城市森林绿道”，使人民群众共享改革发展成果。

三、循序渐进，注重实效，积极推进依法治市进程

一年来，常委会以推进民主法治建设为根本任务，切实深化对执法活动的监督，推动"一府两院"依法行政、公正司法，着力优化我市经济社会发展的法治环境。

1. 加强对法律实施情况的监督。2012年，常委会按照省人大常委会的统一部署，采取上下联动、联合执法的形式，依法开展对食品安全"一法两规"执行情况的检查，督促政府及相关部门加大问题食品查处力度，健全食品安全监管机制，建立食品安全信息监管平台，切实保障人民群众食品安全。常委会主任会议听取了《中华人民共和国律师法》实施情况的报告，提出要增强律师执业素质，保障律师规范执业，共同促进司法公正，推动法律服务工作为我市改革开放、民主法制建设和社会稳定发挥积极作用。

2. 加强对行政审批工作的监督。2012年，常委会主任会议专题听取了我市行政审批服务工作情况的报告，充分肯定我市深化行政审批制度改革取得的显著成就，提出要认真贯彻实施行政许可法，进一步转变行政管理理念，创新行政审批机制，延伸行政服务网络，切实提高行政审批服务工作的效率和质量，构建"大联动、大协调、大服务"的行政审批格局，为公众提供更方便快捷、更优质高效的便民服务。

3. 加强对司法权力运行的监督。2012年，常委会针对法律监督中的重点环节，对市人民法院、人民检察院、公安局、司法局加强和接受法律监督情况进行了调研，分析监督与被监督过程中存在的问题及原因，督促检察机关进一步加强和改进法律监督工作，要求被监督机关自觉接受并支持法律监督工作。常委会还专题调研了人民陪审员制度落实情况，提出要积极探索人民陪审员工作新机制，突出培训的计划性，加强审理的实践性，推动人民陪审员制度在司法监督中发挥更大作用。

四、加强探索，优化服务，充分发挥代表主体作用

一年来，常委会坚持人大代表主体地位，积极搭建平台、创设载体，全力支持和保障代表依法履职。

1. 深化代表建议督办。常委会从完善督办方式入手，实现督办代表建议与倾听百姓民声、解决实际问题、推动政府工作的有机结合。2012年，继续推行重点督办制度，常委会从群众关注度高、办理难度较大的建议中，筛选出10件建议由常委会组成人员重点督办，所提问题均得到较好解决。同时，通过与代表一起面见承办单位、一起踏看办理现场等方式，促进代表与承办单位的互动交流，推动承办单位建立办前询访、办中走访、办后回访等行之有效的办理制度。2012年，市十六届人大一次会议期间代表提出的188件建议已全部答复代表，其中问题已经解决和正在解决的149件，占总数的79.3%，代表对办理工作表示满意和基本满意的183件，占总数的97.3%，问题的解决率、代表的满意率都得到了有效提升。

2. 拓宽代表履职渠道。常委会从提高代表工作的针对性和实效性入手，积极搭建履职平台。2012年，常委会认真总结过去两年代表约见活动经验，修订出台《上虞市人民代表大会代表约见地方国家机关负责人暂行办法》，并围绕岭光隧道与三环线、长海公路与城区连接情况和养老服务体系建设情况，组织代表约见政府及组成部门负责人，促成群众关注的热点和焦点问题的解决，促进政府重点工作和实事工程的落实。拓宽代表知政渠道，2012年，常委会邀请50多名人大代表参与常委会调研视察、列席常委会会议，近距离听取代表意见；通过寄送《上虞人大》、常委会会刊等方式，及时通报常委会重要工作情况，扩大代表对常委会工作的知晓度。

3. 指导基层人大工作。常委会从搭建平台、扩大交流入手，依法加强对乡镇（街道）人大工作的指导。针对去年市、乡镇两级人大换届第一年的实际，组织了乡镇（街道）人大参加法律知识、人大工作培训和学习考察，提高依法履职水平，拓宽人大工作思路；完善乡镇（街道）人大片组活动制度，搭建交流平台，促进乡镇（街道）人大间的工作交流和经验借鉴；指导乡镇开好人代会和开展评议政府及基层站所等工作，推进乡镇人大工作，提升全市人大工作水平。

五、求真务实，开拓创新，不断加强常委会自身建设

一年来，常委会把加强自身建设作为依法履职的重要基础，围绕强素质、促规范、求实效目标，以学习贯彻十八大精神为契机，不断提高履职能力和工作水平。

1. 加强人大各项建设。加强思想政治建设，组织人大机关同志深入学习十八大报告，深刻领会精神实质，坚持在市委的领导下依法行使人大职权，始终保持人大工作的正确方向。加强作风建设，深入开展调查研究，广泛联系代表，倾听百姓民声，为审议和决定重大事项、有效实施监督提供依据，为市委决策提供参考。加强组织建设，完善工作机构，调整充实人员，明确常委会各工作机构职责，为常委会顺利开展工作奠定基础。

2. 完善人大工作机制。认真贯彻落实监督法，按照省、绍兴市人大常委会的规定，结合我市实际，制定出台《上虞市人民代表大会常务委员会规范性文件备案审查实施办法》，注重对实施法律法规和事关民生问题的政府规范性文件的审查，提高规范性文件备案审查质量。加强常委会制度建设，按照"依法合规、尊重实践、便于操作"的原则，认真梳理原有工作制度、学习借鉴外地先进经验，修订了《上虞市人大常委会讨论决定重大事项的规定》等五项工作制度和常委会机关七项内部管理制度，推动常委会工作的制度化、规范化，提高机关服务保障水平。

3. 提升人大宣传工作。改进人大宣传报道形式，全面深入报道常委会会议、主任会议、执法检查、代表约见、视察和其他重大活动，充分反映常委会围绕中心服务大局、积极履行法定职责的重要工作。开通上虞人大网站，提高公众对人大工作的认知度和参与度。办好《上虞人大》和常委会会刊，及时公开常委会履职情况，自觉接受群众监督。加强常委会信息宣传工作，多篇信息被《浙江人大信息》、浙江人大网、《绍兴人大》等省市级媒体录用，较好地宣传了上虞及上虞人大工作。

4. 重视群众来信来访。信访工作是常委会深入了解民情，充分掌握民意，化解社会矛盾的重要渠道。常委会通过建立、完善人大信访工作制度，切实加强和改进人大信访工作。2012年，常委会共受理人民群众来信52件次，来访46批次，根据不同情况分别加以妥善处理。尤其是一些涉法信访及群众反映突出的问题，督促有关部门依法处理，引导人民群众以合法途径和方式解决矛盾和问题，促进社会稳定和谐。

各位代表，过去一年人大所取得的工作成绩，是市委正确领导的结果，是常委会组成人员和全市各级人大代表共同努力的结果，是市人民政府、市人民法院、市人民检察院积极配合的结果，是市政协和社会各方面大力支持的结果。在此，我谨代表市人大常委会，对关心、支持人大工作的所有同志和各界人士表示衷心的感谢！

同时，我们也清醒地认识到，对照宪法和法律赋予的职责，对照市委的要求和人民群众的期望，常委会的工作还有不足之处，主要是工作方式还需不断创新，代表作用还有待进一步发挥，常委会审议质量还需不断提高，对审议意见的督办落实还需进一步加强。所有这些，我们将在今后的工作中，采取有效措施，认真加以改进。

2013年主要任务

各位代表，2013年是全面贯彻党的十八大精神的开局之年，也是我市深入实施"十二五"规划、全力推进"四个上虞"建设的关键之年。今年市人大常委会工作的指导思想是以党的十八大精神为指导，紧紧围绕建设"四个上虞"的总体要求，按照市委"稳中求进，进中求好"的工作基调，认真行使宪法和法律赋予的各项职权，积极推动上虞经济社会取得新的发展。

一、以促进发展为目标，更加注重增强监督实效

发展始终是全市工作的中心。今年，常委会将围绕中心，突出重点，依法、有效行使职权，促进全市经济社会平稳较快发展。一要关注以产业转型升级为主题的经济建设。听取和审议政府性投资项目建设情况、财政决算和预算执行情况、国民经济和社会发展"十二五"规划实施中期评估报告，促进全市经济总体平稳运行；重点加强对新兴产业培育发展、质量强市建设、安全生产

“三化”工作、总部经济回归工作、有效投入等工作的监督，推进区域开发开放，促进经济提质提速。二要关注以提升城市能级为主题的城乡一体化发展。关注“一江两岸”为核心的城市建设情况、曹娥江省级旅游度假区的开发建设情况，重点加强对城乡交通重点工程建设、城市管理、城市道路治堵规划等工作的监督，提升城市品位和承载力。三要关注以普惠共享为主题的民生事业发展。重点加强对全市村级五年增收计划实施、省级卫生强市创建、城乡居民医疗保障体系建设、全市职业教育发展、农科队伍建设、山塘水库整治和海涂标准塘建设、优生促进工程、市级中心粮库建设等工作的监督，着力推动民生改善、促进社会和谐。四要关注以推进公平正义为主题的依法治市情况。重点加强对“六五”普法、公共资源交易、新刑诉法贯彻实施等工作情况的监督，扎实推进依法治市。要按照上级人大常委会的统一部署，就饮用水水源保护法律法规执行情况进行检查。今年，常委会将按照“寓监督于支持、讲程序求实效”的原则，选择若干个政府部门开展工作评议，并着重围绕部门工作执行力进行监督，推动依法行政。

二、以服务代表为根本，更加注重保障代表权利

代表工作是常委会工作的基础。今年，常委会要进一步加强和改进代表工作，保障代表的各项合法权利得到有效行使。一要继续推行代表约见政府及相关部门负责人活动，更好地发挥代表在促进发展、改善民生中的监督作用。二要努力提高代表所提议案建议的质量，积极引导并创造条件让代表从全局和民生的角度提好议案建议，并采取重点督办、跟踪督办、现场督办、延伸督办等方式，切实提高议案建议办结率、问题解决率和代表满意率。三要进一步畅通民意反映渠道，围绕全市经济社会发展大局，适时组织人大代表开展内容丰富的活动，充分调动代表履职积极性，更好地反映民意、服务民生。

三、以加强自身为基础，更加注重提高工作效能

加强自身建设是常委会履行职能、发挥作用的前提。今年，学习贯彻落实党的十八大精神将贯穿人大工作的始终。一要以学习贯彻十八大精神为契机，切实加强人大思想政治建设，把力量凝聚到落实十八大提出的各项任务上来，着力强化政治意识和创新意识，主动服务发展大局，着力保障社会民生。二要以创新人大工作机制为依托，不断增强协同推进、依法履职能力，切实提高常委会整体工作水平。三要以开展作风建设年为抓手，扎实开展“崇孝守信、务实创新”主题教育活动，大力弘扬新时期上虞精神，围绕经济社会发展中带有全局性的问题和群众普遍关注的热点难点问题开展调研，使常委会各项工作更加贴近民生、更加符合民意。要进一步加强与乡镇（街道）人大的联系，为乡镇（街道）人大履行职责、发挥作用提供指导和服务。

各位代表，新的形势和任务对人大工作提出了更高要求，让我们高举中国特色社会主义伟大旗帜，深入贯彻党的十八大精神，在市委的领导下，紧紧依靠全市人民，认真履行宪法和法律赋予的各项职责，合心合力、坚定信心，振奋精神、扎实工作，为加快“四个上虞”建设、率先基本实现现代化而努力奋斗！

政府工作报告

——在上虞市第十六届人民代表大会第二次会议上

2013年1月21日

上虞市人民政府市长　王慧琳

各位代表：

现在，我代表市人民政府向大会作工作报告，请予审议，并请市政协委员和其他列席人员提出意见。

一、"四个上虞"建设开局良好

刚刚过去的2012年，我们在应对挑战中克难前行，在抢抓机遇中蓄势待发。面对复杂多变的宏观形势，我们在上级党委、政府和市委的坚强领导下，坚持以科学发展观为统领，紧紧依靠全市人民，按照"稳中求进、克难奋进、和谐共进"的工作基调，深入实施招商选资"一号工程"，大力开展"项目推进年""城市提质年""企业服务年"活动，凝心聚力，真抓实干，取得了"四个上虞"建设的良好开端。全年地区生产总值预计达到574亿元，同比增长10%；实现规模以上工业总产值1298.81亿元，增长11.03%；财政总收入72.93亿元，增长12%，其中公共财政收入39.19亿元，增长10.3%；限额以上固定资产投资296.54亿元，增长23%；社会消费品零售总额180.34亿元，增长16.5%；自营出口27.47亿美元，增长0.25%；服务业增加值占地区生产总值比重提高1个百分点；节能减排任务基本完成；城镇居民人均可支配收入37854元，增长11.3%，农民人均纯收入17701元，增长11.8%；城镇登记失业率控制在2.89%。

回顾一年来的工作，我们重点抓了以下七个方面：

1. 落实"保增长"措施，经济运行企稳回升。高度重视实体经济发展，强化政策扶持和要素保障，兑现政策资金4.9亿元，减轻企业负担3.9亿元，争取和盘活用地指标2640亩。重抓基础投资和产业投入，完成基础设施投资63.88亿元，工业生产性投资170.05亿元，服务业投资125.01亿元，同比分别增长45.6%、28.8%和16%，新列入省重点项目10只。组织开展购物节、生态休闲旅游节活动，"浙东新商都"和"沪杭甬都市会客厅"品牌不断打响，"四季仙果之旅"品牌获"浙江省旅游发展创新奖"，成功创建国家AAA级景区2个，实现商品市场成交额130亿元、旅游总收入45.54亿元。扎实开展外贸企业服务月活动，加强检验检疫、海关"大通关"服务，组织各类参展57次，新增贸易交往国家和地区9个，实现外经营业额1.05亿美元。加强经济运行监测分析，设立企业互助资金，经营风险预警机制和风险化解规则有效实施，经济运行呈现回稳向好态势。

2. 积蓄"增后劲"能量，开发开放潜力显现。注重招商信息资源整合，组建7个虞商联谊分会，推动区域合作和虞商回归，完成合同外资3.5亿美元，实到外资2.53亿美元、内资57.75亿元，引进虞商回归项目64只，到位资金34.4亿元。大力推进重大基础设施配套，杭州湾嘉绍跨江通道、杭甬高铁和南北中心大道加快建设，临时码头基本完工，新围海涂1.57万亩，新增输变电容量68万千伏安。杭州湾上虞工业园区东二区基础配套顺利推进，东三区完成控制性详规编制，滨海大道、东西中心大道等项目加快实施。经济开发区江滨路、一号路及跨杭甬运河桥等项目扎实推进，整合提升区完成行政村管理体制调整。加快科技创新步伐，精细化工、照明电器等创新平台不断完善，新认定国家重点扶持高新企业16家，新列入省级企业研究院（研发中心）12家，列入国家重点新产品12项、省级新产品计划241项，新增省级及以上驰（著）名商标7件、省级名牌8只。深化“引智强企”活动，引进硕士及以上人才255名。资本市场“上虞板块”不断壮大，晶盛机电成功上市，上市公司新增直接融资45.17亿元，交通投资公司发行第二期债券10亿元。

3. 加快“调结构”步伐，转型升级成效明显。大力推进农业两区建设，实现粮食产量29.4万吨，建成5个省级主导产业示范区和特色农业精品园，获“浙江省红心猕猴桃之乡”称号。编制工业强市五年规划，成功列入全省工业强市试点县市。新兴产业培育步伐加快，完成投资71.07亿元，实现产值374亿元，同比分别增长45%和13%。实施重点技改和节能项目85只，完成企业重组7家，低效化工企业退出8家，淘汰重污染项目13只、高危耗能特种设备224台（套）。实施“服务业兴市”战略，曹娥江省级旅游度假区成功获批，杭州湾商旅综合体、杭甬运河曹娥作业区、百安广场等项目加快推进，新增AAA级物流企业2家，中国伞城商业广场列为省级现代服务业集聚示范区。成立市融资服务中心，新增融资性担保公司1家，引进市外银行2家、非银金融机构和股权投资企业5家，城北金融集聚区列入省扶持金融发展项目。稳定发展房地产业，推进建筑业提质创强，完成建安产值1151亿元，新增一级企业2家。

4. 加大“抓统筹”力度，城乡发展更趋协调。完成曹娥江“一江两岸”整体城市设计，滨江新城、高铁新城、滨海新城加快开发。启动七大城市门户靓化改造，实施交通渠化、排涝改造等民生项目71只，完成农贸市场改造提升6家，新增公共停车泊位420只。试行城市规范化等级管理，十大管理行动富有成效。全力推进城市征迁，完成拆迁签约68万平方米，建成安置房52万平方米，拆除违法建筑3.45万平方米。切实加快中心镇建设，完成基础设施投资4.67亿元，工业产值和税收贡献不断提升。完成乡镇总体规划修编，块状经济、集镇商贸业和虞南生态经济加快发展。编制完成“美丽乡村”建设总体规划，“清洁家园”行动深入实施，农村宅基地置换改革有序推进，农村集体资产股份制改革和农民建房用地保障试点工作顺利完成。村级集体经济增收五年计划启动实施，新增年经营性收入20万元以上村27个。

5. 办好“惠民生”实事，共享水平日益提高。十方面民生实事顺利推进，全年各类民生支出29.7亿元，占公共财政支出的74.4%。强化职业培训和就业援助，新增就业岗位1.66万个，成功创建省级创业型城市。人才公寓加快建设，经济适用房一期完成销售，解决城乡居民住房困难3278户。完成城乡居民医疗保险一体化改革，新增五大社会保险参保7.41万人次，补办养老保险3.6万人，企业退休人员和被征地农民基本生活保障待遇不断提高，基本殡葬服务实行全免费，困难群体生活得到有效保障。完成城区公交公营化改革，实现城乡公交一体化。公办义务教育阶段中小学实施“零择校”，职业高中新兴产业专业实行免学费，高考质量居全省前列，新建和改扩建幼儿园17所，“校安工程”基本完成。全面实施市级公立医院综合改革和村卫生室基本药物制度，门诊均次费用同比下降9%，市中医院成为绍兴市首家国家三级甲等中医医院，省级卫生城市复验顺利通过。深入实施“魅力文化十大行动”，扎实开展“孝义、诚信、责任”主题教育活动，总结提炼新时期上虞精神，成功举办中国（上虞）信义文化节。数字电视整转基本完成。全民健身运动蓬勃开展，人口计生、工青妇、老龄、儿童、慈善、红十字、残疾人等事业扎实推进，统计、档案、科普、民族、宗教、对台、侨务、外事、国防、双拥等工作切实加强。

6. 夯实“促和谐”基础，公共安全保障有效。扎实推进“清水工程”，曹娥江、城北水系等水环境专项治理全面实施，完成河道及小流域整治80千米。大力开展“蓝天行动”，完成重点气污染企业整治14家，市机动车尾气检测站建成投运。深入实施“811”生态文明建设行动，“四边三化”专项整治扎实推进，完成平原绿化7400余亩，新创国家级生态乡镇2个。启动应急联动规范化建设，修订完善市级预案59个，组织各级各类演练1200余次。健全安全生产基层监管机构，事故起数和死亡人数实现双下降。开展食品药品“双百”行动，成功创建省级药品安全示范县市。启动建设海涂一线标准海塘，整治山塘水库25座，除险改造危桥24座。深入推进“平安上虞”建设，“打四黑除四害”和打击经济犯罪等专项行动扎实开展，“网格化管理、组团式服务”深入实施，十八大期间维稳任务顺利完成，社会稳定“三色预警”经验全省推广。深入开展大接访活动，健全“大调解”体系，调处各类矛盾纠纷 3510件。全面启动“六五”普法，社区矫正规范化建设扎实推进。新居民同城化待遇不断提高。社区换届顺利完成。

7. 创新“优服务”机制，政务效能不断提升。全面开展“进村入企”大走访活动，选派102名机关干部到基层一线驻点帮扶，解决各类难题1145个。切实优化工作推进机制，实施“模拟审批”，开展效能评价，服务效率不断提高。自觉接受人大、政协和社会监督，办理人大代表建议187件和政协委员提案、意见236件，重大事项公众参与、专家论证和集体决策制度有效落实。高度关注民情民意和网络舆情，受理市长信箱和网络意见240件。健全反腐倡廉长效机制，加强行政监察和审计监督，行风效能得到提升。

各位代表，回首过去一年，挑战中蕴含着机遇，艰辛中满载着收获。在此，我代表市人民政府，向奋战在各条战线上的广大干部群众，向各位人大代表、政协委员，向各民主党派、工商联、人民团体、无党派人士和离退休老同志，向在虞直属单位和驻虞部队、武警官兵，向所有关心支持上虞发展的各界人士、海内外朋友，表示衷心的感谢和崇高的敬意！

当然，我们也清醒地看到，发展中还存在着一些困难和不足：经济运行方面，企业经营面临考验，产业竞争力有待提升，转型升级任务依然艰巨。城乡发展方面，不均衡问题依然存在，镇村实力还不够强，自我发展能力有待提升。民生和谐方面，保障水平与民生需求尚有差距，社会管理还存在薄弱环节，公共服务均等化水平有待进一步提高。自身建设方面，少数政府工作人员责任意识、工作作风和服务能力仍需提升。对此，我们将采取有效措施，努力加以解决。

二、奋力开创科学发展、赶超发展新局面

2013年，是贯彻落实党的十八大精神的开局之年，是推动上虞开发开放的机遇之年，也是促进经济提质提速的关键之年。看世情，经济复苏的基础仍然脆弱，但宏观经济环境总体趋好，各种积极因素不断增多。看国情，经济回升的道路仍然曲折，但宏观政策更趋积极，改革发展的环境将更加有利。看市情，经济发展的任务仍然艰巨，但机遇十分难得，大桥经济、高铁经济时代真正来临，空间优势加速放大，新兴产能加速释放，城市能级加速提升，“四个上虞”建设正迎来美好前景。

根据市委十四届四次全体(扩大)会议精神，今年政府工作的指导思想是全面贯彻落实党的十八大精神，以科学发展观为指导，按照中央经济工作会议和省、绍兴市有关重要会议精神，紧紧围绕“四个上虞”建设的总体要求，以“稳中求进、进中求好”为工作基调，深入实施招商选资“一号工程”，大力开展“项目推进年”“城建攻坚年”“作风建设年”等“三个年”活动，发挥比较优势，加大开发开放，全力提质提速，努力在深化改革开放、加快转型升级、统筹城乡发展、保障改善民生等方面取得新突破，奋力开创科学发展、赶超发展新局面。

综合考虑各方面因素，建议今年经济社会发展的主要预期目标为地区生产总值增长10%；公共财政收入增长10%；限额以上固定资产投资增长20%，其中工业生产性投资增长25%；社会消费品零售总额增长15%；自营出口增长8%；服务业增加值占地区生产总值比重提高1个百分点以上；节能减排均完成目标任务；城镇居民人均可支配收入增长10%，农民人均纯收入增长11%；城镇登

记失业率控制在3.5%以内。

围绕上述目标任务，我们将着重抓好六方面工作：

1. 突出有效投资，重抓项目建设

推进重大基础项目。配合建成杭州湾嘉绍跨江通道、杭甬高铁，完成南北中心大道及百崧公路连接线建设，推进三环东路上跨及连接线、新329国道孙端至曹娥、进港公路综合治理及延伸段工程，启动永和至104国道和上虞新港可行性研究，开展104国道上虞段改建工程前期工作。推进世纪新丘治江围涂工程建设，加快海涂一线标准海塘建设，实施曹娥江干堤（梁湖沙塘）加固工程，完成新东进河二线闸主体工程和海涂2号闸除险加固。启动实施500千伏江滨变、110千伏厦中变等输变电工程。

推进重大产业项目。扎实开展招商推介活动，突出"招大、引强、选优"，着力引进新兴产业、现代物流、总部经济和休闲旅游项目，启动建设上海金桥出口加工区上虞分区，完成合同外资2.8亿美元，实到外资2亿美元，引进内资60亿元。大力发展回归经济，启动建设虞商回归总部园和创业园，力争引进回归项目20只，到位资金39.5亿元。大力推进重点工业项目，加快剑桥科技、中化蓝天等项目建设，力争完成工业生产性投资220亿元，其中两区占比超过70%。大力实施服务业项目建设三年计划，加快推进惠普、浙大网新、杭州湾商旅综合体、杭甬运河曹娥作业区、省交投集团高速物流、英特医药物流等重大项目，力争完成服务业投资150亿元。

推进重大平台项目。杭州湾上虞工业园区完成滨海大道建设，加快东西中心大道、滨海新城快速路等路网建设，完善建成区、东二区基础配套，启动东三区基础设施建设，推进职工居住区和综合服务中心建设，积极争创国家级经济技术开发区。经济开发区完成整合提升区控制性详规编制，推进一号路跨杭甬运河桥、江滨路、北二路等项目建设，加快区内管网设施提档升级和四环线以内工业企业"提转搬"。

2. 突出创新提升，打造工业强市

优化产业发展导向。扎实推进工业强市"1237"行动计划，加快培育主导产业和重点块状。深入实施新兴产业"1331"培育计划，建立健全"六个一"工作推进机制，着力培育现代产业集群，加快产业产能释放，力争新兴产业投资增速高于工业投资5个百分点，产值占规上工业比重提高2个百分点。大力推进传统产业高新化，引导实施"机器换人"，力争项目设备投资比重提高3个百分点。积极构筑"龙头企业+产业配套"的发展体系，加快块状产业提升发展。

强化科技金融支撑。推进省级创新型试点城市建设，加快汽车及零部件、绿色化学制药、伞业等科创平台建设，完成风机检测中心主体工程，新认定国家重点扶持高新技术企业10家、省级以上企业研究院（研发中心）5家，全社会研究与试验发展经费占地区生产总值比重2%以上。大力推动质量强市，新增省级及以上驰（著）名商标5件、名牌5只，参与制订国家、行业标准5只。推进人才引进培养十大重点工程，建立院士工作站2家，引进硕士及以上人才250名。着力推进金融生态建设和服务创新，积极推动债券融资，新建小微企业专营机构1家、小额贷款公司1家。

加大市场开拓力度。全面落实外贸促进政策，鼓励抱团参展，组织参加各类展会70个以上，新拓展国家和地区市场6个以上。引导企业实施境内外并购，加快发展网络贸易、服务贸易，鼓励高新技术产品出口，扩大高端技术装备进口，新增省级出口名牌2只。有效落实贸易风险预警机制，不断扩大出口信用保险投保覆盖面。

注重企业培育管理。大力实施龙头型、品牌型、创新型"三个一批企业"培育工程，扶持发展小微企业，推进"个转私"和"规下升规上"，新增规模以上企业35家、亿元以上16家。积极推动企业股改上市，引导进入区域性股权交易市场，完成规范化股改企业10家。加快工业化和信息化深度融合，推动工业设计，着力打造"智慧企业"。引导完善法人治理结构，加强内控机制建设，积极防范经营风险。注重企业文化建设，加强新生代企业家培养。

3. 突出产业互动，推进结构调整

加快农业现代化步伐。实施农业两区"134"发展计划，建设省级农业综合区2个，建成省级主导产业示范区和特色农业精品区6个，新建粮食生产功能区2.49万亩、设施农业3000亩，确保粮食播种面积71.1万亩，争创省级循环农业示范县(市)。积极培育农业经营主体，新增省级农业龙头企业1家，新创省级示范专业合作社2家、省级农业名牌2只，新增土地流转1万亩。优化农业公共服务，加强灾害性天气预测预报和动植物防疫。

推动服务业集聚拓展。编制实施服务业三年提升计划，精心组织“浙东新商都”购物节，注重网络销售平台建设，加快培育专业市场，城北金融商务商贸区争创省级现代服务业集聚区。大力发展现代物流业，规划建设现代物流产业园区，培育AAA级以上物流企业2家。积极发展新兴服务业，着力培育文化创意、电子商务、健康养生等新型业态。

促进旅游业提档升级。修编旅游业发展总体规划及专项规划，启动建设曹娥江旅游度假区，加快上三高速蒿坝道口至度假区快速干道及六湖水利整治工程前期工作，力争引进2只重大旅游开发项目。实施“四季仙果之旅”三年提升计划和会务经济发展行动计划，加快基地建设和品牌培育，推进覆卮山旅游区建设，提升旅游服务标准化水平。编制文化旅游专项策划，推进曹娥、祝家庄、东山三大景区建设，打响“中华孝源”“英台故里”“东山再起”文化旅游品牌。

注重建筑产业化发展。引导建筑企业做强主业、延伸产业，鼓励创优夺杯，支持市场拓展，建成投用百官广场。加强建筑企业梯队培育，注重人才培养、资质升级，力争新增二级以上企业2家，实现建安产值1200亿元。推动建筑企业返乡投资，鼓励参与新农村和社会事业建设。引导房地产业稳健发展。

4. 突出城乡共进，建设美丽上虞

全力打造“一江两岸”城市精品。突出曹娥江城区段和滨江、高铁两大新城开发，强化规划引领，深化专项设计，启动区域通达性、滨水慢行系统和游船码头规划研究，实施曹娥江综合整治工程，加快打造体现城市文化特色的核心景观带。优化高铁新城开发体制，完成站前广场、三环路与江东路连接线建设，加快汽车北站、称山北路、江东北路、康居路等工程建设。开展“一江两岸”整体招商推介，积极发展生态型、科技型、总部型经济，启动建设8~10只总部楼宇和标志性建筑项目，着力打造城市美丽天际线。

不断增强城镇发展活力。加快城镇化发展步伐，深化“扩权强镇”，大力培育现代小城市，优化中心镇发展各类规划，加快实施一批功能性项目，确保中心镇主要经济指标增速高于全市平均水平。积极发展特色小城镇，启动实施城镇产业集聚计划，扶持发展集镇商贸业，拓展提升乡镇工业功能区，注重“腾笼换鸟”和产业链配套协作。扶持发展山区生态乡镇，加快城乡基础配套延伸覆盖，完成曹娥江东山大桥主体工程，启动虞南大环线可行性研究。

致力推动“美丽乡村”建设。启动编制城乡发展一体化空间布局规划，加快中心村、精品村和历史文化村培育，推进精品线路建设，争创全省美丽乡村建设先进县市。大力实施村级集体经济增收五年计划，推进物业联(购)建项目，新增全面消除年经营性收入20万元以下村的乡镇5个以上。开展新一轮村庄改造整治，深化农村宅基地置换，推进农民建房用地保障工程。

切实提升城乡管理水平。全面实施七大城市门户靓化改造，大力推进城乡“三改一拆”工作，力争完成旧房拆除62万平方米、新签约40万平方米。调整优化城市管理体制机制，探索建立城管义工队伍，加强交通组织管理，实施乱停乱放、占道经营等专项整治，推进背街小巷和城郊接合部环境治理。加强社区物业管理，重视基层组织建设，发挥社会组织在基层管理中的积极作用。

5. 突出绿色低碳，注重持续发展

实施资源提效行动。强化“亩产论英雄”理念，鼓励“零增地技改”，着力提高项目亩均投资强度和税收贡献度。加强土地指标盘活和争取，推进低效土地二次开发利用，确保新增建设用地耕地指标1000亩，重点项目戴帽指标1000亩，转而未供盘活1000亩，农村土地综合整治800亩。推行企业综合排序，加快淘汰落后产能，实施重点节能和循环经济项目26只，淘汰“五小”企业20家、高危耗能特种设备105台(套)，完成低效化工企业退出改造6家。

实施环境提质行动。深入推进“清水工程”，强化饮用水源水质监测保护，加快浙东古运河上虞段、东进排涝河等水环境整治，推进农业面源污染治理。加强城乡截污管网建设管理，完成污水处理厂尾水提标改造。扎实开展“蓝天行动”，深化杭州湾上虞工业园区、道墟化工小区气污染整治，严控城区建筑施工扬尘和三产油烟污染，建成投用$PM_{2.5}$大气自动监测站。加强环境执法监管，制订污染行业整治规划，全面开展化工、印染等行业整治，强制淘汰重污染项目10只、改造重污染企业15家。

实施生态提标行动。深入开展“811”生态文明建设行动，加强生态资源保护利用。大力发展生态经济，积极创建国家生态工业示范园区、国家级生态乡镇、省级森林乡镇各1个。大力实施生态行动，推进“四边三化”专项整治，加快329国道上虞段、东三环、杭甬运河等沿线绿化建设，完成平原绿化6500亩。大力培育生态文化，倡导低碳生活和绿色消费。

6. 突出以人为本，保障民享民安

努力提升民生保障力。深化省级创业型城市创建，落实就业创业政策，实施“技能振兴计划”，加强技工学院和农民学院建设，大力培养高级技工和新兴产业工人，推进充分就业社区（村）创建。加快保障性住房建设，加强城乡困难群众住房救助。完善社会保障政策，推进社会保险五费合征，适当提高被征地农民基本生活保障水平，完成社会保障卡发放工作。健全社会养老服务体系，推进乡镇（街道）综合性社会养老服务中心建设。发展慈善和红十字事业，落实低保救助政策，扩大残疾人服务保障覆盖面。

努力提升公共服务力。推进省现代化教育强市建设，深入实施学前教育发展三年行动计划，加快新一轮义务教育标准化学校建设，注重教师师德和学生素质教育。积极创建省体育强市、省卫生强市和国家级药品安全示范县（市），全面实施国家优生健康检查项目，注重职业病、传染病和慢性病防控，努力打造“健康之城”。优化新居民服务管理，探索建设市镇两级和谐促进会。举办市第十一届全运会。开展第三次全国经济普查。切实做好工青妇、老龄、儿童、档案、科普、民族、宗教、对台、侨务、外事、国防、双拥等工作。

努力提升文化软实力。大力弘扬新时期上虞精神，扎实开展“崇孝守信务实创新”主题教育活动。深入实施阳光文化惠民行动，推进十大文化创意村建设，办好“乡村大舞台”“虞舜文化节”等活动。加强非物质文化遗产保护和传承，推进大运河申遗。加快《上虞市志》编撰，注重文化精品创作。实施文化产业发展规划，整合文化资源优势，培育文化龙头企业，推进青瓷文化创意园等基地建设，启动规划上虞大剧院。

努力提升社会稳控力。深化安全生产“打非治违”行动，加强重点行业监管整治，确保事故起数和死亡人数“零增长”。加强应急联动规范化建设和预案演练。强化食品药品和环境安全监管，深化“十小”行业管理，重抓平安校园建设和校车安全管理，实施病险山塘除险加固三年计划。推进“平安上虞”建设，深化“三色预警”机制，建立“三全”维稳体系，加快“枫桥式”派出所和“平安乡村”建设。加强信访矛盾调处，重视初信初访，着力化解信访难题。推进“六五”普法，建成社区矫正中心，完善专业调解委员会建设，实施律师人才队伍三年倍增计划。

各位代表，新的一年我们将积极创造条件，全力办好十方面民生实事：一是就业创业方面，启动建设市人力资源市场，新增就业岗位1.2万个，引导和帮助4000名城镇失业人员实现再就业，完成免费技能培训8000人次以上。二是社会保障方面，新增五大类社会保险参保5万人次，发放社会保障卡20万张，60~69周岁老人乘车实行半票优惠。三是住房保障方面，人才公寓完成80%的工程量，建成1030套公租房，落实1000套保障房，解决城乡居民住房困难4000户以上。四是饮水安全方面，建成城乡供水管网50千米，完成自来水“一户一表”改造40个村，新解决1万农民的饮用水安全问题。五是教育体育方面，启动建设市体育馆，完成“园安工程”50%的工程量，完成永和镇中新建，加快崧厦镇小新建和盖北镇小、曹娥中塘二小扩建。六是医疗卫生方面，完善120急救体系，完成市婚姻登记优生服务中心、市影像诊断中心和病理诊断中心建设。七是文化事业方面，实施浙东古运河上虞段文物保护整修工程，基本完成城西历史文化广场建设；送3万册图书、120场戏曲、5500场电影到农村。八是城乡改造方面，完成104国道舜耕大道至舜帝岭、迎宾大道城市门户靓化改造工程，完成章镇、小越、道墟农贸市场改造，实施五大类民生项目60只，新增公共停车泊位300只。九是公共安全方面，完成气象防灾减灾中心60%的工程量，完成农村公路隐患治理12千米，除险加固山塘水库42座、桥梁16座，推进城南消防站建设，新增“天网工程”虚拟抓拍点200个，实施城区交通信号灯智能化改造。十是生态环境方面，启动实施虞北平原（滨江河—沥北河）整治工程，完成河道及小流域整治80千米；推进城北3号泵站迁建和路东污水泵站建设，完成城东污水外排管道及2号泵站建设，新增日生活污水纳管1万吨。

三、建设作风优良、务实高效的亲民政府

各位代表，发展的重任、人民的期盼，对政府工作提出了更新更高的要求。我们将认真落实改进工作作风、密切联系群众的各项规定，大力倡导“有激情、敢担责、重实干、守纪律”的良好政风，扎实开展为民务实清廉主题教育活动，尊重民声民意，践行勤政廉政，努力为发展尽责、为民生尽力。

1. 求计于民、问需于民。时刻把群众安危冷暖放在心上，广泛深入地开展“两问一送”活动，千方百计为民谋利。多到基层一线，改进调查研究，向群众学习、向实践学习，真心真意征求发展之计，及时准确了解群众所思所盼，尽最大努力办群众期盼的事，坚决不做广大群众不满意、不同意的事。多解民生之忧，认真落实各项惠民富民政策，尽力抓好每一件实事，努力让基层快发展、让群众得实惠。

2. 依法行政、科学施政。自觉接受人大及其常委会监督和政协的民主监督，认真办理人大代表建议、政协委员提案（意见）和各类社情民意。严格按照法定权限和程序履行职责，坚持重大事项科学分析、民主决策，开通政务微博，主动听取社会各界和广大网民的意见建议。大力弘扬敢为人先、敢于突破的进取精神，认真分析宏观发展形势和经济运行态势，勇于探索有利于赶超发展的创新路径，努力改革不利于科学发展的体制机制，切实加快行政审批制度改革。

3. 改进政风、转变作风。大兴立说立行的实干之风，凡是确定的任务和协调的事项都将不折不扣地抓好落实，凡是出台的政策和建立的机制都将坚定不移地加以执行。保持克难攻坚的奋进之势，重任面前敢于担责、主动分忧，只要有利于长远发展、有利于民生改善，就将付出百倍努力，咬定目标不放松，创新突破不停步。倡导低调严谨的务实之举，不事张扬、精益求精，主动查找工作中存在的问题和不足，大力精简会议、文件和活动，把更多的时间和精力放到干实事、解难题、促发展上。

4. 公正处事、勤俭办事。规范权力运行，全面落实党风廉政建设责任制，切实加强重点领域、重大项目、重要环节的行政监察和审计监督，严肃查处各类违纪违法案件。注重公平公正，切实优化公共资源配置，提高财政资金使用绩效，坚决纠正损害群众利益的不正之风。珍惜民资民力，认真执行“四个严禁、两个严控”规定，有效压缩“三公”经费，严格控制庆典仪式和检查评比，把有限财力更好地用于改善民生和保障发展。

各位代表，新的一年开启新的征程，新的目标赋予新的使命。让我们在中共上虞市委的坚强领导下，紧紧依靠全市人民，乘势而上，务实奋进，为加快建设“四个上虞”，率先基本实现现代化而努力奋斗！

中国人民政治协商会议
第九届上虞市委员会常务委员会工作报告

（2013年1月20日在政协第九届上虞市委员会第二次会议上）

卢一勤

各位委员、同志们：

我受政协第九届上虞市委员会常务委员会的委托，向大会作工作报告，请予审议，并请列席会议的同志提出意见。

一、2012年工作回顾

2012年是实施"十二五"规划的关键之年，是贯彻落实市十四次党代会精神的重要之年，也是九届政协的开局之年。一年来，市政协常委会在中共上虞市委的领导下，坚持以科学发展观为指导，牢牢把握团结民主两大主题，按照市第十四次党代会的总体要求，紧紧围绕"稳中求进、克难奋进、和谐共进"的工作基调和"稳增长、快转型，重投入、兴实体，抓改革、优环境，惠民生、促和谐"的工作重点，倾力服务大局、真情服务群众，认真履行政治协商、民主监督、参政议政职能，为合力推动"四个上虞"建设作出了积极的努力。

（一）紧扣"第一要务"，为加快发展献计出力

发展是党执政兴国的第一要务，也是人民政协工作的出发点和着力点。常委会始终坚持以服务发展为己任，牢牢把握围绕中心、服务大局的工作原则，始终与市委保持目标一致、步调合拍，切实做到在服务中履职，在发展中献策。

围绕中心，积极开展协商议政。一年来，常委会围绕党政重视、群众关注、事关全局的重点问题，确定了相关议题，充分利用全委会议、常委会议、主席会议和专题会议等形式，组织开展好各项协商议政活动。一是全体会议协商。在九届一次全体会议期间，对"一府两院"工作报告等进行了认真深入的协商讨论，并围绕"创新上虞、精致上虞、人文上虞、幸福上虞"建设召开四个专题议政会，邀请市委、市政府主要领导参加，听取委员意见建议，面对面进行协商。二是常委会议协商。邀请市政府主要领导在市政协常委会议上，通报我市经济社会发展情况和2013年重点工作；组织政协常委就我市加快推进小城市培育试点、培育发展新能源产业等有关议题进行专题协商，市政府常务副市长认真与会协商。三是主席会议协商。组织召开十次主席会议，对繁荣发展文化事业、拓宽中小企业融资渠道、推进体育强市创建、提升社会保障水平、强化园区环境整治行动、助推回归经济发展等课题开展视察调研，进行座谈协商，市政府有关副市长均认真与会协商。

聚焦发展，深入组织调查研究。坚持"把准着眼点精选课题、把握着力点提升质量、把好着重点增强实效"的原则，通过自身尽力与善借外

力相结合的方式，由政协分管主席任组长，依托各专委会、依靠部门和专家，深入调研、充分论证，有效提高协商议政、建言献策的层次和水平。如对“加快体育设施建设，推进体育强市创建”课题，市政协通过两个多月的深入调研，多层面地广泛征求意见，最终递交的《关于进一步加快创建省体育强市的建议案》得到了市委、市政府主要领导的批示。最近，市里已召开了省体育强市创建动员大会。又如对“探索直接债务融资模式，拓宽中小企业融资渠道”课题，市政协经过广泛深入的调研协商后形成的建议案《关于探索直接债务融资模式拓宽中小企业融资渠道》也得到了市委、市政府主要领导的批示。其他如《抓住契机，及早行动，加快推进小城市培育试点》《培育发展新能源产业，合力打造“创新上虞”》的调研报告和《关于“充分发挥统战优势助推‘回归经济’发展”的建议案》等，均得到了市委、市政府的高度重视，为市委、市政府科学民主决策提供了重要参考。

服务大局，主动参与中心工作。常委会既主动建言献策，又注重身体力行，把献计与出力结合起来，围绕党政中心工作和全市大局，当好实际工作的参与者和推动者。如加强与虞籍港澳台同胞和虞商的联络联谊，积极参与、支持招商选资“一号工程”，主动牵线搭桥引项目、引资金，服务企业、服务经济。努力做好市委分工联系的重点项目的协调和服务督查工作，认真负责地做好镇街、村居、学校和企业等“六个一”联系工作，着力帮助解决实际问题，促进项目建设和基层工作的开展。

（二）倾听群众呼声，为维护民利尽责尽力

关注民生、履职为民，是人民政协工作的根本要求。常委会始终把群众关注的热点问题，作为履行三大职能的重点，倾听群众呼声，了解群众诉求，关心群众疾苦，推动相关惠民政策的落实，切实维护人民群众的根本利益。

切实抓好提案工作。常委会把加强提案工作作为听民意、办实事的重要途径，进一步加强提案的征集、督办工作。如修订完善提案工作实施办法，向社会公开征集提案线索，下发《提案选题参考提纲》，选择重点提案摘编报送市委、市政府领导，对重点提案实行市政府领导领办、市政协领导督办制度，加强对提案办理重点部门的指导、督促，召开重点提案、一类提案办理情况汇报会，常委会议专题听取政府系统提案办理情况汇报等，不断推动提案质量的提高和办理工作的落实。一年来，共立案并交办提案215件，到10月初已全部办复。从反馈情况看，委员对办理结果表示满意和基本满意的有209件，占97.2%；表示理解的6件，占提案总数的2.8%。

积极反映社情民意。“民有所呼，我有所应。”常委会把反映社情民意作为替群众代言、向党政献策的重要方式，作为履行政治协商、民主监督、参政议政职能的重要基础，坚持继承与创新相结合，进一步夯实基础、完善机制、落实措施，社情民意反映工作保持了良好态势。全年共反映社情民意227条，编发社情民意85条，其中被绍兴市政协采用42条、省政协采用5条、全国政协采用4条，我市的反映社情民意工作继续在绍兴市政协系统保持领先优势。同时，围绕领导重视、群众关注的热点、难点问题，狠抓办理落实，推动成果转化，涉及本级的社情民意反映已得到较好落实，工作实效性得到进一步体现。我市“创新反映社情民意工作机制”的做法被省政协评为首批十大创新典型案例之一。

着力开展为民服务。5月中下旬，继续开展主题为“进村入企访民情，真心实意办实事” 的“界别活动周”，组织委员深入乡镇、部门、社区、企业和学校，通过听取情况介绍、召开座谈会、实地考察、走访了解等形式，深入了解民情，及时将各界群众反映的诉求，报送市委、市政府和有关部门。同时，发动广大委员积极为群众办实事、做好事、解难事。据统计，“界别活动周”期间，各界别委员专题调研课题25个，为民办实事33件，集资捐款37.75万元，慰问困难群众15户。另外，在虞的31名省、绍兴市政协委员也慷慨解囊，为苦等一年终于骨髓配对成功而缺手术费用的白血病患者和靠呼吸机维持生命却依旧关心他人的25岁姑娘，送去9.45万元爱心捐款，充分展示了政协委员心系群众、扶贫济困的良好形象。

（三）突出两大主题，为促进和谐凝心聚力

团结和民主是人民政协的永恒主题。常委会

坚持把聚人心、增合力作为工作的重要立足点，积极协助党委、政府做好统一思想、凝聚人心的工作，最大限度地调动积极因素，化解消极因素，形成推动社会和谐的强大合力。

广泛开展联络联谊活动。始终坚持把促进各党派、团体和工商联的团结共事，巩固和扩大爱国统一战线摆在重要位置，建立健全市委常委、政府部门联系各党派、工商联、知联会工作制度，并取得良好成效。加强同宗教界人士联系，引导和促进其与社会主义社会相适应。加强与虞籍港澳台同胞、海外侨胞和其他外商的联系，为增进乡情友情发挥应有的作用。继续与市委统战部联合举办各界人士中秋联谊会，联络感情、凝心聚力。特别是今年市里在北京、上海、南京等7个城市成立虞商联谊分会，政协领导班子成员与其他三套班子成员一起，分别联系一个分会，并积极参与、广泛联络，力所能及地做好宣传政策、提供信息、沟通协调等工作。

扎实推进文化文史交流。发挥文化文史交流的独特优势，以虞舜书画院为平台，广泛开展市内外、省内外的书画展览和交流。一年来，先后举办了上虞乡贤车益祥书画作品展、“三五成群”书画展、中华孝德文化联谊会成立大会暨张关卣先生书画作品展等10次，与吉林白城市政协、普陀区政协、越城区政协等市内外书画机构开展书画联谊活动。调整充实了特邀文史员队伍，出版发行《上虞文史资料选粹(二)》，开展《上虞名人信札》编纂工作。按照绍兴市政协文史委的要求，完成了杭州湾上虞工业园区、汤浦童装、崧厦伞城、石狮商贸城、阳光照明等区域特色专题文史资料的编撰工作。继续办好在政协上虞网站的“文史广角”栏目，为更好地宣传上虞文化、扩大上虞影响、提升上虞形象发挥了重要作用。

切实加强政协宣传工作。重抓《上虞政协》网站建设，落实专人负责，健全特约通讯员队伍，广泛采编信息，及时更新维护，目前点击率已愈58万人次；加强与市级新闻媒体的联系合作，丰富报道内容，创新报道形式，市内宣传报道力度不断加大；积极做好对外宣传工作，先后有10余篇宣传报道被《人民政协报》《浙江日报》《联谊报》《绍兴政协》等上级政协报刊采用，较好地宣传了我市政协工作的动态、经验、特色和亮点。我市政协获省《联谊报》宣传工作优秀奖。

(四)夯实履职基础，为自身建设注入活力

加强自身建设，是政协固本强基的重要工作，也是做好新时期政协工作的重要保证。常委会坚持继承和创新相结合，进一步探索富有时代特征、政协特色、上虞特点的方法载体，全面加强自身建设，不断提高政协工作的科学化水平。

加强班子队伍建设。坚持党的领导，充分发挥政协党组的核心作用，坚持把党的路线、方针、政策与市委的各项部署落实到政协工作之中，做到与党委、政府思想上合心、工作上合力、行动上合拍。强化政协常委会组成人员的政治意识、大局意识、责任意识和表率意识，努力把常委会建设成为更加务实、更加开放、更加创新、更加团结的领导集体。

加强委员队伍建设。通过多层次、多形式的学习教育激励，努力提升委员素质和激情。如发挥界别的组织优势，组织委员学习培训；发挥网站的平台优势，提供开放式的学习空间；继续开展“优秀提案、优秀信息员、优秀文史员、优秀通讯员”等评选表彰活动，切实提高委员履职的责任心和积极性。

加强界别、委组建设。加强界别组织建设，健全界别召集人例会制度；下发《关于完善政协第九届上虞市委员会办公室、研究室、各专门委员会联系界别、联络组的通知》，使委、室工作与界别、联络组工作有机衔接、互联互动；完善以重要课题为纽带，以提案、社情民意反映为重点，以委组牵头协调、委员广泛参与为格局的工作机制，不断提高视察、调研、提案、信息的质量，努力打造协商议政、建言献策的精品力作。

加强政协机关建设。进一步完善各项工作制度，强化政协机关的服务保障功能，使工作协调统一、规范有序。在市委的重视下，成功举办庆祝市政协成立30周年座谈会，并出版《上虞市政协志》。扎实做好联系社区和结对村的帮扶工作，深入开展“结贫思廉”助学活动。热情接待全国各地的政协考察团，认真做好离退休老干部的服务工作。

一年来，市政协常委会工作取得了新的成绩，这是中共上虞市委正确领导的结果，是市人大常委会、市政府大力支持的结果，是政协各参加单位、广大委员、政协工作者共同努力的结果，是各乡镇（街道）、部门、社会各界人士积极配合的结果。在此，我代表市政协常委会，向所有关心和支持政协工作的同志们、朋友们，致以崇高的敬意和衷心的感谢！

同时，我们也清醒地认识到，面对新形势新任务，我们的工作还有不少需要完善的地方。主要表现在：界别和委、组的基础作用有待进一步发挥；委员履职的责任意识有待进一步增强；机关的服务保障能力有待进一步提升等等。这些都需要我们在今后的工作中不断探索，努力改进。

二、2013年工作任务

2013年是贯彻落实党的十八大精神的开局之年，也是我市加快推进“四个上虞”建设的重要之年。在新的一年里，我们要在中共上虞市委的正确领导下，以科学发展观为指导，认真学习贯彻党的十八大精神和市委十四届四次全体（扩大）会议精神，牢牢把握团结民主两大主题，紧紧围绕市委“四个上虞”建设的总体要求和“稳中求进、进中求好”的工作基调，全力服务招商选资“一号工程”和“项目推进年”“城建攻坚年”“作风建设年”等“三个年”活动，坚持“开放为先，发展为重，民生为本，实干为要”的工作原则，真情履职，力求实效，为合力打造“四个上虞”、全面建成惠及全市人民的小康社会贡献智慧和力量。

（一）围绕中心、建言献策，着力提升服务水平

常委会要坚持围绕中心、服务大局，发挥优势、凝聚力量，更好地做到与党委政府同心同向同行、合心合力合拍，真正使政协更好地服务科学发展大局，更好地在推动经济社会发展中发挥更大的作用。

精心开展调研协商。我们将紧紧围绕全市的工作重点，深入调研，积极建言，助推全市经济转型升级和城乡统筹发展。今年，常委会议要重点搞好“实施创新驱动发展战略，推进工业经济转型升级”和“建设美丽乡村，打造幸福上虞”等课题的专项调研协商；主席会议要搞好“加强教育系统高层次人才队伍建设”“加快拆迁改造步伐、拓展城市发展空间”“深入推进创建活动、全面提升宗教场所规范化管理水平”等课题的专项调研协商，为市委、市政府决策提供参考。

认真组织视察活动。聚焦市委、市政府决策部署的落实、民生热点问题的解决、机关作风效能的提高，主席会议专项视察青瓷文化创意园建设、农业“两区”发展、虞商联谊工作、社情民意办理和优生促进工程等，切实把参与、服务、监督有机统一起来。

主动参与中心工作。坚持“宏观献计”与“微观求实”相结合，继续做好市委统一部署的“六个一”联系工作和阶段性重点工作，积极参加“虞商回归投资创业”联系联络工作；积极引导委员广泛开展科技推广、招商选资、项目推进、银企合作、人才引进和信息传递等活动，立足岗位建功立业。

（二）强化规范、重质求效，着力提升履职水平

常委会要根据实际，突出重点，紧紧围绕政治协商强规范、民主监督求实效、参政议政出精品的要求，扎扎实实开展好各项履职活动，努力在增强履职实效上实现新突破，不断取得提案、信息、文史、宣传等工作的新成效。

提案工作要谋求新提升。始终遵循“围绕中心、服务大局、提高质量、讲求实效”的提案工作方针，坚持以提高提案质量为基础，以注重办理实效为重点，在征集环节重引导、立案环节严标准、办理环节强协商、督办环节促转化上下功夫，努力创新与提案工作全局性定位相适应的体制机制，不断完善提案工作的领导协调机制、提办双方的沟通协商机制、办理质量的分析评估机制。拟选择若干件有代表性的提案，组织“百名政协委员促进提案办理”系列活动，以推动提案工作整体水平的提高。

信息工作要实现新突破。紧紧围绕党委政府的工作重点和人民群众的关注热点，进一步畅通民意渠道，优化反映质量，加大办理力度，切实增强反映社情民意工作的针对性和实效性。要坚持原有特色做法，充分发挥制度优势，始终抓住提高反映质量和促进成果转化两个主要环节，不断创新方式方法，完善工作机制，推动反映社情民意工作再上新台阶。

文史工作要取得新成效。继续开展有关上虞

历史文化资源的挖掘、整理、出版和宣传工作。做好《上虞名人信札》的定稿、出版工作；抓好《上虞文史资料选粹（三）》的编纂、发行工作；配合做好省、绍兴政协的文史编纂工作。继续发挥虞舜书画院的桥梁和纽带作用，加强与市内外书画团体的交流合作，组织开展书画展览活动，促进上虞文化事业的繁荣。

宣传工作要得到新加强。继续充分发挥现代信息技术的优势和各种宣传媒体的作用，切实做好政协重要会议和重大活动的宣传报道工作，并注重内容形式，增强宣传实效。《上虞政协》网站，要突出对界别、专委会、联络组活动和委员风采的宣传报道，不断提高网站的点击率。

（三）发挥优势、联络联谊，着力提升合作水平

常委会要充分发挥组织优势，进一步探索加强团结、发扬民主的方式方法，努力将政协组织建设成为交流、联谊的重要平台，为推动上虞科学发展汇聚力量、凝聚人心。

加强团结民主。始终突出团结民主两大主题，充分发挥各民主党派、人民团体、工商联、无党派人士在政协工作中的重要作用，并加强与各界人士的团结合作，努力营造宽松和谐、团结民主的氛围。

促进联络联谊。充分发挥政协统一战线组织的优势，广泛开展联络联谊活动。继续借各界人士中秋联谊、虞商联谊会等多种形式，加强与港澳同胞、台湾同胞、海外侨胞和在外虞商的联系，努力在扩大对外开放、加强经贸合作和招商选资中发挥应有的作用；积极做好少数民族群众、信教群众工作；加强与新社会阶层人士的联系。

深化履职为民。民生连着民心，民心凝聚民力。要始终坚持以人为本、履职为民，满怀真情厚意，心系民生福祉，积极开展各项履职活动。除平时的各种活动外，仍要精心策划、确定主题，在五月中下旬开展“界别活动周”，努力知民情、解民忧、暖民心，协助市委、市政府做好改善民生工作。

（四）加强学习、转变作风，着力提升工作水平

常委会要坚持与时俱进、务实创新，把学习和贯彻十八大精神作为当前首要的政治任务，按照“四位一体”的要求，不断提升自身建设水平，切实提高政协工作的影响力。

要发挥委员的主体作用。要积极探索加强委员服务管理的新路子，提高委员的责任意识和履职能力。要健全与委员沟通联系的制度，及时反馈履职情况。继续评比表彰政协工作的各类先进，充分调动委员的积极性和主动性，自觉树立政协委员的良好形象。

要发挥界别的特色作用。要突出界别特色，创新界别调研、视察、撰写提案、反映社情民意的方式方法，拓展界别活动领域，发挥好在界别群众中的代表作用，使界别活动更加有活力、有实效。

要发挥委组的基础作用。继续完善办公室、研究室、各专门工作委员会联系界别、联络组制度，努力夯实基层基础。各委室要积极开展对口联系和协商活动，发挥好联络委员、联系界别、联络组的基础作用；联络组要积极争取所在乡镇（街道）党委、政府的支持，开展形式多样的活动，努力为当地经济社会发展、美丽乡村建设、社会和谐稳定献计献策。

要发挥机关的保障作用。要进一步加强机关建设，按照市委提出的“有激情、敢担责、重实干、守纪律”的要求，提高工作标准，转变工作作风，提升工作水平。要加强上下之间的联络、联谊和联动，左右之间的协作、协调和配合，规范有序、科学有效地开展工作，为政协整体工作的推进提供有力保障。

随着嘉绍跨江大桥、杭甬高铁的建成通车，上虞经济社会发展跃上新的历史起点，迈上更加壮丽的征程。面向未来，人民政协工作大有可为。让我们高举中国特色社会主义伟大旗帜，深入贯彻落实党的十八大精神，在中共上虞市委的坚强领导下，同心同德、和衷共济，务实创新、锐意进取，为推进我市人民政协事业新发展、合力打造“四个上虞”做出新的更大的贡献！

特　辑

统计公报

2013年是贯彻中共十八大精神的开局之年，也是深入实施“十二五”规划、加快推进“四个上虞”建设的关键之年。在这一年里上虞迎来了大桥通行、高铁通车的重大机遇，开启了撤市设区的崭新历史。上虞紧紧围绕“发挥比较优势、加大开发开放、全力提质提速”的要求，牢牢把握“稳中求进、进中求好”的工作基调，大力开展“一号工程”“三个年”活动，全区经济呈现稳中有进，转中向好的良好态势。

表1　　上虞经济社会发展主要指标

指标名称	单位	2013年	2012年	增幅(%)
年末户籍人口	万人	77.95	77.85	0.1
地区生产总值(GDP)	亿元	624.98	577.46	9.0
规模以上工业总产值	亿元	1486.70	1318.71	12.7
固定资产投资	亿元	347.51	296.54	17.2
工业生产性投资	亿元	205.88	169.07	21.8
社会消费品零售总额	亿元	211.86	180.34	17.5
自营出口总额	亿美元	31.19	27.46	13.6
实际利用外资	万美元	20005	25351	-21.1
财政总收入	亿元	78.38	72.93	7.5
公共财政预算收入	亿元	43.11	39.19	10.0
金融机构本外币存款余额	亿元	842.49	801.45	5.1
金融机构本外币贷款余额	亿元	734.32	682.84	7.5
全社会用电量	亿千瓦时	41.77	38.16	9.5
工业用电量	亿千瓦时	32.29	29.71	8.7

续表1

指标名称	单位	2013年	2012年	增幅(%)
城镇居民人均可支配收入	元	41627	37981	9.6
农村居民人均纯收入	元	19608	17686	10.9

说明:GDP增幅按可比价计算

一、综　合

综合实力显著增强。据初步核算,2013年上虞地区生产总值达624.98亿元,按可比价计算,增长9.0%,增幅高出绍兴市平均0.5个百分点居绍兴市第二位。按户籍人口计算,全区人均生产总值80229元,增长8.9%,按年平均汇率(6.1927)计算,人均生产总值达12955美元。从三大产业看:第一产业实现增加值41.71亿元,增长3.2%;第二产业实现增加值344.22亿元,增长10.0%;第三产业实现增加值239.05亿元,增长8.4%。产业结构进一步优化,由上年的6.9:55.9:37.2演变为6.7:55.1:38.2,三次产业对GDP增长的贡献率分别为2.3%、64.5%和33.2%。

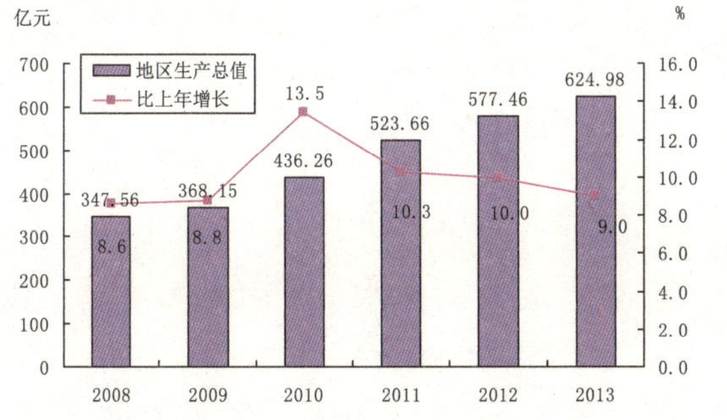

图1　2008-2013年地区生产总值及增长速度图

二、农　业

农业经济稳步增长。2013年,农业部门各项工作目标明确、措施有力,有效促进了农业增效、农民增收,现代农业经济保持良好发展态势。全年实现农林牧渔总产值65.67亿元,按可比价计算,增长3.2%,其中农业41.51亿元,增长3.9%;林业3.70亿元,增长9.8%;牧业9.26亿元,下降3.5%;渔业10.58亿元,增长4.2%;农林牧渔服务业0.61亿元,增长7.3%。

农业生产总体趋降。2013年,全区农作物播种面积122.84万亩,比上年下降2.4%。其中粮食播种面积74.39万亩,下降0.2%;蔬菜播种面积25.29万亩,下降5.8%;棉花2.10万亩,下降20.6%;水果8.70万亩,增长0.7%;水产品总产量3.77万吨,下降2.7%;全年生猪出栏41.72万头,下降0.1%,家禽出栏440.65万羽,下降20.7%,肉类总产量3.78万吨,下降7.1%。

现代农业硕果累累。"两区"建设成效明显,2013年,全区新建粮食生产功能区2.49万亩,累计建成省级现代农业综合区1个,主导产业示范区7个和特色农业精品园13个。继成功创建"浙江红心猕猴桃之乡"之后,"舜阳"红心猕猴桃获得"中华名果"称号。积极培育农业经营主体,至年末共拥有农业龙头企业88家,其中年销售收入超亿元企业9家,省级骨干龙头企业10家。全年新增农民专业合作社56家,累计达430家,覆盖农业各个产业,其中省级示范性专业合作社16家。农业品牌建设取得新突破,至年末全区共有浙江名牌产品14只,浙江著名商标16只,绍兴名牌产品64只,绍兴著名商标24只。积极推进农产品认证,全年新认证无公害农产品7只、绿色食品3只,无公害农产品基地面积19.92万亩。

"美丽乡村"建设步伐加快。围绕"农业更优、农村更美、农民更富、基础更实"加快推进美丽乡村建设工作,2013年财政对农林水事务投入6.23亿元,增长9.6%。全年共实施3条精品线路,9个精品村建设,其中"风雅·白马春晖线""山水·生态休闲线"和9个精品村项目已建成。加快中心村建设,至年末,全区已培育省级示范中心村6个,绍兴市级精品示范村6个。扎实推进村级集体经济增收五年计划,新增达标乡镇(街道)6个。全年实施村级物业经营项目51只,至年末竣工25只;实施村级公共服务中心建设扶持项目17只,至年末竣工9只。开展农家乐提档升级工作，共创建省级农家乐特色点2个、特色村1个，绍兴市级农家乐特色村（点）15个。开展环境卫生“百日整治”行动，培育提升村民环保意识和文明素质。

绿化水平显著提升。2013年，围绕“四边三化”工作部署，完成平原绿化6550亩，其中重点沿海防护林国债项目2520亩，平原绿化率达到18.7%。成功创建省级森林城镇2个，森林村庄7个，绍兴市级森林城镇2个，获全省沿海防护林建设先进县称号。

三、工业和建筑业

工业生产企稳回升。扎实推进工业强市“1237”行动计划，加快培育主导产业和重点块状，2013年全区实现工业总产值1990.62亿元，增长11.6%，其中规模以上工业产值1486.70亿元，增长12.7%。从轻重工业看，规模以上轻工业实现产值680.73亿元，增长12.0%，重工业实现产值805.97亿元，增长13.4%；从两大平台看，上虞经济开发区和杭州湾上虞经济技术开发区继续引领发展，全年上虞经济开发区实现规模以上产值472.34亿元，杭州湾上虞工业园区升格为国家级经济技术开发区，实现规模以上产值700.71亿元，“两区”实现规上产值占全区比重达78.9%，比上年提高6.4个百分点。

创新驱动作用增强。2013年，全区规模以上工业实现新产品产值446.80亿元，增长20.5%，新产品产值率达30.1%，比上年提高1.5个百分点。实现高新技术产业产值603.65亿元，增长16.2%，占规模以上工业产值的40.6%，比上年提高1.1个百分点。深入实施新兴产业“1331”培育计划，全年实现新兴产业产值500.50亿元，增长15.1%，占规模以上工业产值的比重达33.7%，比上年提高2.2个百分点；分行业看，生物医药产业和先进装备制造业增势强劲，分别增长21.7%和20.6%。

工业效益持续向好。2013年，全区工业经受住国际市场疲软和宏观调控的重重考验，破解发展中的矛盾和问题，工业经济效益持续向好。全区规模以上工业全年实现主营业务收入1378.11亿元，利税133.37亿元，利润92.24亿元，分别增长11.2%、9.2%和9.1%，比上年提高2.1、4.6和5.0个百分点。

规模企业拉动明显。至年末，全区共有主营业务收入2000万元以上企业558家，其中年主营业务收入50亿元以上企业2家，10亿～50亿元企业22家，5亿～10亿元企业21家，1亿～5亿元企业160家。全区主营业务收入亿元以上企业实现产值1313.89亿元、主营业务收入1223.88亿元、利润总额89.70亿元，分别增长14.6%、13.2%和10.5%，占规模以上工业企业的比重分别达88.4%、88.8%和97.2%。全区97家大中型企业完成产值944.03亿元，实现利税97.98亿元，利润69.00亿元，分别增长13.3%、10.1%和11.8%，均高于全区规上工业企业平均水平。

节能降耗从严控制。紧紧围绕节能减排目标任务，精心部署，狠抓落实，全区规上企业综合能耗107.17万吨标准煤，增长10.7%，低于规上工业总产值增幅2.0个百分点；万元产值能耗0.0721吨标准煤，下降1.8%。其中116家重点能耗企业综合能耗90.22万吨标煤，增长5.9%，增幅小于规模以上工业综合能耗4.8个百分点，实现产值1014.58亿元，增长12.6%，万元产值能耗0.0889吨标准煤，下降6.0%，为全区节能降耗起到了示范引领作用。全社会用电量41.77亿千瓦时，增长9.5%，其中工业用电量32.29亿千瓦时，增长8.7%。

建筑产业稳步提升。上虞作为全国建筑之乡、浙江建筑强市（县、区），2013年建筑业继续稳步提升。全年实现建筑业总产值1276.55亿元，其中在外省实现919.62亿元；实现利税78.24亿元，利润总额37.92亿元，分别增长10.5%、9.8%、16.5%、15.3%。完成房屋建筑施工面积11451.68万平方米、房屋建筑竣工面积3979.51万平方米，分别增长10.5%和3.1%。评级创优着力推进，2013年新增二级及以上企业4家，新获鲁班奖4项（参建）、詹天佑金奖1项、国优工程银奖4项、全国用户满意工程2项、上海市白玉兰22项（其中参建10项）、钱江杯10项（其中参建8项）、海河杯2项（其中参建1项）、广东省建设工程优质奖2项、金石奖83项、全国建筑工程装饰奖20项、浙江省优秀建筑装饰工程奖65项。

四、固定资产投资

*有效投资着力推进。*2013年上虞突出有效投资，重抓项目建设，全年计划投资500万元以上项目完成固定资产投资347.51亿元，增长17.2%，其中基础设施投资64.87亿元，增长1.6%；工业生产性投资突破200亿元，实现205.88亿元，增长21.8%，增幅高出绍兴市平均8.4个百分点，居县市区首位；第三产业投资138.59亿元，增长10.9%。高端项目建设顺利推进，全年完成战略性新兴产业投资101.28亿元，增长46.1%，增幅高出全区工业生产性投资增幅24.3个百分点，高于绍兴市平均18.4个百分点，居绍兴县市区第一。两区平台仍是投资的主战场，其固定资产投资和工业生产性投资占全区的比重分别达53.6%和70.9%；上虞经济开发区完成固定资产投资26.56亿元，增长6.2%，其中工业生产性投资24.86亿元，增长5.8%；杭州湾上虞经济技术开发区完成固定资产投资159.66亿元，增长22.3%，其中工业生产性投资121.17亿元，增长24.2%。

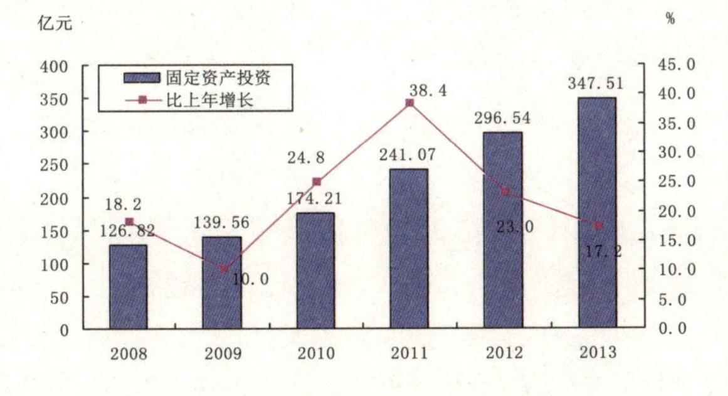

图2 2008-2013年固定资产投资及增长速度图

*房产市场平稳发展。*2013年，全区围绕“市场保稳定，社会促和谐”目标，进一步加大对房地产市场的科学引导和有效监管，房地产市场保持平稳发展。全年完成房地产开发投资73.67亿元，增长22.2%，商品房施工面积416.46万平方米，增长17.9%，商品房竣工面积60.46万平方米，增长0.4%，增幅分别比上年提高13.9、15.1和2.5个百分点。在房地产商的促销措施和刚性需求有效释放的双重作用下，房地产保持良好的销售形势。至年末商品房销售面积80.92万平方米，增长80.4%，商品房销售额达68.97亿元，增长81.0%。

五、城市建设

*城市建设精益求精。*2013年，全区以“精致上虞”建设为目标，以“城建攻坚年”“城市管理年”为抓手，加快推进上虞新型城市化建设进程。深化“一江两岸”城市设计，17幢总部楼宇成功落户。加快基础设施建设，杭甬高铁上虞北站建成投用，康居路、称山北路及体育馆、客运北站等基础性、功能性项目启动建设。加快实施门户靓化，东大门迎宾大道段、南大门舜耕大道至舜帝岭段完成门户靓化改造。全力推进人才公寓建设，全年完成面积14.1万平方米，14幢主体结构已全面结顶，场外配套加快推进，至年末已完成154家企业、563套定金收取工作，回笼资金1.57亿元。扎实推进“三改一拆”工作，完成城乡新增房屋征迁签约52万平方米、旧房拆除75万平方米，交付安置房52.62万平方米。纵深推进农村困难性住房救助，围绕“2年内完成418户农村低保户住房困难救助”总目标，共完成救助236户。

六、国内贸易

*消费市场稳定增长。*2013年上虞深入实施“服务业兴市”战略，第三产业增加值占GDP比重比上年提高1.0个百分点。随着“四季仙果之旅”“沪杭甬都市会客厅”“浙东新商都”等品牌的日益打响，上虞消费品市场保持稳定增长。全区全年实现社会消费品零售总额211.86亿元，增长17.5%，比上年提高1.0个百分点。按城乡市场

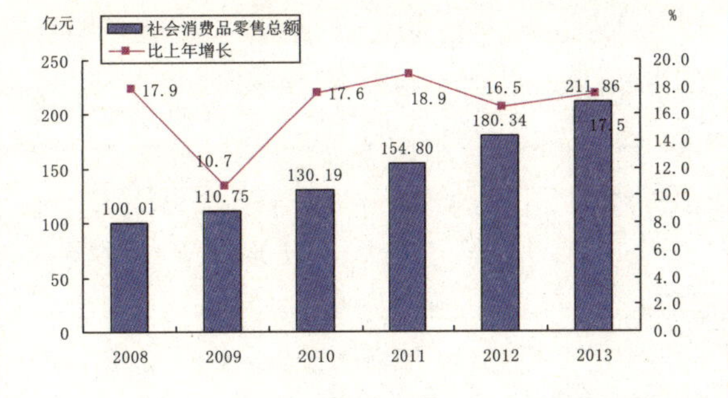

图3 2008-2013年社会消费品零售总额及增长速度图

分，城镇消费品零售额172.49亿元，增长17.7%；乡村消费品零售额39.37亿元，增长16.5%。从批发、零售、住宿、餐饮四大行业销售情况来看，批发零售业实现销售额550.02亿元，增长23.3%，其中限额以上单位实现销售额202.68亿元，增长13.8%；住宿餐饮业实现营业额36.85亿元，增长19.3%，其中限额以上单位实现营业额12.30亿元，增长10.9%。

商品市场繁荣活跃。2013年，上虞积极拓展市场，进一步推动产品转型提升，市场交易继续保持活跃繁荣的良好局面。共有商品交易市场54个，实现成交额112.96亿元，其中消费品市场成交额71.36亿元，生产资料市场成交额41.60亿元。大型商品交易市场活力彰显，年末成交额超亿元市场8个，实现成交额79.43亿元，占全区商品交易市场成交额比重高达70.3%。其中浙江石狮国际商贸城和绍兴大通集团公司农副产品批发交易市场年成交额超20亿元。

七、对外经济

招商选资注重实效。2013年上虞进一步推进招商选资"一号工程"，全年新办外商投资企业41家，新批外商增资项目15只，计划总投资4.19亿美元，下降18.3%，合同外资3.50亿美元，下降0.2%，实到外资2亿美元，下降21.1%。产业招商成效明显，总投资达20亿元的惠普上虞两化融合外包项目及未来城市项目正式奠基，围绕航空航天产业的招商活动正式启动。全年新增总投资1000万美元以上项目19只，涉及合同外资2.32亿美元，占全区总量的61.6%，其中5000万美元以上项目1只；实到外资中，当年到资额在400万美元以上的项目15只，实到外资1.48亿美元，占全区总量的42.3%。

对外贸易恢复增长。出口企业队伍不断壮大，至年末全区有自营出口实绩的企业已达862家。全年实现进出口总额37.41亿美元，增长15.8%，其中进口总额6.22亿美元，增长28.9%，出口总额31.19亿美元，增长13.6%。新兴市场开拓成效明显，有贸易往来国家(地区)174个，出口超1000万美元的国家(地区)52个，出口总量居前五位的国家(地区)依次为欧盟、美国、东盟、印度、日本；出口超1000万美元的企业66家，比上年增加5家。从出口方式看，一般贸易出口28.31亿美元，加工贸易出口2.84亿美元，分别增长13.2%和15.4%。从出口产品结构看，机电产品出口9.86亿美元，增长20.5%；化工产品出口9.25亿美元，增长17.7%；纺织产品出口5.23亿美元，下降0.2%。

外经合作步伐放缓。2013年，全区新批境外投资企业7家，境外企业总投资1131.36万美元，投资额超100万美元的5家。完成境外承包劳务营业额9801万美元，下降6.4%，其中境外工程营业额2623万美元，下降3.8%。

八、交通和旅游

交通工程顺利推进。积极推进交通重点工程建设，全年交通基础设施项目完成投资2.69亿元。嘉绍跨江大桥、杭甬客运专线、杭甬运河、绍诸高速等四大省部重点工程集中扫尾工作成效显著。顺利完成城乡公交运营体制改革，完成46条线路217辆车辆的回收，城乡公交实施1元、2元统一票价。全年完成货物周转量23.26亿吨千米，旅客周转量7.13亿人千米，分别增长9.0%和3.3%。继续加强交通融资和资金运作管理，组建交通集团，新增交通融资6.12亿元。

旅游事业蒸蒸日上。扎实开展旅游标准化工作，顺利通过"绍兴市国家级旅游标准化试点县(市)"验收，并被命名为"省级休闲农业与乡村示范县"和"全国休闲农业与乡村旅游示范县"。大力推进曹娥、东山、祝家庄三大文化景区建设。成功创建"四季仙果之旅"三星级基地6家，二星级基地5家，"四季仙果之旅"荣获绍兴市服务业商业模式创新十佳案例。全年旅游总接待游客725.79万人次，增长27.3%，旅游总收入58.23亿元，增长27.9%，其中接待国内游客719.59万人次，国内旅游收入56.81亿元，分别增长27.6%和28.6%；接待入境游客6.2万人次，旅游外汇收入2303.36万美元，分别增长5.1%和6.5%。年末共有涉外饭店、宾馆9家，其中五星级3家，三星级4家，二星级2家。全区共有旅行社15家，其中四星级2家，三星级2家。

九、财政和金融

财政实力稳步加强。2013年，全区继续实施积极的财政政策，组织财政收入，优化支出结构，稳步推进财税改革。全年实现财政总收入78.38亿元，增长7.5%，其中公共财政预算收入43.11亿元，增长10.0%。在公共财政预算收入中，四大主体税种增长8.7%，其中增值税增长13.4%，营业税增长9.2%，企业所得税增长0.6%，个人所得税增长18.5%。财政支出坚持民生福祉为先，全年完成公共财政预算支出45.21亿元，增长13.3%，其中民生领域共计支出33.60亿元，增长13.2%，占全年公共财政预算支出的74.3%。

金融运行平稳有序。2013年，上虞金融业积极贯彻稳健的货币政策，至年末金融机构本外币存款余额842.49亿元，增长5.1%，新增40.80亿元，其中居民储蓄存款414.85亿元，增长9.4%，新增35.47亿元；本外币贷款余额734.32亿元，增长7.5%，新增50.86亿元，其中短期贷款565.25亿元，增长7.0%，新增36.59亿元，中长期贷款167.13亿元，增长10.1%，新增15.35亿元。

资本市场融资活跃。2013年，全区资本市场运作活跃，直接融资态势良好。9家境内上市公司总市值746.6亿元，增长54.5%。企业资本市场及银行间市场直接融资71.7亿元，增长26.5%。新组建小额贷款公司1家(大通小贷)，全区共有小额贷款公司5家，注册资本达15亿元；银行业机构16家、证券营业部5家、期货营业部2家。

十、科学技术和教育

科技事业再结硕果。2013年，上虞全面推进科技创新工作，完成“八倍增、两提高”年度目标，被评为全国科技进步先进县市和全省首批创新型县市。新认定国家重点扶持高新技术企业13家，累计达到91家。新认定省级企业研究院2家、省级企业研究中心9家、科技型企业52家。新列入省级以上项目45项，新认定国家重点新产品5只，306只产品列入省级新产品试制计划。科技双百对接工程成效显著，科技指导员共接洽企业400多家，签约产学研合作项目21项、达成技术转移合同金额838万元。全区专利申请量、授权量分别为4431件和2676件，其中发明专利申请量、授权量分别为538件和205件，同比增长65.5%和61.4%。

教育事业全面发展。2013年，上虞全面推进教育改革发展，成为首批义务教育均衡县市。新居民子女就读人数达13874人，入学率达100%，其中11795人在公办学校就读，占85%。大力普及义务教育，年末全区共有小学53所，在校学生44956人；普通中学33所，在校学生37726人；中等职业学校2所，在校学生8687人，九年制义务教育对象入学率100%。深化农村教育体制改革，获2013全国“美丽乡村教育奖”。教育质量稳步提高，普通高校录取率达92.85%，高于全省平均7个百分点。

十一、文化、卫生和体育

文化事业繁荣发展。2013年，全区紧紧围绕“崇孝守信、务实创新”的新上虞精神，加大文化投资力度，总计投入6057万元，促进文化工作繁荣发展。精心打造“虞舜文化节”品牌，举办全区性活动10项。开展“阳光文化惠民”行动，实施阳光文化演出228场，投入20万元发放阳光爱心卡1000户。组织开展文化“三下乡”，累计送戏下乡120场次，送电影下乡5450场，送书下乡5.76万册。非物质文化遗产保护工作深入推进，至年末全区有国家级“非遗”项目2项，省级11项，绍兴市级35项。省级文物保护单位13家，文物藏品20099件。全区公共图书馆总藏量40.84万册，电视台1座，广播电台1座，剧场1个，电影院3个。有序开展有线电视用户数字化整体转换，年末数字电视用户23.2万户。

卫生服务能力提升。2013年，全区不断完善医疗卫生服务体系，强化基层机构功能，开展区级医院分院建设，人民医院丰惠分院、中医医院章镇分院挂牌运行。完善“20分钟医疗服务圈”，对124家村卫生室开展标准化建设和一体化管理，建成投用8个责任医生驻村工作室。加强应急体系建设，建成投用丰惠、章镇、盖北3个120急救分站和突发公共卫生事件应急指挥决策系统，20个乡镇(街道)创建为绍兴市卫生应急工作示范乡镇(街道)。整合优质医疗资源，区级医院与上海、杭州大医院合作成常态化，建成投用区病理、放射诊断中心，全面实施健康卡“一卡通”。圆满通过省卫生强市验收，2个乡镇(街道)创建为绍兴市卫生强乡镇(街道)，百官街道社区卫生服务中心创建为全国示范社区卫生服务中心。2013年年末，全区拥有医疗卫生机构235家，床位2678张，卫生技术人员3770人，其中执业（助理）医师1555人，注册护士1421人。全年60岁以上老年人体检率81.1%，居民电子健康档案累计建档73.9万份，建档率94.9%。全区5岁以下儿童死亡率为3.42‰，婴儿死亡率为2.41‰。

体育事业精彩纷呈。全民健身如火如荼，成功举行上虞第十一届全民运动会，组织上虞第十七个全民健身节启动仪式暨千人登龙山活动，开展庆“五一”、迎“五四”系列全民健身活动，庆祝第五个“全民健身日”群体展演暨上虞民间体育吉尼斯创评活动。体育创强扎实推进，国家体育总局授予上虞全国群众体育先进单位荣誉，省体育强市接受省级验收。

十二、生态环境

生态建设统筹推进。2013年上虞积极统筹生态建设，新创建国家级生态乡镇1个，省级生态乡镇（街道）2个，绍兴市级生态村23个，省级绿色社区3个，绍兴市级绿色社区1个，绍兴市级绿色学校3所。

环境保护力度加强。大力实施蓝天行动，对11家废气重点企业和11家VOCs重点企业开展限期整治，完成率达100%。加快大气复合污染监测体系建设，完成2个特殊污染因子自动监测站验收，建成投运PM2.5自动监测站，城区空气质量优良天数比例达91.7%。扎实推进清水工程，地表水断面总体达标率为85.7%，汤浦水库集中式饮用水源地水质达标率继续保持100%。城区环境噪声平均值为50.9分贝，符合功能区要求。

十三、人口、居民生活和社会保障

人口增长控制有效。据公安局人口年报统计，2013年全区总户数29.14万户，比上年减少0.27万户，户籍总人口77.95万人，比上年增加982人，全区户籍人口中非农业人口29.97万人，农业人口47.98万人，分别占总人口的38.4%和61.6%；男性人口38.57万人，女性人口39.38万人，分别占总人口的49.5%和50.5%。全年出生5606人，人口出生率为7.20‰；死亡5539人，人口死亡率为7.11‰，人口自然增长率为0.09‰（按公安口径计算）。2013年全区暂住人口17.74万人。计划生育工作开展顺利，2013年全区计划生育率为95.82%。

居民收入稳步攀升。根据抽样调查，全区城镇居民人均可支配收入41627元，增长9.6%；农村居民人均纯收入19608元，增长10.9%。城镇居民人均消费性支出25209元，增长4.6%；农村居民人均生活消费支出11406元，增长6.4%。城乡居民恩格尔系数分别为31.7%和42.0%，比上年下降0.1和0.5个百分点。

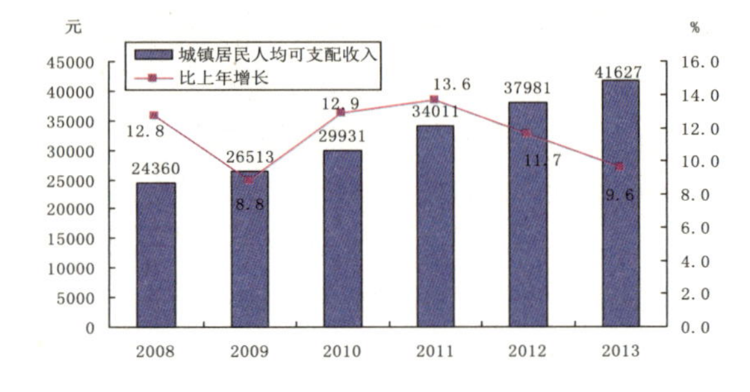

图4 2008—2013年城镇居民人均可支配收入及增长速度图

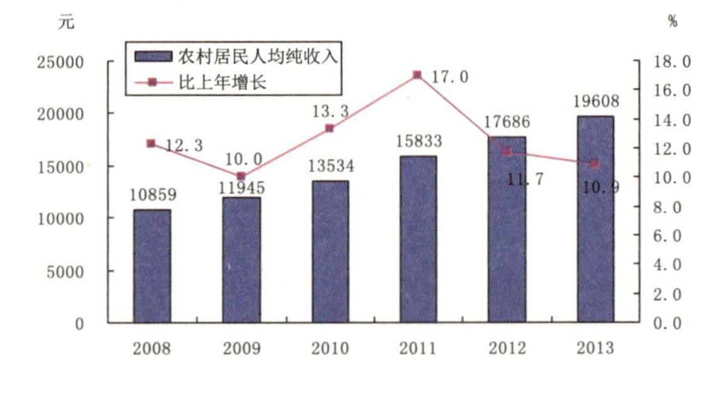

图5 2008—2013年农村居民人均纯收入及增长速度

就业形势保持稳定。2013年上虞从建设完善人才政策体系，不断优化创业创新环境入手，突出推进人才重点工程。开展“引智强企”活动2次，共引进各类人才8624名，其中硕士及副高以上人员264名。开展各类招聘会20场次，其中大型招聘会3场次，登记招聘单位数654家次，岗位数68363人次，为4462人成功求职搭建平台，有效帮助解决“两难”问题。新增就业岗位21668个，其中下岗失业人员再就业7275人，就业困难人员实现就业1995人，城镇登记失业率为2.9%。全区共完成各类培训17582人，鉴定各类人员职业工种11613人，核发职业资格证书

10789本。完成高技能人才培养2883人，其中新技师391人。

社会保障扩面提质。统筹实施城乡居民医疗、养老保险制度，全年累计新增五大保险参保7.40万人次。至年末全区共参加职工基本养老保险35.73万人，新增3.98万人；参加职工基本医疗27.40万人，新增1.87万人；参加工伤保险21.23万人，减少0.60万人；参加失业保险16.11万人，新增1.15万人；参加企业生育保险15.85万人，新增0.99万人。城乡居民养老保险总参保21.50万人，有1.15万人向更高统筹层次的企业职工基本养老保险转移。城乡居民和未成年人医疗保障总参保49.21万人，参保率达98.23%。

民政事业健康发展。2013年全区切实保障特殊群体、优抚群体、困难群体的各项权益，促进民政事业健康有序发展。全区共有最低生活保障家庭5615户8850人，其中城镇1038户1636人，农村4577户7214人，全年最低生活保障资金支出4477.78万元，其中城镇940.83万元，农村3536.95万元。全年优待优抚对象5258人，优待总金额2653.21万元。不断巩固集中供养水平，年末全区共有集中供养对象439人，其中农村五保362人，城镇"三无"77人，集中供养率达100%。全年共下拨五保、"三无"对象补助资金301.65万元。扎实推动老龄工作"三项创建"，创建全国敬老文明号1家，省级3家，绍兴市级6家，创建老年宜居社区24个。老龄事业成效显著，全区已创立涉老基金30个，总额达1.3亿元，受益老年人达3万余人。销售各类福利彩票1.48亿元，增长15.6%。全区31家福利企业安置残疾职工920人。

说明：

1. 本公报所列各项数据为年度初步统计数据。

2. 全区生产总值、各产业增加值绝对数是按当年价格计算，增长速度按可比价计算。

3. 规模以上工业企业指年主营业务收入在2000万元及以上的工业企业。

4. 部分数据因四舍五入的原因，存在与分项合计不等的情况。

（统计局提供）

大 事 记

1月

3日　国学大师罗振玉学术成就研讨会在普净寺举行。

7日　浙江京虞信融资担保有限公司正式开业运作。

同日　上虞市中医院荣膺国家三级甲等中医医院。

11日　市领导孙云耀、王慧琳、卢一勤、陈坚等率领有关部门负责人，分赴全市各地，深入基层，走村入户，慰问城乡困难群众、困难党员。

12日　梁湖镇举办首届"梁湖年糕文化节"活动，弘扬民俗文化，打造梁湖年糕品牌。浙江电视台"流动大舞台"栏目组及市内外有关媒体应邀进行了现场采访。

13日　丁毅个人书法艺术展在市图书馆开展。

14日　市政协"创新反映社情民意工作机制"在省人民政协理论研究会年会上，当选省首批市县政协工作十大创新典型案例。

16日　全市旅游发展暨曹娥江旅游度假区成立大会召开。会上，孙云耀向新成立的曹娥江旅游度假区管委会授牌。

同日　市人民法院民事审判第三庭正式挂牌成立，专审知识产权、涉外涉港澳台案件，为建设"创新上虞"提供有力的司法保障。

同日　上虞市被授予"全国敬老模范单位"荣誉称号。

20日　上海瑞金医院院长朱正纲和市人民医院院长章更生正式签订协作医院合作协议。

20日　中国人民政治协商会议第九届上虞市委员会第二次会议在百官开幕。22日会议圆满完成各项议程，在上虞剧院闭幕。

21日　上虞市第十六届人民代表大会第二次会议在百官开幕，23日会议圆满完成各项议程，在上虞剧院闭幕。

23日　浙江金盾控股集团有限公司与驻虞某部队成功签约"爱国拥军"基金。

24日　市自行车体育协会正式成立。

27日　上虞知名书画家张关卣先生书画作品赠送仪式在市慈善总会举行，13幅以富贵牡丹和竹报平安为主题的国画由市慈善总会转送到阮水龙、阮加根、陈建成等13名为慈善事业做出杰出贡献的企业家手中。

29日　绍兴市委副书记、市长钱建民率绍兴市检查组到上虞，检查推进惩防体系建设和落实党风廉政建设责任制工作情况。

30日　浙东新四军北撤会议旧址入选省党史教育基地。

31日　省文明办副主任徐晓专程到上虞，看望慰问第三届全国道德模范提名奖获得者阮炳炎，为"救火阿三"送上慰问金和新春佳节的祝福。

2月

1日　杭州湾上虞工业园区企业117家投产企业捐赠和谐基金1264万元，爱心情满园区。

同日　市首届民间手工艺作品展在上虞博物馆开展，展出有根雕、麦秆扇、剪纸等20大类作品。

2日　大型电视纪录片《别无选择》在杭州湾南岸上虞海涂顺利封镜。

3日　娥江天使网网络教育基地授牌仪式在蒙佩精品酒店举行。

7日　天外天工业园区党委书记、天外天伞业有限公司总经理连雅君荣获“省优秀思想政治工作者”称号。

8日　绍兴市委副书记、市长钱建民专程到上虞走访慰问虞籍乡贤、越商代表刘煊苗会长，凝聚越商乡情，推进回归创业。

28日　全市首个汇集政府机构、公务人员、在外乡贤、媒体微博的政务微博“微上虞”正式上线。

同日　崧厦镇雀嘴村老年协会被评为“浙江省银龄互助工作先进集体”。

3月

4日　上虞列入首批28个“浙江省创新型试点城市(县、区)”。

同日　首档平安建设节目《平安上虞》正式开播。

6日　为期40天的2013年春运工作正式落下帷幕，春运期间，市汽车东站共安全输送旅客368706名，圆满完成旅客运送任务。

同日　市城市管理行政执法局水务中队授牌成立，上虞水务执法正式启动。

8日　上虞中学被评为省首批数字校园示范建设学校。

10日　老干部王冠群主编的《上虞达溪古诗文集》正式出版。

11日　全市市管领导干部学习贯彻党的十八大精神轮训班在市委党校开班，158名市管领导干部参加第一期培训。

同日　上虞剧作家何仁山的新创剧目《周瑜出山》，获得全国第八届戏剧文化奖·大型剧本铜奖，第六次获得全国级奖项。

25日　卧龙控股集团职工培训中心被评为“2012年度全国职工教育培训示范点”。

26日　2013年度绍兴市老年门球赛在上虞中心门球场举行，上虞队获得第一名。

29日　上虞市被授予2012年度省平安县市称号，市委副书记、市长王慧琳在杭州主会场参加会议并上台接受“浙江平安县市”匾牌。

4月

2日　绍兴市委书记钱建民到上虞调研工作。

3日　市四套班子领导带领机关干部到龙山革命烈士陵园，敬献花圈，缅怀先烈。

同日　市杨梅行业协会申请的上虞“二都杨梅”地理标志证明商标正式获得国家工商总局批准并予以公告，标志着上虞首枚地理标志证明商标的诞生。

10日　绍兴市委副书记、代市长俞志宏到上虞调研指导工作。

11日　“中国(上虞)信义文化节”获得2012年度绍兴市宣传思想工作创新奖。

12日　“农业气象服务专家联盟”启动仪式举行。

14日　浙江电视台《流动大舞台》栏目的大型电视直播车开进岭南乡，现场录制歌舞节目，为樱桃采摘活动助兴。

18日　市委书记孙云耀在国际大酒店会见出席中奥经贸合作上虞恳谈会的奥地利驻上海总领事馆总领事海敏凯先生一行。

19日　2013上虞生态休闲旅游节在时代广场正式启动。

22日　由市档案局组织编纂，上虞市著名莲花落表演艺术家吴宝炎编著的《上虞记忆名录·曲艺作品篇——吴宝炎曲艺作品选》由科学技术文献出版社正式出版。

23日　2013上虞生态休闲旅游节在沪启程。

25日　市音乐舞蹈家协会“大家唱”——《上虞信义之歌》传唱会在青春广场举行。

26日　上虞第十七个全民健身节启动仪式暨千人登龙山活动在群众健身项目展演中拉开帷幕。

28日　绍兴英特大通医药有限公司举行揭牌仪式。

5月

3日　“四季仙果之旅”——2013上虞文化旅游系列活动丁宅桑果开摘仪式举行。

同日　全市首个乡镇书法家协会分会——上虞书法家协会丁宅分会宣告成立。

5日　崧厦镇祝温村被国家司法部、民政部授予“全国民主法治示范村”荣誉称号。

6日　副省长黄旭明到上虞调研省农发集团上虞农业园区。

8日　国家统计局上虞调查队荣获2012年度全国一体化住户调查先进集体荣誉。

8日至9日　省人大常委会副主任程渭山一行到上虞调研中小型水库管理运行工作。

9日　百官街道西横河社区老年电大被评为省级示范教学点，全市老年电大教学点实现全覆盖。

同日　中信银行绍兴上虞支行被授予“2012年度省级治安安全示范单位”荣誉称号。

15日　由百家餐饮单位自愿组成的上虞市餐饮安全诚信促进会宣告成立。

17日　卧龙电气集团股份有限公司员工李水军，被浙江省总工会授予“浙江省五一劳动奖章”。

18日　省摄影艺术学会、绍兴市群众文化学会、上虞市作家协会会员陈秀春撰写的《草根文化沉思录》由中国文联出版社正式出版，为上虞第一部农村文化专著。

同日　由市乡贤研究会主编的国内首部研究罗振玉成就的综合性学术文集《上虞罗振玉》一书举行首发式。

19日　“中国·上虞覆卮山攀浪节——2013城市接力对抗赛”启幕。

20日　第四届网络文化节启动。

同日　上虞中青国际旅游有限公司被评为“绍兴市十佳旅行社”。

23日　市乡贤研究会被授予“中国乡贤文化研究中心”称号，会长陈秋强被聘为中国乡贤文化研究中心主任。

26日　无臂书画家陈伟强应中央电视台和中残联的邀请，飞赴北京录制节目，展艺“星光大道”。

27日　上虞被评为浙江省工业强县(市、区)综合评价先进单位，获省政府奖励100万元。

28日　绍兴市委书记钱建民赴上虞南部山区乡镇和企业调研。

同日　在城北文化艺术中心举办“光荣属于你”劳动者之歌暨三十二届“娥江之春”文艺晚会。

6月

5日　由著名曲艺家吴宝炎创作的绍兴莲花落《老实勿吃亏》在舜会百官广场及金嘉茗大酒店实景拍摄。

6日　上虞北至宁波北，沿途经过余姚北、庄桥站，全程只需38分钟，这是杭甬高铁试运行带给上虞市民受邀试乘所体验的“速度与激情”。

10日　全省首家“盲人推拿行业规范化管理示范单位”花落虞城。

12日　凤凰山窑址群、春晖中学旧址、曹娥庙和大运河(上虞段)等四处文物荣登第七批全国重点文物保护单位榜单，正式成为“国保”对象。

15日　市救助中心新大楼建成并投入使用。

17日　2013陈溪山水文化休闲游系列活动启动暨浙东新四军后勤基地纪念馆开展·陈溪激情漂流开漂仪式在陈溪乡举行。

18日　市委副书记、市长王慧琳宣布“绿海红波”&“碧园消夏”’2013上虞生态休闲旅游节杭州站正式启程。

同日　首支新居民志愿服务队——百官街道高丰社区新居民志愿服务队成立。

同日　市人民检察院崧厦检察室在盖北镇举行“崧厦检察室盖北检察官工作室”挂牌仪式，全市首个驻乡镇检察官工作室挂牌成立。

19日　全市单体投资规模最大、规格最高的交通基础设施线性项目，连接两大省级经济开发区(上虞经济开发区和杭州湾上虞工业园区)的南北快速通道——绍诸高速上虞连接线(长海线)率先建成通车。

同日　“四季仙果之旅”上虞二都杨梅开摘仪式在驿亭镇二都杨梅游客服务中心举行。

20日　中国航天史上首次太空授课开讲，春晖中学作为神舟十号“天地互动”的全国3所中学之一，出现在央视“地面课堂”的直播画面中，获邀参与“天地互动”。

22日　顾志坤等合著的长篇报告文学《大围涂》获得全国征文大赛提名奖。

25日　由中国文史出版社出版的《绍兴阮氏宗谱》正式首发，市档案局、市非遗中心受赠收藏。

27日　由省政协副主席陈加元率领的省委督查组，到上虞督查政协和统战工作。

同日　市委党校组织第十七期中青年干部培训班学员来到岭南乡，走红色之旅，讲时代精神。

28日　市委书记孙云耀，市委副书记、市长王慧琳率党政考察团赴余姚市、绍兴县考察城乡一体化建设工作，学习借鉴左邻右舍的成功之道，加快推进上虞城乡统筹发展。

7月

2日　上虞第二部村志，12万字的《担山村志》正式修成发行并举行首发仪式。

7日　由杭州都市圈新闻网站联盟发起的“发现杭州湾·都市圈纵贯线——崛起新地标”联合采访活动首站走进上虞。

同日　举行“发现杭州湾·都市圈纵贯线”联合采访活动启动仪式。

8日　西横河社区教学点荣获省级示范教学点称号。

同日　2013年浙江省青少年武术套路锦标赛落下帷幕。上虞由少体校组队参赛，累计摘得1枚金牌、1枚银牌、3枚铜牌。

9日　副省长熊建平专程到上虞看望有“机床奇人”之称的潘旭华。

同日　市档案局完成上虞方言语音建档录制工作。

12日　市档案中心举办《上虞记忆·曲艺作品篇——吴宝炎曲艺作品选》首发仪式暨签名售书活动。

14日　上虞“孝德文化之乡”“信义林(园)”品牌建设得到省委省政府领导肯定。

18日　随着浙江省政府党组副书记、省政府顾问王建满宣布：嘉绍大桥暨南北接线通车，历经四年多建设的嘉绍跨江通道正式建成，顺利进入运营阶段。

23日　第二届中国·上虞野藤葡萄文化旅游节开幕式在中国葡萄之乡盖北镇举行。

同日　盖北镇成立野藤葡萄产业协会党支部，对首批“五星级党员示范基地”进行了授牌。

同日　《福布斯》中文网公布“2013年中国最富有县级市”排名，上虞以34011元的人均可支配收入，成为国内最富有的十大县级市之一。

同日　“崇孝守信，务实创新”新时期上虞精神主题展，在城市档案中心一楼文化展示区开展。

24日　市舜强残疾人才艺培训中心被命名为“浙江省文化艺术示范基地”。

25日　副省长毛光烈到上虞调研工业强市和重点企业研究院建设情况。

同日　第50次江浙沪毗邻地区县(市、区)档案工作研讨会在虞举办。

27日　浙江省照明电器标准化技术委员会灯具分技术委员会在上虞正式成立。

28日　2013华东葡萄学术交流会在虞举行。

29日　《上虞谢氏宗谱》(5册装)完成编纂并付梓。

30日　第五届“社区邻里月”启动活动在曹娥江畔滨江体育公园举行。

8月

1日　浙大网新上虞科技园项目正式在杭签约。

6日　市委书记孙云耀、副市长徐耘率有关部门负责人赴虞南山区，专题检查当前战高温抗干旱工作。

同日　阮炳炎、李立兴、周震寰三人荣获首届全国119消防奖。

8日　市委副书记、市长王慧琳率气象、民政、水利等相关部门负责人，赶赴陈溪乡和丰惠镇，调研森林防火和抗旱工作，并走访慰问低保边缘户和敬老院老人。

同日　中国果品流通协会授予盖北镇“全国果品行业信息采集定点单位”，成为省内六个全国知名水果市场行情监测点之一。

9日至10日　深圳虞商联谊会组团到上虞考察。

13日　东山湖越窑青瓷苑被绍兴市民间工艺美术家协会命名为“越窑青瓷保护传承基地”。

15日　省委书记、省人大常委会主任夏宝龙轻车简从来到道墟镇积山村，第二次赴基层开展走亲连心活动，带头深入开展群众路线教育实践活动，听取基层意见，为全省做出示范表率。

同日　上虞市交通集团有限公司正式挂牌成立。

20日　市委书记孙云耀率团赴杭州阿里巴巴集团总部参观考察。

21日　杭州大学体育系77级第八届同学会暨恢复高考36周年纪念活动在虞举行。

同日　慈溪市党政代表团到上虞考察经济社会发展情况。

27日　2013中国·上虞舜阳红心猕猴桃开摘仪式在章镇文化商业广场举行。开摘仪式上，中国果品流通协会授予上虞舜阳红心猕猴桃“中华名果”称号。

同日　上虞退休女教师马亚振新著《在贵州——支教日记》由开明出版社出版。全国人大常委、民进中央副主席王佐书为本书作序。

28日　上虞第一本官方整编的孝德童谣作品集——《上虞市优秀孝德童谣集》刊印完成。

29日　丰一居委获得浙江省天翼杯首届“群众最满意的平安社区”称号。

9月

3日　崧厦镇寺前村举行第一次归侨侨眷代表大会暨“侨之家”揭牌仪式，这是上虞首次在村级举行归侨侨眷代表大会并成立侨联组织。

5日　由市档案局和市收藏家协会联合实施的《上虞记忆名录·老字号篇》征编工作研讨会在城市档案中心举行。

9日　金近小学校长、省特级教师何夏寿入选“感动绍兴十大教师”。

14日　由上海仲盛建设工程有限公司董事长李柏祥捐资500万元创办，以他的母亲名字命名的上浦镇茶花幼儿园隆重开园。

16日　市政府召开安全生产工作紧急会议，会议通报“9·14道墟爆炸事故”情况，研究当前安全生产严峻形势，专题部署落实安全生产大检查大整治专项行动。市委副书记、市长王慧琳出席会议并作重要讲话。

17日　农业部部长韩长赋到上虞调研新农村建设、粮食功能区、农村土地流转和家庭农场建设情况。

同日　2013浙东新商都(上虞)购物节正式拉开帷幕。

24日　由上虞市委宣传部与市文联共同编著的《新时期上虞精神读本》编印完成，并陆续下发。

25日　徐悲鸿精品画展在上虞国际大酒店天宝阁艺术馆正式拉开帷幕。

26日　团中央书记处书记徐晓到上虞调研农村共青团工作。

28日　位于沪杭甬高速公路上虞道口的上虞国际裘皮城盛大开业。

29日　市人民医院丰惠分院成立。

30日　市第二届电脑手机数码节在时代潮城开幕，购物节会再掀IT风潮。

10月

8日　市委书记孙云耀、市委副书记陈坚赶赴丰惠镇重点受灾地区指导抗灾救灾工作。

9日　中共中央政治局委员、国务院副总理汪洋到上虞，实地考察农村人居环境建设和供销社改革发展情况。

同日　中共中央委员、中华全国供销合作总社党委书记、理事会主任王侠一行6人到上虞考察供销合作社工作。

同日　绍兴市委副书记、市长俞志宏赶赴受灾最严重的永和镇，检查指导抗灾救灾工作。

10日　浙东新商都(上虞)购物节获长三角最具影响力会展节庆品牌。

同日　市委书记孙云耀赶赴受灾重点乡镇驿亭、小越检查指导救灾工作，慰问一线干部群众，鼓励各地积极开展生产自救，尽快恢复生产。

11日　崧厦镇关工委荣获“全国五好基层关工委先进集体”荣誉称号。

14日　绍兴市委书记钱建民专程到上虞看望

慰问广大干部群众，了解灾后生产生活情况，检查指导救灾工作。

15日　湖北虞商联谊会在湖北省荆州市正式成立。

17日　“合作银行杯”上虞市第十一届全民运动会开幕，来自全市21个乡镇（街道）、46个部门（系统）、9个民营企业的76个代表团参加了开幕式。

18日至27日　市委副书记、市长王慧琳率虞经贸考察团赴美加韩三国进行考察访问。

22日　纪念著名乡贤杜亚泉诞辰140周年暨杜亚泉学术成就研讨会在上虞宾馆举行，杜亚泉的后裔亲人、学术研究专家学者、市乡贤研究会会员等参加了会议。

23日　市人民医院获得全国第一届“敬老文明号”称号。

25日　绍兴莲花落《老板密室》喜获中国艺术节最高奖——全国群星奖。

30日　“红领巾相约中国梦，虞舜孝行我传承”孝德童谣传唱大赛在华维文澜小学举行。

31日　第114届中国进出口商品交易会第三期在广州开幕。上虞共有30家企业参展，展出摊位57个，其中崧厦伞城17家企业抱团参展，展出摊位40个。

11月

2日　商务部国际贸易谈判代表（正部长级）兼副部长、广交会副主任钟山，专程巡视崧厦伞业抱团参展展区。

6日　省慈善总会副会长、副厅级调研员李刚专程来上虞社会福利中心，送上救灾款，帮助支持福利中心抗灾救灾。

7日　全市行政区划调整工作动员大会召开，传达贯彻省、绍兴市有关文件和会议精神，全面部署实施行政区划调整工作。根据国务院批复和省人民政府通知，撤销县级上虞市，设立绍兴市上虞区，以原上虞市的行政区域为上虞区的行政区域，上虞区人民政府驻百官街道市民大道987号。

8日　上虞撤市设区挂牌仪式在区行政中心举行。绍兴市领导钱建民、俞志宏、谭志桂、陈长兴、魏伟、陈月亮、傅祖民、吴晓东和上虞区领导孙云耀、王慧琳、徐尧峰、卢一勤、陈坚等出席挂牌仪式。

11日至19日　应阿根廷布宜诺斯艾利斯市政府、秘鲁利马市圣塔罗萨区政府邀请，区委书记孙云耀率团赴南美进行经贸洽谈和项目签约。

16日　中国著名棋手曹大元九段回到家乡上虞。

20日　一部由国家一级作家顾志坤撰写的长篇人物传记《谢晋》，由人民日报出版社出版并在全国新华书店及各图书网店发行。

同日　杭州湾海上花田生态旅游度假区一期工程开工仪式在上虞滨海新城举行。

21日　大型高清纪录片《谢晋》在谢导家乡上虞首映。

22日　上虞第一家以“社”为组织形式的社会团体——峰山逸社正式成立。

26日　上虞档案登记备份中心通过“省规范化档案登记备份中心”考核验收。

12月

1日　六集高清电视纪录片《别无选择》在沪首映，全景展现上虞大围涂历史。

6日　杭州银行绍兴上虞小微企业专营支行揭牌开业。

10日　区委书记孙云耀率领党政代表团先后赴吴江、桐乡两地考察学习，感受周边地区狠抓落实、大干快上的发展氛围，学习借鉴兄弟县市区的先进经验，为谋划2014年上虞经济社会更好更快发展拓展思路。

11日　区委副书记、区长王慧琳率领区委读书会第二组全体成员，赶赴义乌、萧山两地考察学习，深入了解两地产业转型升级的生动实践，全面剖析自身发展差距，探寻促进上虞经济社会新一轮发展新途径。

12日　一部由人民日报出版社出版、上虞作家顾志坤撰写的长篇人物传记《谢晋》在虞首发，家乡人民以此深切纪念著名导演谢晋诞辰九十周年。

16日　央视著名特约评论员、国家发改委城市和小城镇发展中心研究员杨禹到上虞，以《拿出“小卒过河”的勇气和韧性》为题，全面解读十八届三中全会精神。

同日　由上虞著名莲花落表演艺术家吴宝炎撰写的《上虞记忆名录（曲艺作品篇）——吴宝炎曲艺作品选》、诗歌创作人罗洪良编写的诗歌集《十一月的词场》荣登绍兴市2012年度原创文学（艺术）作品获奖名单。

同日　“曹娥江省级旅游度假区总体规划”通过专家评审。

19日　经国务院批准同意，杭州湾上虞工业园区升级为国家级经济技术开发区，定名为杭州湾上虞经济技术开发区，实行现行国家级经济技术开发区政策。

24日　浙江工业大学校长张立彬，副校长华尔天、肖刚等领导专家一行专程赶赴上虞调研考察，并就双方加强全面合作相关情况展开对话交流。

同日　上虞成功创建全国休闲农业与乡村旅游示范县。

28日　上虞中医医院章镇分院正式挂牌启用。

（档案局提供）

总 述

人文历史

【建制沿革】 上虞历史悠久,据史籍记载和出土文物证明,早在4000多年前的新石器时代,就有人类在这里生活。上虞又是传说中虞舜的出生地及其后裔的封地,有许多与虞舜相关的古迹。据《太康地记》载:“舜避丹朱于此,故以名县。百官从之,故县北有百官桥。”亦云:“舜与诸侯会事讫,因相娱乐,故曰上娱(娱通虞)。”夏帝少康后属越国,战国时期楚灭越后属楚,秦王嬴政二十五年(公元前222),置上虞县,隶属会稽郡。新王莽始建国元年(9),废上虞入会稽县,属会稽郡。东汉建武(25—56)初,恢复上虞县,属会稽郡。永建四年(129),分上虞南乡入始宁县,同属会稽郡,历三国、两晋、南北朝不变。隋开皇九年(589),废上虞、始宁入会稽县,先后属吴州、越州、会稽郡。唐初,上虞境仍为会稽县的一部分,属越州。唐武德四年(621),曾以剡县与故始宁地为嵊州,武德八年(625)州废。天宝、至德年间(742—758),属会稽郡。乾元元年(758)后,仍属越州。贞元元年(785),分会稽复置上虞。长庆元年(821)并入余姚,次年复置,属越州。五代时属吴越国东府。北宋仍属越州。南宋绍兴元年(1131)改越州为绍兴府。元至元十三年(1276)改绍兴府为绍兴路,元至正二十六年(1366),复为绍兴府,上虞皆为其属县。清承明制。民国元年(1912)改府制为道制,上虞属会稽道。民国十六年(1927),废道制,直属于省。民国二十一年(1932),属浙江省第七行政督察区。民国二十四年(1935),属浙江省第三行政督察区。民国三十七年(1948),属浙江省第二行政督察区。中华人民共和国成立初属绍兴专区。1952年2月起,属宁波专区。1964年9月起,复归绍兴专区。1968年6月起,属绍兴地区。1983年8月起,属绍兴市。中华人民共和国成立后,上虞与绍兴县、余姚县相邻乡(镇)有些许变动。1954年秋,绍兴县东关区及汤浦区的四峰、渔浦、汤霞、四村、胜江五乡和富盛区的长东、保山、长塘、会胡四乡划入上虞。1956年11月,丰惠区永兴乡和下管区王家庄、大岭顶村划归余姚县,绍兴县川下村划归汤浦乡;1960年8月及1966年1月,下管公社的大山、隐地、黑龙潭、悬岩、溪山五村以及陈溪公社戴王、糜家两村划归余姚县。秦王嬴政二十五年(公元前222)建县时,县治设百官。唐长庆二年(822),县治迁丰惠。1954年9月,县治还置百官。1992年实施撤区扩镇并乡,撤销百官、下管、章镇、丰惠、东关、小越、崧厦、海滨8个区公所,由原来的57个乡镇调整为百官、蒿坝、东关、沥东、谢桥、道墟、上浦、汤浦、梁湖、下管、驿亭、小越、永和、谢塘、崧厦、沥海、丰惠、章镇18个镇,陈溪、丁宅、岭南、龙浦、大勤、盖北6个乡。8月24日,国务院批准上虞撤县建市。10月18日撤上虞县设立县级上虞市。2001年10月,撤销百官镇、蒿坝镇和原东关镇部分村,设立百官、曹娥、东关3个街道办事处;撤销沥东镇,所属村部分并入崧厦镇,部分并入沥海镇;撤销谢桥镇并入丰惠镇;撤销龙浦、大勤乡并入章镇镇;撤销东关镇设立长塘镇;撤销盖北乡设立盖北镇;道墟、上浦、汤浦、梁湖、下管、驿亭、小越、永和、谢塘9个镇,陈溪、丁宅、岭南3个乡不变。调整后,年末辖百官、曹娥、东关3个街道,道墟、上浦、汤浦、梁湖、下管、驿亭、小越、永和、谢塘、崧厦、沥海、丰惠、章镇、长塘、盖北15个镇,陈溪、丁宅、岭南3个乡。

【历史文化】 上虞不仅是浙江建县最早的县份之一，也是古越文化的核心区域之一，境内有属于河姆渡文化的五星村遗址和牛头山遗址。至春秋时期，上虞即以酿酒、烧瓷、制茶、冶炼著称，东关牛山为当时越国冶炼铸造基地。上虞更是中国青瓷的发源地，以全国重点文物保护单位——汉代上浦四峰山小仙坛窑址为代表，其古窑址已发现的达300多处，构成了早自商周延续到宋代的庞大窑系，而且时代特征明显，青瓷器皿种类有几百种。

除了青瓷文化，上虞更以虞舜文化、东山文化、白马湖文化闻名海内外。作为虞舜故地，上虞历史上有最多的与舜有关的地名，以及有关舜的传说记载与祭祀活动。上虞既是以孝文化为核心的虞舜文化的传承地，亦是"东山再起"之处。东晋的谢安与谢氏家族中的谢道蕴、谢灵运、谢惠连、谢朓，以及连带王羲之、沈绰、支遁等，构成了东山文化的高雅品位，使东山成为浙东唐诗之路上的胜地。上虞又是"五四"新文化的重要村落。20世纪20年代初，经亨颐、夏丏尊、丰子恺、朱自清、朱光潜等一大批"五四"文化精英聚集上虞的白马湖畔，这一被称为白马湖现象或白马湖流派的文人荟萃，对中国现代文化的推动具有重要意义。

上虞素被誉为"达人杰士、史不绝书"的地方。汉代的王充、魏伯阳，以及孝女曹娥，魏晋时期的嵇康、谢安，宋代的李光，明代的"上虞四谏"——叶经、陈绍、谢瑜、徐学诗，清代的章学诚，直至近现代的罗振玉、陈春澜、马一浮、杜亚泉、竺可桢、王一飞、叶天底、徐懋庸，等等，都是上虞的杰出乡贤。

【名胜古迹】 上虞江海环带，山川盘郁，历史悠久，人文秀衍，历代为浙江望邑，自然人文景观甚多。

大舜庙 原在百官龙山脚下，始建于夏朝，时与绍兴禹庙为浙江两大祀庙。现大舜庙移建于曹娥景区舜耕公园，投资2.5亿元，按两汉建筑风格设计，以天然石材砌筑，融原始风格与当代技术为一体，成为国内罕有的大气、古朴、庄严的庙宇建筑。庙前为舜耕群雕，以花岗岩为主材料的象队群雕长68米、高27米，与大舜庙同为奇观。

曹娥庙 位于曹娥江西岸孝女庙村，距市区3千米，为纪念孝女曹娥而立。始建于东汉元嘉元年(151年)，距今已有1800多年历史，几经迁徙、扩建、修葺，奠定了现有庙宇布局严谨、错落有致、气势恢宏的建筑基调，占地面积6000平方米，建筑面积达3840平方米。曹娥庙文化积淀深厚，艺术品位高雅，尤以庙内雕刻、壁画、楹联和书法"四绝"而饮誉海内外，被誉为"江南第一庙"。庙内现存的曹娥碑系王安石女婿蔡卞重书，已历千年，弥足珍贵。曹娥庙为省级文物保护单位。

英台故里祝家庄 位于上虞东南，距市区7.3千米。三面环山，庄前有玉水河，与开凿于西晋的四十里河贯通。现尚存有祝氏祖堂、玉水河、井空泉、药师寺等与英台文化相关古迹。

凤鸣山风景区 坐落于上虞区丰惠镇东南4千米，距上虞市区17千米，景区面积2.4平方千米，以山陡谷深、急流叠瀑苍山翠绿、小桥流水的自然美而闻名，其中"悬石飞瀑""千年古藤"堪称奇观。凤鸣山是道教"第九小洞天"所在地，有东汉道教祖师魏伯阳炼丹遗址。景区内凤鸣真人祠始建于汉初，至今已有200余年历史。

白马湖春晖名人园 位于距市区4千米的春晖中学内，为省级文物保护单位。20世纪20年代，夏丏尊、朱自清、丰子恺等到春晖执教，何香凝、蔡元培、叶圣陶、李叔同、胡愈之等到春晖讲学，吸引了大批莘莘学子到春晖求学，有"北有南开、南有春晖"之美誉。春晖名人园是当初这些名家的居家办公之处，其中有夏丏尊的"平屋"、丰子恺的"小杨柳屋"、弘一法师李叔同的"晚晴山房"、经亨颐的"长松山房"等。

东山景区 距市区10千米，有3000亩自然水域与生态林地面积，与上虞佛文化发源地东山国庆寺毗邻。东山是东晋政治家县的隐居地，也是成语"东山再起"的出典处，景区内有谢安墓及指石等遗迹。唐代李白、贺知章、刘长卿等，宋代苏东坡、陆游等，都曾盘桓山东，留下著名诗篇。

称山风景区 位于上虞区西北，离市区7千米。相传春秋末期，越王勾践为复国雪耻，卧薪尝胆，奋发图强，曾在此山称炭铸剑，锻炼兵器，称山由此而得名。景区成立后，为弘扬越王爱国精神，在铸剑遗处设立爱国主义教育基地——越王史迹陈列室。景区内还有明代石亭等建筑。

桃花源景区 地处上虞区西南，离市区13千米，距离绍兴市约25千米，景区面积为2.6平方千米。景区内除满目青山和4950余亩的桃李竹林外，还有桃源湖、龙潭湖共390亩水域面积，山明水秀，寺院清净。建有马一浮纪念室。

秀峰寺 位于章镇堆高山景区，距市区35千米，南邻嵊州。堆高山上有建于明代的秀峰庵，现扩建为秀峰寺，建筑面积3.8万平方米，内有一尊高达2.8米的缅甸玉佛。景区苍山翠岭之中多有飞瀑，其中雨娘瀑高60米。

普净寺 位于蒿坝卧龙山景区，距离市区7千米。普净寺始称普净莲社，建于南宋，屡经废兴，清乾嘉年间(1736—1820年)重加修复。20世纪80年代起又大加扩建。寺庙现占地面积3万余平方米，建筑门类齐全，成为佛教活动的主要场所。

峰山道场 在峰山灵迹风景区，距市区5千米。据考证，日本宗教界的鼻祖最澄法师于唐初来华学法，终于在峰山灌顶授法，后回国创立日本第一大教派——日本天台宗。峰山道场由此成为中日文化交流的重要见证，为日本宗教朝拜的圣地。

覆卮山冰川 覆卮山位于上虞、嵊州、余姚三市交界处，是上虞的最南端，为上虞第一高峰，因南朝山水诗人谢灵运"登此山饮酒赋诗，饮罢覆卮"而得名。山峰南坡无数巨石顺坡而下，气势壮观，为国内外均属罕见的第四纪古冰川遗迹。

同兴里 同兴里位于上虞区小越镇衡山徐村。是上虞著名乡贤陈春澜和其侄子出资建造的一处中西合璧晚清民初江南代表性民居。寓意"兄弟同心，共同兴旺"。主体建筑坐北朝南，分三纵三横轴线布局，占地10亩，建筑面积近4000平方米。建筑布局严谨、气势恢宏，中西合璧、外雄内秀，为上虞单体独院规模最大的台门式建筑。2010年，在中轴线布置有"陈春澜生平事迹陈列馆"，展览面积近2000平方米，以情景再现的方式形象生动地展示了陈春澜一生的奋斗历程。2011年1月被列为浙江省文物保护单位。

自然环境

【地理位置和面积】 上虞区地处浙江省中北部、杭州湾南岸，东临余姚，南接嵊州，西连绍兴，北濒钱塘江口，隔江与海宁市、海盐县相望。位于北纬29°44′00″至30°13′29″，东经120°38′25″至121°06′12″，全境南北走向，成长方形轮廓；南北跨度60千米，东西跨度46千米。总面积1403平方千米。市区中心地理坐标为东经120°51′，北纬30°01′，面积36.5平方千米。

【地形地貌】 全境处在浙东丘陵山地与浙北平原地貌的交接地带，地形南高北低，南部山地丘陵分属两支：东南系四明山余脉，山势高峻，主峰覆卮山海拔861.37米，是全区最高点；西南属会稽山脉，略为平缓，最高点罗村山，海拔390.7米。市域内有章镇和丰惠两大盆地，其中章镇盆地东起丁宅庙湾，南至章镇新三联，西至章镇花坎，北至上浦鲍岙，海拔10~25米之间，总面积80平方千米；丰惠盆地东起丰惠镇单家岙，西至外梁湖，南自丰惠镇百西，北至丰惠镇东光村之间，海拔7.88米左右，总面积89平方千米。两处盆地土质肥沃，是全区主要产粮处。北部为水网地带，属宁绍平原，地势低平，平均海拔10米左右，总面积672.1平方千米，盛产粮、棉及葡萄、黄花梨等经济作物。鉴于南部山地丘陵与北部水网平原面积基本参半，俗称"五山一水四分田"。境域面积构成中，按性质分：陆地面积1334平方千米，杭州湾海域面积69平方千米。陆地面积按类型分：山地丘陵面积598平方千米，占土地面积的44.8%，平原面积567平方千米，占42.5%。盆地面积169平方千米，占12.7%。

【河流湖泊】 境内江河纵横交错，湖泊星罗棋布，素以水资源充沛享誉浙东。浙江省第三大河——曹娥江自南而北纵贯全境(境内长70千米)，境内主要支流有小舜江、下管溪、隐潭溪。浙东运河(萧曹运河与虞甬运河两段)越境而过；其他还有四十里河、十八里河、百沥河及海涂中心河等人工河。平均年入境水量约27.95亿立方米，是全区水资源总量的3.33倍。主要湖泊有小越河、破冈湖、白马湖、铲还湖、皂李湖、西溪湖、谢憩湖、康家湖、贺家池（部分属绍兴县）9个，以皂李湖为最，水域面积达1755亩。

【自然资源】 市域内土壤类型众多，分布复杂，性态各异，质地良好，宜植宜种。从类型看，除地带性红壤、黄壤外，还广布隐域性的水稻土、岩性幼年土、潮土、盐土等6个土类、15个亚类、46个土属、84个土种。其中红壤土占3个亚类、9个土属、14个土种，面积69.75万亩，占土壤总面积的41.6%；黄壤两个亚类，面积7200亩，占土壤总面积的0.4%；水稻土占4个亚类、24个土属、46个土种，面积57.90万亩，占土壤总面积的31.76%；岩性幼年土两个亚类，面积48915亩，占土壤总面积的2.8%；潮土两个亚类，面积184999.5亩，占土壤总面积的10.4%；盐土仅一个亚类，面积25.71万亩，占土壤总面积的13%。丰富的土壤资源，为农、林、牧业的发展和名、特、优农产品的产出，提供了有利条件。上虞地处北亚热带常绿阔叶林植被带，其中天然森林植被有次生常绿阔叶林、针叶林、针阔混交林、薪炭林、竹林等5类，覆盖率达41.08%。人工植被主要有粮油作物、经济作物和观赏植物等三大类，其中粮油作物超过20种，经济作物品种超过30种，蔬菜作物有11类37种。属野生的有兽类80种、鸟类290种、两栖类30余种，土著鱼类有23科70种，1982年后从外埠新引进30余种。国家级野生保护动物有69种、省级重点保护的有73种。动物资源中属饲养的种类有25种，其中特种动物15种。全区有木本植物81科527种。丰富的自然资源为投资开发上虞提供了广阔的前景。上虞境内矿藏有铁、锰、铜、铅锌、金银、叶蜡石、萤石、高岭土、石英、白云石、黄铁等，其中叶蜡石蕴藏量约200万吨，已有40余年的开采历史。南部山地（岭南乡田家山村至余姚市梁弄镇）岩体中分布大量脉岩体（俗称花岗岩）侵位于晚侏罗纪地层中，贮量丰富。

行政区划及人口

2013年，全区辖3个街道、15个镇、3个乡。分别为百官街道、曹娥街道、东关街道、道墟镇、上浦镇、汤浦镇、章镇镇、下管镇、丰惠镇、永和镇、梁湖镇、驿亭镇、崧厦镇、沥海镇、小越镇、谢塘镇、长塘镇、盖北镇、岭南乡、陈溪乡、丁宅乡，全区共339个村103个居委会（社区）。

2013年10月，撤横江里村委，设百官街道横江里居委会。2013年11月，增设梁湖镇天香华庭社区。年末，全区居民总户数291356户，户籍总人口779484人，分别比2012年年末减少2758户和增加982人，全区户籍人口中非农业人口299668人，农业人口479816人，分别占总人口的38.44%和61.56%；男性人口385672人，女性人口393812人；分别占总人口的49.48%和50.52%。全年出生5606人，人口出生率为7.2‰；死亡5539人，人口死亡率为7.11‰，人口自然增长率为0.09‰，计划生育率为95.82‰。全区人口按年龄段分布，18岁以下106990人，约占总人口的13.73%，18岁至35岁163555人，约占总人口的20.98%；35岁至60岁34278人，约占总人口的43.98%；60岁以上166154人，约占总人口的21.32%。全区暂住人口（暂住一个月以上）21.68万人。 （阮明忠）

气象特征及水文

【概况】 2013年年度平均气温为17.7℃，较常年偏高。降水时空分布极不均匀：雨量总体较常年偏多近2成，较去年偏少1成；雨日较常年偏少2成，比上年偏少3成；强降水天气多，降水时间集中，最大日降水量达376.0毫米，出现在10月7日，为1971年有气象记录以来新高。6月7日入梅，比常年偏早7天，7月1日出梅，比常年偏早6天，梅期24天，与常年基本持平。梅雨量大，但分布不均，降水非常集中。全年气候异常多变，1—2月频现降雪天气，尤其年初持续多天冰冻天气，严重影响交通。3月遭受大范围寒潮袭击，低温致使早发茶树遭受冻害。4月强冷空气影响，晚霜冻造成部分山区茶叶冻害。6月梅汛期降水集中、降雨强度大，造成洪涝灾害。7～8月出现近60年来最强的高温热浪少雨天气，高温强度强、持续时间长，且降水少、蒸发大，平均气温、高温日数、极端最高气温和蒸发量等气象要素均接近或达到历史同期最高纪录，各地出现不同程度旱情。8月中旬末由于东风波影响，上虞出现旱涝急转。10月强台风“菲特”来袭，日降水量创历史新高，内涝严重，造成重大损失。12月遭遇历史罕见雾霾天气，空气质量极差。

主要气象灾害有高温、干旱、雾霾、台风、东风波暴雨、梅汛期暴雨、强对流（强雷暴、冰雹、短时暴雨等）、寒潮、雨雪冰冻、霜冻等。

【气温】 2013年年度平均气温为17.7℃，较常年（17.0℃）偏高。本年度区内极端最低气温为-4.8℃，出现在12月28日，极端最高气温40.2℃，出现在8月6日，接近历史极值；终霜日为3月16日，初霜日为11月28日，无霜期257天。日最高气温≥35℃的高温天气有52天，较常年显著偏多；其中≥37℃的有28天，≥40℃的有2天。日最低气温低于0℃的冰冻天数平均为34天，较常年偏多。秋季低温出现时间：连续3天的日平均气温≤23.0℃的秋季低温出现在9月24日，比常年偏晚；连续3天的日平均气温≤20.0℃的秋季低温出现在10月14日。稳定通过10℃的初日出现在3月24日，回暖时间较常年基本持平。

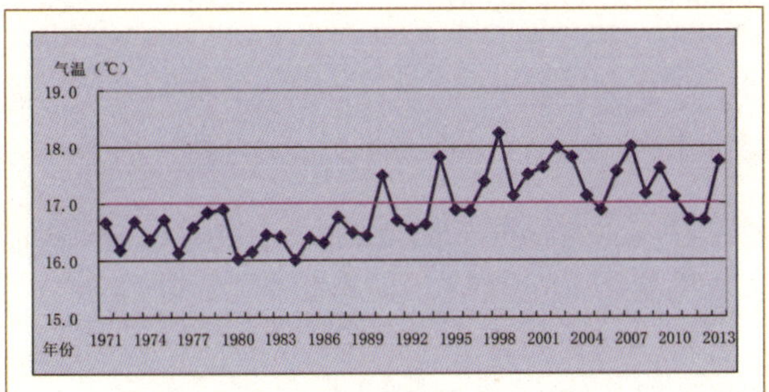

上虞区1971—2013年历年平均气温图

各月平均气温情况为：4月、6月和11月较常年基本持平，1月和12月较常年偏低，其余各月平均气温均较常年偏高。其中7月和8月分别较常年显著2.5℃和2.4℃。

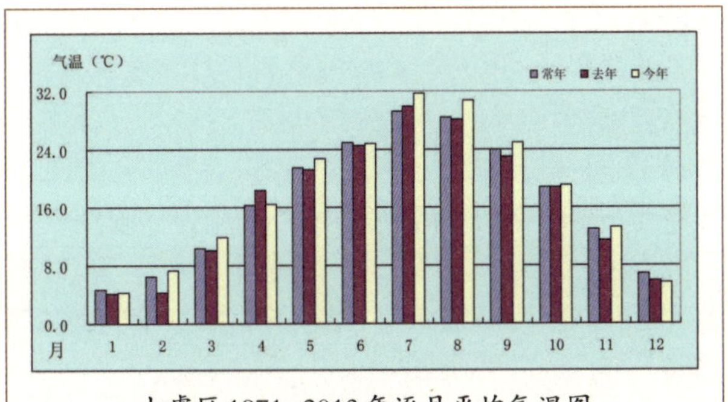

上虞区1971—2013年逐月平均气温图

【降水】 全年全区降水量为1729.3毫米，较常年（1468.5毫米）偏多260.8毫米，比上年偏少327.1毫米。全年≥0.1毫米的雨日有125.0天，比常年偏少31.4天，比上年偏少近3成。

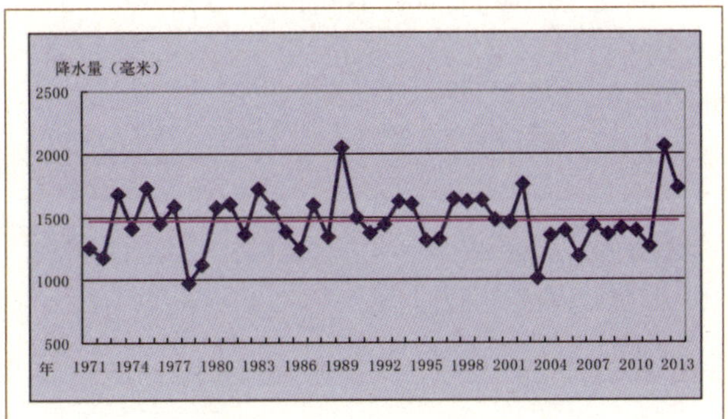

上虞区1971—2013历年降水量图

降水时空分布极不均匀，其中2月、4月降水量较常年基本持平，3月较常年偏少1成左右，1月、5月、9月和11月雨量均不足常年一半，而7月较常年显著偏少，不足常年五分之一；12月较常年偏多1成左右，其余各月均显著偏多，6月较常年偏多5成，8月降水量较常年偏多近一倍；而10月降水量显著偏多，超过常年同期的5倍。

全年≥0.1毫米的雨日有125天，比常年偏少31.4天，比上年偏少近3成。各月雨日分布情况：其中3月、6月、10月比常年偏多，5月较常年基本持平，其余各月均比常年偏少，4月不足常年一半；7月仅为常年三分之一。

24小时雨量≥50毫米的暴雨日有7天，4月30日76.4毫米；6月7日75.5毫米；6月26日65.5毫米；6月27日73.6毫米；8月19日208.8毫米；10月7日376.0毫米；10月8日65.0毫米，其中10月7日日降水量创历史新高。

6月7日入梅，比常年偏早7天，7月1日出梅，比常年偏早6天，入梅以后本区先后经历了2次明显的暴雨，局部大暴雨天气过程。第一次梅汛期强降水出现在6月6日夜里至7日；6月25日夜里至30日进入梅汛期第二轮降水集中期。26日凌晨至28日为入梅以来第二轮降水集中期，受强梅雨带影响，全区普降暴雨。

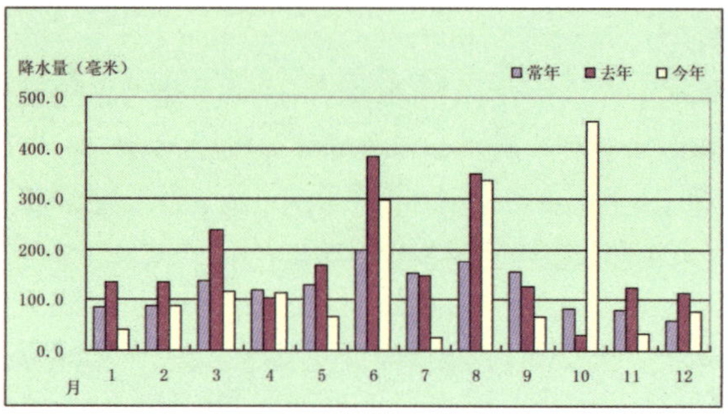

上虞区1971–2013年逐月降水量图

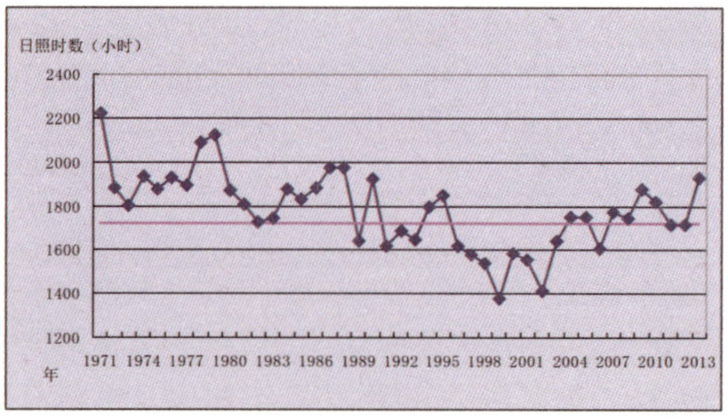

上虞区1971–2013历年日照时数图

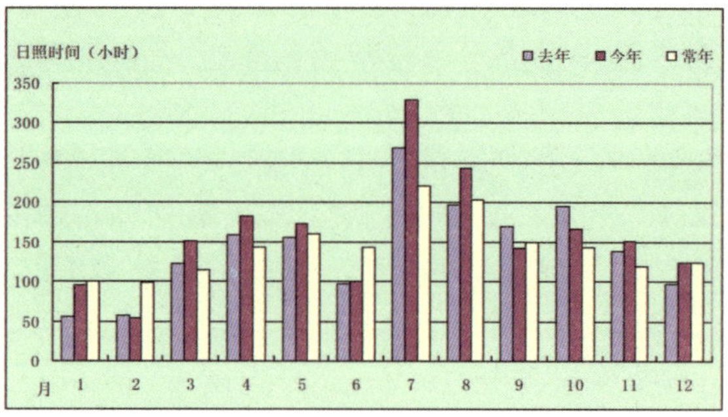

上虞区1971–2013年逐月日照时间图

【日照】 全年日照时数为1931.5小时，比去年偏多213.6小时，比常年偏多210.0小时。全年各月日照时数分布情况为：1月和12月较常年基本持平；2月、6月和9月较常年偏低，其中2月较常年偏低一半，6月较常年偏低三分之一；其余各月均较常年偏高，其中3月较常年偏高近三分之一，7月较常年偏高一半。

【风】 2013年，上虞年平均风速2.0米/秒，最大盛行风向为东北偏东风，次大盛行风向为偏南风。全年共出现大风5次，即7月20日21.9米/秒；8月1日20.5米/秒；8月21日17.3米/秒；10月7日20.8米/秒；11月24日17.4米/秒。

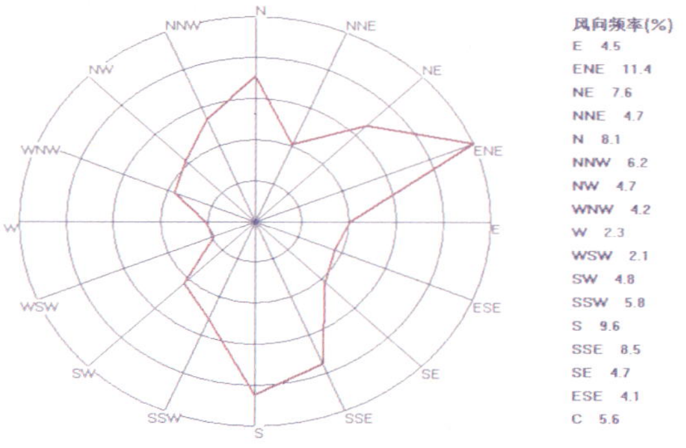

【雷暴】

表2 雷 暴

雷暴次数	
2013年	28
2012年	35
常年	32

表2可见，2013年全区雷暴天数为28天，较常年偏少4天，比2012年少7天。

【灰霾】 全区灰霾天数时空分布不均匀，空间分布主要表现为北部地区高于南部地区。全区年总灰霾天数为96天，较上年偏多；其中最多为12月份，灰霾天数达20天以上，上中旬几乎天天出现灰霾，其次为1月、11月和10月；7月和8月最少，灰霾天数均只有1天。

【重大天气气候事件及影响】　连续阴雨寡照天气　2013年2—3月全区多冷空气活动，受其影响，连阴雨(雪)天气偏多。2月日照较常年显著偏少近一半，4—9日的连阴雨(雪)天气对农业生产和交通造成了较严重影响；3月中旬开始多阴雨天气，尤其是17—20日、22—24日出现两段连阴雨天气，正值春耕时期，对农业造成了一定影响。

雨(雪)冰冻　年初冬季冷暖气流交汇频繁，出现了多次明显的雨雪过程，雨雪期间能见度较差，对春运造成一定影响，低温雨雪天气也对农业不利。

受冷暖空气交汇影响，1月3—5日全区普降中雪，山区大雪局部暴雪，全区均出现明显积雪，雪深普遍达6~8厘米，山区8~10厘米，道路结冰状况严重。虽然5—7日随着气温缓慢升高，天气逐渐转为小雨夹雪，但由于前期雪量明显，积雪严重，气温偏低，并伴有道路积雪和冰冻现象，对交通运输造成了严重影响。

2月7日夜里到8日受较强冷空气影响，全区普遍出现中到大雪，山区局部暴雨，北部雪深5~10厘米，南部10~15厘米，道路积雪结冰严重，对交通、电力、农业等造成较大影响。

雾霾天气　1月上虞雾霾天数达17天，空气质量较差，14至15日受稳定大气层结和近地面丰富水汽影响，出现严重大雾天气，其中15日夜间最小能见度不足100米，导致交通事故和呼吸道疾病患者增多。由于西南暖湿气流强盛，近地面风力较小，1月28日早晨前后上虞又出现了大范围的大雾天气。

受近地面丰富水汽和夜间辐射降温影响，且近地面风力较小，2月16日和23日早晨全区均出现了大范围的大雾，对交通、公共卫生等方面造成了较严重影响。

11—12月进入冬季，雾霾天气显著增多，11月雾霾天气达14天，12月雾霾天气更多达22天，对交通和广大市民健康造成严重影响。

强对流天气　受高空槽东移、中低层切变和冷空气影响，3月19日夜里出现雷电、短时强降水和局部大风天气。受高空短波槽东移、低涡切变和低空急流影响，5月15日出现短时暴雨和强雷电活动。

7月20日下午到傍晚受副高边缘影响，上虞部分地区出现了强雷电、短时强降水和局地大风，上虞测站出现9级大风，上浦和长塘均出现8级大风。7月31日下午到傍晚受副高边缘影响，上虞部分地区午后出现了强雷电、短时强降水和局地大风，上虞测站出现了9级大风。8月21日受台风“潭美”影响，全区普遍有中到大雨和明显风力增大，其中上虞测站、小越、下管、沥海和滨海新城均出现8级大风。

暴雨和内涝　受暖湿气流和较强冷空气共同影响，4月29日夜里到30日早晨普降暴雨，部分地区大暴雨，全区面雨量达76毫米，创同期历史最高。全区22个站点降水量超过70毫米，其中超过80毫米的有11个。最大夹塘96.0毫米，联江93.6毫米。

6月6日夜里到6月7日受高空槽、低涡和地面气旋东移影响，上虞迎来了入梅以来第一轮强降水，全区普降暴雨，局部大暴雨，全区过程面雨量达73.8毫米。全区13个站点降水量超过70毫米，其中超过90毫米的有3个。最大沥海119.9毫米，谢塘98.3毫米，盖北92.1毫米。交通和农业受到了较严重影响。

受江淮梅雨带南压的影响，上虞6月25日夜里至30日进入梅汛期第二轮降水集中期。26日凌晨至28日为入梅以来第二轮降水集中期，受强梅雨带影响，全区普降暴雨，全区过程面雨量为114.0毫米，降水量超过100毫米的乡镇达15个之多。其中最大谢塘166.1毫米，崧厦153.2毫米，观测站151.8毫米，沥东150.8毫米。其他乡镇也均在90毫米以上。此次降水过程持续时间较长、影响范围较广、局部降水强度大，再加上前期降水较多、累计雨量大，局部地区出现滑坡、城区内涝等灾害。

受热带低压云团影响，8月18日夜里出现特大暴雨，全区过程面雨量达145.6毫米，此次强降水过程对于缓解高温、减轻前期连续晴热天气造成的干旱十分有利。

持续高温热浪 7月1日出梅至8月18日，上虞出现了有气象记录以来最严重的高温热浪少雨天气，高温强度强、持续时间长，且降水量严重偏少、蒸发大，平均气温、高温日数、降水量等气象要素均破历史同期纪录，高温热浪具有以下几个特点：

1. 高温日数为历史同期最多。7月1日至8月17日上虞35℃以上的高温日数达44天，创历史同期新高，其中38℃以上的高温日数达20天，也为同期最多。

2. 平均气温为历史同期最高。7月1日至8月18日上虞平均气温为31.9℃，比同期偏高2.8℃，为上虞有气象记录以来最高。

3. 降水量为历史同期最少、蒸发量为最大。7月1日至8月17日全区平均降水量26.8毫米，且降水以雷阵雨为主，分布不均，部分山区不到20毫米。其中上虞测站45.6毫米，比常年同期偏少8成，为历史同期最少。由于高温日数多、强度强，蒸发异常大，7月1日至8月17日全区平均蒸发量达509.2毫米，为历史同期第1位。

4. 受持续高温少雨天气影响，气象干旱快速发展。受高温热浪干旱少雨天气影响，全区作物受旱面积161070亩，其中水稻16245亩、瓜果22755亩、蔬菜30135亩、花木13365亩、茶叶10935亩、其他经济作物67605亩，成灾面积达85095亩，绝收13305亩；全区因旱发生饮水困难的有11个乡镇6059户，计20184人。旱情比较严重的山区乡镇有：章镇受旱面积27690亩，饮水困难3325人；岭南乡受旱面积20460亩，饮水困难4292人；丰惠镇受旱面积20670亩，饮水困难1955人；下管镇受旱面积18900亩，饮水困难1350人；上浦镇受旱面积5280亩，饮水困难5485人。全区粮食作物损失7305吨，经济作物损失7298万元。

台风暴雨 9月20—22日受台风“天兔”外围环流和东风系统影响，上虞出现阵雨天气，南北分布不均。

第23号强台风“菲特”10月7日1时15分在福建省福鼎市沙埕镇沿海登陆，登陆时中心最低气压955百帕，近中心附近最大风力有14级（42米/秒），是10月份登陆我国大陆最强台风。“菲特”登陆减弱后与“丹娜丝”相互作用产生双台风效应，后期又有冷空气加入，影响时间超过60个小时，其间恰逢天文高潮位，风暴潮与天文潮叠加，灾害加重。10月5日夜里至9日受台风影响上虞，出现特大暴雨过程。全区普遍出现大暴雨，局部特大暴雨，全区过程面雨量达441.3毫米。全区共有19个乡镇站点超过400毫米，5个测站超500毫米，分别为永和636毫米、驿亭633毫米、崧厦619毫米、小越553毫米、沥东513毫米，上虞本站10月7日的日雨量达373.4毫米，超过2013年8月19日215.9毫米的历史纪录，为1971年有气象记录以来新高。12个站点出现8级及以上大风，其中上虞本站出现9级大风（20.8米/秒）。统计1972年以来有面雨量记录的影响台风过程，“菲特”降水排名历史第一位。受“菲特”强降水影响，虞北平原超历史最高水位，城乡内涝、积水严重，城镇、农田受淹，一些民房倒塌，电力、通信、道路等基础设施被毁损，堤塘出险，多处发生泥石流、塌方等灾害，带来极其严重的不利影响。受“菲特”影响，全区21个乡镇有87947人受灾，其中倒塌房屋124间，转移人口5569人，死亡4人；农作物受灾面积达322095亩。因降水强度大，全区堤防共损坏33处，累计长度4595米。损坏护岸97处、水闸1座；冲毁塘坝5座，损坏灌溉设施582处。停产工矿企业69家，公路中断26条、铁路1条，直接经济总损失达161213万元。

冷空气和寒潮降温 2013年，上虞日平均气温过程降温幅度≥8℃以上的主要冷空气过程有2月6—8日、2月17—19日、2月28—3月2日、3月9—11日、3月12—14日、4月17—19日、11月9—11日。受较强冷空气影响，2月7—8日上虞普遍出现中到大雪，山区局部暴雨，北部雪深5~10厘米，南部10~15厘米，道路积雪结冰严重，对交通、电力、农业等造成较大影响。进入春季后，受冷空气影响，上虞出现多轮降温，农业生产受到一定影响。11月冷空气影响频繁，受其影响，气温逐步下降，于26日正式进入冬季。24—25日受较强冷空气影响，出现明显的降温、降水过程，且24日上虞出现8级大风。（李 飞）

经济和社会发展情况

【概况】 全年，全区实现地区生产总值624.98亿元，增长9%。财政收入78.38亿元，同比增长7.5%，其中公共财政预算收入43.11亿元，同比增长10%；全社会固定资产投资347.51亿元，同比增长17.2%，其中工业生产性投资205.88亿元，同比增长21.8%；实现进出口总额31.19亿美元，同比增长13.6%；城镇居民人均可支配收入41627元，农民人均纯收入19608元，分别同比增长9.6%和10.9%；城镇登记失业率2.9%。

【农业】 全年，全区实现农林牧渔业总产值65.67亿元，增长3.2%。全年粮食播种面积74.39万亩，下降0.2%。蔬菜种植面积25.29万亩，下降5.8%；水产品总产量3.77万吨，同比增长2.7%；全年猪出栏41.72万头，同比下降0.1%，家禽出栏440.65万羽，肉类总产量3.78万吨，同比下降7.1%。

全区共拥有农业龙头企业88家，其中年销售收入超亿元企业9家，省级骨干龙头企业10家。全年新增农民专业合作社56家，累计达430家，覆盖农业各个产业，覆盖农业各个产业，其中省级示范性专业合作社16家。农业品牌建设取得新突破，至年末全区共有浙江名牌产品14只，浙江著名商标16只，绍兴名牌产品64只，绍兴著名商标24只。积极推进农产品认证，全区全年新认证无公害农产品7只、绿色食品3只，无公害农产品基地面积19.92万亩。

【工业和建筑业】 全年，全区实现工业总产值1990.62亿元，增长11.6%，上虞经济开发区和杭州湾上虞经济技术开发区继续引领发展，全年上虞经济开发区实现规模以上产值472.34亿元，杭州湾上虞工业园区升格为国家级经济技术开发区，实现规模以上产值700.71亿元，“两区”实现规上产值占全区比重达78.9%，比上年提高6.4个百分点。2013年全区规模以上工业实现新产品产值446.80亿元，增长20.5%，新产品产值率达30.1%，比上年提高1.5个百分点。实现高新技术产业产值603.65亿元，增长16.2%，占规模以上工业产值的40.6%，比上年提高1.1个百分点。深入实施新兴产业“1331”培育计划，全年实现新兴产业产值500.50亿元，增长15.1%，占规模以上工业产值的比重达33.7%，比上年提高2.2个百分点；分行业看，生物医药产业和先进装备制造业增势强劲，分别增长21.7%和20.6%。至年末全区共有主营业务收入2000万元以上企业558家，其中年主营业务收入50亿元以上企业2家，10亿~50亿元企业22家，5亿~10亿元企业21家，1亿~5亿元企业160家。全区主营业务收入亿元以上企业实现产值1313.89亿元、主营业务收入1223.88亿元、利润总额89.70亿元，分别增长14.6%、13.2%和10.5%，占规模以上工业企业的比重分别达88.4%、88.8%和97.2%。全区97家大中型企业完成产值944.03亿元，实现利税97.98亿元，利润69.00亿元，分别增长13.3%、10.1%和11.8%，均高于全区规上工业企业平均水平。

全年实现建筑业总产值1276.55亿元，其中在外省实现919.62亿元。完成房屋建筑施工面积11451.68万平方。2013年新增二级及以上企业4家。

【城市建设】 2013年全区以“精致上虞”建设为目标，以“城建攻坚年”“城市管理年”为抓手，加快推进上虞新型城市化建设进程。深化“一江两岸”城市设计，17幢总部楼宇成功落户。加快基础设施建设，杭甬高铁上虞北站建成投用，康居路、称山北路及体育馆、客运北站等基础性、功能性项目启动建设。加快实施门户靓化，东大门迎宾大道段、南大门舜耕大道至舜帝岭段完成门户靓化改造。全力推进人才公寓建设，全年完成面积14.1万平方米，14幢主体结构已全面结顶，场外配套加快推进，至年末已完成154家企业、563套定金收取工作，回笼资金1.57亿元。扎实推进“三改一拆”工作，完成城乡新增房屋征迁签约52万平方米、旧房拆除75万平方米，交付安置房52.62万平方米。纵深推进农村困难性住房救助，围绕“2年内完成418户农村低保户住房困难救助”总目标，共完成救助236户。

【国内贸易与对外经济】 随着“四季仙果之旅”“沪杭甬都市会客厅”“浙东新商都”等品牌的日益打响，上虞消费品市场保持稳定增长。全区全年实现社会消费品零售总额211.86亿元，增长17.5%，全区共有商品交易市场54个，实现成交额112.96亿元，其中消费品市场成交额71.36亿元，生产资料市场成交额41.60亿元。大型商品交易市场活力彰显，年末成交额超亿元市场8个，实现成交额79.43亿元，占全区商品交易市场成交额比重高达70.3%。其中浙江石狮国际商贸城和绍兴大通集团公司农副产品批发交易市场年成交额超20亿元。

至年末，全区有自营出口实绩的企业已达862家。全年实现进出口总额37.41亿美元，增长15.8%，其中进口总额6.22亿美元，增长28.9%，出口总额31.19亿美元，增长13.6%。从出口产品结构看，机电产品出口9.86亿美元，增长20.5%；化工产品出口9.25亿美元，增长17.7%；纺织产品出口5.23亿美元，下降0.2%。

【交通和旅游】 全年，全区交通基础设施项目投资2.69亿元。嘉绍跨江大桥、杭甬客运专线、杭甬运河、绍诸高速等四大省部重点工程集中扫尾工作成效显著。顺利完成城乡公交运营体制改革，完成46条线路217辆车辆的回收，城乡公交实施1元、2元统一票价。全年完成货物周转量23.26亿吨千米，旅客周转量7.13亿人千米，分别增长9.0%和3.3%。继续加强交通融资和资金运作管理，组建交通集团，新增交通融资6.12亿元。

全区全年旅游接待游客725.79万人次，增长27.3%，旅游总收入58.23亿元，增长27.9%。其中接待国内游客719.59万人次，国内旅游收入56.81亿元，分别增长27.6%和28.6%；接待入境游客6.2万人次，旅游外汇收入2303.36万美元，分别增长5.1%和6.5%，年末共有涉外饭店、宾馆9家，其中五星级3家，三星级4家，二星级2家。全区共有旅行社15家，其中四星级2家，三星级2家。 （叶　舟）

政治文明建设

【概况】 2013年，全区共有中共党员48802名，基层党组织2942个，新发展党员740名，新发展入党积极分子2639名。全区共评出“五好”基层党组织92个，优秀党务工作者50名，优秀共产党员150名。有5人被评为绍兴市创先争优闪光言行之星先进个人，13人被评为省创先争优闪光言行先进个人。2个党总支（党委）被评为绍兴创先争优闪光言行之星先进集体，8个党支部（总支、党委）被评为省创先争优闪光言行先进集体。

【开展作风建设年活动】 为落实党的群众路线教育实践活动先学先改要求，区委部署开展作风建设年活动，围绕“深入群众办实事、服务基层解难题、提高效能强执行”的重点，设计14个项目载体，推进全区作风建设。部署开展“两问一送”活动，组织机关干部问需于民、问计于企、结对帮困送温暖，区领导带头开展蹲点调研，机关干部进村入户、进企入社，解决群众需求问题1179件、各类发展难题355个，慰问困难群众14376户，送去慰问资金646万元，各级机关党组织与困难党员、近千名机关中层正职以上干部与困难户结成“一对一”帮扶对子。做好“八项规定”贯彻落实工作，组织开展机关效能“三查行动”，干部队伍执行力有效提升。

【完成村级组织换届选举】 9月份起，根据上级统一部署，在上浦镇开展村级组织换届选举试点工作，在扩大基层民主、规范竞职行为、坚持依事选人等方面进行了积极探索。在全区面上换届选举中，通过明确任职条件、严格资格审查、开展“五项承诺”等途径，旗帜鲜明地推选“双强”型村干部。坚持村党组织“三荐一选”制度，抓好党员自荐、公开民主推荐、党员大会正式选举等关键环节，顺利完成342个村党组织换届选举，共选举产生党组织委员1195名、书记328名，指定党组织负责人14名，选举一次性成功村326个，比上届提高3.5个百分点，班子成员年龄、文化、从业结构都得到了明显提升；有16名大学生村干部进入村党组织班子，其中1名当选为党组织书记，明显改善了村党组织班子结构。坚持依法有序，推行“两荐直选”，顺利完成村民委员会换届选举工作，一次性选举成功村209个，比上届提升11.7%；实现书记、主任“一肩挑”村17个，比上届增加9个；有10名大学生村干部进入村委班子。（陈燕宇）

精神文明建设

【概况】 2013年，全区开展信义林(园)评比、“信义之歌”传唱、村规家训提炼展示、第五届“社区邻里月”、第三届“孝亲敬老月”等系列活动，进一步深化了“中国信义城市”和“中国孝德文化之乡”品牌建设。全面开展“发现最美人物、争做最美人物”主题宣传，新增“中国好人”4人。新创上虞区级文明单位、镇村、社区36个。新增“春泥计划”实施村112个，总数达329个。新建乡村学校少年宫4所，总数达20所。

【推进“道德讲堂”活动】 在全区区级以上文明单位和新申报文明单位的单位中大力推进“道德讲堂”建设，积极发挥“道德讲堂”的道德教化作用。组织道德模范组建宣讲团，到全区50个“道德讲堂”中开展宣讲活动。

【开展信义林(园)评比活动】 在岭南、陈溪、下管、丁宅、驿亭、谢塘、盖北、章镇等8个乡镇的水果基地中组织开展信义林(园)评比活动，共命名表彰樱桃信义园6个，桑果信义园5个，杨梅信义林3个，黄花梨信义园2个，葡萄信义园3个，猕猴桃信义园3个，并相继举办了“仙果孝亲”系列活动。活动的开展得到了副省长黄旭明的批示肯定。

【开展“信义之歌”传唱活动】 4月25日，在市区青春广场举办《上虞信义之歌》传唱会，数千市民和上虞的音乐舞蹈家一起，载歌载舞、同台表演，全民学唱《信义之歌》，取得良好效果。同时，在百官街道、曹娥街道的学校、社区、家庭中分别开展了形式多样的“信义守则”学习和“信义之歌”传唱活动。

【开展“发现最美人物、争做最美人物”主题宣传】 在上虞日报、上虞电视台开设“寻找最美人物、争做最美人物”专题专栏，引导广大市民推荐身边“最美人物”；在上虞新闻网、上虞论坛、微上虞微博上刊发征集启事，向广大网民征集身边“最美人物”。上虞区曹梅芳、徐菊英、阮炳炎、阮伟峰4人相继入选“中国好人榜”。上虞激发民间力量寻找、发现“最美人物”的做法得到了省委宣传部副部长、省文明办主任龚吟怡的批示肯定。

【深化“中国信义城市”建设】 制订下发《关于上虞市进一步深化“中国信义城市”建设的意见》，通过开展信义文化研究征文、信义文艺作品创作、信义文化宣传、信义标识征集、信义故事征集、信义基金建立、信义林命名、信义亭命名、诚信经营户评选等九大行动，推进上虞“中国信义城市”品牌建设，得到了绍兴市委常委、宣传部部长尹永杰的批示肯定。

【开展“乡风评议”活动】 在全区各行政村组织开展了以培育农民群众正确的思想认识、新型的人际关系、良好的风俗习惯、健康的生活方式为重点的“乡风评议”活动。同步推进家训、村规民约修订、文明村镇(家庭)创评、道德评议、道德实践等活动,倡导了农村文明新风尚。年末评选表彰了20个乡风文明村。

【开展村规、家训提炼展示工作】 6月,在陈溪、丰惠、汤浦3个乡镇试点开展了村规、家训提炼工作,3个乡镇共提炼了39个行政村的村规和117户家庭的家训。7月下旬,召开村规、家训提炼工作会议,陈溪、丰惠、汤浦三个乡镇作经验介绍,并全面部署落实村规、家训提炼工作。8月底,17个乡镇(街道)完成了所属行政村村规与每个行政村3户家庭家训的提炼工作。

【举办第五届“社区邻里月”活动】 8月,以“弘扬新时期上虞精神,共建美好家园”为主题,百官、曹娥两个街道25个社区围绕“孝信家园、美丽家园、快乐家园、爱心家园”四大内容,开展了为期一个月的第五届“社区邻里月”活动。各社区共计开展活动项目288个,市级主要新闻媒体多角度全方位开展活动报道。

【举办第三届“孝亲敬老月”活动】 10月,以“孝亲敬老,做一个崇孝守信的上虞人”为主题,全市各乡镇(街道)和部门单位围绕“崇孝德、献孝心、行孝道、评孝行”四大行动,广泛深入开展了孝亲敬老宣传、走访慰问送温暖、惠老悦老实践、孝心孝行评选等系列活动,累计140余项,营造了全社会爱老敬老的良好风尚。

【开展孝德童谣创作征集和诵唱活动】 2月,市文明办、市关工委、团市委、市教体局联合开展孝德童谣征集和诵唱活动,截至4月底共收到孝德童谣2068首。5月30日,“孝德童谣大家唱 虞舜孝行美名扬”孝德童谣传唱观摩活动在东关中心小学启动,全市各地少先队大队辅导员参加。

(陈　健)

城乡统筹

【村级物业经营项目建设有序推进】 共实施村级物业经营项目51只,其中续建项目25只、新立项目26只,占地面积约399.42亩,建筑面积约28.96万平方米,预算投资约4.22亿元,预计年收益总额约3057万元。年末,已经竣工项目12只,其中单建项目8只、联购项目4只;动工实施25只;进入招投标项目3只。

【组织编制城乡发展一体化空间布局规划】 启动《上虞区城乡发展一体化空间布局规划》编制工作,规划重新确定66个组团式中心村、71个一般村、4个自然缩减村名单,进一步完善了农村规划布局。按照每个组团式中心村有一个综合服务中心、有一个农贸市场、有一个小型超市、有一个医疗服务中心、有一个金融网点、有一个文化中心“六个有”的要求,高标准规划基础设施和公共服务。

【深化宅基地置换改革】 全年,城市吸纳型农民集中居住区累计投资4.2亿元,建有置换房源702套。前三序列完成择房,交房135套,第四序列216户预入围农户完成乡镇联审。章镇镇集镇拓展型项目涉及置换农户319户,房屋433套,如期完成。其他试点项目积极推进之中。

【创新农村环境卫生管理思路】 组织开展环境卫生达标村、达标乡镇创建。确定124个行政村列入年度创建计划,年终将对得分靠后的予以淘汰,对考核合格的按每人50元的标准予以奖励,成功创建71个环境卫生达标村。7到10月,组织开展城乡环境卫生“百日整治”行动,聘请第三方对各乡镇(街道)开展情况进行考核。组织各行政村开展庭院清洁户创建活动,促进农户庭院的绿化、洁化、美化,培育提升村民环保意识和文明素质。

(夏　钦)

农林牧渔业

综 述

【概况】 2013年，全区实现农林牧渔总产值65.67亿元，按可比价计算，增长3.2%，其中农业41.51亿元，增长3.9%；林业3.70亿元，增长9.8%；牧业9.26亿元，下降3.5%；渔业10.58亿元，增长4.2%；农林牧渔服务业0.61亿元，增长7.3%。全区农作物播种面积122.85万亩，比上年下降2.4%。其中粮食播种面积74.4万亩，下降0.2%；蔬菜播种面积25.35万亩，下降5.8%；棉花2.1万亩，下降20.6%；水果8.7万亩，增长0.7%；水产品总产量3.77万吨，下降2.7%；全年生猪出栏41.72万头，下降0.1%，家禽出栏440.65万只，下降20.7%，肉类总产量3.78万吨，下降7.1%。

至年末，上虞的农业品牌中共有浙江名牌产品14只，浙江著名商标16只，绍兴名牌产品64只，绍兴著名商标24只。

【粮食生产再获丰收】 全年实现粮食播种面积59.25万亩，其中早稻17.85万亩、晚稻31.2万亩，总产量达到23.7万吨。获全省首届“河姆渡杯”粮食生产先进单位铜奖，被推荐为“全省粮食生产先进县市”。其中，丰惠陈夏谢粮食生产功能区获得省级示范粮食生产功能区。

【两区建设成效显著】 全年新建粮食生产功能区24969亩，累计建成省级现代农业综合区1个，主导产业示范区7个和特色农业精品园13个。虞南省级现代农业综合区、丰惠生猪主导产业园区、滨海南美白对虾精品园等1个综合区、4个主导产业园区和12个精品园通过省级验收。丰惠鸿发果业现代农业园区等9个绍兴市级现代农业园区完成建设通过了验收。

【农业企业实现销售34.8亿元】 继成功创建“浙江红心猕猴桃之乡”之后，“舜阳”红心猕猴桃获得“中华名果”称号。积极培育农业经营主体，至年末全区共拥有农业龙头企业88家，其中年销售收入超亿元企业9家，省级骨干龙头企业10家。全年全区农业企业实现销售34.8亿元(不包括五家农副产品批发交易市场)，比上年同期增长8.4%；利润2.98亿元，与上年同期持平；出口创汇8293万美元，其中自营出口5518万美元，比上年同期增长35%。农业企业技改投入2.45亿元，与上年同比减43%。

【发展休闲农业】 全年积极扶持“四季仙果”基地建设，提升基地设施设备，改善基地景观环境，并举办了覆卮山樱桃节、二都杨梅节、野藤葡萄文化旅游节、红心猕猴桃采摘节等节会，“二都杨梅”“舜水仙毫”被评为省级农业名牌产品，“舜阳”红心猕猴桃获得“中华名果”称号，浙江上虞东山湖休闲旅游区、滨海农庄分别获得了全国休闲农业与乡村旅游四星级、三星级示范园等称号，龙浦葡萄、天香茶叶、滨海农业白对虾、桃花源蘑菇获得绍兴市名牌产品。成功争创国家级、省级休闲农业与乡村旅游示范县。

【补贴农机资金1274.7万元】 全年新增设施农业面积5649亩，农业设施化增长率20%以上，在绍兴各县市区中排名第一。购机补贴受益对象539

户,开具农机购置补贴申请确认表821份,补贴机具1073台,其中,高速乘坐式插秧机30台,步进式插秧机26台,联合收割机85台,粮食烘干机48台,纯农田作业大中型拖拉机139台,纯农田作业手扶拖拉机56台,田间管理机械121台,耕、整地机械229台,畜牧水产养机械202台,保险冷库290立方米,其他机械181台。全年实施补贴资金总额1274.706万元,其中中央资金1089.806万元。共组织农机生产厂家、经销商及农机维修人员下乡镇村1100余次,对1320余台农业机械开展春耕和"三夏"生产的检修服务。

【完成平原绿化6550.05亩】 围绕"四边三化"工作部署,完成平原绿化6550.05亩,其中重点沿海防护林国债项目2520亩,城镇绿化、村庄绿化、庭园绿化、苗圃地等绿化面积4300.05亩,沿海防护林中基干林带499.95亩、平原林带林网2020.05亩,平原绿化率达到18.7%。成功创建省级森林城镇2个,森林村庄2个,绍兴市级森林城镇2个,绍兴市级森林村庄7个,获全省沿海防护林建设先进县称号。

【推进无害农产品认证】 全年新认证无公害农产品7只、绿色食品3只,无公害农产品基地面积19920亩。

【开展农产品质量安全检测】 全年共抽检样品1487批次(其中例行监测684批次,专项监测95批次,动态监测602批次,委托检测106批次),开展定性检测1386批次,农残定量检测236批次,氯霉素检测16批次,经检测所有样品全部合格。土壤pH、盐分、容重检测85批次。配合完成农业部早稻风险评估、省例行监测、绍兴市专项监测、区本级监督抽查共抽取样品732批次。 (陈绫钢)

【新增各类农业机械1073台(套)】 全年新增各类农业机械1073台(套),其中高速乘坐式插秧机30台,步进式插秧机26台,联合收割机85台,粮食烘干机48台,纯农田作业大中型拖拉机139台,纯农田作业手扶拖拉机56台,田间管理机械121台,耕、整地机械229台,畜牧水产养机械202台,保险冷库290立方米,其他机械181台;机耕作业面积81.45万亩,机收面积43.95万亩,推广水稻机插面积12.15万亩;实施省级设施农业设备项目13个,拟争取补贴资金314.2142万元;新建水稻育秧中心1个,新建粮食烘干中心4个,建立2个农机牧艺融合示范点。 (赵懿懿)

【新增农民专业合作社23家】 全年新增农民专业合作社23家,累计达430家,新增家庭农场31家,创建省级示范性专业合作社4家,累计省级示范性专业合作社达16家。入社社员共2.15万人,连接农户4.6万户,经营服务面积21万亩。全年完成工商备案合作社110家,完成对11家省示范社监测。全区农业产业有效投资达到2.57亿元,同比增加35.26%。

【完成10个乡镇农产品检测室建设】 全年完成10个乡镇农产品检测室建设,做好设施设备的配备工作,培训落实检测人员,全区的农产品检测能力进一步提升。同时开展一系列执法检查,加大农产品日常检测力度。

现场农业职业技能培训 (章青青 摄)

【完成各类农业专业技术培训3250人次】 实施农机培训工程,提高农机人员技术素质。结合早稻生产技术培训班,开展机械化育插秧技术培训,同时通过科技下乡、广播讲座、上门指导等各种形式,把农机新技术、新知识传送到千家万户。据统计,全年通过各种形势培训各类农机技术人员3250人次,其中举办拖拉机培训班12期,培训驾驶员168人。

【组织各类农民培训班66期】 驿亭镇、谢塘镇招收果树生产技术专业新生102人，全年共有3个专业106名学生顺利完成学业，取得中专文凭。举办农业职业技能培训班，开展在校生的职业技能鉴定，9月对107名学员进行培训和鉴定，通过率达到91%。全年组织各类农民培训班66期，参训农民3698人次。

【实现政策性农业保险收入2238.9万元】 全年政策性农业保险实现保费收入2238.9万元，比上年同期增加634.1万元，增长27.07%，比上年全年保费增加270万元，大户参保率92%。

【新增土地流转面积12354亩】 全年新增土地流转面积为12354亩，超额完成绍兴市下达的10000.5亩的计划目标，占全区家庭承包土地总面积的57.43%，涉及流出农户7963户。其中，5年以上的流转面积为4158亩，占33.7%；流入10.05亩以上的大户面积为7095亩，占57.4%；用于种粮的面积为7425亩，占60.1%。获“省农村集体‘三资’管理示范县市”称号。全年共安排150万元财政专项扶持资金促进土地流转，对全区范围内符合规定条件的流出方、流入方、服务方给予奖励扶持，根据政策全年兑现奖励资金953820元，涉及58个大户、合作社、企业和流转服务组织。

（张小丽）

粮　油

【概况】 全年粮食播种面积59.25万亩，平均单产5995.5公斤，粮食总产23.7万吨。其中，谷物播种面积63.45万亩，总产量26.72万吨；豆类播种面积8.4万亩，总产量1.67万吨；薯类播种面积2.7万亩，总产量0.90万吨。全年油料播种面积9.75万亩，油料总产1.51万吨。其中，油菜籽播种面积8.7万亩，总产量1.32万吨。

【获省第一届“河姆渡杯”粮食生产铜奖】 全区安排70万元资金用于开展高产创建活动，实施“百亩方亩产千公斤”攻关行动。建立各级高产创建点13个，面积913605亩。上虞荣获浙江省第一届“河姆渡杯”粮食生产铜奖。

【新建粮食生产功能区24969亩】 区财政安排2000万元资金用于粮食生产功能区建设。全年共认定44个粮食生产功能区块，涉及9个乡镇，面积24969亩。崧厦镇祝温畈省级粮食生产功能区被认定为第六批省级粮食生产功能区，面积1002亩，东关街道三丰畈省级粮食生产功能区认定为第六批省级粮食生产功能区，面积1000.5亩。

【开展现代农业发展资金水稻产业提升项目】 实施中央现代农业发展资金水稻产业提升项目1批，项目省级以上补助资金480万元，上虞财政配套90万元。建设内容为在章镇镇魏家庄畈粮食生产功能区内农田基础设施建设子项目1个，投资180万元，省以上补助资金85万元；育秧烘干中心建设子项目5个，投资470万元，省以上补助资金345万元。

农技人员、种粮大户共同进行晚稻良种现场考察评审

（俞镇浩　摄）

【开展水稻病虫统防统治】 全年共开展水稻病虫统防统治91995亩，实施小麦“一喷三防”技术应用25005亩，实施重大农作物病虫害绿色防控34995亩，推广应用农药减量控害增效技术307005亩。

【新增标准农田提升面积】 全年新增提升标准农田面积18000亩，总实施面积78000亩，年度共投入财政资金1560万元。共推广应用水稻专用配方肥2500多吨、磷钾肥近700吨、商品有机肥近3000吨，实施秸秆粉碎还田6000次，完成2009年度申报的标准农田质量提升项目实施工作，将19995亩二等三级田提升为一等二级田。

（俞镇浩）

蚕 桑

【概况】 2013年，全区桑园面积11895亩；蚕茧总产量458吨。

丁宅桑园　　（俞镇浩　摄）

全区桑园面积较上年减少2070亩，减14.82%，其中果桑面积1005亩。蚕种发放量10220张，较上年减少1050张，减9.32%，生产蚕茧458吨，较上年减少79吨，减14.71%，蚕茧平均收购价38元每公斤，总产值1739万元，较上年减少38万元，减2.14%。桑果产量895吨，产值910多万元，果桑在全区普及开来，各乡镇均有种植。

（俞镇浩）

畜 牧

【概况】 2013年，全区畜牧业总产值8.225亿元，同比增加0.7%，其中生猪业产值6.11亿元，家禽业产值1.45亿元，其他产值0.665亿元。全年生猪饲养量58.16万头，同比减少21.8%，其中年末存栏23.27万头，出栏34.89万头。家禽饲养量413.18万羽，同比减少7.9%，其中年末存栏116.48万羽，出栏296.7万羽。牛存栏846头，其中奶牛439头。羊存栏19700头，兔存栏17800只。全年肉类总产量32658.6吨，其中猪肉产量27349.6吨，禽肉产量3851吨。禽蛋产量3453.6吨，牛奶产量2049吨。

【开展动物疫病防控工作】 春防调查生猪应免数338276头，实际免疫猪瘟334710头，免疫率99%，口蹄疫免疫334979头，免疫率99%，猪高致病性蓝耳病免疫305337头，免疫率90%；家禽应免数为1068168羽，实际免疫1067445羽，免疫率100%。春防散养动物免疫劳务费1758982元，其中区财政承担1198906元，乡镇承担560076元。秋防调查生猪应免数397004头，实际免疫猪瘟388624头，免疫率98%，口蹄疫免疫391301头，免疫率99%，猪高致病性蓝耳病免疫352295头，免疫率89%；家禽应免数为1357697羽，实际免疫1357580羽，免疫率100%。秋防散养动物免疫劳务费1121316元，其中区财政承担492945元，乡镇承担628371元。

【推进病死动物无害化处理工作】 根据浙江省农业厅、财政厅《关于做好生猪规模化养殖场病死猪无害化处理补助相关工作的通知》（浙农专发〔2012〕53号）精神，全区采用点面结合，规模猪场自行处理和乡镇集中处理相结合，全面开展病死动物无害化处理工作。出台无害化处理池建设补助政策，共137个规模猪场（存栏27.5万头，占总存栏的74.3%）和20个乡镇（街道）建造163座病死动物无害化处理池，合计容积1.5万立方米，总投资1300万元，其中财政补助681万元的基础；出台病死猪无害化处理补助文件，5月21日开始，每头7日龄以上病死猪无害化处理财政补助80元，5—11月无害化处理病死猪59445万头（其中11月因“菲特”影响死亡35884头），病死动物随意丢弃现象基本消失。

【病死动物无害化处置补贴434.21万元】 6月—10月，全区涉及病死猪无害化处理的规模养殖场137个，乡镇（街道）集中处理点20个，无害化处理病死猪54276头，按每头80元进行补助，共补助434.21万元，其中区级承担40%，计173.68万元。

【动物卫生监督体系基本建立】 根据《浙江省人民政府关于推进畜牧兽医体制改革切实加强动物

防疫工作的通知》(浙政发〔2005〕31号)和十六届市政府第8次常务会议纪要及市编委〔2012〕61号文件精神,为进一步完善畜牧兽医体制改革,理顺工作关系,明确工作职责,成立了上虞市畜牧兽医局,全区设立百官、章镇、丰惠、崧厦四个动物卫生监督分所,7月份投入运营,受理生猪产地检疫等工作。

【加强H7N9禽流感防控】 加强疫情排查和监测工作,组织人员对辖区内所有养殖场户、家禽交易市场、屠宰加工场所全面开展动物流感疫情排查,开展疫情监测和流行病学调查工作,统筹做好高致病性禽流感防疫和病死动物无害化处理,禽流感免疫率达到100%,并及时处置病死及死因不明动物尸体,排除隐患。合计拨付扶持资金235.43万元,以减轻禽流感对家禽业的影响。

【生猪标准化建设项目建设顺利实施】 上虞市新苗农牧发展有限公司、上虞市富强生态农业有限公司、上虞市建塘农业发展有限公司、浙江宝仔农业发展有限公司四家生猪标准化建设项目计划投资642万元,实际完成655万元;省级现代农业发展资金项目和两家排泄物利用建设项目共三家建设单位计划投资318万元,实际完成324万元;上虞丰惠生猪示范区计划投资605万元,实际投资1009万元。

【畜禽养殖污染物深度治理方案通过专家论证】 根据《上虞市2013年主要污染物减排工作计划的通知》(虞政发〔2013〕30号)文件精神,上虞市杨丰牧业有限公司、上虞市海峰牧业有限公司、绍兴市大自然农业有限公司、上虞市新苗农牧有限公司、上虞市富强生态农业有限公司和上虞市祥盛农业有限公司被列入年度减排计划。6月底深度治理方案通过省能源办及环保专家的论证。

【监测动物血清样品23468份】 上虞畜技中心全年共监测血清样品23468份,其中高致病性禽流感3733份(禽流感H7监测1105份)、口蹄疫1082份、猪瘟1311份、鸡新城疫865份、山羊布病15750份、奶牛布病样品647份、奶牛结核病648头份,蓝耳299头份。

(厉金炳)

生态牧羊 (王智炜 摄)

渔 业

【概况】 2013年,全区渔业总产值9.97亿元,比2012年增长5.19%。水产养殖总面积107130亩。水产品总产量37745吨,比2012年减产2.73%。其中海洋捕捞产量1353吨,淡水产量36392吨。淡水产量中,南美白对虾养殖产量18900吨,比2012年减少6.70%。政府全年投入渔业产业化奖励补贴资金达82.06万元左右。渔民年人均收入14237元,同比增长8.27%。

【土布鱼人工繁殖获得成功】 土布鱼,学名沙塘鳢。是本埠重要小型经济鱼类,以往见于餐桌的一直是野生品种,但其资源量日益减少已成定论。4月24日,水技中心技术人员克服技术瓶颈,在长塘湖田特种水产养殖场成功繁育土布鱼鱼苗近3万尾,育成夏花鱼种近1万尾。为今后人工养殖奠定了基础。

【上虞虞北渔港建成】 2012年12月,虞北渔港在嘉绍大桥以东、海涂九六丘北正式动工兴建,至2013年12月,其主体工程完工并通过验收。该项目总投资1477万元,工程新建斜坡式码头一座、新建护岸134米、管理用房300平方米及相关配套设施。建成后可容纳200余艘小型渔船回港避风。

【全省首套水质在线物联网监控系统安装并使用】 科强水产养殖有限公司安装并使用了全省水产养殖业首套水质在线物联网监控系统。水质在线物联网监控系统是反映水产养殖过程中水质相关数据实时变动情况的软件系统。监控设备主要包含6个pH探头、1个盐度探头、3个溶氧和温度探头，分别投放于10个检测池塘，可同时实现以下四大功能：一是24小时不间断实时水质检测，在液晶界面控制器、总控制柜、科强公司显示屏和上虞水产技术推广中心显示屏上同步滚动更新；二是设定测量值范围，如有异常会自动报警；三是通过网络在任何一个地方实时查看检测数据，实现远程监控；四是将测量数值以短信形式发送到指定的手机用户，即使出差在外也能实时掌控水质情况。另外还可以借助农民信箱等平台，将水质数据发给各养殖户参考并提供养殖建议。

【养殖新品种引进】 上虞市滨海农业发展有限公司从福建引进中华倒刺鲃鱼种25000尾及彩虹鲷鱼种10000尾。个别养殖户开始试养台湾泥鳅及台湾虱目鱼。

【渔业产业化水平有所提高】 至年底，上虞全区共有设施渔业养殖面积3006.6亩，其中高位池1150.05亩、钢构大棚316.5亩、竹结构简易大棚1540.05亩；水产专业合作社已发展到28家；休闲渔庄达32家。

【南美白对虾养殖技术进一步完善】 全区7家南美白对虾虾苗淡化场共淡化对虾苗31亿尾，平均出售价格为每万尾100元。数量及收入比去年均有所增加。

在成虾养殖方面，南美白对虾底增氧养殖技术、大棚双茬养殖技术、大棚育肥二级养殖技术、对虾与甲鱼鮰鱼混养技术等更趋完善，并得以迅速推广。

【水产品质量安全标准初步得到落实】 全区共抽检养殖水产品近100批次，检测结果全部合格。全区升级改造健康水产养殖示范场8个，新认定通过3个。全区水产苗种生产，鱼饲料、鱼药使用等领域的质量安全问题，初步实现全过程自律检查及被监测。

【科技入户示范工程项目继续进行】 水技职能部门继续组织实施省级上虞区渔业科技入户示范工程项目，在海涂水产养殖基地建立科技示范户215户，示范养殖面积16580亩，辐射带动面积达36495亩。

【水产养殖发展势头由于各种原因受到制压】 由于养殖病害、极端气候、适销新品种缺乏及区域工业经济的发展，塘租、饲料、人工等价格的上扬，促使养殖成本明显增加，养殖渔民增收难度加大。如，2013年南美白对虾养殖户亏损现象较普遍，户数盈亏比大约为8比2左右。

（俞宁宁）

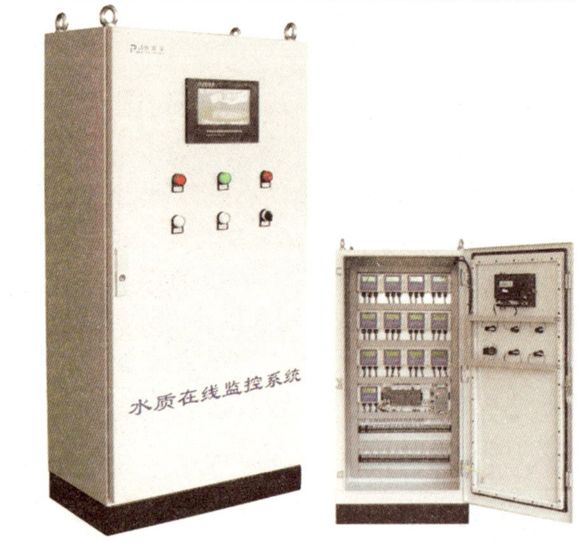

水质在线物联网监控系统

林　木

【概况】 2013年，全区共核发林木采伐许可证176份，发证蓄积10337.56立方米，折合材积6202.54立方米。共办理林地征占用8件，其中长期征占用7件，面积144.9亩，收取森林植被恢复费669199元；临时征占用1件，面积15.3亩，收取森林植被恢复费20542元。由国家林业局华东林业调查规划设计院负责，完成《绍兴市上虞区林地保护利用规划（2010—2020年）》编制。全区果园总面积86955亩，其中杨梅园24000亩，葡萄园16470亩。蔬菜总面积25.35万亩，同比减少5.8%，蔬菜产量64.10万吨，同比减少10.2%。（王　汀）

【“爱鸟周”暨野生动植物保护宣传】 开展以“美丽浙江，让鸟儿自由飞翔”为主题的第32个“爱鸟周”暨野生动植物保护宣传月活动，设置展板30块，分发各种爱鸟护鸟、保护陆生野生动物宣传资料2000份，宣传公告500份，派发其他宣传纪念品500份。（王　汀）

【开展古树名木调查保护】 下发《关于加强古树名木保护管理的通知》至各乡镇开展情况调查，全区共有古树名木356株，共有21种。其中一级古树20株，二级古树40株，三级古树294株（古树群一处35株），名木2株（位于春晖中学内的红山茶、南天竹）。（王　汀）

【果园面积增加660亩】 全区果园总面积86955亩，同比新增660亩，其中新建林果基地面积135亩，其中猕猴桃135亩。产量（包括果用瓜）24.89万吨，同比增长5.0%。上虞“野藤”牌金手指葡萄在全省精品水果展示展销会上获得金奖。（俞镇浩）

【蔬菜种植面积较上年减少15604.05亩】 全年蔬菜种植面积252924亩，较上年减少15604.05亩，减5.81%；产量64.1万吨，较上年减少7.3万吨，减10.22%；产值98718万元，较上年减少4813万元，减4.65%。其中，榨菜种植面积30690亩，产量10.43万吨，产值8347.68万元，芥菜种植面积22695亩，产量6.08万吨，产值2433.44万元。组织实施“蔬菜非耕栽培技术研究与示范”项目，项目区蔬菜亩均增收1.55万元。推广新型穴盘育苗技术，累计应用1999.95亩次。（俞镇浩）

【茶叶减产减值】 全年全区茶园总面积45000亩，茶叶总产量为2770吨，产值14540万元，分别下降22.2%和9.8%。其中名茶产量500吨，产值12200万元，分别减9.1%和9.6%。7月、8月受到历史上罕见的持续高温干旱影响，茶园受灾面积达40005亩，减产减值。全区获QS认证茶叶企业34家，上虞市觉农茶业有限公司获浙江省标准化名茶厂称号，并获得绿色食品证书。上虞在丰惠青山茶场茶园上首次使用黄板诱杀茶园害虫的示范，得到较好的效果。（俞镇浩）

【接处森林火警火情84起】 全年全区共接处各类森林火警火情84起，发生火灾2起（章镇巴弄村、陈溪虹溪村），起火原因查明率为100%，森林火情火灾造成的过火总面积为138.9亩，损失林木蓄积710立方米，幼树2.5万株，森林火灾发生率为4次/150万亩，受害率为0.171‰，控制率为69.45亩/起，森林消防的各项指标均低于省定和绍兴市定考核责任目标，完成森林消防考核工作，无人员伤亡和重大森林火灾发生。（连云渊）

【开展涉林、野生动物保护等专项行动】 全区先后开展涉林、野生动物保护等专项行动，全区共立行政案件32起，没收木材45立方米。侦破盗伐林木刑事案件1起，非法狩猎案1起，破获2起，取保候审2人次。（连云渊）

【全省森林消防高压水泵接力灭火技能比赛中荣获三等奖】 创建上虞区级森林消防“引水灭火”队伍建设，加强队伍管理体制，增强对森林消防设备的使用技能，区森林消防“引水灭火”队伍在全省森林消防高压水泵接力灭火技能比赛中荣获三等奖。（连云渊）

【平原绿化总投资2.2亿元】 全年全区完成平原绿化6499.5亩，总投资2.2亿元，其中重点防护林工程建设项目2520亩（平原林带林网2020.05亩，基干林带499.95亩），完成年计划100.8%。（宋文君）

【病虫害监测覆盖率100%】 全年全区完成松材线虫病、松墨天牛、板栗瘿蜂、板栗剪枝象甲等病虫监测面积224.25万亩，监测覆盖率100%，测报准确率达98.4%，高于绍兴市下达的测报准确率指标87%。全区主要林业有害生物总发生面积12031.05亩，其中成灾面积1993.95亩，计算出成灾率为2.60‰，控制在绍兴市下达的成灾率指标4.5‰以内。林业有害生物发生种类分别为：松材线虫病1993.95亩，松墨天牛2437.05亩，花卉、板栗、竹子等其他病虫害发生7600.05亩。对发生的主要林业有害生物，均采取各种有效措施防治，防治面积12031.05亩，其中：仿生防治330亩，人工防治6493.95亩，化防5206.95亩，无公害防治率100%，高于绍兴市下达的无公害防治率84%的指标。（竺华栋）

【参展义乌国际森林产品博览会】 全区共计5家企业参加2013年博览会，产品包含森林食品、花卉园艺以及木结构木建材。其中上虞鑫和生态农业综合开发有限公司的蓝莓荣获第六届中国义乌国际森林产品博览会金奖，上虞森峰板材制造有限公司的指接板荣获博览会优质奖，上虞市东山红红心猕猴桃专业合作社荣获博览会最佳展位奖。（宋文君）

【平原绿化行动进一步推进】 为进一步推进平原绿化行动，区政府出台《以“四边”绿化为抓手全面推进2013年平原绿化建设的政策意见》，提出以“四边”（公路、铁路、河边、山边）绿化为抓手，着力推进全区平原绿化，把“四边”等区域绿化建设成为固土保水的生态线、环境优美的风景线、产业结构调整的致富线和展示风采的形象线，着力推进“森林上虞”和生态文明建设。全年完成平原绿化建设任务6499.95亩，全区平原林木绿化率由18%提高到18.7%。（宋文君）

【成功创建省级森林村庄2个】 全年全区成功创建省级森林村庄2个，丁宅乡上宅村、陈溪乡陈溪村。绍兴市级森林城镇2个，陈溪乡、丁宅乡；绍兴市级森林村庄7个，百官街道金家岙村、曹娥街道外五甲村、道墟镇称海村、丰惠镇三溪村、谢塘镇东联村、崧厦镇联塘村、丁宅乡缸岙村。申报创建上虞区级森林城镇3个、森林村庄16个。此外，上虞区崧厦镇省级森林城镇规划通过省林业厅组织的专家组论证，计划下年度创建。（宋文君）

【省、市级林业园区创建】 成功创建1个省级林业园区，上虞区丰惠花卉苗木精品园；成功创建3个绍兴市级林业园区，上虞岭南东澄油茶现代林业园区、上虞梁湖三叶油茶现代林业园区、上虞顶峰杉木现代林业园区。至年底，全区累计创建3个省级林业园区，5个绍兴市级林业园区。（竺华栋）

【新增省级林业示范专业合作社1家】 新增一家省级林业示范专业合作社：上虞市东山红红心猕猴桃专业合作社。至年底，全区有各类林业专业合作社92家，其中省级示范性专业合作社10家，星级专业合作社35家，AAA级2家，AA级10家。入社农民3400人，带动农户1.2万户，联结基地118999.5亩。（竺华栋）

【新增省级森林食品基地2个】 全年全区新增2013年度森林食品基地2家、复认4家。其中，上虞章镇新叶和谐果业专业合作社的舜阳牌猕猴桃和上虞市好地方杨梅专业合作社马鞍岗牌杨梅被认定为省森林食品基地；上虞市宋景密梨专业合作社的梨老大牌蜜梨、上虞市小草湾果业专业合作社的小草湾牌猕猴桃、上虞市二都杨梅专业合作社的二都牌杨梅、上虞市长塘黄芽头竹笋专业合作社的诸葛山珍牌毛竹笋被复认为省森林食品基地。全年完成省地市各级森林食品检测结果全部合格。（宋文君）

“爱鸟周”暨野生动植物保护宣传资料在陈溪村派发（章青青　摄）

【森林休闲旅游产值1.5亿元】 全区新增上虞东山湖省级森林公园为省级森林公园；新增省级林

业观光园2个，分别是渔门东魁杨梅观光园、石窟庙林业观光园；新增市级林业观光园4个，分别：上虞区月山林业观光园、上虞区天香苑林业观光园、上虞区如峰江湾林业观光园、上虞区鑫和林业观光园。至此，全区已有省级森林公园2个，市级森林公园2个；省级林业观光园12个，市级林业观光园12个；市级森林休闲旅游特色镇5个、特色村10个。实现森林旅游休闲产值1.5亿元。

（竺华栋）

【义务活动共种植苗木20万棵】 3月7日，区四套领导班子和市直机关工作人员80余人，在南大门绿化工程（百丰公路与城南大道交界处）参加义务植树活动，种植各类绿化苗木250余棵。全年全区参加义务植树人数达0.2万人次，义务植树尽责率达91%，共种植各类苗木20万株。 （竺华栋）

【公益林建设规模达220710亩】 全年全区公益林面积220711.05亩，其中国家级公益林3859.95亩、省级公益林216850.95亩。建成率100%。公益林损失性补助标准为315元/公顷，补偿总额463.49万元。全区累计公益林损失性补助资金2361.61万元。 （竺华栋）

【林业种苗面积29533.95亩】 全年全区林业种苗生产面积29533.95亩，苗木数量1076.26万株，圃地产值达6.0亿多元。其中容器苗214万株。新建菊花鲜切花基地（驿亭镇二都村）270亩，年产鲜切花1200万枝，销售额达2400万元。全年销售量苗木约300万株，销售额6000余万元；盆栽植物生产面积100.05亩，销售83.3万盆，销售额460万元；菊花鲜切花销售1200万枝，销售额2400万元，其中出口295.4万美元。总销售额8860万元。

（竺华栋）

农业生态

【概况】 2013年，全区共下达2个省级农业生态工程项目，计划总投资2112万元。加快排泄物资源化利用，新增5家合计存栏5371头的养猪场，实施规模化畜禽养殖排泄物综合治理。

【实施省级农业生态工程项目2个】 省农业综合开发办公室批复农业生态工程项目有2个，即：舜江片高标准农田建设示范工程项目，治理面积1095亩，计划总投资2112万元，其中，中央财政投资660万元，省财政投资660万元，区级财政配套投入660万元，村群自筹132万元（投劳折资），项目由上虞区上浦镇人民政府和汤浦镇人民政府负责实施，实施地点为上浦镇和汤浦镇小舜江流域，项目对工程、设计、监理公开招标，共分4个标段和1个科技实施方案实施；夏溪山区小流域农业生态工程项目，治理小流域面积600亩，计划总投资1184万元，其中，中央财政投资370万元，省财政投资370万元，区级财政配套投入370万元，村群自筹74万元（投劳折资），项目由上虞区丁宅乡人民政府负责实施，实施地点为丁宅乡夏溪流域，项目对工程、设计、监理公开招标，共分为4个标段和1个科技实施方案实施。 （黄志刚）

【排泄物综合治理利用率98.5%】 根据区产业化扶持政策，新增5家合计存栏5371头的养猪场，建设厌氧池400立方米，副池280立方米，氧化塘3750立方米。经排泄物治理单位达到112家，累计建造沼气池1.9万立方米，治理生猪存栏约18.25万头，规模化畜禽养殖排泄物综合治理利用率达到98.5%，取得了良好的生态效益，经济效益和社会效益。 （厉金炳）

二都杨梅收获 （胡建伟 摄）

农业产业化

【概况】 2013年，全区完成农业产业升级投资2.57

亿元，农业龙头企业实现销售额34.80亿元，农副产品自营出口额增长35%。有9家重点农业龙头企业通过省、市级认定，3个农产品分获省农博会金奖、优质奖，虞南省级现代农业综合园区通过验收，被公布为第四批浙江省现代农业园区，4个主导产业示园区、9个精品园通过省级验收，9个现代农业园区通过市级验收。全年新增农民专业合作社23家，新增家庭农场31家，创建省级示范性专业合作社4家。上虞成功创建全国休闲农业与乡村旅游示范县、浙江省休闲农业与乡村旅游示范县，1个公园成功创建全国休闲农业与乡村旅游示范点，2个公司成功创建全国休闲农业与乡村旅游五星和四星级示范企业，6个商标成功创建省、绍兴级著名商标，9个产品成功创建省、绍兴级名牌农产品。

【农业产业有效投资2.57亿元】 全年全区农业产业有效投资达到2.57亿元，同比增加35.26%。新增设施农业面积5649亩，农业设施化增长率20%以上，在绍兴各县市区中排名第一。

【建成虞南省级现代农业综合区】 虞南省级现代农业综合园区通过验收，被公布为第四批浙江省现代农业园区。丰惠生猪主导产业园区、梁湖苗木精品园等4个主导产业园区和9个精品园通过省级验收。建成鸿发果业、舜宝茶叶、顶峰杉木、煜丰畜牧等9个绍兴市级现代农业园区并通过验收。全年新增农民专业合作社23家，新增家庭农场31家，创建省级示范性专业合作社4家。

【农业规模企业实现销售额34.80亿元】 全年全区各类农业企业实现销售额34.80亿元，比上年同期增长8.4%。销售额超过1亿元的企业有6家，超过5000万元的有12家，超过2000万元的有22家，超过1000万元的有22家。

【农副产品自营出口额增长35%】 全区19家出口创汇企业，全年创汇额达到8292万美元，其中自营出口5517万美元，比去年同期增长35%。

【3个农产品分获省农博会金奖、优质奖】 在省农业博览会上，上虞选送的绍兴市东海食品有限公司生产的“许福斋”牌老坛酸菜麻酸辣烫方便食品获得金奖，上虞市同仁酿造有限公司生产的“海浪”牌乳瓜、上虞市三友食品厂生产的“三友”牌腐乳等产品获得了优质奖。在中国国际森林博览会上，上虞市鑫和生态农业综合开发有限公司参展的“蓝莓”获得金奖。

【9家重点农业龙头企业通过省级、绍兴市级认定】 浙江顾大嫂食品有限公司被认定为省级骨干农业龙头企业；上虞市上茗茶厂、浙江海兴食品有限公司、浙江海顺农业发展有限公司、上虞市滨海农业发展有限公司、上虞市三盛畜牧养殖有限公司、上虞市鸿发生态农业发展有限公司、浙江海丰花卉有限公司和浙江天玥湖农业开发有限公司8家企业被评为绍兴市级重点农业龙头企业。

【成功创建休闲农业与乡村旅游示范县】 成功创建全国休闲农业与乡村旅游示范县、浙江省休闲农业与乡村旅游示范县。盖北野藤葡萄公园成功创建全国休闲农业与乡村旅游示范点。上虞东山湖运动休闲有限公司成功创建全国休闲农业与乡村旅游五星级示范企业；上虞市滨海农业发展有限公司成功创建全国休闲农业与乡村旅游四星级示范企业。

【新增3个省级特色农业精品园】 上虞区丰惠花卉苗木精品园、上虞区滨海南美白对虾精品园、上虞区麻岙湖名特优鱼类精品园等3个省级特色农业精品园通过考核验收。

【创建名品名牌】 上虞市章镇水祥果木场、上虞市梁祝茶庄和上虞市舜宝茶业有限公司等3个注册商标成功创建浙江省著名商标。上虞市恒盛食品有限公司、上虞市觉农茶业有限公司和绍兴市大自然农业发展有限公司等3个注册商标成功创建绍兴市著名商标。上虞市茶叶有限责任公司的注册商标成功创建浙江名牌农产品。二都杨梅和野藤葡萄等2个注册商标成功创建浙江省名牌产品。绍兴市天香茶叶有限公司、上虞龙浦葡萄专业合作社、上虞市滨海农业发展有限公司、上虞市桃花源蘑菇专业合作社、上虞关

山果业专业合作社、上虞永佳食品有限公司和上虞市野藤葡萄研究所等7个注册商标成功创建绍兴名牌产品。（胡建伟）

【落实3个省级产业化经营财政补助项目】 全区实施产业化经营财政补助项目有3个，即十千畈葡萄专业合作社承建的年产9万公斤精品水果基地种植项目，总投资90万元，其中中央财政资金20万元，省财政无偿资金16万元，区财政配套4万元，合作社自筹资金50万元；张家岙杨梅专业合作社承建的年产100吨精品二都杨梅种植项目，总投资110万元，其中中央财政补助资金25万元，省财政补助资金20万元，区级财政配套5万元，合作社自筹资金60万元，产品方案及规模为项目新建杨梅基地270亩，建成一个集种植、观光、采摘于一体的综合杨梅基地；真山杨梅专业合作社承建的年产80吨优质杨梅基地种植项目，总投资110万元，其中中央财政补助资金25万元，省财政补助资金20万元，区财政配套5万元，合作社自筹资金60万元。（黄志刚）

农业科技

【概况】 2013年，全区实施基层农技推广补助项目，重点培育5个示范基地，开展农业科技下乡活动，组织农业实用技术培训32期，培训农民2800人次；全区农机总动力拥有量为49.5641万千瓦。至年底，全区农户共购置各类农业机械1073台(套)，合计享受财政补贴1274.706万元，受惠农户539户。

【实施基层农技人员培训工作】 全区以实施农业部项目为契机，积极开展农技推广示范基地建设、农技人员培训和农业科技示范户培育等工作，重点培育示范基地5个，组织区、乡镇(街道)二级农技人员80人次，培育示范户800名，促进农业科技进村入户，提高上虞区农业科学种养水平。

【开展农业科技下乡活动】 全区以“百名农技人员进乡村服务”为载体，在春备耕、夏收种及秋收季节组织系统农技人员进村入户开展形式多样的送科技、送政策、送农资、送法律和送信息下乡活动，制作课件资料，向农民群众赠送农业技术资料、增收致富典型材料和强农惠农政策小册子，组织专家开展现场咨询。

【组织农业实用技术培训】 全区开展工作调研，掌握农民群众对种养技术需求，围绕农业发展、农民增收和农村和谐目标，按照“围绕主导产业、培训专业农民、进村办班指导、发展一村一品”工作思路，结合实际，形式多样，区镇联动，组织培训32期，培训农民2800人次，其中培训实用人才1000人次，开展农业专业技术培训1000人次，开展科技示范户培训800人次。

【加大农业科普宣传力度】 上虞广播电视台《金色田野》电视专栏和《希望的田野》广播农技专题讲座二档栏目及“上虞农业信息网”“农业信箱”等现代宣传载体，积极开展农业科普宣传。上虞广播电视台、上虞日报制作播出农业科技普及电视专题节目24期、农技专题广播讲座48期、农业在线12期，面向全区农民特别是种植养殖大户，大力推介节本增效提质的农业新技术、新品种、新机具和新设施，积极宣传农业政策，进一步提高广大农民科学种养水平。

（王刘丹）

【推广水稻生产机械化育插秧技术】 全年完成水稻机插面积12.15万亩，其中早稻4.52万亩，单季稻2.83万亩，晚稻4.8万亩。

【发放农机购置补贴资金1274.7万元】 全年共实施补贴资金总额1274.706万元，其中中央补贴资金1089.806万元，省级资金73.96万元，上虞配套资金110.94万元。

【开展农机检修与培训】 全年组织农机维修店、经销商和生产厂家下乡镇村1100余次，对春耕、“三夏”、秋收冬种生产的农机具检修1320余台(套)。全年通过各种形势培训各类农机技术人员3250人次，其中举办拖拉机培训班12期，培训驾驶员168人。

【开展施肥机械化技术的试验示范】 选择10个农机(粮食)合作社或种粮大户引进水稻施(撒)肥机,开展试验示范推广工作,得到机械施肥能达到2公顷/小时的试验结果。11月27日农技中心等部门联合召开秋收冬种、机械施肥暨农田地力提升现场会。

【发展设施农业】 对省级现代农业园区(特色农业精品园)及辐射区范围内的项目建设单位申报的设施农业设备项目进行资料审查和实地勘察并督促落实,全区13家农民合作社或农户合计争取中央补贴资金314.2142万元,新增钢架大棚9.6374万平方米,玻璃温室4437平方米。

【扶持粮食烘干中心】 安排94万元购机补贴资金扶持上虞市远大粮食专业合作社、上虞市英富粮食专业合作社、上虞市禾丰粮食专业合作社、俞更荣的粮食烘干中心建设,4家烘干中心共购置粮食烘干机14台。

【推进畜牧养殖自动化】 安排97万元购机补贴资金扶持上虞市新欣养猪专业合作社、上虞市共兴畜业专业合作社建设55套畜牧自动喂养系统,推进畜牧养殖自动化。

【粮食生产综合机械化率73.1%】 全区粮食生产机耕率达96%,其中水稻机耕面积46.65万亩,大小麦机耕面积8.85万亩;全区粮食生产机收率94.63%,其中水稻机收面积45.6万亩,大小麦机收面积8.85万亩;全区粮食生产机插率21.04%,其中水稻机插面积12.15万亩。 (赵懿懿)

2013年11月,水稻施肥机正在作业 (丁 整 摄)

农业行政执法

【概况】 2013年,区农林渔牧业行政执法大队农业执法中队负责全区种植业、畜牧业、农机行政执法和农产品质量安全监督工作。全年共立案查处农业违法案件25起,监督抽检农业投入品50批次、农产品364批次、猪尿样品70批次,换(核)发各种农机证件牌照472本。区农机监理站被评为省农机安全监理"为民服务创先争优"示范窗口,市政府荣获绍兴市动物植物疫病疫情防控指挥部考核优胜单位。

【组织开展"绿剑"系列集中执法行动】 农业行政执法中队组织开展"绿剑"春季、秋季集中执法行动、茶叶专项检查、大棚烟剂农药专项检查、畜禽养殖场(户)投入品专项执法等行动,全年共出动执法人员481人次,检查各类农资生产、经营企业、种养殖基地386家次,共查获农业违法案件25起,其中农产品质量安全案件1起、农药案件8起、肥料案件4起、兽药案件8起、饲料案件1起,种子案件3起。合计执行罚没款92344.80元,没收违法农资500千克。

【监督抽检农业投入品50批次】 全年完成省农业厅下达的50个批次农业投入品质量监督抽检任务,其中农药10批次,肥料10批次,种子10批次,兽药15批次,饲料5批次。检测结果显示,3个批次蔬菜种子不合格,1个批次肥料不合格,其余批次均合格。

【农畜产品质量检测合格率100%】 全年共抽检各乡镇(街道)生产基地、合作社、生产大户、批发市场280家次,抽取蔬菜、水果样品364批次;抽取百官街道、曹娥街道、驿亭镇、崧厦镇、谢塘镇等5个乡镇(街道)的28家次养殖场生猪尿样70批次,检测合格率均为100%。

【做好"加拿大一枝黄花"防控工作】 根据全省植保检疫工作视频会议的要求,制定2013年度重大农业植物疫情防控工作方案,并与20个乡镇(街道)、6个部门分别签订了《2013年度上虞市重大农业植物疫情防控工作责任书》,5月15日召开全市重大农业植物疫情防控工作会议,组织全市开展加拿大一枝黄花春季防控工作。经调查,"加拿大一枝黄花"春季发生面积1255.5亩,同比下降29%。春季防控面积1437亩次,其中药剂防治面积1240.5亩次,人工防治面积196.5亩次。开展"加拿大一枝黄花"秋季防控工作,对秋季防控工作进行部署,下发虞植防指办〔2013〕4号《关于开展加拿大一枝黄花秋季防控行动的通知》。10—11月份,对10个重点乡镇(街道)的防控工作开展督查。

【检疫种子调运31.95万公斤】 区植物检疫站开展植物检疫执法检查工作,对绍兴市舜达种业有限公司等规模较大的6家种子经营单位从2012年9月至2013年12月销售的种子调运检疫情况进行检查,共出动检疫人员28人次,检查种子调运数量31.95万公斤。检查后共发出责令纠正通知书3份,办理植物检疫调运手续告知书6份,发放《植物检疫条例》《浙江省植物检疫实施办法》60份。

【做好种子管理工作】 全年共供应早稻种子35万公斤,晚稻种子供应65万公斤,早稻种子供应量比去年增加8万公斤。储备救灾储备种子26.5万公斤,其中早稻储备量为13万公斤、晚稻储备量为13.5万公斤。发放订单水稻良种奖励资金639279元,通过上虞邮政储蓄银行"一卡通"拨付到农户,未发生错发漏发现象。对绍兴市舜达种业有限公司18个早稻生产基地、20个晚稻生产基地的田间纯度进行检查,合计检查面积3363亩。

【换(核)发各种农机证件牌照】 全年农业行政执法中队共培训考核拖拉机手92人、收割机驾驶员3人,核发拖拉机驾驶证92本,共换发拖拉机驾驶证218本,补办拖拉机驾驶证29本,转出1本,满分教育考26人。新拖拉机(运输)上牌发证147台,转籍和过户拖拉机288台(转入19台、转出72台),拖拉机变更63台,补发拖拉机行驶证36本,补发拖拉机号牌83副,核发拖拉机临时号牌81副。新收割机上牌发证85台,年检收割机104台,核发收割机跨区域作业证132本。纯农田拖拉机上牌196台,年检农田拖拉机5台。1月份到11月份共年检拖拉机1631台。

【开展农机隐患排查工作】 全年共检查农机经销店8家次,农机维修店4家次,检查拖拉机57台次,纠正违法违章行为21起。设立农机警务室,重点对上道路拖拉机安全状况进行检查和对违法行为进行查处。共发放农机安全宣传资料12400余份,农民信箱温馨提示29次,接受农机安全培训教育139人次。

【报废农业机械设备277台】 全年共报废农业机械设备277台,其中拖拉机252台,收割机25台,所用资金50.8万元,其中省级资金20.32万元。同时做好高耗能农业机械报废补偿资金在各乡镇的公示工作,完善报废拖拉机档案。

【开展行政许可审核工作】 全年共签发《植物检疫要求书》52份,受理农业植物产地检疫申报34份。共审核设施农业临时用地18起,其中,农林渔业综合项目临时用地1起,农业项目临时用地8起,林业项目临时用地6起,畜牧养殖项目临时用地3起。

2013年5月,上虞植物检疫站专职检疫员正在对油菜进行产地检疫 (罗森林 摄)

【做好农资监管与服务信息化建设】 农林渔牧局成立农资监管与服务信息化建设工作领导小组，制定并下发《关于开展上虞市农资监管与服务信息化建设的通知》和《关于申报上虞市农资监管与服务信息化建设单位的通知》。完成30家单位信息化建设的申报确定工作和农资生产经营单位基础数据库的录入工作。采用绍兴市的农资监管与服务信息化平台，增加指纹信息采集系统，通过指纹、身份证和编码建立对应关系，对农药购买人员建立购药信息库，用于农药购销追溯。

（胡慧平）

制造业

综述

【概况】 2013年是贯彻十八大精神的开局之年，也是深入实施“十二五”规划、加快推进“四个上虞”建设的关键之年。在这一年里上虞迎来了大桥通行、高铁通车的重大机遇，开启了撤市设区的崭新历史。上虞区紧紧围绕“发挥比较优势、加大开发开放、全力提质提速”的要求，牢牢把握“稳中求进、进中求好”的工作基调，大力开展“一号工程”、“三个年”活动，全区经济呈现稳中有进，转中向好的良好态势。

【工业生产企稳回升】 扎实推进工业强市“1237”行动计划，加快培育主导产业和重点块状，2013年全区实现工业总产值1990.62亿元，增长11.6%，其中规模以上工业产值1486.70亿元，增长12.7%。从轻重工业看，规模以上轻工业实现产值680.73亿元，增长12.0%，重工业实现产值805.97亿元，增长13.4%；从两大平台看，上虞经济开发区和杭州湾上虞经济技术开发区继续引领发展，全年上虞经济开发区实现规模以上产值472.34亿元，杭州湾上虞工业园区升格为国家级经济技术开发区，实现规模以上产值700.71亿元，“两区”实现规上产值占全区比重达78.9%，比上年提高6.4个百分点。

【创新驱动作用增强】 2013年全区规模以上工业实现新产品产值446.80亿元，增长20.5%，新产品产值率达30.1%，比上年提高1.5个百分点。实现高新技术产业产值603.65亿元，增长16.2%，占规模以上工业产值的40.6%，比上年提高1.1个百分点。深入实施新兴产业“1331”培育计划，全年实现新兴产业产值500.50亿元，增长15.1%，占规模以上工业产值的比重达33.7%，比上年提高2.2个百分点；分行业看，生物医药产业和先进装备制造业增势强劲，分别增长21.7%和20.6%。

【工业效益持续向好】 2013年全区工业经受住国际市场疲软和宏观调控的重重考验，破解发展中的矛盾和问题，工业经济效益持续向好。全区规模以上工业全年实现主营业务收入1378.11亿元，利税133.37亿元，利润92.24亿元，分别增长11.2%、9.2%和9.1%，比上年提高2.1、4.6和5.0个百分点。

【规模企业拉动明显】 至年末，全区共有主营业务收入2000万元以上企业558家，其中年主营业务收入50亿元以上企业2家，10亿~50亿元企业22家，5亿~10亿元企业21家，1亿~5亿元企业160家。全区主营业务收入亿元以上企业实现产值1313.89亿元、主营业务收入1223.88亿元、利润总额89.70亿元，分别增长14.6%、13.2%和10.5%，占规模以上工业企业的比重分别达88.4%、88.8%和97.2%。全区97家大中型企业完成产值944.03亿元，实现利税97.98亿元，利润69.00亿元，分别增长13.3%、10.1%和11.8%，均高于全区规上工业企业平均水平。

【节能降耗从严控制】 紧紧围绕节能减排目标任务，精心部署，狠抓落实，全区规上企业综合能耗107.17万吨标准煤，增长10.7%，低于规上工业总产值增幅2.0个百分点；万元产值能耗0.0721吨标准煤，下降1.8%。其中116家重点能耗企业综合能耗90.22万吨标煤，增长5.9%，增幅小于规模以上工业综合能耗4.8个百分点，实现产值1014.58亿元，增长12.6%，万元产值能耗0.0889吨标准煤，下降6.0%，为全区节能降耗起到了示范引领作用。全社会用电量41.77亿千瓦时，增长9.5%，其中工业用电量32.29亿千瓦时，增长8.7%。

（葛淑芬）

机械装备业

【概况】 2013年，全区机械装备业共有规模以上企业120家，规模以上企业工业总产值316.19亿元，占全区规模以上企业总产值的21.27%；实现主营业务收入294.48亿元，同比增长13.2%；利税总额36.15亿元，同比增长1.2%；利润总额25.87亿元，同比增长1.2%。全区共完成工业生产性投资197.41亿元，增长20.8%。在建单体投资规模5亿元以上项目20只。蓝能等4家企业项目列入国家级重点项目，阳光等7家企业项目列入省重点项目，26只项目列入绍兴“双百技改”计划项目。全区191只在建内资项目实到资金58.83亿元，增长12.6%，其中绍兴市内外资项目61只，实到资金41.70亿元，增长18.6%。

【春晖智控成世界级“控制阀专家”】 春晖智控自2003年开始自主研发双向热力膨胀阀以来，至今科研投入已在2000万元以上。历时十年，该膨胀阀填补国内空白，发明国家专利6项，8个实用新型专利，并荣获省科技创新奖三等奖。2013年，投资3000余万元安装全球领先的自动化组装测试线，预计年底投入使用。自动化流水线投用后，生产2000万套热力膨胀阀所需的劳动力将由1500人降至300人左右，不但人工成本降低，质量也将相对提高。

【工业电机地铁电机、YE3超高效电机通过试验】 2013年，卧龙工业电机事业部一次性研发的耐高温超高效地铁隧道专用电机，通过国家消防装备质量监督检验中心的280度2小时耐高温试验。同时，该电机效率指标业达到GB18613-2012中2级能效标准。

能一次通过280℃2小时耐高温试验认证的电机企业，卧龙是国内唯一的一家。此实验的一次性顺利通过不仅树立了该公司在地铁行业新的竞争优势，而且也敲开了东南亚地铁行业的大门。卧龙工业电机事业部实现销售收入、利润比上年同期都有较快增长，增幅分别达到26%和60%。

【卧龙在日本大阪设立重要战略研发机构】 6月，卧龙斥资500万元在日本大阪成立研发中心，这是该公司继欧洲研发中心、中国研发中心后第三大重要战略研发机构，旨在加速技术转型升级，提高电机及控制类产品科技含量，同时拓展在日本电机及控制产品市场份额。7月底，卧龙控股集团董事长陈建成应邀出访日本，与大金工业株式会社等高层展开战略合作会谈，就推进全球战略合作进行紧急磋商。

【召开卧龙·ATB业务协同研讨会】 4月19日，卧龙·ATB业务协同研讨会在卧龙总部隆重召开。卧龙代表团和ATB代表团相聚一堂，共商ATB发展大计，共谋卧龙——ATB协同之路，着力提升发展、协同的水平，为进一步了解双方的发展理念，实现共同的国际价值观搭建良好的互动平台。

【年产2万套高压柱塞泵项目建成投产】 春晖集团公司投资5800万元、年产2万套高压柱塞泵的金属加工项目今年上半年建成投产。该项目是以盘活公司存量土地而建设，新建厂房面积为6000平方米，办公用房500平方米，其配套产品符合国家重点支持的高新技术产业，该项目投运后，年可实现销售3.52亿元、利税4000万元。

【春晖压缩机公司年销售突破1.4亿元】 2013年，春晖压缩机公司不断加大投入力度，新添置了数十台自动化加工设备，既提高了产能又提升了产品质量。同时，还打造了一支精干高效的营销队伍，不断开拓国内外市场。吉利公司、郑州日产的

90%的车型使用的压缩机都是该公司的产品，国内东风康明斯、奇瑞及国外伊朗公司纷纷向该公司大量订货。

春晖空调压缩机公司，创办于2003年，一直走的是自主创新和品牌建设之路。作为国家高新技术企业，公司拥有30余项国家专利，近年来相继开发了10余个系列30余个品种的“春晖”汽车空调压缩机，参与起草了“涡旋式”等规格的汽车空调压缩机国际标准，“春晖”汽车空调压缩机项目还被列入国家星火计划。2013年，公司销售量超过27万台，销售额突破1.4亿元，同比增长了50%以上，超历史最高纪录。（葛淑芬）

医药化工业

【概况】 2013年，全区有规模以上医药化工业99家，实现工业总产值441.51亿元，同比增长15%；实现主营业务收入414.91亿元，同比增长15.1%；完成利税总额47.97亿元，同比增长18.3%；利润总额35.26亿元，同比增长19.9%。其中龙盛集团产值超百亿，闰土、宏达、国邦等7家企业超20亿。

【德司达第三条靛蓝生产线成功开始试生产】 2013年4月11日，德司达第二条靛蓝生产线在中国德司达南京工厂成功开始试生产，这比计划提前了一个月。在该生产线上，有利地应用了南京工厂的首条生产线及德司达德国路德维希港全球团队的经验。这有利于该厂应对市场对德司达40%靛蓝还原溶液日益剧增的需求量。南京工厂在达到12000吨/年的设计产能后，将进一步逐渐增加生产产能。

【龙盛“EE”项目入选上虞创新型项目】 2013年，浙江龙盛集团股份有限公司下属子公司浙江龙盛染料化工有限公司申报的“环保节能速染型分散黄棕EE”项目入选上虞创新型项目。

公司“环保节能速染型分散黄棕EE”项目被列为国家重点新产品计划。项目产品染色性能优异，染料混拼配伍性佳，重视性好，进一步改善了黄棕EE的耐热稳定性和上色率，与普通分散染料相比有很好的重视性，染吸尽率高，上染快，且大大降低了成本，是绿色环保型分散染料，具有环保、清洁、高效、速染、节能、经济等特点，已获2项发明专利。项目技术超出国内领先水平，并荣获中国石化行业协会技术发明三等奖、浙江省科学技术成果奖、上虞科学技术二等奖等奖项。

【龙山化工开展“安全生产月”活动】 龙山化工公司于6月1日至6月30日组织开展第十二个“安全生产月”活动，活动以“强化安全基础，推动安全发展”为主题，拟在各生产一线分厂、部室中开展相关宣传、教育、评比、演练、竞赛、自查自检活动。同时，公司把安全生产月活动列入各分厂、部室当月的经济责任制考察和安全专项考核，要求各分厂、部室积极行动，广泛宣传，按照要求开展各项工作，认真总结经验，提高安全生产管理能力，预防和减少事故的发生。

【三氧化硫黄化生产分散剂新工艺评为科技创新成果优秀奖】 2013年10月，浙江闰土股份有限公司“三氧化硫黄化生产分散剂新工艺开发示范”项目被中国石油化学工业联合会评为科学技术三等奖；12月，该项目同时被中国质量评价协会评为科技创新成果优秀奖。

【皇马化工荣获国家首批资源节约型企业】 浙江皇马化工集团有限公司主要生产俗称“工业味精”的特种表面活性剂和化纤油剂，形成了有机硅、印染助剂、润滑油、涂料、农药助剂、水处理、减水剂和化纤油剂八大板块1000多个产品。公司有缩合装置38台套，装置单体总容量达360立方米，具有年产150000吨特种表面活性剂加成能力和30万吨化纤油剂的复配能力，主要原料和成品贮存能力达10000立方米。公司是国内生产规模最大、品种较全、科技含量较高的特种表面活性剂和化纤油剂生产企业，综合实力位居全国同行前列。2013年，荣获国家首批资源节约型企业。（葛淑芬）

轻工纺织业

【概况】 2013年，全区规模以上轻工纺织业有145家，实现工业总产值218.62亿元，同比增长7%；主营业务收入199.02亿元，同比增长4.5%；完成利税总额16.52亿元，同比增长10%；利润总额9.69亿元，同比增长10.8%。重抓创新驱动，推动块状经济提升发展工作，风机、伞业新创建成为省第三批产业示范基地，铜管、童装、手套袜业、消防器材等块状经济初具规模。2013年，全区共投入技改资金91968.4万元，同比增长22.59%。

【小越汽车零部件实现产值33.69亿元】 小越镇汽车零部件块状经济实现工业总产值33.69亿元，同比增长21.5%；实现销售收入30.74亿元，同比增长25.6%；利润总额1.89亿元；同比增长35.6%；出口创汇53103.6万美元，同比增长25.1%；其中规模以上企业10家，实现工业总产值22.46亿元。浙江正邦汽车模具有限公司产值超亿元。规模以下的企业26家，实现工业总产值11.24亿元。

【伞件块状实现产值90.83亿元】 2013年，崧厦镇工业伞件块状经济企业1356家，实现工业总产值90.83亿元。其中规模以上企业34家，实现工业总产值39.24亿元，占43.20%，比2012年增长6.57%。上虞天外天伞业有限公司被评为全国轻工业质量效益型先进企业。

2013年，伞件块状经济企业投入技改资金2.66亿元，同比增长15%。

【机械仪器块状10只产品获省市名牌产品】 2013年，道墟镇机械仪器块状经济拥有省级著名商标、名牌名品4只，绍兴市著名商标、名牌名品6只。浙江土工仪器制造有限公司1只产品获得2013年度绍兴市名牌产品。

【铜管块状加快科技创新】 汤浦镇铜管块状经济加快科技投入、科技创新，成立企业研发公司。银佳铜业投入技改资金6000万元，年产3000万件四通阀体技改项目顺利上马，景祥空调、佳平制冷、凯达制冷等10只铜管深加工技改项目投入资金9105万元加快推进。耐乐铜业无缝内螺纹铜管被评定为浙江省名牌产品和绍兴市名牌产品，上虞市派特阀门有限公司的研发中心被评定为区级科技开发中心、耐乐铜业磁控管用无氧铜管参与行业标准制定、派特阀门天然气发动机CNG过滤模块被列入省级新产品试制计划，胜昔科技被评定为国家重点扶持高新技术企业。

【19家伞业企业抱团参展中国进出口商品交易会】 崧厦镇19家伞业企业抱团参加2013春季广交会、秋交会活动，进一步打响了“崧厦伞业”区域品牌，春交会期间共接待客商1295人次，意向成交额达1878万美元；秋交会期间共接待客商1707人次，意向成交额为2047万美元。 （葛淑芬）

照明电器业

【概况】 2013年，全区有近200家照明企业，基本形成了一个集玻璃加工、塑料加工、表面处理、稀土加工、钨丝加工、金属配件、整灯装配等较为完整的产业链。年产电光源（节能灯）30亿只，灯具及照明装置4亿套的生产能力。其中规模以上企业28家，实现工业总产值70.33亿元，同比增长6.3%；主营业务收入66.57亿元，同比增长8.3%.

【三家照明电器企业投资20.32亿元】 2013年，阳光照明实施投资8600万元的年产6000万套节能灯、1500万套灯具项目，投资11.26亿元的高效环保节能新光源及灯具产业化项目，投资7.35亿元的LED灯建设项目；晨辉光宝正在实施投资5700万元年产1500万套多功能LED节能环保球泡灯系列产品；亮亮照明正在实施投资1000万元的年产1000万套照明灯项目。

【佳盛照明连续十年被评为资信AAA级企业】 上虞市佳盛照明材料有限公司，是一家现代化照明灯头专业生产企业。各类照明灯头年产规模45亿只，不仅配套本地，还占据国内市场总量的65%，销量为全国第一。还远销东南亚、欧洲、南美洲等国家和地区。是国际国内主要照明生产企业的主要灯头供应商。连续十年被评为重合同守信用AAA级企业。

【三企业与复旦大学合作建立照明电器科技创新服务平台】 2013年，阳光、晨辉、上光等企业与复旦大学合作建立了上虞照明电器科技创新服务平台。“三大平台”的先后建成并投入使用,形成了以产品质量检测为基础,以科技创新资源共享为依托,以产业信息交流为互动的集产品质量检验、科技资源共享、科技成果推广、技术人才培训、标准信息查询、产业政策或研究信息发布、国内外贸易技术性壁垒解析等全方位的产业技术服务体系,为助推上虞照明电器产业转型升级提供强有力的技术支撑。 (葛淑芬)

光伏及绿色能源业

【概况】 2013年,上虞首个屋顶光伏发电项目即将并网发电;“双龙联手”探究分布式光伏发电市场。

2013年,全区有规模以上光伏及绿色能源企业3家。实现工业总产值1.63亿元;实现主营业务收入1.63亿元,同比增长12.7%。

【上虞首个厂房屋顶光伏发电项目即将并网发电】 2013年10月29日,浙江世纪华通车业有限公司的3万平方米屋顶全部安装了太阳能电池板,每年可为企业带来300万千瓦时左右的电量。同时“试水”这一项目的还有浙江卧龙控股集团,两家企业总装机容量5000千瓦,总建设面积7万方平米。预计项目投产后,每年可发电530万千瓦时,满足企业10%左右的用电需求。可减少标准煤耗2000吨,减排二氧化碳3500吨。目前该项目已进行初次验收,在完成有关问题整改并通过综合验收后,即可投入运行。

【龙柏光伏到新疆投资5亿建起两座光伏发电站】 2013年6月24日,浙江龙柏光伏科技股份有限公司在新疆拿下了两个总投资5个亿的光伏发电站项目,敲开了一扇国内光伏市场的大门。“龙柏光伏”计划投资的这两个太阳能发电项目,分别位于绍兴对口援建的阿瓦提县和衢州对口援建的乌什县,容量各为2万千瓦,概算总投资5亿元。新疆的光伏发电站项目9月份投入使用。阿瓦提县的一个光伏发电站年发电量在3000多万千瓦时,以每度1元的电价并入国家电网后,年产生效益大概在3000多万元。还能造福更多当地居民。

【“双龙联手”探究分布式光伏发电市场】 2013年10月23日,由卧龙电气集团股份有限公司与浙江龙柏集团有限公司共同出资1亿元设立浙江龙能电力发展有限公司,2012年该公司申报的“上虞杭州湾新区分布式光伏发电项目”获得了58兆瓦和28兆瓦的分布式光伏发电建设项目指标。指标规模列此次浙江省光伏发电项目计划第一。施行的28兆瓦项目开工建设,届时将实现并网运营。

【春晖环保能源公司迈入绿色经济时代】 春晖环保能源有限公司,日处理500吨城市生活垃圾焚烧,配有国内先进的脱硫除尘系统等设备。公司主要以城市生活垃圾焚烧发电、蒸汽供应为主,每年焚烧城市生活垃圾12万吨以上,为国家减少了垃圾填埋场的建设,同时垃圾焚烧可以发电、供热,做到能源的综合利用,垃圾焚烧产生的渣可以铺路、做砖,产生的煤灰是生产水泥的主要原材料,符合国家提倡的循环经济理念。公司同时能发电1.2亿度/年以上。年销售收入在1亿元以上。

【上虞光伏产业】 将取之不尽的太阳能转化为电能,继而用于生产生活。上虞的龙柏、阳光、瑞昶、天外天、卧龙等知名工业企业已涉足或准备进军光伏产业。目前全区已有10亿元民间资本流向光伏产业。两家上虞企业联合留美博士李乔投资3000多万元创办的浙江碧晶科技有限公司创新出一种从冶金硅中提纯晶体硅的工艺,利用该工艺,晶体硅的纯度达到99.9999%以上,破解了国内光伏产业发展的原材料“瓶颈”。“龙柏光伏”将利用碧晶公司提供的上游产品生产晶体硅光电池的原材料——太阳能硅片和电池片。阳光集团引进了一个博士团队,专门致力于太阳能照明灯具的开发研究。 (葛淑芬)

电力、燃气和供排水

电　力

【概况】 2013年，全区全社会用电量为41.77亿千瓦时，同比增长9.45%。全社会最高负荷691.7兆瓦，同比增长4.16%。农网综合电压合格率99.194%，农网供电可靠率99.9277%。从用电结构看，用电态势明显，以化工、制造业为代表的第二产业用电量约占全区全社会用电量的79%。

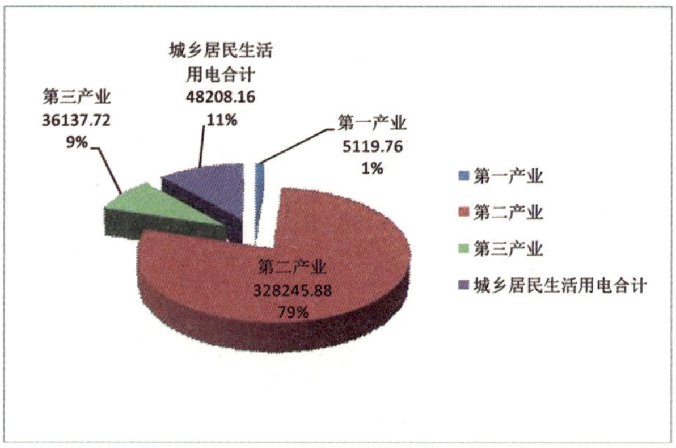

2013年绍兴市上虞区用电结构饼图(单位：万千瓦时、%)

【优化电网结构】 上虞为典型的受电区域，除并网小水、火电外，无大电源点，用电主要靠大网输送。至年底，境内已有500千伏变电所1座，主变2台，容量1500兆伏安；220千伏变电所5座，主变11台，容量2160兆伏安；110千伏变电所16座，主变33台，容量1616兆伏安；35千伏局属变电所10座，主变20台，容量310.6兆伏安；35千伏用户变电所11座(不包括电厂)，20千伏局属开闭所3座；10千伏局属开闭所75座；地方小火电厂4座，总装机容量117兆瓦。电网小火、水电总装机容量122.31兆瓦，6000千瓦及以上电厂装机容量117兆瓦，其中：上虞热电厂15.0×2+6.0兆瓦。道墟热电厂7.5×2+3.0兆瓦。杭协热电15×2兆瓦；春晖热电厂15+6+12兆瓦。35千伏输电线路共38条(不含盛钢3760、盖盛3273)，长度218.281千米。20千伏馈线共17条，长度106.458千米。10千伏馈线共313条，2741.16千米。 (胡智慧、孙益超)

4月，祝温村新农村电气化改造现场 (陈秋娣　摄)

【着力推进智能电网建设】 年内，对接地方经济社会发展，突出建设重点，实现高低压电网同步协调发展，完成电力设施布局规划、“十二五”电网规划滚动修编。完成110千伏高贡输变电工程、精细三期建设投运，新增变电容量18万千伏安。完成配网投资9448万元，专项技改555万元。实施高贡、精细3期10千伏(20千伏)配套工程建设，完成大厂等11个开闭所投运、华维等5个开闭所的“三双”改造。全年累计新建35千伏线路4条10.1千米，10(20)千伏线路21条165.8千米。新建改造129个配变台区，新增配电容量17905千伏安。

【电网运行安全稳定】 电力部门以安全管理提升年为抓手，严格落实各级安全生产责任制，“抓执行、抓过程、建机制”，安全生产局面稳定。全年扎实开展隐患排查治理，加大配网“两清理”督查，增补各类标示标牌11723处，改造台区11个、拉线129基。开展线路安全隐患排查、跨“两高”线路排查等专项整治，发现并整改安全隐患178个。加强应急机制演练，全面修订应急管理预案体系，开展电网联合反事故无脚本演习，结合实际开展“一事一卡一流程”应急演练17批次。克服了持续高温和强台风等不利因素影响，实现了三个百日安全无事故纪录。

【上虞首座110千伏智能变电站建成投产】 6月4日，110千伏高贡变顺利投产。该站坐落于上虞东关街道高贡村，系上虞首座110千伏智能变电站，采用一体化监控系统+合并单元+智能终端的模式，通过系统集成优化，实现全站信息的统一接入、统一存储和统一展示，具备运行监视、操作与控制、信息综合分析与智能告警、运行管理和辅助应用等诸多功能。高贡变在结构设计上更为紧凑，GIS的半户内布置把占地面积缩小到2610平方米。大量电缆被质量轻、价格低的光纤所替代，智能设备、测控装置等设备设计安装就地化，大大节省了有色金属使用，降低了工程费用。高贡变的投产，改写了上虞西部区域110千伏变电站“0”的纪录，解决了35千伏三角变和110千伏曹娥变的迎峰度夏期间供电紧张局面，为区域经济发展注入强劲动力。

【启动农用电力线路改造移交工作】 全区农用电力线路改造移交全面启动，涉及272个行政村804个台区，共有1139条942千米线路，分三年完成。为促进农业发展、保障农村用电安全、深化新农村电气化建设的服务，改造移交工作遵循“统一规划、分步实施、因地制宜、适度超前”的原则，明确改造移交的范围和要求，以政府为主导，以资产所有乡镇(街道)、村委会自愿无偿移交为前提，组织开展改造移交工作，经改造接收的农用电力线路作为配电网的重要组成部分，纳入城乡配网一体化管理。

【电力警务联络室挂牌成立】 7月8日，市公安局驻供电局警务联络室挂牌成立。此举标志着上虞警电联合防范和打击涉电违法犯罪工作长效联动机制的正式形成，电力执法工作朝着组织化、规范化方向迈进了一步。联络室按照“预防为主，打防结合，综合治理”的工作方针，以保障电网安全服务上虞经济建设为宗旨，建立和完善公安机关与电力企业合作打击防范并举的工作机制，加大法制政策宣传力度，加强对电力设施的保护，严厉打击各类涉电犯罪事件，警电合力维护正常供电秩序，共同保障电网安全稳定运行。

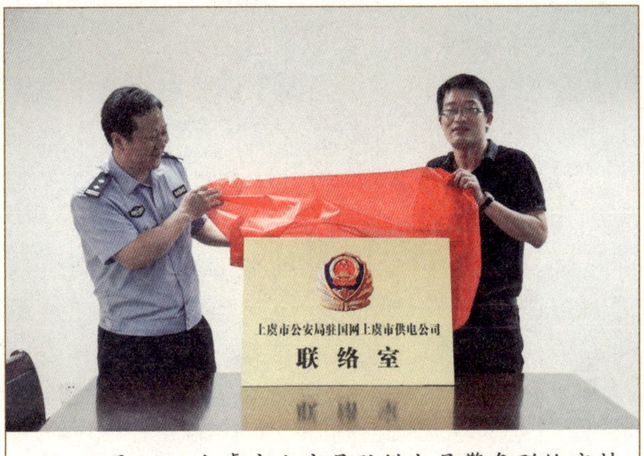

7月8日，上虞市公安局驻供电局警务联络室挂牌成立（王为一　摄）

【完成抗台抢险保供电任务】 在抗击台风“菲特”中，上虞电力系统启动一级应急响应，迅速出动抢修人员1260余人次，抢修车56辆，排查高低压故障282起，第一时间恢复了因台风直接受损停电用户。抽调120名抢修队员会同绍兴供电局支援余姚，经过4天4夜连续作战，修复了38条10千伏线路、1351台配变，为余姚1.55万户受灾用户恢复供电。作为支援余姚电力抢险的大后方，上虞供电局为来自绍兴、金华、台州、衢州等地10多支队伍、1000余人的抢修队员提供了场地、食宿和医疗等后勤服务，为抢险工作的顺利完成提供了重要保障。（张　陈）

支援余姚电力抢险现场　（王为一　摄）

燃　气

【概况】　2013年，上虞天然气有限公司有员工123人，其中在编职工73人，劳务派遣员工50人，大专以上文凭员工74人。公司紧紧围绕制定的年度工作目标和“三年奋斗目标”，妥善应对宏观市场低迷、气价大幅上调、工程建设任务难度增大等复杂形势，继续按照城乡一体化发展思路，夯实安全生产基础，优化管网布局，推进工程建设质量管理，努力打造客户服务管理一体化模式，提升经营管理水平，各项工作取得了好成绩，企业经营和发展迈上了新台阶。全年完成气量销售5815万立方米，居民累计开通28665户，非居民累计开通311户，管线累计铺设520千米。

2013年，东海燃气公司以“安全、发展、和谐”为主线，以提高企业运作效率、拓宽市场份额为核心，以围绕打造企业核心竞争力、实现企业可持续健康发展为目标，在公司经营销售、安全管理及文化建设等方面都取得了实质性进展和显著成效，确保了企业经济效益稳步增长。全年共计销售液化气20435.43吨，比上年同期19037.30吨增加1398.13吨，增幅达7.34%。2013年全年实现营业收入12396.60万元，2013年全年完成综合效益330万元左右，完成下达的各项经济指标。2013年“明港公司浙北区客户代表”在上虞召开，进一步提升了与明港公司的友好合作关系。

【首家煤改气企业通气】　1月8日，首家“煤改气”企业——新天龙集团有限公司实现通气。新天龙集团有限公司的成功开发，对其他“煤改气”印染企业来说，起到了很好的带头示范作用，同时为下一阶段的“煤改气”工作提供了很好的开发案例。

【实现安全生产3000天】　截至1月19日，天然气公司顺利实现安全生产3000天。8年多来，公司时刻关注安全，尽心、尽力、尽责地开展安全生产工作。正是有了安全生产的保驾护航，公司才能屡屡突破发展瓶颈，扬帆远行。

【完成杭甬高铁管道穿越工程】　2月24日，天然气公司顺利完成杭甬高铁管道穿越工程。本次工程共有两处穿越。第一处位于曹娥江特大桥127号和128号桥墩中间，高压中压管道各一根，为上虞城区和虞北门站的环网建设，上虞天然气门站的搬迁打下坚实的基础；第二处位于上虞特大桥132号和133号桥墩中间，中压管道一根，为满足周边小越、驿亭工业功能区的供气需求以及金盾高中压调压站、虞北站、上虞门站的三站联网完善了基础设施。

【开通POS机业务】　5月21日，本着优质、高效、便捷的原则，以优化便民举措、拓宽缴费渠道为切入点，天然气公司营业厅开通POS机刷卡业务。POS机的投入使用不仅能减少天然气用户携带现金的风险，实现“轻松刷卡，轻松支付”的愿望，也顺应了电子支付日益普及的潮流，消除了工作人员点钞出错或收到假币的风险，极大地方便了用户，同时也提高了工作效率。

【根据国家发改委气价指导意见调整气价】　7月20日，由于国家发改委调整非居民用天然气门站价格，天然气公司对一般工业、公建用户天然气费由每立方米3.63元调整为每立方米4.38元。

【成立天然气执法分队】 7月24日，成立上虞市行政执法局直属中队天然气分队。作为专对危及燃气管线安全等行为实施有效管控的执法队伍，分队的成立解决了公司面对建筑单位野蛮施工和天然气客户违规操作没有相应执法权的尴尬难题。同时旨在通过将燃气专业技术队伍和行政执法队伍相互配合，依托燃气管控专业队伍的技术支撑，借助执法队伍丰富的管理经验，以开创燃气安全管理齐抓共管的新局面，形成安全管控的强大防线。

【签订首家"汽改气"企业】 9月9日，天然气公司与绍兴舜龙纺织印染有限公司签订了供用气合同，这是上虞公司签订的首家"汽改气"企业。

【实现公司中压管网南北贯通】 12月1日，长海公路(杭甬高速——虞北站)中压管线工程正式竣工验收，标志着天然气公司中压管网实现南北贯通。

【获得安全生产标准化二级证书】 12月24日，天然气公司顺利通过浙江省安全生产科学研究院安全生产标准化(二级)达标并取得证书，标志着公司成为浙江省能源集团有限公司首家完成标准化创建的城镇燃气企业，使公司的安全管理工作迈入新的篇章。 (丁利波 宣 泽)

7月24日，城燃公司总经理顾振海与上虞市领导为市行政执法局直属中队天然气分队授牌 (吕 江 摄)

供 水

【概况】 2013年，全年累计供、售水量分别为8593万立方米、7815万立方米，分别较上年同期增长3.1%和3.5%。最高日供水量为29.1万立方米，为历史之最；产销差率9.06%，漏损率为7.03%，用户结算水表达20.2万只，其中居民生活用表为18.7万只，比去年增长3万只，新增农村"一户一表"1.78万只。出厂水质合格率99.9%，管网水质合格率99.6%，供水水压合格率99.2%。全年累计完成经营收入19908万元，实现综合效益4315万元，全年累计实现工程建设投入1.35亿万元，建设DN100及以上管道48千米，改造DN100及以上管道54千米。

【水务执法中队供水分队挂牌成立】 3月6日，水务执法中队供水分队挂牌成立，根据执法依据统一、执法标准统一、执法程序统一的工作要求，全面开展供水管网保护范围内"三违"现象即违章野蛮施工、违章建筑、违章用水的治理和查处，有效保障供水管网运行安全。

【高层住宅二次供水工程正式启动】 为规范高层住宅二次供水设施的建设、维护和运行管理，切实改善二次供水水质，确保高层住宅居民生活饮用水卫生安全，根据《生活饮用水卫生标准》《浙江省物业管理条约》《浙江省城市供水管理办法》《浙江省物业区域相关共有设施设备管理办法》《上虞市城乡供水管理办法》等有关文件规定，结合上虞实际，《上虞市高层住宅二次供水管理办法(试行)》经区政府批复同意，于7月5日起开始执行。10月24日，梁湖"水岸新城"高层住宅二次供水工程开工改造，这是水务集团自接收高层住宅供水任务后的第一个工程项目。11月底，上虞区第一个已建高层住宅二次供水设施改造项目——阳光假日高层住宅二次供水改造工程进场施工。高层住宅二次供水工程就此全面启动。

【大三角水厂二期出厂管工程Ⅰ标段顺利并网投用】 6月9日，大三角水厂二期出厂管工程Ⅰ标段顺利并网投用。虞北片自来水压力普遍上升1米至2米水头，减轻了当地高峰供水压力。该工程I标段由三环路春晖立交桥下（大三角水厂二期预留口）起，与四环桥（曹娥江南侧）现装DN1200供水管道相接，全长约4.4千米，主管管径为DN1400，管材为钢管。本工程范围共计管桥2座，过老海塘1处，其余均为地埋管铺设，管顶覆土基本在1.2米至1.5米之间。工程于2012年8月开工建设，2013年5月底完工。

【支付宝网上水费缴费系统正式开通】 为拓宽用户水费缴费渠道，延伸缴费服务时间，向用户提供方便快捷的服务，水务集团着手创建支付宝网上水费缴费平台。7月，支付宝网上缴费系统已正式上线投用，用水户可以通过登录支付宝网站 https://www.alipay.com/或上虞水务集团网站链接进行欠费查询和水费缴纳，解决非银行代扣户和代扣户账户余额不足时的水费缴费问题，实现在家点击鼠标轻松完成水费缴纳，供水服务实现了由网点服务向网络服务的转变。（陈　辉）

排　水

【概况】 2013年共收集输送污水4347万吨，收取污水处理费2.13亿元，创历史最好成绩，公司实现营业收入2632万元。同时加快工程建设，实施区级重点工程5项，新建泵站6座，管道6.3千米，累计投资13626万元。

【水务执法中队排水分队挂牌成立】 3月6日，水务执法中队排水分队挂牌成立，根据执法依据统一、执法标准统一、执法程序统一的工作要求，全面开展排水管网保护范围内"三违"现象即违章野蛮施工、违章建筑、违章排水的治理和查处，有效保障排水管网运行安全。

【推进乡镇泵站接收】 抓住区政府要求乡镇泵站统一由水务集团托管等时机，通过联系、洽谈，按照"成熟一个、接收一个"的原则，做好乡镇泵站接收管理工作。全年共委托接收管理乡镇泵站6座，累计投资258万元，做好泵站的整改、管理工作。

【完成DN1200污水收集管城北段迁移工程】 为配合区政府城区经营性土地交地工作避让城北43号地块进行的一期部分管线迁移，于3月10日实施该项工程。工程投资概算2478.61万元，铺设压力管线DN1200、DN1300管共3.6千米，输送规模10万吨/天，主要收集上虞市区及各乡镇的生活污水及工业废水。于11月5日竣工并通水试运行。

【实施城东污水外排管及泵站建设工程】 本工程为解决城东部分区块的污水外排而建设，投资概算254.86万元，新建0.5万吨/日一体化泵站1座，DN300管道安装1.2千米。主要收集上虞城东片生活污水及工业废水。工程于2013年7月15日开工，预计到2014年3月竣工并投入运行。

【实施3#泵站及城北泵站迁建工程】 为推进"一江两岸"的建设，提升城市发展能级，改善周边环境面貌而建设，于8月起实施3#泵站建设及城北泵站迁建工程。工程概算总投资为5692.36万元，内容包括新建3#泵站，其中有1万吨/日重力流泵站1座，10万吨/日压力流泵池1座，8000立方米调节池1座及配电管理用房；新建江东路泵站，包含5万吨/日地埋式重力流泵池1座。本工程预计到2014年9月完成全部建设任务。

【实施城区交汇井泵站迁建及DN1200过江穿越管工程】 本工程为推进"一江两岸"的建设，提升城市发展能级，改善周边环境面貌而建设，概算总投资为4915.28万元，新建10万吨/日压力流泵池1座，6500立方米调节池1座。敷设过曹娥江DN1200压力管一根，长1千米。工程于9月开工，预计到2015年1月完成全部建设任务。

【完成百官街道四甲村污水泵站建设工程】 本工程为进一步完善四甲新村周边区域污水收集功能，提高效率而建设，概算总投资为287.2万元。新建5000吨/日地埋式一体化泵站一座；敷设

DN600重力流管210米，DN315压力流管270米。工程于12月1日开工，12月31日竣工。

（王焯毅）

水处理

【概况】 2013年共处理污水4337万吨，比上年增长4.3%，处理率100%。尾水COD84mg/L，比上年下降4.5%；氨氮0.8mg/L，比上年下降86.9%，合格率保持100%。全年共削减主要污染物COD1.4万吨，氨氮1360吨，完成了区政府提出的减排目标。全年实现营业收入18312万元，比上年17798万元增长2.9%；实现综合效益6575万元，比上年增长13.1%。

【做好二期工程环保验收准备工作】 根据项目运行环保“三同时”验收要求，积极沟通联系省环保厅、省监测站、工程环境监理单位，推进二期二阶段验收工作，于12月30日开展专家现场评审，预计2014年年初可验收完成。

【创建省级文明单位】 3月份排水公司开始省级文明单位创建工作，全年投入10多万元，建设完成高架广告牌、风管、文明指示牌、刀旗等厂区视觉效果系统，完成会议室、走廊等区域的布置。指定专人整理资料，及时归档。并向自来水公司学习取经。同时加强与市文明办联系，积极参加文明办举办的各类道德讲堂等活动，并邀请市文明办领导定期进行指导。

【顺利通过ISO 9001质量管理体系】 为进一步提升企业管理精细化管理程度，公司开展ISO 9001国际质量管理体系认证工作，并于6月份顺利通过。

【积极创建平安（和谐）示范企业】 积极开展“安康杯”、登龙山、“三八妇女节”健康知识讲座、劳动技能比武等活动，对照创建要求，重点抓好职工权益保障、职工职代会、劳动保护、劳动调解工作，企业和谐氛围日益浓厚。

【规范公司档案管理】 为进一步规范公司档案管理，公司开展省级档案企业创建工作，并于12月份顺利通过。

【创建省级安全生产标准化企业】 公司切实加强安全标准化建设，围绕11大块内容，70余项整改细则，分别于7月、9月邀请省安科院专家，指导安标化建设内容，并积极与兄弟单位沟通交流、互补不足。顺利通过企业二级安全生产标准化，安全工作水平得到有力提升，安全管理更加规范。

（冯哲翔）

建筑业

综述

【概况】 2013年全年建筑业总产值1282.21亿元，实现建筑业增加值293亿元，利税85亿元，分别同比增长14.02%、12.7%和11.8%。上缴本地税收6.82亿元，同比增长13.3%。全年房屋建筑施工面积11448.18万平方米，同比增长10.45%。在全省各县（市）排名中，建筑业总产值列第4位、省外施工产值列第4位，利润列第6位，税金列第4位。 浙江亚厦装饰股份有限公司获中国建筑装饰行业百强企业第2位，“中国建筑装饰设计50强企业”第2名，“全国建筑装饰行业优秀科技创新型企业”“全国建筑装饰行业绿色产业基地”“中国建筑装饰行业综合科学研究院”“全国建筑装饰行业最佳专业化装饰企业（酒店类、精装楼盘类、交通枢纽类、佛教类）”。五洋建设集团股份有限公司、华升建设集团有限公司分别被《建筑时报》评为“中国承包商60强”第46位、50位；分别被浙江省企业联合会、浙江省企业家协会评为“2013年浙江省百强企业”第74位、87位。五洋建设集团股份有限公司被《建筑时报》评为“中国建筑业行业标兵”。亚厦控股有限公司、五洋建设集团股份有限公司、华升建设集团有限公司、浙江中富建筑集团股份有限公司、浙江舜江建设集团有限公司等5家企业分别被全国工商业联合会评为“2013年中国民营企业500强”第214位、268位、311位、465位、475位位。浙江亚厦装饰股份有限公司被浙江省科技厅等10部门确定为“2013年度创新示范和试点企业”。五洋建设集团股份有限公司、浙江舜江建设集团有限公司、华升建设集团有限公司、浙江中富建筑集团股份有限公司、浙江海滨建设集团有限公司、浙江舜杰建筑集团股份有限公司、浙江港海建设集团有限公司、浙江申宏建筑工程有限公司、浙江中企建设集团有限公司、世安建设集团有限公司、浙江泰舜建设有限公司等11家建筑企业被浙江省住房和城乡建设厅、省政府驻上海办事处授予“2013年度浙江省进沪施工先进单位”称号。浙江省住房和城乡建设厅发布2013年建设工程类产值规模企业名单（全省建筑工程企业50家），本区9家建筑企业列入榜单，五洋建设集团股份有限公司产值145.3383亿元（列第8位）、华升建设集团产值103.6818亿元（列第21位）、浙江舜江建设集团有限公司产值88.3825亿元（列第29位）、浙江中富建筑集团股份有限公司产值84.1869亿元（列第32位）、中鑫建设集团有限公司产值83.4216亿元（列第33位）、浙江海滨建设集团有限公司产值64.7463亿元（列第49位）、浙江舜杰建筑集团股份有限公司产值61.5881亿元（第50位）。浙江亚厦装饰股份有限公司产值71.8485亿元，列装饰企业（全省6家）第一位；浙江亚厦幕墙有限公司产值30.8780亿元，列幕墙企业（全省4家）列第1位。浙江舜杰建筑集团股份有限公司、五洋建设集团股份有限公司、浙江舜江建设集团有限公司、浙江中富建筑集团股份有限公司等4家企业被上海市建筑施工行业协会命名为“第十届(2013年度)上海市建筑施工企业综合实力排名30强企业”。五洋建设集团股份有限公司荣获“2013年度中国施工企业管理协会科学技术奖科技创新先进企业”称号，总裁王永敏被评为“2013年度中国施工企业管理协会科学技术奖科技创新先进个人”称号。安全生产形势保持稳定，自上年以来，连续2年实现零死亡。

(曾小军)

2013承包商60强(45位)

建筑行业管理

【概况】 年末有建筑企业216家，其中特级企业7家，一级企业34家，二级企业52家，三级企业88家，劳务企业35家。新升一级企业1家，二级企业3家，并有多家企业增项资质获批。

【建筑综合实力20强】 浙江亚厦装饰股份有限公司、五洋建设集团股份有限公司、华升建设集团有限公司、浙江舜江建设集团有限公司、浙江中富建筑集团股份有限公司、浙江舜杰建筑集团股份有限公司、中鑫建设集团有限公司、浙江万峰建设集团有限公司、浙江海滨建设集团有限公司、浙江泰舜建设有限公司、浙江双堰建筑工程有限公司、浙江港海建设集团有限公司、世安建设集团有限公司、江河建设集团有限公司、浙江中企建设集团有限公司、浙江鸿富建设有限公司、浙江凤山建设工程有限公司、浙江宏丰建筑工程有限公司、浙江梁湖建设有限公司、浙江信龙建设有限公司等20家建筑企业被上虞区委、区政府授予2013年“建筑综合实力廿强企业”称号。

【市场开拓成绩显著】 新老市场齐头并进，“以上海为龙头、江浙为两翼、辐射全国”的市场格局进一步巩固，业务涉及30个省市区，其中24个省市区的产值均超过5亿元，承接1亿元以上大型项目近200项，其中最大的项目是由五洋建设集团股份有限公司承建的长春国际金融中心项目，合同造价达18亿元。

【创科技示范工程230项】 全年共创科技示范工程230项，其中创国家级科技示范工程74项(中国建筑装饰协会公布其中浙江亚厦装饰股份有限公司66项，浙江亚厦幕墙有限公司8项)；创省级科技示范工程156项 。

【创科技创新成果奖49项】 浙江亚厦装饰股份有限公司创中国建筑装饰协会公布的科技创新成果奖49项。

【部级施工工法2项】 浙江万峰建设集团有限公司的《强薄壁现浇混凝土空心楼板施工工法》和浙江凤山建设工程有限公司的《整体装配式管道井施工工法》分别获中国有色金属建设协会部级施工工法。

【省级施工工法3项】 浙江舜江建设集团有限公司的《塔吊单边外伸桁架附着施工工法》和浙江海滨建设集团有限公司的《既有建筑物内基坑组合式盖挖施工工法》，浙江亚厦装饰股份有限公司的《超大空间全装配曲面金属板吊顶施工工法》分别获浙江省省级工法。

【国家专利54项】 全年获国家专利54项。其中浙江亚厦装饰股份有限公司18项(实用专利17项、外观设计1项),浙江亚厦幕墙有限公司25项(实用专利6项、外观设计19项);浙江中富建筑集团股份有限公司实用专利2项;华升建设集团有限公司实用专利5项。

【建立绍兴市市级企业技术中心3家】 浙江万峰建设集团有限公司、浙江凤山建设工程有限公司、浙江汇鑫建设有限公司等3家企业技术中心获"绍兴市市级企业技术中心"称号。

【百官广场通过综合验收】 百官广场从2012年6月开始进入验收阶段。同年6月27日进行电力验收;同年9月17日进行人防验收;同年11月13日进行环评验收;同年11月22日进行气象避雷验收;同年12月17日进行消防验收;2013年1月进行规划验收,并于4月23日完成质监备案及工程档案备案。各项验收全部完成,可以投入使用。

【培训人才,引进人才,提升企业软实力】 区建筑业培训中心全年共组织职业技术继续教育和安全生产培训班15期,培训各类从业人员4048人次,其中1259人次系建设类执业师继续教育。新增一、二级建造师338名,引进硕士以上高学历专业技术人才80余名。

【调查研究,出谋划策,协助区政府出台建筑产业化意见】 顺应建筑业发展形势和产业结构调整的实际状况,深入调查,潜心研究,协助区政府在11月份出台《关于推行我区建筑产业化的若干意见》,指导建筑企业转型升级,为加速上虞建筑产业化发展奠定了坚实基础。 (曾小军)

工程质量管理

【概况】 全年区内合计在建工程335项,总面积788.9万平方米,工程验收合格率100%。共获省级以上优质工程181项,其中全国性奖项31项、省部级奖项150项。全国性奖项中;鲁班奖4项(参建)、国家优质工程银奖4项(参建)、詹天佑住宅小区金奖1项(参建)、全国用户满意工程2项、全国建筑工程装饰奖20项。

【抓创新、强措施,质量管理水平进一步提升】 一是建立实施专项施工方案论证专家库制度,对26项工程43个专项方案实施专家论证;二是实施对质量主要责任人约谈制度,对3项工程14人次和1家钢筋供应商的负责人进行约谈。三是建立实施建设工程施工合同备案制度,全年已有112只工程项目进行施工合同备案。四是新设园区建筑工程安全质量监督分站,报请区政府同意,在杭州湾上虞工业园区设立了建筑工程安全质量监督分站,委派1名经验丰富的中层干部负责分站长工作。

【把紧关口促规范】 一是严把施工图纸审查关,确保设计图纸符合国家强制性标准及其他规范要求。二是严把开工条件审查关。认真做好重点部位、重点环节的质量技术底线,对不符合开工条件的,坚决不准予开工。三是严把建筑材料质量关。建立并实施建筑材料应用登记制度,从源头上堵截劣质建筑材料。一年来,对全区建筑工程商品混凝土供应商和预制构件生产企业进行3次专项检查,共涉及31家次商品砼和预制构件生产企业;抽检各类规格的钢筋原材料340批次、线管30批次、排水管10批次、黄沙40批次。在确保建筑工程主体结构质量的基础上,深入开展住宅工程质量通病专项治理活动,全面推行分户验收制度,保障性住房和住宅工程分户验收率达到100%,社会对住宅工程质量的满意度有明显提高。

(曾小军)

表3

2013年省部级以上各类优质工程统计表

企业名称	鲁班奖	国优工程银奖	詹天佑住宅奖	全国用户满意工程	全国工程装饰奖	浙江钱江杯奖	上海白玉兰奖	江西杜鹃花奖	天津海河杯奖	广东工程优质奖	浙江安装样板工程	上海市金钢奖	上海用户满意工程	江西用户满意工程	浙江优秀安装奖	浙江优秀装饰奖	辽宁优秀装饰奖	广东优秀头饰奖	湖北优秀装饰关	海南优秀装饰奖	四川优秀装饰奖	浙江优秀园林金奖	浙江优秀园林银奖	长三角金石奖	合计
浙江亚厦装饰股份有限公司	3	4	1		15	5									1	45	1	1	2	3	1			22	104
华升建设集团有限公司				2			1		1		1		12		2									13	32
五洋建设集团股份有限公司						2	6									1								19	28
浙江舜江建设集团有限公司							1																		1
浙江舜杰建筑集团股份有限公司												2	1											9	12
浙江中富建筑集团股份有限公司							5	1		1															7
中鑫建设集团有限公司	1					1								2											4
浙江中博智能技术有限公司																2									2
浙江泰舜建设有限公司							2																		2
浙江纳特智通信网络工程有限公司																2									2
浙江港海建设集团有限公司							5																		5
上虞工业设备安装公司							2																		2
浙江亚厦幕墙有限公司					3											12								17	32
浙江三叶园林建设有限公司																						1			1
浙江良康园林绿化工程有限公司																							1		1
江河建设集团有限公司																								1	1
合计	4	4	1	2	18	8	22	1	1	1	1	2	13	2	3	62	1	1	2	3	1	1	1	81	236

安全生产管理

【概况】 首先从思想上牢固树立“安全生产、人命关天”的重要性，其次层层建立安全生产领导小组，层层落实安全生产责任制。年初与107家建筑企业签订安全生产目标责任书，督促企业与项目部、项目部与班组签订安全生产责任书。建筑工程施工现场安全文明施工目标管理责任书签订率达100%。全年未发生建筑施工人员死亡事故。

【勤检查立整改】 采取“日巡查、月整治、季监督”的方式，绷紧安全生产网络。全年，督查4次，安质站专项检查12次；每位安质员按照各自包干项目每日巡查，共检查在建工程面积逾1000万平方米。全年发布安全质量通报13期，开具安全质量整改通知单(停工单)1300余份，排查各类安全质量隐患5250条，落实整改5008条，整改率95.4%。

【全方位开展隐患排查治理】 以全覆盖、零容忍、严执法、重实效为总要求，采取自查与督查、明察与暗访相结合的方式，开展为期3个月的安全隐患大排查大整治专项行动。在企业自查基础上，组织5个督查小组，对部分在建工地开展专项督查活动，并邀请10名安全质量专家库专家和5名食品药品监督局专家共同参与，共检查在建工程10项，涉及建筑面积103.6万平方米，排查出各类安全隐患191条，特别对深基坑、高支模、起重机械、高处作业、施工消防安全、保障性安居工程等重点部位进行重点检查，杜绝安全生产事故的发生。

【树榜样、学标杆、争创文明标化工地】 全年共发放平安工地标牌173块，创浙江省、绍兴市、上虞区文明标化工地25只、创“平安示范工地”5只。

（曾小军）

勘察设计管理

【概况】 2013年，有设计资质的企业3家。浙江华升建筑设计有限公司于2004年取得甲级资质，“上虞市机动车驾驶员培训学校”建筑设计获2013年绍兴市“兰花杯”优秀勘察设计奖；上虞市工业与民用建筑设计所具备丙级设计资质；浙江华亿工程设计有限公司于2010年9月取得化工石化医药行业乙级资质。

【施工图审】 全年共办理施工图审查项目208个，涉及建筑面积384.8万平方米，确保设计图纸符合国家强制性标准及其他规范要求。

（曾小军）

房地产业

综 述

【概况】 2013年,加强对房地产市场的监控,密切关注政策动向,研究对策举措,加强房地产投资统计工作。进一步找准薄弱环节,加大攻坚力度,加快项目建设,创新销售思路,促进房地产业健康稳定发展。市住房和城乡建设局(以下简称区建设局)对25个楼盘的98万平方米商品房预售申请进行核准,其中住宅面积83万平方米,商铺面积10万平方米,写字楼面积5万平方米;核定房地产企业开发资质申请72家,其中暂定资质49家,四级资质11家,三级资质5家,二级资质4家,一级资质3家。全年商品住宅成交均价为9107元/平方米,同比上涨1.9%。竣工城市旧住宅区(危旧房、城中村)改造3800套,新开工公租房450套。

(钱一梅)

开发经营

【概况】 全年房地产开发企业完成房地产投资73.67亿元,比2012年增长22.2%。商品房施工面积416.46万平方米,同比增长17.9%,其中新开工面积123.52万平方米。商品房竣工面积60.46万平方米。商品房销售面积80.92万平方米,同比增长80.4%;商品房销售额68.97亿元,同比增长81%。

【17个楼盘开盘预售】 全年全区共有17个楼盘开盘预售商品房,预售面积68.89万平方米,其中,城区楼盘8个,预售面积41.99万平方米,乡镇楼盘9个,预售面积26.90万平方米。 (钱一梅)

保障性住房

【概况】 以住有所居、居有所安为目标,加快城镇保障性安居工程建设,城市吸纳型农民集中居住区已完工并通过综合验收,销售分配工作有序推进;人才公寓建设结构全部封顶,内外粉刷全部完成,完成总工程量的82.6%,销售分配工作基本完成,共收取154家企业、563套人才公寓的定金。加强农村住房保障工作。全年完成农村住房改造建设8460户,农村困难群众住房救助236户,分别完成年度目标的206%、236%。新启动上浦镇王湖村、丁宅乡深湾村2个农房示范村建设。累计对集体土地房屋登记发证1.3万户,全区共有210个行政村农房登记完成达40%以上。加大住房分配工作力度。全年共发放廉租住房补贴资金48.7万元;加强住房货币化分配工作,全年发放住房补贴265.96万元,完成房改房、集资房上市审批350户。 (倪银雅)

【农村宅基地置换城市吸纳项目竣工】 8月30日,上虞农村宅基地置换城市吸纳型集中居住区工程"水岸新城"竣工。该项目位于城南水乡西侧,毗邻百丰公路,总投资约4.9亿元,总用地面积约70666平方米,总建筑面积(不包括地下室面积)113090.60平方米。共有建筑33幢,其中多层16幢,高层15幢,物业综合用房1幢,幼儿园1幢。

(林 田)

【完成农房改造236户】 由区建设局牵头,对全区20个乡镇(街道)(沥海镇除外)低保农户住房困难情况开展了全面的调查摸底工作。截至12月底,已全面完成236户农村困难群众住房救助工作,完成年度目标任务的236%,共投入资金593万元。同时启动建设丁宅乡深湾村、上浦镇王湖村2个农房改造建设示范村项目。（钱一梅）

【调查摸底低保或低保边缘户】 通过对全区低收入、无房户、住房困难户的调查摸底,做好廉租住房配租工作,实现"应保尽保"。全年新增廉租住房保障家庭7户,其中货币配租7户。发放廉租住房补贴资金476776.00元。截至12月底,在保家庭203户,其中实物配租70户,货币配租133户。（董　芳）

物业管理

【概况】 2013年,新缴存物业两金项目34个,其中物业专项维修资金4457万元,保修金1184万元;按规定做好物业专项维修资金支取工作,支取资金260万元,涉及维修项目17个。（董　芳）

【承接白蚁防治项目184个】 全年承接白蚁防治项目184个,面积330.36万平方米,完成白蚁预防项目246个,面积171.4万平方米,对748户住房进行白蚁灭治,计12.34万平方米。（董　芳）

【物协成立】 10月份,若干意见经市政府审议后正式发文。同时由住房保障科牵头开展上虞市物业管理行业协会筹建工作,通过深入调研,起草了《上虞市物业管理行业协会章程(草案)》等文件,推荐了第一届理事会理事和常务理事,并于11月12日召开协会成立大会,审议并通过了相关文件,选举产生了第一届协会理事和会长等领导机构,吸纳30家会员单位,完成了协会的组建任务。（钱一梅）

住房公积金

【概况】 2013年,全区新增单位80家,新增职工人数11728人,净增加5793人,比2012年增加了45.17%。建立住房公积金制度单位1312家,总缴存人数49646人,其中企业职工31775人,全年住房公积金归集和住房补贴归集总额5.81亿元,其中住房公积金归集5.75亿元,住房补贴归集617万元,全年归集总额5.80亿元,同比增长11.76%。全年批准提取住房公积金共计4.19亿元,同比增长30.53%;其中购房提取1.84亿元,还贷提取1.67亿元。历年累计住房公积金归集总额37.53亿元,累计已提取21.48亿元,归集余额达16.04亿元。全年办理住房公积金贷款1453户,同比增加166%,发放贷款5.21亿元。累计办理公积金贷款10968户,计24.83亿元。贷款余额13.80亿元。完成业务收入6402万元,业务支出3697万元,增值收益2705万元。

【住房公积金扩面工作有序推进】 全年扩面工作有序推进,通过抓重点行业、重点企业、重点人群的扩面,超额完成了扩面任务,将扩面工作列入乡镇(街道)和区直部门的年度岗位目标责任制考核内容,全年新增公积金扩面单位77家,惠及职工11728人。

【住房公积金政策调整】 根据《住房公积金管理条例》《浙江省住房公积金条例》及《关于2013年绍兴市住房公积金缴存额调整的通知》的文件精神,全区住房公积金缴存比例单位和个人最高为各12%、最低不低于5%。最高缴存额单位和个人分别为2430元、最低为122元。2013年,中国人民银行出台《关于进一步推进利率市场化改革的通知》,取消金融机构贷款利率0.7倍的下限,取消票据贴现利率管制,取消农村信用社贷款利率2.3倍的上限,由金融机构根据商业原则自主确定贷款利率水平。

【住房公积金安全运营】 严格资料审核,严防资金风险。安排专人专查,抓早、抓小并严格执行各项规定,杜绝骗提骗贷和套取住房公积金。调控贷款进度,保障合理需求,逐月对归集资金和贷款回收资金进行调节,适时定期转存。分中心围绕住房公积金管理中存在的资金运作、权力运行和监督机制,针对廉政风险防控工作,排查潜在的风险点16个,并制定相应的工作措施。落实专职档案管理人员,收集、整理、装订各类档案,确保住房公积金各类档案的完整齐全。

商贸业

综述

【概况】 2013年上虞深入实施"服务业兴市"战略,第三产业增加值占GDP比重比上年提高1.0个百分点。随着"四季仙果之旅""沪杭甬都市会客厅""浙东新商都"等品牌的日益打响,上虞消费品市场保持稳定增长。全区全年实现社会消费品零售总额211.86亿元,增长17.5%,比上年提高1.0个百分点。按城乡市场分,城镇消费品零售额172.49亿元,增长17.7%;乡村消费品零售额39.37亿元,增长16.5%。从批发、零售、住宿、餐饮四大行业销售情况来看,批发零售业实现销售额550.02亿元,增长23.3%,其中限额以上单位实现销售额202.86亿元,增长13.8%;住宿餐饮业实现营业额36.85亿元,增长19.3%,其中限额以上单位实现营业额12.30亿元,增长10.9%。全年完成限额以上服务业产业项目投资23.04亿元,同比增长12.3%;全年服务业实现地税收入16.27亿元,同比增长31.2%。

【服务业规划编制】 规划编制了《上虞市服务业提升发展三年行动计划》和《上虞市城北金融商贸商务聚集区发展规划》,制定出台《加快推进城乡商贸流通一体化的实施意见》和《加快电子商务发展实施意见》《电子商务发展专项扶持政策》。

【提升服务品牌】 根据规划要求促进服务业发展,打造服务业品牌。全年新增省服务业品牌2只,绍兴服务业名牌一只。浙东新商都(上虞)购物节荣获长三角最具影响力会展品牌奖,上虞再次入选2013福布斯中国大陆最佳县级城市(上虞22名)。

(符凌云)

商贸流通

【概况】 2013年,按照"项目推进年"工作要求,全力抓好24只服务业重点项目和57只限额以上服务业项目。总投资2亿元的上百盖北购物中心已基本建成,惠普全球软件外包服务研究院、浙大网新、上虞科技院、六鼎山休闲生态观光园、中国伞城、商业广场三期、青瓷文化创意园、新天龙大厦等24个区级服务业重点项目在抓紧建设中,总投资5亿元的天外天商贸综合体项目启动,百安商贸城、绍兴港上虞港区曹娥作业区(西区)工程被列为2013年省重大服务业项目。中国智能骨网(上虞)新华社沪浙港等投资50亿元以上的项目正式落地,同浙江物产集团的全面合作开始实施。截至12月底,年初确定24只服务重点项目,开工15只,共完成投资19.06亿元,完成年度计划的101.6%,全年完成限额以上服务业项目投资23.04亿元,同比增长12.3%。

【浙大网新上虞科技园项目正式签约】 8月1日,浙大网新上虞科技园项目正式在杭州签约,项目计划投资10亿元,建设包括科创服务中心、企业研究院总部、海外人才创业园、浙大上虞创新研究院、软件信息产业培育基地等。科技园将以上虞产业发展为导向,通过政、产、学、研紧密合作,整合各方优势资源,共同打造省内一流、国内领先的综合性多功能绿色智慧园区,成为高新技术研究与产业化集聚区、科技成果交流与转化集聚区、科技新服务集聚区等高素质人才集聚区。

【商品市场繁荣活跃】 2013年，全区商品交易市场54个，实现成交额112.96亿元。大型商品交易市场活动彰显，年末成交额超亿元市场8个，实现成交额79.43亿元，占全区商品交易市场成交额比重高达70.3%。其中浙江石狮国际商贸城和绍兴大通集团公司农副产品批发交易市场年成交额超20亿元。

【城乡商贸一体化】 2013年，明确乡镇镇域发展规划、集镇中心商贸区块及功能定位。章镇、小越等7个乡镇相继启动了商贸核心区建设，全区形成以乡镇超市为骨干，村级便利店、便民点为补充的城乡流通经营格局。截至年底，全区共有745家便利店、308家农资经营店（点）、近100个回收网点。

【引进重点物流项目】 2013年，全区有上虞市信诚物流中心、上虞市华佳业物流有限公司、上虞市联诚物流有限公司、申通快递、上虞市翔海集装箱货运代理有限公司等13家重点物流企业。1—12月份累计营业额5.51亿元。其中上虞市华佳业物流有限公司营业额5780万元。同比增长48.4%。充分依托区位优势，引进物流项目，建设物流配送体系，打造成为杭州湾南翼重要物流节点。中国智能骨干网（上虞）、新华社沪浙港等投资50亿元以上的项目正式落地。至年底，新增AAA级物流企业2家，AAAA级1家。（符凌云）

粮油购销

【概况】 2013年，区政府出台文件《关于抓好2013年粮食生产的通知》，继续实行最低收购价政策和订单粮食奖励政策（圆粒型早籼谷每50公斤30元、晚粳谷每50公斤15元）。继续实行订单签约工作，允许籼粳杂交谷甬优系列顶抵普通晚粳谷订单任务。订单任务由区政府下达到各乡镇（街道），各乡镇（街道），再分解落实到村到户。收储公司各粮站与16个乡镇（街道）、206个行政村的5674户农户签订粮食订单合同。同时，发放粮食预购定金277.9万元，解决76户农户春备耕资金不足的困难。粮食收购量继续保持绍兴市第一，全省领先。全年国有粮食收储企业共收购粮食4.05万吨。其中，早稻订单入库2.41万吨，实际订单履约率96.39%；晚稻订单入库1.29万吨，订单实际履约率99.49%。预购定金回收100%，粮农满意度98%。

2013年，区政府被评为绍兴市粮食安全工作优秀单位，区粮食局被省粮食局评为“全省粮食收购先进单位”。

【鼓励企业开始粮食产销对接】 全年全区粮食产量29.3万吨，粮食需求41.9万吨，其中口粮消费21.38万吨，饲料用粮13.5万吨，工业用粮6.32万吨，种子用粮0.7万吨，粮食产需缺口12.6万吨。通过吸纳主产区粮食，引入名品、名牌粮油等，有效弥补全区粮食产需缺口，改善粮油供应结构。场内40家经营户全年累计成交粮油14.01万吨，成交额4.61亿元，分别比去年增加6.06%和10.55%；开展产销合作。鼓励粮食经营企业和种粮大户到粮食主产区开展粮食产销合作。9月份，与黑龙江省肇源县粮食局签订了《粮食产销合作意向协议书》，确定5万亩生产优质粳稻基地。至12月底，粮食经营企业外购粮食25.4万吨，其中省外购入18.5万吨，外购量比去年增加14.66%。

【抓好粮食储备管理工作】 加强区级储备粮和省级代储粮的管理，落实安全储粮措施，统一新的囤头卡、标识牌。做好粮食集并，完成储备粮的补库及定点定仓工作。开展储粮安全大普查和“一符四无”粮仓鉴定，合格率为100%；加大设施投入，做好粮食仓库常规性维护保养工作，提高粮食安全储存能力。收储公司全年用于仓储设施投入114万元；抓好轮换拍卖，网上公开拍卖到期储备粮（周转粮）2.35万吨，其中，轮换区级储备粮14416吨；开展库存检查，6个检查组对粮食库存情况进行全面清查，区级储备粮规模足额到位，地方储备粮和商品粮库存真实，质量良好，仓储管理规范。

【7家民营企业承担粮食加工业务】 全区粮食加工全部由民营企业承担，区天丰粮食有限公司等7家骨干企业组织收购本地和外地粮食，并开展加

工经营业务。全年共加工稻谷3.49万吨，小麦5.01万吨，其中小麦加工由区天丰粮食有限公司一家企业单独完成。

【仓储设施建设】 中心粮库建设工程浇筑场地1.8万平方米，于上半年竣工并投入使用。完善对智能化粮情测控系统、富氮气调储粮技术及机械化进出仓、除杂、称重等智能化监控系统配备。截至12月底，中心粮库入库各类储备粮2.58万吨。

【抓好粮食安全责任制落实】 按照粮食工作行政首长负责制的要求，分别出台《关于进一步加强粮食安全保障体系建设的意见》《上虞市2013年粮食安全责任制考核办法》，及时做好督查、自评、考核，6个乡镇和3个部门分获乡镇和部门考核一、二、三等奖，评出先进个人10名。做好粮食安全保障资金管理和使用，100万元保障资金奖励兑现到位；落实30万元现代农业扶持资金，对7家重点收购企业收购本地粮进行扶持奖励。

【做好防台抗台工作】 受"菲特"台风影响，全区21只仓库因洪涝进水，8079吨粮食受到威胁。粮食系统紧急动员，采取排水、翻仓、集并、调运、翻晒等多种措施，使粮食损失仅为300吨，最大限度地减少损失。（阮沁怡　吴硕林）

供销合作商业

【"保障供应 支援春耕"服务月活动在章镇正式启动】 3月20日上午，由浙江省供销社、浙江农资集团、上虞市政府等联合举办的全省供销社"保障供应 支援春耕"服务月活动在上虞章镇新区村正式启动。绍兴市副市长冯建荣，绍兴市供销社主任阮建明，浙农集团董事长汪路平、总经理李盛梁，上虞市委副书记、市长王慧琳，副市长徐耘和有关乡镇、部门领导出席启动仪式。浙江省供销合作社联合社主任马柏伟出席仪式并宣布活动正式启动。启动仪式上，上虞惠多利农资与上虞农技推广中心、省惠多利与当地专业合作社代表分别签订《测土配方招标肥项目》《专业合作社农资配供服务》等特色服务协议。浙江省农资流通协会和浙农集团还公开作出"农资保供稳价"倡议。省供销社、浙农集团向来自全市的17位种粮大户和专业合作社赠送总价值19万元的化肥，并开展农资商品让利大行动，来自农技部门和惠多利的农资顾问团专家免费对当地农户举办技术咨询和培训活动，活动现场还进行了惠多利品牌及放心农资的图片展示。

2013年5月10日，全省供销社经营服务综合体建设现场会在上虞召开　（宋洪浩　摄）

【全省供销社经营服务综合体建设现场会在虞召开】 5月10日，全省供销社经营服务综合体建设现场会在上虞召开。会议总结了全省系统在经营服务综合体建设工作方面所取得的成效，学习交流了全省各地开展经营服务综合体建设的做法经验，并研究部署了下一步工作。上虞市供销社党委书记、理事会主任姚一松做了题为《创新思路突出重点 打造特色 扎实推进经营服务综合体建设》工作经验交流。全国总社党组成员、理事会副主任骆琳出席会议并作重要讲话，全国总社合作指导部部长刘进喜、棉麻局局长高芳，浙江省供销社党委书记、理事会主任马柏伟，副主任王东方，上虞市委书记孙云耀、市人大常委会主任徐尧峰、副市长徐耘等领导参加会议。骆琳对上虞供销社近年来创新发展所取得成绩，特别对积极整合基层经营、服务资源，探索"三社一体、四组一会"运作模式推进经营服务综合体建设给予充分肯定。现场会播放了上虞市社经营服务综合体建设专题片，湖州市社、缙云县社和萧山临浦、临海永丰等基层供销社代表分别作了经验交流，全省县、市社供销社主任共140余人参加会议。与会代表考察了上虞市社丰惠、东关、沥海基层社和大通农批市场经营服务综合体。

【国务院副总理汪洋到上虞考察基层供销社】 10月9日上午，中共中央政治局委员、国务院副总理汪洋，在全国供销合作总社主任王侠、副主任骆琳，浙江省省长李强、浙江省供销社主任马柏伟，绍兴市委书记钱建明、市长俞志宏，上虞市委书记孙云耀和市长王慧琳等领导的陪同下，到上虞就供销社改革发展和"三位一体"为农服务工作进行考察调研。汪洋到上虞供销社沥海经营服务综合体滨海购物中心，实地了解基层供销合作社创新发展模式，听取上虞供销系统近年来改革发展和"三位一体"为农服务情况介绍，观看专业合作、供销合作、信用合作等服务展板。对供销合作社的今后发展提出了更高的要求和希望。他强调，要正确认识和理解供销合作社在服务"三农"中的重要作用。供销合作社的工作首先是要看农民从中得到多少实惠、农村从中得到多少实惠，而农民得到实惠是底线。他表示，在当前"四化"同步的背景下，农业要实现现代化，一个重要的问题就是农民与市场的对接，要通过一种社会服务组织把千家万户的农户与市场对接起来，这方面供销合作社有条件、有优势，已经进行了探索，也取得了很好的成绩。目前，还没有任何一个组织能替代供销合作社在这方面的地位、作用和贡献。供销合作社要在农业产业化、社会化服务上继续发挥重要作用，同时要认真思考供销社发展的体制问题，不断探索新的商业模式、组织形式，在为农民服务的同时，通过提供服务实现自身的健康发展，更有竞争力和生命力，这样既解决了农民的问题，又解决了供销社自身的发展，也解决了国家的难题。（宋洪浩）

烟草专卖

【概况】 2013年，全区有卷烟零售客户5157家，全年累计销售卷烟33894箱，同比下降2.91%，实现销售额12.22亿元，同比增长3.87%，实现利税29024.89万元，同比增长2.14%，利润总额23556.32万元，同比增长1.96%；销售结构稳步提升，单箱销售额3.61万元/箱，同比增长6.98%；重点品牌销售28909箱，占总量的85.29%，同比提高3.21个百分点；终端建设有序开展，全年发展现代终端客户311家。

【专卖管理】 2013年，上虞烟草巩固"点、线、面、网"立体打假机制，专卖管理工作取得重大突破。破获"3·29"特大跨省市制售假烟网络案一起，被列为部督案，涉案金额5000余万元，逮捕6人，取保候审2人。查获"7·13"省标网络案（视同国标）一起，案值130余万元。协助广东东莞烟草破获国标网络案一起，得到省局国标认定。成功收网"12·25"销假网络案一起，抓获7人，其中逮捕1人，取保候审3人，案件仍在进一步侦办中。2013年共追刑19人，判决11人，共查获违法案件91起，查扣违法卷烟4734.1条，其中5万元以上真烟流动案件4起，假烟案件35起，假烟222.9条，移送公安追刑案件2起，移送工商处理案件14起，出台《超高价位卷烟整治长效机制实施方案》、依托APCD工作法开展了"利剑1号""卷烟市场专项整治"两个专项行动，辖区卷烟市场秩序进一步稳定。

【依法行政】 制定、修订《零售许可退出机制实施办法（试行）》《卷烟零售点合理布局规定》等，专卖零售许可退出、布局、延续机制更加规范，全年共新办许可证370本，注销377本，变更47本，延续3870本；组织专卖法律法规宣传活动6场，接受群众咨询656人次，发放普法宣传资料520本。

【安全管理】 全年共组织安全应急预案演练3场，安全教育培训21场，受训627人次，未发生数据丢失、泄密事件，全年无安全事故。在2013年考评中，荣获浙江省烟草商业系统"安全文明车队"称号。

【志愿公益】 深入开展扶贫帮困、志愿服务等公益活动，全年共出资9.9万元用于社会慈善捐赠工作，树立了良好的社会形象。（何燕闻）

休闲服务业

【概况】 2013年，全区先后举办"五一"休闲购物体验周系列活动、第五届浙东新商都(上虞)购物节等16项节会,国庆长假,外地到上虞消费者人数比往年大幅度增加,占比达19.8%。据统计,9月20日至10月10日,参加与购物消费兑奖活动的25家商家累计销售额4.28亿元,同比增长17.8%。

【举办"五一"休闲购物体验周活动】 为积极响应"五一"休闲购物文化节,进一步打响"浙东新商都"品牌,同时也是回馈汽车消费者,4月26日,召集途观车友会、迈锐宝车友会、昂克拉Encore车友会成员赴下管樱桃基地采摘樱桃,观光休闲体验周活动。"五一"休闲购物体验周活动以"魅力上虞·时尚购物"主题共组织第二届浙东(上虞)汽车文化博览会、"五一"大型商场联合促销、消费抽奖、名品发布等主题消费活动、"学礼仪、重规范、守信用、提高新商都美誉"主题讲演比赛、星级酒店大众消费促销活动、百名车友休闲采摘游、浙江石狮第六届家具建材展销会、浙江石狮第二届品牌服装展销会等7项活动。据统计,4月29日—5月1日,大通、一百、石狮、国大、雷迪森、上虞宾馆、煌中煌、舜泉大酒店、大润发超市、沃尔玛超市共计销售12425.73万元,较去年相比对持平。黄金周期间,消费市场商品丰富、供应充足、繁荣活跃,呈现出气氛浓、商气浓、亮点多、消费旺的特点。

【第五届浙东新商都(上虞)购物节】 成功举办了2013浙东新商都(上虞)购物节,精心组织实施了十大主题购物、大型城市消费兑奖等23项活动,进一步提升了"浙东新商都"的品牌知名度。浙东新商都(上虞)购物节荣获长三角最具影响力发展节庆品牌奖,上虞再次入选2013福布斯中国大陆最佳县级城市(上虞22名)。据统计,9月17日至9月21日期间,参加购物兑奖活动的企业营业额达33561.4万元,同比增长近70%;据对大通商城、大通购物中心、一百商城、上百·万和城、大润发和时代潮城销售情况监测显示,国庆黄金周期间(10月1—7日)实现商品销售额11013.67万元,比上年同期相比回落8.1%。

【举办第二、第三届汽车文化博览会】 2013年,举办两次车展,促销汽车消费热潮。由汽车服务行业协会主办,分别在5月、10月在石狮商贸城广场举办第二届汽车文化博览会和第三届汽车文化博览会。第二届汽车文化博览会各大经销商抓住机遇,推出多项让利促销活动,车单最大优惠度达2万元。据统计,第二届汽车文化博览会共计17家参展商25个品牌、250多种车型号,共有参展车400多辆,3天共计销售467辆,总销售金额为7302万元,同比增长3.6%。第三届汽车文化博览会的规模、档次、销量都超越往年。据统计,车展三天共销售和预定新车555台,销售金额3777万元,创单日新高。一汽大众、上海大众三天销售额突破100辆,别克成交80辆,雪佛兰成交60辆,宝马成交27辆。

【餐饮业协会活动频繁】 5月,为配合2013上虞生态休闲旅游节,市餐饮业协会推出星级酒店大众销售促销活动,给消费者带来大众的消费饕餮盛宴的享受;10月,为配合2013购物节,协会各成员积极参与"9·20秒杀活动",每个酒店都推出特价菜品和特价套房,大幅度让利促销,给消费者看得见的实惠;10月,在市职中专举办"富丽华杯十佳优秀青年厨师"评选活动,国大、雷迪森、上虞宾馆、富丽华等餐饮单位的优秀厨师积极参与,郭鲁明、吴益军、汪礼杰等人被评为十佳优秀青年厨师。根据《关于征集和编写中国浙菜——乡土菜谱》(浙商联发〔2012〕186)文件精神,协会经过对乡土菜品挖掘和评选,上报了鲜肉霉千张、舜帝私房鸭、栗子焖肉、虾子霉童鱼、醉白玉蟹5个菜品。经《中国浙菜——乡土菜谱》编委会研究决定,上虞市职业中专的陈功年选送的鲜肉霉千张和上虞宾馆的杜明君选送的舜帝私房鸭荣幸入选,编委会对这两款菜品进行拍摄录制。根据《浙江省人民政府办公厅关于进一步促进餐饮住宿业持续稳定发展的若干意见》(浙政办发〔2013〕109号),协会对全市餐饮业进行调研,并撰写了调研报告供领导参考。

(符凌云)

大中型商场

【概况】 2013年,浙江上百贸易有限公司等10家企业被评为绍兴市服务业重点企业,绍兴大通集团公司被评为绍兴市十佳服务业商业模式创新案例，1—12月，浙江上百贸易有限公司销售额16.03亿元，大通商城股份有限公司销售额15.33亿元。

【上百万金大厦开工建设】 浙江上百公司下属的上虞市万金房地产开发有限公司开发建设的“万金大厦”项目动工建设。该项目总投资超过1.5亿元，预计到2015年年底竣工。万金大厦是商业与办公相结合的现代化综合办公楼，位于百官街道城北三环线以北。项目占地面积4650平方米，总建筑面积达42378平方米，主楼高24楼，地下1层，其中地上1~2两层为商场，3层以上均为办公楼。

【上百公司首获省优秀企业】 由省商务厅、省财政厅、省工商行政管理局、省国税局、省地税局等七部门，联合对全省70家重点流通企业年度经营情况进行的全面考核。考核结果于5月公布，浙江上百贸易有限公司被评为2012年度省重点流通企业考核优秀企业。这是上百公司自2006年被列为首批浙江省重点流通企业后首次在年度考核中荣获“优秀企业”这一称号。2012年度，包括浙江上百贸易有限公司在内的14家企业被评为优秀企业，其余56家企业被评为合格企业。

【浙江上百贸易有限公司出台15项服务承诺】 为维护消费者利益，把消费者购物风险降为零，上百贸易有限公司制定了15项服务承诺，承诺出售假冒商品假一赔二。因产品质量问题给消费者造成损失，均有商店先行赔偿。凡购买商品价格高于同日同城其他商店的，给予退还差价或直接退货。购买家用电器实行终身维修，超过保修期不收维修费，只收材料费和上门服务费。同时为老弱孕残实施优先服务。

【法国兰蔻大通购物中心形象店隆重开张】 8月20日法国兰蔻大通购物中心形象店隆重开张，欧莱雅（中国）有限公司大区经理蔡琴、上虞市服务业发展局局长章建华、上虞市供销合作总社主任姚一松、绍兴大通购物中心有限公司董事长张君尔、欧莱雅（中国）有限公司浙江区域经理孙净等嘉宾出席了现场开业剪裁仪式。

【连锁超市销售17亿元】 2013年，绍兴大通超市有限公司、一百超市、大通商城超市、大润发超市、宁波三江超市等五家重点连锁超市累计销售额17.74亿元，同比增长37.6%。 （符凌云）

盐务业

【概况】 2013年，市盐业有限公司累计购进各类盐4.57万吨，比2012年增加1.21万吨，销售各类盐3.89万吨。其中食盐1.99万吨，工业用盐1.9万吨。实现销售额3583.55万元，实现利润总额108.7万元。顺利完成省盐业集团有限公司年度经营目标。

【加强盐业市场管理】 市盐业有限公司把供应合格食用碘盐放在工作首位，盐政管理人员加强与公安、工商、卫生等职能部门协作，深入开展执法活动，加强市场管理力度，集中安排市场检查，做到查漏补缺，规范市场。

【拓展非盐经营】 市盐业有限公司在面对盐业体制改革的严峻形势和行业自身发展的要求下，积极寻找应对措施，加快转变经营观念，从单一化经营到多元化经营，开展非盐商品经营活动。

【调整盐品结构】 2月和9月对普通食盐进行两次调整盐品结构，以绿色精制盐为主体，大力拓展健康高端盐，实现食盐消费结构升级换代。食盐品种结构的进一步优化，在满足消费者不同的用盐需求的同时，也增强了企业效益。 （胡德方）

中介服务业

法律服务

【概况】 2013年，全区共有律师事务所13家，其中合伙律师事务所7家、个人律师事务所6家，执业律师92名。基层法律服务所8家，基层法律服务工作者48名。浙江左右律师事务所被评为2013年度绍兴市优秀律师事务所，浙江振才律师事务所王建才获“2013年度绍兴市优秀律师”称号。全区律师共代理案件2858件，其中刑事案件387件，民事诉讼代理1555件，经济诉讼代理773件，行政诉讼代理20件，非诉讼法律事务123件。解答法律咨询7250人次，担任法律顾问465家，业务收费5415万元。基层法律共代理案件836件，其中诉讼事务820件，非诉事务16件，解答法律咨询、调解纠纷4320人次，担任法律顾问268家，业务收费348万元。 (章丽丹)

【推进法律顾问体系建设】 实行政府买单深化农村(社区)法律顾问制度，全区农村(社区)法律顾问的合同签订率达到100%，并实现了由区、乡镇(街道)两级政府来购买法律服务；6名资深律师受聘为区政府法律顾问，18个区级部门和12个乡镇(街道)政府聘请律师担任法律顾问；组织律师服务企业工作，对没有聘请法律顾问的规上企业分片开展走访联系，主动为企业经营活动提供法律服务，为中小企业开展“法律体检”和法律服务进企业等专项活动，针对企业的个性化需求，开展特色化、针对性的服务，促进企业健康发展。

【规范考核监管机制】 组织开展律师事务所、基层法律服务所内部管理和业务质量评查活动，对法律服务机构和人员的执业行为、投诉情况、服务质量进行调查处理，完善服务管理、诚信执业、重大事项报告等制度。通过抽查案卷等形式对律师、基层法律服务工作者办案情况进行专项检查，对发现的问题责令整改，并诫勉谈话。高度重视投诉案件处理，建立对投诉案件办理的备案和审查程序，加大对当事人投诉法律服务案件的查处力度，稳妥办理投诉案件，进一步加强对律师和法律工作者的监管，促进法律服务行业健康发展。 (章丽丹)

【落实律师业发展扶持政策】 以促进全区律师业健康发展为着力点，实施律师三年倍增计划，制定出台《关于进一步加强和改进律师工作的实施意见》(市委办〔2013〕89号)文件，配套制订《上虞市加强和改进律师工作补助资金兑现实施细则》，对涉及资金补助的内容在申请对象及享受待遇、申报程序及需提供资料予以明确，以加强律师业发展补助资金的使用管理，提高资金使用效益。全年新增职业律师17人，实习律师4人，落实律师人才补贴19万元。 (章丽丹)

【做好法律援助服务】 推进法律援助工作，维护广大群众的合法权益。进一步完善区、镇、村三级法律援助工作网络，努力构建“一小时法律援助服务圈”。开展“保民生、促和谐法律援助大行动”，为残疾人、老年人、外来务工人员和军人军属等群体开辟法律援助“绿色通道”，落实“四个当场”(当场受理、当场审查、当场审批、当场指派)工作制度。积极推动法律援助部门行业工作站建设，6月份建成市法律援助中心劳动人事仲裁院工作站，方便工伤、劳动报酬等当事人申请法律援助，12月，建成区法律援助中心看守所工作站，方便当事人寻求法律援助。全年，援助中心共办理法律援助案件633件，同比增长49%，其中民事案件216件，刑事案件417件，为当事人挽回经济损失或取得利益600余万元；共为来电、来访当事人提供法律咨询1531次。（孟立标）

公证服务

【概况】 2013年，上虞公证处共办理各类公证事项26428件，办理抵押物登记18568件。紧紧围绕政府中心工作，积极参与百官街道黄泥坝、横江里、梁家山等征迁改造、参与百官街道丰二居委周边、53号区块房屋征迁改造的收尾工作及东关、丰惠、章镇等乡镇（街道）的拆迁工作。参与上源闸、岭光、大厂、二甲、四甲及35号区块的拆迁安置工作，此安置房交房工作共涉及4300余户，14000余人口，安置房面积50余万平方米。积极参与区政府重要惠民工程——农村宅基地置换城市吸纳型房屋工作，全程提供专业公证法律服务，办理审查阶段承诺书公证319件。抽调精干人员配合全力推进“滨江一号”处置工作小组开展对“滨江一号”楼盘资、债及信访维稳处置工作，至年底已解套一房二卖、又抵又卖房产85套，面积13700余平方米，价值2亿元，压减各种债务1.8亿元，解除法院查封、冻结房产122套，释放净房产101套，清偿各种债务3.2亿元，办理房地两证156房。继续做深做细绍兴滨海新城及上虞滨海新城海涂土地回收中公证法律服务工作。2013年，上虞公证处先后被授予工会工作先进集体、“五好”基层党组织、绍兴市第五批“青少年维权岗”单位等荣誉称号。

【规范办证程序 辨别假人假证】 严格按照办证程序，制定和规范各项审查制度，全年共发现假人假证共计6起，涉案金额高达1200多万元，为各方当事人挽回直接经济损失938.6万元。其中6月份发现的假冒当事人办理抵押物登记和合同公证骗取贷款的事件，经过工作人员的仔细核对、验证及审查，为金融机构及时挽回了高达330万元的巨额经济损失。

【加大公证工作宣传力度】 2013年恰逢《中华人民共和国公证法》正式颁布八周年，市公证处开展了一系列点面结合的相关宣传活动。全年全处各窗口积极做好窗口宣传资料分发、业务咨询工作，并不定时带宣传进乡镇、进社区，让更多的老百姓认识公证、了解公证从而支持公证。8月26日，在上虞市文化广场举办公证知识咨询宣传活动，通过印发《中华人民共和国公证法》《中华人民共和国婚姻法》新司法解释、《传承》等宣传资料及现场解答公证咨询等方式，广泛宣传《中华人民共和国公证法》和涉及经济、民事等公证事项的相关法律问题，当天共印发各类宣传资料300余份，解答群众法律咨询60余人次。（冯蕴兰）

荣誉

会计服务

【概况】 2013年，全区有持证会计从业人员15181人，其中：会计员839人，占5.5%；助理会计师1527人，占10.1%；会计师798人，占5.3%；高级会计师107人，占7.0%。有会计师事务所2家，会计代理记账机构3家。503人参加珠算等级鉴定考试，199人取得珠算等级证书。

【培养会计人才】 全年举办多种形式的培训班，鼓励会计人员参加各类会计考试。积极做好会计领军（后备）人才的推荐工作，推荐亚厦装饰的刘红岩和嘉利珂公司的王正丰参加全国会计领军人才的选拔考试，推荐亚厦装饰的刘红岩、任锋和龙盛集团的郭维君参加浙江省会计领军人才的选拔考试（均通过笔试和面试），亚厦装饰的刘红岩被录取为浙江省第4期会计领军(后备)人才。2013年,全区分别有194人、43人和9人通过初级、中级和高级会计资格考试,9人参加、7人通过高级会计师任职资格评审。全年共有10086人参加上虞区组织的初级会计人员继续教育培训。

【组织开展会计理论研究】 加强财会调研,开展学术交流和理论调研。组织各会计分会开展会计调研课题活动和在全区范围内开展会计有奖征文活动,共收到有奖征文71篇、调研文章11篇,评选出优秀文章33篇。与上虞农村合作银行共同成立会计课题调研小组,开展了《健全合作机制平台,加强会计人员后续管理》《加强会计监督,提高会计信息质量》等两个绍兴市局级的会计课题和一个《关于幸福上虞建设的研究》的上虞区级课题的调研工作。

【加强会计监管工作】 做好会计执业评审工作,对未及时报送会计报表及涉税资料、因计算错误造成税费申报不准确等行为的11名会计人员实施执业告诫。对20名存在故意拖延税费缴纳、未按规定期限办理纳税申报、应征税费未督促企业及时缴纳、税费申报数据错误、记账不规范或账目混乱等行为的会计人员实施记分管理。强化对会计中介机构的专项监管,组织代理记账机构开展执业情况总结评价,并对其设立备案、机构从业人员及委托业务等开展情况进行普查。加强注册会计师行业诚信建设,开展会计中介行业诚信执业专项活动,组织召开行业党建暨会计诚信执业专题会议,通过座谈交流、公开倡议书、签订《诚信执业承诺书》等形式,引导会计执业人员诚信执业,促进会计师事务所和注册会计师行业执业健康发展。

【会计政策法规宣传】 做好《小企业会计准则》《事业单位会计制度》等会计法规的宣传、贯彻落实工作,及时转发和下发相关制度执行的文件,征订好新法规的辅导教程,共征订《小企业会计准则辅导教程》142本、《事业单位会计制度辅导教程》312本。举办了为期一天的事业单位会计准则和会计制度培训班,邀请绍兴市财政局结算中心副主任陈小明老师授课,各事业单位和学校财会人员共300余人参加了培训。及时做好会计从业资格管理办法修订后的衔接准备工作,确保新老政策衔接的平稳过渡。 (葛虹燕)

中介信息

【制定完善企业重组政策意见】 2013年根据上虞市委、市政府主要领导意见要求,破解困难企业经营困境,充分利用现有资源,实现资源最佳配置效果,由上虞市发展和改革局牵头制定了企业重组政策文件。此次文件制定分三个层面进行走访座谈调研。一是部门层面。多次与市经信局、市财政局、市国土局、人民银行上虞支行等职能部门对接,共同商讨研究,对重组意见作充分探讨,不断完善政策内容。二是企业层面。对上虞市内32家百强工业企业和2家十强建筑企业发函征求意见建议,并上门走访闰土、金科、华通、晶盛等大集团大企业,听取企业对重组政策的意见建议,及时吸纳入文稿。三是乡镇(街道)层面。深入"两区"、工业强镇开展走访座谈,广泛听取意见建议,并对征求意见进行认真梳理。在此基础上,经上虞市政府常务会议、市委常委会等多个会议讨论修改,最终定稿形成市委〔2013〕36号文《市委市政府关于进一步完善企业重组政策的若干意见》,该文件明确了上虞市企业重组政策的指导思想、适用范围、重组方式、债务处理、土地处置、员工安置、鼓励政策、组织推进等九大内容。

【完善联审联批"五联动"工作机制】 根据2013年上虞新出台的"三定"方案,五个部门职能有所调整,为理顺行政审批流程,规范审批基本标准,方便企业审批办事,对联审联批"五联动"工作机制做了以下三点改进:一是对"五联动"审核机制中的职能进行了重新明确;二是"五联动"审批机制流程得到进一步完善,分别在经营性投资项目审批流程、企业生产性项目审批流程、企业注册登记前置许可(审批)的并联审批、建设项目报建施工图联合审查中完善四个步骤;三是抓好监督落实机制,具体由上虞便民服务中心负责"五联动"审

批机制的监督、管理和协调工作。(五联动新流程图示请看附件)

【出台委托社会中介机构实施价格成本审计试行办法】 为提高政府价格决策的科学性,规范定价成本监审行为,根据《中华人民共和国价格法》和《政府制定价格成本监审办法》,参照《镇江市政府制定价格成本监审实施细则》等文件,上虞区发展和改革局与2013年12月制订《上虞区发展和改革局委托社会中介机构实施价格成本审计试行办法》。该办法所称委托实施价格成本审计是指上虞区发展和改革局在依法制定或者调整实行政府指导价、政府定价的商品和服务价格过程中,委托具有法定资质的社会中介机构在调查、测算、审核经营者成本基础上确定价格成本的行为。

(叶 舟)

企业担保

【概况】 2013年,全区有融资担保公司3家,分别是;浙江京虞信融资担保有限公司(2013年1月成立)、浙江虞商担保有限公司(2013年8月成立)、绍兴市上虞区申发担保有限公司。总注册资本5.33亿元,其中"京虞信"3.03亿元(杭州湾园区参股0.58亿元)、"虞商"2亿元(水务集团参股0.4亿元)、"申发"0.3亿元。

【银行授信18.3亿元】 2013年,银行授信3家公司18.3亿元。"京虞信"公司银行授信4家,授信额8.5亿元。(其中,绍兴银行3亿元、上虞农村合作银行3亿元、浦发银行1.5亿元、浙商银行1亿元。)"虞商"公司银行授信4家,授信额5.5亿元。(其中,绍兴银行2亿元、上虞农村合作银行2亿元、浦发银行0.5亿元、杭州银行1亿元。)"申发"公司银行授信5家,授信额4.3亿元。(其中,绍兴银行1亿元、杭州银行1亿元、上虞农村合作银行1亿元、浦发银行0.5亿元、建设银行0.8亿元。)

【上虞成立首家融资担保机构】 2013年1月8日,浙江京虞信融资担保有限公司正式开业运作。工信部、省中小企业局、市委市政府、北京虞商联谊会等有关领导出席成立仪式。

京虞信担保公司是由多名在京虞商企业家、专业融资担保机构及投资机构发起组建,国有公司参股设立。注册资本3.03亿元。是上虞第一家经省监管部门审批设立的专业融资性担保机构。

【3家担保公司为企业担保9.87亿元】 2013年,3家担保公司共为177家企业担保,担保金额9.87亿元。其中"京虞信"公司为64家企业融资担保,担保金额65501万元、"虞商"公司为11家企业融资担保,担保金额8165万元;"申发"公司为102家企业融资担保,担保金额2.5亿元。

【"京虞信"荣获中国融资担保公司证书】 2013年9月,浙江京虞信融资担保有限公司荣获财政部信用评级与认证中心、财政部财政科学研究所、中促会商业保理与贸易融资研究中心、经济日报联合颁发的中国最具潜力的贸易融资担保公司证书。

(葛淑芬)

广告管理

【广告业成绩斐然】 组织广告经营企业赴杭州参加第43届世界广告大会,掌握广告业发展方向,取长补短。浙江雅图传媒环艺有限公司作为上虞市首家入驻国家级广告产业园——杭州(运河、西湖)广告产业园,积极参与参展并承办了专区布展,业界知名度得到了进一步提升。动员企业参加绍兴市工商局组织的广告助推小微企业发展项目,有2家小微企业参加。全市6家企业9件作品参与浙江省第十六届"金桂杯"广告创意设计大赛并同时获得优秀奖,实现了满堂红,获奖数列绍兴市各县市第一位。

【广告监管强化扩面,成效显著】 首次组织开展了整治互联网重点领域广告及电视购物广告专项行动,行政约谈3家媒体广告经营单位和5家互联网广告经营企业。据浙江省广告监测中心年度通报显示,电视、电台、报纸等媒体广告违法率低于全省百家媒体,电视、电台媒体广告全年

无一起违法广告并列全省第一。当年查办广告违法案件6件。（胡晓东）

商标监管与服务

【加强新《商标法》的宣传】 结合“4·26”世界知识产权日，在全市开展贯彻实施新商标法宣传月活动，通过开展“送法进企业、商场、超市”、走访企业、组织参加“义乌购”杯新商标法知识竞赛等活动，向企业宣传新商标法，提高企业对新商标法知识的了解，提醒和纠正商标的不规范使用行为。

【抓深抓实乡镇品牌指导站工作】 指导乡镇品牌指导站组织实施本年度商标培育发展规划。组织5家省著名商标企业、道墟镇政府、道墟品牌指导站赴柯桥参加省局组织的《浙江省著名商标认定条例》修改座谈会。

【继续抓好品牌助农、品牌助企工作】 “覆卮山樱桃”地理标志集体商标注册成功，实现上虞涉农地理标志集体商标零的突破。新增国内注册商标472件，商标国际注册30件，全区国内注册商标总量6590件、商标国际注册总量375件。

【强化商标监管】 积极开展商标维权工作，严厉打击商标侵权行为。当年查处商标侵权案件14件。（胡晓东）

典　当

【概况】 五州典当等全区8家典当企业实现营业额1651.2万元，同比下降15.8%。浙江方舟典当上虞分公司等三家企业同比增长，其中上虞市恒信典当有限责任公司同比增长212.0%。

上虞金惠典当有限公司于4月成立，成为上虞典当家族的新成员；绍兴市上虞舜鑫典当有限责任公司正在申报注册。至年底，全区典当从业人员65人。（符凌云）

电子商务

【概况】 2013年，上虞区电子商务交易额163.6亿元，B2B交易额155.42亿元，网络零售额8.18亿元。

【建立上虞首个电子商务园区】 5月，总投资8000万元、总面积20000余平方米的汤浦童装城电子商务创业园开园运营，成为上虞首个、绍兴市领先的以经营童装为主的电子商务园区。园区建立后，成为培育电商人才、促进电商和厂家融合、打开电子商务和引领汤浦童装发展的基地。入驻电商企业和经营户以及配套服务机构共105家，举办电子商务培训班2期，组织电商厂商对接1次，召开电商座谈会3次。

【成立电子商务工作领导小组】 11月，成立绍兴市上虞区电子商务工作领导小组。领导小组主要工作职责：研究部署和推动全区电子商务发展的各项工作，审议决定电子商务发展中的重大事项，研究部署年度全区电子商务重点工作，协调解决全区电子商务发展中遇到的重大问题，督促和检查各有关成员单位电子商务工作推进及政策配套落实情况。

（符凌云）

市　场

商品市场

【概况】 2013年，全区共有各类商品交易市场55个，市场总成交额127.17亿元，比上年增长12%。市场名称登记新办1家，变更登记19家，注销3家。

【改造提升农贸市场5家】 区农贸市场的工作重点是全面完成中心镇农贸市场的提升改造任务，进一步落实农贸市场长效管理，推动农贸市场诚信体系建设和市场公益化建设。9月，由市农贸市场改造提升工作领导小组办公室牵头，组织市工商局、发改局、财政局、环保局、建设局、规划局、服务业发展局、建管局、国土局、消防大队等组成联合验收组，对完成改造的道墟和小越农贸市场进行联合验收。全年新改造农贸市场5家，改造面积24300平方米，投资总额2580万元，4家市场创建省级文明示范农贸市场。

【积极应对H7N9禽流感防控工作】 4月，针对全国部分地区相继发生H7N9高致病性禽流感疫情的严峻形势，迅速成立以局长为组长的上虞市工商局人感染H7N9禽流感防控工作领导小组，并启动市场监管应急预案响应，要求各市场每日对进场的禽类产品查验检疫证明及来源凭证，对未经检疫，无合法来源标识和来自疫区的禽畜及其产品，一律不准进入市场交易。同时做好禽类市场疫情监测工作，对全市市场内的活禽及其产品交易情况进行动态监测，每日上报监测情况统计报表。同时，根据上级部门指示，及时做好活禽交易市场的关闭和重启工作。

【开展日常监测工作】 积极推行检测车、检测点、检测箱的“互动”工作。全年，检测车共抽检商品2603批次，非农残项目占57.3%。检出不合格商品34批次，督促销毁不合格商品90千克；各检测点共抽检商品35535批次，检出不合格商品39批次，退市处理24批次，涉及商品88千克，销毁处理15批次，涉及商品87千克。共送检不合格商品3批次，查处检测案件4只，罚没款26100元。

【开展节前安全专项检查】 为净化节前市场环境，保障人民群众买上放心蔬菜，在元宵节、清明节、“五一”劳动节、端午节、国庆节等节假日之前，市工商局积极开展农贸市场专项执法检查，确保节日期间流通环节农贸市场繁荣稳定，消费安全。专项检查主要以批发市场、农贸市场为重点检查区域，以米、面、油、肉及肉制品、蔬菜、水果、水产品等为重点品种。切实加强对猪肉、禽蛋等副食品市场的监管，严防注水猪肉、病死猪肉等不合格猪肉流入市场，严厉打击制假售假、以次充好等扰乱市场秩序、损害消费者合法权益的行为。倾心服务“三农”，红盾护农服务机制完善深化。

【认真开展农资专项整治工作】 实施“红盾护农”专项整治，市工商局通过精心安排部署，在全市开展了代号为“春雷一号”农资市场的专项检查，联合市供销社、农林渔牧局执法大队、质监局等部门组成农资检查联合组，对全市农资经营企业及八个农资配送中心、农资放心店的化肥、农药、农机具等农资用品进行了检查。检查组在检查中对有的经营者进出货台账不清、发票不规范等问题进行了及时指出，并提出整改措施。全年共出动执法人员126人次，检查各类农资经营户507户次，现场对4家未亮照经营、台账不健全的农资经营主体要求限期整改，对一家农资经营者销售的产品包装及合格证上未标明生产日期和批号、另一家未建立台账的农资经营者分别进行立案查处，共计罚没款0.2257万元。

【做好种子留样备查工作】 全年共对58个品种批次的水稻、玉米、油菜、大小麦、棉花等农作物种子进行了种子就地留样备查封存，对所封存的种子品种、种子名称、种子类别、种子净含量、种子生产企业、种子经营单位、种子经营户营业执照、购进数量、进货时间、留样时间等内容作了详细记录，建立种子留样备查登记表。农民购买的种子一旦出现问题，便可根据封存的种子样品进行送检，以认定责任。

【大力发展订单农业】 积极发挥合同指导职能，以构建"农户+合作社(家庭农场)+商超(企业)"的一体化经营模式，强化对本地农民专业合作社(家庭农场)的订单帮扶，使种(养)植(殖)农户及合作社(家庭农场)收益有预期，有增加。全年共帮扶完成订单农业17450份，签订金额达3.31亿元，主要农产品蔬菜、畜禽、水产等"量价平稳""四季仙果之旅"中的樱桃、草莓、桑葚、葡萄获得了大丰收。如在新区工商所的指导帮扶下，种植"野藤"葡萄的"永绿""国兴"等6家专业合作社与19家省内外青果收购企业、大型商超成功签订了协议共收购葡萄10000吨，其中青果5800吨、红果4200吨，订单量占"野藤"葡萄主产地2013年总量的40%。

【抓好"守合同、重信用"单位推荐认定工作】 积极推进企业信用建设，树立诚实、守信的经营风尚。共新认定AAA级4家，AA级19家，A级45家；续展AAA级14家，AA级25家，A级17家。

（胡　奔）

人才市场

【概况】 2013年毕业生数量充足，就业形势严峻。通过进高校、跑市场，促进上虞企业与高校的合作，赴高校现场招聘。至12月底，共组织现场招聘会20次，其中区本级大型现场招聘会3次，赴高校开展上虞专场招聘会12次，参加省、市招聘会5次，参会企业累计654家，推出岗位6863个；依托人才服务中心网站开展网上大型招聘会6期，参会企业累计327家。全年共引进大专以上学历人才8624名，其中硕士及以上学历264名。共有2710名大专以上2013届毕业生与上虞企业签约。8月初开始，着手对2013年离校未就业高校毕业生实行一对一帮扶。核定了2012年度人才购房货币化补助对象95名，至12月共为62名前四批购房补助对象兑现资金985万元。2013年全区共选聘大学生村干部20名，对在岗的185名大学生村干部加强日常管理和服务；继续开展引智强企活动，着力国外智力引进。

（阮彩琴）

7月13日，上虞市大中专毕业生就业洽谈会现场

（阮彩琴　摄）

【组团赴杭开展"腾飞上虞"专场招聘】 12月14日，组织龙盛集团股份有限公司、卧龙控股集团有限公司、上风实业股份有限公司等76家企业赴杭举办"腾飞上虞——2013年专场招聘会"，共提供岗位1300个，达成意向人员314人，其中研究生124人，本科生171人，大专生24人。

（阮彩琴）

【引智强企】 继续组团开展"引智强企"活动，上半年由市委常委、组织部长朱敏龙带队，乡镇和工业园区相关领导参与，浙江阳光集团股份有限公司等10家企业负责人组团参加了南昌、重庆的"引智强企”系列活动。与华东交通大学、重庆理工大学开展人才合作对接，并在两校举办上虞市专场招聘会，与江西省人才市场进行人才智力合作座谈会，举行两地人才市场合作签约仪式，参加“绿色崛起——江西省万人综合性招聘大会”，招聘上虞企业紧缺急需的人才。下半年由市委常委、副市长朱润晔带队，乡镇、园区相关领导和浙江闰土集团股份有限公司等9家企业负责人组团参加了南京、兰州的“引智强企”系列活动。与南京理工大学、兰州理工大学开展校企对接及上虞市校园专场招聘会，并在甘肃省人才市场组织开展了紧缺型人才招聘。（阮彩琴）

4月11日，在杭州举办上虞市校园专场招聘会现场（阮彩琴 摄）

【虞籍高校毕业生就业服务】 8月初，为贯彻落实省厅《关于做好2013年离校未就业高校毕业生就业服务工作的通知》精神，着手对离校未就业高校毕业生进行实名登记。利用乡镇（街道）社保基层平台，挂牌子，定人员，明职责，深入到村（社区），对全市2012届、2013届离校未登记就业的高校毕业生进行实名信息登记，经过一个月的走村入户式调查，离校未就业高校毕业生共有289人。通过电话联系与入户了解，对其中有就业意愿但未就业人员实行一对一帮扶，做好推荐与职业培训工作。（阮彩琴）

人力资源市场

【概况】 2013年，人力资源市场为解决好企业招工难特别是技能型人才短缺问题，缓解人力资源供求中的结构性矛盾，继续加强同长期有劳务协作的省、市、县的联系，收集他们有关劳务信息，并编印成全区企业用工需求一书，利用多种形式搭建好人力资源交流服务平台。市场内坚持每周二、周五举办供求双方见面洽谈，举办“新春招聘周”等大型专场招聘活动，在外，充分发挥人力资源分市场作用，举办就业大篷车下乡招聘活动。（金 旦）

【举办招聘集市95场】 人力资源市场共举办招聘集市95场次，其中大型招聘会10场次，设摊单位951家次，提供岗位39070个，达成意向23693人。2月16日至22日人力资源市场举办“新春招聘周”活动，据统计，此次招聘周活动入场企业达142家，提供就业岗位9813个，入场应聘的求职者达6580人，达成就业意向2370人；10月18日在丰惠镇举办绍兴市就业大篷车下乡招聘活动，招聘企业27家，提供岗位1053个，达成意向315人。（龚浒尧）

3月，上虞市第十次就业再就业招聘周在人力资源市场举行（龚浒尧 摄）

【劳务协作引人才】 2月20—22日，带领龙盛集团、卧龙集团等5家企业赴安徽淮南、凤台等地招工，达成就业招聘意向200余人；10月25—26日带领9家企业（提供311个就业岗位）赴江西参加江西省2014届高职高专类院校毕业生就业专场洽谈会；11月13日，云南曲靖市沾益县人力资源和社会保障局到上虞，了解沾益县到上虞务工情况，前往龙盛集团，并就劳务协作达成初步意向。在加强劳务协作的同时，进一步采取政府搭台、校企唱戏、“看菜下单”“点菜订单”等模式，与技术院校达成技术培训长期协作关系，解决技术工人的输送和培养问题。（金　旦）

10月26日，赴江西参加2014届普通高校毕业生就业洽谈会、高职高专类专场招聘会现场（金　旦　摄）

房地产市场

【概况】 围绕年初“完成61亿元的房地产投资”目标任务（不包括发改、服务业发展局承担的投资任务数），加大服务指导，狠抓工作落实，全力推进房地产有效投资实质性落地，对在建项目加强梳理，加快推进开发建设进度；对未按期开工项目，全面排查，督促业主尽早开工，确保完成全年度目标房地产投资。加强对房地产市场的分析研判，建立健全房地产市场信息系统和月报制度，密切关注动向，及时跟踪分析，做好参谋助手，研究对策举措。加大对房地产市场违法违规行为的查处力度，妥善处置涉房信访投诉，维护房产市场稳定发展。（钱一梅）

【加强房地产投资统计工作】 一是对在建项目加强梳理，统一思想，增强共识，加快推进开发建设进度。会同统计局对在建重点楼盘的统计工作进行督查，要求他们根据形象进度做好统计数据的上报工作。二是对未按期开工项目，全面排查、分类处置，督促业主尽早开工，加快推进。（钱一梅）

【抓好房地产监管工作】 加强对房地产市场的分析研判，建立健全房地产市场信息系统和月报制度，密切关注动向，及时跟踪分析，做好参谋助手，研究对策举措。全面落实“商品房网上备案”制度，增加售楼现场的检查次数。（钱一梅）

【做好企业帮困解难工作】 对“重点企业、重要楼盘”实时跟踪服务，逐个走访、深入调研、上门服务，及时发现项目推进中的困难和问题，做到特事特办、急事急办。同时，帮助房产企业认清形势、增强信心，乘势扩大有效投资，加快转型升级步伐。（钱一梅）

文化市场

【概况】 2013年，区文化市场行政执法大队开展阳光执法，规范市场秩序，净化文化环境，促进了文化市场的健康有序发展。全年共出动检查1006人次，开展检查334次，共检查文化经营场所1618家。对各级文保单位按季开展巡查，全年共检查文保单位163处。共查处违规单位40家，其中立案查处案件35件。取缔非法大棚演出7起、无证流商摊点4个、无证电子游戏室5家；共收缴非法音像制品658张、非法书刊293册、游戏

7月13日，校园周边，多部门开展“扫黄打非”出版物市场专项整治（朱妙琴　摄）

机电路板16块、赌博机4台。全年共受理举报投诉17起。

【开展“扫黄打非”专项整治行动】 区文化市场行政执法大队按照上级“扫黄办”统一部署，全年共开展“清源”“秋风”及网络侵权盗版专项治理“剑网行动”7次。共出动检查人员98人次，共检查各类网络、出版物、印刷企业等文化经营单位187家，收缴非法光盘201张。

【举办“4·26”知识产权日宣传活动】 4月26日，市文化市场行政执法大队在时代广场举办“4·26”知识产权日宣传活动。执法人员向市民群众宣传保护知识产权法律法规知识和有关规定，对各类正版及盗版音像制品、出版物进行实物讲解辨别真伪方法。宣传活动共向市民群众分发保护知识产权等各类宣传资料、宣传伞1000余份，上虞电视台、上虞日报进行了现场拍摄报道。 （朱妙琴）

4月26日，时代广场，文化市场行政执法大队开展“4·26”知识产权宣传日活动 （朱妙琴 摄）

旅游业

综 述

【概况】 2013年，上虞旅游局按照区委、区政府建设“精致上虞”的战略部署，围绕“打造长三角地区著名休闲旅游目的地”的总体目标，大力推进项目建设，着力实施品牌培育，精心组织旅游节会，积极发展地接市场。至年末，全区接待国内外游客约725.79万人次，实现旅游总收入约58.23亿元，分别比去年同期增长27.33%和27.86%，且全年无旅游安全事故。成功召开了全市旅游发展暨曹娥江旅游度假区成立大会，顺利通过“绍兴市国家级旅游标准化试点县(市)”验收。“四季仙果之旅”荣获“绍兴市服务业商业模式创新十佳案例”。上虞被成功命名“省级休闲农业与乡村示范县”和“全国休闲农业与乡村旅游示范县”。

旅游资源开发与建设

【概况】 2013年，上虞旅游资源开发与建设工作以完善规划体系、打造核心项目、积极争优创强为重点，取得良好成效。编制完成《虞南休闲旅游发展规划》《覆卮山景区旅游专项规划》《曹娥江旅游度假区总体策划》和《虞南生态旅游资源保护与利用规划》。启动编制《水上旅游专项规划》和《丰惠镇旅游总体规划》。制定《虞南生态旅游资源保护与利用管理办法》。曹娥景区、杭州湾旅游商贸综合体“海上花田”生态休闲度假区、天玥开元名都大酒店、世邦万祥城酒店、六鼎山休闲生态观光园、岭南覆卮山旅游度假村等项目加快推进。上虞旅游集散中心选址城北高铁附近。中鑫民间艺术博物馆相继落户曹娥景区。虞城景区开发有限公司成立，统筹管理曹娥、东山、祝家庄三大文化景区。覆卮山景区成功创建国家AAA级景区，陈溪乡筹备创建国家AAA级景区。

【覆卮山景区成功创建国家AAA级景区】 12月31日，覆卮山景区获浙江省旅游区(点)质量等级评定委员会批复(浙旅质评〔2013〕14号)，成为国家AAA级旅游景区。覆卮山景区位于上虞岭南，为上虞第一峰，有第四纪冰川遗址的万年石浪，有五彩缤纷的千年梯田，还有原始自然的古村落等，环境清幽，空气清新，生态优良，是城市居民回归自然，休闲娱乐，度假休闲的理想圣地。

【切实做好旅游规划编制工作】 编制完成《虞南休闲旅游发展规划》《覆卮山景区旅游专项规划》《曹娥江旅游度假区总体策划》。委托浙大风景旅游规划设计研究院编制《水上旅游专项规划》，委托浙江旅游科学研究院编制《丰惠镇旅游总体规划》。

【研究制定虞南生态旅游资源开发与保护条例】 编制完成《虞南生态旅游资源保护与利用规划》，制定《虞南生态旅游资源保护与利用管理办法》，提交区常务会议、常委会议讨论通过。

【加快推进政府重点旅游项目建设】 曹娥景区重华苑——天下第一斋组团及文化墙工程竣工，景观绿化工程基本完工，主入口工程形象凸显，孝德文化展馆(即天下第一斋)提交布展大纲，大舜庙陈设增补工程完成设计，曹娥庙后广场启动设计招标。上虞旅游集散中心选址城北高铁附近，与上虞客运中心融合发展，启动建设。全区旅游标识标牌安装完毕，旅游交通指示系统进一步完善。

【民间旅游项目建设成果喜人】 AA级购物旅游区上虞国际裘皮城落成开业，杭州湾旅游商贸综合体“海上花田”生态休闲度假区首期项目正式开工，天玥开元名都大酒店完成主体建设，开始酒店装修，世邦万祥城酒店建筑基本完工，六鼎山休闲生态观光园积极推进园区基础设施改造、名优特水果种植，岭南覆卮山旅游度假村落实前期工作，中鑫民间艺术博物馆落户曹娥景区。

【“虞舜文化游”品牌基础逐步夯实】 成立虞城景区开发有限公司，统筹推进曹娥、东山、祝家庄三大文化景区管理工作，为培育“虞舜文化游”品牌夯实基础，取得四大成效。一是曹娥景区、祝家庄景区10月1日起正式施行收费制度（本地居民免费），累计为市民免费办理旅游一卡通近4万张。二是与区内外旅行社开展广泛合作，团队游客大幅增加。三是丰富景区文化体验类产品，成功举办“我要做明星”明星展演颁奖暨2013元旦庆祝活动、五一游园活动——“崇孝守信·务实创新”主题文艺演出，举办绍兴诗人采风、“激扬戏青春，圆我戏梦想”首届越剧争锋会、“游虞山舜水，赴青春之约”——青年人才联谊会、民间祭舜典礼、般若寺祈福法会、浙江绍剧团惠民演出等活动，受到市民、游客好评。四是曹娥景区荣获“谢晋文化奖”——文化基地奖、“平安景区”创建先进单位等奖项，并积极做好“敬老文明号”创建工作。（王雅琼）

市场营销

【概况】 2013年，市场科以市场为导向，努力提升“四季仙果之旅”，精心组织宣传推介活动，有序开展旅游节庆活动。完善并修订了《上虞市“四季仙果之旅”品牌深化培育专项资金使用管理办法》和《上虞市团队游客招徕奖励实施办法》；协助市委、市政府制定了《关于深化提升“四季仙果之旅”品牌的若干意见》。评定了首批“四季仙果之旅”星级采摘基地。编制的浙江省《果树采摘基地旅游服务与质量规范》通过专家评审。抓住大桥高铁开通进行宣传，与对岸的海宁市、海盐县以及周边的绍兴县推出“海峡两岸及港澳地区”活动。在上海成功举办“飞虹架南北、合作谋双赢”——’2013浙江上虞旅游推介会暨上虞生态休闲旅游节（上海）出征仪式；在杭州举行了“绿海红波&碧园消夏”2013上虞旅游推介。制作《最美四季仙果游》MTV。上虞被认定为全国休闲农业与乡村旅游示范县、绍兴市旅游标准化示范地区。

【全市旅游发展暨曹娥江旅游度假区成立大会成功召开】 1月16日上午，上虞市委、市政府专题召开全市旅游发展暨曹娥江旅游度假区成立大会。省旅游局副局长方敬华，绍兴市旅委主任宣传中，市领导孙云耀、王慧琳、卢一勤、陈坚、吕军、徐光华等出席会议。会上，市委书记孙云耀向新成立的曹娥江旅游度假区授牌并作了重要讲话，市委副书记、市长王慧琳作了工作报告。省旅游局副局长方敬华充分肯定了上虞近年来旅游业发展取得的成绩，并对上虞旅游新一轮发展提出了要求。他建议上虞今后要在龙头项目带动，旅游目的地打造、“四季仙果之旅”和“都市会客厅”品牌深化提升以及骨干旅游企业培育上下功夫，全力推动旅游业发展再上新台阶。

【’2013中青旅全国供应商大会——“魅力上虞行”活动举行】 2月28日—3月2日，’2013中青旅全国供应商大会——“魅力上虞行”活动举行。全国中青旅联盟旅行社负责人、计调经理参加，上虞市领导、旅游局领导出席活动。三天行程中，组织了“上虞市沪杭甬都市会客厅会议旅游品牌推介会”；上虞市与省中青旅签订旅游合作框架协议；专题讲座（2012年售后信息汇总与相关案例解读、2013年国内中心发展方向）；分组旅游论坛（探讨2013年旅游发展形势及应对）等。

【“四季仙果之旅”被评为浙江省旅游发展创新奖】 3月30日，上虞市人民政府《农业与旅游融合的“四季仙果之旅”》被评为浙江省旅游发展创新奖。

【举行生态休闲旅游节新闻发布会】 4月19日，上虞举行2013年生态休闲旅游节新闻发布会。发布会主要介绍了2013年全市樱桃生长情况以及本次休闲旅游节的主要活动安排。新闻发布会还特别邀请了新华社、中国网、浙江日报等10余家媒体记者出席。

【上虞生态休闲旅游推介会暨生态休闲旅游节(上海)出征仪式在上海举行】 4月23日，“飞虹架南北、合作谋双赢”2013年上虞生态休闲旅游推介会暨生态休闲旅游节(上海)出征仪式在上海举行。上海市旅游局有关领导，上海的旅游企业、虞商联谊会、驻沪大型事业单位和行业协会的代表，以及主流媒体共132人参加。在出征仪式上，还举行了一场别开生面的樱桃现场拍卖会。

【上虞桑果文化旅游系列活动桑果开摘仪式举行】 5月3日上午，2013年上虞桑果文化旅游系列活动桑果开摘仪式在丁宅乡下宅桑果基地停车场举行。市领导成明权、金国松、郑伟庆及有关部门领导和新闻媒体出席开摘仪式。

【品牌提升规划和章镇基地专项规划通过专家评审】 5月16日上午，由浙江大学、浙江大学城市学院、浙江工商大学、浙江旅游科学研究院及绍兴市旅委的5名专家组成的规划评审组听取关于《上虞市“四季仙果之旅”品牌提升规划(2013—2015)》《上虞市章镇镇“四季仙果之旅”采摘基地专项规划》汇报。专家们一致认为，规划文本全面，定位准确，各项指标制定合理，操作性较强，特别是在产业和基地的开发建设、提升方面有一定的前瞻性，同意通过评审。

【举办中国·上虞覆卮山攀浪节】 5月19日，绍兴市旅委和上虞市休闲旅游工作领导小组共同举办了中国·上虞覆卮山攀浪节——’2013城市接力对抗赛。今年除东道主上虞市代表队外，还有由台州、新昌、平湖、舟山、临平共6支代表队55名选手(临平仅男子队参赛)。最终，男子组前三名分别是上虞队、台州队、新昌队，女子组前三名分别是上虞队、台州队、新昌队。

【上虞(杭州)旅游推介会举行】 6月18日下午，为进一步打响上虞“四季仙果之旅”品牌，推动“沪杭甬都市会客厅”品牌建设，加大曹娥江旅游度假区项目招商推介，在杭甬高铁即将建成通车之际，2013年上虞(杭州)旅游推介会在浙江宾馆1号楼举行。市领导王慧琳、吕军、徐光华、傅亚文及有关乡镇、部门领导出席。

【上虞二都杨梅开摘仪式举行】 6月19日上午，2013上虞二都杨梅开摘仪式在驿亭镇二都杨梅生态园游客服务中心举行。市领导孙云耀、王慧琳、徐尧峰、卢一勤、郑建庆、吕军、徐耘及有关部门、乡镇领导出席。

【举行“四季仙果之旅”重点基地项目建设推进现场会】 7月15日下午，为更好地实施水果基地创建提升计划，推进2013年上虞市“四季仙果之旅”品牌培育重点基地立项项目建设进度，举行了“四季仙果之旅”重点基地项目建设推进现场会。市领导吕军及有关乡镇、部门领导参加。

【中国·上虞野藤葡萄文化旅游节开幕式举行】 7月23日，第二届中国·上虞野藤葡萄文化旅游节开幕式在上虞盖北野藤葡萄公园举行，市委副书记、市长王慧琳致欢迎辞，市委常委吕军主持，盖北镇党委书记祝荣法介绍野藤葡萄有关情况，浙江省葡萄产业协会会长潘菊明公布全省葡萄精品大赛评比结果并颁奖；中国农学会葡萄分会会长晁无疾为华东葡萄研发中心授牌，葡萄合作社代表诚信经营宣誓，市委书记孙云耀宣布’2013中国·上虞野藤葡萄开摘。

【上虞等4县市嘉绍大桥通车钱江海峡两岸及港奥地区游踩线活动】 7月25日，嘉绍大桥通车钱江海峡两岸及港澳地区游踩线。借助嘉绍大桥通车这一盛事，海宁、海盐、绍兴、上虞四个县市的旅游局组织四地旅行社参加“嘉绍大桥通车见证游暨旅行社踩线”活动，实现海宁、海盐、绍兴、上虞旅游区域合作，推动钱塘江两岸旅游共同发展。

【举行上虞舜阳红心猕猴桃开摘仪式】 8月27日，为进一步打响“四季仙果之旅”品牌，提升上虞舜阳红心猕猴桃市场竞争力，吸引更多采摘观光游客，促进农商旅互动，'2013上虞舜阳红心猕猴桃开摘仪式在章镇镇文化广场举行。

【上虞旅游金秋推介会在上虞举行】 9月28日，在'2013上虞市国际裘皮城开业之际，'2013上虞旅游金秋推介会在上虞洲际大酒店举行。为了深入宣传和贯彻《旅游法》，进一步打响和提升上虞"四季仙果之旅""沪杭甬都市会客厅"和"虞舜文化精华游"等旅游品牌。来自省内外近240多家旅行社负责人参加。市内主要旅游企业参加。

【浙江省《果蔬采摘基地旅游服务与质量规范》通过专家评审】 11月27日，浙江省《果蔬采摘基地旅游服务与质量规范》通过专家评审。

【"四季仙果之旅"获绍兴市服务业商业模式创新十佳案例】 12月2日，《上虞四季仙果之旅：水果"串起"旅游 产业融合再创新》荣获绍兴市服务业商业模式创新十佳案例。

【上虞区被评定为绍兴市旅游标准化示范地区】 12月4日，上虞区被评定为绍兴市旅游标准化示范地区。绍兴市创建全国旅游标准化示范城市之上虞旅游标准化示范地区——四季仙果之旅。

【上虞区被认定为全国休闲农业与乡村旅游示范县】 12月16日，通过自愿申报、地方主管部门审核和专家评审等程序，上虞区被认定公示为全国休闲农业与乡村旅游示范县。

【组织浙东新商都头脑风暴系列电视访谈——打造"四季仙果之旅"升级版】 12月27日，在绍兴电视台演播厅，组织开展了浙东新商都头脑风暴系列电视访谈——打造"四季仙果之旅"升级版。夏明尧局长与受邀的省旅科院王昆欣书记，省旅游局李剑锋处长，省旅游信息中心汪成设主任，省旅科院娄庆典院长等嘉宾在主持人李悦的串联下进行头脑风暴式现场访谈。该访谈从"跳出旅游看上虞旅游"的视野角度，在总结"四季仙果之旅"过去工作的基础上，深入剖析"四季仙果之旅"发展中的不足和瓶颈，发散性地探索提升"四季仙果之旅"的方法和途径，明确机遇优势和发展方向，积极打造以"四季仙果之旅"为龙头的具有上虞特色的乡村休闲旅游新模式，引领上虞旅游事业新发展。

【评定上虞第一批"四季仙果之旅"星级采摘基地】 12月31日，经公示和绍兴市上虞区休闲旅游工作领导小组审核，认定小草湾猕猴桃基地等6家基地为"四季仙果之旅"三星级采摘基地，香猕红猕猴桃基地等5家基地为"四季仙果之旅"二星级采摘基地。

（郭小华）

行业管理

【概况】 2013年，全区新增旅行社1家（上虞大美旅行社有限公司），鉴于经营模式调整注销旅行社2家（上虞市风光旅行社有限公司、上虞市虞通旅行社有限公司）。上虞宾馆创建成五星级旅游饭店，上虞市向阳国际旅行社有限公司创建成四星级品质旅行社，上虞中青国际旅游有限公司被评为绍兴市十佳旅行社。建立旅行社考核办法。组织高星级饭店参加中国会议产业大会。承办绍兴市"四季仙果杯"导游大赛。开展各类培训活动，免费培训旅游从业人员600余人。

【举办2013年度"四季仙果"基地导摘员培训班】 4月15日，举办2013年度"四季仙果"基地导摘员培训班，下管、岭南、丁宅、驿亭、盖北、职业中专导游与景区管理班学生共85人参加培训。邀请中国国旅（浙江）国际旅行社有限公司导游部经理吴娜佳授课，重点就讲解技巧、游客、政务接待服务专题培训。

【出台《2013年度旅行社考核办法》】 4月17日，建立旅行社考评激励机制，出台《2013年度旅行社考核办法》。对旅行社经营业绩、地接市场开拓、规范化管理、服务质量、安全管理、导游队伍建设等进行综合考评，年终对考核结果优秀的旅行社给予表彰奖励，以此规范旅游市场监管，全面提升旅行社服务质量，激励引进外地游客。

【组织高星级饭店参加西安中国会议产业大会夏季峰会】 6月6日—8日，市旅游局组织国际大酒店、雷迪森万锦大酒店、上虞宾馆三家高星级饭店参加西安中国会议产业大会夏季峰会。了解行业发展动态，宣传推介上虞会议旅游产品。

【组织参加绍兴旅委举办的“旅游法”(旅行社篇)培训班】 8月16日，组织参加绍兴旅委举办的“旅游法”(旅行社篇)培训班，全市15家旅行社总经理、部门经理和门市接待人员共52人参加培训。浙江旅游学院的张建融教授授课，重点解读“旅游法”(旅行社篇)。

【举办全市旅行社总经理培训班】 8月20日，举办全市旅行社总经理培训班，全市15家旅行社总经理和门市接待人员共35人参加培训。邀请浙江旅游学院的江涛、边喜英老师授课，重点就讲“旅游法”对旅行社的影响，旅行社门市接待进行了专题培训。

【承办绍兴市“四季仙果杯”导游大赛】 10月29日—30日，市旅游局承办绍兴市“四季仙果杯”导游大赛。该次比赛共有来自绍兴市区旅行社、绍兴市旅游集团、绍兴市旅游职业教育集团、绍兴县、诸暨、上虞、嵊州、新昌等9个代表队的28位选手参加。赛前精心制订实施方案，赛中严密组织实施，确保了比赛的顺利进行。上虞选派的三位选手取得了两个一等奖、一个二等奖的优异成绩。

【组织参加第六届(北京)中国会议产业大会】 12月1日—4日，区旅游局组织国际大酒店、雷迪森万锦大酒店、上虞宾馆、中青国际旅游有限公司、向阳国际旅行社、交通旅游有限公司六家旅游企业参加第六届(北京)中国会议产业大会。宣传推介上虞会议旅游产品。 (夏锡娜)

旅游接待

【概况】 2013年，全年新设立旅行社1家，新设立旅行社门市部6家，至年底全区旅行社总数达15家，分公司1家，旅行社门市部18家；五星级酒店3家，三星级酒店4家。

【上虞宾馆被评定为五星级旅游饭店】 1月29日，上虞宾馆被评定为五星级旅游饭店。2010年上虞宾馆开始实施“四升五”计划，全面进行硬件改造，提升软件品质，开展特色服务，酒店先后通过市级、省级和国家旅游局的严格评定，整个“四升五”工程历时3年，总投资约1.2亿元，于2013年1月29日通过五星级考核。上虞宾馆是上虞第3家五星级酒店。

【向阳国际旅行社有限公司被评定为四星级品质旅行社】 2月7日，上虞市向阳国际旅行社有限公司被评定为四星级品质旅行社。2012年，公司开始申报四星级品质旅行社，按照浙江省《旅行社品质等级划分与评定》(DB33/T719-2008)的要求，对星级划分条件、基础指标、管理品质、服务品质、产品品质等各项目资料进行整理整合，先后通过了市级、省级旅游局的严格评定，于2013年2月7日被评定为浙江省四星级品质旅行社。

【注销上虞市风光旅行社有限公司】 5月2日，注销上虞市风光旅行社有限公司。公司位于上虞百官街道峰山路108号。

【上虞中青国际旅游有限公司被评为2012年度绍兴市十佳旅行社】 5月20日，上虞中青国际旅游有限公司被评为2012年度绍兴市十佳旅行社。上虞中青旅是浙江省中青国际旅游有限公司控股的分子公司，上虞地区首家四星级旅行社。通过评十佳旅行社，来推动旅行社提高经营管理水平和服务质量，引导市场选择品质旅行社，从而提高市民游客的满意度。

【上虞大美旅行社有限公司成立】 9月26日，上虞大美旅行社有限公司成立。公司位于百官街道锦瑞大厦1309室。公司主要经营国内旅游业务和入境旅游业务，同时可为客户提供票务代理服务和汽车租赁服务等。

【注销上虞市虞通旅行社有限公司】 12月30日，注销上虞市虞通旅行社有限公司。公司位于上虞百官街道江东路88号。（夏锡娜）

曹娥江旅游度假区

【概况】 上虞曹娥江旅游度假区自2012年8月开始筹建，当年12月，经浙江省人民政府批准为省级旅游度假区。2013年1月13日，上虞曹娥江旅游度假区管委会正式挂牌成立。度假区紧邻上虞主城区，集中了上虞优质旅游度假资源，山水生态优越，人文积淀深厚，开发空间广阔，可开发建设用地面积39000多亩，可利用水域面积15000亩，融合了“湖泊、江河、森林、山地”等自然生态资源和“历史、名人、文化”等人文旅游资源。度假区管理范围分两个层次，分别为度假区规划区和度假区管理控制区。其中规划区总面积59.9平方千米，北至329国道与堰头村交叉处山岭山脊线，南至玉水河，东至五婆岭山脊线，西北至曹娥江省级风景名胜区边界线，西南至兰芎山山脊线。控制区总面积110平方千米，东至余姚上虞边界，南至丰惠镇祝家庄村，西至曹娥街道凤凰山山脊线，北至329国道小越驮山。度假区整体将维持山湖城田的大格局，以水为脉，以景筑城，打造生态廊道，规划出“三环八园”的大空间结构。“三环”指依托山湖城田格局，建立三条主要环形结构衔接各个区块，形成整体结构体系，分别为城市南四环、绿道环、水系环。“八园”指针对度假区内不同区域的地域特点，放大各自点位的自然风光和人文涵韵，创建出八个各具吸引力的主题特色园区，为游客提供别具一格、丰富多样的旅游休闲体验，分别为皂李湖休闲养生园、东西泊水上游乐园、祝家庄浪漫风情园、二都杨梅森林公园、白马湖文化湿地园、浙东人文运河城、曹娥孝德文化园、小越湖旅游驿站等八个主题特色园区。按照《曹娥江旅游度假区可行性研究报告》设想，曹娥江旅游度假区的发展方向：以乡村自然形态为本质，以山水田园风光为基质，集休闲度假、康体养生、商务会议、文化体验、亲水娱乐、生态游乐以及风情人居于一体的综合性山水田园精品旅游度假区。重点突出乡村田园本色，依托白马湖、皂李湖、东西泊、小越湖等自然山水形成不同主题不同风格的功能区。总体定位：通过5～10年努力，将曹娥江旅游度假区打造成为“都市会客厅的核心区、休闲体验游的示范区、城乡一体化的先行区、文化新地标的展示区”，使之成为“长三角最具山水田园特色的休闲度假目的地”。（陈钧琰）

4月3日，曹娥江旅游度假区概念性规划中期汇报会（余金灿 摄）

【抓好度假区概念性规划编制】 5月22日，曹娥江旅游度假区概念性规划国际竞赛方案评标会在上虞宾馆会议大厅举行，美国赫林公司、上海同济大学——德国斯图加特大学（联合体）、浙江省城乡规划设计研究院、深圳市城市规划设计研究院和美国DW公司5家设计单位参与投标。来自复旦大学、浙江省旅游研究院、深圳生态旅游开发研创中心、杭州市城市规划设计院、绍兴市旅委的7名专家，在听取各竞标单位关于规划编制文本介绍后，对各规划设计方案进行现场打分。最终，深圳市城市规划设计研究院和浙江省城乡规划设计研究院两家单位脱颖而出。7月19日上午，深圳市城市规划设计院在和浙江省城乡规划院的规划方案PK中胜出，由上虞市公证处当场宣布，成为曹娥江旅游度假区概念性规划的中标单位。9月12日，度假区组织深圳市城市规划设计研究院（深规院）在管委会会议室召开概念性规划深化设计工作汇报会，会议重点围绕度假区的空间布局、交通规划、村庄范围、拆迁安置等几个重要规划板块进行重点探讨，为下一步正式定稿奠定基础。

（王　键）

【开展系列招商宣传推介活动】 5月份参加浙江省（长沙）旅游交易会；6月份参加浙江省投资贸易洽谈会；11月份会同省摄影家协会、省旅游文化推广中心共同举办“美丽曹娥江、生态休闲地”为主题的度假区全国摄影大赛；12月份参加上虞旅游上海、杭州推介会。（竺燕锋）

金融业

综述

【概况】 2013年，实现金融业增加值36.56亿元，占全区生产总值的5.85%。全区银行业金融机构本外币存款余额842.49亿元，同比增加41.04亿元，增长5.1%；本外币贷款余额734.32亿元，同比增加51.48亿元，增长7.5%。杭甬绍三地46家区外银行对区内447家企业的信贷投放余额为274.07亿元(不包括政府性投融资)，其中，贷款余额为204.62亿元，其他业务余额为69.45亿元。

(金自亮　娄丹华)

【直接融资达71.75亿元】 全年资本市场及银行间市场直接融资达71.75亿元，增长28.9%。其中，短期融资券16亿元(卧龙电气5亿元、浙江龙盛6亿元、亚厦控股5亿元)，中期票据5亿元(浙江龙盛)，中小企业私募债1.26亿元(振能天然气)。卧龙电气非公开发行购买香港卧龙持有ATB资产融资17.76亿元，浙江龙盛股权激励3.73亿元。杭州湾园区企业债及信托融资23亿元，经济开发区信托融资5亿元。

【13家企业进浙江股权交易中心挂牌】 大力推进规模企业到浙江股权交易中心(简称"浙交中心")挂牌，全年新增浙交中心挂牌企业11家，其中成长板挂牌4家，创新板挂牌7家；累计挂牌达13家。上虞推动企业到浙交中心挂牌工作位列绍兴各县(市、区)前列。

【推动"规改股"工作】 实施"规改股、股上市"，全年新增股份制企业8家，上虞推动企业股改促经济转型升级工作得到副省长朱从玖批示肯定。

(金自亮　娄丹华)

【小额贷款公司累计达5家】 5月，上虞大通小额贷款股份有限公司正式成立，上虞小额贷款公司累计达5家，注册资本15亿元。截至年底，全区5家小额贷款公司贷款余额21.69亿元，当年累计放贷115.26亿元，其中种养殖及100万元以下贷款46.62亿元，上缴各类税收8294.7万元，实现净利润1.79亿元。

【组建融资性担保公司2家】 1月5日，浙江京虞信融资担保有限公司成立，注册资本3.03亿元，注册资本居绍兴地区融资性担保机构之首，是上虞唯一一家通过A级信用等级资质的专业融资担保公司。8月14日，浙江虞商担保有限公司成立，注册资本2亿元。至年末全区共有融资性担保公司2家。

【新增银行业一级机构2家】 6月7日，绍兴银行上虞小越小微支行开业投用。12月6日，杭州银行上虞小微企业专营支行开业投用，这是杭州银行在绍兴地区的第一家小微企业专营支行。至年末，全区共有银行业一级机构16家。(金自亮　娄丹华)

中国人民银行上虞支行

【概况】 2013年，支行遵循"内强管理、外树形象"总体思路和"创新创优、和谐央行"工作目标，不断强化自身建设，有效履行支行职责，努力提高在地方经济、金融工作中的影响力。至年末，全区金融机构本外币存款达842.49亿元，比年初增加40.80亿元，增长5.09%；各项贷款余额734.32亿元，比年初增加50.86亿元，增长7.44%。

【新兴产业产值同比增长13.9%】 扎实开展“金融支持经济转型升级服务年”活动，引导金融机构调整优化信贷结构和合理把握投放节奏，加大金融支持转型升级工作力度。全年银行业金融机构对新兴产业信贷投入57.77亿元，对重点工业项目当年新增信贷16.63亿元，对中小企业信贷余额达473.66亿元，占全部信贷的64.5%。截至年底，全区新兴产业产值同比增长13.9%，规上企业利税总额同比增长9.5%，小微企业主营业务收入增长10.9%，金融支持转型升级有实实在在的成效。

【金融机构切实服务经济实体】 引导银行业金融机构对行业龙头企业提供金融政策扶持，支持企业扩大直接融资规模，全年发行国有企业债券18亿元，资本市场融资62.69亿元。指导银行运用多种手段，支持企业拓展跨境融资渠道，年末全区企业外债融资余额1.94亿美元，占绍兴市30.5%；通过境内银行、企业提供担保的方式，经外汇局核定的融资性对外担保余额1.97亿美元，占绍兴市31.67%；企业融资性对外担保余额1.68亿美元，居绍兴市前茅；开立进口远期信用证等方式跨境贸易融资2.5亿美元。组织开展银企跨境业务培训班推进跨境人民币业务，全年跨境人民币贸易融资10.78亿元。发挥基层支行职能，支持企业合理使用境外资金，缓解了“融资难、融资贵”的矛盾，在服务实体经济发展上取得了新进展。

【对60家企业的40亿元贷款进行重点跟踪】 组织辖区银行开展企业资金链、担保链风险企业排查，对银行贷款依存度高、民间融资依存度高、生产经营不正常的60家企业的40亿元贷款进行重点跟踪，全面掌握区域内企业信贷风险情况，并及时向当地政府和银行提示风险防控信息。调查设计《全市信贷融资统计月表》，从本、异地银行融资、其他融资等方面加强对社会融资总量的监测分析工作，掌握经济金融运行分析的第一手有价值信息，提升动态信息的决策参考作用。

【对5家企业和2家银行进行立案查处】 结合外汇业务检查项目，拓展检查对象，查处类型涉及资本金结汇、国际收支统计申请和货物贸易外汇收支，对辖内违规办理资本金结汇的5家企业和违规办理外汇业务的2家银行进行立案查处，分别作出行政处罚127万元和38万元。外汇案件查处数量、处罚金额居绍兴市县(市、区)第一。

【异地银行贷款余额比年初增加28.28亿元】 依据征信系统数据对异地银行收贷现象开展监测，及时将对异地银行信贷变动分析报告报送地方党政主要领导。由政府组团，支行全程参与走访20多家异地银行进行沟通交流。到年末，全区异地银行贷款余额为306.97亿元，比年初增加28.28亿元，异地贷款收贷现象已扭转。

【转让及不良资产核销3.79亿元】 协助金融机构落实困难企业扶助方案，统筹解决企业兼并重组中涉及的重大问题20多个，参与企业互助基金运行管理，至年末，累计为271家次企业办理互助基金转贷总额21.23亿元。督促金融机构加快信贷风险资产处置进展，全年累计资产转让及不良资产核销3.79亿元，遏制了信贷担保风险势头的蔓延。

【2家上市企业向境外子公司提供1.43亿美元融资性担保】 为进一步加大对“走出去”发展企业的支持力度，积极争取上级政策支持，批准2家上市企业直接向境外子公司提供1.43亿美元融资性担保，金融支持对龙盛、卧龙、阳光等企业实施“走出去”战略，鼓励企业拓展境外市场，促进产业转型升级。杭州中心支行副行长李虹充分肯定地方支行支持企业“走出去”发展工作。

【全区341行政村设立386个助农取款服务点】 通过组织协调各银行分步落实、共同推进网上支付应用示范区创建工作，上虞经济开发区、杭州湾上虞经济技术开发区已被正式命名为绍兴市第一批“网上支付应用示范区”。在此基础上，为深化银行卡助农取款服务，覆盖全区341个行政村，设立386个助农取款服务点，其中新增44个助农取款服务点开通了代理转账业务，助农取款服务点POS机已实现联网通用。非现金转账缴税比例上升至99.92%。

【调剂小面额人民币177.1万元】 建立小面额现金供应长效机制，完善金融机构小面额现金备付制度，全年小面额人民币集散中心调剂小面额人民币177.1万元，有效缓解辖区小面额钞券供应紧张局面。同时指导各银行业金融机构加强现金钞券清分能力，全额清分机具配置20台，年中实现农合行缴存库完整券全额分清。

【16个行政村采集2390户农户信用信息】 联合上虞电视台制作《征信业管理条例》专题宣传节目，组织大型现场宣传活动，利用银行网点显示屏高强度、长期性宣传征信知识，"关爱信用记录"理念已逐步为社会公众接受。同时加强中小企业信用信息系统管理，完成60家中小企业信用信息档案采集，667家更新和信息应用工作。组织开展农户信用信息采集工作，在16个行政村采集2390户农户信用信息，推进农村信用体系建设。 （严科杰）

国有商业银行

【中国工商银行上虞支行】 2013年，中国工商银行上虞支行面对复杂多变的经营环境，全行上下团结一心、励精图治，以转型发展为引领，按照"市场系统地位双提升、规模质量水平双提高"的要求，以聚人心、抓投入、算回报，强管理为抓手，大力开展拓户营销、星级网点创建、温馨家园建设等活动，努力实现安全经营、效益提升的目标。

支行本外币各项存款余额67.47亿元，各项贷款余额75.17亿元。各项理财产品增势良好，其中公司理财产品较上年增加2亿元，个金期次理财产品较上年增加1.08亿元，保本型与结构型理财产品较上年增加1.7亿元。通过大力发展国际业务，实现55386万美元外汇资金交易量、7879万美元远期结售汇业务，国际结算业务量全区四行第一。通过大力开展"比拓户比贡献"活动，不断提升各项服务质量，客户认可和满意度大大提高、客户稳定性变强。截至年末，个人中高端客户较上年新增731户，个人有效客户较上年增加14098户。通过深化不良资产处置工作，采用不良资产单项处置、打包处置、债券转让和清收转化等方式，当年收回不良资产本金8551万元、清收转化潜在风险15487万元，化解担保圈28465万元，核销不良资产4056万元，年末不良贷款率0.85%，不良率全区四行最低。

在强化经营业务的拓展同时，还统筹推进基础管理，提高部门网点效能执行力，通过积极创建省级巾帼文明岗，开展"提升服务品质，建设客户满意银行"活动等，有效解决排长队问题，加强客户投诉全过程管理，积极探索新服务模式，加强服务规范、服务效率、服务品牌和服务长效机制的建设，取得较好的成效。全年总计受理95588各类落地业务件138件，均得到了及时处理。其中业务咨询114件、意见4件、建议3件、表扬15件，其他2件，未发生一起有效客户投诉。服务评价满意度平均分达到99.77%，位列工行系统绍兴市第二，临柜工作受到社会好评，服务形象进一步好转。

2013年，中国工商银行上虞支行营业部被浙江省巾帼建功和双学双比活动协调小组授予省级巾帼文明岗、被中国工商银行浙江省分行授予省级优质服务四星级网点。支行新增绍兴市级巾帼文明岗网点2个、新增上虞区级巾帼文明岗网点3个。另外支行工会被上虞区总工会授予"五星级工会"荣誉称号、被绍兴市财贸工会授予"工人先锋号"荣誉称号。 （张海红）

【中国农业银行上虞支行】 2013年年末，支行各项存款余额119.48亿元，各项贷款余额90.35亿元。全年实现中间业务收入10802万元，同比增加544万元，第三方支付平台客户取得零突破，实现拨备前利润3.90亿元，同比增加399万元，实现拨备后利润26925万元。贷款有效抵质押率达80.47%，比去年提高0.84个百分点。

支行在存款业务上实施"三个抓"。一是抓产品促存款，有效发挥本金留存型理财产品的存款蓄水池作用，全年共成功定制该类理财产品21笔，累计销售11.15亿元；二是抓功能性存款，将其作为保障存款稳定增长的有效举措，加强督促引导；

三是抓机遇性存款，加大与政府有关部门的沟通联络，全年累计组织土地款7亿元，组织国库集中支付中心存款12.7亿元。

支行在零售产品上倡导“三个勤”。一是勤督导。支行领导主抓重点客户、重点产品，分别督促落实进度；部门干部主抓各条线、网点指标；各网点负责人、运营主管带头挑重担、做好营销示范，并制订科学的激励机制，强化员工的日常督导。二是勤开口。从考核机制、日常管理等方面着手，提高柜面人员业务素质和“自主营销、自我营销”意识，努力提升全员营销合力。三是勤推荐。大堂经理主动识别客户、主动了解客户需求，为客户推介合适产品，不断提高产品的使用率和覆盖率。

支行在风险控制上强化“三个实”。一是风险排查察实情。全年组织开展了6次大规模的信用风险排查，通过现场走访、担保圈分析等手段，共发现中度及以上风险客户6户，之后对每户风险客户制订风险化解方案。二是风险化解求实效。严格按照贷后管理例会形成的决议，一级抓一级、层层抓落实，对排查出来的风险客户按照预案做好风险化解工作，全年共退出潜在风险客户贷款9002万元，自营不良贷款现金清收额9641万元，不良贷款核销额4955万元。三是基础管理出实招。落实每月200题的信贷学习制度，采取培训、考试等多种形式，及时传导并提升信贷从业人员对信贷政策的理解，规范操作行为，从源头上把好风险控制第一关。

支行获绍兴市第四届未成年人思想道德建设工作先进单位，上虞“谢晋文化奖”、群众体育先进集体、工会工作先进集体，辖内舜山支行获评全省农行百家优秀网点、港区支行获评全省农行青年文明号。 （金获获）

【中国银行上虞支行】 2013年年末，支行人民币存款余额58.36亿元，较年初上升0.5亿元；人民币贷款余额61.66亿元，较年初上升3.09亿元；实现考核利润0.79亿元。在储蓄存款提升、不良资产处置、投行业务和国际结算业务的发展、技能比武上，取得了重大突破，并以金融系统第一名的成绩被市政府授予“2013年度金融创新支持经济发展优胜单位”。

在2013年度上虞市行风评议中，支行居四大行首位。具体做法：制定落实“提升员工幸福指数，促进和谐中行建设”实施意见；关爱一线员工，积极调研，尽力解决支行可以解决的问题，尽量让员工少加班、早回家；元旦春节、三伏高温组织开展对一线员工送温暖、送清凉慰问活动；此外组织开展全民健身活动，参加上虞市第17个全民健身节、上虞市第十一届运动会，并获得系统乙组团体总分第六名的好成绩；积极响应“金融服务进基层、进机关、进企业”的号召，在市内各人流量密集的地点设立流动摊位，开展金融便民服务，撑起中国银行的“金融帐篷”；同时，支行还与科技局对接，开展“金融科技联姻”，与近50家科技型企业对接，积极为它们提供金融服务和信贷扶持，努力促进区内科技型企业的良性发展。 （丁张月）

【中国建设银行上虞支行概况】 内处存贷款增长居四行第一位。到年底，一般性存款余额达87.77亿元，比年初新增15.17亿元，在四行新增款额中占比186.68%；各项贷款余额80.95亿元，比年初新增6.75亿元，在四行新增贷款余额中占比61%；中间业务收入8055万元，居四行第三位；不良贷款按考核口径余额3108万元，不良贷款率0.38%，控制在上级行下达的指标之内；对公全量账户新增752户，在四行新增对公全量帐户中占比38.9%；当年报批核准离行式自助银行9个，自助设备净新增30台。

全年，支行深入贯彻执行信贷结构调整政策，坚持以资产质量为目标，以科学发展为统领，实现了贷款增长与客户有效需求和我行管理能力的基本匹配。一是全力支持战略性新兴产业企业发展，当年新投放17.90亿元；二是加大对重点项目的信贷投放，当年新增10.55亿元；三是加大对中小企业信贷投放，年底余额达20.37亿元，当年新增3.96亿元，小企业贷款比重进一步扩大；四是个人购房贷款新增2.80亿元，个人购房贷款总量和新增额稳居四行第一；五是坚持“区别对待，有保有压”，对部分经营业绩差、回报贡献不大的客户实施了信贷退出。同时在全行引导树立“合规”概念，充分强调合规经营、廉洁从业。梳理落实岗位责任制，提升全行服务水平。强化员工从业行为管理，抓好员工行为排查，争创“平安银行”，全面落实安全生产责任制，实现全年安全无事故。 （赵金丹）

【交通银行股份有限公司绍兴上虞支行】 至年末，支行存贷款规模达86.45亿元，其中存款余额45.88亿元，贷款余额40.57亿元。不良资产继续实现为零目标，当年利息回收率保持100%。支行荣获2013年度“浙江省交行优胜服务集体”“交通银行绍兴分行服务先进集体”“交通银行绍兴分行营运综合考评优胜集体”等荣誉称号。

支行落实存款发展责任制，进一步夯实客户基础，通过开展业务营销活动，形成良好的争存、揽存氛围；在狠抓财政性存款客户、重点企业存款客户的同时继续拓展新客户和新项目，成功营销注册资金为10亿的公司验资户开立基本账户和3家公司的大型项目，带动支行纯存款的提升；抓产品，促存款，大力开拓理财产品的销售，累计向公司销售5亿元理财产品。为实现业务的转型升级，支行有针对性地拓展营销：开展产业链融资、电子商票快捷贴现、国内保理、法人账户透支、非生产型采购融资等5大重点产品的推广，为多家企业办理了国内保理业务、产业链提升业务和电子商票业务；开展交流互动，密切银企联系，深入推进财富管理业务；细分客户需求，有针对性地提供服务，先后为20余家客户进行了单项金融服务方案的制定，为两家省级“好客户”定制了综合金融服务方案。

支行积极参与社会公益，向上虞区慈善总会捐款，同时还发动员工捐款31100元。另外，组织党员、团员为岭南青山村5名结对的学生送去温暖。

（徐晨菲）

地方金融机构

【上虞农村合作银行】 2013年年末，各项存款余额251.80亿元，增幅12.94%，在上虞银行业的市场份额再次突破30%，新增额占比70.87%。各项贷款余额181.87亿元，增幅10.1%。全年完成国际业务结算量3.92亿美元，在全区海关进出口数据中占比10.45%。

年中，开展“走千家、访万户、共成长”集中走访授信活动，全年走访农户和企业29000户，覆盖到辖内所有行政村（社区）。到年末，农户贷款户数达到15584户，比年初增加1386户，贷款余额39.53亿元，增幅13.04%。小微企业贷款户数3313家，比年初增加480家，贷款余额141.11亿元，增幅9.25%，打响丰收小额贷款卡、丰收创业卡、小额信用贷款、年审制贷款等品牌；稳步推进丰收村村通工程，在所有行政村设立金融服务站，布放210个助农取款点和绍兴市第一台村级网银体验机，安装POS机720台，ATM机122台；积极支持民生工程，向8个村级物业经营项目授信1.41亿元，贷款余额5740万元，累计发放社保卡54万张，实现农村居民社保卡的全覆盖。

采取多种措施，实施抓降清非活动。农合行主动开展抓降清非活动，针对不良贷款大幅反弹现状，全行发挥整体合力，进行专项清收，实行不良贷款按期分析、按旬监控和按季考核，加大不良贷款处置力度。同时，加强房地产、政府平台贷款、产能过剩等重点行业风险管控，全面排查授信企业涉及“担保链”、参与民间借贷、产能过剩等情况，及时预警、主动预判、提前化解风险，使资产质量保持良好可控。

注重案防教育，加强突发事件培训演练，加快网点改造步伐，在第三轮金融系统安全评估中，全行营业网点优秀率达到100%。开展文化建设活动，打造“扬正气、担责任、严自律、乐奉献”的干部员工队伍，连续两年获得绍兴市银行系统和上虞部门行风评议第一名。加强品牌形象推广，冠名上虞青年歌手大奖赛和上虞市全运会，开展普惠金融知识宣传，组织各类社会公益活动，获得社会广泛好评。

（冷新波）

政策性银行

【中国农业发展银行绍兴市上虞区支行】 至2013年年末，支行各项存款余额37758万元，比年初增加3404万元；各项存款日均余额36303万元，比年初增加6429万元；各项贷款余额为117400万元，比年初减少6803万元，其中政府性项目贷款余额77200万元，商业性流动资金贷款余额29000万元，政策性贷款余额11200万元，全年无不良贷款发生。

支行在坚持做好传统政策性业务工作的基础上，加强贷款营销力度，大力拓展政府性项目。全年共计发放夏粮收购贷款5522万元，收购粮食

2092万公斤。省分行已评估项目2个，为非经营性水利建设中长期项目贷款和经营性项目贷款，额度为30000万元。

支行加大存款组织力度，拓展中间业务，主要采取以下措施：一是抓好企业销售货款的回笼工作，督促企业到农发行进行业务结算，要求客户经理严格把关贷款资金使用情况，按实进行贷款资金划拨；二是按照“突破定式，揽存增效”的经营理念，在巩固既有存款的基础上，突破原有思维和运作模式，积极从政府部门、贷款企业的上下游关联企业及业务合作单位入手，加强与财政部门的沟通，通过政府性项目的大力开展扩大影响，吸收政府其他各部门财政性存款；三是把中间业务任务落实分解到每位客户经理，实行专项奖励。至年末，支行各项存款余额37758万元，完成上级行下达任务的163.89%；实现中间业务收入75.84万元，完成上级行下达任务的103.51%。（王　晨）

股份制银行

【中信银行股份有限公司上虞支行】 2013年12月末支行存款余额40.62亿元，比上年增加1.95亿元。当年增幅5.1%，高于当地同业平均0.1个百分点，市场占比提升0.1个百分点，其中对公一般性存款32.38亿元，个人存款8.24亿元；存款日均余额39.26亿元，比上年增加1.81亿元，增长4.85%。其中对公日均存款29.74亿元，个人日均存款9.52亿元。贷款余额33.79亿元，比上年增加3.88亿元，增长13%。其中对公贷款28.81亿元，零售贷款4.98亿元，小企业贷款2.45亿元。实际进出口收付汇量1.98亿美元，资金产品交易量2.45亿美元。中间业务净收入1033.55万元。全年实现账面利润1.33亿元，比上年减少2549万元。

2013年，支行围绕控风险、稳增长的经营思路发展业务，支持上虞经济的发展。一是着力做好风险贷款的化解、清收和防范工作。成立清收、化解小组，全年12家企业，涉及金额2亿元，全年共核销贷款5户，金额5700万元。二是树信心、多法并施发放贷款，支持地方经济发展。全年为政府类平台贷款和优质企业共发放新授信客户41户，授信总额10.6亿元，信用8.6亿元。三是产品创新促发展。积极开拓新业务，主要是成功营销大通市场3年期1亿元结构性融资，可带来335万元收入，在支行历史上投行业务有了质的突破。其次是黄金租赁业务开辟绍兴分行首笔业务，可获中间收入12.2万元。四是引进人才，优化队伍结构。根据支行人员结构情况，着力做好对外引进人才工作，通过笔试、面试，四位骨干加入中信团队，为支行业务的营销打好了基础。

2013年，支行被人民银行上虞支行评为上虞市银行业金融机构综合评价A级，被上虞市总工会评为上虞市“五星级示范工会”，被浙江省公安厅评为“省级治安安全示范单位”，被绍兴市财贸工会评为绍兴市财贸系统“生活后勤保障先进企业”等多项荣誉。（周建文）

【邮储银行上虞支行】 2013年，支行存款19.30亿元，比2012年新增1.49亿元，增长8.4%。各项贷款达15.52亿元，同比增长2.41亿元，增长18.38%。

支行对辖内内设机构实施了全面改革，这次机构改革涉及部门的增减撤并、职能的划转、工作的交接和人员的调整，进一步优化了资源配置和团队建设。加大员工培训力度，全年共开展各类培训213人次，内容主要涉及综合消费贷款、一手房贷款、贵金属、个人外汇、公司外汇、票据承兑贴现、供应链融资、风险合规教育、客户维护管理、服务礼仪等。同时，开办信贷夜校，每月两期，加强信贷从业人员对信贷业务知识、信贷管理制度的学习。队伍建设成效明显，员工综合素质不断提高。

支行共发放农补款332485人次，发放金额114825761元，包括2012年度第二批农机购置补贴、标准农田质量提升项目肥料补贴、订单水稻良种奖励资金、能繁母猪补贴资金、标准农田质量提升秸秆还田肥料补贴、2012年度渔业油价补助资金，2012、2013年度重点公益林损失性补助资金，以及2013年度种粮农民农资综合直补资金、第一批农业购置补贴、稻麦种植大户直接补贴、油菜种植大户直接补贴、国家良种补贴、水稻集中育秧补贴、高耗能农业机械报废补偿资金、病虫害统防统治作业补贴等。发放社保资金157299人次，合计34097727元，包括社会人员养老资金、居民保险资金、居民失地资金、退伍军人补助资金。（陈芬芳）

【绍兴银行上虞支行】 至年底，支行各项存款达43亿元，较年初增长1.5亿元，各项贷款达32.37亿元，年存贷规模达到75.37亿元；小企业贷款17.67亿元，小企业占比54.6%，完成国际业务收入5525万美元。支行始终坚持“立足地方，面向中小，服务市民”的市场定位，有重点、有区别地开展业务，发挥自身优势，支持区域经济发展。通过分析区域优势和企业特点，利用崧厦支行以点带面，支持虞北地区中小企业313户，较上年增加114户，增长57.28%，增加贷款金额10.97亿元。进一步完善中小企业金融产品。6月7日在小越越中路36号开立小越小微企业专营支行，截至年底，小越支行存款7183万元，新拓展贷款客户21家，贷款金额3780万元，将服务范围进一步向虞东地区辐射，方便服务和支持地方经济。上虞支行在上虞区政府评出的市外银行服务排行榜综合评分排名第一；获上虞区年度创新支持经济发展优胜单位、上虞区年度纳税百强企业；在上虞区安全评估中，上虞支行获得安全评估第一名，在绍兴银行总行年度考评中，获得安全保卫工作“先进单位”称号。（唐筱烨）

【华夏银行股份有限公司上虞支行】 2013年，支行各项存款余额14.30亿元，比年初增加2.06亿元，增长16.84%，其中对公存款9.73亿元，比年初增加1.13亿元，增长13.15%；储蓄存款4.57亿元，比年初增加0.93亿元，增长25.57%；各项贷款余额19.17亿元，比年初增加5.47亿元，增长39.88%。全年信贷投放快速增长，对上虞经济发展的贡献度得到切实提高。支行表内外信贷总规模30.25亿元，比年初增加13.52亿元，增长幅度为80.81%，增长速度居全区金融机构前列。

支行充分运用年审制贷款、商票保贴、投行等业务产品加大对上虞重点项目、中小企业的支持力度。银证通业务余额2.98亿元，商票保贴余额1.62亿元，资金信托业务5亿元；小微企业贷款余额9.13亿元，比年初增加2.32亿元，增长34%；年末小微企业贷款客户203户，比年初增加59户，增长40%，累计对73户小微企业贷款实行了年审制，涉及贷款金额2.77亿元。理财业务更是做出了特色，2013年支行被总行授予“最佳理理财支行”，理财经理詹婧瑾被授予“优秀理财经理”。

（赵汉军）

【上海浦东发展银行上虞支行】 2013年，支行立足上虞经济，找准市场定位，服务实体经济，创新驱动，积极转型，各项业务取得了较快发展，支行存贷（融资）总量已超100亿元，主要人均指标列金融同业前列。11月9日支行搬迁至市民大道678号新大楼营业，工作环境和服务条件大为改善。

为了解决小微企业资金需求，支行一方面积极向上级行争取信贷规模，另一方面积极借助类信贷业务这一利器，对全行信贷客户进行分类，及时联系总、分行投行部专家对符合条件的企业做一对一的服务策划，对接总行资金池理财资金，累计为上虞两家大型企业融资近5亿元，融资成本控制在7%以内，从而把腾出来的信贷规模用于支持小微企业需求。

在信贷规模相对趋紧、风险资产管控趋严的情况下，支行灵活运用各类票据敞口业务，解决了企业合理的资金需求，同时积极与上级行沟通，降低票据转贴现利率，确保企业降低融资成本。对上虞两家担保公司授信4亿元，专项用于小微企业担保。

同时，支行积极利用总行关于小微企业专项政策，根据崧厦镇制伞产业链特色，针对企业收入增效快、成本低、财力较为殷实且中小企业基数多这些特点，开发了上虞崧厦伞业园区“银元宝”项目，对崧厦镇小微企业上报打包综合授信2亿元；与上虞企业家联合会联手上报“两区一链”项目，为全区各个工业园区及产业链小微企业综合授信2亿元，该两个项目资金占用总行专项规模，不计入支行存贷比考核，并采用绿色通道审批。（陈　梁）

【浙商银行绍兴上虞支行】 2013年年末，支行年末各项存款余额20.1亿元；各项贷款余额20.56亿元。全年大力推进电子银行业务发展快速，突现电子银行业务特色，注重客户服务，并创造其潜在价值，从而充分发挥电子银行业务在小企业、公司银行业务中的重要性。该行理财价格开始走高，利用“理财产品”为载体，获客群体日益增多，存款拓展业务从城区经乡镇到自然村。（陈俞文）

【中国民生银行绍兴上虞支行】 全年支行把加快发展作为主题，把扩增存贷规模、加强信贷管理作为工作的重点。至年末，各项存款余额23.6亿元，比年初增加2.1亿元，各项贷款余额30.1亿元，比年初增加4.3亿元。各项经营活动呈现平稳快速发展。

支行支持地方企业转型升级，把信贷资金重点投放于政府支持科技创新项目，对8家战略性新兴产业企业发放贷款0.9亿元。加大创新力度，坚持业务多元化发展，推出信托理财、第三方委贷、国内买方再保理、买入返售等新品种。运用新产品对15家政府隶属部门信贷资金投放6.63亿元，大力支持地方建设发展。积极扶持上虞教育事业发展，向5所学校授信1.13亿元。对个人金融服务，通过创新担保方式、授信方式，配以乐收银、手机银行等新型支付结算工具，使零售贷款业务批量化、贷款流水化。 （张建晖）

【杭州银行上虞支行】 4月28日，支行经浙江银监局批准同意筹建，11月13日试营业，12月6日正式开业，为杭州银行在绍兴地区首家小微企业专营支行。截至12月末，支行存款余额3303.8万元，贷款余额630万元，对公开户70余户，开设储蓄卡200余张，开业专属理财产品实现销售8601万元。

支行首批招聘员工25人，其中具有金融从业工作经验的20人，本科及以上文化程度19人，占比60%，柜面人员会计证持证率为77.8%。支行下设业务管理部、办公室、小企业（零售）部和营业部。

（方宏辉）

12月6日，杭州银行绍兴上虞小微企业专营支行正式开业

保 险

【中国人民财产保险股份有限公司绍兴市上虞支公司】 2013年，中国人民财产保险股份有限公司上虞支公司实现保费收入2.33亿元，首次突破2亿元大关。累计支付各类赔款1.42亿元，市场份额达40%，实现了新的跨越。荣获省“全险种发展标杆单位”“县区支公司经营业绩30强”第十五位、省公司“先进基层党组织”等荣誉。

抓业务拓展。推进车险专管专营，强化4S店资源整合，拓展新车、次新车、转续保车市场份额，加快电网销业务发展。加大非车险业务拓展。利用市场地图，在稳定续保业务基础上不断挖掘新保源。通过内外联动、上下齐心，公司企财险、建意险、出口信用险等业务呈现了良好的发展态势。在全区范围结合政策性农村住房保险，逐步推广农村家庭室内财产保险。成功签发短期出口信用保险第一单，实现短期出口信用保险业务“零”突破。

5月24日上午，上虞支公司“车友俱乐部”正式启用。先期推出车辆代办年检服务项目 （田剑铭 摄）

应对大灾，及时为客户排忧解难。2013年，先后有7号台风“苏力”、12号台风“潭美”、13号台风“康妮”、23号台风“菲特”影响上虞，其中以8月18日台风“潭美”和10月7日台风“菲特”影响尤为严重。10月7日台风“菲特”带来的强降雨，创下了上虞市降雨量百年一遇的气象纪录，给上虞

人民生命财产带来巨大损失。全市多个乡镇、小区的大量车辆、房屋受淹，多家企业受淹停产，农作物大面积严重受损，水稻受损面积近2.3万亩，生（母）猪走失、淹死近1.5万头，蔬菜瓜果大棚受损近70亩。曹娥街道朱山头村发生泥石流，3户人家被毁4人遇难。灾情牵动了各级领导的心。10月13日，浙江省保监局局长马学平、副局长刘钢一行在绍兴市分公司总经理徐虎的陪同下，到上虞市朱山头村泥石流现场和上虞富强生态农业有限公司现场指导灾后理赔工作。10月9日，人保浙江省分公司吴建林总经理带领省公司有关部门领导深入灾区，实地查看灾情，对理赔工作作出从受灾较轻的地市分公司抽调理赔人员全力支持上虞理赔的指示。面对灾情，公司上下闻灾而动，全力做好大灾理赔工作。公司经理室带头深入理赔一线，抽调内勤岗位员工充实理赔力量，全体理赔查勘人员早出晚归，加班加点，奔波于乡村民宅、田间地头、企业车间，快速开展查勘定损工作，开通理赔绿色通道，简化索赔流程和材料，建立快速理赔机制和预赔付机制，第一时间帮助受灾保户重建家园、恢复生产，用实际行动诠释“风雨同行、至爱至诚”的企业价值观，受到了当地政府、保户的一致好评。（田剑铭）

10月13日，浙江省保监局局长马学平、副局长刘钢一行深入上虞市朱山头村泥石流现场，指导开展灾后理赔工作（龚邑栋 摄）

【中国人寿保险股份有限公司上虞支公司】 2013年，支公司共实现保费收入1.55亿元，同比增长11.8%。其中标保1205.97万元，新单保费3738.8万元，短险保费957.93万元。全年共支付满期金1607.04万元，处理赔案1813件，其中短险赔款344.29万元，短险简单赔付率36.71%。公司寿险市场份额29.99%，同比上升5.18%，排名上虞寿险市场第一。个险渠道实现首年标保1185.87万元，10年期以下期交保费897.01万元，10年期及以上期交保费1245.95万元，短期险保费441.91万元。三康保费255.26万元，月均举绩人力109人，月均主险举绩人力44人。市场份额32.07%，寿险公司排名第二。队伍上，个险渠道坚持持续有效新增，实施人力发展全预算管理，推进常态化增员，新晋升6位主管。重视员工职业培训，派驻最优秀的组训专人负责新人育成，从新人一入职就开始规划，以新人的发展带动老团队的换血。

成功中标上虞城乡居民大病保险，在校学生意外伤害保险，为全区50万名城乡居民、6万名在校学生送去大病医疗保障，成为全区首家参与大病保险单位，占市场份额47.74%。

银保渠道实现首年保费1596.03万元、标保保费20.1万元、期交保费52.05万元，占市场份额20.29%，寿险公司排名第一。（董建芳）

【中国太平洋财产保险股份有限公司上虞支公司】 2013年，上虞支公司完成保费收入8312万元，同比增长32.7%，完成年度计划的105.61%。其中，车险完成实收保费6043万元，同比增长46.22%；非车险完成实收保费2270万元，同比增长6.52%。综合成本率为143.28%，综合赔付率为116.9。

支公司快速理赔“菲特”风灾受损保户。10月7日，受第23号“菲特”台风影响，持续暴雨导致上虞地区积水严重，成为浙江分公司下受灾最严重的地区。面对天灾，支公司提前启动抗灾预案，全体干部员工分组在第一时间赶赴现场，帮助做好抗灾救灾工作和查勘、定损、理赔工作。经过近一个多月时间的紧张工作，全部完成受灾客户的理赔结案，浙江阳光照明有限公司赔款金额达3500万元也在12月24日赔付到位。“菲特”风灾的快速理赔，创造了许多历史纪录，得到了上级公司、当地领导的充分肯定和社会舆论和保户的高度赞扬。（徐昕瑗）

【太平洋人寿保险有限公司上虞支公司】 2013年，太平洋人寿保险上虞支公司抓住重点，主攻难点，狠抓关键，使各项业务取得较好成绩。全年保费总量达到了8491.7万元。三个轮子一起转，各项业务稳中求进。团险线克服同业竞争激烈、经营成本较难控制等困难，意外险、健康险、团寿险和学平险齐头并进。其中意外险753.3多万元，健康险265.4多万元；团寿险2000多万元；客户服务科在搞好服务收好续期保费的同时，加大新业务的拓展力度，成效显著，共续收保费3650.4万元；个险营销成绩喜人，保费总量达到了1225万元。银保一边建队伍，一边作保费，通过努力达到597.6万元。

做好理赔服务。实施理赔服务承诺制，一般对案件简单明了且保额在1000元以下的小额赔款，尽可以做到当天办结，对危、特、困重大赔案要求做到现场核查，预付保险金，其他普通赔案要求在7个工作日办结，从而得到了客户的普遍赞扬。全年处理赔案693起（包括建工、团意、旅意、学平险和个险），总赔偿金额860多万元。建立服务责任制。根据客户家庭的居所、人际关系、交通条件，将全区划分六块服务区，实行块区服务责任到人，按月考核。全年回访客户1.5万多人次。加强核查核赔，提高理赔准确率。全年查出冒名顶替等不属责任范围的案件13起，拒赔金额达12.4万元。同时还实施了初审、核查、审核、审批、赔付等一条龙服务，以提高理赔的时效性。 （徐　军）

证券期货

【财通证券上虞证券营业部】 财通证券上虞营业部，秉承“规范经营、稳健发展、务实创新、追求卓越”的经营理念，致力于上虞资本市场的开发和服务。2013年度，虽然整体行情不利的形势下，营业部抓住机会加强服务，加大营销力度，全年新开账户1076户，新增日均交易型资产9025万元，销售金融产品9025万元，实现考核利润213.31万元。面对佣金下降的严紧形势，营业部重点拓展综合业务，并选择了融资融券和产品销售两项作为突破口，取得了较好的业绩，实现了年初确定的“通道业务收入养活营业部，综合创新业务创造利润”的目标。另外做成了一单OTC挂牌，完成了上虞化工园区集合债项目前期大量企业的走访、筛选与方案制作工作。 （卢　娇）

【海通证券上虞营业部】 2013年，海通证券上虞营业部业务取得良好发展。全年完成股票基金交易906.11亿元，新开资金账户1806户，客户资产净流入17.49亿元，完成内、外部产品销售2亿元；年末指定与托管资产188.92亿元，全年实现收入7419.46万元。

营业部加快转型步伐，以投顾业务和创新业务为抓手，提高客户服务与创新业务水平，走多元化赢利发展模式。一是重点开展融资融券业务，扩大融资融券客户规模和负债水平。全年新增融资融券开户400多户，新增融资融券余额近5亿元，实现融资融券交易量200多亿元，实现融资融券收入4000多万元，营业部收入结构得到进一步改善。二是继续扩大创新业务品种，从单一融资融券业务逐步向融资融券、股权质押、约定购回、报价回购和资管业务延伸，以产品为载体推动创新业务规模跃上新水平。 （俞关林）

【中国银河证券上虞营业部】 中国银河证券上虞王充路营业部于2011年8月16日正式开业。2013年年底，累计开户3894户，托管资产规模达8.9亿元，全年证券交易金额21.27亿元，较上一年增长520%，全年产品销售4334.17万元。5月末取得两融资格，到12月底两融开户总数42户，实际余额规模1000万元，客户覆盖率90%以上。11月营业部着手准备IB业务资格申请。

7月10日，协同公司投行部按计划与上虞崧厦镇政府一起组织当地31家企业参观了浙江股权交易中心，并接受相关培训。通过股交中心对证券市场的现状和功能外的分析和讲解，促使企业家对银河证券的认识和了解，同时也充分发掘了企业的潜在需求。营业部以此为契机，趁热打铁，积极跟进，协同当地金融办及公司投行部，对企业进行上门拜访，并进行专项对接。

11月1日，营业部牵线私募机构对晶盛机电公司进行实地考察，着重了解晶盛机电的业务发展现状，对蓝宝石、光伏电站等发展步骤和前景进行了客观分析。事后又走访了多个上市公司，为大小非减持、股权激励等业务做相关努力。

为更好地开展证券法制法规宣传，推介公司创新产品、服务新举措等，11月30日上午，营业部在上百·万和城参加了由绍兴证券业协会组织发起的大型宣传、咨询服务活动，对广大证券投资者进行相关法制法规及反洗钱等知识的普及。在宣传法制，推广介绍公司、服务的同时，也与辖区其他3家券商进行了交流。（胡金泓　厉　云）

【中信证券上虞营业部】 2013年，中信证券上虞营业部秉承“执着、倾力、守业”的经营理念，积极向财富管理方向转型，构建券商特色的财富管理。按照各项合规政策要求，合规经营。营业部对前台员工在营销过程中和后台员工在业务操作过程中都规定了相关合规制度，对每位新进营业部的员工进行了新员工的合规制度的培训，让所有加入中信证券的员工了解公司的合规文化，并进行合规考试测试，要求其在合规制度下执业，营业部还不定期地进行合规培训，使员工跟随最新监管要求和合规要求，从思想上提高合规意识，从而在平时的业务开展过程中能合规操作，营造营业部“人人合规、主动合规”的工作氛围，为各项业务的合规开展奠定了坚实的基础。

【大越期货上虞营业部】 大越期货股份有限公司上虞营业部成立于2010年，遵循“诚信、高效、务实、创新”的经营理念，各项业务发展较快。2013年，全年客户开发129个，手续费收入827.24万元，成交金额2273.51亿元。营业部把上虞有色金属企业作为突破口，鼓励营业部员工积极走访大量企业，为企业进入期货市场提供套利套保方案，充分利用期货为实体经济服务。2013年帮助上虞卧龙电子完成一笔铅品种的交割。在原有业务基础上营业部积极与投资公司合作，包括与新宇投资、期友网合作，开展不同形式的业务工作。2013年，期货市场上市了焦煤、动力煤、石油沥青、铁矿石、鸡蛋、粳稻、纤维板、胶合板8个商品期货品种和国债期货1个金融期货品种，对于新品种的上市营业部也要求员工做好前期学习准备工作，以扎实的专业知识更好的服务客户。

2013年营业部在会议投教工作上延续往年的工作力度，以各种形式开展工作，在上虞日报、上虞论坛上开设了期货知识专栏，每周定期举行客户和员工培训，讲解期货基础知识。9月，营业部与上海期货交易所合作，成功举办贵金属投资策略会，邀请到了浙大教授郑家成，为投资者分析和预测了2013年经济运行情况与政策特征，帮助投资者更好的顺应宏观形势把握贵金属投资机会。（芦　英）

资本市场

【概况】 2013年，全区上市报会排队审核企业3家（金盾股份、浙江金科、自立股份），境内A股上市公司保持9家；新增股份制企业8家，上虞推动企业股改促经济转型升级工作得到副省长朱从玖批示肯定。金融办实地考察浙江股权交易中心（简称“浙交中心”），组织召开区域股权交易市场工作会议及科技型企业挂牌推进会，同浙交中心签订战略合作协议，出台专项扶持政策，大力推进企业到浙交中心挂牌。全年，新增浙交中心成长板挂牌企业4家，创新板挂牌企业7家。

【与浙江股权交易中心签订战略合作协议】 5月15日，组织召开“上虞市支持企业有效利用区域股权交易市场工作会议暨上虞市人民政府与浙江股权交易中心战略合作签约仪式”。会上，王慧琳市长、孙永祥董事长分别代表上虞市政府与浙江股权交易中心签订合作备忘录，协同推进优质企业到浙交中心挂牌交易。

王慧琳市长、孙永祥董事长分别代表上虞市政府与浙江股权交易中心签订合作备忘录

【卧龙电气收购奥地利ATB】 8月21日，卧龙电气以发行股份及支付现金方式购买香港卧龙100%股权，交易价格20.89亿元，从而间接持有奥地利ATB公司98.926%的股权，顺利完成ATB资产注入。奥地利ATB公司是欧洲第三大电机生产企业，仅次于西门子和ABB，属世界顶级电机制造企业。

【亚厦股份获"金牛上市百强"等称号】 亚厦股份连续九年蝉联中国建筑装饰百强企业第二名，六年入围中国民营企业500强。2013年，公司荣获"金牛上市百强"和"金牛最佳中小成长公司""中国中小板价值五十强""中国中小板最具成长性上市公司十强""领袖50之中小板领袖公司""中小上市公司治理50强"等诸多奖项。

（金自亮　陶铄能　娄丹华）

表4　　2013年全区境内上市公司经营情况表(9家)

财务指标 公司简称	证券代码	总资产(亿元)	总营收(亿元)	总营收增长率(%)	净利润(亿元)	净利润增长率(%)	净资产收益率(%)
上风高科	000967	24.51	27.05	5.00	0.53	11.98	6.80
阳光照明	600261	43.78	31.69	22.22	2.32	10.27	9.55
卧龙电气	600580	88.89	57.28	9.37	3.64	55.30	10.68
浙江龙盛	600352	189.75	140.86	84.14	13.49	62.49	16.19
卧龙地产	600173	35.22	10.17	32.59	0.65	-11.91	4.52
亚厦股份	002375	126.96	121.43	26.80	8.95	41.01	22.86
闰土股份	002440	67.15	48.01	35.36	8.24	172.30	18.83
世纪华通	002602	20.71	12.27	32.14	0.81	-13.10	5.04
晶盛机电	300316	18.18	1.75	-65.17	0.43	-75.01	2.58

财政税务

综　述

【概况】 2013年,全年实现财政总收入78.38亿元,增长7.5%;实现公共财政预算收入43.11亿元,增长10.0%;其中税收收入40.82亿元,占公共财政预算收入比重达94.7%;公共财政预算收入占财政总收入比重达55.0%。地税部门组织收入59.79亿元,同口径增长15.9%(剔除营改增因素),国税部门组织收入38.7亿元,同口径增长6.4%。征收非税收入73.92亿元。全年完成公共财政预算支出45.21亿元,完成调整预算的97.3%,增长13.3%;其中民生领域共计支出33.60亿元,占全年公共财政预算支出的74.3%,增长13.2%。当年财政收支平衡,略有结余。财政运行呈现以下特点:

一、财政收入平稳增长,收入结构继续优化。全年公共财政预算收入占财政总收入的比重为55.0%,比上年提高1.3个百分点;公共财政预算中税收收入占公共财政预算收入的比重为94.7%,比上年提高0.3个百分点。

二、主体税种增长不一。增值税、营业税、企业所得税和个人所得税四大主体税种均实现增收,增幅分别为13.4%、9.2%、0.6%、18.5%,四大税种占地方税收收入比重为65.7%,主体税种支撑作用明显,受房地产业税收增幅回落影响,营业税增幅呈现快速回落态势,全年9.2%的增幅依靠上半年增收的累积效应,下半年营业税合计42609万元,同比减收6956万元,下降14.0%;企业所得税从9月才开始实现正增长,但增幅微弱,增长得益于房地产业和金融业的增收,如剔除两行业增收部分,企业所得税下降6.5%;个人所得税增收来自限售股个所税大笔入库,如剔除限售股增收部分,个人所得税下降14.1%。

三、二产税收降幅收窄,三产税收增幅回落。第二产业税收(不含滨海收入,下同)比上年同期减少9808万元,下降2.1%,其中制造业税收下降1.6%。制造业税收降幅收窄得益于医药化工、纺织(包含纺织服装、服饰)和酒饮料(包含精制茶)三行业增收。第三产业税收比上年同期增加53098万元,增长29.8%,房地产业税收增长74.7%。

四、"两区"税收增幅放缓,工业功能区税收降多升少。杭州湾上虞经济技术开发区和经济开发区累计入库税收242858万元,增长5.2%,增幅同比回落3.9个百分点,其中杭州湾上虞经济技术开发区增幅同比回落11.9个百分点。14个工业功能区总税收下降18.1%,除章镇、永和功能区外,其余12个功能区税收均有所下降,其中降幅较大的是道墟、上浦以及梁湖,降幅均在25%以上。块状经济税收分化明显,铜管行业增长21.8%,童装行业和机械仪器行业分别下降30.2%、28.2%。

五、支出结构优化,收支矛盾突出。全区一般公共服务支出增长9.5%,低于公共财政预算支出平均增幅3.8个百分点。同期,上虞区在支出中充分体现公共财政导向,民生支出增长13.2%,占总支出的比重为74.3%。财政增收动力不足,教育、医疗、社保等刚性支出逐年增加,财政收支矛盾日益突出。

(倪　娜)

财　政

【财政收入】 2013年,实现财政总收入78.38亿元,增长7.5%;实现公共财政预算收入43.11亿元,增长10%；其中税收收入34.6亿元，占公共财政预算收入比重达80.3%；公共财政预算收入占财政总收入比重达55.0%。

【深化财政管理】 完善“全口径”政府预算编制体系，做好预算公开工作。制定乡镇财政管理规范化建设方案，推进乡镇财政公共服务平台建设试点，全面推行乡镇财政管理机构建设。认真贯彻落实厉行节约有关规定，从严控制行政经费和一般性支出，压缩“三公”经费和会议费，全年“三公”经费下降7.9%，其中公务接待经费下降27%。完善预算执行机制，继续深化国库集中支付改革，逐步建立预算执行动态监控机制，防范资金风险，提高执行分析和决算管理水平，开展乡镇国库集中支付改革试点及公务卡改革，出台实施公务卡强制结算目录。强化财政绩效管理，创新开展绩效目标评审工作。财政监督检查项目共计16只，绩效评价自评项目66只，涉评资金3.46亿元，重点评价项目9只，涉评资金14.53亿元。加强政府采购监管，推进政府采购信息化，建立公务用车管理长效机制。实施会计执业评审，对31名会计人员进行告诫或记分处理，提高会计执业水平。强化国企监管，推进国有企业改革改制，出台国有资产管理办法及相关细则，加强资产收益收缴，全年共处理国有资产审批事项310项，收缴收益9103万元。

【促进经济转型升级】 推进“工业强区”建设，争取上级财政项目资金补助2.64亿元，重点支持企业有效投入和兼并重组，实施“腾笼换鸟”，盘活土地、能耗、环境容量等发展要素；推进“招商选资”“回归经济”，实施企业规范化股份制改造；鼓励发展融资担保和小额贷款公司，积极改善企业融资环境。统筹安排4000万元资金，促进产业重构，引导和扶持企业技术改造，推动“机器换人”。扶持人才创新创业，投入6936万元，用于领军型人才、海内外高层次人才创业扶持，鼓励上虞籍大学生回乡就业创业、大学生村干部创业。落实结构性减税和“营改增”试点期间过渡性扶持政策，临时性下浮社保费征收比例等政策，全年累计为企业减负19.2亿元。安排落实2000万元服务业发展引导资金，助推现代服务业跨越式发展。抓好回归经济税源培育工作，全年累计实现税收3.07亿元。推进个转企与规范企业升级工作，办理个转企1064户。巩固深化企业分离发展服务业，新增分离企业3家，累计分离企业95家，实现税费7634万元。

【支持城乡发展】 2013年，全区政府投资项目完成财务支出72.64亿元，其中财政保障40.16亿元，比上年增加9.95亿元。加大政府投资项目资金保障力度，积极筹措项目资金，成功发行18亿元国有企业债券。争取中央基建投资补助3747万元，重点保障城市建设基础性和功能性项目启动建设。牵头组建上虞交通集团，有序推进融资平台实体化改革；落实城乡公交一体化、公交补亏、社会车辆回购资金9500万元。出台曹娥江旅游度假区财政体制，落实度假区资本金5亿元。安排支农专项资金4.8亿元，保障城乡规划、商贸流通、公交等“五个一体化”，支持美丽乡村，强化支农惠农。做好中心镇基本建设项目“以奖代补”、融资贴息和工业功能区基础设施投入工作，兑现补助资金4230万元，推动城镇化步伐。

【保障社会民生】 加大财政对教育、医疗卫生、社保就业、公共安全等各项社会事业的投入。确保财政预算教育支出法定增长，全年安排教育支出10.94亿元，促进城乡教育均衡发展，提高普通高中学校经费保障水平，加大校安、园安工程建设和现代教育装备投入，落实中职学生免学费政策。继续深化医药卫生体制改革，积极推动城乡卫生事业一体化发展；安排减债资金6395万元，鼓励公立医院提前消化基建负债；安排730万元资金支持基层医疗机构设备更新、乡镇院前急救分中心建设、村卫生室达标建设。安排6224万元资金提高城乡居民最低生活保障待遇和医疗救助标准，提升人民群众基本医疗和基本生活保障水平。投入“平安上虞”资金2454万元，专项安排公安治安动态视频系统经费850万元和食品安全管理监测经费495万元，增强公共安全和社会治安保障能力。拨付490万元台风“菲特”救灾资金，用于受灾人员的转移安置、灾后生产恢复等救助支出。

（倪　娜）

财政地税局深化税收宣传功能，开展"记者当税官"活动，邀请上虞日报、电视台记者走进税务系统，参与体验税收征纳过程，了解税收政策，感知办税服务，从记者视角看税收与发展、税收与民生的互动关系。图为上虞日报记者走进地税，了解税收政策

（许华平　摄）

国　税

【概况】　2013年，区国家税务局组织收入41.36亿元，同比增长7.93%。增值税入库29.74亿元，占税收收入总量的71.90%；企业所得税入库9.4亿元，占税收收入总量的比重达到22.73%，收入增幅超过整体近5个百分点。完成地方预算收入11.49亿元，同比增长13.50%，贡献度达到26.64%。

【落实税收优惠15.2亿元】　全年落实各类税收优惠减免退税15.2亿元。一是推动"营改增"改革。顺利实现广播影视业"营改增"，做好"营改增"税负变化及相关效应分析和试点企业过渡性财政扶持工作，对税负增加企业及时办理相关财政返还事项。全年共组织征收"营改增"收入6297万元，为10户超税负企业返还税款158万元。二是落实各项税收政策。重点抓好增值税起征点提高、鼓励资源综合利用、保障残疾人合法权益、高新技术企业、研发费用加计扣除等税收优惠政策。全年共办理资源综合利用企业退税457万元，新认定、复审高新技术企业20户，研发费用加计扣除金额2.8亿元，享受小型微利企业优惠政策1161户。三是加快出口退税进度。加快单证审核进度，增加出口企业增加退税次数，实现每月多批次审核、多批次退税。全年办理出口退（免）税22.1亿元，有效缓减了企业资金压力。

【健全税源专业化体系】　全年对356户企业开展所得税后续审核管理，其中对58户企业进行重点审核，合计调整纳税所得30089万元，入库所得税1507万元，调减亏损19409万元。开展非居民股权转让企业所得税核查和征管工作，全年共组织非居民企业所得税4543万元，增长5.2%。加强出口货物退（免）税预警监控，严密防范出口骗税行为。区国税局制订完善了重点税源和一般税源、基础管理事项和风险管理事项相应的管理办法，梳理修订相应工作流程，畅通业务流通渠道。依托省局重点税源信息管理系统，加强重点税源风险管理，全年共完成省局下达二批评估户数23户，入库税款337万元。实施"信息管税"，创建行业税源监控分析系统，构建对重点税源"纵横"交叉监控体系。夯实信息管税基础，拓宽信息管税的数据源，强化电力数据运用，完成工业企业电表匹配维护工作，强化财务报表的填报准确率，对财务报表填报异常的纳税人进行申报信息的整改，提升风险点推送的针对性。加强各税种管理以及对超标准个体工商户认定一般纳税人管理，推动小微企业规范发展。规范货运发票代开，探索运用"亩产监控法"防范虚开货物运输业增值税专用发票风险。加强所得税汇算清缴后续审核工作和优惠政策备案管理工作。

【完善税收执法机制】　建立税收执法督察常态化管理工作机制，确定24项重点税收执法事项为常态化督察项目，按月制订督察项目，拟定督察计划，加强内部执法督察和跟进督察。全年实施了代开专用发票管理、注销清算管理、增值税优惠政策、所得税优惠备案项目，农业企业优惠政策项目的督察，确定32户企业疑点项目，及时纠正和完善。落实基层税收执法风险防控，加强对过错信息的督查，落实过错责任追究，全年共对8人次进行过错责任追究。积极探索推行柔性执法，通过和解调解方式化解税务复议纠纷。进一步做好重大税务案件审理，修订和完善行政处罚自由裁量权，做好规范性文件清理工作，减少潜在税收执法风险，全面落实“六五”普法规划，积极开展税收法制宣传。构建检查环节的“疑义案件合议”机制，提高税务案件的柔性执法力度，构建和谐税企关系。开展“案件质量年”和“案件瑕疵通报预警”活动，加大对重大案件和所有查无问题的案卷审核评议力度。扎实开展税收专项检查，加大涉税违法案件的查处力度。

【优化纳税服务】 简并程序，打造全职能办税厅。结合税源专业化管理，对原有纳税服务机构进行调整优化，前移涉税事项，重组工作流程。将纳税人办理的181项涉税事项简并、整合为76项，对纳税人依申请发起的22项涉税事项前移到办税服务大厅集中办理，同时增加15项大厅即办事项、取消2项行政审批项目。完善大厅绩效考核办法，加大税收宣传和政策辅导力度。联合地税局组织开展“记者眼中的税官”活动，组织市内八家上市公司开展“一站到底”知识竞赛。组织纳税服务志愿者，走访中小企业，征求服务需求，上门进行税收政策及涉税业务的辅导，提供服务咨询865次，开展纳税讲座21次，发放宣传资料1.8万份。

2013“税法，一站到底”知识竞赛

【推进系统廉政建设】 进一步落实中央八项规定、省委六个严禁等规定，加强政风行风建设，提高干部队伍素质，深入开展廉政教育活动。进一步推进廉政内控机制建设，完善廉政防控机制，完善干部“一岗双责”制度。全区行风评议位居执法部门第二名。（阮新华）

地　税

【地税收入】 2013年，全区地税部门组织各项收入59.79亿元，同口径增长15.9%（剔除营改增因素），其中，税收收入34.6亿元，同口径增长10.7%；社保基金21.26亿元，增长26.3%；政府性基金3.9亿元，增长12.7%。当年地税收入呈现四大特点：一是税收收入与经济发展逐渐协调。税收规模继续扩大，税收总量同比增加2.68亿元，同比增长8.4%。同期，全区GDP增幅8.5%，税收与经济的协调性不断增强。二是税收收入结构进一步优化。地方税累计22.9亿元，占税收收入66.1%，同比上升3.2个百分点，地方财政贡献能力不断增强。三是主要税源行业发展态势差异明显。房地产业税收贡献突出，全年累计入库7.34亿元，同比增长87.8%，占年度税收24.3%；金融业入库税收收入4.35亿元，增长50.8%；制造业税收明显回落，累计入库7.63亿元，同比下降21.5%；建筑业税收受工程结算影响，全年入库5.6亿元，同比下降8.5%。四是非常规税款影响大。全年非常规税款共计7.91亿元，占税收收入22.8%，其中1.88亿元来自于一次性交易及清理欠税。

【组织开展税收宣传】 开展“六五”普法工作，组织法制知识竞赛等活动。加强规范性文件管理工作，规范行政处罚自由裁量权。推进政府信息公开。开展第22个全国税收宣传月活动，安排“税企心连心——走进青年企业家”等十大活动载体，重点宣传促进经济发展转型升级、中小企业帮扶解困等职能作用，与国税部门合作开展“记者当税官”活动，利用网站、电视、报纸等多种媒体广泛宣传税收政策。

【加强征收管理】 扩大税源监控的范围，纳入重点税源监控企业540户，户数比上年增加17户，监控税收占税收收入的比重达69.08%，其中，省级以上重点企业97户，占比达43.57%。开展税务登记验证工作，共完成税务登记验证10585户，清理逾期发票4941户，562万余份。开展风险应对工作，清理比对不符企业2441户，补缴各类税费266万元。加强小税种管理，开展出租房调研，强化个人出租房产税征收，累计入库3819户，税额859万元。完成年度高收入者个人所得税自行申报工作，3805名高收入者履行自行申报义务，申报所得11.9亿元，高收入者累计缴纳个人所得税1.61亿元。推进纳税评估工作，评估各类企业153户，评估入库税费款2015.31万元。加强国税、工商等部门协作力度，强化信息管税，深化以票控税、欠税管理和风险防控，开展医化、印染等行业税收专项检查，查补税款2013万元。

【重视信息化建设】 深化《税友龙版》应用，初步建立《税友龙版》辅助查询系统，做好与"社救中心"(全称)数据交换以及与国土部门土地登记信息比对等功能模块的开发。全年共办结《税友龙版》技术问题308个，完成后台数据修改399批次。开展《税友龙版》数据清理，共清理各类数据6000余条。如期完成核心网络升级改造，实现内网网络性能和安全防护等级提升。出台《信息数据安全管理办法》，规范信息数据查询、修改和利用。

【完善纳税服务】 深化办税厅综合管理系统应用，完善视觉识别系统，落实"一窗通"服务，设立"绿色通道"。落实"提速增效"各项工作举措，理顺相关涉税事项操作流程和内部流转程序，简化审批事项，缩短审批流程，提高办税服务工作质效。制定纳税服务工作考核管理办法，加强办税服务厅人员专项管理。成立网上纳税人学校，开展"财税政策村村行""四个日"(注明)等活动，深化纳税人之家、纳税人课堂等纳税服务活动。

【严格税务稽查】 全年共检查户数202户，查补总额2387万元，其中重点检查税款入库1146万元。查处假发票案件21户，复查6户，上报大要案3户，曝光案件1户。

【推动税制改革】 完成9户广播影视服务、49户邮政服务"营改增"试点改革纳税人至国税部门，推动出台税负增加企业的扶持政策。积极推动"亩产税收"试点改革，试点改革共涉及纳税人1376户，每年增加城镇土地使用税税收收入10428万元，减免金额4351万元。 （倪　娜）

对外及港澳台经济贸易

综　述

【概况】 2013年,全区实现合同外资3.49亿美元,实到外资2亿美元,完成区定目标任务,居绍兴各县市区外资考核第二位;实现自营出口31.19亿美元,同比增长13.55%;实现境外投资额1131.36万美元,境外工程营业额2623万美元,获绍兴市开放型经济工作金奖。

全区新批外资项目24只,一二三产比例为1:15:8,三产项目占新批总数的33.33%,同比增加6个百分点,共计总投资1.06亿美元,占总量的31.11%,新批项目进军第三产业的态势明显。引进日本双日和新加坡普洛斯两大跨国企业。共引进外债8792万美元,占实到外资总量的43%,上虞引进"股东外债"的相关做法,在全省利用外资分析会上做经验介绍。三大类出口产品两升一降,其中机电产品出口同比增长20.53%,化工产品出口同比增长17.69%,纺织服装产品出口同比下降0.15%。对传统市场出口保持稳健增长,其中对欧盟出口6.02亿美元,同比增长19.36%;对北美洲出口5.22亿美元,同比增长11.84%。对美国、日本、韩国等主要国家出口分别增长11.94%、7.61%和11.15%。对东盟、印度、巴西等新兴市场出口分别增长32.24%、11.40%和42.53%。 (厉　婷)

对外贸易

【概况】 2013年,全区对外贸易保持平稳增长,进出口总额37.4亿美元,比2012年增长15.8%,其中出口总额31.2亿美元,同比增长13.5%,进口总额6.2亿美元,同比增长29.2%。

【培育出口品牌】 浙江金科过氧化物股份有限公司被评为浙江省出口名牌,绍兴市金鼎伞业有限公司、浙江天玮雨具有限公司和浙江皇马科技股份有限公司被评为绍兴市出口名牌。

【组织384家次企业参加境内外展会105个】 以组展为开拓国际市场的主要抓手,加大组展力度,结合重点产业广搭平台拓市场。共组织384家次企业参加境内外展会105个。境内展主要包括广交会及伞业抱团、华交会、消博会、中国(杭州)国际花园户外家具及休闲用品展览会、中国国际汽车零部件博览会及义博会;境外展主要包括巴西家庭用品及礼品展、德国科隆户外用品展、中国——东盟(泰国)商品贸易展览会、俄罗斯照明展、阿根廷照明展等。

【安排专项资金推动外贸发展】 财政安排专项资金2112.91万元,分别对展位费、自营出口20强、新批企业出口、自营出口增幅、高新技术出口、加工贸易奖励、属地报关、出口信用保险、自主品牌出口、产品国际认证、境外商标注册、进口贴息、公平贸易等进行奖励和补贴。

【推广出口信用保险】 全年,共有272家企业投保,承保保额4.15亿美金,中国信保为出口企业共批复国外买家限额324件,新增限额金额1.27亿美元,接受企业报损金额211.01万美金,案件数同比增长115.38%,完成国内外资信调查360余份。

【发布行业预警信息】 发挥“上虞照明电器预警示范点”的作用，发布预警信息近四百条，编写照明电器预警快讯6期，编写全区照明电器行业出口统计信息2期，对欧盟美国等重点市场的出口动态监测分析共2篇，原创综合性预警分析报告共4篇以及发布WTO-TBT通报和出口产品受阻信息等，为企业提供行业预警信息及分析报告。2013年，“上虞照明电器预警示范点”被评为省级优秀预警点。发挥“上虞伞业预警示范点”的作用，发布预警信息两百余条，编写伞业预警快讯4期，编写上虞区伞具业出口统计信息2期，对欧盟、美国等重点市场的出口动态监测分析共2篇，原创综合性预警分析报告共4篇以及发布WTO-TBT通报和出口产品受阻信息等，为企业提供行业预警信息及分析报告。 （陆雪晶）

利用外资及港澳台资金

【概况】 2013年，全区新批外商投资企业41家，增资项目15只，总投资41932.28万美元，合同外资34971.39万美元，同比下降0.23%，完成目标任务的116.57%；实到外资20005.5万美元，同比下降21.08%，完成区定目标任务，居绍兴各县市区外资考核第二位。

【多个乡镇（街道）引资情况较好】 全年完成实到外资目标任务的有崧厦、百官、丰惠等11个乡镇（街道），其中，完成实绩前三位的是崧厦、百官和道墟，实到外资分别为1050万美元、869.58万美元和603.54万美元。杭州湾上虞经济技术开发区完成11002.47万美元，完成率88.02%，上虞经济开发区完成3726.55万美元，完成率60.11%。

【引进股东外债成绩显著】 全年共引进外债8792.57万美元，占实到外资总量的43%。通过政策激励、扩大“投注差”等方式，引导企业积极引进股东外债，龙盛集团引进外债1.22亿美元（含商业外债），其中股东外债7582万美元（纳入统计的数字），亿利泰钴镍引进股东外债519万美元，开发区几家企业也引进了股东外债691万美元。

【22家外资企业进入绍兴市外资企业百强名单】 浙江华孚色纺有限公司、浙江国邦药业有限公司、浙江世纪华通车业股份有限公司等22家外资企业进入绍兴市外商投资企业百强名单。

【引资方式多样】 利用外资渠道继续拓宽，除新设项目、引进外债外，企业以外资并购、利润增资、技术入股、资本公积转增等方式嫁接外资，新批外资并购企业5家，利润增资5家，技术入股项目2只，共计外商出资5652.84万美元，占全区新批总量的19.8%。

【资金来源地比较集中】 港资仍占主导地位，来自香港合同资金26379万美元，实到资金12994万美元，占总数的64.95%；来自新加坡合同外资2400万美元，实到外资1000万美元；英属维尔京群岛合同外资640万美元，实到外资1279万美元。

【参加第十五届浙江投资贸易洽谈会】 6月8日，组织上虞经济开发区、杭州湾上虞工业园区、高铁新城等及各参展企业参加第十五届浙洽会（第十二届消博会）。

【日本双日、新加坡普洛斯落户上虞】 7月30日，日本6大综合商社之一日本双日株式会社与上虞金垒轴承合资设立浙江金双轴承有限公司；7月4日，新加坡普洛斯投资设立绍兴普洛斯仓储有限公司。日本双日和新加坡普洛斯两大跨国企业落户上虞。

【465家外资企业参加联合年检】 根据商务部等七部委及省厅有关外商投资企业联合年检工作精神，经网上申报参检企业数为465家，初审合格457家，初审合格率98.28%。在参检企业中，合资企业305家，独资企业159家，股份制企业1家。其中已投产企业364家，筹建企业82家，停业19家。

【外资企业进出口增幅较大】 全年外商投资企业出口14.6亿美元，占全区总量的46.81%，同比增幅为5.93%；进口5.3亿美元，占全区总值的85.21%，同比增幅37.72%。进出口总值19.9亿美元，占全区总值的53.19%，同比增长12.87%。

【参加第十七届中国投资贸易洽谈会】 9月8日，参加在厦门举行的第十七届中国投资贸易洽谈会，并拜访恒安集团总部，洽谈恒安上虞公司增资出口等相关事宜。（张芳芳）

外商服务

【概况】 2013年，全区深入实施招商选资“一号工程”“走出去”——领导带队宣传推介，组织企业抱团参展，“请进来”——邀请客商参观考察，吸引项目洽谈签约。多次组织考察团赴省外、国外经贸考察及项目洽谈，组织企业参加浙洽会、厦洽会、广交会等境内外展会，接待客商数十批次，举办上虞（上海）产业项目对接会。全年实现合同外资3.49亿美元，实到外资2.54亿美元，引进内资64.9亿元。全区新批总投资在千万美元以上项目18只，其中总投资在4000万美元以上项目2只，引进5亿元以上项目20只。

【组织招商推介活动】 参加2013年“罗马尼亚中国机电产品展览会”、第十七届厦门中国国际投资贸易洽谈会等。4月举行重大产业项目签约仪式，8只重大产业项目签约。5月举办上虞（上海）产业项目对接会，市政府与国家产业基金投资公司签订了航空产业项目框架协议，上虞高铁新城管委会与嘉兆控股有限公司签订了海洋城项目框架协议。

【发放外来投资者“绿卡”】 实施《上虞市外来投资者“绿卡”服务制度实施办法》，向外来投资者发放“绿卡”，在上虞经济发展中做出贡献的常驻外来投资者，可享受区政府在子女就学、健康检查等18个方面的优惠政策。全年新发放绿卡12张，重新核发6张，帮助外来投资者子女就学4人次（其中小学2人，初中1人，高中1人）。累计发放绿卡136张。

【做好招商宣传工作】 全年通过商务局（招商局）网站共更新各类信息394条，修订2013年上虞商务活动大事记，向外商发送300册。制作中、英、日、韩《上虞投资指南》1500册。

【做好翻译服务工作】 翻译服务中心设有英、韩、日等语种翻译，主要为上虞企业提供中外文笔译、口译等服务工作。全年翻译中心为外商投资企业办理审批手续提供翻译70余件。（顾方颖）

对港澳台贸易

【概况】 全年对香港销售额为2813万美元，同比增长32.6%，产品以棉、丝、化纤等布为主；香港对上虞销售额为163万美元，同比增长9.4%，产品以棉、丝、化纤等布为主。2013年，上虞对澳门销售额为46万美元，同比增长-60.6%，产品以棉、丝、化纤等布为主。2013年，上虞对台湾销售额为6729万美元，同比增长13.0%，产品以染料为主；台湾对上虞销售额为1611万美元，同比增长24.7%，产品以棉、丝、化纤等布为主。

【15家上虞企业参展香港国际家庭用品展览会】 4月20日和23日，上虞市商务局组织市内相关企业参加2013年香港国际家庭用品展览会，集中展示了行业内企业的整体形象。共有15家上虞企业参展，摊位共计30个。（陆雪晶）

对外经济技术合作

【概况】 2013年，全区新批境外企业7家，境外投资额1131.36万美元。历年累计境外企业家数为95家，累计总额为41891.77万美元，其中中方投资额38701.42万美元。境外投资企业完成营业额1.59亿美元，带动出口额1.27亿美元。完成对外承包工程及劳务合作营业额9063万美元，同比增长7.95%。完成境外工程营业额2623万美元，同比下降3.8%。

【鼓励企业开拓国际市场】 组织企业参加省商务厅、绍兴市商务局等举办的“走出去”拓市场业务交流培训会，介绍宣传境外投资政策，传递境外投资信息，进一步鼓励企业“走出去”，更好地开拓国际市场。对区内企业开展境外投资意向调查，跟踪一批有意向、有实力的企业“走出去”，帮助指导大地照明、麦达尔电器、自立股份等企业做好境外投资的前期准备工作，自立股份在美国设立的自立美国有限公司成功获批。

【构筑企业“走出去”平台】 组织企业参加浙江投资贸易洽谈会、中国浙江商务服务交易博览会等各类促进活动。组织20多家企业参与“2013绍兴——中东欧经贸合作交流会及项目对接洽谈会”，大地照明、伊姿包装等企业开拓中东欧市场兴趣浓厚，并与外方进行了实质性洽谈。 （任世权）

海　关

【概况】 2013年，绍兴海关驻上虞办事处共受理进出口报关单6513票，同比增长17.93%；征收税款3.9492亿元，同比增长5.13%；备案加工贸易合同411份，同比增长2.49%，备案金额1.8058亿美元，同比下降7.11%；注册进出口企业168家，同比下降16%；新增A类企业18家，同比下降35.71%。

【履行把关监管职责】 通过上门指导、负责人约谈、集中培训等方式，大力推广“加贸通”应用，帮助辖区加工贸易企业提高规范化管理水平。推广“属地申报、口岸验放”通关模式，推进通关作业无纸化改革，加强审价、归类、原产地认定。召开报关企业座谈会，制发《报关行业规范经营、反腐倡廉、净化通关环境倡议书》，对报关工作质量尤其是规范申报提出具体要求，布置通关作业无纸化改革试点工作。举办杭州海关、宁波海关执法统一协作机制联席会议，就小商品出口优化查验、小商品出口申报不实违规案件处罚裁量基准等议题进行研讨。联合浙江电子口岸举办加工贸易企业座谈会，就加工贸易业务注意事项、加贸通及商务百事通的使用等问题进行交流沟通。

【服务辖区外贸发展】 定期编报《海关要情专报》，对辖区出口行业发展现状进行分析预警，2次得到地方领导批示肯定。注重引导规范，按照成熟一家、发展一家的原则，加大辖区诚信企业培育力度，提升高资信企业占比。深化“大企业联络员”制度和中小微企业服务机制，通过外贸QQ群等手段完善关企便捷交流平台，解决企业实际困难。加班加点监管转关运输工具，确保辖区企业进出口货物及时通关。开展“一岗一品”活动，推出“青青服务岗”“党员先锋台”等系列服务品牌，开通咨询服务热线，加大政务公开力度。走访企业宣传海关政策，联合浙江电子口岸对辖区企业开展业务辅导，举办报关企业专题培训会，有针对性地在各类新闻媒体开展海关政策宣传，提高企业合法合规经营的意识和能力。开展“12·4”全国法制宣传日和“8·8”海关法制宣传日活动，开展普法活动。

检验检疫

【概况】 2013年，绍兴出入境检验检疫局上虞办事处（以下简称上虞办事处）共检验（查验）出口商品25400批，货值9.87亿美元，批次、金额同比下降27.30%和25.06%；包装检验3691份，同比增长13.99%；签发各类原产地证书14796份，签证金额72504.62万美元，同比增长6.48%和24.35%；签发检验检疫证书和出口监装证书862份，同比增长164.42%。新增报检备案企业116家，产地证签证备案企业58家。办事处被评为绍兴市无烟单位、上虞市平安机关，办事处党支部被评为绍兴市直机关建设“三型”先进党支部，报检大厅被评为全国检验检疫标准化示范窗口、绍兴市行风建设示范窗口。

【一般工业制成品不再实行出口商品检验】 8月1日，国家质检总局和海关总署发布联合公告，于8月15日起对机电、轻纺和资化3大类47个子类、1507个海关商品编码项下的一般工业制成品不再实行出口商品检验。据统计，上虞辖区涉及企业226家。

【举办道德讲堂】 6月28日，上虞办事处代表绍兴出入境检验检疫局参加绍兴市文明办主办的“道德讲堂”绍兴市总堂的现场观摩会，办事处职工胡元芳主持以弘扬“孝文化”为主题的道德讲堂，得到了绍兴市文明办的肯定，同时胡元芳荣获“优秀主持人”称号。 （潘小花）

【平稳实现新业务交接】 法检目录重大调整后，根据绍兴出入境检验检疫局党组的部署和要求，自2013年9月1日起，将进口工业品、出口食品、进出境植物等产品的检验检疫业务下放至上虞办事处，办事处进行了人员调整和新业务培训，实现了业务工作的平稳交接和顺利开展，加快了辖区企业的通关速度。

【发挥照明电器实验室检测技术优势】 依托省局照明电器实验室资源优势和技术优势，为上虞辖区出口的LED照明电器进行质量安全普查，做好出口灯具企业服务工作。并与申报CANS国家级实验室认证的企业进行交流指导，并对3名出口企业的实验室人员进行实际操作的培训，受到了出口企业的欢迎。

（钱爱芬）

生态环境

综 述

【概况】 2013年，污染减排扎实推进，新设立“十二五”污染减排专项资金，出台使用管理办法，建设完成多项减排工程，顺利通过环保部年度减排工作核查；产业提升步伐加快，推进重污染行业强制性改造提升新三年行动，开展化工、印染、造纸、制革等四大行业整治工作，完成废塑料加工经营行业专项整治；环境整治持续深化，以工业、交通领域大气污染为重点开展蓝天行动，深化截污堵源工作推进清水工程，固废规范处置工作更加重视，基础设施不断健全；环保管理更加规范，严把项目落户审批关，不断提高环境准入门槛；执法力度不断加大，开展重点企业刷卡排污系统安装和废气重点监管企业排气筒采样平台建设，创新环境执法机制，增加特殊时段环境执法频次；生态文明建设稳步推进，“811”生态文明建设11个专项行动扎实推进，“四边三化”和“双清”专项行动有序开展，重点区域环境卫生问题得到有效整治，城乡环境面貌进一步改观。

全区环境空气优良天数比例为84.3%；22个县控及以上地表水监测断面中，Ⅲ类及以上断面达到63.6%，汤浦水库集中式饮用水源地水质达标率100%；城区环境噪声总体达到国家规定的标准要求；辐射环境处于安全状态。全年成功创建国家级生态乡镇1个，省级生态乡镇(街道)2个，省级绿色社区3个。各类环境信访均及时妥善处置，环境隐患和突出问题按要求化解落实，全年未发生重大环境污染事故和重大环境群体性事件，辖区内环境安全得到切实维护。区环保局被绍兴市委市政府授予2013年度生态市建设优秀区、县(市)荣誉称号，获得淘汰落后产能工作先进部门、“腾笼换鸟”工作先进集体、应急联动工作先进单位、安全生产特别奖等荣誉。 (蒋建钢)

环境质量与监测

【概况】 2013年，区环境保护局(以下简称区环保局)共出具各类监测报告3756份，其中监督性监测报告3002份；获得各类监测数据约14.8万个，其中自动监测数据7.1万个、日常监管监测3.3万个；完成建设项目竣工环保验收及其他验收监测188家次，污染源在线比对231家次，国控省控重点污染源监督性监测174家次，其他各类委托监测60家次。

【全年空气优良率达84.3%(以API计)】 2013年，全区空气质量优良天数为307天。大气中主要污染物二氧化硫、二氧化氮、可吸入颗粒物年均值分别为0.034毫克/立方米、0.041毫克/立方米、0.100毫克/立方米，城市大气环境质量未达到国家二级标准。酸雨发生率为93.5%，酸雨量占总雨量的66.7%，降水pH平均值为4.62。与2012年相比，酸雨发生率有所下降，降水pH值略有下降(2012年酸雨发生率为95.9%，酸雨量占总雨量的85.8%，降水pH平均值为4.81)。

【地表水监测断面水质达标】 2013年，全区22个县控及以上地表水监测断面中，9个断面水质符合Ⅱ类水标准，5个断面水质为Ⅲ类，8个断面水质为Ⅳ类及以下。汤浦水库5个断面、曹娥江汤曹汇合口断面、百官镇下游断面、下管溪河浮村断面和隐潭溪泰山桥断面水质良好，属Ⅱ类水体；曹娥江上虞段（章镇上游、章镇下游、百官镇上游）断面、四十里河丰章公路桥断面及小越湖断面为Ⅲ类水体；萧曹运河上虞段（东关水泥厂、新沙桥、三角站桥）、总干渠及其分流（百官二号桥、百沥河朱邵桥、崧厦大江桥、百丰公路桥）断面及东进河一号桥断面水质为Ⅳ类及以下。县级交接断面出境水质考核良好。汤浦水库集中式饮用水源地水质达标率100%。

【城区环境噪声平均等效声级符合国家规定】 全年，昼间城区环境噪声平均等效声级为53.3dB(A)，低于国家规定的声环境质量标准中2类标准限值；交通干线噪声路长加权平均等效声级为68.4dB(A)，低于国家规定的声环境质量标准中4a类标准限值，比2012年下降0.2dB(A)。

（许晓冬）

污染治理

【概况】 依托重污染行业强制性改造提升新三年行动，强化企业环境资源利用率综合考评，全年强制淘汰重污染项目6只，强制改造污染较重企业19家。结合杭州湾上虞经济技术开发区环境质量提升年活动，完成13只重污染项目淘汰和15家企业年度改造任务。同时，化工、印染、造纸、制革等四大行业整治工作有序开展，共关停搬迁落后企业15家，完成厂房推倒重建企业6家，淘汰企业内部落后生产设备739台（套），新建改造治污设施378套，完成清污分流系统改造6.36万米，65家企业完成原地整治。全面完成废塑料加工经营行业专项整治，关停取缔和清理整顿废塑料加工经营企业（点）和收贮点179个。辖区内低、小落后产业逐步退出，传统产业发展质量和层次稳步提升，单位排污量经济社会综合效益明显提高，环保倒逼产业转型升级的作用进一步显现。

【强化建设项目环保“三同时”制度】 加快环保“三同时”验收。督促指导各分局所完成98个项目的环保“三同时”验收，其中报告书、报告表项目87个，登记表项目11个。

【建立排污许可证制度】 持续推进排污权有偿使用工作，进一步优化操作规程和管理办法，实施排污许可证制度。2013年，共收取排污权有偿使用金15597543元，核发临时排污许可证204本、正式排污许可证102本。

【规范工业固废处置】 固废规范处置工作更加重视，基础设施不断健全，众联环保固废填埋场建成投运，危险废物填埋场和污水处理厂污泥焚烧工程启动建设，金冠化工、迪邦化工、长征化工等重点企业污泥减量化工作有序开展，污泥削减成效明显。

【环境整治】 大力实施蓝天行动，突出工业、交通领域大气污染防治，全年完成废气重点企业和VOCs重点企业整治各11家，启动涉汞电光源企业专项整治，工艺装备和治污能力稳步提升。机动车尾气检测和“黄绿标”管理制度全面落实，重污染机动车加快退出，全年共检测车辆48082辆，发放绿标50298张，黄标3906张，淘汰高污染机动车107辆。开展了城区高污染燃料禁燃区创建，完成燃煤炉窑强制性关停和清洁能源改造单位21家。建成投运PM2.5大气自动监测站，空气质量监测评价体系进一步完善。清水工程有序推进，截污堵源工作不断深化，全年新增污水纳管单位40家，平原河网水质巡查和园区企业门前河道“三包”机制更加健全，水质监测和水质异常追责力度持续加大。

（叶静静）

污染减排

【概况】 2013年，制定印发《上虞市2013年主要污染物减排工作计划》，明确工作职责，落实工作任务。同时，制定出台《上虞市“十二五”主要污染物减排专项资金使用管理办法》，强化对污染减排重点工程的政策、资金保障，推进减排重点工程建设。加强部门联络协调，挖掘减排潜力，制作核查资料，指导各减排单位落实各项工作措施，强化现场管理，做好相关台账，提高减排认可率。根据绍兴市《关于2013年主要污染物总量减排数据结果的函》数据显示，全年全区化学需氧量削减率

2.27%，氨氮削减率6.90%，二氧化硫削减率2.64%，氮氧化物削减率2.32%。（叶静静）

【强化环境监管】 据统计，至12月中旬，环保局共出动监察人员22317人次，检查企业9995家次，下发责令改正通知书516份，立案查处企业163家次，罚款699万元（含追缴排污费），移送公安机关环境违法案件7起，行政拘留涉案人员8人，刑事拘留涉案人员12人，依法责令停产整改企业84家，收缴排污费1009.9万元，受理处理各类环境信访1018件（其中省转信访26件、绍兴市转信访29件）。全年，全区境内未发生重大环境污染事件和重大环境群体性事件，环境安全得到有效保障。大队直辖区域出动监察人员2596人次，检查企业1298家次，下发责令改正通知书100份，立案查处企业26家，依法停产企业21家，处理各类信访353件，收缴排污费65.31万元。（陈　江）

【控制重点企业煤耗】 继续实施重点企业煤耗控制工程，编制下发2013年度重点企业煤耗计划，对全区46家重点企业提出具体控制要求，并将日常监督管理责任分解落实到有关乡镇（街道）、两区，严控燃煤增长。（叶静静）

生态建设

【概况】 制定实施《2013年度上虞区生态文明建设工作计划》，分解落实生态保护工作任务，加强对全区生态文明建设工作的监督和考核，督促有关部门、乡镇（街道）按时完成各项工作任务。加大生态环境宣传力度，在第三个"浙江生态日"来临之际，组织环保志愿者服务总队开展"保护母亲河、关爱曹娥江"岭南隐潭溪生态宣教活动。在上虞日报组织开展"保护生态环境、倡导清洁能源、共享智慧生活"科普知识竞赛，会同区妇联组织开展"同心共筑中国梦，携手共建美丽家"创建活动。印发《上虞生态区建设工作简报》13期，其中《一体化建设网络化管理，上虞市加强城乡居民饮用水水源保护》一文得到副省长熊建平的批示肯定。

【加强农村环境综合治理】 依托乡镇截污管网建设，加快沿线农村生活污水进管，218个行政村完成生活污水处理，有效提高农村污水收集处理率。完善农村环境卫生长效保洁机制，71个村实现达标任务，实施"农村环境清洁专项行动"，加强农村垃圾清运和村庄保洁工作。推进规模化养殖场排泄物治理，完成上虞东海牧业有限公司、绍兴市上虞煜丰牧业有限公司、绍兴市上虞区饲料有限公司和绍兴市上虞区天成牧业有限公司排泄物治理工程建设，全区规模化畜禽养殖场粪污收集处理率为98.0%。完成年度水土流失治理面积9.6平方千米。大力推广测土配方施肥技术，累计711000亩，推广病虫害绿色防治技术307000.5亩。

【加大生态环保奖励】 进一步完善上虞生态环保奖励办法，扩大奖励范围和奖励额度。2013年，持续加大对生态绿色系创建工作的支持力度，共对38个生态保护项目实施奖励，奖励金额为220万元。其中，下管镇被环保部评定为国家级生态乡镇、永和镇被省环保厅评定为省级生态乡镇、东关街道办事处被省环保厅评定为省级生态街道、曹娥街道振兴社区等3个社区被省环保厅认定为省级绿色社区、曹娥街道和城社区被认定为绍兴市级绿色社区、丰惠镇中学等3所学校被评为绍兴市级绿色学校、丰惠镇陈夏谢村等23个乡村被评为绍兴市级生态村、5个水库被评为合格饮用水源保护区。

【重视集中式饮用水源保护】 组织开展对汤浦水库、城区总干渠、下管镇李家岙水库、下管镇跃进水库、陈溪乡达溪、岭南乡隐潭溪黄毛岭、岭南乡奈何畈水库和长塘镇靠溪岙水库等8个集中式饮用水源地水质监测，加强水源地日常环境巡查，及时查处和清理饮用水源保护区内畜禽养殖等污染水源的违法行为，保障群众饮水安全。年末，组织水利、卫计、财政等部门开展对全区集中式饮用水源环境保护和管理工作年度考核，确保各水源地水质符合国家规定的饮用水源地水质标准。（叶　敏）

城乡建设与管理

城市规划

【概况】 2013年，全区开展了总体规划、控制性详细规划、专项规划、村庄规划等各个层面的规划编制工作。区规划局启动了城市总体规划实施评估与修编，组织编制了《上虞市城市交通设施建设规划(2013—2017)》《上虞市城市绿道网规划》；东关、丁宅、道墟、谢塘等乡镇(街道)分别编制了控制性详细规划。

【城市总体规划实施评估与修编】 区规划局针对2003年以来上虞经济社会发生的较大变化、《中华人民共和国城乡规划法》颁布实施以及部分规划政策调整的实际，通过梳理规划实施中存在的主要问题和偏差，提出调整、补充、完善城市总体规划的思路和对策，明确当前建设需要改进和重点加强的方面，使总体规划的编制、实施与管理形成滚动的循环，为新形势下的规划建设提供指导。

惠普广场效果图

【老城区改造策略研究及先行区块控制性详细规划修编】 上半年，规划局在2010版老城区改造策略研究及先行区块控制性详细规划方案基础上，根据现实需要，对老城区现有控制性详细规划进行了进一步调整完善。旨在统筹新区发展与旧城改造，全面改善上虞主城空间形态。

【城南岭光区块城市设计】 为符合城南生态宜居的要求，合理对岭光区域进行定位，区规划局开展对城南岭光区块城市设计，本着“因地就势、创造宜人的空间环境，塑造层次丰富的空间形态”的规划思路，力求打造特色个性的城南区块。

【“一江两岸”开发建设】 区规划局通过对区域土地价值、旧村改造模式、生态保育、交通布局等方面的研究，编制完成“一江两岸”南段城市设计，并组织开展了“一江两岸”管线综合规划、亮化设计、电网专项规划和景观设计等各类专项规划编制。旨在打造稳定城市生态，促进规划区域与现有“一江两岸”核心区及城南、曹娥等区域的有机融合。

【数字上虞地理空间框架建设项目】 经过两年的建设，区规划局基本完成数字上虞地理空间框架建设项目各项建设任务，数字上虞地理信息公共平台和“天地图·上虞”网站正式上线。数字上虞地理空编框架的建设，有力推动“数字上虞”的建成投用及推广应用，将有利于全面建成较为完善的城市地理信息共建共享体系，推动地理信息成果社会化应用，避免重复投入重复建设，提高政府公共服务能力和水平。 (沈　铭)

重点工程建设

【概况】 2013年，紧紧围绕“四个上虞”建设的总目标，以“城建攻坚年”活动为抓手，提升市政、园林、供水、排水、供气企业的行业管理能力，持续营造“宜居、利居、乐居”的城市环境。全年承接政府投资项目41只，总投资24.15亿元，年度投资7.09亿元。至年底，完成投资7.76亿元，完成年度投资计划的109%，“城市门户靓化、住房保障建设、路网拓展改造、园林绿化建设、环卫设施配套”等重点项目持续推进。 （李晓珊）

【推进人才公寓建设】 为切实解决民生问题，优化人才环境，解决企业人才的住房问题，人才公寓建设全面推进。该工程总投资约6.9亿元，总占地约49360平方米，总建筑面积约141034.74平方米（含地下室面积32443.87平方米）。其中住宅建筑面积104970.59平方米，共计14幢房子，建成后共有房屋1069套，其中865套用作人才公寓。截至年底完成年度投资2.30亿元，超额完成年度投资。 （李晓珊）

【杭州湾开发区垃圾填埋场一期启动】 垃圾填埋场位于杭州湾上虞经济技术开发区北塘河外海涂，距上虞市城市污水处理厂约300米，污水经过预处理后可接入处理，大大减轻了处理难度。填埋场围垦面积约35.6万平方米，高度约5.1米（平均），库容达200万立方米，日处理能力300吨，可使用年限18年，主要用于建筑垃圾和生活垃圾的填埋处理。一期工程投资额4600万元，从2011年开工，至2013年11月底已完成管理房、科技楼、维修车间等主体结构，粪便处理厂也已建成并通过验收，库底防渗膜铺贴工作全面进行。一期工程至2013年11月底共完成投资4140万元，占一期总投资额4600万元的90%。 （李晓珊）

【切实推进交通治堵工作】 根据《上虞市人民政府办公室关于印发上虞市城市道路交通拥堵治理工作实施方案的通知》（虞政办发〔2013〕160号）文件要求，大力推进交通治堵工作。自年初以来，已新建改建城市道路8.447千米，打通影响通行的断头路5条（其中灵凤新村北侧道路长约500米，12月底已完成沥青路面摊铺）。9—10月份开展影响交通功能的路面停车位调研工作，对城区影响交通的停车位进行现场踏看，并拍照留底存档。自10月底开始，结合城区沥青路面改造工程，开展减少影响交通功能的路面停车位的全面整改工作。截至12月底，城区沥青路面改造工程中完成停车位共计50只。同时，新建改建公共停车位共326只，完成交通拥堵节点改造4处，有效缓解交通拥堵。 （李晓珊）

市政建设

【概况】 2013年，按照“建设精致上虞，推进民生幸福”的总体要求，强化城市提质，落实民生保障，全年投入资金2.1亿多元，重点推进续建、新建、前期、储备共21只政府投资项目和33只民生工程建设，共浇筑和改造沥青路面约12.4756万平方米，铺设和改造人行道约27563平方米，改造砼路面约2398平方米，埋设各类管道约11841米，增设标志标杆95套，标线约18000平方米，新增停车泊位约129只，漆划临时停车位303只。市民出行环境和人居环境进一步改善。 （杨　勇）

【城北3条路网BT工程建设竣工】 “称山北路、观山路、规划支路”3条道路建设是年度政府投资项目续建工程，是采用建设——移交（BT）模式投资方式的项目建设，内容包括道路、桥梁、排水、绿化、照明及交通安全设施等基础配套建设工作。工程自2012年9月进场施工，于2013年9月底顺利完工并通车，项目总投资6600万元。该工程的完工，为推进高铁新城大开发和完善城北路网带来积极意义。 （杨　勇）

【老城区8条沥青路面实施大修】 老城区半山路、青春路、新建路、解放南路、联盟路、假山路、龙山路和胜利路8条道路，建设年代久远，路面坑坑洼洼，运行质量下降。为综合整治老城区破损道路，提升城市品位，市政工程管理中心在9月底启动了老城区8条道路沥青路面改造。路面改造采用热再生先进施工工艺技术，道路一次成型，可立即开放交通，大大缩短了施工工期，最大限度地降低路面改造给交通带来的干扰和影响。该工程概算投资1085万元，改造面积约为36000平方米，工程于11月底竣工并投入使用。（杨 勇）

【外环南路路面改造】 外环南路道路改造是104国道门户靓化内容之一，该路段由于交通流量大，超载车辆经过多，沥青路面破损十分严重，为保障市民出行安全，经市政府批复，经过市政工程管理中心前期调研，于3月20日进场对外环南路道路实施改造。外环南路道路改造，东至百丰公路，西至车辆检测中心门口的沥青路面，工程采取半封闭施工。该工程概算投资2377万元，改造面积约46000平方米，道路于9月底竣工并投入使用。（杨 勇）

【江扬路与舜江东路交叉口实施渠化改造】 江扬路与舜江东路交叉口联系着城区和城北区域，是市区主要交通要道，交通流量较大。为缓解该区域的通行压力，该交叉口渠化改造被区政府列入年度民生工程。工程概算投资500万元，改造方式为：拆除道路中间的绿化带，由原来的双向4车道改为双向6到7车道，新建路设置4出2进机动车道，舜江东路和江扬路设置4出3进机动车道。同时设置导向车道、交通渠化岛和人行过街设施，使车辆和行人各行其道，互不干扰，以提高交通安全性和通行能力。工程于6月进场施工，9月底竣工，投入使用后，江扬路与舜江东路交叉口交通秩序得到明显改观，交通流量进一步提高，道路结构进一步优化。（杨 勇）

【加强市政工程质量监督】 市政质安站安全监督的范围扩大到全区所有受监项目，调整职能后新受理工程安全监督申请项目86只，召开工地安全会议86次，开展专项检查17次，发现一般安全隐患108条，印发安全信息11期，总体来讲，工程安全形势基本保持稳定。（黄 燕）

【城乡垃圾日产日清】 全年全区共清运城乡垃圾31.08万吨，其中城区垃圾17.45万吨，农村垃圾13.63万吨，同比分别增长8.22%、8.42%和7.98%。其中有20.94万吨运往春晖垃圾焚烧厂焚烧，10.14万吨运往蟠龙岙垃圾填埋场填埋，同比分别增长5.55%和14.21%。（石勇生）

外环南路路面改造　（杨 勇 摄）

【公开招聘临聘环卫管理员】 年中，环卫中心首次推出管理员管理岗位社会公开招聘，按照“公开招聘、竞争上岗、末位淘汰”原则，通过刊登《招工启事》，经面试小组综合测评打分后，最后录用了12名临聘环卫管理员，在经过培训实践后，在12月底正式上岗，每位管理员负责一个环卫保洁片组，加强道路巡查，及时处理巡查中发现的问题，提高城区环卫保洁质量。（石勇生）

【抓好城区机械化保洁】 环卫中心抓好城区机械保洁，共投入8辆吸扫车和5辆洒水车，对城区主要道路进行每天2次的机扫和洒水作业，其中机扫面积为138.25万平方米，洒水面积162.48万平方米，分别占保洁总面积397.88万平方米的34.75%和40.84%。同时，还投入4辆小型清扫车用于城区非机动车道清扫，3辆小型电动垃圾清运车用于城区小堆垃圾收集清运。从而，抓好城区道路保洁，减少尘土飞扬，提高环卫保洁质量。（石勇生）

【抓好城乡垃圾收集清运】 环卫中心认真抓好城乡垃圾收集清运工作，垃圾压缩收集车和垃圾拉运工每天对城区垃圾桶、果壳桶和垃圾房集中收集2次。投入25辆八桶车对城南和城北片城区道路和小区的1000余只垃圾桶进行“以桶换桶”垃圾直运，将垃圾运到城区垃圾中转站。环卫车队负责全区城乡生活垃圾清运，每天将51座城乡生活垃圾中转站收集压缩的生活垃圾，转运到春晖垃圾焚烧厂和蟠龙岙垃圾填埋场处理，做到生活垃圾日产日清。大力整治城乡接合部环境卫生，投入6辆基建垃圾清运车，及时清运城乡接合部乱倒乱堆的建筑装潢垃圾，有效减少了城乡接合部路边建筑装潢垃圾堆积现象。（石勇生）

市政公共设施

【概况】 市政工程管理中心坚持市政公用设施建养并重，强化基础设施精细化管养，同时，深化网格化管理工作，完善巡查保障网络，提升社会综合服务功能。2013年，投入养护专项资金720万多元，维修沥青路面约0.98万平方米，维修砼路面约3790平方米，维修桥梁栏杆约182米，疏通下水道约5.2万米，修葺大理石人行道约4885平方米，更换侧石约916米，安装雨水井防护网1000余只，更换窨井盖约694只。（杨　勇）

城北3条路网BT项目之一观山路(江广路—规划支路)工程（杨　勇　摄）

【城区和开放式社区市政公用设施维护】 全年对城区和开放式社区市政公用设施实施维护，取得成效。一是对城区江东路、人民东路、江扬路、市民大道、保驾山路、凤山路、渡江路等破损沥青和砼路面修复，对凤山社区、半山社区、西横河社区、上源闸社区等破损道路实施沥青、混凝土和透水砖修复，在王充路、称山路、恒利社区等区域实施积水改造，在多元路、王充路、横街、德盛路、市民大道等进行交通标线漆划、交通标牌安装等；二是对管辖范围内的47座桥梁全部进行定期常规检测，重点对人民大桥人行道和铺装层进行维修，南环大桥两端防车辆超载安装地磅，对峰山桥、凤鸣桥、保驾山桥、财富路桥等10余座桥梁进行了护栏、人行道板块的维修。全年整改落实问题：网格化巡查和数字城管共整改落实问题694件，自行车巡查小分队共查处整改问题179件，热线电话、网上投诉处警服务率100%，满意率100%。（杨　勇）

城市绿化

【概况】 2013年，城市园林绿化建设重点抓好政府重点工程、门户靓化工程、民生工程。其中实施政府投资项目共10只(含门户靓化项目5只)，即续建项目有：三环东路绿化工程、四环北路生态绿地工程和门户靓化——外环南路及大桥路道路绿化景观工程、迎宾大道道路绿化工程一期、峰山路道路绿化工程；新建项目：北三环绿色走廊建设工程三期、大龙山生态公园三期、控违拆违覆绿工程一期和门户靓化——称山北路道路绿化工程一期、人民东路道路绿化工程一期。完成年度投资6150万元，新增绿化面积270亩。（阮先羽）

【四环北路生态绿地三期建设完工】 四环北路生态绿地一、二期建设已于上年度通过竣工验收。三期工程建设位于高铁线北侧，即老百崧公路——高铁站沿线。经有关部门核准实施，三期年度计划投资1500万元，建设内容包括绿化、土方等。至年末，三期建设项目通过验收，达到年度目标，完成整个四环北路生态绿地建设75%总工程量。（阮先羽）

【北三环绿色走廊三期建设过半】 北三环绿色走廊建设三期，位于北三环北侧(尚御府南侧、天玥开元名都大酒店及石油加油站南侧)，占地19343平方米，投资总额730万元，主要建设景观、绿化、土方等。本年度投资365万元，主要完成立项、选址、设计、招投标等前期工作，以及完成加油站、尚御府南侧区块绿化种植，年内完成50%总工程量。

（阮先羽）

【大龙山生态公园三期按期完工】 大龙山生态公园三期建设工程，位于上虞城区龙山公园，总占地4433平方米，投资总额700万元。于7月22日进场施工，主要进行观光平台、活动室、公厕、登山道两侧桂花、梅花及红叶石楠、红花继木、紫鹃等灌木种植、亮化工程、园林小品等建设。至年末，所有建设项目完工，其中盘山道路安装太阳灯300余盏，为“夜公园”的美景添色；龙山公园各道路旁，合理安置、固定王充、魏伯阳、嵇康、马一浮、陈春澜、竺可桢、吴觉农、谢晋等虞籍知名乡贤铜质雕像19座，既增添公园文化元素，又为市民增加了解乡贤的平台。（阮先羽）

【控违拆违覆绿工程一期完成30%总工程量】 控违拆违覆绿工程一期，位于恒利社区北侧、四环南侧沿线、九浸畈等区域3万平方米，是根据市政府相关会议要求，与百官街道协调，下半年调增项目，投资总额800万元。至年末，投资240万元，完成施工前有关手续、进场施工，完成30%总工程量。

（阮先羽）

【城市门户廊道改造建设顺利】 称山北路道路绿化工程一期：位于城区称山北路（三环至四环路段），建设面积7466平方米，投资总额300万元，是本年新建项目。年度投资210万元，完成工程前期立项、设计、招投标等前期工作，并进场开工，完成总工程量的70%，达到年度目标。人民东路道路绿化工程一期：位于城区人民东路（一号桥—铁路涵洞），总投资500万元。年度完成立项、区域初选、测绘、初步方案等前期工作。（阮先羽）

【26只民生工程扎实推进】 实施民生工程华维中学西侧绿化工程、九浸畈小绿地改造工程、上源闸社区补绿工程、横街路停车场绿化工程、藕舫路绿化改造工程、吉利新村周边绿化改造工程、舜耕大道隔离带延伸绿化工程、外环南路中间隔离带绿化补种工程等26只，总投资为944万元。至年末，除2014春节环境布置工程、2014元宵灯笼布置工程、2013草花布置及改造工程六期3个项目属于2014年1—2月建设项目尚未完成外，其余全部完工，完成86%总工量、投资811万元。

（阮先羽）

【集中整治城区公共绿地毁绿种菜】 针对城区公共绿化带毁绿种菜、乱堆杂物现象，区园林管理中心组织4个小组，摸底调查城区城西、城北、老城区、市民中心公共绿地毁绿种菜情况。经查，主干道附近竟有34处公共绿地被毁，共计面积10497平方米。12月27日始，开展为期10天集中整治，当天联合区城管执法、百官街道等单位，对城北星辰首府1200平方米公共绿化带毁绿种菜、违章搭建进行整治。（阮先羽）

【除雪为行道树减负】 1月4—5日，持续的大雪，城市绿化面临着前所未有的严峻考验。面对严重雪灾，市园林管理中心组织人员、落实设备，对城区人民路、新建路、凤山路、舜江西路、舜杰路、市民大道、市民中心等道路和公园树木、设施进行应急加固和检查。雨雪冰冻灾害应急小分队24小时值班待命，处置雨雪冰冻灾害。同时组织全体干部职工上街，对城区各条道路行道树进行敲打积雪，减少树木负担。由于处置及时得当，城区行道树未出现因大雪而受到树枝低垂、断裂等损伤。（阮先羽）

【全力投入抗旱护绿】 7月，随着旱情的持续加重，树木干渴，高温干旱严重影响城市公共绿化植物的生长。启动抗旱应急预案，对城区道路绿化隔离带、大型公园绿化抗旱保绿。组织抗旱队伍，外借环卫洒水车辆，采取分班组、划地段，轮流作业，加大浇灌力度，增加洒水频率，抓住树木浇水最佳时机，于每晚8点半至次日10点浇水。同时，在城区主要道路隔离带，为一些不耐旱灌木穿上“遮阳服”。除此外，邀请16个社区主任以及有关单位召开动员会，又在《上虞日报》刊发《行动起来，大家参与城市绿化抗旱保绿的公开信》，动员社会力量，共同投入到城市绿化抗旱的工作中来，确保城市绿化安全过夏。

（阮先羽）

【预防超强台风“苏力”】 7月11日，第7号超强台风“苏力”来临前，本着“早准备、早部署、早行动”的原则，钢管支撑、加固城区行道树特别是法国梧桐500多根，防止树木倒伏。及时整枝、加固对社区房屋有威胁树木、苗圃大棚等设施。检查管辖范围内的公共绿化带水池、水塘，竖立警示牌。台风期间，开展电信防台短讯发送，提醒市民不要在树下停留、停车以防发生意外。（阮先羽）

【营造购物节日环境】 9月18日，2013年浙东新商都购物节活动前夕和期间，组织绿化保洁小分队，突出清除市民大道、迎宾大道和文化广场绿地内各种白色垃圾和建筑垃圾，做好城区绿化保洁和环境整治。置换市民大道沿线破旧花盆木制箱花盆，摆放新型材料花盆，并种植花草。同时，摆放布置城区主要道路、节点、广场等公共场所草花，重点对市民大道、迎宾大道进行草花点缀，开展绿化修剪、拔草养护、绿化保洁、缺株补种等绿化养护工作，为节会提供良好的环境保障。（阮先羽）

【首次开展四星级民间园艺师考评】 根据上虞市《民间人民“万人计划”实施意见》，结合民间园林园艺师特点及评鉴标准，制定《上虞市民间园林园艺师（绿化养护）评鉴实施方案》《上虞市民间园林园艺师（绿化养护）评鉴考核表》。通过自愿申请，乡镇（街道）初审同意，上报推荐表后，10月23日，首次举办的绿化养护园艺师评审会，邀请绍兴市、新昌县等绿化管理部门专家参加评审，对民间园林艺人进行各类园林机械设备的性能、特点、操作步骤、养护维修和植物的名称、特性，病虫害的防治，农药的种类、剂型、浓度和施用方法及保管等问题和绿化修剪手工、机械修剪等现场答题操作。最终，来自丰惠、上浦等8个乡镇9个民间艺人获得通过，并上报市委人才工作领导小组批准。（阮先羽）

城市管理

【概况】 2013年，出台《上虞市深入开展控违拆违专项整治工作方案》，制定“零违建”报告制度、“十大违建典型”重点突破制度等7项机制，确保控违拆违工作顺利开展。认真执行《关于加强店外占道经营管理的若干意见》，规范沿街商店经营秩序，共纠正店外占道经营行为2380多处。（王　超）

【加大控违拆违专项整治力度】 城市管理行政执法局对高档小区新建违法建筑进行强制拆除，拆除新上海花园、东城水岸、百花山庄、闰土嘉和园等违法建筑12处，建筑面积500多平方米；同时拆除其他违法建筑7975平方米。全年配合各乡镇开展行政强拆工作，共参与违法建筑行政强拆110多次，派出力量4700多人次。组织开展了党员干部违法建设自查登记和违法建设调查摸底工作，共摸排登记违法建筑66.95万平方米；对“三边一区”违法建筑和全区主要道路两侧废品收购点、垃圾堆放点等脏乱差问题进行了督察式调查摸底。从7月20日开始，牵头对全区主要道路两侧废品收购点、垃圾堆放点进行专项整治，到9月5日全区主要道路两侧114个（面积47605平方米）废品收购点，158个（面积6542平方米）垃圾堆放点的违法建筑、垃圾全部得到拆除和清理。截至11月28日，全区共拆除违法建设3300处，总建筑面积73.35万平方米，分别完成绍兴市下达的55万平方米拆违任务数的133.36%、区政府下达的60万平方米拆违任务数的122.25%。

（陈　波　倪杨熠　王　超）

【推进“数字城管”应用】 对数字城管实施范围内进行精细化巡查，进一步提升了信息采集质量。2013年1—11月累计采集城市管理问题信息34426条、结案32650件，结案率99.02%，基本实现“第一时间发现问题，第一时间处置问题，第一时间解决问题”的管理目标。

【加强城区建筑废土（泥浆）管理】 进一步规范建筑废土（泥浆）处置审批工作，全年共消纳建筑废土192万立方米、建筑泥浆21万立方米，并投入271万元在周转场内建设了建筑泥浆固化处置设备。全年共查处乱倾倒、乱处置等行为18起。

【加强城区市容管控】 清理后村家园、一号桥、舜杰路、恒利路、梁家山等18处马路市场，清理占道经营摊点、流动摊贩2150摊次。严格控制相对集中经营点上的早点摊、夜排档的出摊时间；取缔零星设置的早点摊50多处、夜排档60多处。

【开展公共自行车服务系统建设工作】 牵头建设城区公共自行车服务系统，公共自行车项目一期建设34个服务站点、940个桩位、计划投放1000辆公共自行车，总投资约805万元，已建成一个服务站点样板点和完成基础开挖。

【加强城区户外广告管理】 出台《进一步加强城区户外广告管理的意见》，继续加大公益宣传力度，对城区48块大型公益广告画面进行更新。对城区主要道路两侧擅自设置、陈旧破损、影响市容的户外广告牌进行整治，共清理破损、乱设置等各类户外广告860多块（面积1100多平方米）。

【探索城管义工队伍建设】 制定《城管义工队伍建设的工作方案》，组建了以青年志愿者、在校大学生、大学生村干部等为主的义工队伍，组织开展了大学生“城管体验日”活动，联合市中青班学员开展了“数字城管”巡查、控违拆违业务学习活动，会同团市委开展了规范经营倡议、协助执法及文明劝导等活动，广泛发动和积极引导公众参与城市管理。 （王　超）

村镇建设

【成功创建省美丽乡村建设先进县】 10月22日，省“千村示范万村整治”工作协调小组通报表彰上虞市为“2013年度浙江省美丽乡村创建先进县”（浙村整建组〔2013〕1号）。

【历史文化村落得到保护利用】 按照“修复优雅传统建筑，弘扬悠久传统文化”的要求，重点抓好省第一批历史文化村落保护利用重点村丰惠镇通明村的保护利用规划编制，并通过省级会审。申报岭南乡平山村、东澄村为2013年绍兴市级重点培育历史文化村。

【实施农民建房用地保障工程】 组织开展全区“空心村”情况调查，出台《上虞市农村住房改造用地保障工作实施意见（试行）》（虞政办发〔2013〕84号），共立项24个，面积138亩，拆旧6.5万平方米，可解决444户农户的建房用地需求。

【实施农家乐提档升级工程】 申报省级农家乐特色点1家，三星级农家乐经营户2户，绍兴市级农家乐特色村1个，确定上虞区农家乐提档升级项目13只，创建上虞区级二星级经营户（点）12家。 （章妙芬）

水 利

综 述

【概况】 2013年,全区水利在服务经济社会发展、改善和保障民生等方面发挥重要的基础支撑作用。抓防汛抗旱,确保安全度汛。通过组织开展全区防汛防台抗旱大检查,及时完成27处重点险工隐患的除险加固,建立山塘水库质量监督员制度和定期巡查制度,进一步健全完善基层防汛防台体系和山洪灾害防治非工程措施建设,加强防汛信息化管理,举办防汛业务知识培训,举行山洪灾害防御演练活动等,扎实抓好汛前准备工作。汛期,接连遭遇梅汛强降雨、历史罕见的高温、长时间干旱和"8·18暴雨"等侵袭。特别是受23号强台风"菲特"的严重影响,10月6—9日,区域平均面雨量434.8毫米,有11个监测站点超过500毫米,最大站永和为636.6毫米,单站雨量创建国以来之最,全市遭受较为严重的内涝灾害。由于准备充分、响应及时、决策正确、调度得当、措施有力、救援到位,全市水利设施特别是骨干水利工程发挥最大的抗灾减灾效益,极大地缓解了灾情,取得防汛防台抗旱斗争的全面胜利。抓工程建设,加快项目推进。2013年,列入全区政府投资项目的水利工程共8项,其中续建4项,新建4项,计划总投资2.76亿元。另有前期项目8项,安排资金7000万元。省重点项目——曹娥江干堤(梁湖砂塘)加固工程于3月25日开工建设,至12月底如期完成主体施工。世纪丘北堤(新东进河)二线闸建设工程于4月25日动工,到12月底基本完成水闸主体建设。路东工业安置区外围河道整治工程全面完工并通过验收。同时实施海涂二号闸除险加固工程和上浦闸枢纽除险加固工程等,做好虞北平原滨江河——沥北河整治工程、"一江两岸"景观一期工程、六湖(皂李湖、白马湖、东泊、西泊、小越湖、孔家岙泊)整治工程、上浦闸灌区2013年度节水续建配套项目、江华路至规划支路应急排涝工程的前期工作。清水工程继续推进,如期完成浙东古运河上虞段环境治理水置换工程。曹娥江水体浊度进一步下降,确保上浦闸闸前水质浊度检测平均数控制在60以内,水功能目标水质检测平均数达到Ⅲ类以上。9—11月,组织开展全区河道保洁专项行动,实际完成河道保洁796条,长1550千米,投入资金2420万元,超额完成市委市政府考核任务。面上水利建设取得新突破,如期完成1座水库除险加固、2座水库加固主体施工、40座山塘整治、3座电排站改造、80千米农村灌排河道及小流域整治、11只农民饮用水项目和10座危桥改建等。抓水政执法,规范水利管理。严格水行政审批程序,全年共办毕涉水许可事项105件。加大水行政执法力度,全年立案查处曹娥江和内河水事违法案件23起,其中申请法院强制执行11起。全力开展"控违拆违"专项行动,全年累计拆除涉河违章建筑12200余平方米。出台加强山塘水库巡查管理的一系列制度规则,开发建设山塘水库、江堤海塘实时巡查管理系统,在水利工程管理智能化、规范化、现代化道路上迈出一大步,确保管护组织、人员、责任、经费、制度、设施全面到位。 (金建良)

防汛抗旱

【概况】 全年局地强降雨多发,高温干旱持续时间长,热带气旋影响异常,洪涝、台、旱灾害严重。

汛期4—9月全市平均降雨量806.5毫米[代表站(下同)],比常年平均偏少14.3%。2013年1—9月降雨量1017.9毫米,其中6月、8月份降雨量明显偏多,6月降雨量超多年平均30.8%,梅汛影响明显;8月降雨量是多年平均的156%,其余除2月、4月与多年平均持平外,降雨量均明显偏少,特别是7月1日出梅起至8月中旬,降水量不足多年平均的20%,旱灾明显,进入10月,受23号强台风“菲特”影响,降雨量达440.6毫米,是同期多年平均的5.33倍,据分析,“菲特”台风影响期间最大24小时降雨量虞北平原434.0毫米,比百年一遇降雨量340.7毫米多93.3毫米,远远超过百年一遇标准,降雨分布极不均匀。

【洪涝台旱灾害】 全市作物受旱面积16.107万亩,其中水稻1.625万亩、瓜果2.279万亩、蔬菜3.013万亩、花木1.337万亩、茶叶1.093万亩、其他经济作物6.76万亩,成灾面积达8.51万亩,绝收2.33万亩;全市因旱发生饮水困难的有11个乡镇6059户,计20184人。旱情比较严重的山区乡镇有:章镇镇受旱面积27695亩,饮水困难3325人;岭南乡受旱面积20465亩,饮水困难4292人;丰惠镇受旱面积20663亩,饮水困难1955人;下管镇受旱面积18900亩,饮水困难1350人;上浦镇受旱面积5281亩,饮水困难5485人。全市粮食作物损失7305吨,经济作物损失7298万元。受8月18日晚突发强降雨袭击,旱涝急转,全市7个乡镇出现轻度灾情,23115亩农作物受灾,造成315亩农作物绝收;倒塌房屋6间,中断公路3条次,损坏机电泵站18座。全市直接经济损失1300万元,其中农业损失721万元。第23号“菲特”强台风给上虞市造成严重的灾害损失。经核实,全市21个乡镇(街道)受到不同程度的台灾影响,共计受灾人口27.71万人,紧急转移人口12728人,房屋倒塌282间,因灾死亡4人(遭突发性山坡泥石流掩埋)。农作物受灾面积37.51万亩,其中成灾面积20.10万亩,绝收面积6.03万亩,水产养殖损失面积3.66万亩,死亡大牲畜3.56万头。萧甬铁路驿亭镇段因塌方短时中断,公路中断39条次,供电中断27条次,448家工矿企业停产。损坏堤防36处,长6.095千米,损坏护岸152处、水闸5座、塘坝11座、灌溉设施694处、泵站125座。城市受淹6平方千米,3.2万人受灾,17241户房屋进水。全市因灾造成的直接经济损失达172969万元,其中,农业损失60338万元,水利设施损失9600万元。

【落实防汛责任制】 防汛防台抗旱工作实行各级人民政府行政首长负责制及分级分部门的岗位责任制和责任追究制。汛前,调整规范防汛机构组织,起草拟文市防指组成人员调整建议方案,由市政府发文公布;及时调整市级部门防汛地段责任分解,并发文公布。同时,为认真做好2013年度水库大坝和重要堤防、蓄滞洪区等安全管理工作,根据《中华人民共和国防洪法》《浙江省防汛防台抗旱条例》等法律法规,全面落实年度水库大坝安全管理责任人、巡查责任人、重要堤防和蓄滞洪区防汛责任人。特别是小(二)型以上水库、农村水电站的防汛责任人和基层防汛防台体系村级负责任人在《上虞日报》上进行公布,接受社会监督,使各项防汛责任制真正落到实处。

【防汛安全检查】 农历春节前,对全市小型水库及重要屋顶山塘组织开展拉网式安全检查,发现问题,及时整改。春节后,自2月20日至3月13日对全市开展全面检查。检查发现,全市21个乡镇(街道)都成立了以乡镇长、街道主任和村支书(村委主任)为组长的两级防汛组织,其中21个乡镇级、388个村级防汛组织,组建了7000多人的防汛抢险突击队伍。严格按省下达的防汛物资储备定额数储足防汛物料,全市共储备防汛草包7.46万只,麻袋4.59万只,化纤袋20.63万只,还有木桩、油布、土工布、救生衣、铁锹、应急灯等防汛物资。但水工程防汛隐患仍有暴露,检查发现并经认真分析筛选后的重点险工隐患有27处。市防指下发《防汛防台抗旱督办告知书》17份,明确要求有关乡镇(街道)和部门单位,严格按照市防汛防旱指挥部要求,制定整改措施,落实责任人,加大整改力度,抓紧实施,确保在主汛期(7月15日)前完成除险工作。

【水利工程管理】 严格要求各地按规定控制水库山塘蓄水,确保水库山塘安全运行。同时,为切实加强对已建水利工程的安全管理，市水利局拟订具体管护考核细则，落实资金、落实管护人员，明确责任，加强标准堤塘及水库山塘管理和维护（曹娥江干流4千米/人、5000元/千米，支流5千米/人、4000元/千米）。尤其是水库山塘巡查管理，2013起在大幅提高巡查经费的同时[新标准为小（一）型1万元/每年，小（二）型8千元/每年，屋顶山塘5000元/每年]，制定出台严格的考核体系，通过GPS巡查管理系统，对其进行考核管理，确保水库（山塘）、堤防等巡查管理到位。

【防汛宣传培训】 为切实提高各地一线人员业务能力，多次举办相关培训，内容包括水库山塘巡查管理、水文测报、山洪预警系统操作应用等，5月9日组织全市各乡镇（街道）行政领导、分管领导进行防汛业务培训，邀请省厅有关专家现场授课。通过培训，明显提升各级防汛安全管理能力。同时，积极开展防汛宣传工作，通过广播、电视、报纸等新闻媒体及发放宣传册、宣传伞、张贴宣传画、设置警示牌等多种形式进行防汛防台减灾知识宣传，特别结合山洪灾害防治非工程措施建设，印发宣传册1万册、宣传画500套，制作宣传伞5000把等，极大提高山洪灾害影响区群众对防汛减灾的认识。

【积极应对各类汛情】 在梅雨、干旱和台风防御期间，市防指连续发出指令，全面布置落实各项防御工作，要求全市加强值班，全力做好水库山塘、堤防等24小时巡查检查，切实加强小流域山洪和地质灾害的防御工作，同时要求各地一旦发现险情，及时处置，及时报告。干旱期，面对历史罕见的高温少雨天气，7月30日下午15:30，市防指启动抗旱Ⅳ级应急响应，8月14日，将抗旱应急响应由Ⅳ级提升为Ⅲ级，要求各地切实做好防旱抗旱各项工作；8月18日20时起，上虞市突发强降雨，平均过程雨量130.8毫米，19日早上，根据雨情、汛情及时启动防汛Ⅱ级应急响应，同时，结束全市抗旱应急响应。台汛期，市防指根据热带气旋的动态多次启动应急响应，特别是“菲特”强台风防御期间，市防指分别于10月5日21时和6日17时，及时按预案启动Ⅳ级、Ⅲ级应急响应，7日9时，根据防御重点变化，及时调整防台应急响应为防汛Ⅱ级响应，8日7时，升级为防汛Ⅰ级应急响应，要求各地切实做好应对工作。同时，市防指还分阶段根据防御重点3次下发通知文件，布置落实各项防御任务。各地的市政府联系领导及挂钩部门自7日下午起赶赴各乡镇（街道）指导督促开展防汛防台工作，抢险技术指导组人员也于7日下午到岗到位履行职责。山洪灾害预警平台和防汛会商系统全面投入运行，并发挥了及时预警、上下衔接、左右沟通的骨干作用，特别是山洪灾害预警平台的投运，台风暴雨期间自动触发预警短信100多次，市防指办还通过短信平台发布通知、预警等各类信息9330条，充分实现防汛防台信息及时上通下达的目标。

【台汛期间梯度转移各类人员12728人】 坚持以人为本，扎实开展各项工作。特别是在“菲特”强台风防御期间，全市共按梯度转移各类人员12728人，其中台风登陆前共转移各类人员2521人，台风登陆后共转移受淹地区人员10207人。

【利用现有水利设施有序调度水资源】 据统计，1—10月份共调度上浦闸引水4001万立方米，调度虞北平原三排涝闸开闸排水48444万立方米，其中新东进闸开闸运行117次，历时489.4小时，排涝水量32542万立方米，一号闸开闸运行33次，历时177小时，排涝水量9062万立方米，二号闸开闸运行50次，历时132.3小时，排涝水量6840万立方米。浙东引水工程三兴闸引水6次，共引水量14478万立方米，通过浦前计量闸和牟山闸向余姚河网供水分别为10411万立方米和2468万立方米。“菲特”台风洪水期间，通过逐步关闭通明闸，将部分涝水通过上浦闸引水渠和梁湖闹溪小流域的排涝工程南任排涝闸排入曹娥江，累计减少下游姚江洪水量3110万立方米，有效减轻了余姚城区防洪压力，有效地发挥了水工程的作用，基本实现灾害损失降到最低的调度目标。 （卢建强）

水利工程建设

【概况】 2013年，列入政府投资的8项续建、新建水利项目全年计划完成投资2.7553亿元，其中续建项目1.3266亿元，新建项目1.4287亿元，全年计划财务数2.51亿元，其中续建项目1.105亿元，新建项目1.405亿元。全年续建、新建项目共计完成投资2.722亿元，占年度计划投资数的98.7%，其中续建项目完成投资1.316亿元，占年度计划投资数的99.2%，新建项目完成投资1.406亿元，占年度计划投资数的98.4%。

【完成老百沥河疏浚工程(一期)】 老百沥河疏浚工程(一期)I标位于上虞市城北，总长6901.3米，主要为河道清淤、部分砌石及修复。2011年9月26日开工，完工日期为2012年6月15日。Ⅱ标位于上虞市城北，主要疏浚二条横河。横河一：从老百沥河经前二村、星宇新村以东城北实验中学接百崧河，长度1050米。横河二：从前一村老百沥河经前一村以东过黄泥坝村接百崧河，长661米。开工日期2012年11月10日，完工日期2013年5月7日。工程概算为1029.6498万元。

【完成九四丘临江一线海塘加固工程】 钱塘江南岸上虞九四丘北堤加固工程位于虞北海涂，堤线总长1395米。二号闸将加固堤线划为两段，一段为西自曹娥江口门东至二号闸左岸海漫外侧长524米；一段为西自二号闸右岸海漫外侧东至九六丘一期北堤长718米，总计加固堤线长1242米。另在曹娥江出口与钱塘江汇合处附近重建丁坝一座。设计标准为100年一遇设计高潮位与100年一遇风浪组合，按允许部分越浪设计。2012年4月28日开工，2013年7月11日完工；工程批复概算总投资为5600万元。

【完成新北塘闸、联围闸改造工程】 新北塘闸、联围闸等水工程改造项目位于杭州湾上虞工业园区，为园区配套排涝工程。主要建设内容为新建节制闸(新北塘闸)一座、联围闸维修加固、东进闸维修及直塘河清淤等。概算总投资822万元。工程于2012年4月28日开工，2013年1月10日完工。

【完成汇联、伟明、联谊、华阳等涵闸加固工程】 汇联闸及伟明等5座涵闸除险加固工程由汇联闸、伟明、联谊、新华、华阳、缸头庙共6涵闸组成，汇联闸汇于道墟保江塘，其余5座涵闸位于沥海保江塘段，概算总投资558.67万元。工程于2012年6月动工，至2013年3月完工。

【完成路东工业安置区外围河道整治工程】 整治河道3503米，砌坎长度2430米(单边)，新开河道210米，封堵河道290米，改建公路桥一座(金家岙桥)，改建农桥一座，新建农桥一座，新建铁路涵洞二处，配套建设农排设施、跌水缺等。项目概算总投资为2247.40万元。河道工程于2009年12月动工，至2011年1月完工。铁路涵洞工程于2012年8月动工，至2013年7月完工。

【下管镇凤桐水库除险加固工程完工】 凤桐水库位于下管镇洙凤村，集雨面积1.25平方千米，正常库容9.08万立方米，总库容12.1万立方米，坝顶长度98米，最大坝高15.8米，灌溉农田360亩，是一座以灌溉供水为主，结合防洪的小(二)型水库。工程概算总投资445.39万元，工程于2012年10月25日开工，至2013年10月20日完工。

【岭南乡立功水库除险加固工程完工】 立功水库位于岭南乡立功村，集雨面积32.25平方千米，正常库容为50.38万立方米，总库容82.24万立方米，坝顶长114米，最大坝高28米，灌溉农田1600亩，发电装机容量320千瓦，是一座以灌溉、发电为主的小(二)型水库。工程概算总投资282.22万元，工程于2012年10月10日开工，至2013年5月30日完工。

【曹娥街道大湖水库除险加固工程完工】 大湖水库位于曹娥街道朱山头村，集雨面积0.68平方千米，正常库容21.93万立方米，总库容34.36万立方米，南侧大坝坝顶长180米，北侧大坝坝顶长185米，最大坝高4.75米；是一座以灌溉为主，结合防洪的小(二)型水库。工程概算总投资291.46万元，工程于2012年11月8日开工，至2013年10月20日完工。

【上浦镇潴湖水库除险加固工程完工】 潴湖水库位于上浦镇九连村，集雨面积0.54平方千米，正常库容8.03万立方米，总库容10.01万立方米，坝顶长度76米，最大坝高14米；是一座以灌溉为主，结合人畜用水的小(二)型水库。工程概算总投资378.7万元，工程于2012年10月28日开工，至2013年10月11日完工。

【梁湖镇洪山湖水库除险加固工程完工】 洪山湖水库位于梁湖镇洪山湖自然村，集雨面积1.25平方千米，正常库容47.51万立方米，总库容74.34万立方米，主坝顶长359.5米，副坝顶长167.4米，最大坝高5.7米；是一座以灌溉为主，结合防洪的小(二)型水库。工程概算总投资521.6万元，工程于2013年4月5日开工，至2013年11月21日完工。

【全年投资2100万元完成山塘整治】 2013年完成下管镇望牌山山塘、大塘岙山塘、六石山塘、马羊山塘，上浦镇西岭山塘、荷花塘山塘、长湾山塘、小梯田山塘，章镇镇双连塘山塘、姜岙山塘、岭顶山塘、大岙山塘，岭南乡冷水湾山塘、龙潭坑山塘，陈溪乡白水湾山塘、坵割山塘、黄公祠山塘，汤浦镇九莲寺上、下山塘，丁宅乡塘岙山塘、张岙山塘、上亭青山塘，驿亭镇杜家坟山塘、马家岙山塘，丰惠镇西岙山塘、平峰山山塘、方岙山塘、前村山塘，共完成28座山塘整治。共完成投资约2100万元。

(杨江勇)

水资源管理

【概况】 2013年，全区共有取水用户54家。年取水量10万立方米以上取水企业27家，其中有12家接入水资源管理实时监控系统1期工程并投入使用，相关信息接入省水资源管理中心信息平台。10万立方米以下取用水户计量设施运行正常，同时做好对一、二类水源地保护的专项执法检查工作。继续做好曹娥江水体浊度检测取样工作。

【严格水行政许可】 全年共办理许可事项109件，累计规费111.1万元。其中，办理河道采砂许可事项8件，办理水保许可事项53件，办理取水许可事项20件，办理涉河涉堤建设项目许可事项21件，办理水工程管理范围内建房许可事项5件，办理海塘堤坝兼作公路许可事项2件。

【依法查处破坏水环境的非法事件】 全年立案查处曹娥江违法采砂案件3起，没收非法采砂工具15件(套)，查封、销毁吸砂泵采砂船18只。内河水事违法案件继续呈多发趋势，侵占水域、填埋河道、向河道倾倒垃圾和杂物、侵占水利工程管理范围等违法行为屡有发生，水政监察大队在白天内河常态巡查的基础上，精心组织执法人员对涉水案件依法进行调查、取证和处理。

【拆除河湖违法建(构)筑物12200余平方米】 全年对全区主要河湖水域的违法建筑作了全面、系统的摸底调查，188千米主要河道和450万平方米湖泊共发现违法建(构)筑物54000余平方米。市委、市政府成立控违拆违专项整治工作领导小组，下设办公室，市水利局为办公室组成单位。对主要河湖堤防和影响防汛安全的违法建筑，先行予以拆除。严格控制和杜绝河湖堤防管理范围内新增违法建设现象。根据省、市"三改一拆"工作要求制订工作方案，对2013至2015年计划拆除违法建筑进行统计，每月动态拆除违法建筑实际面积逐级上报。至12月底，共拆除河湖违法建(构)筑物12200余平方米。

【实施取水许可管理】 全年全区共有50家取水企业。其中自来水制水企业1家，年取水量10万立方米以上取水企业27家，有26家已安装实时监控，取水企业计量设施运行正常，实现实时监控取水量1080万立方米。年取水量10万立方米以下的取用水单位取水计量基本安装计时器、电表等，检测情况比较准确。全年共计征收水资源费473.55万元。2013年起，建立10万立方米以上取用水户企业档案，逐步规范建设取用水户"一户一档"工作，并将取用水户信息录入省水资源管理系统。取用水许可案件办结率100%，做到无申诉、无复议、无诉讼。

【多次组织对水资源管理的执法检查】 水利局精心组织，多次对水资源管理进行执法检查，认真贯彻国家实行最严格水资源管理制度要求，对非法取水，擅自新建、改建、扩建入河排污口进行重点监督和检查。同时做好对一、二类水源地保护的专项执法检查工作。

【联动多部门进行联合执法】 对全区范围内的省、市级河段和市区重要河道进行了全方位的管理执法检查，包括规划许可检查、项目监管检查、水事执法检查和河湖违法现状分析等。在区控违办统一安排下，水利局联合执法局和相关乡镇（街道）组织拆除违法建筑行动7起。联合环保部门多次对曹娥江流域水环境进行执法检查，配合属地加强流域内轧、洗砂经营管理。联合渔政执法部门多次对城区主要河道和曹娥江流域设置的非法渔具和障碍物进行执法检查和清理。

【配备统一水政监察标志服】 从1月1日起，水政监察大队水政监察员一人一号，全省统一编号，配备统一水政监察标志服参与各项水政监察、执法活动。

（金建良）

经济管理与监督

发展计划管理

【概况】 2013年，发展计划管理工作根据区委、区政府提出的年度工作目标和任务，围绕全区经济社会发展热点、难点和事关全区发展战略性问题，在产业转型升级、城镇化发展、重大项目谋划等方面组织开展提升城镇化发展水平的思路研究、保持全区有效投资较快增长的途径分析等11个课题进行深入探索和研究。组织开展《上虞市支持浙（虞）商创业创新促进上虞发展三年规划》等规划编制工作。开展"十二五"规划中期评估工作。围绕全区国民经济和社会发展，组织开展经济社会重大发展指标研究，制定了《上虞市2013年国民经济和社会发展计划（草案）》和《上虞市2013年政府投资项目计划（草案）》，并通过人大审议实施。研究提出了2014年经济和社会指标初步建议和2014年政府投资项目计划草案。建立完善经济形势季度分析例会制度，加强与上级宏观部门合作，强化对40家工业企业和10家服务业企业的监测分析，提升经济形势分析研究和监测工作水平。制定完善《上虞市关于加快中心镇发展和推进小城市培育试点工作的实施意见》《上虞市省级重大产业项目申报管理办法》《上虞市2013年政府投资项目目标管理考核办法》《上虞市关于进一步加强城乡居民基本医疗保险基金管理工作意见》等政策意见。

【发展回归经济】 制定出台《上虞市2013年回归经济发展工作目标责任制考核办法》，组织企业参加越商大会和项目集中开工仪式，加强对虞商的服务，组织开展走访慰问、项目代理、政策咨询等活动，建立了季度秘书长联席会议制度，充分发挥虞商联谊会作用，加强和虞商及商会间的联络和沟通，回归工作的开展继续走在绍兴市前列。8月24日召开北京、上海、深圳、杭州、成都、江苏、宁波、湖北等8个虞商联谊分会的秘书长第一次工作会议。全年共引进回归项目45只，到位资金45.32亿元，其中省外到位资金32.41亿元，市外资金13.01亿元，同比增长31.63%，完成绍兴市目标任务的129.5%。永康商会、荆州商会、开捷门窗等重大项目成功入驻虞商回归总部园，成功入驻虞商回归创业园。

【加强中心镇培育】 为进一步推进上虞区中心镇和小城市发展建设，制定加快中心镇发展和小城市培育实施意见，完善中心镇考核办法，中心镇编制完成相关专项规划10多只。实施基础设施项目65只，总投资2.6亿元，其中列入本年度"以奖代补"项目22只，年度计划投资5350万元，完成投资6065.2万元，完成年度计划的113.4%，兑现"以奖代补"资金2980万元。

加快中心镇融资能力建设，指导做好崧厦镇与国开行城镇化贷款项目、丰惠镇与世界银行古镇落保护贷款项目对接工作，协调京虞信担保融资公司为中心镇融资担保，中心镇全年融资金额2.61亿元，融资贴息资金1100万元。做好崧厦镇列入省小城市培育试点基础性工作。实施中心镇"三改一拆"工作，新增拆迁签约面积18.85平方米，完成年度目标任务的125.67%。建立季度中心镇工作例会制度，每季度召开中心镇工作例会。

【深化各项重点领域改革】 根据省发改委文件要求全面清理41个部门单位审批事项，实现“一规范、四统一”规范化建设，将审批事项承诺办理时限平局压缩到法定时限的25%，实现事项承诺办理时限平均在4.7天；深化实施“模拟审批”制度，实现项目审批3项；深化医疗卫生制度改革，规范城乡居民基本医疗保险管理工作，制定出台管理意见，确保医疗保险制度安全运行；推进企业重组工作，完善重组政策，成功实施企业兼并重组13对。做好农村政策性住房保险工作，参保率100%。

【向上争取项目土地资金保障】 全年共有14只项目列入省重点项目库，新增梁湖砂塘、绍兴孙端至上虞曹娥公路、上虞CNG母站迁（扩）建、虞北平原排涝整治工程等4只项目列为省批省重点，为当年度绍兴市第一，争取到用地规划指标2121亩，用地指标1953亩。年初已获省重大产业项目新增建设用地奖励375亩，共争取用地指标2358亩。列入“绍兴新三年建设计划”项目36只，争取国家、省发改委高技术、产业振兴、中小企业技改、社会事业等项目28只，资金10106万元。

【发行第四期企业债券】 由上虞市发展和改革局牵头组织申请的上虞市杭州湾新区城市建设投资发展有限公司企业债券，经多方共同努力，于10月10日成功发行。这是上虞市继2007年成功发行全国首个县级市企业债券之后，成功发行的第四期债券。本期债券获准发行18亿元，单期发行规模居全省县级市第一。债券为七年期固定利率债券，在债券存续期的第3、4、5、6、7个计息年度末分别按发行总额的20%的比例偿还本金。本期债券为无担保纯信用债，主体评级为2A。根据簿记建档结果，票面发行利率为6.95%，为同时期同类型同级别发行债券之最低。

【对4家工业企业实施兼并重组】 8月1日，上虞市发展和改革局会同市经信局、财政局、国土局、建设局、工商局、丰惠镇政府等相关部门对上虞东大针织有限公司重组绍兴佳富科技有限公司、浙江瑞灵实业有限公司重组上虞市尧舜手套有限公司的重组方案进行研究会商，同意重组企业因房产、土地转让产生的地方税费留市部分予以奖励；被重组企业原有房屋、土地应缴的房产税、土地使用税留市部分自重组年度起三年内按50%的比例予以奖励。此次企业重组涉及土地面积14257平方米，建筑面积9011平方米，转让金额2530万元，有效推进了企业产业结构的调整，提高了企业资源配置效率和集约化水平。

【有效投资增长加快】 继续开展上虞“项目推进年”活动，制定《上虞市扩大有效投资实施意见》《关于提高政府投资项目前期工作质量的若干意见》，强化项目前期、协调解难、要素保障、督查考核，推进全市有效投资较快增长。1—11月，全市固定资产投资同比增长25.5%，完成全年增长20%的任务。全市224只政府投资项目完成投资55.08亿元，财务数32.22亿元，分别完成年度计划的95.5%和67%，完成年初确定的政府投资增长10%的目标。29只重点项目27只开工建设，实际完成投资33.67亿元，财务数20.99亿元，分别完成年度计划的102.1%和72.9%。144项新建项目141项进入审批程序，审批率97.9%。6项省批项目的前期工作稳步推进，绍兴孙端至上虞曹娥公路上虞段等4只项目完成前期审批并列入省重点，虞东河湖排涝工程等2项工程已进入审批程序。

【下达年度政府投资项目计划】 1月，政府投资项目投资计划通过市政府常务会议、市委常委会和市第十六届人大常委会第八次会议的审议并下达计划。全年政府投资项目分为计划项目、前期项目、储备项目三类。1. 计划项目：包括续建项目和新建项目，共207项，总投资203.3511亿元，当年投资额55.2307亿元，财务数46.0657亿元，财政安排资金18.8935亿元。其中续建项目80项，总投资115.514亿元，当年投资额22.5682亿元，财务数19.8463亿元。新建项目127项，总投资估算87.8371亿元，当年投资额32.6626亿元，财务数26.2194亿元。2. 前期项目：共40项，总投资匡算199.2276亿元。3. 储备项目：共27项，总投资匡算37.095亿元。9月，根据全市当年政府投资项目实施情况的新变化和经济社会发展的新要求，经市政府常务会议、市委常委会审查同意，并经上虞市第十六届人大常委会第十二次会议审议通过，对2013年政府投资项目进行了调整。实施类项目调整后项目总数为224项，总投资204.01亿元，年度计划投资额57.39亿元，财务数48.07亿元，财政安排资金22.93亿元。比年初增加项目17只，增加计划总投资0.65亿元、增加年度计划投资额2.16亿元、增加年度财务数2.00亿元、增加财政安排资金4.03亿元 。前期类项目调整后项目总数为50项，总投资209.20亿元，年度财务数1.80亿元。比年初增加项目10只，增加估算总投资9.98亿元，增加当年财务数0.24亿元 。 （叶 舟）

表5

2013年政府投资项目调增表

单位：万元

序号	项目名称	项目前期工作情况			建设性质	建设内容	计划总投资	2013年计划			
		建议书批文号	可研(或立项)批文号	初步设计(或实施方案)批文号				投资额	财务数	资金安排	
										财政	部门或乡镇
增加项目合计27项							71094	37888	32906	10982	21924
一	建设局1项						800	240	240	240	0
1	控违拆违覆绿工程一期				新建	四环南侧、九浸畈等区域垃圾外运、土方回填、苗木种植30000平方米	800	240	240	240	0
二	交通局2项						14130	350	250	50	200
1	章路线章镇斜拉桥至八洞段改建工程				新建	全长1.376千米，按三级公路标准设计，路基宽度18米	7930	200	150	0	150
2	江东路北延工程				新建	道路全长约1.267千米，路宽40米。工程内容包括道路、排水、绿化、照明及交通安全设施等	6200	150	100	50	50
三	水利局1项						187	187	150	150	0
1	江华路至规划支路应急排涝工程			虞发改设计〔2013〕34号	新建	开挖应急排涝通道870米	187	187	150	150	0
四	教体局4项						6670	1370	909	224	685
1	市托幼中心改造工程		虞发改投〔2013〕104号		改造	教学用房改造	500	500	350	120	230
2	市职中专南校区迁建工程		虞发改投〔2013〕36号		新建	新建教学楼、图书馆、报造厅、实训楼及篮球场等配套设施	5600	500	300	0	300

续表5

序号	项目名称	项目前期工作情况			建设性质	建设内容	计划总投资	2013年计划			
		建议书批文号	可研(或立项)批文号	初步设计(或实施方案)批文号				投资额	财务数	资金安排	
										财政	部门或乡镇
3	丰惠镇中扩建工程				新建	新建风雨操场	350	150	105	58	47
4	谢塘镇小改造工程				改造	改造运动场地	220	220	154	46	108
五	消防大队1项						219	219	219	169	50
1	消防大队营房维修项目				装修	消防大队营房维修	219	219	219	169	50
六	水务集团4项						13517	7097	6581	3549	3032
1	上虞市3#泵站及城北泵站迁建工程			虞发改设计〔2013〕33号	新建	新建10万吨/日泵站1座，2.5万吨/日地埋式提升泵站1座，DN1000管700米	5700	2280	1824	912	912
2	上虞市经济开发区交汇井泵站迁建及DN1200过江穿越管工程			虞发改设计〔2013〕46号	新建	新建10万吨/日泵站1座，DN1200管道安装2千米	5000	2000	2000	0	2000
3	四甲泵站				新建	新建0.5万吨/日收集泵站1座	300	300	240	120	120
4	城北段DN1200污水管迁移工程			虞发改设计〔2013〕56号	迁建	城北段DN1200污水管3.6千米	2517	2517	2517	2517	0
七	港务局1项						8291	8291	8291	0	8291
1	卧龙电气专用码头工程		虞园区投资〔2010〕32号	绍市交复〔2010〕23号	新建	新建靠泊能力2000T级码头一座，水工按3000T设计，最大起吊能力500吨	8291	8291	8291	0	8291
八	城改局1项						5800	5800	5800	5800	0
1	北四环道路拆迁安置工程追加投资					安置追加	5800	5800	5800	5800	0
九	城管执法局1项						1500	1000	800	800	0

续表5

序号	项目名称	项目前期工作情况			建设性质	建设内容	计划总投资	2013年计划			
		建议书批文号	可研(或立项)批文号	初步设计(或实施方案)批文号				投资额	财务数	资金安排	
										财政	部门或乡镇
1	上虞市公共自行车服务系统				新建	在城区建设公共自行车服务网点60个，投放公共自行车1400辆左右，主要建设内容包括：公共自行车后台管理指挥中心、公共自行车及租赁系统、公共自行车服务点	1500	1000	800	800	0
十	高铁新城1项						1580	1264	1264	0	1264
1	北站北路一期建设工程				新建	道路长860米，总宽24米，主车道为16米，下水道、路面、人行道等	1580	1264	1264	0	1264
十一	经济开发区6项						14500	9250	6710	0	6710
1	开发区越秀路污水泵站改建工程				新建	越秀路污水泵站改造及污水压力管铺设	350	250	160	0	160
2	开发区部分交叉口渠化改造工程				新建	包括开发区一号路与三环线、舜杰路与人民路两个交叉口渠化改造	350	200	150	0	150
3	23号地块拆迁收储项目				新建	丽樟村纱线厂合计3亩土地、750平方米房屋拆迁	200	200	200	0	200
4	中鑫地块附近拆迁收储项目				新建	中鑫地块附近20亩土地、5000平方米房屋拆迁	1000	1000	600	0	600
5	一号路南侧两家企业拆迁收储项目				新建	主要包括新富威、新华阳两家企业53亩土地及厂房拆迁收储	10000	5000	3000	0	3000
6	越爱变(四环线—永祥路)沿江滨路进线地埋工程				新建	主要包括四环线——永祥路沿江滨路电力进线杆上线路改地埋工程建设	2600	2600	2600	0	2600
十二	杭州湾上虞工业园区4项						3900	2820	1692	0	1692
1	东三区横三西河土方工程				新建	横三西河南侧土方填筑以及滨海六路道路路基土方填筑	1500	1500	900	0	900

续表5

序号	项目名称	项目前期工作情况			建设性质	建设内容	计划总投资	2013年计划			
		建议书批文号	可研(或立项)批文号	初步设计(或实施方案)批文号				投资额	财务数	资金安排	
										财政	部门或乡镇
2	杭州湾上虞工业园区运动用房工程				新建	新建运动用房,体育设施等	800	320	192	0	192
3	建成区污水改造工程				新建	对建成区纬一东路,经三路等污水改造	400	400	240	0	240
4	经六路坡塘降坡工程及滨海大道与团农线交叉口工程				新建	经六路坡塘降坡(与滨海大道、与东西中心大道)及滨海大道与团农线交叉改造	1200	600	360	0	360

表6 2013年政府投资项目调减表

单位:万元

序号	项目名称	项目前期工作情况			建设性质	建设内容	原计划总投资	原2013年计划			
		建议书批文号	可研(或立项)批文号	初步设计(或实施方案)批文号				投资额	财务数	资金安排	
										财政	部门或乡镇
减少项目合计10项							90950	36550	27405	167	27238
一	交通局2项						43800	1500	900	0	900
1	上虞客运中心(汽车北站)				新建	按一级站场规划,总占地67亩,地上建筑面积4万平方米,地下建筑面积1.3万平方米	24800	1000	600	0	600
2	小越机动车检测站				新建	机动车检测站房及配套设施建设,占地64亩,建筑总面积41310平方米	19000	500	300	0	300
二	水利局1项						800	400	300	135	165
1	标准海塘(王公沙塘段)维修加固工程				新建	王公沙塘段7.05千米标准海塘堤顶路面、护坡等进行整修加固等	800	400	300	135	165
三	教体局1项						150	150	105	32	73

续表6

序号	项目名称	项目前期工作情况			建设性质	建设内容	原计划总投资	原2013年计划			
		建议书批文号	可研(或立项)批文号	初步设计(或实施方案)批文号				投资额	财务数	资金安排	
										财政	部门或乡镇
1	谢塘镇中改建工程				改造	塑胶运动场建设	150	150	105	32	73
四	风景旅游管理局2项						6000	6000	4200	0	4200
1	曹娥景区一期项目其中:曹娥庙后广场(庙后民房拆迁、广场、景观配套等)				新建	曹娥庙后广场(庙后民房拆迁、广场、景观配套等)	5000	5000	3500	0	3500
2	东山景区				新建	北入口工程(围墙、入口、景观配套等)	1000	1000	700	0	700
五	水务集团1项						20000	20000	16000	0	16000
1	尾水提标改造工程				新建	采用臭氧氧化加生物滤池工艺将出水COD降至60以下	20000	20000	16000	0	16000
六	经济开发区1项						2000	2000	2000	0	2000
1	农村合作银行所属房屋拆迁收储项目				新建	主要包括农村合作银行28.3亩9200平方米房屋拆迁	2000	2000	2000	0	2000
七	杭州湾上虞工业园区1项						5200	2600	1560	0	1560
1	东三区滨海六路道路建设工程				新建	道路总长约4.38KM,宽22米,工程包括路基路面,地基处理,排水,桥梁等	5200	2600	1560	0	1560
八	滨海新城1项						13000	3900	2340	0	2340
1	杭州湾滨海新城综合服务中心			虞园区基投[2011]23号	续建	建筑面积3万平方米	13000	3900	2340	0	2340

表7

2013年政府投资项目总投资或年度投资计划减少表

单位：万元

序号	项目名称	建设内容	调整后计划总投资	原计划总投资	原2013年计划					调整后2013年计划					预计开(竣)工日期
					投资额	财务数	资金安排		到年底止工程计划形象进度	投资额	财务数	资金安排		到年底止工程计划形象进度	
							财政	部门或乡镇				财政	部门或乡镇		
合计10项			101628	104028	45758	42290	11740	30550		28750	13560	3055	10505		
一	建设局3项		59028	60428	25158	27600	9240	18360		16150	3450	1555	1895		
1	2011保障性住房建设工程	在大三角建设住房1030套及相应面积的物业用房、配套用房等，包括区内道路、绿化、水电、电讯、给排水等配套基础设施建设	42528	42528	18258	22000	6600	15400	完成总工程量的100%	12700	500	150	350	完成总工程量的90%	2011.10—2014.6
2	大龙山生态公园三期工程	管理房及绿化等配套设施	1500	2900	900	800	240	560	完成总工程量的30%	450	350	105	245	完成总工程量的30%	2013.9—2014.12
3	峰山路门户靓化（峰山路道路改造工程）	改造道路面积110000平方米，总投资额15000万元	15000	15000	6000	4800	2400	2400	完成总工程量的40%	3000	2600	1300	1300	完成总工程量的20%	2013.9—2014.12
二	消防大队1项		3000	3000	2500	2500	2500	0		1500	1500	1500	0		

续表7

序号	项目名称	建设内容	调整后计划总投资	原计划总投资	原2013年计划					调整后2013年计划					预计开(竣)工日期
					投资额	财务数	资金安排		到年底止工程计划形象进度	投资额	财务数	资金安排		到年底止工程计划形象进度	
							财政	部门或乡镇				财政	部门或乡镇		
1	城南消防站	城南消防站	3000	3000	2500	2500	2500	0	完工	1500	1500	1500	0	完成前期手续办理、地质勘查、土建招投标，土建开工	2013.10—2014.10
三	风景旅游管理局2项		1300	2300	2300	1610	0	1610		1300	1110	0	1110		
1	曹娥景区一期项目其中：文化墙工程	文化墙工程	1000	1500	1500	1050	0	1050	完工	1000	900	0	900	完工	2013.5—2013.12
2	祝家庄景区	祝府配套工程(停车场、景观绿化、内部陈设等)	300	800	800	560	0	560	完工	300	210	0	210	完工	2013.4—2013.12
四	高铁新城1项		15000	15000	3000	2500	0	2500		1000	1000	0	1000		
1	市体育馆	体育馆	15000	15000	3000	2500	0	2500	桩基完成	1000	1000	0	1000	完成征地及天然气门站部分迁改，施工单位进场	2013.12—2016.5

续表7

序号	项目名称	建设内容	调整后计划总投资	原计划总投资	原2013年计划					调整后2013年计划					预计开(竣)工日期
					投资额	财务数	资金安排		到年底止工程计划形象进度	投资额	财务数	资金安排		到年底止工程计划形象进度	
							财政	部门或乡镇				财政	部门或乡镇		
五	经济开发区1项		4800	4800	3500	2500	0	2500		1800	1400	0	1400		
1	腾飞路道口平改立及连接线工程	腾飞路道口下穿建设及连接线建设	4800	4800	3500	2500	0	2500	完成工程涉及铁路等部门政策处理，下穿工程基本完成	1800	1400	0	1400	下穿工程启动，进行箱涵预制等	2013.8—2014.12
六	杭州湾上虞工业园区1项		2500	2500	1300	780	0	780		500	300	0	300		
1	东三区河道工程	东三区横一河、纵二河、纵三河河道砌筑，节制闸等	2500	2500	1300	780	0	780	50%	500	300	0	300	完成总工程量20%	2013.11—2014.8
七	滨海新城1项		16000	16000	8000	4800	0	4800		6500	4800	0	4800		
1	经八路建设工程（省级重点）	经八路长度3千米，其中410米，路宽为20米，2590米路宽为40米，含桥梁四座	16000	16000	8000	4800	0	4800	完成总投资额的50%	6500	4800	0	4800	完成总投资额的40%	2013.4—2014.10

工商行政管理

【概况】 2013年，工商局以“服务大局、依法履职、保障民生、锤炼队伍”为目标，以“基层基础建设年”“作风建设年”和“法制建设年”为载体，努力实践和弘扬“厚德、依法、卓越”的上虞工商精神，各项工作成绩显著，共计6次获得省政府、绍兴市局、上虞市政府领导的批示肯定，其中联合区委宣传部、区农林渔牧局开展的以信义林(园)评比为载体提升“四季仙果之旅”影响力工作获副省长黄旭明批示肯定。 (孙云帆)

【“个转企”提前完成】 区政府出台“个转企”实施意见，按三年计划进行细化分解到乡镇(街道)形成共同推进合力。该项工作分别获区人大常委会副主任金国松、副区长吴志育的批示肯定。还通过抵押、质押、债转股等途径，助力“个转企”等企业融资达121.04亿元，运用“验资通”验资达26亿元，全省领先。

【审改工作走在前列】 所有行政审批项目中22项进入区便民服务中心工商窗口，直接办理率达88%，处于全区行政审批单位前列。还联合相关部门在窗口建立“五联动”行政审批新机制。已牵头召开并联审批联席会议4次，联合办结涉及有关前置审批事项72件。

【市场监管维序到位】 在查处商业贿赂、限制竞争、反垄断以及传销等案件中有重大突破。办结了历时两年多混凝土行业垄断案件，查处了一起公用企业滥收费用案；立案调查一起小区物业公司的商业贿赂案，全年共查办移送商业贿赂案件10起；查处违规直销案件2件。取缔涉嫌传销活动30起，捣毁涉嫌传销窝点21个，教育遣散涉嫌传销人员80人，解救误入传销窝点35人。区工商局被省打击传销工作联席会议办公室通报表彰为全省2012年度打击传销工作成绩突出单位，也是绍兴工商系统唯一受表彰单位。探索网络市场监管模式，提升网络经济服务和监管水平，该局被推荐上报全国工商系统“数据质量建设年”活动先进单位，是绍兴市唯一一家。

【消费维权实现新突破】 创新刚性调处形式。制定出台了全国首个《关于处理消费申诉案件中实施行政决定的程序规定》，进一步提升了消费维权的调处刚性。已运用行政决定调处消费申诉16起，涉及5大类型，为消费者挽回损失6万多元。此项工作获绍兴市工商局副局长方维远批示肯定。制订编发了《“四季仙果之旅”诚信体系建设工作指南》，还会同区文明办、区委宣传部开展“信义园”系列等评选活动，共评选出“樱桃、桑果、杨梅”等信义园22家。 (胡晓东)

价格管理

【概况】 2013年价格管理工作积极开展政府定价“阳光工程”，完善价格听证、成本监审、集体审定价等程序。强化价格调控手段，区别提价项目的轻重缓急，制定年度出租车运价、污水处理费等15项政府调价计划。开展收费验审工作，对91家单位61个项目开展验审，收费额2.46亿元。完成医药价格改革监测分析评估。组织开展涉企、涉农、旅游行业、药品和医疗服务价格、节日市场、禽流感市场价格等专项检查，查处价格违法案件4件，实现经济制裁9.1万元。

【印发《上虞市行政事业单位培训收费管理办法》】 1月，根据《浙江省行政事业性收费管理条例》《浙江省行政事业单位培训收费管理办法》文件精神，结合上虞市实际，进一步规范行政事业单位培训收费行为，减轻企业负担，上虞市发展和改革局修订了《上虞市行政事业单位培训收费管理办法》，同时废止原上虞市发展和改革局、财政局《关于印发〈上虞市培训班收费管理办法〉的通知》(虞发改价〔2006〕96号)。

【完成价格认证工作】 全年共计完成各类价格认证633件，涉案金额762万元，价格鉴定事项零复议、零投诉、零诉讼。其中承接公安、检察院委托的刑事案件涉案物品价格鉴证446件，涉案金额433万元；为国土、工商等政府部门提供价格认证6

件，收取认证费用121万元；对交通事故造成损失提供价格认证181件，评估标的金额198万元，收取服务费3.7万元。

【换发收费许可证】 根据《浙江省收费许可证管理办法》规定，2013年2月上虞市发展和改革局就开展行政事业性收费验审和新版《收费许可证》换发工作作出部署。此次收费验审及换发证工作于2月下旬开始，至同年6月底结束，新版许可证换发后，原核发的“收费许可证”同时作废。新的收费验审将对持“收费许可证”在本市实施行政事业性收费的单位开展关于收费许可证是否有效，是否按规定对收费项目及标准进行公示，是否按规定的收费项目、收费标准、收费范围实施收费等方面的重点验审。

【重新核定上虞中医医院普通病房床位价格】 随着上虞中医医院医疗规模的不断扩大和医疗水平的提高，原有住院床位不能满足全区患者的需求。为了合理利用有限医疗资源为病人提供优质高效的医疗服务，上虞中医医院对已有住院床位进行了调整增设，根据《绍兴市医疗机构普通病房床位价格分类管理办法》(绍市发改价〔2006〕81号)文件规定，上虞市发展和改革局对该医院普通病房床位价格进行重新核定：一、床位价格详见附件，床位价格含设施折旧、清单等费用，除空调费可按标准收费外，未经批准不得加收其他费用；二、上虞市中医院可根据实际情况对核定的床位价格予以下浮，幅度不限，但不得上浮，并在医院内醒目位置公布病房价格，供病人选择，自觉接受有关部门检查和群众监督。 (叶 舟)

表8 **上虞中医医院病房大楼普通病房床位收费标准**

病房类别	病房床位号	使用面积(M^2)	病房数(间)	床位数(床)	收费标准(元/床日)	主要设施
二类中档单人间	252、338、339、538、539、638、639、738、739、838、839、938、939、1038、1039	26.6	15	15	65	中央空调、中央供氧、中央吸引、彩电、豪华高低摇床、餐桌、单独卫生间
二类中档双人间	201-202、203-204、205-206、302-303、304-305、336-337、502-503、504-505、536-537、602-603、604-605、636-637、702-703、736-737、802-803、804-805、836-837、902-903、904-905、936-937、1002-1003、1004-1005、1036-1037	26.6	24	48	43	
二类中档三人间	207-209、210-212、213-215、216-218、219-221、222-224、225-227、228-230、231-233、259-261、306-308、309-311、312-314、315-317、318-320、321-323、324-326、327-329、330-332、333-335、340-342、506-508、509-511、512-514、515-517、518-520、521-523、524-526、527-529、530-532、533-535、540-542、606-608、609-611、612-614、615-617、618-620、621-623、624-626、627-629、630-632、633-635、640-642、706-708、709-711、712-714、715-717、718-720、721-723、724-726、727-729、730-732、733-735、740-742、806-808、809-811、812-814、815-817、818-820、821-823、824-826、827-829、830-832、833-835、840-842、906-908、909-911、912-914、915-917、918-920、921-923、924-926、927-929、930-932、933-935、940-942、1006-1008、1009-1011、1012-1014、1015-1017、1018-1020、1021-1023、1024-1026、1027-1029、1030-1032、1033-1035、1040-1042、1103-1105、1106-1108、1109-1111、1112-1114、1115-1117、1118-1120、1121-1123、1124-1126、1127-1129、1130-1132、1135-1137	26.6	98	294	33	

续表8

病房类别	病房床位号	使用面积(M^2)	病房数(间)	床位数(床)	收费标准(元/床日)	主要设施
二类中档四人间	234-237、280-283、284-287	53.2	3	12	26	
一类一般六人间	253-258、262-267、268-273、274-279	50	4	24	18	
一类一般不带卫生间二人间	543、545、843、1043、1044	20	3	5	21	中央空调、中央供氧、中央吸引、彩电、豪华高低摇床、餐桌
一类一般不带卫生间三人间	238-240、241-243、343-345、643-645、743-745、943-945、1138-1140	20	7	21	18	

说明：二类中档病房如未提供盥洗热水每日6小时以上，每床日减收5元

审　计

【概况】 全年共完成财政审计、经济责任审计、专项审计及审计调查项目25个，查处违规金额和管理不规范金额3059万元；完成政府投资审计项目445个，核减投资额2.8亿元；审计提出建议51条，推动建立健全规章制度12项；荣获全省审计机关考核优胜单位、绍兴市审计机关考核先进单位。

【开展政府性债务审计】 按照国务院的统一部署，由市长亲自挂帅，常务副市长牵头，区审计局抽调业务骨干组成审计组，开展全区债务审计工作。审计组按照“见人、见账、见物，逐笔、逐项”的原则实施审计，达到了“摸清底数，反映问题，揭示风险，提出建议”的审计目标，为区委、区政府有效防范债务风险提供了决策参考。

【加强财政资金审计】 区审计局深化财政审计和专项审计调查相结合的预算执行审计模式，以财政同级审为平台，同步开展全部政府性资金、省级财政转移支付资金管理、小贷公司经营风险等审计调查，加强对政府全口径预算决算的审查和监督。根据审计结果，提出加强预算编制执行管理、规范财政专项资金监管、健全政府投资项目建设长效机制等建议。区财政局出台文件进一步加强全区公务卡的推广使用，规范公务支出管理，细化预算编制，从源头推动惩防体系建设。

【加强经营者年薪制业绩审计】 区审计局对商贸国资总公司、汽运公司、城开公司等实施经营者年薪制业绩审计。审计结果为区国资委（办）实施和兑现国有企业经营者年薪考核提供参考依据，为区委、区政府领导掌握区属国有企业的经营状况，制定和落实相关政策制度，促进国有企业提高经营管理水平提供决策依据。

【加强政府投资审计】 区审计局推动区政府出台《关于进一步加强政府投资项目设计变更管理的意见（试行）》，明确政府投资项目设计变更的总体要求、总额控制，进一步规范工程变更行为，加强政府投资项目的监督管理。在遵循“全过程、必审制”的前提下，调整审计范围从“50万元以上”为“200万元以上”促进审计深度，集中力量关注重大投资项目。在浙江审计30周年成果展示中，上虞打造的“全方位”投资审计模式入选“三十大创新样板”。

【加强领导干部经济责任审计】 区审计局共对13个单位23名领导干部开展经济责任审计，并

会同区纪委、区委组织部对建设局、小越镇的党政主要领导干部进行了履职联审。健全制度体系建设，修订完善经济责任审计对象分类管理办法、党政领导干部和国有企业领导人员交接办法，坚持重点、突出实效，缓解审计力量不足与审计任务繁重矛盾。探索实践国有企业领导干部经济责任审计，开展水务集团、供销合作总社领导干部经济责任审计，积极发挥经济责任审计在推动完善公司治理，促进企业转变发展方式中的作用，实现国有资产保值增值和可持续发展。

【加强民生审计监督】 区审计局组织开展保障性住房跟踪、农业综合开发项目、残疾人社会保障和服务体系建设、村级补助资金管理使用情况、校安工程44个加固项目竣工财务决算等审计或专项审计调查，监督民生资金使用绩效，促进专项资金使用管理安全有效，确保各项惠民利民政策落到实处。

【推进内部审计建设】 区审计局推进“三有四化”内审工作机制和审计整改督查机制，从源头上防范自我监管，进一步提升审计价值。区政府下发内审指导工作意见，将内审整改工作纳入部门年度目标责任制考核。区审计局加强内审协会建设，成立区直单位、乡镇（街道）、国企金融、民营企业四个分会，加强内审工作交流指导。（夏桑桑）

统　计

【概况】 2013年，全年及时、准确的完成各专业统计调查任务、做好统计数据监测和评估，做好全区经济形势分析。发布《上虞市国民经济和社会发展统计公报》，编辑发行《今日上虞》《上虞统计年鉴》《上虞统计研究》《浙江省61县市区主要指标排序》等大型资料，编印统计资料卡片、统计月度信息和企业网络信息，做好统计数据的解读、发布、证明。

【出台《关于规模以上工业在全市范围内实施在地统计工作的意见》】 参与年度各乡镇（街道）工作目标责任制考核，根据市委财经工作领导小组的意见，整理出台《关于规模以上工业在全市范围内实施在地统计工作的意见》，明确实施范围和企业界定，并在有关统计资料中公布分乡镇（街道）、两区的统计指标完成情况。

【开展文化产业统计监测】 根据上级《关于加强文化产业统计工作的通知》文件精神，与文广部门联合开展上虞文化产业统计工作，并就当前上虞文化产业发展及加强统计存在问题进行梳理并提出意见建议。

【组织“三查”专项活动】 6月，国家统计局直接布置开展以“查统计单位是否真实，查统计数据是否准确，查联网直报工程是否到位”三查工作，统计局对全区1133家“一套表”联网直报企业进行专题部署。

【启动第三次经济普查】 启动全国第三次经济普查，制订经普方案，成立领导小组，组建工作班子，落实和督促落实好区本级和乡镇（街道）普查经费。着重做好划区绘图、两员培训、经普试点、单位清查等前期准备工作。

3月22日下午，由市文广新局与市统计局联合牵头的全市文化产业统计调查会议在曹娥江大酒店召开。各乡镇（街道）所有网吧、娱乐场所、印刷企业共100多家企业参加会议

【抓好统计普法教育】 统计局组织各种法规培训5次，编印《统计法知识读本》3000余册。在《上虞日报》上整幅刊登“经普杯”统计法知识竞赛试题，共收到答题卡近千份。开展统计稽查巡查及配合省、绍兴市开展检查共计45次。组织统计从业资

格培训及考试259人，统计继续教育710人，统计专业技术职称考试21人。（严燕萍）

安全生产管理

【概况】 2013年，全区共发生各类上报事故（不含生产经营性火灾）177起，同比持平；死亡84人，同比持平；直接经济损失307.9万元，同比增加89.9万元。其中，工矿商贸企业事故9起，同比增加2起；死亡11人，同比增加3人，直接经济损失285.0万元，同比增加90.0万元，发生一起致3人死亡的较大事故；道路交通事故168起，同比减少2起；死亡73人，同比减少3人；直接经济损失22.9万元，同比减少0.1万元。未发生水上交通和渔业捕捞作业上报事故。全年事故起数、死亡人数、直接经济损失三项指标同比为“两平一升”，事故死亡人数控制在绍兴市政府下达指标的96.5%。

【开展事故防范体系工作】 以杭州湾上虞经济技术开发区和道墟镇为重点，加强系统全面安装和升级提高，深化推进化工“一重大、两重点”企业自动化控制系统安装建设，完成自控系统安装企业80家，其中园区69家、道墟9家、上浦1家、章镇1家。

【规范基层建设】 从人员配备、办公用房、装备设施、执法培训等四方面进行统一规范，全区各乡镇（街道）共有专职安全生产监管人员65人（不含分管领导）、兼职33人。区财政对设备购置费用实行“以奖代补”，共计补助69万元，5月底邀请省安监局完成52名基层安监人员执法取证培训工作。

【对标准化达标企业兑现奖励101万元】 区安监局下达各乡镇（街道）、区直有关部门和单位创建工作任务149家，通过资料申报80家，通过评审14家（其中：省级2家、绍兴市级12家）。6月初，对全区首批28家符合安全生产标准化达标创建“以奖代补”条件企业累计兑现奖补资金101万元。

【创新小微企业监管方式】 在梁湖镇试点探索小微企业安全监管新模式，规范企业安全管理，提升企业安全管理能力，为在全区实施安全生产网格化管理打好基础。

【开展安全隐患大排查12423家（次）】 全区范围内开展安全生产大检查大整治活动，围绕敏感时段、重点区域、重点领域、严重违法、重大隐患等，严厉查处安全生产各类非法违法行为，全年共排查企业12423家（次），发现隐患12866处，完成整改12616处，整改率98.06%。

【开展高危企业集聚区域专项整治】 道墟“9·14”华元化工爆炸事故后，针对该镇化工企业“规模小、分布散、管理差”特点，出台《道墟化工产业专项整治实施方案》，并聘请7名专家，开展道墟化工行业企业专项检查，对道墟39家化工企业实施暂时停产整顿14家，关闭1家（信诚化工），提请区政府依法关闭1家（印染助剂厂），搬迁出道墟2家，规定限时拆迁企业需搬迁入园6家，对6家企业实施行政处罚，切实推动道墟化工企业“提、转、搬”。9月16日至27日，分5个检查小组对杭州湾工业园区内的80家投产重点化工企业进行了安全检查，发现问题和隐患359条，下发整改指令书121份。

【开展涉氨制冷企业专项治理和油气、化工输送管道安全专项检查】 11月，区安委办组织安监、质监、消防、工商、农林渔牧等部门，并聘请专家，分两组对12家涉氨制冷企业进行集中联合抽查，共发现各类问题和隐患185条，其中消防40条、质监22条、安监119条、工商4条。12月，区政府组织安监、质监、消防、工商、农林渔牧等部门召开涉氨制冷企业问题隐患整治会议和专项整治工作专题会议，扎实推进专项治理。12月，分别接受了绍兴市局、国务院安委会涉氨制冷企业专项治理第三督查组的专项督查检查，累计实施停产整顿企业8家，发出限期整改指令书33份，复查意见书21份。同时，结合上虞区管网安全管理，明确监管责任、落实工作主体，全面开展油气、化工输送管道安全专项检查。

【加强安全生产执法】 加大安全生产非法违法行为查处力度和安全监管力度，全年累计责令暂时停止生产经营企业33家，对35家单位、11位责任人实施安全生产行政处罚，发出限期整改指令书339份，复查意见书449份。

【严格实施考核】 区安监局对签约单位和企业进行专项考核，对考核不合格的严格实行"一票否决"制，一律取消评优评先、享受政策优惠等资格，4家企业被取消著名商标及政策优惠享受资格，1个乡镇被实施安全生产"一票否决"。

【层层签订责任书31545份】 区政府与45个乡镇（街道）、区直有关部门签订了安全生产责任书，各单位与下属单位签订安全生产责任书4195份，并督促企业与车间签订责任书8221份，车间与班（组）签订责任书18669份、班组与重要岗位（个人）层层签订责任书31545份。

【培训教育8004人次】 采取送教上门等形式，服务与检查并重，严格实施企业主要负责人、安全管理人员、特种作业人员安全资格培训，全年累计开办各类安全生产教育培训班106期，培训8004人次。

【开展"安全生产月"活动】 6月，开展第十二个全国"安全生产月"活动，举办大型安全生产咨询日活动，发放宣传资料1.3万余份，受理服务咨询近千次。通过在主流媒体开设专刊、专版、专栏，对安全生产法律法规、基础知识和工作情况进行常态宣传，通过"民情热线"、安全小贴士、安全大家谈等特色栏目进行广泛宣传，不断提高全社会的安全生产意识。（厉　莉）

质量技术监督管理

【概况】 2013年，坚持以质为先、以民为本，用改革创新的思维方式深化"四个建设"和"一个监管"，推进质量强区建设、检测平台建设、质监文化建设和队伍建设（四建设），严格质量安全监管（一监管），服务经济转型升级、"四个上虞"建设，工作进展有序，取得了优异的成绩。全区产品质量抽查合格率为97.3%，共查处质量违法案件67起，淘汰老旧特种设备379台。新增省名牌10只、绍兴名牌17只。

【新获评省名牌10只】 有10只产品新获评浙江名牌，其中工业7只、农业1只、服务业2只，获评数量创历年新高。17只产品新获评绍兴名牌，其中工业12只、农业4只、服务业1只。新申报省、市工业名牌中高技术、高附加值、装备制造业和拥有自主创新技术的产品比例分别达到66.7%和60.0%。

【启动争创省质量强县示范县（市）工作】 出台《上虞市质量强市示范创建工作实施方案》，对照《质量强县示范县创建标准》，开展创建宣传和动员，分解创建责任。以质量协会、行业协会为平台，深入开展全面质量管理基础知识普及教育、能源计量审查、服务业质量认证等先进质量方法普及、应用活动，累计培训3100多人次，672家企业通过ISO9001质量管理体系认证，246家企业通过ISO14001环境管理体系认证，97家企业通过ISO18000职业安全管理体系认证。

【开展"一先三强"示范创建活动】 开展先进质量管理孵化基地创建活动，在全年分类创建12个先进质量管理孵化基地的基础上，新申报绍兴市级卓越绩效孵化基地1个。发挥孵化基地示范带动和幅射作用，召开质量损失率统计推进现场会，邀请卧龙电气集团有关专家现身说法介绍企业质量损失率统计制度建立情况，并开展实地辅导交流。推行首席质量官制度，召开企业首席质量官工作推进会议，卧龙集团"三权一责""三抓一建""三官一员"的首席质量官做法在绍兴市质量强市建设推进会上作典型介绍。

【创建全区第一条文化示范路线示范点】 根据质监工作实际需要，科学配备、及时更新法律法规、业务知识等各类图书，为干部职工工作和学习提供"实体"精神食粮。开展"爱岗敬业——做最有质量的质监人"主题演讲比赛，充分营造起知足感恩、实干兴局的氛围。开展爱岗敬业勤政廉政格言警句征集，择优定期通过短信平台发送至每一位干部职工，构筑起空中文化“传送带”。改造建设党员活动室，设置党务公开栏，制作党建宣传版，在院子内部、门厅、楼梯口、走廊、食堂等公共场所进行布展，营造氛围，成为全区第一条文化示范路线示范点，且是示范线路上唯一政府机关单位。（金家芳）

食品药品监督管理

【概况】 食品药品监管局发扬“诚信、明法、为民”的食药监精神，区政府召开第11次常务会议，专题研究区食安办机构设置事项。根据区编办《关于调整市食品安全委员会办公室设置的通知》，食安办挂靠在食品药品监管局，履行食品安全综合协调职责。全面推进无证无照餐饮单位整治工作，成功创建省级餐饮服务食品安全示范县（市）。执法规范化的做法受到省局和绍兴市局的高度肯定，得到省食药局朱志泉局长和绍兴市丁晓燕副市长的批示肯定。（孙云帆）

【区食安办机构调整】 4月9日，市编办印发《关于调整市食品安全委员会办公室设置的通知》，明确食安办为食品安全委员会的常设机构，挂靠食品药品监管局，内设协调指导科和监督检查科。

【食品药品安全工作列入对乡镇（街道）工作目标责任制考核】 市委、市政府将食品药品安全工作列入对乡镇（街道）工作目标责任制考核，考核分值从1分提高到2分，逐级签订食品药品安全工作责任书；市政府与绍兴市签订《2013年度食品安全工作目标管理责任书》，与各乡镇（街道）、市级有关部门签订食品药品安全工作责任书，各乡镇（街道）与村（社区）、站所、涉食企事业单位签订食品安全工作责任书。

【乡镇食安网设立】 经十六届市政府第11次常务会议同意，在各乡镇（街道）挂牌设立食品安全办公室，与社会事务办公室合署办公，由各乡镇（街道）分管领导兼任食安办主任，并根据乡镇（街道）监管对象情况确定1~2名工作人员。行政村建立食品药品安全监管室。

【农村家宴集聚点建设】 市政府出台《关于加强农村（社区）集体聚餐食品安全管理工作的实施意见》（虞政办发〔2013〕298号），拟在全市48个条件适合的村（社区），利用公共服务中心、大会堂、旧校舍、厂房、祠堂等现有场所，通过投入改造建设农村家宴集聚点，由市财政划拨专项资金对已建成的经评审达到A、B、C级标准的分别给予8万元、5万元、3万元的奖励。市级监管部门、各乡镇（街道）食安办、村（社区）监管室对农村家宴进行分类层级管理，对农村家宴实行严格的申报备案制度，根据家宴人数确定专业人员进行现场指导。

【药品监管概况】 全年全区有药品、医疗器械监管对象561家，其中药品生产企业9家（中药饮片生产企业1家），药品批发企业2家，诊断试剂专营企业2家，药品零售连锁总部1家，药品零售单体店及连锁门店172家；医疗器械生产企业20家，药包材生产企业1家，医疗器械经营企业44家；医疗卫生机构310家，其中区级医院4家，社区卫生服务中心（乡镇卫生院）20家，社区卫生服务站106家，村卫生室124家，机关企事业单位医务室18家，个体诊所38家；乙类非处方药柜21只。

9月1日，开展全国药品安全宣传月活动

【开展“两打两建”专项行动】 全年共出动执法人员700余人次，检查药品生产企业8家次、中药饮片厂1家次、药品批发企业2家次、农村医疗机构（包括个体诊所）90余家次，药品零售企业170余家次、立案查处药品违法案件38起，涉案金额4.2万元，罚没款9.7万元，其中查处销售假药移送公安机关追究刑事责任3起。

【开展中药制剂、中药饮片质量专项检查】 共检查中药制剂生产企业1家，中药饮片批发企业2家，抽检中成药制剂1批、质量可疑中药饮片7批，抽检质量可疑药品1批。

【开展定制式义齿生产、使用单位的监督检查】 对两家义齿加工企业进行专项监督检查，并组织1次对义齿使用单位的回头看检查，共检查区级医疗单位、乡镇卫生院、个体诊所和其他口腔医院15家。

【开展“十佳药品诚信经营示范单位”评选】 以药品零售企业年度信用等级评分为基础，开展药品零售企业互评，通过乡镇(街道)、村(社区)、居民联合投票评分等方式，初评出候选名单24家，最后经网上公开评定“十佳”单位。

【开展“百家药械企业公开诚信承诺”活动】 组织全区药品生产经营企业签订药品质量安全责任书，组织百家药械企业在文化广场开展社会公开承诺活动，增强企业负责人的第一责任人意识，完善药品安全管理责任体系，规范全区药品生产和经营秩序。

【开展食品安全整治专项行动】 5月至12月，为巩固2012年市食品安全“双百行动”整治成果，全面提升上虞市食品安全水平，切实抓好放心粮油、放心肉、放心菜、放心奶等食品安全工程建设，推进食品行业食品安全、食品质量“诚信工程”建设活动，根据省、绍兴市食安办统一部署和《2013年上虞市食品安全工作要点》(虞食安委〔2013〕2号)要求，在全市范围内开展为期8个月的食品安全整治专项行动。全市各乡镇人民政府、街道办事处，各有关部门对去年以来排查出的风险隐患问题继续开展综合治理和集中整顿，持续深入开展茶叶质量安全、水果蔬菜保鲜剂安全、鲜笋农药残留、水产品中添加孔雀石绿、工业硫黄生产加工食用农产品、使用工业明胶生产加工食品、肉品安全、辣椒粉及其制品中添加工业染料、网络销售食品、学校食堂及校园周边食品安全、滥用含铝膨松剂、食用油整治、豆芽生产中滥用添加剂、小餐饮、早餐摊点等15个突出问题整治工作，有力有效地实施放心菜、放心奶、放心肉和放心粮油工程，着力解决带有行业和区域共性的食品安全隐患和潜在风险，防范系统性、区域性风险。

【开展针对即食鱼干销售专项检查】 6月，开展针对即食鱼干销售专项检查。对有从事即食鱼干销售(主要为烤鱼片、马面鱼干、深海鲨鱼片)的商场超市、食品批发市场和农贸市场、食品销售网络平台、食品批发经营户。特别是学校及周边、农村和城乡接合部的经营户，重点检查无证(照)经营食品、销售三无食品、过期变质、有毒有害、假冒伪劣食品、未按规定贮存、运输食品、篡改食品生产日期、伪造食品产地、违法涂改食品标签等行为进行检查，及时处理的发现问题，对涉嫌犯罪的移送公安机关。

【开展流通环节食品专项整治工作】 为切实解决食品安全领域突出问题，提升食品安全水平，3月至6月，在全市范围内开展食品安全百日严打行动。按照最严谨的标准、最严格的监管、最严厉的处罚、最严肃的问责，确保广大人民群众“舌尖上的安全”的要求，严厉打击涉及面广、社会影响大、群众反响强烈、带有行业“潜规则”性质的危害食品安全违法活动，形成高压威慑态势。流通环节严打的重点包括：主体资格类、食品质量类、食品标签(包装)类、食品经营行为类。其中2013年3月5日至3月15日，在全区开展流通环节散装食品、送货上门食品专项整治工作。对散装食品、送货上门食品存在的问题，依据《中华人民共和国食品安全法》和《流通环节食品安全监督管理办法》中的相关条例进行查处。2013年3月17日至3月31日，根据区食安办文件精神，结合近期食品监管重点，在全区开展商超现场制售食品专项整治工作。依据《中华人民共和国食品安全法》《餐饮服务食品安全操作规范》《商场和超市现场制售食品活动管理规范(试行)》中的相关规定，对发现问题进行整治。2013年4月1日至4

月15日，根据区食安办文件精神，结合近期食品消费热点，在全区开展烧烤类肉制品、清明食品专项整治工作。依据《中华人民共和国食品安全法》中的相关法律法规，对发现问题进行整治。

6月2日，召开无证无照餐饮整治动员会议

【餐饮服务食品安全示范工程创建】 3—12月，绍兴市局印发《2013年绍兴市食品餐饮服务安全示范工程创建计划的通知》，上虞市食品药品监管局精心组织，专题部署创建活动。6月20—21日，上虞市食品药品监督管理局联合相关部门，对示范单位创建工作情况进行现场督查指导。9月17日，省食品药品监督管理局专员方兴强一行3人对上虞市省级餐饮服务食品安全示范县(市)创建工作进行调研指导。10月29日，绍兴市食品药品监管局专员鞠丽霞一行8人对上虞市省级餐饮服务食品安全示范县(市)创建工作进行督查指导。11月7-8日，省级餐饮服务食品安全示范市考核验收组一行7人由省食药监局邵元昌副局长率队，对上虞市示范创建工作进行了考核验收。考核组人员从现场检查和查阅资料情况后，一致认为上虞的省级餐饮服务食品示范市创建工作达到要求，现场检查通过。2014—2016年继续推行示范创建工作，截至目前，上虞市已创建成功省级餐饮服务食品安全示范市(区)，省级餐饮服务食品安全示范街1条，省级餐饮服务食品安全示范单位11家，绍兴市级餐饮服务食品安全示范单位30家。

【开始四大诚信建设活动】 根据市委〔2013〕1号《关于大力开展“崇孝守信 务实创新”主题教育活动的实施意见》文件精神，为进一步探索完善餐饮服务食品安全监管长效机制建设，有效落实餐饮服务企业食品安全工作主体责任，不断提高餐饮服务食品安全整体水平，上虞市开始四大诚信建设活动。1.(2013年2月)成立上虞市餐饮诚信促进会。2.(2013年3—10月)开展“十佳餐饮诚信示范单位”评选。3.(2013年3月)开展“百家餐饮企业公开诚信承诺”活动。4.(2013年9—10月)召开餐饮服务诚信工程“面对面”座谈会。

【开展餐饮环节“强网清源”集中行动】 2013年9—10月，根据上级文件要求，上虞市食品药品监督管理局于2013年9月4日—10月8日在全市开展餐饮环节“强网清源”集中行动。该次检查全面排查食品安全隐患，认真开展工作，共出动工作人员490人次，共走访排查检查388家，下发张贴“九不”准则1000份，开展治理整顿突出问题1个。

【开展无证餐饮整治】 5—9月，为规范市场秩序，维护经营者、消费者利益，保证上虞市餐饮服务市场环境有序发展，有效遏制餐饮无证无照经营行为，保障公众的饮食安全，上虞市食品药品监督管理局于5月至9月开展无证餐饮整治，按照“规范一批、整改一批、查处一批”的原则，经过宣传发动、集中整治、总结巩固三个步骤，取得明显成效。全市778家无证餐饮单位中，已经规范(即办理第三类餐饮许可证、临时许可证、备案管理的)608家，关停120家，因涉及违章搭建等原因无法纳入整治的50家。

(蒋　立　何国祥　张柏忠　孟伟涛　丁　俊)

国土资源管理

综 述

【概况】 2013年，国土管理工作通过抓重点、抓挖潜、抓协调，跑部进厅，顺利完成年度各项目标任务。全年省政府下达上虞区（含绍兴滨海新城）新增建设用地指标8235.6亩，其中耕地4939.8亩，除省、市专项用于绍兴滨海新城建设外，上虞实际可用耕地指标为2492.85亩。针对土地指标供需矛盾突出的现状，通过农村土地综合整治项目，产出城乡建设用地增减挂钩指标705.75亩。结合上虞区土地利用特点和土地管理实施需要，适时开展土地利用总体规划实施评估，编制《绍兴市上虞区土地利用总体规划（2006—2020年）实施评估技术报告》。全年共争取梁湖砂堤防加固工程、绍兴孙端至上虞曹娥公路、滨海产业聚集区新东线公路、220千伏章镇变等省重点项目省留新增建设用地规划指标5351亩，共争取新增建设用地计划指标4299亩，累计出让经营性用地2080.5亩，成交土地出让金36.12亿元。结合黏土砖瓦窑企业关停及政策处理进度，大力推进废弃工矿用地复垦，合理确定建新区块，共报批农村土地综合整治项目12个（含绍兴滨海新城），申请城乡建设用地增减挂钩指标746.1亩。及时调研出台《农村住房改造用地保障工作实施意见》和《国有划拨供地试点项目实施细则》两个文件。结合卫星遥感土地执法检查工作，加大对违法用地的立案查处力度，立案查处土地违法案件13宗，总面积为156.75亩。根据区政府办公室关于进一步严格土地管理制止违法用地通知要求，对月信访综合排名连续两个月在全区前三位的乡镇（街道），由国土局书面通知，相应核减乡镇（街道）的年度用地指标额度，暂缓建设用地、土地利用总体规划局部调整等相关国土资源管理事项审批报件。通过加强土地矿产动态巡查，土地矿产违法行为明显减少。全年共确立了48处地质灾害隐患点，投入治理资金1500万元，其中8处结合宅基地整治，实施整体搬迁。开展绿色矿山创建工作，出台了上虞区绿色矿山创建管理办法，引导符合条件的矿山企业争创各级绿色矿山，上虞叶蜡石矿业有限公司正在创建省级绿色矿山，已完成创建方案编制和专家评审工作。结合“三改一拆”工作，积极配合相关部门深入开展“控违拆违”专项整治工作，实行即违即拆制度，共计拆除1447户，拆除土地面积28万平方米。2013年被绍兴市国土资源局评为国土资源管理优秀单位。 （周伟俊）

土地管理

【规划实施评估】 为全面掌握绍兴市上虞区《上虞市土地利用总体规划（2006—2020年）》实施期间土地利用变化情况，评估土地规划的实施情况、规划目标推进情况和土地利用变化情况，及时了解规划的实施成效和存在问题，结合上虞的土地利用特点和土地管理实施需要，适时开展了土地利用总体规划实施评估，编制了《绍兴市上虞区土地利用总体规划（2006—2020年）实施评估技术报告》。报告分评估背景、区域概况、评估总则、规划确定的主要任务和目标、土地规划执行情况评估、土地规划与未来发展适应性评估、各乡镇（街道）规划实施评估和规划实施评估结论及建议八个章节来阐述，评估得出上虞经济社会形势发生深刻变化，建设用地供需矛盾日益突出，迫切需要进行土地利用总体规划修编工作，以提高土地规划的科学性和合理性，充分发挥土地规划的统筹管控作用。（张惠英）

规划实施评估培训（张惠英 摄）

【争取用地指标】 根据《浙江省土地利用总体规划条例》《浙江省土地利用总体规划（2006-2020年）》以及经省政府同意的《关于省级规划预留新增建设用地和基本农田指标使用管理意见》的有关精神，全年，国土局共争取梁湖砂堤防加固工程、绍兴孙端至上虞曹娥公路、滨海产业聚集区新东线公路、220千伏章镇变等省重点项目省留新增建设用地规划指标5350.95亩，全年共争取新增建设用地计划指标4299亩，其中耕地2493亩。核减基本农田保护任务1479亩。有效地保障了上虞区急需重点建设项目的用地空间，保障了全区社会经济又快又好发展。（顾 红）

【完善土地开发政策措施】 为切实抓好土地开发整理工作，确保工程实施的质量，绍兴市上虞区人民政府办公室印发《绍兴市上虞区造地改田专项资金筹集和使用管理办法》（虞政办发〔2013〕344号），对造田改地专项资金的筹集和使用范围、资金管理、监督管理等作出了明确规定，特别提出，项目的前期工作费、工程施工费、竣工验收费之和不得低于总奖补的60%。（郑 勇）

【有效整合土地资源】 全年全区共有17个土地开发项目通过绍兴市验收，开发整理的土地面积5101.1475亩，实际新增面积3724.5亩，全面完成年度目标任务。（郑 勇）

【完成高标准农田建设项目】 全区共完成9个高标准基本农田建设项目，建设规模114084亩，建成高标准基本农田面积93309亩，全面完成年度目标任务。（郑 勇）

【落实8866位失土农民社会保险】 全年共依法征收集体土地6548.7亩，配合曹娥街道、道墟镇、陈溪乡、东关街道、丰惠镇、盖北镇、梁湖镇、上浦镇、崧厦镇、小越镇、谢塘镇、驿亭镇、章镇镇等13个乡镇（街道）的38个村，落实8866名失土农民的社会保险。（厉 佶）

【出让经营性用地2080.95亩】 根据上级的总体部署，结合房地产宏观形势和上虞城市、重点区域规划建设实际，按照统筹兼顾、科学配置、突出重点的原则，加大了推介力度，全年累计出让经营性用地2080.95亩，成交土地出让金36.12亿元。（冯文杰）

【办理发放土地使用权登记18229本】 全年全区共完成集体土地所有权地籍调查4795宗，面积1373509.95亩，完成确权登记发证4593宗，面积1263833.85亩，对每宗集体所有土地发证档案实现电子扫描，图数一致，地籍系统与档案系统实现联动，全面完成农村集体土地确权登记发证工作的各项任务，顺利通过绍兴市局和省厅的检查验收。参与工业、经营性及政府投资验收合格项目154只，总用地面积3877214平方米，总建筑面积4189213平方米，总的出让金补缴3917323元。办理发放各类土地使用权登记18229本；注销土地使用权登记287本；补换证17本；抵押登记350本，累计抵押金额530亿元。（章　樱）

【土地变更调查通过省部级验收】 年初，以日常变更为基础，结合年度遥感监测成果，按照土地变更调查的有关要求，调查2013年度内变化土地的地类、范围、面积等实际情况，更新土地调查数据库，完成2013年度土地变更调查数据的上报工作。12月，通过省国土资源厅和国土资源部的验收。变更调查结果显示，全区实有耕地面积645689.85亩，基本农田面积507560.7亩。

（林　鑫）

【报批农村土地综合整治项目12个】 结合黏土砖瓦窑企业关停及政策处理进度，大力推进废弃工矿用地复垦，合理确定建新区块，共报批农村土地综合整治项目12个（含绍兴滨海新城），申请城乡建设用地增减挂钩指标746.1亩，其中上虞本级项目11个申请城乡建设用地增减挂钩指标705.75亩，有效缓解了新增建设用地计划指标的不足，推进了新农村建设。（俞园松）

【深化行政审批制度改革】 1月，根据《关于进一步深化行政审批制度改革的通知》（虞政办〔2013〕45号）文件要求，以进一步"削减审批事项、梳理审批事项、规范审批标准、下放审批事项、提高审批效能、创新审批方式、加强监督考核"等七方面为主要工作内容，深入推进全市国土资源系统行政审批制度改革。此次行政审批制度改革先后经过削减审批事项、梳理审批事项、规范审批标准、下放审批事项等环节。经梳理规范，市国土局实施的行政审批及相关服务事项共计23项，其中行政许可事项5项、行政许可初审事项5项、非行政许可审批事项2项、行政服务事项2项；市政府审批事项8项、执行上级审批事项1项。同时根据梳理事项，详细制定了23项行政审批和服务事项的实施标准，该实施标准已报送市审改办。6月28日，印发《关于明确便民服务中心国土窗口及窗口工作人员审批权限的通知》（虞土资〔2013〕68号），明确了窗口审批权限、各类行政审批和服务事项承诺时限等情况明细表，进驻中心窗口集中办理率达到91.7%。（杨海娟）

【做好规范性文件清理工作】 根据区府办《关于做好行政规范性文件清理工作的通知》（虞政发〔2013〕78号）要求，对1983年1月1日至2013年11月20日期间未经明文废止、以市政府或市政府办公室名义发布的行政规范性文件进行全面清理。本次涉及国土局清理文件共计90件，保留规范性文件41件，废止或废除文件49件。

（杨海娟）

矿产管理

【做好设置方案编制工作】 为了保障建设石料供应，区无风险矿种采矿权方案已委托绍兴有色地质勘查局完成编制，完成了上虞叶蜡石矿采矿权方案编制，并已经省厅批复。会同安监、公安、农林渔牧、水利、环保等有关部门对拟设采矿权进行了实地踏看，并做好章镇，永和两只拟设石料矿山采矿权方案的编制工作。（王益坪）

【加强矿山监督管理】 一是定期和不定期会同安监、公安和当地乡镇等部门对在开矿山进行以安全生产为主的大检查，督促矿山企业严格按开发利用方案进行开采，做到依法依规安全生产。二是以局属各国土所土管员和所聘巡查人员为主，平时不间断进行巡查，重点检查有越界、越层开采

矿山年检检查　（钟　雯　摄）

行为使违法开采现象遏制在萌芽状态。三是组织人员晚上值班，坚决制止偷挖矿产资源行为，并委托有色地勘局每半年一次对全区在开矿山进行动态储量测量，及时全面掌握矿山开采量及开采现状。四是做好矿山年检工作，对全区6个探矿权、11个采矿权人有无违规开采，各种规费是否及时定额缴纳，有无私自转让等各方面进行逐一检查。采矿许可证已到期的有2家，采矿许可证未到期的有9家，对3只矿山存在越界、越层开采行为的矿山企业，移交立案查处。（王益坪）

【开展废弃矿山治理和绿色矿山创建工作】 根据治理规划和上虞"四边三化"行动实施计划，明确了四边需治理的4家废弃石料矿山，至6月底止，完成曹娥马池岙废弃矿山治理；上浦龙池岭12月底前完成治理；道墟镇越梦废弃矿山已完成工程招投标工作，办理林业手续，并于年底前开工；曹娥联发废弃矿山已完成治理方案编制工作，按任务完成50%废弃矿山治理任务。同时积极开展绿色矿山创建工作，出台了上虞市绿色矿山创建管理办法，积极引导符合条件的矿山企业争创各级绿色矿山，上虞叶蜡石矿业有限公司正在创建省级绿色矿山，已完成创建方案编制和专家评审工作，并正在按方案进行创建。（王益坪）

【排查地质灾害隐患点】 对地质灾害处治，坚持预防为主，避灾与治理相结合和全面规划，突出重点的原则，避免和减轻地质灾害造成的损失，确保人民生命和财产安全。全年共接报地质灾害险情、灾情211起，其中滑坡25处，崩塌120处，泥石流66处，累计受威胁群众1150人，涉及厂房11间、民房300余间，直接经济损失2000万元。（王益坪）

【率先做好地质灾害防治工作】 一是汛期和台风期间，广泛宣传，提高群测群防意识，5月份中旬开始，在全区25个地质灾害易发村播放一部地质灾害专题纪录片，分发各类地质灾害宣传册，并结合全国安全生产月，利用5·12全国"防灾减灾日"、6·25土地日举行地质灾害防治知识宣传，共发放地质灾害防灾明白卡2000余份，同时邀请专家对国土系统和乡镇地质灾害巡查人员进行了培训。二是做好汛期和台风期间防范工作，全区累计组建应急小分队35个，组织检查86余组560人次，检查地质灾害隐患点48个（720次），发放工作明白卡800份和到户的防灾避险明白卡1400份，通过移动平台发布预警信息2728余条，转移群众1530人。三是及时将检查情况和防灾处置意见以书面形式反馈当地乡镇政府，全年共发出地质灾害检查通知书15份。（王益坪）

【开展搬迁避让和工程治理】 通过搬迁和工程治理，避防地质灾害。全年确定了48处隐患点作为治理目标，计划投入资金1500余万元。对治理难度大，自然条件不适宜居住的地质灾害隐患点，选择了8处结合新农村建设，下山择点，宅基地整治，实施整体搬迁治理，并积极向省厅争取安置土地指标。（王益坪）

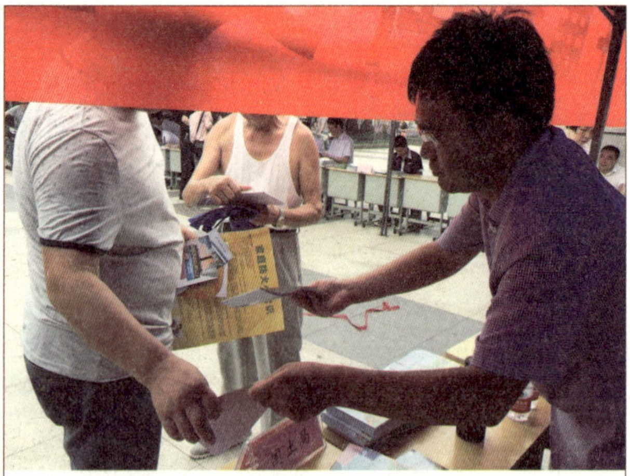

宣传月宣传地质灾害隐患防范知识

（钟 雯 摄）

【推进地质矿产行政管理工作】 以落实地质灾害防治规划为重点，全面推进地质矿产行政管理工作。一是服务经济，做好矿山出让工作。以无风险矿种采矿权方案实施为契机，切实加强矿产资源开发利用，调整矿山布局，促进资源和集约开采，做好方案中的采矿权出让工作，有效保障全区经济社会发展对石料的需求。二是标本兼治，深入推进矿山生态环境保护。以贯彻落实省委、省政府和国土厅开展“四边三化”行动为抓手，按计划完成“四边三化”确定的废弃矿山治理和绿色矿山创建工作。争取上虞叶蜡石矿创建省级绿色矿山成功，同时做好绍兴市银山矿业有限公司创建省级绿色矿山工作的准备工作。三是以落实地质灾害防治规划为重点，加强地质环境管理工作，抓好台风期间的地质灾害预防和应急工作，全面落实建设项目地质灾害危险性评估，从源头上控制人为活动诱发新的地质灾害，加快地质灾害隐患点的工程治理力度，消除危险隐患。四是广泛宣传，增加广大市民群众地质灾害防范意识。通过多种途径，开展多形式、多层次的舆论宣传与科普宣传，增加群众防灾意识，提高防灾的自觉性和主动性。（王益坪）

土地督察

【概况】 2013年，对上一年度土地卫星遥感图片执法工作，从接受检查转变为主动整改，结合详查变更调查成果，开展外业调查和内业核查工作，对卫片中发现的违法用地坚决实施拆除复垦。共查处土地违法23宗，面积153亩，其中耕地30亩。（章志峰）

【13宗土地违法案件得到查处】 结合卫星遥感土地执法检查工作，加大对违法用地的立案查处力度。立案查处土地违法案件13宗，总面积为156.75亩，其中耕地10.35亩，收缴罚款260.13万元，拆除建筑物2550.9平方米，没收建筑物4463.79平方米，申请法院强制执行案件24件。（章志峰）

【737件涉土信访全部办结】 该年度，局党委对国土资源信访工作列入工作要点，加强对国土资源信访工作领导，加强信访工作规范化办理要求，进一步健全完善相关工作机制，全年737件涉土信访全部办结。

【开展领导干部大接访活动】 紧紧围绕领导干部大接访活动目标要求，局“一把手”亲自参与每月15日信访局领导接待日，同时规定每月逢十为局领导信访接待日，由局领导班子成员和相关科室接待来访群众。特别是全国“两会”和十八届三中全会召开等重要会议期间，每天都有局领导在局信访接待日接访。此外，针对当前涉土信访反映的突出问题和群众反映的热点难点问题，局领导还带队走访重点镇、重点村和重点信访户。

【完善涉土信访排名通报制度】 根据市政府办公室关于进一步严格土地管理制止违法用地通知要求，对月信访综合排名连续两个月在全市前三位的乡镇（街道）由国土局书面通知，相应核减乡镇（街道）的年度用地指标额度，暂缓建设用地、土地利用总体规划局部调整等相关国土资源管理事项审批报件。对崧厦、丰惠等2个乡镇3次下发了书面整改书，对严格考核、强化责任、落实土地管理制止违法用地起到了较好作用。（章志峰）

【加大行政强拆力度】 结合“三改一拆”工作，积极配合相关部门深入开展“控违拆违”专项整治工作，实行即违即拆制度，取得了良好效果。全年共组织或配合乡镇（街道）拆除违建1447户，拆除土地面积28万平方米，其中强拆765户，面积为15.75万平方米，自拆682户，面积12.25万平方米。（章志峰）

【开展集中整治盗挖矿产资源专项行动】 国土局在加强日常接处警的基础上，会同乡镇（街道）及其他相关部门开展联合执法集中整治盗挖矿山资源的专项行动。全年共实施联合执法行动18次，先后查扣挖掘机等盗挖工具9台，传唤询问相关人员22人，临时滞留和批评教育当事人17人，立案查处10起，收缴罚没款13.19万元。通过开展整治盗挖矿山资源专项整治行动，有力打击了不少不法分子盗挖矿山资源的嚣张气焰，及时遏制了盗挖矿山蔓延的势头；同时也消除和化解了部分易引发社会不稳定因素的隐患，大幅度减少了涉矿信访问题。（章志峰）

交通运输

综　述

【概况】 2013年交通基础建设加速推进，嘉绍跨江大桥、杭甬客运专线两大省部重点工程相继开通，全年实施政府投资项目共13个，完成政府投资项目投资26929万元，完成年度计划的153%。绍诸高速上虞互通至九六丘连接线、长海公路与百崧公路连接线、三环路匝道、白米堰地块东西向二号路延伸等工程顺利建成通车。新建项目：边港公路综合治理工程完成工程量20%；绍兴孙端至上虞曹娥公路上虞段工程完成前期工作，章镇至八洞段、江东路延伸段等工程全面顺利推进。农村联网公路建设完成新建里程12千米，至年末累计联网公路建设229.7千米。全区通车里程1559千米。顺利完成城乡公交运营体制改革，完成46条线路217辆车辆的回收，城乡公交实施1元、2元统一票价。

8月15日上午，上虞市交通集团有限公司授牌仪式

完成交通投融资体制改革，新增交通融资6.12亿元。8月15日，上虞市交通集团有限公司正式挂牌成立，全市交通投融资、交通建设、交通资产由此纳入归口管理，公司成为上虞市迄今资产规模最大的国有企业，上虞市交通集团总资产规模超120亿元，净资产超60亿元。

上虞市交通运输局因上虞撤市设区，自12月1日起，更名为绍兴市上虞区交通运输局，局属各单位相应更名。 （糜何芬）

交通基础设施建设

【概况】 2013年6月，绍诸高速上虞互通至九六丘连接线工程竣工通车；7月，杭甬铁路客运专线开通运营，嘉绍大桥暨南北接线通车。这些部省级交通重点工程建成投用使上虞交通环境得到了史无前例的提升。全年还完成了104国道三角站桥、329国道乌朱桥、许闸桥等14座国县道桥梁维修改造工作，同时公路建设与生态绿化同步建设协调发展。上虞客运中心建设工程完成方案和工可批复。

【绍诸高速上虞互通至九六丘连接线工程竣工通车】 6月19日上午，省重点建设项目——绍诸高速上虞互通至九六丘连接线工程竣工通车。该工程是上虞市单体投资规模最大、规格最高的交通基础设施线性项目，连接上虞市两大省级经济开发区（上虞经济开发区和杭州湾上虞工业园区）的南北快速通道。绍诸高速上虞互通至九六丘连接线工程，全长19.25千米，起点位于绍诸高速公路上虞互通东侧500米的人民西路，终于规划中的滨海大道相接，按一级公路标准设计建设，设计时速80千米/小时，路基宽37米，双向6车道、沥青路面，建设大桥4座、中桥7座、上跨杭甬高速分离式立交一座，项目用地1216.5亩，概算投资8.17亿元。2009年12月26日开工，2013年6月14日，顺利通过浙江省公路管理局、绍兴市公路管理处组织的交工验收。

6月19日上午，举行绍诸高速上虞互通至九六丘连接线通车仪式

【杭甬铁路客运专线开通运营】 7月1日，杭甬铁路客运专线开通，进入正常运营阶段。上虞段长24.41千米(占全线17.14%)，设上虞北站。杭甬铁路客运专线全线正线里程142.47千米，起自钱江铁路新桥，经杭州、绍兴、宁波3个市10个县(市、区)，终于宁波站，设计时速350千米，2008年12月27日全线开工建设，2013年6月6日完成质量鉴定，6月14日通过交工验收。

【嘉绍大桥暨南北接线通车】 7月18日，嘉绍大桥暨南北接线通车。历经四年多建设的嘉绍跨江通道正式建成，顺利进入运营阶段。嘉绍跨江大桥通道作为浙江省高速公路规划中跨杭州湾的第二个通道，全长69.2千米(其中嘉绍大桥全长10.2千米，北接线长43千米、南接线即上虞段长16千米)，总投资139.8亿元。采用双向八车道高速公路标准建设，设计时速为100千米。

【浙江大舜建设公司获得信用AA等级】 11月3日，交通运输部下发《公路施工企业信用评价全国综合评价结果的公告》，一级施工企业浙江大舜建设公司获得公路施工企业全国信用AA等级。

【公路养护部门全力保障桥梁安全】 上虞公路段落实桥梁养护工程师制度，进一步完善桥梁的安保工作，建立了“一桥一牌一档”的桥梁技术档案，及时更新桥梁技术数据。聘请交通运输部公路科学研究所、西安长大公路工程检测中心等桥梁检测权威机构，重点对国道公路12座桥梁进行定期检查。全年完成了三环线三环大桥、329线四环大桥水下勘探作业、老曹娥江大桥桥梁受力检测和农村公路72座桥梁的外业检测工作，完成了104国道三角站桥、329国道乌朱桥、许闸桥等14座国县道桥梁维修改造工作。

【开展公路绿化“保卫战”】 夏季，因遭遇罕见高温干旱天气，上虞公路段投入11辆洒水车、清洗车、喷药车及水泵等设备，调整浇水作业时间(晚9点至次日7点)、大车配小车作业方式及结合病虫害防治等工作措施，对市境内的104国道、329国道、百悬线，章路线、百红线等路段的绿化苗木进行浇灌保湿，努力保卫公路绿化带安全度过干旱期。

【104国道上虞段路面大中修工程顺利完工并通车】 104国道上虞段路面大中修工程10月4日正式施工，10月底全面完工并通车，有效提升了该路段的通行质量。该路面大中修工程位于104国道k1556-k1559、k1562-k1565段左幅，全长6千米，维修费用1399万元。

【绍兴孙端至上虞曹娥公路上虞段(329北移)工程前期工作顺利开展】 7月29日，省重点工程绍兴孙端至上虞曹娥公路上虞段(329北移)工程初步设计获省发改委批复。完成施工招投标，基本完成房屋拆迁、土地征用签约。工程起于绍兴孙端与上虞道墟分界处，接绍兴孙端至上虞曹娥公路绍兴县段，经道墟镇，终点为上虞城区，与329国道上虞城区过境段相接，主线长约8.4千米，同步建设道墟支线约3.3千米，合计建设里程约11.7千米，全线设公路管理用房1处。道路按一级公路标准建设，主线双向六车道，设计时速为80千米，支线采用四车道兼顾城市道路功能。工程用地约620亩，投资估算3.7亿元。

【公路建设与生态绿化协调发展】 上虞交通部门着力推进公路建设与生态绿化协调发展，全年完成杭甬运河绿化补植岸线28千米27万平方米，建成绍诸高速上虞互通至九六丘连接线景观绿化工程计19.24千米79万平方米。同时，推进329国道上虞过境段路基两侧绿化工程、东三环绿化景观工程、人民西路两侧绿化工程、国道“四边三化”工程等公路沿线绿化建设20.8万平方米。结合公路管养工作，建立“定区域、定路段、定人员”的“三定措施”，加强对绿化的后期维护，确保林木的成活率及绿化的美观度。

【全面提升生态公路建设】 上虞公路路政部门在境内国道干线公路及城郊重点路段开展“一种三清”为重点的“三化”综合整治工作，全面提升生态公路建设。全年共计投入机械180台班、运输车辆250台班，在国道边共计拆除违法建筑物、构筑物22处1400平方米；拆除非公路标牌60块；清理违法种植86710平方米；清除生活、建筑垃圾9800吨；拆（清）除桥下堆积物90立方米；疏通边沟22000米；推进公路边绿化平整与覆土10350平方米；在国道干线公路补植灌木8500平方米。实现了“畅通、安全、舒适、优美、生态”的公路通行环境。

【上虞客运中心建设工程完成方案和工可批复】 上虞客运中心建设工程完成方案和工可批复，上虞客运中心规划位于上虞城北，杭甬客运专线北站以南，康居路以西，称山北路以东北地块，总占地面积67亩，其中地上建筑面积4万平方米、地下建筑面积1.3万平方米，包括长途客运站房、城乡公交换乘站及配套服务用房等。后又新规划旅游集散中心，土地指标实施调整，客运中心总占地面积调整为108亩，总投资约5.5亿元。

（糜何芬）

农村公路建设

【概况】 2013年农村联网公路建设完成新建里程12千米，累计联网公路建设229.7千米。至年底上虞农村公路达1420.78千米（包括绍兴滨海新城管养部分）。长海公路与百崧公路连接线工程竣工通车；曹娥江东山大桥建设顺利推进，主桥顺利合龙。加快未通达村农村道路整改和安保设施安装。完成余梁线边坡应急加固、31处农村公路隐患治理等工作。其他新建工程建设项目推进顺利，其中：边港公路综合治理工程投资1.6亿元，已完成工程量的20%；章镇八洞段工程已完成拆迁和施工招标，已组织进场；虞南大环线改造提升工程已开展前期工作。

【长海公路与百崧公路连接线工程竣工通车】 7月6日，上虞市长海公路与百崧公路连接线工程竣工通车。连接线工程全长824米，起于百红线与前华线交汇点，向西沿堤塘经西华村与绍诸高速上虞互通至九六丘连接线工程（长海线）相交，总投资1462万元。3月17日进场施工，6月16日全线完工，6月28日通过质量鉴定。

【余梁线等道路边坡应急加固工程顺利竣工】 上虞余梁线等道路边坡应急加固工程4月7日起正式开工，到10月底完工。工程概算总投资491万元，包括余姚至梁弄公路K7+330段、玩石至昆仑公路K2+190–K2+250、K2+606.5–K2+631.5段及迳路至芦田公路K2+330～K9+925段的边坡，采取增设抗滑桩、卸载、喷浆等加固措施，以及局部路段线型改善等方式进行边坡治理。

【曹娥江东山大桥主桥顺利合龙】 11月18日，由上浦镇人民政府筹资建设的曹娥江东山大桥主桥工程顺利合龙，标志着该大桥建设进入最后的建设阶段。大桥起点位于曹娥江西岸新104国道，经老104国道，跨曹娥江，终于章梁线（联江埂），全长1.36千米，其中大桥部分长456米，桥宽13.2米，一期概算总投资6169万元，工程自2012年6月28日动工，是104国道与县道（章联线）的重要连接线，也是东山景区的重要配套工程。

11月18日，曹娥江东山大桥主桥顺利合龙

【加强路桥安全隐患整治】 6月至8月初，上虞公路管理部门投入公路桥梁整改资金1875万元，完成梁章线、人民西路先锋桥桥下通道等处路段的急转弯标牌、限高标志的安装，对百夹线、西上线等9条线路3750米钢质护栏进行升高，完成余梁线、迳芦线边坡安全隐患治理17处，完成边沥线三号桥、百红线姜山桥的隐患治理。

【农村公路大中修工程全面动工】 8月12日上虞农村公路大中修工程正式动工。该工程包括丰永线、边沥线、百红线、新三线、五五线、百悬线等逐段路面。9月初始，聘请西安长大公路工程检测中心，对境内农村公路72座桥梁进行全面的检测，为进一步做好桥梁管护工作提供科学依据。全年为农村五五线等7条路网钢质护栏设置3370米。

【小越镇农村公路管理站规范化建设通过省级考核验收】 11月7日，经省公路局考核验收小组考核，小越镇农村公路管理站规范化建设顺利通过验收，成为上虞区首个规范化的乡级农村公路管理站。

2013年6月13日上午，市委书记孙云耀，市委常委、常务副市长余云才率有关部门负责人实地踏勘虞南大环线改造提升工程 （交通运输局供稿）

【边港公路综合治理工程进展顺利】 12月底，边港公路综合治理工程已完成工程量的20%。工程起点位于329国道上虞边墩，终点位于原上虞港，全长11.6千米。整治内容：全线整体铺设沥青混凝土路面、维修桥梁、漆划标线、整合岔口、提升绿化等，总投资约15500万元。

【虞南大环线改造提升工程调整为前期项目】 虞南大环线改造提升工程开展线位设计工作，估算投资2.9亿元，2013年年底沿线乡镇红线放样和征迁工作基本结束。 （糜何芬）

公路运输

【概况】 2013年，营业性公路客运运输量2468万人，客运周转量69224万人千米；营业性公路货物运输量1139万吨，货运周转量117664万吨千米。检测站完成营运车维护质量检测15734辆次。全年有4家企业上报申请绍兴市物流龙头企业、1家企业上报申请上虞区物流龙头企业。上虞货运企业继续向大型化、专业化发展，车辆向重型化、厢式化方向发展。交通部门组织实施了甩挂运输试点及货源整合试点示范项目(绍兴市独家)，信诚物流公司作为甩挂运输试点单位，已投入资金350万元，购置牵引车4部，半挂车4部。加快现代物流业信息平台和网络建设，上虞电子路单报送工作及危化品运输车辆GPS上传率达到100%。

【春运安全畅通】 3月6日，为期40天的2013年春运结束。春运期间，上虞共投入客运车辆845辆，组织包车运输1136辆次，加班车184辆次，由于受春运期间雨雪、雾霾天气影响，以及春节小型客车免费通行、私家车增多等多方因素影响，全市公路客运量(含出租车)197.7万人次，周转量(含出租车)16943.7万人次，水路渡运量1.1万人次，分别比去年同期减少1%、7%和40%。

【春运期间开展24小时动态监控】 春运期间上虞市汽运总公司利用智能监控系统加大对车辆的监控力度，参加春运的车辆安装了3G视频及GPS设备。城区公交以及跨县以上长途客车共计安装3G视频233台，城乡公交、长途客车共计安装GPS设备209台。汽运公司视频监控中心24小时全天候监控运营车辆，长途客运和包车客运是重点监控对象。监控平台每天发送安全提醒和恶劣天气的应对措施，及时纠正驾驶员超速、超员等违章行为，同时发布监控日报，通报违章违规车辆，提升了春运安全整体保障能力。

【104国道上虞收费所启动车道保畅应急预案】 2月18日上午7:50，因杭甬高速杭州往宁波方向绍兴出口处，一辆装载有毒气体丙烯的槽罐车发生侧翻事故，上三高速实施车辆分流，104国道嵊州往上虞方向从11时开始车流量骤增，国道线通行压力猛增。104国道上虞收费所启动车道保畅应急预案，增派人员、开足车道，确保了车辆通行的安全、及时、畅通、有序。

【104国道上虞收费站清明假期免收通行费11万元】 4月4日零时至6日24时，104国道上虞收费站免费通行小型客车1.1万辆次，比上年同期增长106.67%，免收通行费11万元，其中4月6日高峰日免费车辆达到5000辆次。

【车辆排气检测工作初显成效】 4月12日，绍兴市环保局机排中心检查组检查上虞汽车综合性能检测站车辆排气检测工作，对上虞市车辆检测站的机动车排气检测工作给予了充分肯定。全年完成对52081辆汽车的排气检测，在源头上控制了废气排放不合格车辆上路行驶。

【全市首座客运车辆加气站6月1日正式营业】 上虞市首座客运车辆加气站6月1日正式营业，加气站位于上虞汽车东站加油站东侧，总投资971万元，由上虞汽运总公司与浙江浙能新能源公司合作共建。加气标准为CNG压缩天然气，日供气量可达1.5万立方米，可满足300辆出租车、100辆公交车日平常用量。站内有双枪加气机2台，可满足4辆汽车同时加气。

6月13日，市委书记孙云耀，市委常委、常务副市长余云才及有关部门负责人在下管镇政府召开专题会议，听取上虞市交通运输局徐克铭局长关于虞南大环线改造提升工程方案的介绍 (交通运输局供稿)

【上虞汽运总公司一项目获国家节能减排专项资金补助】 上虞汽运总公司申报的《营运车辆智能化运营管理系统项目》得到2013年度交通运输节能减排专项资金支持，获得补助资金30万元。该营运车辆智能化运营管理系统项目包括车辆监控系统、出站车辆智能门检系统、车辆和站台语音报站系统及站台全球眼监控系统。（糜何芬）

水路运输

【概况】 2013年，全区完成水路货运量332万吨，周转量112634万吨千米，同比货运量增长39%，周转量增长11.1%；其中内河完成货运量261万吨，周转量44991万吨千米，分别同比增长64.8%和101%；沿海货运量70万吨，周转量67642万吨千米，分别同比减少11.8%和14.3%。全年安全渡运旅客7万人次左右。完成港口吞吐量101万吨，其中进口62.1万吨，出口39.5万吨，分别同比增长116%和下降18%。

全年共进行船舶营运检验176艘，32685总吨。上虞全年净增船舶32艘，净增13155载重吨，平均载重吨从2012年的195.4吨增加到240载重吨，船舶吨位平均增长10%。2013年杭甬运河上虞塘角船闸通过船舶5954艘，货运量172.50万吨，为2012年同期的157.18%。

3月，上虞市规模最大的内河水运企业——绍兴市风顺物流有限公司正式成立。圣道、丰安两物流码头已开工建设；绍兴港上虞曹娥作业区(西区)散货码头建设工程已完成灌注桩。

【全市规模最大的内河水运企业开业】 3月，经交通部长江航务管理局批准，上虞市规模最大的内河水运企业——绍兴市风顺物流有限公司正式成立。该公司拥有普通货船23艘，运力达6000总吨左右，参与长江中下游及支流省际普通货船运输。

【船闸公司实施二期绿化工程】 3月16日至5月20日，上虞船闸公司对所辖三座船闸实施了二期绿化工程。在塘角、通明、大厍三座船闸闸区内新增银杏46株、广玉兰6株、山茶12株、樱花32株、桂花31株、垂柳4株及香樟200多株。

4月7日，上虞市杭甬运河船闸运营有限公司塘角船闸绿化新貌（交通运输局供稿）

【多个物流码头开工建设】 上虞利用畅通的水运网络，加快水运设施建设，圣道实业公司的圣道物流码头，丰安钢构集团的物流码头已开工建设，完成塘渣填埋、土地平整等附属工程；绍兴港上虞曹娥作业区(西区)散货码头建设工程已完成灌注桩工程。

【依法查处违规船舶】 5月7日，上虞市港航管理局依法对浙余杭货01995号货船船主罗某做出罚款人民币5000元的行政处罚决定。该船舶在5月4日晚上7时，超越航次签证线路，违规在尚未建设完工的杭甬运河曹娥作业区装卸货物，不仅违反水路运输有关规定，更给该作业区带来安全隐患。后该船主按规定到达指定地点卸货。

【省、市人大代表专题视察船闸】 9月29日下午，省、市人大代表专题视察组莅临塘角船闸、通明船闸视察杭甬运河建设情况，绍兴市人大常委会主任谭志桂、副主任施淑汝以代表身份参加视察，绍兴市副市长杨文孝陪同视察。代表们对于上虞两个船闸的安全运营情况较为满意，并指出要加强对航道日常的养护和管理，切实改善流域生态环境，充分发挥绍兴港的作用，推动物流产业的集聚和升级。

【龚岙至上浦闸航道养护整治工程完工】 10月18日，曹娥江上浦闸至龚岙段19.5千米航道养护整治工程通过竣工验收，航道等级由原来的内河六级提升至内河四级，上虞曹娥江航道（曹娥江口门大闸至龚岙全长55千米）基本达到内河四级航道标准，可正常通行500吨级的内河船舶。曹娥江航道是浙江省20条内河骨干航道之一，与杭甬运河相连，该航道航级的提升使上海港、宁波港及周边省市的大宗物资可通过船舶运输直达曹娥江。

【杭甬运河杭州至上虞段500吨级船舶试通顺利结束】 12月18日上午9时许—19日下午5时多，由省港航管理局组织的杭甬运河杭州至绍兴段500吨级船舶试通航顺利结束。该次试通航由3艘船舶组成（500吨级货船、500吨级空船及大码力拖轮各一艘），从杭甬运河起点杭州萧山新坝船闸出发，顺利通过绍兴上虞塘角船闸及通明船闸，标志着杭甬运河杭州至绍兴段已可通行500吨级船舶。

【上虞港航开展“四边三化”及运河清障拆违工作】 上虞港航部门配合杭甬运河上虞指挥部实施运河沿线宜林地段绿化工程工作，同时组织开展运河清障拆违工作，全年共拆除非法捕鱼设施50多处，拆除面积达1000多平方米，对运河中20艘无主沉船进行了打捞，确保了运河航道的安全畅通。

9月29日下午，省、市人大代表专题视察组莅临塘角船闸、通明船闸视察杭甬运河建设情况，绍兴市有关领导陪同视察（交通运输局稿供）

12月19日下午3时许，由省港航局组织的杭甬运河500吨级船舶试通航3艘船舶通过上虞塘角船闸（交通运输局供稿）

【杭甬运河上虞段专项打捞清理工作成效明显】 9月21日至10月底，组织开展专项打捞清理工作，通过招标，由绍兴卧龙物业有限公司负责河道清洁工作。清洁运河30.7千米，完成率83%；打捞河面漂浮物157700平方米；清理河中障碍物2050处，完成率100%；打捞病死动物30只；补种沿线香樟、银杏、广玉兰等植株6000余株；并对打捞的病死动物、河面漂浮物、河中障碍物进行集中处理，防止二次污染。

【杭甬运河上虞段建立运河保洁长效机制】 上虞落实专职管理人员和杭甬运河专项保洁资金，投入保洁人员38人、打捞船8艘、投入资金20余万元。同时加强运河航道巡查力度，及时查处各类船舶偷排污水等行为。积极与运河交叉口的乡镇及余姚的对接工作，落实交界处漂浮物的清理责任。加强码头、船舶的保洁管理，把船上垃圾回收工作列入水上运输整治内容。全力打造“水洁、畅通、岸绿、景美”的运河保洁总目标。11月27日，杭甬运河上虞段保洁专项行动通过验收。

【水上交通指挥中心建设项目竣工】 上虞水上交通指挥中心建设顺利推进，1月份完成全部土建工程，3月份完成了场外消防栓建设，5月份完成竣工验收。水上指挥中心装潢工程因要求更改还未开工。

【落实财政补助政策确保渡口安全顺畅】 对渡口渡船给予经费上支持，确保渡船的正常运营。每年由财政补助每个渡口600元手机费，给予每艘渡船每年近万元的燃油补贴。港航部门免除相关渡口的渡船检验费、证书费、渡工培训考试等费用，减轻渡口负担。全区渡口已连续25年未出现安全事故。 （糜何芬）

城市公共交通

【概况】 2013年，上虞投入1.19亿元，成功实施城乡公交公营改革。全面实现公交“公营化管理、公交化运营、公益化服务”的便民惠民目标。10月20日至12月10日实施城乡公交公营化改革，完成了虞东南片、虞西南片、虞东北片46条城乡公交线路217辆客车的回收，更新后车辆承载能力提高了35%，至四个中心镇车辆承载能力提高了45%。实行了城区至乡镇线路全程2元制票价，乡镇间线路全程1元制票价。

上虞公交公营改革实现了城区公交线路、城乡公交线路两个全覆盖，城区公交线路扩展到19条共140辆公交车，线路总里程约190千米，城区公交分担率比改革前提高2个百分点，达到12.15%，建成投用城区公交智能调度系统。城乡公交线路达到41条、车辆183辆。城区、城乡夜间公交线路和车辆分别占比达到17%和12%，区域公交市场占有优势明显。试行丰惠至陈溪、下管至岭南等12条镇镇通公交运行线路。圆满完成了涉及章镇、陈溪、道墟等5个乡镇10个行政村的通公交事宜。城乡公交客运站、公交换乘站等站点设施的建设规划工作成效显著，曹娥公交停车场已建成投用。

10月11日，在上虞市档案中心召开城乡公交运营体制改革动员会

【专项整治IC卡违规刷卡行为】 7月始，上虞交通运管部门开展IC卡违规刷卡行为专项整治，共出动稽查人员78人次、暗访人员29人次，检查城乡公交线路9条59辆公交车，发现并查纠违规行为26起。

【曹娥公交停车场完成改造投用】 上虞市汽运总公司对曹娥街道渡江路42号的曹娥老汽车站货联站场实施改造，8月底竣工，11月通过验收投用，有效缓解公交车停车场严重缺乏的问题。停车场占地总面积8800余平方米，公交车停车位50个，设有办公楼、修理库位、车辆例检、洗车等辅助设施，上虞市公交公司车队、客运车辆智能监控中心、上虞汽运出租车公司迁入进行综合办公。

【做好公交衔接　方便乘客换乘】 6月25日，公交101路、123路、116路三条开往杭甬客专上虞北站新线路开通。6月28日，杭州湾工业园区内循环公交线开通。为7月1日杭甬客专上虞北站正式运营做好公交衔接，方便乘客换乘。

【杭州湾上虞工业园区公交汽车站建筑设计方案规划通过评审】 杭州湾上虞工业园区公交汽车站建筑设计方案规划通过评审。公交汽车站总用地面积5000平方米，用于上虞至盖北、上虞至上虞港、工业园区内循环等6条公交线路21辆公交班车。

【上虞引进公交智能调度系统】 6月份上虞汽运总公司投入75万元的城市公交智能调度系统在城区18条公交线路中试用。该系统以GPS卫星定位、GPRS/CDMA移动通讯等技术为支撑，配合车载监视设备，实时记录、传送车辆定位、行驶信息，实时监督、规范驾驶员的驾驶行为，同时，监控中心可根据道路通行状况和各线路流量情况，实现动态发车调度、应急调度、多线路调度、区域调度，缓解运输瓶颈，提高线路和车辆的运营效率。乘客通过公交智能手机软件，可以查询到公交线路上每辆车的运行位置等信息。智能化管理项目，还获得国家节能减排专项资金30万元补助。

【绍兴市上虞区公共交通有限公司成立】 8月2日，绍兴市上虞区公共交通有限公司成立，该公司是上虞区最大的国有交通运输企业，也是公益性的城市公交客运服务企业，隶属于上虞区交通集团。公司在编职工740余名，拥有营运车辆403辆，运营线路84条（其中城区20条、城乡62条、区间公交2条），日行驶8万余千米，日客运量13.5万人次，公交线网覆盖上虞全区。

【发展大容量低碳环保绿色公交车】 年底，上虞城区140辆公交车中，已有油气、气电、油电等动力的大容量绿色公交104辆（可核载63人至70人）；全区310辆出租车中已有191辆实行油改气。

（糜何芬）

交通安全

【概述】 2013年，全区共发生道路交通事故29411起，其中上报事故160起，死亡72人，受伤119人，直接经济损失201750元，四项指数与上年同期（171、81、131、255710）相比，分别下降6.43%、11.11%、9.16%和21.1%。未发生一次死亡3人较大道路交通事故。全区共发生重大交通肇事逃逸案2起，侦破2起，侦破率100%。全区机动车保有量为175595辆，其中汽车99251辆，摩托车76344辆；机动车驾驶人195783名，其中汽车驾驶人141525名，摩托车驾驶人54258名。汽车和汽车驾驶人分别比去年同期（84933、123368）增加16.86%和14.72%。全年，车管所共办理汽车上牌13198副，摩托车上牌1180副，汽车年检46897辆，摩托车年检6480辆，核发汽车驾驶证16635本，摩托车驾驶证63本，年度体检894人次，审验（不记自动完成）1975人次，换证补证转入驾驶证16220本，汽车驾驶证报名受理17671人，摩托车驾驶证报名受理105人，汽车科目一考试总共22374人，合格17071人，摩托车科目一考试总共372人，合格139人，满分恢复考试总共3573人，合格1752人，汽车安全文明驾驶考试总共19812人，合格14932人，摩托车安全文明驾驶考试总共218人，合格111人。全年，共查处各类交通违法行为237527起，其中酒后驾驶2218起（其中醉酒106起），机动车超速50%以上2206起，客车超员54起，无证驾驶506起，货车超载30%以上292起，准驾不符57起。

（叶拥军　何　芬）

【交通科技水平明显提高】 经上虞区编制委员会批准同意，交警大队在原科技信息股的基础上，再增加5名警力，改设成立交通指挥股（警力配置达15人）。交通指挥股加强24小时值班，统一协调指挥全区交通管理。其主要职能：接受上级指令和群众求助报警，根据实际需求下达指令，实现路面与中心互动；根据需要实时调控交通信号灯，保证道路畅通；指令现场值勤人员布控拦截和警力调配；固定城区事故现场视频证据，实行城区事故快速处理；抓拍随意停车、随意变道、随意调头等违法车辆，提高科技治堵效率和震慑力。

【“三项违法处罚”成效显著】 将“三项违法处罚”纳入交警大队中心工作，紧紧围绕“减存量、控增量”六字方针，始终坚持常态严管措施：一是层层落实工作责任。将5次以上非现场违法未处理车辆按基数分解落实到每位民警，10次以上违法未处理车辆分解到每位中队级干部，将客车非现场违法未处理分解到每位大队领导。二是加强路面管理。各单位结合城市治堵工作，在日常路面管理中，利用警务通、对讲机等装备，对通过红绿灯路口的每一辆车进行信息查询，从中发现5次以上违法未处理车辆。对10次以上违法未处理车辆掌握其行驶轨迹，实行布控，由交通指挥股指令路面民警予以拦截。三是强化源头管控。对车主或驾驶人在办理车管业务及事故处理环节时进行违法处理情况核查，发现有违法行为的一律要求驾驶人处理完毕。同时，采取短信、电话提醒等方式，督促有3次以上非现场违法车辆的车主和驾驶人主动到大队接受处罚，从源头上减少5次以上违法车辆的自然增长率。全年，5次以上非现场违法未处理车辆处罚到位率、10次以上非现场违法未处理车辆处罚到位率和客运车辆非现场抓拍处罚到位率分别达到83.44%、95.85%和99.13%，均达到省局规定的要求。

【提升城区交通事故快速处置能力】 随着机动车保有量的不断增长，交通事故总量居高不下，其中极大部分涉及轻微物损事故，牵扯到大量警力。甚至造成一条道路甚至一个区域交通拥堵。交警大队从以人为本、方便群众的角度出发，对城区交通事故接处警模式进行了调整。在7时至18时时段内城区道路发生的交通事故(死亡或影响较大的事故除外)由城区中队负责接处警；18时至次日7时发生的交通事故由事故处理中队负责接处警。城区以万和城岗和轮船码头岗为中心设立两个接处警岗点。开发区在舜杰岗设立1个事故接处警岗点。事故发生后，区局指挥中心直接指令三个岗点的民警处警，减少了接处警中间环节，提高处理效率。

【开展城市道路严重交通违法行为集中整治】 根据上级公安交管部门的统一部署，交警大队从3月份起，在城市道路部署开展严重交通违法行为集中整治行动。主要工作措施：一是加强组织领导，成立由区委常委、公安局长王富灿任组长的城市道路严重违法行为集中整治工作领导小组；二是建立工作机制，在交警大队设立办公室，每周五下午由治堵办牵头，在大队召开治堵工作例会，分析前阶段工作情况和存在问题，部署下阶段工作；三是召开"百姓评治堵"座谈会，征求区人大代表、政协委员、社区居民及网民代表和媒体记者等对治堵工作的意见和建议；四是严查违法行为，以重点路段、时段包干，定点与巡逻相结合、动态处罚与静态处罚相结合的方式，不定期抽调大队一线中队和机关单位警力开展城区集中整治行动，同时在原有勤务的基础上延长高峰岗执勤和平峰巡逻的时间，增加执勤岗点和警力，做到领导带头，全警动员，确保城区交通有序畅通。全年，共查处严重交通违法行为107651起，其中机动车闯红灯6127起，非机动车及行人闯红灯2314起，违法停车38733起，酒后驾驶2218(其中醉酒106起)，超速行驶26768起，违反禁令掉头、左转弯、闯禁行线29998起，路口违法穿插车队1079起，不按规定使用灯光414起。

【继续抓好"禁酒驾"工作】 将"禁酒驾"工作作为压降交通事故的切入点和突破口，始终坚持严管高压态势，实行"零容忍"。在整治方式上，做到各中队自行组织和大队集中组织相结合，中午、晚上时段和"零点"行动相结合，城区道路和国道、县乡道路相兼顾。针对轿车、货车(拖拉机)、摩托车不同车型，编织天罗地网，实行无缝管理，坚决挤压酒驾违法行为生存空间，预防涉酒交通事故。

【开展"大排查、大教育、大整治"货车专项行动】 按照上级公安交管部门部署，结合上虞实际，交警大队从4月1日起至9月底，在全区开展货车违法行为专项行动。交警大队各中队深入辖区专业货运企业、场站、物流集中点、重点工程施工单位等，开展安全检查，集中宣传教育，落实主体责任，从源头上消除安全隐患。期间，共出动警力10126人次，警车4050辆次，查处货车无牌套牌遮挡污损号牌30起，闯红灯14起，闯禁1560起，超速行驶43起，超载154起。

【开展安全生产大检查活动】 为加强重点车辆及道路源头管控，预防重特大交通事故，交警大队以客运车辆(校车、企业接送车)、危化品运输车和农村微型面包车为重点，切实抓好排查和安全检查工作。一是不定期会同安监、交通等部门，对有关客运企业、危化品运输企业开展安全检查抽查，检查企业安全制度落实情况，把好源头关，对存在安全隐患的，要求予以整改。二是强化路面管理，依法查处客车超员、超速，危险品车违法运输，农村微型面包车、低速货车违法载人等严重违法行为。三是强化安全宣传。重点车辆专管员深入重点运输企业开展安全检查的同时，利用多种形式加强对驾驶人的宣传教育，提高他们的安全意识和法制意识。

(叶拥军)

【省级交通部门领导考察调研上虞联合治超】 因上虞治超工作成效明显，3月12日，辽宁省公路局由浙江省公路局领导陪同到上虞市学习考察公路联合治超工作。5月22日，浙江省公路局副局长叶卫军带队到上虞调研联合治超工作，对上虞的联合治超取得的成绩给予了较高评价。

【“治超”专用停车场建成投用】 5月，占地19.4亩，位于春晖立交桥侧的联合治超大队办公楼及停车场建成启用，各项规章制度、处罚标准、卸载收费标准、队员信息等上墙公示接受监督，执法更为规范、透明。

【专项整治船舶超载运输】 自4月份起，上虞市港航管理局对辖区内船舶超载运输开展了专项整治活动。截至6月25日，该局共出动海事艇巡航65艘次，执法人员210人次，检查船舶103艘次，查处超载运输船舶6艘，并对违规运输船舶采用卸载货物和行政处罚等措施，辖区内超载运输船舶明显减少，专项整治活动初见成效。

【“保交护路”实兵实装演习】 5月29日下午，上虞市国动委统一部署，上虞交通运输局道路交通保障分队共35人在南二环线开展近似实战条件下的“保交护路”实兵实装演习，以提高交通战备专业保障分队的组织能力和综合实际作业能力。

5月29日下午，道路交通保障分队在南春线上虞春晖立交旁岔道口进行了“保交护路”战时行动演习

（交通运输局供稿）

【省港航管理局检查上虞水上安全工作】 8月2日，省港航管理局局长戚步云、处长胡伟国，由绍兴市交通局副局长王欣、绍兴市港航管理局局长刘丽华等陪同到上虞检查水上安全大检查、大整治活动开展情况。

【联合拆违遭暴力抗法 肇事者被行拘】 9月11日上午，上虞路政大队执法人员联合百官街道、执法局、国土局、供电供水、医疗急救、百官派出所等相关单位，对百官街道城区三环路2K+300米右侧地段公路控制区范围内违法建筑予以强制拆除。违法搭建钢棚屋主周某阻挠执法，不顾工作人员劝阻，开轿车冲入警戒带内并加大油门对执法人员径直撞去，致使一名路政队员擦伤。事后周某和其车辆被执法人员控制，其妻刘某见此又咬伤执法人员。而后，周、刘2人被参加联合执法行动的百官派出所民警控制，并带回所内调查处理。当日，上虞市公安局对周某阻碍行政执法行为作出行政拘留5日的行政处罚决定。

【专题督查交通系统安全生产】 9月17日下午，市委常委、常务副市长余云才带队专题督查交通系统安全生产大排查、大整治行动推进情况，经实地踏看杭甬运河塘角船闸、汽车西站、上浦镇大湖岙渡口等场所，并在上虞交通运输局听取安全生产工作情况汇报。

【全力防抗“菲特”】 上虞市交通运输局全力做好防“菲特”工作，突出公路、道路(水路)客运、工程建设等重要环节，提前检查桥涵、隧道、“三高”路段、在建工程、客运站场等场所，停止所有工程施工并做好安全防护措施；落实10辆大客、10辆货车、2辆特种车辆、2艘海事巡逻艇，以及防汛物资，公路、运管、港航、客运等抢险队伍24小时待命；停止船舶进出港签证，摸排好9艘沿海船舶进港避台，对辖区内所有重船进行卸空，指令所有船舶进入安全场所避台，利用客运车辆智能监控系统对运营车辆进行监控，视天气情况，从10月6日起对渡船、长途班车、旅游包车、农村山区班车、危化品运输车辆实行停运，并通过短信平台向客运(水运)企业、驾驶员(渡工)发送提醒短信1000余条。

2013年9月17日下午，上虞市领导在上虞交通运输局听取安全生产工作情况汇报

（交通运输局供稿）

"菲特"台风造成浙江自1951年来最大特大暴雨，上虞降水量338毫米。从10月6日傍晚至10月9日上午，上虞交通共组织抢险人员464人次、车辆机械设备77台、投入抢险资金158万元，对104国道、井枫线、龙山隧道等积水、塌方路段进行昼夜抢险，全力保障公路畅通；运管部门、客运企业组织人员上路踏看，根据路况及时恢复客运班车或调整班车运行线路，并通过广播电台、报社、BBS论坛等宣传平台，实时通报公路通阻、班车运行等信息，方便广大市民群众出行。

【上虞"治超"实行24小时实时监控】 上虞在国道和重要县道上的重点桥梁及进出上虞的主要县际交界处路段先后共安装14个高清视频监控点，与公安局社会治安动态视频监控系统联网，把视频监控图像集中传输到联合治超执法大队视频监控室，实行24小时实时监控，为深入推进公路超限超载治理提供了科技保障平台。

【上虞联合"治超"工作成效显著】 全年，上虞共查处超限车辆1965辆（为2012年全年340%），卸载车辆1497辆，卸载货物3.84万吨，罚款568.52万元，处罚非法改装车辆101辆次，罚款89万元。"治超"工作通过行政、法律、经济措施，加大治理力度，取得了积极效果。严重影响桥梁安全的车队基本解散；单车超限率明显降低；多轴车辆严重超限超载从而危及公路桥梁的违法现象得到有效遏止；部分运价回归合理水平，运输市场秩序得到进一步规范；公路路况得到稳定，桥梁安全得到有效保障；联合治超规范建设进一步完善。

上虞联合治超工作经验在全省治超会议上作了书面发言，治超工作走在全省前列，得到了省交通厅的充分肯定。（糜何芬）

高铁新城

综　述

【概况】 高铁新城位于杭甬高速以南、市区四环线以北、曹娥江以东的区域范围，控制性规划面积5.76平方千米，一期规划面积2.3平方千米，与上虞主城区无缝衔接，是上虞"十二五"始鼎力打造的城市发展新门户、区域交通新枢纽、智力经济增长极、运动休闲新平台。高铁新城的开发建设，围绕"客运枢纽、城市门户"的总体定位，规划"一核(交通枢纽核)、二带(滨江河景观带、曹娥江沿江景观带)、六区片、多中心"的空间结构。交通枢纽区位于新城东北角，占地915亩，规划建设高铁北站、客运中心、城市轻轨站；主题公园区位于滨江河沿岸，占地480亩，规划建设滨江河景观带、森林公园等；体育会展区位于新城西北角，占地315亩，规划建设体育场、体育馆、游泳馆、体育会展馆等；商务集聚区位于高铁站前及称山路两侧，占地405亩，规划建设大型购物中心、商务办公、商务酒店、特色风情街等；生态居住区位于四环线北侧，占地675亩，规划建设高档住宅区；滨江休闲区位于曹娥江东岸，占地300亩，列入"一江两岸"总体规划，规划建设文化艺术、休闲娱乐、旅游度假等商业设施。

2013年1月6日，上虞市高铁新城管理委员会成立，为市政府的正科级派出机构，主要职责是负责高铁新城的开发、建设和管理。原市建设局下属两家事业单位(市高铁新城工程建设服务中心和市高铁新城综合服务中心)整合为"上虞市高铁新城服务中心"，设立上虞市高铁新城招商局。同年11月更名为绍兴市上虞区高铁新城管理委员会。

2013年，土地收储1.271平方千米，政府投资项目投资额16643万元，合同外资2000万美元，经营性土地出让3.05亿元。　(杜郑杰)

建　设

【杭甬高铁通车】 7月1日，杭甬高铁正式通车，上虞北站投入使用，上虞正式进入高铁时代。

【兴建大型体育馆】 项目占地0.047平方千米，概算总投资16200万元，建设内容包括5000座位的体育馆、训练场馆及地下动力中心，是上虞历史上投资规模和单体规模最大的体育设施项目。6月21日，两套设计方案在《上虞日报》公开征求社会意见，7月30日，高铁新城体育会展区规划方案汇报评审会举行，"潮起杭州湾"方案胜出。截至12月底，完成规划方案公示审批和施工图设计，开始场地平整工作，天然气门站部分完成搬迁。

【开工建设称山北路(曙兴路——四环)】 项目占地0.065平方千米，全长1.76千米，宽40米，概算总投资25245万元，建设内容包括道路、箱涵、排水、绿化、照明及交通安全设施等(含康亭路箱涵)。该项目于9月16日开始建设。

【开工建设康居路(江东路——四环)】 项目占地0.081平方千米，全长1.93千米，宽36米，概算总投资8970万元，建设内容包括道路、桥梁、排水、绿化、照明及交通安全设施等。该项目于9月16日，康居路一期工程开始建设，截至12月底，土地征收全部完成，并开始路面清表、排水管道及部分路基塘渣填筑。

【按计划逐一完成站前区配套工程】 包括广场西侧临时公交停车场、广场东侧临时社会停车场及相关配套工程。分三个标实施,分别为临时配套一标(站前广场西侧公交停车场工程)、临时配套二标(站前广场东侧社会停车场工程、康居路临时道路工程)。工程占地0.015平方千米,概算投资2125万元,2012年9月1日开始建设,2013年7月15日,东、西两侧停车场完成竣工验收。

【有序完成客运专线站前广场建设】 项目占地0.015平方千米,包含站前广场及地下空间两部分,概算总投资12472万元,分三个大标段和三个设备安装工程实施,三个大标段分别为:站前广场及地下空间工程Ⅰ标(基坑围护及工程桩)、站前广场及地下空间施工BT项目(箱体及地上配套)、钢结构及幕墙工程;三个设备安装工程分别为:自动扶梯安装工程、空调安装工程、弱电安装工程。2012年4月23日开始建设,2013年5月,主体结构封顶,截至年底,完成建筑主体、钢结构、室内外装饰、设备安装、绿化景观配套等工作。

【北站北路一期工程开工建设】 项目位于杭甬高铁南侧,占地0.02平方千米,全长0.86千米,总宽24米,主车道为16米,概算总投资1580万元,工期110日历天,建设内容包括下水道、路面、人行道等。2013年11月25日开始建设,截至12月底,完成“三通一平”及雨、污水管铺设。

【人武部新营院建设进展顺利】 项目位于四甲安置房东面,峰山路西侧,占地0.008平方千米,总建筑面积9117.8平方米(地下室未计入),其中办公楼5182.3平方米、地下室2534平方米,生活楼2051.8平方米,附楼1850.6平方米,概算总投资5000万元,工期21个月。施工内容包括建筑、结构、给排水、电气、暖通、二次装修、道路、室外管线、绿化等。2013年7月18日开始建设,截至12月底,完成附楼、生活楼、主体及屋面工程,生活楼主体结顶。

【高铁新城J1~J3地块顺利出让】 6月28日,高铁新城J2号地块受让于上虞越嘉置业有限公司,成交价格8600万元,该地块位于上虞市高铁新城,四环路以北,高铁站点以南,面积0.0187平方千米,地块性质为批发零售,住宿餐饮,商务金融及其他商务服务。10月10日,高铁新城J3号地块受让于上虞市金嘉置业有限公司,成交价格10850万元。该地块位于上虞市高铁新城,高铁站点以南,面积0.0214平方千米,地块性质为批发零售,住宿餐馆,商务金融及其他商业服务。12月31日,高铁新城J1号地块受让于上虞华郡置业有限公司,成交价格3070万元,该地块位于上虞区高铁新城,西侧为高铁站停车场,南侧为四环北路,面积0.0194平方千米,地块性质为批发零售,商务金融。

(杜郑杰)

邮政通信

邮 政

【概况】 2013年，上虞市邮政局（以下简称上虞邮政）累计完成业务收入6816万元，完成年计划的106.37%，比上年增长21.37%，列全省县市局第6位，实现“保位进位”的目标。累计完成金融业务收入2421.16万元，计划完成率91.71%，比上年同期增加19.37万元，增幅0.81%，占业务总收入的35.52%，其中累计完成利差收入1674.85万元，累计汇兑收入为116万元，保险代理收入445万元，其他收入185万元；包裹业务收入2197.6万元。全年共处理小包61.97万件，包裹收入占业务总收入的32.24%；函件业务收入616万元，增长-52.06%，占业务总收入的9.04%；集邮业务收入478万元，完成年计划进度的65.64%，增长-37.92%，占业务总收入的7.01%；信息代理业务收入97.8万元，占业务总收入的1.44%；报刊大收订完成流转额2039.43万元，完成省公司下达计划的100.2%。从各专业占比和增长情况分析，代理金融和包裹业务成为业务收入的主要来源。工会组织被上虞总工会评会五星级工会。

【开通国际、国内小包业务】 国际、国内小包业务作为邮务类业务增长的新亮点，上虞邮政抓住集团公司对国际小包业务市场整治契机，及时组织，发展国际小包业务，对外引进国际小包合作伙伴，注册成立“上虞市万浩贸易有限公司”国际小包仓储公司，全年日交寄量超1000件。并发展国际小包本地直客，全年签约24家，日交寄量超200件。同时通过开展“国内小包劳动竞赛”活动，提升国内小包知名度，摸清本地电商市场情况，明确了城区、汤浦、崧厦三区域作为本地国内小包重点发展地区。

【累计建成村邮站332个】 至年末，累计建成村邮站332个，其中信息化村邮站155个，完成绍兴市局下达建站计划的106.9%，新型报刊亭4个，社会便民服务点11个。全年便民服务交易12.5万笔，较去年同比增长2132%，交易金额1116.18万元，实现业务收入9.26万元，较上一年有较大幅度的提升；信息化村邮站的建成使用为广大农村地区群众提供便利，保证了百姓生活品质，受到村民的一致好评。上半年东关支局借助村邮站平台宣传推介《上善之地 虞味无穷》专题邮册500余册，实现业务收入12.5万元。崧厦支局通过村邮站电力缴费平台，为崧厦供电所解决了窗口现金缴费难题，电力缴费账单从年初6500封恢复到23000多封，为支局的函件业务收入增加11万元。

【标准化网点建设稳步推进】 金融网点转型逐步推广，标准化网点建设稳步推进。沥海、东关支局全面完成转型工作，完成了崧厦、小越、章镇、汤浦四个网点的简化版转型，牢固树立了以“客户为中心”的服务理念，提升了网点的综合竞争能力。投入资金对东关支局、小越支局进行标准化网点改造，新增CRM、ATM机4台，进一步缓解了网点窗口工作人员的压力，为客户提供便捷快速的服务，同时也提升了网点的对外形象。同时在丰惠、沥海、东关、小越等网点安装网上银行体验设备，使客户在办理好网银后可以第一时间进行激活，遇到问题也能得到及时解决。

（杨剑盈）

电 信

【概况】 2013年，公司拥有母局5个，模块局52个，接入点49个，媒体网关(AG)35个，交换设备总容量43万门。CDMA基站227个，全区各乡镇(街道)均开通3G，新建4G-LTE基站58只，网络覆盖市区及主要乡镇。宽带接入点696个，IP城域网接入点102个，交换机125个，WLAN热点177个，AP点1175个，实现村村通宽带，出口带宽达120G。

【拓展视频监控领域】 上虞电信继续联手上虞公安局，先后投入资金承建市治安动态视频监控系统(第六期)、高清视频虚拟抓拍卡口系统(第一期)、上虞市易制毒化学品可视化系统等监控建设。市治安动态视频监控点累计1388个，摄像头2153个，监控点覆盖到乡村一级。建设高清视频虚拟抓拍卡口监控点190个，覆盖全区重要路口。同年10月份，公司携手上虞公共交通有限公司开通公交车车载监控。全区开通并安装310张车载流量卡和GPS定位，实现车辆的智能调度与信息的智能管理。

【开通公安局警务通】 由公安局投入资金，上虞电信联合开通公安移动警务系统，共开通移动警务通手机350部。系统融合3G移动技术，电信智能移动终端、VPN、数据库同步，身份认证等多种移动通信、信息处理和计算机网络的最新的前沿技术，实现上虞市公安局安全、快速的现代化警务工作模式，提高公安机关和广大民警的警务工作效率和实战能力。

【助推农村信息化建设】 上虞电信梳理各行政村的信息化创建情况，做好与各乡镇农村工作办公室和村镇沟通工作，全年创建2个信息化示范镇、21个示范村和18个达标村。同时做好农村信息化服务平台升级，开通电信iTV便民服务中心平台。上虞电信组织进入各个乡镇(街道)进行便民服务平台演示，完成相关村民iTV便民平台内容的培训。全年累计建设369个行政村(居委)的便民服务平台，各行政村共30000多户iTV用户加入便民服务平台，实现了市民随时、方便、快捷、清晰地了解各种便民服务和“三务”公开信息。

【开通嘉绍大桥移动通信】 6月7日，上虞电信顺利完成国家重点工程嘉绍大桥(绍兴段)C网光缆布放。上虞电信网络运营部在10天时间内对工程现场进行查勘，设计优化布放方案，重点施工，完成沥海到嘉绍大桥(绍兴段)全长20千米及附属光缆布放，为嘉绍大桥正式通车提供强有力的手机信号通信保障。

【确实保障风灾时期通信顺畅】 受强台风“菲特”影响，多元世纪城、恒泽园、春晖路段、盖北镇等多处电信通信机房积水，基站信号中断，多处地块引发泥石流，部分通信线路被冲毁，通信中断。公司调动全体通信抢险人员，并联合绍兴实业公司员工连续抢修排险，3天内将所有机房设备恢复正常，及时为上虞市人民政府及相关单位指挥抗台救灾提供强有力通信保障。

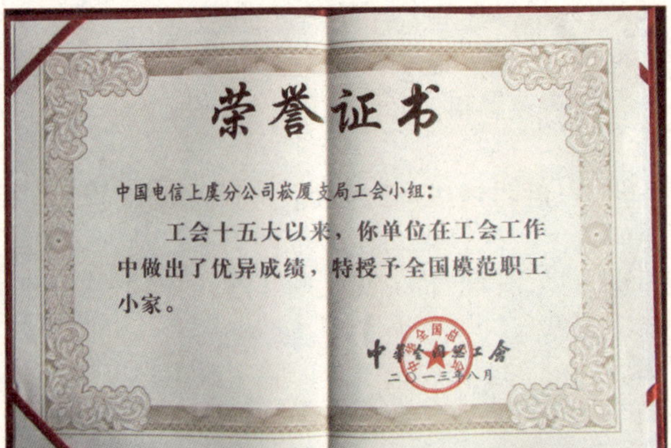

崧厦支局获“全国模范职工小家”称号

【崧厦支局获“全国模范职工小家”称号】 上虞电信崧厦支局是首批被中国电信省公司命名为省级“学习型团队”“家园式支局”单位。崧厦支局获中华全国总工会授予的“全国模范职工小家”称号。崧厦支局按照中国电信省公司“四小”“五个融合”创建达标要求和中华全国总工会“职工小家”的建设目标要求，不断做好软硬件强化提升工作，争创样板支局、标杆支局。其中“职工小家”创建工作得到上虞区总工会的高度肯定，并作为上虞区唯

一一家推荐参加全总评选，为基层员工营造“激情工作、快乐生活、和谐团队、幸福家园”的氛围，更好为社会提供服务。（黄燕君）

移 动

【概况】 2013年，中国移动上虞分公司运营收入累计实现4.16亿元，同比增长7.35%，移动用户突破70万户，完成通信基础设施投资近2亿元，年缴纳地税税收1400万元，为促进上虞地区经济社会又好又快发展作出了应有的贡献。

【全面推进社会信息化建设】 重点推进乡镇民情通项目，进一步畅通群众反馈渠道，方便地方政府及时受理民生问题；推进环保局刷卡排污项目，项目覆盖上虞地区60家相关企业，为地区环保工作提供便利；推进新居民局流管通项目，实现了上虞外来新居民人员的无线登记管理；同时推进了电力局电力抄表、城市夜间亮化工程、水利局巡坝定位、国土局违章拆违人员定位管理等各项行业应用项目，不仅促进了各种资源的整合利用，提升了相关单位、企业的效率和效益，而且有力地推进了上虞地区经济和社会信息化建设进程。

【全力以赴推进以4G为代表的网络建设】 加快民族自主产权的4G TD-LTE网络通信基础设施建设和发展，开展4G一期规划和建设，12月8日开通了上虞地区第一个TD-LTE基站，仅一个月时间内，共开通91个TD-LTE基站，实现主城区三环以内TD-LTE信号覆盖。加快3G网络建设，新建基站293个，并对现网设备进行扩容，持续优化TD网络，努力为广大市民提供高速、优质的信息服务。

【加大重点项目投资】 狠抓项目投资建设进度，着力推进TD-LTE、TD-SCDMA、GSM、WLAN网络、光纤网络、交通干线、企业及城区主要商住楼信息化等重大项目建设，全年完成通信基础设施投资近2亿元。在嘉绍大桥、高铁正式开通前，率先完成全路段信号的连续覆盖，为交通干线的正常运营提供通信保障。贯彻落实“宽带中国”战略，投入大量的人力物力财力，推进“中国移动光宽带”建设，建成全区范围内覆盖最广、质量最优的光纤宽带网络，有力提升光纤到户、光纤到村的能力，全年宽带建设覆盖超10万户。

【持续完善客户服务与行风建设】 持续深化“客户为根 服务为本”的理念，健全客户服务与行风建设工作机制，推进明白消费和满意消费工程，全面开展“为民服务 创先争优”“5·17客户开放日”等满意服务活动，持续改善服务品质。贯彻落实手机实名制工作，加大垃圾短信检查、治理工作，进一步完善检查方案，通过检查发现问题、整改问题，确保网络和信息安全，提升客户满意度。（任敏敏）

5月24日，移动公司牵头召开上虞地区共建共享会议

联 通

【实现3G快速发展】 对各项3G业务的提升模式主动尝试和创新，体验式销售和流量经营向乡镇延伸，有效地实施了校园网的3G促销和玩家俱乐部的系列活动。坚持在社会渠道有效的3G销售，完成了8家3G大卖场（渠道）的引入，扩大3G可持续销售模式，稳定收入。加强2G转型3G和城区核心圈3G渠道建规划，实现了快速增长目标。

【提升团队素质】 加强团队建设，提升团队成员整体素质。通过业务能手评定、条线标杆塑造及比学赶帮超的氛围营造，培养了一批营业、渠道、固网、综合等条线的优秀骨干，在此过程中涌现出三八红旗手、集团劳动模范、优秀网格经理、优秀营业店长等人才，打造出了一支业务素质过硬的经营团队。（陈晓梅）

机构及负责人

上虞区（市）主要机构及负责人
（2013.1~2013.12）

一、上虞区（市）党组织

中共上虞区（市）委员会

书　　记　　孙云耀（2011.11—）
副 书 记　　王慧琳（女，2011.1—）
　　　　　　孙哲君（兼，2010.2—）
　　　　　　陈　坚（2011.12—）
常委委员　　孙云耀（2011.11—）
　　　　　　王慧琳（女，2011.4—）
　　　　　　孙哲君（兼，2010.2—）
　　　　　　陈　坚（2008.12—）
　　　　　　余云才（2008.9—）
　　　　　　郑建庆（2009.6—）
　　　　　　吕　军（2012.1—）
　　　　　　王永明（2011.12—）
　　　　　　王富灿（2012.10—）
　　　　　　朱敏龙（2011.12—）
　　　　　　胡文炜（2012.1—）
　　　　　　成明权（挂职，2012.7—）
　　　　　　周卫星（2012.9—）
　　　　　　朱润晔（挂职 2013.7—）

上虞区（市）纪律检查委员会（监察局）

书　记　　王永明（2011.11—　）
副书记　　阮永祥（2012.3—　）
　　　　　李坚锋（2007.6—　）
监察局局长　阮永祥（2012.3—　）

上虞区（市）委工作机构及直属部门

上虞区（市）委办公室（信访局、政策研究室、党史研究室）

区（市）委办公室主任
　　　　　　袁　建（2012.3—2013.1）
　　　　　　王永表（2013.1—　）
区（市）信访局局长　　赵尧灿（2012.3—　）
区（市）政策研究室主任
　　　　　　宋建明（2010.1—2013.7）
　　　　　　徐　彪（2013.7—　）
区（市）党史研究室主任　王志胜（2007.5—　）

上虞区（市）委台湾工作办公室[区（市）政府台湾事务办公室]

主　　任　　袁　建（2012.3—2013.1）
　　　　　　王永表（2013.1—　）

上虞区（市）委组织部（老干部局、新经济与新社会组织工作委员会）

部　　长　　朱敏龙（2011.11—　）
老干部局局长　杨闰世（2010.1—　）
新经济与新社会组织工作委员会书记
　　　　　　崔苗军（2012.3—　）

上虞区（市）委宣传部

部　　长　　郑建庆（2009.8—　）

上虞区(市)委统战部(区(市)民族宗教事务局、区(市)政府侨务办公室)

部　　长　　　　蒲伟明(2012.3—　)
民族宗教事务局局长
　　　　　　　　夏明尧(2008.6—2013.1)
　　　　　　　　李坚奋(女,2013.1—　)
侨务办公室主任　蒲伟明(兼,2012.3—　)

上虞区(市)委政法委员会(社会治安综合治理委员会办公室、新居民事务局、维护稳定工作领导小组办公室)

书　记　　　　陈　坚(2011.12—　)
社会治安综合治理委员会办公室主任
　　　　　　　阮建明(2008.2—　)
新居民事务局局长　阮建明(2009.3—　)
维护稳定工作领导小组办公室主任
　　　　　　　王建锋(2012.9—　)

上虞区(市)机构编制委员会办公室

主　任　　　　王林生(2012.3—　)

上虞区(市)农业和农村工作办公室

主　任　　　　吴焕九(2009.8—　)

上虞区(市)直(属)机关工作委员会

书　记　　　　朱敏龙(兼,2011.11—2013.7)
　　　　　　　倪才明(2013.7—　)

上虞区(市)委党校

校　　长　　　朱敏龙(兼,2011.12—　)
党委书记　　　黄智光(2007.3—　)

二、上虞区(市)政权组织

上虞区(市)人大常务委员会

主　　任　　　徐尧峰(2007.2—)
副 主 任　　　蒋国良(2006.1—)
　　　　　　　金国松(2007.2—)
　　　　　　　阮妙娟(女,2012.2—)
　　　　　　　程学法(2012.2—)
　　　　　　　朱森鑫(2007.2—)
　　　　　　　徐光华(2007.2—)
委　　员(以姓氏笔画为序)
　　　　　　　王文龙(2012.2—　)
　　　　　　　王忠良(2012.2—　)
　　　　　　　冯顺昌(2012.2—　)
　　　　　　　任水雨(2012.2—　)
　　　　　　　阮华耿(2012.2—　)
　　　　　　　严永良(2012.2—　)
　　　　　　　李培明(2012.2—　)
　　　　　　　杨长根(2012.2—　)
　　　　　　　吴伟森(2012.2—　)
　　　　　　　宋世红(女)(2012.2—　)
　　　　　　　陈水贤(2012.2—　)
　　　　　　　陈志樟(2012.2—　)
　　　　　　　陈建成(2012.2—　)
　　　　　　　郑伟强(2012.2—　)
　　　　　　　郑庆善(2012.2—　)
　　　　　　　赵建龙(2012.2—　)
　　　　　　　俞河林(2012.2—　)
　　　　　　　徐海南(2012.2—　)
　　　　　　　高彦伟(2012.2—　)
　　　　　　　黄梅龙(2012.2—　)
党组书记　　　徐尧峰(2007.3—)
副 书 记　　　蒋国良(2012.3—)
成　　员　　　金国松(2007.3—)
　　　　　　　阮妙娟(女,2012.3—)
　　　　　　　程学法(2012.3—)
　　　　　　　朱森鑫(2007.3—)
　　　　　　　王忠良(2012.3—)

上虞区(市)人大常委会工作机构和办事机构

法制工作委员会

主　任　　　　严永良(2012.4—　)

财政经济工作委员会

主　任　　　　杨长根(2012.4—)

教育科学文化卫生工作委员会

主　任　　　　赵建龙(2012.4—　)

代表工作委员会

主　任　　　　吴伟森(2012.4—　)

城建环保工作委员会
主　任　　任水雨(2012.4—)

农村经济工作委员会
主　任　　陈水贤(2012.4—)

办公室
主　任　　王忠良(2012.4—　)

研究室
主　任　　张军宇(2012.4—)

上虞区(市)人民政府
区(市)长　王慧琳(女,2012.2—)
副区(市)长　余云才(2012.2—)
成明权(挂职,2012.6—)
朱润晔(挂职,2013.7—)
方　静(女,2007.2—)
吴志育(2009.8—)
盛夏锋(2010.2—)
徐　耘(2012.12—)
杨雪峰(挂职,2012.4—2013.3)
袁　建(2012.10—)
党组书记　王慧琳(女,2012.3—)
副书记　余云才(2012.3—)
党组成员　吴志育(2009.8—)
盛夏锋(2012.3—)
徐　耘(2008.11—)
郑　华(2012.3—)
袁　建(2012.11—)

上虞区(市)人民政府工作机构及直属企事业单位
上虞区(市)人民政府办公室、区(市)人民政府法制办公室(外事办公室、突发公共事件应急管理办公室)
主　任　　郑　华(2012.3—　)

上虞区(市)人民政府金融工作办公室
主　任　　朱鑫海(2008.5—　)

上虞区(市)服务业发展局
党组书记、局长　章建华(2012.3—　)

上虞区(市)发展和改革局(物价局)
党组书记、局长　金山中(2012.3—　)

上虞区(市)经济和信息化局
党委书记、局长　金伟兔(2012.3—　)

上虞区(市)教育体育局
党委书记、局长　章兆钧(2009.8—　)

上虞区(市)科学技术局
党组书记、局长　陈荣荣(2007.3—　)

上虞区(市)民政局
党组书记、局长　陈学军(2012.3—　)

上虞区(市)财政局(地方税务局)
党委书记、局长　茅国清(2009.8—　)

上虞区(市)人力资源和社会保障局
党委书记、局长　陈忠庆(2011.1—　)

上虞区(市)国土资源局
党委书记、局长　龚开洋(2010.9—　)

上虞区(市)环境保护局
党组书记、局长　刘汉荣(2012.3—　)

上虞区(市)住房和城乡建设局
党委书记、局长　方建平(2011.1—2013.1)
陈拥军(2013.1—　)

上虞区(市)规划局(人民防空办公室、测绘和地理信息局)
党组书记、局长、主任　王培勇(2007.3—　)

上虞区(市)交通运输局
党委书记、局长　徐克铭(2011.1—2013.9)
葛苗钦(2013.9—　)

上虞区(市)水利局
党委书记、局长　葛苗钦(2008.2—2013.9)

罗国来(2013.9—)

上虞区(市)农林渔牧局
党委书记、局长　陈国仁(2010.9—)

上虞区(市)商务局(招商局)
党组书记、局长　陈坚民(2011.1—)

上虞区(市)文化广电新闻出版局
党委书记、局长　宣霞金(2009.8—2013.7)
宋建明(2013.7—)

上虞区(市)广播电视总台
党委书记、台长　闾建森(2007.3—)

上虞区(市)卫生局
党委书记、局长　钱宏伟(女,2012.3—)

上虞区(市)人口和计划生育局
党组书记、局长　蔡建红(女,2012.9—)

上虞区(市)审计局
党组书记、局长　郑楚坤(2012.3—)

上虞区(市)安全生产监督管理局
党组书记、局长　罗国来(2005.10—2013.9)
徐沛生(2013.9—)

上虞区(市)统计局
党组书记、局长　孙东红(2012.3—)

国家统计局上虞调查队
党组书记、队长　孙东红(2012.3—2013.9)
章建帮(2013.9—)

上虞区(市)食品药品监督管理局
党组书记、局长　虞彩琴(女,2012.3—)

上虞区(市)城市管理行政执法局
党委书记、局长　黄建华(2007.3—)

上虞区(市)(级)机关事务管理局
党组书记、局长　徐　彪(2008.5—2013.7)
丁志强(2013.7—)

上虞区(市)便民服务中心(招标投标监督办公室)
党委书记、主任　徐沛生(2008.2—2013.9)
杨科钦(2013.9—)

上虞区(市)公共资源交易中心
党组书记、主任　郑岳标(2010.9—2013.7)

上虞经济开发区(曹娥街道)
党工委书记　张爱良(2010.1—)
管委会(街道办事处)主任
许江军(2012.9—2013.9)
杜永刚(2013.9—)

浙江杭州湾上虞工业园区(上虞新区)
党工委书记、管委会主任　胡文炜(2012.1—)

高铁新城
党工委书记、管委会主任　章　瀚(2013.1—)

曹娥江旅游度假区
党工委书记、管委会主任　方建平(2013.1—)

上虞区(市)海涂围垦管理局
党委书记、局长　徐道灿(2009.8—)

上虞区(市)建筑业管理局
党委书记、局长　黄新根(2012.3—)

上虞区(市)粮食局
党委书记、局长　冯建军(2012.3—)

上虞区(市)港务管理局
党组书记　胡文炜(2012.3—)
局　长　刘涌江(2007.3—)

上虞区(市)档案馆(区(市)档案局)
馆长(局长)　朱金根(2002.9—)

上虞区(市)人民政府驻杭州联络处
主　任　杨　柳(2007.5—)

上虞区(市)风景旅游管理局

党组书记、局长 夏明尧(2010.9—)

上虞区(市)城市改造管理局

党组书记、局长 陈拥军(2010.1—2013.7)
俞林忠(2013.7—)

上虞区(市)供销合作总社

党委书记、主任 姚一松(2008.7—)

上虞区(市)商贸国资总公司

党委书记、总经理 赵晓云(2008.8—)

上虞区(市)水务集团有限公司

党委书记、董事长 潘岳来(2008.5—)
总经理 潘岳来(2008.5—2013.7)
潘立安(2013.7—)

上虞区(市)交通集团有限公司

党委书记、董事长、总经理 朱国彪(2013.7—)

上虞日报社

党组书记、总编辑 赵南兴(2010.9—)

三、上虞区(市)群众团体

上虞区(市)工商业联合会(总商会)

党组书记、主席、会长
王锦林(2003.1—2013.7)
陈荣力(2013.7—)

上虞区(市)总工会

党组书记、主席 骆左坚(2012.3—)

共青团上虞区(市)委员会

党组书记、书记 阮建东(2010.7—2013.7)
孙丹青(女,2013.7—)

上虞区(市)妇女联合会

党组书记、主席 许君意(女,2012.3—)

上虞区(市)科学技术协会

主 席 徐光华(2007.3—2013.7)
党组书记 吕云祥(2004.9—2013.7)
党组书记、主席 王锦林(2013.7—)

上虞区(市)文学艺术界联合会

主 席 陈荣力(2003.1—2013.7)
吕云祥(2013.7—)

上虞区(市)残疾人联合会

党组书记、理事长 王培坚(2012.9—)

上虞区(市)红十字会

执委会主任 朱国华(2008.3—)

四、上虞区(市)政协组织

政协上虞市委员会(政协绍兴市上虞区委员会)

主 席 卢一勤(女,2007.2—)
副 主 席 赵 畅(2007.2—)
徐光仁(2003.3—)
吴建平(2007.2—)
傅亚文(2007.2—)
章颖芳(女,2007.2—)
蒲伟明(2012.2—)
秘 书 长 任一芳(女,2012.2—)

常务委员(以姓氏笔画为序)

丁 奕(女,2007.2—)
王国友(2012.2—)
王建生(2007.2—)
王菊瑾(女,2003.3—)
王锦林(2003.3—)
甘彩英(女,2012.2—)
冯柏长(2007.2—)
朱卫娣(女,2003.3—)
朱秀兰(女,2003.3—)
刘荣杰(2012.2—)
刘涌江(2003.3—)
许 鑫(2007.2—)
阮水龙(1993.4—)
孙伟琴(女,2007.2—)
李子鹏(2007.2—)
杨广宇(2012.2—)
邱 跃(2012.2—)

何军民(2012.2—)
余肖辉(2012.2—)
陈尧明(2007.2—)
陈伟明(2012.2—)
陈秀春(女,2012.2—)
陈学军(2012.2—)
陈建义(2003.3—)
陈柳玉(女,2007.2—)
邵苗根(2003.3—)
邵国栋(2012.2—)
林　阳(1998.4—)
林水德(2012.2—)
金永坚(2012.2—)
金深洋(2012.2—)
胡立祥(2012.2—)
胡富春(2012.2—)
钱兰萍(女,2012.2—)
徐伟军(2012.2—)
徐建中(1987.4—)
徐胜军(2007.2—)
章云斐(2012.2—)
章幼娟(女,2012.2—)
蒋　云(2003.3—)
韩　坚(2007.2—)
鲁坚敏(2003.3—)
谢亚平(女,2012.2—)
谢国英(女,2007.2—)
党组书记　卢一勤(女,2007.3—)
党组副书记　赵　畅(2007.3—)
成　　员　徐光仁(2003.3—)
吴建平(2007.3—)
傅亚文(2007.3—)
蒲伟明(2012.3—)
任一芳(女,2012.3—)

政协上虞市委员会(政协绍兴市上虞区委员会)工作机构和办事机构
副秘书长　冯柏长(2010.2—)
钱兰萍(女,2010.2—)
办 公 室
主　　任　冯柏长(2004.9—)

提案和社会法制委员会
主　　任　林水德(2012.5—)

财政经济和科学技术委员会
主　　任　冯柏长(2007.5—)

城建交通和环境资源委员会
主　　任　谢亚平(女,2012.5—)

教育体育和文化文史委员会
主　　任　章幼娟(女,2012.5—)

民族宗教和港澳台侨委员会
副 主 任　王建生(主持工作)(2007.5—)

社情民意信息工作委员会
主　　任　金永坚(2012.5—)

研究室
主　　任　钱兰萍(2010.2—)

五、上虞区(市)乡镇、街道

百官街道
党委书记　范国海(2012.3—)
办事处主任　夏万土(2012.3—)

东关街道
党委书记　卢梁勇(2012.3—)
办事处主任　崔煜忠(2010.1—2013.9)
朱全红(挂职,2013.9—)

道墟镇
党委书记　徐文华(2010.1—2013.7)
许江军(2013.7—)
人民政府镇长　魏国剑(2012.5—)

长塘镇
党委书记　曹红心(2012.3—)
人民政府镇长　杨永苗(2009.8—)

上浦镇
党委书记　陈曙焕(2012.3—)
人民政府镇长　杨一国(2010.12—2013.1)
孙国军(2013.1—)

汤浦镇
党委书记　祝子龙(2012.9—)

人民政府镇长　周先章(2010.1—2013.1)
阮建东(2013.1—　)

章镇镇

党委书记　王永表(2008.2—2013.7)
章立锋(2013.7—　)
人民政府镇长　董光辉(2012.5—　)

岭南乡

党委书记　王文松(2012.3—　)
人民政府乡长　谢文权(2012.1—　)

陈溪乡

党委书记　金　郁(2012.3—　)
人民政府乡长　戴建明(2008.3—　)

下管镇

党委书记　杨科钦(2008.5—2013.9)
崔煜忠(2013.9—　)
人民政府镇长　章国琪(2012.5—　)

丁宅乡

党委书记　赵海江(2012.9—　)
人民政府乡长　石洪元(2010.9—　)

丰惠镇

党委书记　胡宝荣(2012.3—　)
人民政府镇长　裘建勇(2012.9—　)

永和镇

党委书记　姚启盛(2012.3—　)
人民政府镇长　朱春兰(女,2012.5—　)

梁湖镇

党委书记　闻桂珍(女,2012.3—　)
人民政府镇长　王银苗(2012.1—　)

驿亭镇

党委书记　任中华(2012.3—　)
人民政府镇长　陈银浩(2010.9—　)

小越镇

党委书记　章立锋(2010.1—2013.7)
陈建华(2013.7—　)

人民政府镇长　王迪军(2009.2—　)

谢塘镇

党委书记　赵明刚(2012.3—　)
人民政府镇长　陈鑫淼(2012.5—　)

盖北镇

党委书记　祝荣法(2012.3—　)
人民政府镇长　赵伟平(2012.5—　)

崧厦镇

党委书记　吴光裕(2012.3—　)
人民政府镇长　章　瀚(2008.3—2013.1)
杨一国(2013.1—　)

沥海镇

党委书记　罗成刚(2011.9—　)
人民政府镇长　蒋伟达(2012.1—　)

六、上虞区(市)政法机关

上虞区(市)公安局

党委书记、局长　王富灿(2012.11—　)

上虞区(市)司法局

党组书记、局长　胡富春(2012.3—　)

上虞区(市)人民法院

院　长　胡　坚(2010.1—　)
副院长　施振华(2007.5—　)
高淑英(女,2007.5—　)
周高军(2007.5—　)
沈　波(2012.11—　)
党委书记　胡　坚(2007.5—　)
党委副书记　徐孟勇(2007.5—　)

上虞区(市)人民检察院

检察长　周慧娟(女,2010.1—　)
副检察长　蒋尧清(2007.5—　)
章颖芳(女,2005.6—　)
章天天(2012.5—　)
薛荣辉(2012.5—　)
党组书记　周慧娟(女,2009.6—　)
党组副书记　徐阿华(2000.8—　)

(阮佳波)

中共上虞区(市)委员会

综 述

【概况】 2013年,中共上虞市(区)委员会认真贯彻中央和省委、绍兴市委各项决策部署,紧紧围绕建设“四个上虞”的总体要求,深入实施招商选资“一号工程”和项目推进年、城建攻坚年、作风建设年等“三个年”活动,坚定信心,齐心协力,攻坚克难,经济发展势头良好,社会保持和谐稳定。

【经济质量不断提升】 抢抓大桥高铁通车机遇,出台产业招商规划,全面接轨大上海,成功引进一批大项目好项目,实到外资2亿美元,引进内资65亿元人民币,到位虞商回归资金45.3亿元人民币。积极扩大有效投资,深入实施“三个一批项目”三年建设计划,实施5亿元以上重大产业类项目21只,完成工业生产性投资212亿元,增长25%,增速居绍兴各县(市、区)第一。大力推进工业强区建设,全面实施“四换三名”和“三个一批”企业培育工程,完成“个转企”1164家、“下升上”135家、“规改股”10家,设备投资占工业投资比重达55.2%,新兴产业产值占比达到33.3%;新列入省重点项目4只,新增建设用地指标2358亩,盘活存量土地2343亩;制定出台创新驱动发展实施意见,推进科技“双百”对接工程,着力抓好浙大网新上虞科技园等科创平台建设,引进高层次人才264人,新列入省级新产品居全省第三,成为全省首批创新型县(市、区);退出改造低效化工企业9家,道墟化工小区整治取得阶段性成效,完成节能减排任务。成功发行18亿元国有企业债券,组建完成交通集团,资本市场融资居绍兴第一;杭州湾上虞工业园区升格为国家级经济技术开发区,南北中心大道建成通车,杭甬运河全线通航。积极实施服务业兴区战略,电商物流产业引进取得突破,菜鸟网络、新华定制等一批项目相继引进落户;总部经济、休闲旅游、现代金融等新兴服务业加快发展,“四季仙果之旅”和“浙东新商都”品牌培育力度加大,创建成为国家级休闲农业与乡村旅游示范县(市、区),服务业增加值占比稳步提高。农业“两区”建设步伐加快,粮食产量稳定增长。实现建安产值1276.6亿元,增长10.9%,建筑强区地位巩固提升。

【城乡一体步伐加快】 坚持五大区块开发建设工作双月督查汇报机制,大力推进精致城市建设;“一江两岸”总投资68亿元的17幢高楼落户建设;曹娥江旅游度假区完成总体规划编制,快速干道、虞东河湖综合整治项目前期顺利推进;高铁新城完成区域整体征迁,高铁上虞站建成投用,体育馆启动建设;滨江新城总部楼宇群建设率先启动,18家企业完成“提转搬”;滨海新城杭州湾商旅综合体等功能性项目加快建设,新城门户形象初现,完成1.1万亩土地收储。扎实推进城市门户靓化、路网管网等基础工程,切实加大交通治堵力度,城市管理水平不断提升。大力推进城乡规划、公交、卫生、供水、商贸流通“五个一体化”,确定建设66个组团式中心村;城乡公交公营化改革全面完成,新增10个行政村开通公交,虞南大环线拓宽改造启动建设;人民医院丰惠分院、中医医院章镇分院挂牌运营,健全农村卫生医疗服务网络,形成20分钟医疗服务圈;完成7个村城乡联网供水、11个村饮用水提质改造和40个村“一户一表”改造；6个乡镇商贸综合体项目加快推进；城乡一体化的扎实推进，受到群众广泛好评。强势推进“三改一拆”，拆除违法建筑80.5万平方米、完成“三改”123.3万平方米。继续加大中心镇培育力度，基础设施投资增长15.1%。深入实施村级集体经济增收五年计划，新增年收入20万元以上行政村53个、达标乡镇6个，成功创建省美丽乡村先进县(市、区)。

【民生事业不断进步】 坚持民生优先，扎实办好十方面民生实事，预算内民生支出达33.6亿元，占公共财政支出的74.3%。全面推进系列创强工作，成功创建省卫生强县(市、区)、省体育强县(市、区)、省餐饮服务食品安全示范县(市、区)、全国首批义务教育发展均衡县(市、区)。加大社会保障力度，统筹城乡居民基本医疗、养老保险制度，新增五大保险参保6.61万人次。大力开展“崇孝守信 务实创新”新时期上虞精神主题教育活动，扎实推进文化惠民工程，完成22个农村文化礼堂、4家文化创意村建设，莲花落《老板密室》获国家群众文化最高奖——群星奖。实施环境卫生“百日整治”，抓好清洁家园、“四边三化”行动，完成废品收购点和废旧塑料加工行业整治，城乡环境面貌明显改善，创建省级以上生态乡镇2个。全力打好治水攻坚战，深入实施“蓝天行动”五年计划，加大重点行业、重点企业整治力度，河道垃圾得到全面清理；扎实开展农村住房保障工程和空心村整治，完成236户低保对象住房困难户住房改善和城市吸纳型农民集中居住区置换工作。

【社会保持和谐稳定】 推进“三色预警”机制扩面延伸，实行重大决策社会稳定风险第三方评估机制，“三全维稳”体系进一步健全。严厉打击各类违法犯罪活动，刑事发案总量和四类侵财性案件分别下降2.3%和17.1%。认真开展安全生产大排查、食品安全大整治、矛盾纠纷大调解，化解区级以上信访积案12件，信访总量下降8%。完善融资性担保、打击逃废债、企业重组等政策意见，扎实开展企业解困工作，有效维护了区域金融生态安全。严防禽流感疫情，奋力应对高温干旱、“菲特”台风等重大自然灾害，积极组织灾后重建，加快标准海塘一期工程建设，切实保护人民群众生命财产安全。

【党的建设切实加强】 认真学习贯彻中共十八大和十八届三中全会精神，努力做到真学真懂真用。深化作风建设，严格执行各项制度规定，“三公”经费明显下降。大力倡导“有激情、敢担责、重实干、守纪律”的干部队伍建设新要求，注重在重大决策部署的实践中培养和发现干部，调整充实乡镇(街道)、部门单位领导班子，做好群团组织换届工作。推进基层服务型党组织建设，启动实施民情通工作，推行乡镇干部驻村联户住夜制度。顺利完成村级组织换届选举工作，评选表彰“双十佳”村主职干部。出台提升执行力的实施意见，大力开展重大决策查执行、服务发展查效能、干部队伍查作风“三查行动”，有力保障各项工作落到实处。完善惩防体系建设，深化履职联审，严肃查处各类违纪违法案件，营造风清气正的良好环境。

(罗灿良)

重要会议

【市委全体会议】 1月10日，市委第十四届四次全体(扩大)会议召开。会议回顾总结2012年工作，研究部署2013年主要任务，动员全市各级党组织、广大党员和干部群众，进一步解放思想、抢抓机遇，开拓创新、奋勇争先，全力推动经济社会又好又快发展。7月17日，市委第十四届五次全体(扩大)会议召开。会议回顾总结2013年上半年工作，研究部署新形势下加快城乡统筹发展工作，动员全市各级党组织和广大党员干部，认清形势、抢抓机遇，攻坚克难、开拓进取，加快重点区块开发，推进城乡一体发展，合力建设精致上虞。

【市委常委会议】 1月8日，听取市委办关于市委十四届四次全体(扩大)会议工作报告起草情况及会议方案的汇报；听取市人大办关于市人大常委会工作报告(送审稿)起草情况的汇报；听取市府办关于市政府工作报告起草情况的汇报；听取市政协关于中国人民政治协商会议第九届上虞市委员会常务委员会工作报告(草案)的汇报；听取市人民法院关于人民法院工作报告起草情况的汇报；听取市人民检察院关于人民检察院工作报告起草情况的汇报；听取市发改局关于上虞市2012年国民经济和社会发展计划执行情况、2013年国民经济和社会发展计划草案的报告的汇报；听取市纪委关于市纪委全体(扩大)会议方案的汇报；听取市委组织部关于在全市机关干部中开展以“问需于民办实事，问计于民解难题，‘百千关爱’送温暖”为主要内容的转作风活动方案的汇报；听取市财政局关于加强乡镇财政建设相关问题的情况汇报；听取市城改局关于2013年度全市征迁工作计划的情况汇报；关于在全市范围内深入开展控违拆违专项整治工作的情况汇报；听取道墟镇关于道墟中心镇建设发展有关问题的汇报；听取市委组织部有关人事问题。

2月1日，听取市考核办关于2012年度乡镇(街道)和部门单位工作目标责任制考核结果、各类先进评比结果及奖金发放建议等情况的汇报；听取市委办关于全市经济工作会议方案的汇报；听取市委办贯彻落实中央政治局关于改进工作作风密切联系群众八项规定的实施办法的汇报；听取市委办关于2013年度市级领导“六个一”联系点情况的汇报；听取市纪委关于2012年度全市行风评议情况及各类先进名单建议的汇报；听取市委组织部关于作风建设年活动的实施意见的汇报；听取市发改局关于深入开展“项目推进年”活动的实施意见及考核办法的汇报；听取市发改局关于加快中心镇发展和推进小城镇培育工作的实施意见的情况汇报；听取经济开发区关于惠普(上虞)项目落户政策的情况汇报；听取市商务局关于深入开展招商选资“一号工程”的实施意见的情况汇报；听取市商务局关于进一步加大招商选资(外资)力度的若干奖励政策意见的情况汇报；听取市商务局关于进一步促进外贸外经发展奖励政策的若干意见的情况汇报；听取市经信局关于工业强市政策的增补条款的汇报；听取市建设局关于大力开展“城建攻坚年”活动实施意见的情况汇报；听取市城管执法局关于全市控违拆违专项整治工作实施方案的情况汇报；听取市政研室关于“一江两岸”总部楼宇建设招商政策的情况汇报；听取市国土局关于全市规划指标调剂方案的情况汇报。

3月19日，听取市委办关于2013年度全市经济社会发展重点工作任务分解情况的汇报；听取市人大办关于市人大常委会2013年工作要点的汇报；听取市政协关于政协上虞市委员会2013年工作要点的汇报；听取市委宣传部关于市委理论学习中心组2013年学习计划的汇报；听取市委宣传部关于2013年“虞舜论坛”报告会方案的汇报；听取市委宣传部关于进一步加强新闻媒体主阵地建设的情况汇报；听取市信访局关于2012年度全市信访工作情况和2013年度信访工作思路汇报；听取市委政法委关于全国、全省政法工作会议精神传达及2012年度全市政法工作情况和2013年度工作思路汇报；听取人民银行上虞支行、市委政法委关于上虞市打击逃废银行债务管理暂行办法的情况汇报；听取市金融办关于对市外银行征询评价工作的情况汇报。

4月27日，听取关于通报绍兴市行政区划调整方案的汇报。

5月6日，听取市委办关于2013年度乡镇(街道)、市直部门、“三区一城”工作目标责任制考核办法的汇报；听取市委办关于2013年度市级先进评比项目方案的汇报；听取市纪委关于2013年党风廉政建设责任制考核办法的汇报；听取市纪委关于2013年反腐倡廉建设组织领导与责任分工的汇报；听取市纪委关于2013年行风效能建设实施意见的汇报；听取市委组织部关于进一步加强乡镇(街道)干部队伍建设实施意见的汇报；听取市委组织部关于进一步加强党管人才工作若干意见等情况的汇报；听取市司法局关于加强和改进律师工作实施意见的情况汇报；听取市工商局、市经信局、市服务业发展局关于上虞市个体工商户转企业及小微企业规范升级实施意见的汇报；听取市委组织部关于讨论有关人事问题。

5月29日，听取市委宣传部关于全市农村文化礼堂(2013—2015年)建设的情况汇报；听取市财政局关于上虞市交通集团有限公司组建方案的情况汇报；听取市经信局关于加快“腾笼换鸟”促进转型升级若干意见的情况汇报；听取市经信局关于“三个一批”企业培育实施意见的情况汇报；听取市经信局关于道墟化工产业专项整治实施方案的情况汇报；听取市公安局关于上虞市大中专院校毕业生户口“非转农”实施办法的情况汇报；听取市公安局关于上虞市城市道路交通拥堵治理工作实施方案的情况汇报；听取市公积金中心关于行政事业单位临聘人员建立住房公积金制度的情况汇报；听取高铁新城关于高铁新城(2012)1-B号地块遗留问题处理的情况汇报。

7月9日，听取市委办关于市委十四届五次全体(扩大)会议方案及报告起草情况的汇报；听取市委组织部讨论有关人事问题。

7月17日，听取市委组织部关于进一步密切联系群众扎实开展民情通工作实施意见的汇报；听取市编办关于公安财政审计部分职位高配的情况汇报；听取市编办关于机关事业单位编外用工管理的情况汇报；听取市科技局关于浙大网新上虞科技园建设补充协议的情况汇报；听取市民政局关于全市敬老院转型升级三年计划情况汇报；听取市规划局关于市老年大学新建工程选址方案的情况汇报；听取市国土局关于进一步加强土地融资保障工作的情况汇报；听取滨海新城办关于阳光园林土地回收政策方案的情况汇报；听取市委组织部关于讨论有关人事问题。

8月14日，学习贯彻全国组织工作会议精神；传达省委书记夏宝龙在全省各市、县(市、区)人大常委会主任读书会上的讲话精神；听取市纪委关于进一步提升执行力的意见的情况汇报；听取杭州湾工业园区关于绍兴上虞日本工业园落实建议政策的情况汇报；听取市发改局关于2013年政府投资项目投资调整计划的情况汇报；听取人力资源和社保局关于上虞市人力资源市场建设项目实施情况的汇报；听取市财政局关于组建上虞市交通集团有限公司若干意见的情况汇报。

9月2日，听取市科技局关于全面实施创新驱动发展战略加快建设创新型城市实施意见和行动方案的情况汇报；听取市发改局关于进一步完善企业重组政策若干意见的情况汇报；听取市经信局关于缓解企业担保困难的实施意见的情况汇报；听取市服务业发展局关于城乡商贸流通一体化实施意见和配套政策的情况汇报；听取市服务业发展局关于2013“浙东新商都”购物节系列活动方案的情况汇报；听取市服务业发展局关于重点服务业龙头企业经营情况和补充政策的情况汇报；听取杭州湾上虞工业园区关于省农发集团商贸综合体项目有关情况汇报；听取市水利局关于河道整洁专项行动方案；听取市委组织部关于村级组织换届选举试点工作方案的情况汇报；听取市直机关党工委关于贯彻中国共产党党和国家机关基层组织工作条例实施办法的情况汇报；听取市委组织部关于讨论有关人事问题。

9月24日，听取市服务业发展局关于中国智能骨干网(上虞)项目有关情况的汇报。

9月29日，传达习近平总书记在全国宣传工作会议上的讲话精神和全省宣传工作会议精神；听取市卫生局关于上虞市推进城乡卫生一体化实施意见的情况汇报；听取市交通局关于进一步推进城乡公交一体化发展的若干意见和城乡公交运营体制改革实施方案的情况汇报；听取市水务集团、市水利局关于供水一体化的情况汇报。听取市规划局关于规划一体化若干意见的情况汇报；听取市规划局关于中国金融台沪浙港项目落户上虞的情况汇报；听取经济开发区关于青瓷文化园项目有关情况汇报；听取市财政局关于建立曹娥江旅游度假区财政体制相关问题的情况汇报；听取市安监局关于安全生产形势的情况汇报；听取市委组织部关于讨论有关人事问题。

11月5日，听取市旅游局关于虞南生态旅游资源保护管理办法的情况汇报；听取市总工会关于开展职工医疗互助保障工作的情况汇报；听取市建设局关于市民大道过江通道及大剧院项目规划建设方案的情况汇报；听取市农办关于城乡一体化空间布局规划组团式中心村、特色保存村、撤销村编制名单的情况汇报；听取市委组织部关于认真做好村级组织换届选举工作的意见的情况汇报；听取市委组织部关于加快引进“名师名家”的若干政策意见的情况汇报；听取市委组织部关于上虞市民间人才“万人计划”实施意见的情况汇报；听取市委组织部关于讨论有关人事问题。

12月9日，传达贯彻省委全委会议精神；听取发改局关于2014年政府投资项目计划安排的情况汇报；听取经信局关于扶持培育创新成长型企业实施意见的情况汇报；听取水利局关于虞北平原滨江河—沥海河整治工程的情况汇报；听取考核办关于新增农村基层党风廉政建设示范村先进项目的情况汇报；听取组织部关于讨论有关人事问题。

12月27日，听取区委办关于村主职干部会议报告及会议安排方案的情况汇报；听取区委组织部关于“双十佳”村主职干部评选有关情况汇报；听取区委组织部关于区人大十六届三次会议组织机构各套名单方案的情况汇报；听取人大办关于区十六届人大三次会议筹备情况的汇报；听取政协办关于政协第九届绍兴市上虞区委员会第三次会议安排情况的汇报；听取区委宣传部关于2014年区委理论学习中心组学习计划、虞舜论坛报告会方案的情况汇报；听取区委宣传部关于“学最美人 做最美事”主题教育活动方案的情况汇报；听取财政局关于培育扶持青瓷文化创意园政策意见的情况汇报；听取文广新局关于2013年公共财政收支执行和2014年公共财政收支安排的情况汇报；听取杭州湾工业园区关于新和成新材料产业园区项目投资及政策情况汇报；听取杭州湾工业园区关于杭州湾上虞工业园区升格为国家级经济技术开发区后的相关工作的情况汇报。（罗灿良）

政策调研和督查、信息工作

【政策研究】 开展上虞撤市设区相关政策调研，就撤市设区的准备工作、设区后各项工作的衔接、保持政策的连续性和稳定性等方面提出建议，形成文字报告，为领导决策提供参考。起草《关于要求继续保留县(市)级经济社会管理权限的申请报告》，为上虞争取保留尽可能多的经济社会发展权利。开展大中专毕业生“非转农”政策、区交投集团组建等政策的调研和制定。参与全区主要道路废品收购站和垃圾堆放点整治、出租车运价调整听证等工作。梳理区领导在基层蹲点调研中的反馈问题，提出解决方案。

【考核工作】 紧紧围绕“四个上虞”建设，按照“稳中求进、进中求好”的工作基调，突出招商选资“一号工程”，项目推进年、城建攻坚年、作风建设年“三个年”活动等重大工作，不断完善考核办法，增强激励力度。（陈吉茂）

【上报经验类信息500余条(篇)】 共向绍兴市委办、省委办公厅上报经验类信息500余条(篇)，被绍兴市委办采用189条，省委办采用47条。《基层反映当前我国边疆史地研究尚“独守闺阁”影响国民领土主权意识需关注》被中办《每日汇报》录用。《上虞市深入开展领导班子集体问政基层活动》等信息被《浙江信息(每日汇报)》刊发，《上虞市切实加强返乡高校毕业生党员教育管理》《上虞市创新推行“三色”预警机制全力维护社会稳定》等信息被《浙江信息(工作情况交流)》刊发，《上虞市认真贯彻落实汪洋同志来上虞视察重要讲话精神全力提升供销为农服务水平》《上虞市坚定不移推进改革着力创树基层高效行政审批典型》等被《浙江信息(上报中办专件)》录用。

（张兆慧）

组织工作

【概况】 2013年，上虞区委组织部紧紧围绕全区经济社会发展大局，加强干部队伍建设，强化人才智力保障，夯实基层组织基础，努力为“四个上虞”建设提供坚强的组织保证。（倪水乔）

【选优配强干部】 认真贯彻落实“好干部”标准，围绕“有激情、敢担责、重实干、守纪律”的干部队伍建设要求，坚持重品行、重干劲、重实绩和重视基层的导向，扎实做好乡镇(街道)、部门单位领导班子调整配备工作，着力优化领导班子结构，统筹推进干部队伍建设。共调整干部6批次，提任区管干部42人，其中正职9人、副职33人，女干部8人、党外干部4人；平职交流干部64人，其中部门之间交流35人，乡镇(街道)之间交流11人，乡镇部门之间交流18人。（王晓江）

【推进干部人事制度改革】 注重规范完善干部任用提名制度，修订出台《全委会成员民主推荐提名重要干部人选实施办法(试行)》。开展中层干部跨乡镇部门竞争选拔，择优选录21名中层干部，促进干部资源优化配置。注重近距离接触干部、经常性考察干部，实施乡镇(街道)、部门单位分片联系走访考察机制，确定“三改”工作、控违拆违、信访积案化解等9项全区重点工作开展专项考察。

(王晓江)

中层干部跨乡镇部门竞争选拔笔试现场

【加强干部培训培养】 组织开展中共十八大精神主题轮训班8期,集中轮训达1100人次。围绕“四个上虞”建设要求,紧贴经济社会发展中心任务开展干部教育培训,先后举办中青年干部等各类主体、计划班次19期,参训干部达2565人次,有效提升干部能力水平。注重年轻干部培养锻炼,实施百名干部一线培养,选派64名年轻干部到基层一线实践锻炼、47名干部驻企服务、11名干部上挂上级部门锻炼。强化“一江两岸”等五大重点区块开发建设干部保障。

【推进人才引育工作】 全区新引进国家“千人计划”人才1名,省“千人计划”人才2名,引进绍兴“330”人才6名;组织“引智强企”活动、大中专毕业生暨春夏两季人才交流会、“腾飞上虞”大型人才专项招聘会、人才集市活动,引进各类人才8624名;开展“名师、名医、名家”引进工作,制订“三名”人才引进政策,引进医学和教育体育类硕士研究生及紧缺人才30人;推进柔性引才工作,实施科技对接“双百”工程,签约科技项目21项。实施青年企业家、青年英才和“金蓝领”三项培养计划,累计培训企业各类人才13318人次。

【开展民间人才“万人计划”】 按照自愿申报、逐级推荐、分级评定的评鉴方法,共评鉴确定一星级民间人才51883名,二星级民间人才38989名,三星级民间人才2567名,四星级民间人才600人,五星级民间人才34名,并落实培养激励和后续晋级措施。

(傅飞军)

【培育两新党建品牌】 区委组织部以提升党组织班子领导力、企业文化建设软实力、职工群众凝聚力、党员队伍带动力、党建工作保障力、党建品牌影响力等“六力提升工程”为重点内容,实施两新组织党建“三年提质计划”,筛选确定62个项目作为“六力提升工程”品牌项目进行重点培育。部署开展青春党建工作,制定《青春党建实施意见》,组织开展“青春圆梦”系列行动,加强党员青年志愿服务,带动提升两新党建整体水平。

(张　橹)

宣传工作

【概况】 2013年,区委宣传部以学习贯彻党的十八大精神和区委、区政府一系列决策指示为主线,组织区委理论学习中心组集中学习12次,对乡镇(街道)、部门(单位)党委(党组)中心组上、下半年的学习情况进行通报,评选产生党委(党组)中心组成员优秀理论文章19篇。举办《推进两化深度融合 促进产业转型升级》等6期“虞舜论坛”报告会、《浅谈新时期上虞精神》等6期“市民讲坛”报告会。组建党的十八大精神讲师团,结合“形势与任务”宣讲,开展理论宣讲80场。

继续深入开展宣传思想工作项目化管理,2013年开展了第七、第八期项目化管理,形成了一大批工作品牌,如“崇孝守信 务实创新”主题教育活动、“农民之声”广播自办节目、“网络文化节”“虞舜文化节”“机关院子文化”建设、“仙果孝亲”系列活动、“村规家训”提炼活动等,氛围浓、规模大、措施实、效果好,在区内外产生了广泛影响,也多次得到省领导的肯定。

(章　鑫)

【“农民之声”广播自办节目开播】 在234个行政村开办“农民之声”广播自办节目,反映农民生活新风尚新气象,分乡镇(街道)、村两级广播,每次播出时间为60分钟。乡镇(街道)广播由《今日乡村》《百事讲坛》《娱乐天地》三个栏目组成,时间为

35分钟；村级广播由《村里村外》《百事讲坛》《娱乐天地》三个栏目组成，时间为25分钟。（李　芳）

【开办《面对面》电视访谈节目】 根据"崇孝守信　务实创新"主题教育活动要求，紧紧围绕大力弘扬新时期上虞精神的宗旨，《面对面》栏目播出"崇孝""守信""务实""创新"4期节目，按照"认真听取意见，平等交流思想，现场解答问题，共商建设良策"的节目宗旨，组织有关区直部门和乡镇（街道）的主要领导和各界代表，走进电视演播室，进行面对面的交流对话。（李　芳）

【举办"农合杯"短新闻竞赛】 3—9月间，在新闻单位举办"农合杯"短新闻竞赛。新闻单位统一推出"'农合杯'短新闻竞赛"专栏，以多种形式强化新闻报道效果，突出新闻性、现场感和贴近性，营造了"转作风、改文风"的良好氛围。经过有关专家和领导评审，共评出《春晖中学结缘"太空授课"，天地互动学生受益良多》等28篇优秀短新闻。（李　芳）

【开展"崇孝守信　务实创新"主题教育活动】 组织协调、指导督促76个主题教育活动项目的开展，编发主题教育活动简报32期，制定了四个季度的主题教育活动宣传报道方案，牵头开展"崇孝守信　务实创新"主题征文比赛、主题演讲比赛和主题教育辩论赛，编发《新时期上虞精神读本》，开展创新案例评选活动，评选产生《纪委村级工程规范化监管》等11只优秀案例。（赵少铭）

【人文社科研究和社科普及】 4月，召开市社科一届二次理事扩大会议，总结和部署全市社科工作。10月，举办了"纪念乡贤杜亚泉诞辰140周年暨杜亚泉学术成就研讨会"，11月，举办了"'东山再起'与新时期上虞精神"研讨会，全年录制播放《永恒的越窑青瓷》等4期虞舜电视讲堂，进一步传承弘扬地域文化。10月至11月，以"汇聚正能量，共筑中国梦"为主题，开展11项社科普及周活动。（赵少铭）

【举办网络发言人培训班】 8月5—6日，联合市委组织部、市委党校举办由相关部门分管领导及网络舆情管理员、各乡镇（街道）宣传委员及网络舆情管理员、上虞新闻网和各交互式论坛负责人等约130人参加的网络发言人培训班。（田　斌）

【省内外多家媒体关注梁湖年糕文化】 1月12日，浙江电视台公共新农村频道"流动大舞台"栏目组走进梁湖，摄制梁湖年糕文化展示专场文艺演出。梁湖镇以"文化搭台，经济唱戏"的模式，宣传推介民俗文化，打造梁湖年糕品牌，受到《中国文化报》《浙江日报》、浙江电视台、《浙江画报》《文化交流》等多家媒体的关注和报道。（陈肖平）

【央视在春晖中学连线直播我国首次太空授课互动实况】 6月20日，春晖中学成为神舟十号航天员太空授课活动互动点之一，被中央电视台摄制组选定开展连线直播工作。央视新闻频道直播我国首次太空授课互动实况，连线春晖中学长达3分钟，央视综合频道晚间新闻播出《我国首次太空授课成功完成》新闻。中新社、文汇报、浙江日报、浙江电视台等省内外20多家新闻单位记者参加现场采访，相关报道在新华网、中新网等60余家重要网站刊发。（陈肖平）

【"新版图·新地标"发现杭州湾都市圈纵贯线联合采访首站在上虞举办】 7月8日，在杭甬高铁开通和嘉绍大桥即将通车之际，由杭州都市圈新闻网站联盟发起，浙江农发澜海实业有限公司支持，上虞市委宣传部、海宁市委宣传部组织的"新版图·新地标"——发现杭州湾·都市圈纵贯线联合报道启动仪式，在杭州湾旅游商贸综合体现场举行，新华社、中新社、解放日报、浙江之声、杭州日报等20多家媒体参加了采访活动。（陈肖平）

【市外媒体宣传报道上虞抗击"菲特"强台风】 10月7日以来，《浙江日报》《绍兴日报》等省市媒体记者深入一线，采访报道上虞广大干部群众抗击强台风"菲特"，夺取防台抗灾胜利的生动事迹。（陈肖平）

【举办第四届网络文化节】 以"网络e时代，上虞更精彩"为主题，于5月20日启动第四届网络文化节。活动内容包括:“乐益行”圆梦基金爱心拍卖活动、“白马湖”杯短信红段子大赛、“点亮一盏灯”网络爱心行动、网络媒体看上虞、“最美拍拍拍”网络摄影比赛、知名微博博主上虞行、“网眼里的上虞”、网络发言人培训等八项。（邵海园）

【建立上虞公务微博联盟】 3月,建立“微上虞”公务微博联盟,出台《“微上虞”公务微博平台管理办法(试行)》,指导、督促各级各单位开通公务微博,并根据试点情况分批吸纳已开通的公务微博加入联盟。联盟网页设立五大版块受理网上诉求,提供便民服务,包括:微新闻/聚焦、微民生/服务、微话题/热点、微发布/资讯、微映像/视频。截至年底,前两批共18个部门单位、乡镇(街道)的公务微博成功加入联盟。（邵海园）

【建立网络舆情导控服务平台】 11月,建立绍兴市上虞区网络舆情导控服务平台,包括全省宣传视频会议系统、舆情搜集分析系统、信息监测系统及境外浏览系统等功能模块。制定《绍兴市上虞区网络舆情导控服务平台管理制度》,以“积极利用、科学发展、依法管理、确保安全”的方针和“以事件处置部门为主体、宣传部门为指导协调、其他涉网管理部门相配合”的网上舆情应对处置工作机制,开展对涉虞网上舆情的监测发现、分析研判、突发处置、评论引导等工作。（邵海园）

【开展农村文化礼堂建设工程】 出台《关于切实做好全市农村文化礼堂建设工作(2013—2015)年的意见》,编写《上虞市文化礼堂设施建设手册》,围绕“文化礼堂、精神家园”定位,规划5年内在全区建设100家文化礼堂,并开展文化礼堂活动内容建设,提升农村文化阵地建设,丰富群众精神文化生活,全年建成农村文化礼堂22家。（王浙炜）

【文创创意村建设】 结合美丽乡村建设,选取乡村地方文化底蕴深厚、文化产业特色鲜明、村级基础扎实的行政村,建设一些能够体现该村文化特色的墙面彩绘、建筑小品及文化小景点,进行文化创意。已建成崧厦镇祝温村等4个文化创意村。（王浙炜）

【开展文化小景点建设】 在百官、曹娥街道10个社区建设内容契合“崇孝守信、务实创新”主题的社区文化小公园、文化路、文化墙、文化长廊等载体各异的“孝、信”文化小景点;征集楹联,打造凉亭文化。5—9月,为充分挖掘上虞地方特色文化资源,发掘凉亭遗存,传承凉亭优秀文化,在全市开展新时期上虞精神楹联创作比赛和凉亭命名活动,对全市27个凉亭进行了统一命名和文化元素补充。（王浙炜）

【举办2013年“谢晋文化奖”评选活动】 活动表彰了木兰拳协会等5个文化贡献奖(集体类)、杨国华等12个文化贡献奖(个人类)、同兴里等8个文化基地奖、主题教育巡回演出品牌活动等22个文化活动奖、曲艺《老板密室》等7件文化精品奖、散文《落叶的宿命》等65篇优秀文化作品奖、《救火阿三》等10件优秀新闻作品奖等“谢晋文化奖”获得者。（王浙炜）

宣传文化工作会议

纪检监察

【概况】 2013年,区纪律检查委员会(以下简称区纪委)按照“党委政府关心的、百姓群众关注的、纪委可以有作为的”思路,严格落实党风廉政建设责任制,以提升执行力为主线,找准定位,拿捏有度,在有所为有所不为中保障发展,在依法履职中保护干事。

【效能为主,项目督查更好开展】 紧紧围绕“项目推进年”活动,认真做好政府投资项目、村级建设工程的变更异常调查和中介组织不良行为监管工作，较好地遏制了项目建设中设计不负责任、变更不守规矩、投资不讲绩效的势头。在审计、财政、发改、农林渔牧等单位的共同努力下，全年核减不必要的财政支出3亿元以上。具体做到：一、明确要求定规矩。出台进一步加强村级工程监督和规范政府投资项目设计变更监督的意见，明确除不可抗力因素外，村级工程变更不得超过20%；对超过设计变更比例、违反变更程序的政府投资项目进行解剖调查，追究主观责任，并纳入党风廉政建设责任制考核。二、专项督查抓重点。对30只政府投资重大项目和38只村级物业项目进行专项督查。全面剖析高铁新城站前区域工程涉及的五大问题、梳理八项重点工作，把握节点、倒排计划、两周一督、提升效能。重点剖析崧厦农贸市场变更97次、变更850万元这一工程，查找原因，提前预警。全年核减政府投资项目不必要支出近2.8亿元，比2012年增加1.77亿元；核减村级建设工程造价3548万元，平均变更率为14.3%，比2012年度下降近12个百分点。三、面上整治重解剖。按照“点上解剖、面上预警”的思路，对项目建设中发现的问题进行“解剖麻雀”，对项目主管部门和业主单位，采取案例通报、限期整改、“回头看”等方式，切实增强责任意识。对中介审计把关不严问题，通过建立健全“黑名单”制度，采取规范聘用、严格考核、优胜劣汰等措施进行规范整治。严肃处理上虞区同济会计师事务所出具虚假审计报告的不良行为，挽回经济损失22万元，并在全区通报。

【预防为主，构建工作更加扎实】 纪检监察着力从两方面加强落实工作：一是惩防体系强构建。按照“整体构建、行业构建、专项构建和基层构建”的要求，探索具有地方特色的惩防体系。9家牵头单位分解落实绍兴市提出的44项整改措施，修订完善责任制考核办法，严格实行“一票否决”制。深入开展廉政风险防控机制工作示范点建设，分类创建勤廉双优示范乡镇和农村基层党风廉政建设示范村，顺利完成村监会换届选举工作。二是履职联审促整改。用制度检查执行、用绩效评估政策、用整改体现成效。在组织、审计等单位的共同努力下，全年追缴违规资金307.9万元，规范制度13项，诫勉谈话8人。以持续改进的理念，督促经信局、永和镇对问题逐项整改，追缴经信局违规资金304万元，诫勉谈话7人，规范制度6项；永和镇追缴违规资金3万多元，诫勉谈话1人，规范制度7项。通过有效探索，努力做到制度执行到位、绩效评估到位、用权监督到位。“三公”管理抓源头。认真贯彻区委“四个严禁、两个严控”精神，严格执行“三公”经费管理办法，全区“三公”经费和会议费支出比上年度下降17.7%。根据党政机关公车配备使用管理办法，开展公车使用管理情况检查，对11家单位17辆公车违规使用情况进行通报，督促整改落实。

【依法履职，检查监督更为有力】 全年工作重在“实”，这主要体现在两方面：一是工作意见重实际。按照区委的要求，牵头制订进一步提升执行力和违反机关效能建设规定的处理意见，重点对执行不力和办事推诿扯皮、作风漂浮慵懒等行为，通过书面通报、责令整改、诫勉谈话、组织措施等方式，从源头上强化制度管理。效能检查显实效。围绕区委、区政府中心工作，对行政区划调整、城乡环境卫生“百日整治”行动、废塑料加工经营和河道保洁专项整治工作开展专项督查，确保中心工作落到实处。组织明察暗访，对28家单位38名违反作风效能建设要求的工作人员实行问责；组织全区性大会会风督查3次，对未到会或非会议对象代会的单位进行通报。二是问责约谈出实招。围绕区委、区政府重大决策部署，对部门与部门、乡镇与部门之间推诿扯皮的，整合力量，加强督查，提升实效。全年诫勉谈话局长3名、乡镇党委书记1名；局班子集体谈话3家；涉纪信访约谈局长3名，谈心谈话局长、乡镇党委书记10名；因工作推进不力约谈乡镇纪委书记4名。对在处置3家危化品使用企业违法行为中推诿扯皮的乡镇、部门进行问责，约谈领导干部4名，充分体现了纪委、监察局“不依法行政、不按规矩办事的要查！相互扯皮、推诿不办的也要查！”的鲜明态度。

【执纪为民，信访办案更有影响】 按照“保障发展、服务大局”的要求，从有利于端正风气角度出发，更加科学有效调处信访、查办案件。全年挽回直接经济损失1600多万元。疑难信访重处置。根据区委的意见，牵头成立赵家村信访调处工作组，按照“尊重历史、依法取证、加强沟通、妥善处置”的原则，坚持有访必查、有错必纠，一手抓信访事项的核查纠错，一手抓违法行为的教育惩处，在公安、审计、信访、农林渔牧等部门的密切配合下，取得了阶段性成效。一年来，工作组按照“一问题一报告”的思路，出具审计报告18只，制作谈话笔录61份，14个问题已调查完成12个并执行到位。积极开展信访积案化解工作，区纪委本级共受理信访392件，办结392件，办结率100%。案件查办树正气。把查办案件放在更加突出位置，苦练内功，整合力量，突破关键，安全办案。全区共立案查处各类违纪违法案件95件，审结95件，其中大要案2件，副局级以上领导干部3人。在实际工作中，通过办案端正风气，查办宣霞金受贿案，正面回应网络舆情，对违法行为绝不手软；通过办案解决问题，查办邵良夫贪污、受贿案，有效震慑工程领域权钱交易行为；通过办案提升效能，组织高山山塘整治“回头看”，挽回损失37.53万元。惩教联动抓教育。充分发挥办案的治本功能，及时通报邵良夫违纪事实，警示领导干部廉洁从政。对部分乡镇、部门“一把手”开展警示谈话，预防为主；对50名新提任领导干部开展任前廉政谈话，招呼在先。组织相关单位近300名干部赴省警示教育基地接受教育；安排区第17届中青班学员赴绍兴警示教育基地参加学习；集中700名机关干部分类观看警示教育片，以案为鉴，风险防范。

【增强本领，队伍建设更趋专业】 深入领会上级指示精神，从两大方面重抓队伍建设：一是主题活动不断深化。以学法律、讲案例、强能力为重点，开展“学案例、谈观点”主题活动，安排年轻干部谈观点说体会，编发《知条规 明责任》一书，巩固活动成效。按照“把好导向、造好氛围”的要求，以重大决策执行、重点工程推进和重要工作落实为内容，编发《廉情参阅》56期，收到了较好的社会效果。二是专业培训持续深入。按照“问题引领培训、专业提升能力”的导向，不断提高镇村干部会督查、抓落实的水平。在区级层面，组织开展村级建设工程规范管理培训班；在乡镇层面，组织开展以“重大决策规范监督和村级工程、合同文本、财务票据规范审查”为主要内容的业务培训。编印《懂业务 会监督》读本发放到镇、村，进一步提升村级建设工程专业化监管水平。组织建设进退有序。按照上级纪委精神，区纪委(监察局)取消或不再参与议事协调机构123个，保留或继续参与28个。同时坚持先试点后推开、先设置后规范的原则，积极稳妥推进非公企业纪检组织建设，全区29家党委建制的非公企业全部设立纪委。

(傅金刚)

统战工作

【概况】 2013年，上虞区统一战线工作根据省、市的工作部署和要求，围绕建设“四个上虞”总目标，凝心聚力，务实创新，推动统一战线工作打开新局面，取得新进展，被评为2013年度全省统战工作创新奖和绍兴市统战工作先进单位。

【全面提升基层统战工作】 4月25日，召开全市统战工作会议，市委副书记出席会议，各乡镇(街道)、“两区”、有关部门(单位)的分管领导和联络员参会，回顾总结上年度统战工作，部署2013年重点任务，肯定成绩，鞭策后进，进一步增强各单位领导的统战意识。7月5日，举办全市基层统战工作和民族宗教工作培训班，邀请省委统战部研究室主任杨卫敏和省委统战部民族宗教处副处长毛秋红作专题讲座，全市乡镇(街道)、部门(单位)统战工作分管领导参加培训。10月10日—12日，市委统战部与市委组织部、市委党校联合举办党外干部培训班，组织全市各民主党派、知联会班子成员、骨干及优秀党外代表人士40多人参加为期3天的集中培训。通过上述会议及培训班的召开，全面理清统战工作“是什么”“干什么”“怎么干”的问题，为统战工作的顺利开展奠定思想和业务基础。

【深化干部党派工作】 建立民主党派、知联会联席会议制度，每半年召开一次会议，交流工作、分析形势、探讨问题。建立完善民主党派月工作交流制度，每月月底前由各民主党派向统战部报送本月工作和下月安排，引导、督促各民主党派更好地开展工作。在2012年市委出台市委常委、政府部门与民主党派、工商联、无党派人士对口联系制度的基础上，不断做好深化落实文章。一是结合全市经济社会发展重点和对口联系政府部门工作职能，深入开展专题调研、联合调研活动，调研成果通过"两会"议案、提案等形式上报；二是通过召开座谈会，交流工作，倾听意见，邀请市领导和联系部门参加学习考察、社会服务等活动，加强互动，增进感情；三是各联系部门每年为各民主党派和知联会落实一定数量的课题调研经费，帮助其更好地开展调研活动。

【推进虞商回归工作】 虞商联谊总会成立以来，按照"成熟一家，发展一家"的原则，扎实开展各地分会筹建工作，至2013年年底，已先后完成江苏、宁波、成都、北京、上海、杭州、深圳、湖北等八个分会的组建任务，共计吸收虞商会员近千人，为广大虞商团结互助、回归回流、共谋发展搭建了一个良好平台。通过启动虞商创业创新三年规划、建立健全虞商联谊分会秘书长工作例会、制定"回归经济"考核办法等工作机制，使回归工作制度化、常态化、有序化，形成全方位多领域的虞商回归格局。积极实施"请进来，走出去"战略，依托联谊总会为平台，先后邀请各地虞商联谊分会组团到上虞考察，并在上海、杭州、宁波等地举行产业项目对接会，对项目用地、规划指标、落地政策予以协调落实。各地虞商在总会平台的组织引导下，积极参与"回归经济"发展工作。2013年1月，北京虞商联谊会会长单位出资成立注册资本3.03亿元的浙江京虞信融资担保有限公司正式开业运作；上海虞商联谊会牵头的中城大厦项目、江苏虞商联谊会牵头的余坤五星级酒店项目及由湖北虞商联谊会牵头的投资4.5亿元的"外滩一号"项目、成都虞商联谊会牵头的浙江日欣科技园有限公司投资50亿元的日本工业园项目等相继落户，总投资约90亿元。2013年，全区共引进回归项目77个，协议投资154.16亿元，到位资金45.32亿元，位居绍兴各区(县、市)前列。

【开展校地结对活动】 2013年5月30日，市政协副主席、市委统战部部长蒲伟明带队，组织知联会和旅游局、环保局、服务业发展局等政府部门领导以及有关企业负责人到浙江工商大学开展校地结对活动，并举行校地共建签约仪式。浙江工商大学校党委副书记、统战部长以及众多教授、专家、学者参加了座谈。双方在科技咨询、项目策划、产品营销、人员培训等多个方面达成了意向，实现了地方、高校在人才、资源等各个方面的优势互补和共振。

【湖北虞商联谊会成立】 2013年10月15日，湖北虞商联谊会成立庆典大会在荆州隆重召开。市四套班子有关领导及荆州市有关领导到场祝贺。各虞商联谊会负责人及代表和会员企业家100多人参会。

（毛利湧）

机构编制工作

【推行空编使用核准工作】 1月1日起，市编办规定机关事业单位使用空余编制调配和招录(聘)工作人员前，须填报《空编使用核准单》提出申请，经编办审核同意后，方可到组织、财政、人力社保等部门申请办理相关手续。

【实行机构编制实名制管理】 根据机构编制实名制管理、规范编制使用和入(出)编手续等意见，明确机构编制使用审核管理的范围、机构编制和职数的登记变更手续、编制使用手续、入(出)编手续等，推行编制使用和入(出)编手续网上申报、网上办理。全年办理出编手续645人、入编手续898人。同时，建立机构编制实名制数据库，7月起延伸至各主管部门，基本实现实名制管理从手工操作转向网上流转。对系统内的人员信息进行集中梳理和查漏补缺，提高实名制信息的准确性和共享性。

【完成事业单位分类改革】 市编办通过剥离、整合等途径，优化事业单位结构，完成25家生产经营或暂缓分类事业单位的职能梳理和定类工作，全区事业单位分类工作全面完成。同时，坚持合理控制总量、优化公益服务资源配置的原则，严格控制从事公益服务类事业单位的设置。

【重新核定教体卫生系统编制】 区编办对全区所有的教体卫生系统编制进行重新核定。按照2年一核规定,对全区中小学教职工编制进行重新分类核定,首次按标准核定公办幼儿园教职工编制,全区中小学(幼儿园)核定教职工编制总编制为6604名(其中幼儿园515名)。按照从高标准,重新核定21家基层社区卫生服务机构人员编制1266名,比上轮核定增加112名。

【机构编制首次列入考核】 区委、区政府首次将机构编制管理纳入年度工作目标责任制考核体系,区编办制定下发考核细则,对乡镇(街道)采取专项考核,考核结果以加分形式计入总分,对区直部门直接采取倒扣分,有效落实机构编制工作责任。同时,将机构编制工作作为"人事权"的组成部分,纳入党政主要领导履职联审的必查内容。

【政府职能转变和机构改革】 新设曹娥江旅游度假区、高铁新城2个正科级的区政府派出机构,拟定度假区、高铁新城、食安办"三定"规定,明确其主要职能、内设机构和人员编制,有效保障经济发展和社会管理;将区食安办作为区食品安全委员会的常设办事机构,挂靠在区食品药品监督管理局。根据省卫生强市创建工作要求,调整公安局、检察院、法院、上海联络处、服务业发展办、民政局、卫生局、地税局、交通局、审计局、丰惠镇等部门(乡镇)内设机构设置。新设区城市管理行政执法大队度假区中队、高铁新城中队,增强执法力量配置。

【加强和规范编外用工管理】 市编办组织拟订《上虞市机关事业单位编制外用工管理办法》,并以市委办、市府办名义发文。根据相关文件规定,为规范编外用工行为、维护编外人员权益提供制度保障。在原市级机关及全额、差额拨款事业单位编外用工相对规范基础上,将乡镇(街道)、自收自支事业单位、中小学校(幼儿园)、市级和基层医疗单位作为重点清理对象,累计核减编外用工控制数1038名,核减比例达33.2%。同时,在清理基础上,坚持"严控总量、精干高效、依法规范"原则,由机构编制部门统一审批编外用工,严格控制用工规模。截至年底,全区共核定编外用工控制数3966名。

【配合区委区政府做好机构更名的工作】 区编办认真执行绍兴市委、市政府关于调整部分行政区划的决策部署,及时做好撤市设区后区委工作部门、区政府工作部门、区政府派出机构、区群众团体、区委区政府直属事业单位、乡镇政府、部门(乡镇)内(下)设机构及其下属事业单位更名工作,并组织做好相关内(下)设机构及事业单位的更名备案工作。严格执行机构编制有关规定,确保撤市设区工作平稳有序。 (殷毅刚)

老干部工作

【概况】 2013年年末,全区有离休干部125人,其中有抗战时期参加革命工作的22人。推进老干部思想政治和党支部建设,关心老干部需求,落实老干部政治、生活待遇,深化高龄老干部服务管理,落实"四送六必访"亲情服务制度。采取市县联动、分组走访等形式,慰问安置和居住在省内市外以及本市内的老干部250多人次,探望生病、住院老干部90多人次,精心组织安排老干部"走基层、看变化、促发展"活动和有益健康、形式多样的文体娱乐活动,并举办了第二十四届老干部运动会。

【老年大学新建工程立项】 7月17日,十四届市委第21次常委会同意老年大学新建工程选址方案。工程由市建设局代建,成立了以市委常委、常务副市长余云才,市委常委、组织部长朱敏龙为组长,市财政局、建设局、规划局等十多个部门单位领导为成员的工程建设领导小组。老年大学正式启动规划建设。

【老年大学成功创建"省级教育管理先进单位"】 开展了"学习贯彻十八大,同心共筑中国梦"系列主题教育活动,制定出台了《专业课程设置规定》《骨干课程管理考评办法》等系列教学管理制度,成功创建成为"省级教育管理先进单位"。

【选树先进典型】 老干部局会同市委组织部、市委宣传部、市人力资源和社会保障局,推荐百官街道离退休干部党支部为省级"五好"离退休干部党支部,谷鸣山、张柏大等2位老干部为省级优秀离退休干部党员。精心组织开展"文明健康老人"评选活动,徐达庆、朱国才、谷鸣山等12位老干部被授予上虞首届百名"文明健康老人"称号。 (王娜妲)

信访工作

【概况】 2013年,上虞区信访局共受理群众来信来访4443件(人次),受理信访事项复查47件,受理绍兴市长公开电话投诉2433件,受理区政府门户网站网上信访4136件。完成省信访工作目标管理责任制考核任务,连续第十年进入到全省信访工作优秀县市行列,获得"十连冠"。

【化解信访积案】 对15件省、市、区级信访积案开展化解活动。至年底,共化解12件,化解率80%。

【接待来访群众】 实行每月15日的区领导接待日制度,四套班子领导轮流在区信访局接访,共接待来访群众1048批2134人次。按季组织开展三级干部联合下访约访活动,区、乡镇(街道)、村(社区)干部共参加接访5657人次,接待群众来访234批506人次。

【做好信访稳定工作】 在"两会""枫桥经验"50周年纪念大会、党的十八届三中全会等时期,选派人员做好信访值班工作。依法处置进京非正常上访行为,全年行政拘留5人,警告6人,法制谈话22人,树立依法有序信访导向。

【全国信访信息系统延伸到乡镇部门】 上虞区19个乡镇(街道)、50个区直部门单位全部接入全国信访信息系统,统一配置网络、硬件设施,建立信访信息联通、资源共享的网上信访系统。

(何新伦)

机关党建

【概况】 2013年,区直机关党工委紧紧围绕"四个上虞"建设的总体要求,服务中心、建设队伍,务实工作、创新创优,全面推进机关党组织的思想、组织和作风等方面建设,圆满完成了年度各项工作任务。

【在市直机关基层党组织开展"星级创建"活动】 1月4日,为全面加强党的基层组织建设,建立健全基层党组织和党员创先争优长效机制,根据市委组通〔2012〕75号文件精神,下发了《关于在市直机关基层党组织中开展"星级创建"活动》的通知,在市直机关基层党组织开展"星级创建"活动。

【举办《新时期上虞精神》专题讲座】 8月30日下午,市关工委邀请市委党校杨琴老师作《新时期上虞精神》专题讲座,旨在激发广大机关党员干部的干事创业热情。

【联合下发《关于市直部门机关党组织专职副书记配备的意见》】 11月1日,为认真贯彻落实《中国共产党党和国家机关基层组织工作条例》(中发〔2010〕8号)和《关于贯彻〈中国共产党党和国家机关基层组织工作条例〉的实施办法》(市委〔2013〕27号)"党员人数及直属单位较多的机关基层党组织应设专职副书记,按部门内设机构正职配备"的要求,中共上虞市委组织部、上虞市机构编制委员会办公室、中共上虞市直属机关工作委员会联合下发了《关于市直部门机关党组织专职副书记配备的意见》。

【组织开展"关爱生命、文明出行"机关干部集中志愿服务活动】 全年,为推进上虞城区道路交通拥堵治理工作,切实发挥机关党团员、志愿者在"治理拥堵”工作中参与社会宣传、家庭动员的积极作用，根据区委、区政府关于治理城区道路交通拥堵问题的总体部署，区直机关党工委与团区委、区公安局联合组织开展了“关爱生命、文明出行”集中志愿服务活动。活动中，各单位党组织和党员积极服从党工委的统一安排，较好地发挥了机关党组织的战斗堡垒作用和党员干部的先锋模范作用。

“关爱生命、文明出行”志愿者行动

【举办了区直机关党组织书记培训班】 11月18—19日，区委党校一号楼五楼大教室举办了区直机关党组织书记培训班，区直机关各部门和单位机关党委、总支、支部书记，机关党委专职副书记等参加培训。其中，《机关党建实务》课程(11月19日下午)培训对象扩大到各单位从事党建工作的业务人员。 (王素凤)

党史编研

【概况】 2013年，区委党史研究室立足上虞实际，坚持以“资政、存史、育人”为导向，充分挖掘党史资源，开发并保护了浙东新四军北撤会议旧址、许岙战斗纪念馆、浙东新四军后勤基地纪念馆等一大批革命遗址。

【北撤会议旧址入选省党史教育基地】 第二批浙江省党史教育基地32个单位名单公布，位于上虞区丰惠镇的浙东新四军北撤会议旧址入选其中。浙东新四军北撤会议旧址作为我党历史上一次重要转折时期的见证，具有较高的历史价值。1962年公布为上虞县文物保护单位，2001年公布为绍兴市爱国主义教育基地，2005年公布为绍兴市首批红色旅游点。上虞区委党史研究室主任王志胜表示，浙东新四军北撤会议旧址是上虞宝贵的革命历史遗产和精神财富，是进行爱国主义和革命传统教育的重要平台，将以这次入选第二批浙江省党史教育基地为契机，进一步加强保护、管理和利用工作，扩大党史教育基地的社会影响力和教育辐射力。

【浙东新四军后勤基地纪念馆在陈溪开展】 6月17日，坐落于陈溪乡陈溪村的浙东新四军后勤基地纪念馆举行隆重的开展仪式，正式对外开放。纪念馆主体结构为一层四合院，总用地面积1260平方米，建筑面积520平方米，内部布展面积170平方米，67块展板、12个展台，展示实物113件，通过图片、文字、实物、场景模拟等方式，生动形象地展现新四军浙东游击纵队在陈溪开辟后勤基地以及陈溪人民投入革命斗争的火热场景。主体建筑造价100万元，布展投入资金40万元。市新四军历史研究会会长朱国才、市党史研究室主任王志胜为纪念馆揭牌，市政协副主席吴建平宣布纪念馆开展，市有关领导和市级有关部门、陈溪乡领导及相关人员150多人参加了开展仪式。

【许岙战斗纪念馆被命名为绍兴市第二批党史教育基地】 许岙战斗纪念馆位于许岙村村口，建筑面积700平方米，内设许岙战斗主要经过沙盘模型、许岙战斗简介、参战的浙东游击纵队主要领导简介、讨田战斗日记、杨奚烈士塑像、当年土枪土炮武器展示、许岙社会经济发展等版块。被命名为绍兴市第二批党史教育基地的许岙战斗纪念馆，将结合红色旅游开发，进一步体现党史资源历史价值，更好地发挥“资政、存史、育人”的功能，扩大党史宣传教育的影响力和辐射力。

【省委党史研究室领导到上虞调研党史工作】 12月5日，浙江省委党史研究室副巡视员曾林平、二处副处长李立军到上虞调研党史工作，绍兴市史志办副主任金燕陪同。上午召开座谈会，听取上虞区委党史研究室关于《中国共产党上虞历史》(第二卷)编纂工作进展情况的汇报。绍兴市史志办副主任金燕指出，上虞在编纂《中国共产党上虞历史》(第二卷)过程中已积累了丰富的资料，基础较好，可以借鉴有关县市的经验，集中攻坚，确定人员分工，按时间节点有序推进，在规定时间内完成。省委党史研究室副巡视员曾林平进一步提出要求：调整纲目，参照中央、省、市三级二卷本的有关内容，完善初稿；要在重大问题上与中央、省党史二卷本保持一致。下午，曾林平一行还先后参观了浙东新四军北撤会议旧址、王一飞故居和叶天底故居。

（屠月玲）

党校工作

【概况】 2013年，在干部教育培训方面，共举办各类班次62期，合计培训学员5751人次，其中主体和计划班次共27期，培训干部2524人次；在科研工作方面，共有44篇次文章在县(市)级以上报刊发表或获奖，荣获全省党校系统调研文章评选一等奖1篇，成功申报省社科联研究课题1项；在学历教育方面，全校函授学历班8个，在读学员300余人。区委党校被评为全省党校系统“先进单位”，荣获2012—2013年度科研工作进步奖，绍兴市党校系统“教研创新奖”等奖项，同时被评为区“崇孝守信 务实创新”主题教育活动“先进单位”等。

【开展党的十八大精神轮训培训】 区委党校围绕党的最新理论成果，把党的十八大精神轮训作为干部教育培训班次的重点，举办了“区管领导干部党的十八大精神轮训班”“村主职干部党的十八大精神轮训班”和“大学生村干部党的十八大精神轮训班”等多个培训班次，合计培训10期1326人次，占主体和计划班次的52.5%。

第17期中青班组织开展专题辩论活动

【举办第十七期中青班】 5月2日—7月31日，第十七期中青班在市委党校举办。来自全市乡镇(街道)、机关部门的43名中青年干部参加培训。培训期间，共开设了75场专题讲座，穿插安排了军事训练、辩论赛、模拟面试、社会调研、岗位体验等36项教学活动，创新开展了学员论坛和微课堂等学员自主活动。培训班的一些特色亮点受到新闻媒体的广泛关注，《上虞日报》和上虞电视台分别有9次和7次宣传报道，同时浙江组工网也进行了多次转载报道。

【创新办班模式和教学方式】 区委党校创设“短板长班”办班模式解决工学矛盾，实施“四合一”办班模式，构建起理论学习、制度研究、工作布置、经验交流相结合的“四合一”教学布局。同时，注重创新教学方式，实施“研讨式”教学、“行动式”教学和“自主式”教学。创新的办班模式和教学方式在优秀年轻干部成长成才班、农村服务型基层党组织建设班、中青班等不少班次中进行了尝试。

【在全省党校系统作经验交流】 12月2—3日，区委党校在全省党校系统教学改革专题研讨会作大会发言，并提交《理论、内容、形式三维度视角下优化党校党性教育对策探析》一文，荣获“优秀论文入围奖”。

【强化学员考核管理】 在主体和计划班次中实行“学风承诺”“学风纪实”“学风档案”等“三项制度”，推进教学管理的规范化，并按照“三位一体”教学管理体系实施班级管理。在中青班中长期班次中实行“自我管理、自我服务、自我监督、自己主持、自主讲课、自行设计、自我评估”等“七自”管理办法，增强学员的自我约束意识、自我管理能力，在“七自管理”中提升学员综合素质。

【两个现场教学基地入选示范基地】 11月1日,由绍兴市委组织部和绍兴市委党校联合组成的绍兴市第一批干部教育培训现场教学示范基地检查验收小组,在绍兴市委党校副校长徐志伟的带队下来市委党校了解浙东新商都、农旅文商互动和红色教育等三个现场教学基地的建设运作情况,听取汇报、指导工作,并组织实地考察验收。市委组织部、市委党校相关领导和人员参加。经最终验收评审,浙东新商都和红色教育等两个现场教学基地入选绍兴市第一批干部教育培训现场教学示范基地。

【科研咨政】 课题立项上,成功申报省社科联研究课题1项(在全省党校系统中有课题列入的县级党校仅4家),省委党校中特理论中心第十五批规划课题4项、绍兴市社科联课题1项。文章获奖上,荣获全省党校系统调研文章评选一等奖、三等奖各1篇,连续五年获得全市乡镇(街道)、部门党委(党组)中心组成员优秀理论文章一等奖。撰写《领导参阅》2期,其中1期获得副区长袁建的批示肯定。2012—2013年度,在全省党校系统科研工作得分位居绍兴市内县级党校第一。

【召开校刊恳谈会】 9月30日上午,市委党校召开《上虞市情探索》恳谈会。会议邀请了市政协副主席赵畅等12位专家领导为刊物问诊把脉。各位专家、领导对《上虞市情探索》四年多来的成长轨迹作了积极评价,同时为刊物发展提出了许多宝贵的意见和建议。

【开展社会调研考察月活动】 7月22日—8月20日,组织开展第三届“社会调研考察月”活动,全体教工围绕“农民合作社发展”“新居民社会融入”等13个课题赴乡镇(街道)、农村(社区)、企业进行调研,撰写完成11个调研报告,3篇文章在绍兴市党校系统学术研讨会上做交流。这一做法得到市委常委、组织部长朱敏龙的批示肯定。

【筹备党校建设工程相关工作】 党校建设工程上报列入2014年度政府投资前期项目;谋划新党校建设选址等事宜;赴周边党校学习考察,重点了解党校建设前期筹备、建设设计与后续管理等经验,为新党校建设与管理奠定基础。

【拓展学历教育】 区委党校发挥两个平台的作用,为社会人员提升学历、提升自我提供服务:依托国民教育系列学历教育平台,继续做好与宁波大学、浙江工商大学、中华会计函授学校等院校的合作办学,年底,全校函授学历班8个,在读学员300余人;新启动网络教育平台,与北京语言大学实现合作,新一批新生已录取并进行正常教学。

【开展校外宣讲服务】 围绕学习贯彻中共十八大精神,全省、市、区重大会议精神和新时期上虞精神等,推出适合基层需求的课程菜单,并组织专兼职教师赴乡镇(街道)、农村(社区)、企事业单位进行宣讲,共外出宣讲99场次,受众11636人次,宣讲场次同比增长41.4%。 (张兴校)

上虞区(市)人大常委会

综 述

【概况】 2013年,市(区)十六届人民代表大会及其常委会认真贯彻落实党的十八大和十八届三中全会精神,按照区委建设"创新上虞、精致上虞、人文上虞、幸福上虞"的总体要求和"稳中求进、进中求好"的工作基调,切实履行宪法和法律赋予的各项职责,为推动上虞经济社会持续健康较快发展作出了积极贡献。

依法召开市十六届人民代表大会第二次会议,召开常委会会议6次,主任会议12次,听取和审议"一府两院"工作报告19项,组织执法检查、视察6次,完成各项审议议题的调研报告25个,作出有关实体经济发展、财政决算、调整财政支出预算、调整投资项目等方面的决定4个,提出审议意见、视察意见17个,依法任免"一府两院"国家机关工作人员34人次。邀请市人大代表参加常委会会议、专题视察、执法检查和专题调研活动50多人次,组织开展代表约见活动3次。加强和改进人大信访工作,做好信访件的交办、督办工作,全年共受理人民群众来信55件次,来访33批次。

(傅丽红)

重要会议

【十六届人大二次会议】 1月21日至23日,上虞市第十六届人民代表大会第二次会议在百官召开。会议听取和审查上虞市人民政府工作报告;审查和批准上虞市2012年国民经济和社会发展计划执行情况的报告及2013年国民经济和社会发展计划;审查上虞市2012年财政预算执行情况的报告和2013年财政预算草案,批准上虞市2012年财政预算执行情况的报告和2013年财政预算;听取和审查市人大常务委员会工作报告;听取和审查市人民法院工作报告;听取和审查市人民检察院工作报告;做出相关决议六个。

【市人大常委会会议】 2013年,市人大常委会共举行6次常委会会议:

1月15日,市十六届人大常委会举行第八次会议,听取市十六届人大二次会议筹备工作情况的报告;初审市人民政府工作报告和市人大常委会工作报告;听取和审议市政府政府投资项目计划实施安排的报告;表决通过有关人事任免事项。任命:罗宁标为上虞市人民检察院检察员;赵君芳为上虞市人民检察院检察员。免去:叶明灿的上虞市人民检察院检察员职务;章文龙的上虞市人民检察院检察员职务。

3月22日,市十六届人大常委会举行第九次会议,听取和审议市政府关于加快发展实体经济、推进工业强市建设的报告,并做出相关决定;听取和审议市人大常委会2013年工作要点;表决通过有关人事任免事项。根据杨雪峰的请求,决定接受杨雪峰辞去上虞市人民政府副市长职务的请求。决定任命:陈拥军为上虞市住房和城乡建设局局长。决定免去:方建平的上虞市住房和城乡建设局局长职务。任命:阮鑫鑫为上虞市人民法院立案庭副庭长;李蕊为上虞市人民法院民事审判第一庭副庭长;杨仁杰为上虞市人民法院民事审判第三庭副庭长;李雪燕为上虞市人民法院丰惠人民法庭副庭长;耿红建为上虞市人民法院审判员、崧厦人民法庭副庭长;丁国芳为上虞市人民法院滨海人民法庭副庭长;张百元为上虞市人民法院审判员;李金凤为上虞市人民法院审判员;张培军为上虞市人民法院审判员。免去:阮鑫鑫的上虞市人民法院审判监督庭副庭长职务;李蕊的上虞市人民法院丰惠人民法庭副庭长职务;杨仁杰的上虞市人民法院民事审判第一庭副庭长职务。

5月21日,市十六届人大常委会举行第十次会议,听取和审议市政府关于城乡居民饮用水水源保护工作情况的报告;表决通过有关人事免职事项。决定免去:宣霞金的上虞市文化广电新闻出版局局长职务。

8月6日,市十六届人大常委会举行第十一次会议,会议听取和审议了市政府关于上虞市国民经济和社会发展第十二个五年规划纲要中期评估及2013年上半年计划执行情况的报告;市政府关于2012年财政决算和2013年上半年财政预算执行情况的报告,市政府关于2012年度上虞市本级财政预算执行和其他财政收支的审计工作报告;表决通过有关人事任免事项。决定任命:宋建明为上虞市文化广电新闻出版局局长。任命:王则伟为上虞市人大常委会研究室副主任。免去:刘铃荣的上虞市东关街道人大工委副主任职务。

9月18日,市十六届人大常委会举行第十二次会议,会议听取和审议市政府关于市十六届人大二次会议代表建议办理情况、全市"六五"普法工作情况、创建省卫生强市工作情况和2013年政府投资项目投资计划调整情况的报告;批准2013年政府投资项目投资计划调整;部署对人力社保局和环保局的工作评议;表决通过了有关人事任免事项。决定任命:葛苗钦为上虞市交通运输局局长;罗国来为上虞市水利局局长;徐沛生为上虞市安全生产监督管理局局长。决定免去:徐克铭的上虞市交通运输局局长职务;葛苗钦的上虞市水利局局长职务;罗国来的上虞市安全生产监督管理局局长职务。任命:颜吉潮为上虞市东关街道人大工委副主任;杨仁杰为上虞市人民法院民事审判第三庭庭长;丁文杰为上虞市人民法院审判员,民事审判第二庭副庭长。

11月29日,区十六届人大常委会举行第十三次会议,会议听取了区人力社保局、环保局关于换届以来工作情况的报告,对人力社保局和环保局进行工作评议;听取和审议了区政府关于村级集体经济增收五年计划实施情况和关于要求调整2013年度财政支出预算的报告;表决通过了关于召开区十六届人大三次会议的决定和有关人事任免事项。免去:阮明铨的绍兴市上虞区人大常委会法制工作委员会副主任职务。

【人大常委会主任会议】 2013年,市(区)十六届人大常委会共举行12次主任会议:

4月27日,市十六届人大常委会举行第13次主任会议,听取市政府关于新居民服务管理工作情况的报告,并进行审议。

6月26日,市十六届人大常委会召开第16次主任会议,听取优生促进工程实施情况的报告,并进行审议。

8月23日,市十六届人大常委会举行第18次主任会议,听取市政府关于社区物业管理工作情况的报告,并进行审议。

10月30日,市十六届人大常委会举行第20次主任会议,听取市公检司法关于新刑诉法贯彻实施情况的报告,并进行审议。

12月27日,区十六届人大常委会第22次主任会议,会议听取了区政府关于全区基本医疗保障体系建设情况的报告,并进行审议。

另有讨论决定常委会会议有关事宜的会议6次,其他事项1次。

【全市乡镇(街道)人大工作会议】 4月25日,2013年全市乡镇(街道)人大工作会议召开,会议回顾总结全市乡镇(街道)人大过去一年工作,提出2013年乡镇(街道)人大工作的指导意见。市人大常委会副主任朱淼鑫作工作报告,永和镇、曹娥街道、汤浦镇、谢塘镇党委或人大负责人分别作交流发言,市人大常委会主任徐尧峰作重要讲话。

【代表建议交办会】 3月19日,全市召开市十六届人大二次会议代表建议、市政协九届二次会议委员提案交办会议。市委副书记、市长王慧琳,市人大常委会主任徐尧峰，市政协主席卢一勤，市委常委、常务副市长余云才，市人大常委会副主任朱森鑫，市政协副主席徐光仁等出席会议。市十六届人大第一次会议期间，市人大代表提出建议187件，经各承办单位努力，都按规定期限办理完毕。问题已经解决和部分解决的有149件，占79.7%。代表对办理工作表示满意和基本满意的182件，占97.3%。市委副书记、市长王慧琳在充分肯定办理工作的同时，对做好2013年承办工作提出要求。市人大常委会副主任朱森鑫代表市人大常委会讲话。

（傅丽红）

主要活动

【市人大常委会视察活动】 2013年，市人大常委会共组织6次视察活动：

2月27日，市人大常委会视察南北中心大道及高铁新城建设情况。实地踏看了南北中心大道和高铁新城站前广场，听取有关情况报告，进行审议，提出《关于南北中心大道及高铁新城建设情况的视察意见》。4月25日，市人大常委会视察全市安全生产“三化”工作情况，实地视察金科过氧化物股份有限公司自动化控制平台、安监局杭州湾上虞工业园区分局，听取有关情况报告，进行审议，提出《关于全市安全生产“三化”建设情况的视察意见》。

5月21日，市人大常委会专项视察市中心粮库建设情况，实地视察市级中心粮库听取有关情况报告，进行审议，提出《关于市级中心粮库建设情况的视察意见》。

6月28日，市人大常委会专项视察山塘水库整治和海涂标准塘建设情况，实地视察章镇镇三个山塘水库、实地视察海涂标准塘，听取有关情况报告，进行审议，提出《关于山塘水库整治情况的视察意见》和《关于海涂标准塘建设情况的视察意见》。

10月30日，市人大常委会视察全市职业教育发展情况，实地踏看了职业中专、职教中心实训基地，听取有关情况报告，进行审议，提出《关于全市职业教育发展情况的视察意见》。

12月30日，区人大常委会视察杭州湾上虞工业园区项目投入、产业培育发展情况。实地视察奥瑞金包装股份、闰土热电项目，听取有关情况报告，进行审议，提出《关于杭州湾上虞工业园区项目投入和产业培育发展情况的视察意见》。

【代表约见活动】 5月24日，市人大常委会组织人大代表集体约见市政府及相关部门的领导，就学前教育方面问题，双向探讨解决办法。市教体局领导介绍学前教育方面所做的工作。6位市人大代表围绕议题提出问题和建议。市教体局及相关部门逐一予以解答。市政府分管副市长和市人大常委会领导提出具体要求。

7月31日，市人大常委会组织人大代表集体约见市政府及相关部门的领导，就城市治堵等方面问题，双向探讨解决办法。市治堵工作领导小组办公室、市公安局领导介绍城市道路交通拥堵治理工作方面所做的工作。6位市人大代表围绕议题提出问题和建议。市住建局及相关部门当场逐一予以解答。市政府分管副市长和市人大常委会领导提出具体要求。

9月10日，市人大常委会组织人大代表集体约见市政府及相关部门的领导，就农科队伍建设等方面问题，双向探讨解决办法。市人力社保局领导介绍农科队伍建设方面所做的工作。8位市人大代表围绕议题提出问题和建议。市人力社保局、市编委办当场逐一予以解答。市政府分管副市长和市人大常委会领导提出具体要求。 （傅丽红）

上虞区(市)人民政府

综　述

【概况】　全年全区实现地区生产总值624.98亿元，增长9%。财政收入78.38亿元，同比增长7.5%，其中公共财政预算收入43.11亿元，同比增长10%；全社会固定资产投资347.51亿元，同比增长17.2%，其中工业生产性投资205.88亿元，同比增长21.8%；实现进出口总额31.19亿美元，同比增长13.6%；城镇居民人均可支配收入41627元，农民人均纯收入19608元，分别同比增长9.6%和10.9%；城镇登记失业率2.9%。

【农业】　全年全区实现农林牧渔业总产值65.67亿元，增长3.2%。全年粮食播种面积74.39万亩，下降0.2%。蔬菜种植面积25.29万亩，下降5.8%；水产品总产量3.77万吨，同比增长2.7%；全年猪出栏41.72万头，同比下降0.1%，家禽出栏440.65万羽，肉类总产量3.78万吨，同比下降7.1%.

共拥有农业龙头企业88家，其中年销售收入超亿元企业9家，省级骨干龙头企业10家。全年新增农民专业合作社56家，累计达430家，覆盖农业各个产业，覆盖农业各个产业，其中省级示范性专业合作社16家。农业品牌建设取得新突破，至年末全区共有浙江名牌产品14只，浙江著名商标16只，绍兴名牌产品64只，绍兴著名商标24只。积极推进农产品认证，全区全年新认证无公害农产品7只、绿色食品3只，无公害农产品基地面积19.92万亩。

【工业和建筑业】　全年全区实现工业总产值1990.62亿元，增长11.6%，上虞经济开发区和杭州湾上虞经济技术开发区继续引领发展，全年上虞经济开发区实现规模以上产值472.34亿元，杭州湾上虞工业园区升格为国家级经济技术开发区，实现规模以上产值700.71亿元，“两区”实现规上产值占全区比重达78.9%，比上年提高6.4个百分点。2013年全区规模以上工业实现新产品产值446.80亿元，增长20.5%，新产品产值率达30.1%，比上年提高1.5个百分点。实现高新技术产业产值603.65亿元，增长16.2%，占规模以上工业产值的40.6%，比上年提高1.1个百分点。深入实施新兴产业“1331”培育计划，全年实现新兴产业产值500.50亿元，增长15.1%，占规模以上工业产值的比重达33.7%，比上年提高2.2个百分点；分行业看，生物医药产业和先进装备制造业增势强劲，分别增长21.7%和20.6%。至年末全区共有主营业务收入2000万元以上企业558家，其中年主营业务收入50亿元以上企业2家，10–50亿元企业22家，5–10亿元企业21家，1–5亿元企业160家。全区主营业务收入亿元以上企业实现产值1313.89亿元、主营业务收入1223.88亿元、利润总额89.70亿元，分别增长14.6%、13.2%和10.5%，占规模以上工业企业的比重分别达88.4%、88.8%和97.2%。全区97家大中型企业完成产值944.03亿元，实现利税97.98亿元，利润69.00亿元，分别增长13.3%、10.1%和11.8%，均高于全区规上工业企业平均水平。

全年实现建筑业总产值1276.55亿元，其中在外省实现919.62亿元。完成房屋建筑施工面积11451.68万平方。2013年新增二级及以上企业4家。

【城市建设】 2013年全区以“精致上虞”建设为目标,以“城建攻坚年”“城市管理年”为抓手,加快推进上虞新型城市化建设进程。深化“一江两岸”城市设计,17幢总部楼宇成功落户。加快基础设施建设,杭甬高铁上虞北站建成投用,康居路、称山北路及体育馆、客运北站等基础性、功能性项目启动建设。加快实施“门户靓化”,东大门迎宾大道段、南大门舜耕大道至舜帝岭段完成门户靓化改造。全力推进“人才公寓”建设,全年完成面积14.1万平米,14幢主体结构已全面结顶,场外配套加快推进,至年末已完成154家企业、563套定金收取工作,回笼资金1.57亿元。扎实推进“三改一拆”工作,完成城乡新增房屋征迁签约52万平方米、旧房拆除75万平方米,交付安置房52.62万平方米。纵深推进农村困难性住房救助,围绕“2年内完成418户农村低保户住房困难救助”总目标,共完成救助236户。

【国内贸易与对外经济】 随着“四季仙果之旅”“沪杭甬都市会客厅”“浙东新商都”等品牌的日益打响,上虞消费品市场保持稳定增长。全区全年实现社会消费品零售总额211.86亿元,增长17.5%,全区共有商品交易市场54个,实现成交额112.96亿元,其中消费品市场成交额71.36亿元,生产资料市场成交额41.60亿元。大型商品交易市场活力彰显,年末成交额超亿元市场8个,实现成交额79.43亿元,占全区商品交易市场成交额比重高达70.3%。其中浙江石狮国际商贸城和绍兴大通集团公司农副产品批发交易市场年成交额超20亿元。

至年末全区有自营出口实绩的企业已达862家。全年实现进出口总额37.41亿美元,增长15.8%,其中进口总额6.22亿美元,增长28.9%,出口总额31.19亿美元,增长13.6%。从出口产品结构看,机电产品出口9.86亿美元,增长20.5%;化工产品出口9.25亿美元,增长17.7%;纺织产品出口5.23亿美元,下降0.2%。

【交通和旅游】 全年全区交通基础设施项目投资2.69亿元。嘉绍跨江大桥、杭甬客运专线、杭甬运河、绍诸高速等四大省部重点工程集中扫尾工作成效显著。顺利完成城乡公交运营体制改革,完成46条线路217辆车辆的回收,城乡公交实施1元、2元统一票价。全年完成货物周转量23.26亿吨千米,旅客周转量7.13亿人千米,分别增长9.0%和3.3%。继续加强交通融资和资金运作管理,组建交通集团,新增交通融资6.12亿元。

全区全年旅游接待游客725.79万人次,增长27.3%,旅游总收入58.23亿元,增长27.9%。其中接待国内游客719.59万人次,国内旅游收入56.81亿元,分别增长27.6%和28.6%;接待入境游客6.2万人次,旅游外汇收入2303.36万美元,分别增长5.1%和6.5%,年末共有涉外饭店、宾馆9家,其中五星级3家,三星级4家,二星级2家。全区共有旅行社15家,其中四星级2家,三星级2家。

(陶永清)

重要会议

【2013年政府全体会议】 2013年2月19日,上虞市人民政府召开十六届市政府第二次全体会议,贯彻落实市“两会”和全市经济工作会议精神,并就《政府工作报告》提出的174项具体目标任务和37项民生实事进行分解落实。会议由市委常委、副市长成明权主持,市委常委、常务副市长余云才部署落实2013年政府工作目标任务,会上水利局、高铁新城管委会、章镇镇等作表态发言,市委副书记、市长王慧琳作总结讲话。

【市长办公会议纪要】 全区每月定期召开市长办公会议,着重研究6个方面的议题:1.突出有效投资,重抓项目建设:推进重大基础项目、重大产业项目、重大平台项目建设;2.突出创新提升,打造工业强市:优化产业发展导向,强化科技金融支撑,加大市场开拓力度,注重企业培育管理;3.突出产业互动,推进结构调整:加快农业现代化步伐,推动服务业集聚拓展,促进旅游业提档升级,注重建筑产业化发展;4.突出城乡共进,建设美丽上虞:全力打造“一江两岸”城市精品,增强城镇发展活力,推动“美丽乡村”建设,提升城乡管理水平;5.突出绿色低碳,注重持续发展:实施资源提效行动、环境提质行动、生态提标行动;6.突出以人为本，保障民享民安：提升民生保障力、公共服务力、文化软实力、社会稳控力。

【市政府常务会议】 2013年，全年市政府召开14次常务会议，通过多项政策意见。

1月6日，十六届市政府召开第11次常务会议。会议审议并原则通过关于进一步加强乡镇财政建设的意见；2012年国民经济和社会发展计划执行情况、2013年国民经济和社会发展计划草案报告；被征地农民基本生活保障水平调整方案。听取关于“六湖”综合整治工程有关前期工作情况的汇报；关于土地出让收入计提有关专项资金的情况汇报；关于汽车检测中心建设的情况汇报；关于食安办职能调整的情况汇报；2013年度征迁工作计划及考核建议；关于城市规划区内土地征收涉及片区综合价的补偿建议方案。

1月31日，十六届市政府召开第12次常务会议。会议审议并原则通过关于深入开展“项目推进年”活动的实施意见；关于加快中心镇发展和推进小城市培育工作实施意见；2013年政府投资项目目标管理考核办法；关于2013年招商选资“一号工程”的实施意见；关于进一步加大招商选资(外资)力度的若干奖励政策意见；关于进一步促进外贸外经发展奖励政策意见；关于工业强市政策补充意见；关于印染造纸制革化工等行业整治提升实施方案；关于大力开展“城建攻坚年”活动的实施意见；关于控违拆违专项整治工作实施方案；“一江两岸”总部楼宇建设招商政策。听取惠普(上虞)项目落户政策的情况汇报；绍诸高速上虞互通至九六丘连接线相关工程的情况汇报；关于深化完善社会养老服务体系建设及创建省“老年友好型城市”和“老年宜居社区”的情况汇报；关于做好2011年冬季退役士兵安置工作的情况汇报；关于全市规划指标调剂方案的情况汇报。

3月4日，十六届市政府召开第13次常务会议。会议审议并原则通过关于发展新型墙体材料专项补助资金暂行办法；关于打击逃废银行债务行为暂行办法；关于切实做好重点工业企业风险监管工作的实施意见。听取关于杭甬运河资金划拨的情况汇报；关于曹娥江旅游度假区概念性规划设计工作的情况汇报；关于九四丘北堤加固工程相关情况的汇报；关于对市外银行征询评价工作的情况汇报；关于市民大道、江扬路地下空间开发规划研究情况的汇报。

4月2日，十六届市政府召开第14次常务会议。会议审议并原则通过关于进一步加强和改进律师工作的实施意见；关于规模化畜禽养殖场污染整治实施方案和畜牧产业调控实施方案；关于农村住房改造用地保障试点扩面的实施意见；关于个体工商户转企业及小微企业规范升级实施意见；关于2013—2014年度幼儿园园舍安全工程建设计划。听取关于调整农村计划生育对象社会养老保险暂行办法的情况汇报；关于调整完善生育保险相关政策的情况汇报；关于开展省级餐饮服务食品安全示范县(市)和国家级药品安全示范县(市)创建工作的情况汇报。

4月27日，十六届市政府召开第15次常务会议。会议专题传达中共上虞市委常委会关于行政区划调整的有关情况。

5月17日，十六届市政府召开第16次常务会议。会议审议并原则通过关于进一步加强居民基本医疗保险管理工作的意见；关于实施城乡居民基本医疗保险费用结算管理办法；关于开展城乡居民大病保险的实施意见；关于上虞市交通集团有限公司组建方案；关于限期禁止现场搅拌混凝土和禁止现场搅拌砂浆工作的实施意见；关于鼓励和推进上虞市企业进入浙江省股权交易中心挂牌交易有关政策的若干意见；关于加快“腾笼换鸟”促进转型升级的若干意见；关于“三个一批”企业培育的实施意见；关于道墟化工产业专项整治实施方案；关于大中专院校毕业生户口“非转农”实施办法；关于道路交通拥堵治理工作实施方案。听取关于绍兴滨海新城回收东关街道海涂土地有关情况的汇报；关于绍兴港上虞港区曹娥作业区积山水泥厂临时码头调查处置情况的汇报；关于普洛斯工业仓储物流项目落户建议政策的情况汇报；关于完善院前急救体系的情况汇报；关于落实年老病残民办离岗退养教师生活补贴的情况汇报；关于建立市劳调会和家调会的情况汇报；关于车辆管理所搬迁的情况汇报；关于行政事业单位编外人员建立住房公积金制度的情况汇报；关于称山北路与站前广场有关工程情况的汇报；关于高铁新城体育会展区方案设计情况的汇报。

6月29日，十六届市政府召开第17次常务会议。会议审议并原则通过关于企业互助基金操作管理办法补充意见；关于加快发展融资性担保机构补充意见；2013年度“一江两岸”开发建设推进工作考核办法；关于高层住宅二次供水管理办法(试行)；关于敬老院转型升级三年计划。听取关于机关事业单位编外用工管理的情况汇报；关于市老年大学新建工程选址方案的情况汇报；关于市保安服务公司实施脱钩改制的情况汇报；关于崧厦法庭审判综合楼易地新建和崧厦检察室建设项目的情况汇报；关于阳光园林土地回收方案的情况汇报；关于进一步加强土地融资保障工作的情况汇报。

7月26日，十六届市政府召开第18次常务会议。会议审议并原则通过关于绍兴上虞日本工业园建设相关政策意见；关于组建上虞市交通集团有限公司的若干意见；进一步完善工业建设项目国有土地使用权期满续期实施意见。听取关于2013年政府投资项目投资调整计划的情况汇报；关于上虞市人力资源市场建设项目实施情况的汇报；关于崧厦镇镇西大街桥梁建设工程相关情况的汇报；关于上虞市世纪新丘一期工程有关情况的汇报；关于九四丘临江一线海塘加固工程项目有关情况的汇报；关于“八一”慰问金发放工作有关情况的汇报；关于明确高标准基本农田建设资金补助标准的情况汇报。

9月2日上午，十六届市政府召开第19次常务会议。会议审议并原则通过关于提高政府投资项目前期工作质量的若干意见(试行)；关于城乡商贸流通一体化实施意见和配套政策；关于2013“浙东新商都”购物节系列活动方案；关于加快商贸服务业发展补充政策；关于进一步完善企业重组政策的若干意见；关于缓解企业担保困难的实施意见(试行)。听取关于经济开发区解困企业地块征迁收储的情况汇报；关于盐碱滩涂高效农业实验示范基地项目的情况汇报；关于省农发集团杭州湾商贸综合体项目的情况汇报；关于杭州湾上虞工业园区垃圾填埋场工程有关情况的汇报；关于百官广场项目有关情况的汇报；关于萧曹运河担山至曹娥江段保护修缮工程项目有关情况的汇报。

9月24日，十六届市政府召开第20次常务会议。会议专题听取关于中国智能骨干网(上虞)项目的情况汇报。

9月27日，十六届市政府召开第21次常务会议。会议审议并原则通过关于2014年度城乡居民医保筹资方案；关于进一步推进城乡公交一体化发展的若干意见和城乡公交运营体制改革实施方案；关于推进城乡卫生一体化实施意见；关于进一步加强和改善小区物业管理的若干意见；关于加快推进城乡规划一体化实施意见；关于加快推进城乡供水一体化建设的实施意见；关于曹娥江旅游度假区财政体制方案。听取关于中国金融台沪浙港项目落户上虞的情况汇报；关于调整政府投资项目审计范围的情况汇报；关于“六湖”治理与保护规划及项目前期工作的情况汇报；进一步加强城区环卫保洁管理工作的情况汇报；关于人才公寓项目有关情况的汇报；关于三环东路岭光隧道西接线工程项目有关情况的汇报；关于大厂安置房二期项目有关情况的汇报；关于虞北渔港工程项目有关情况的汇报；关于加强公安机关基层所队业务用房建设的情况汇报；关于消防基层基础建设的情况汇报；关于全市安全生产形势的情况汇报；关于青瓷文化创意园项目有关情况的汇报；关于2013年1—8月全市追加支出情况的汇报。

10月31日，十六届市政府召开第22次常务会议。会议审议并原则通过关于开展在职职工医疗互助保障工作的实施办法；关于虞南生态旅游资源保护与利用管理办法；关于推进建筑产业化的若干意见(试行)；关于违法用地、违法建设网格化防控管理办法。听取关于人才公寓项目有关情况的汇报；关于市民大道过江通道及大剧院项目规划建设方案的情况汇报；关于城乡发展一体化空间布局规划组团式中心村、一般村、自然缩减村编制名单的情况汇报；关于开展农村(社区)集体聚餐食品安全管理工作的情况汇报。

11月27日，十六届区政府召开第23次常务会议。会议审议并原则通过2014年政府投资项目计划(建议)；关于扶持培育创新成长型企业实施意见；关于农村安全用电提升工程实施方案。听取关于妇幼保健院门诊综合楼拆建工程有关情况的汇报；关于开展民间融资监管试点工作的情况汇报;关于虞北平原滨江河—沥北河整治工程项目的情况汇报;关于委托经营污泥干化焚烧项目的情况汇报。

12月25日,十六届区政府召开第24次常务会议。会议审议并原则通过关于2013年公共财政收支执行和2014年公共财政收支安排情况。听取关于服务业有关政策支持问题的情况汇报;关于曹娥江旅游度假区总规环境影响评价事项的情况汇报;关于实施老旧住宅小区提质改造工程的情况汇报;关于人才公寓有关工程情况的汇报;关于2013年下半年土地追加指标分配的情况汇报;关于企业债券发行工作的情况汇报。

【加强应急管理体系建设】 对区总体应急预案和专项应急预案进行整理校对,汇编成《上虞市突发公共事件应急预案汇编》和《上虞市突发公共事件应急预案操作手册汇编》,作为上虞区突发公共事件应对处置的依据和准则。全年围绕防汛抗旱、防震抗震、人员密集场所火灾、危化品泄漏事故等应急预案,共组织开展镇级以上应急演练210余次,成功处置第23号强台风"菲特"等10起突发公共事件。

【征集调研文章42篇】 市政府办公室围绕五大区块建设、生态环境建设、五个一体化工程等重大工作开展专题调研,为领导科学决策提供了有力依据。共刊发《政务调研》3期。共征集绍兴市(上虞市)政府系统优秀调研文章42篇,其中9篇送绍兴市评选,评出《关于推进上虞区"两化"深度融合的思考》等上虞区级优秀调研文章16篇。

【编发《政务督查》100期】 按照"四个上虞"建设的总体要求,以《政府工作报告》为主线,突出招商选资"一号工程""项目推进年""城建攻坚年""作风建设年"等重点,紧紧围绕落实政府决策部署的工作理念,创新督查思路,转变工作作风,着力推进区政府各项目标任务全面落实,全年共编发《政务督查》100期。

【上报政务信息约510条】 2013年,区政府办公室围绕政府重点工作、重大活动、重要决策,精心整理富于开创性和推广意义的工作经验,通过"全员办信息"活动,政务信息工作保持前列。一年来,共上报政务信息约510条,在省信息处录用专报信息12篇,其中批示6篇,录用要情、选编类信息共36条;在绍兴市信息处录用专报信息5篇,其中批4篇。编发本级《今日政务》233期。

【规范行政工作】 共组织起草人代会、经济工作会议、区政府全体会议等重要会议报告,拟定各类文稿。共收上级来文1947件、本级来文1008件;核发政府文件505只、专题会议纪要187只。

【办理人大建议188件】 区政府共承办市十六届人大二次会议建议137件,经过区级有关部门和乡镇(街道)的办理,按时办结。其中代表满意的132件,占96.4%,基本满意的3件,占2.2%,表示理解的2件,占1.4%,总满意率达98.6%,其中20个单位的承办满意率达100%。办理结果为A类的47件,占34.3%,B类的60件,占43.8%,C类的30件,占21.9%。

(王爱琴)

【办理政协提案164件】 区政府共承办市政协九届二次会议委员提案164件,经过区级有关部门和乡镇(街道)的办理,按时办结。其中代表满意的159件,占97%,基本满意的4件,占2.4%,表示理解的1件,占0.6%,总满意率达99.4%,其中37个单位的承办满意率达100%。办理结果为A类的94件,占57.3%,B类的63件,占38.4%,C类的7件,占4.3%。

(王爱琴)

法制工作

【概况】 2013年,制定出台《区政府法律顾问团工作规则》等文件,对政府公共权力运行中的重大事项决策、政策文件制定、依法行政等方面作出具体规定,形成比较完善的政府工作规则体系。健全科学民主决策机制,完善公众参与、专家论证和政府决定相结合的依法行政决策机制。

【规范性文件制定与管理】 出台《上虞区人民政府规范性文件制定程序规定》《上虞区人民政府行

政规范性文件“三统一”制度的意见》等规范性文件要求，对1983—2012年的4000多件政府文件进行梳理，对尚存有效的文件，集中进行再次公布。

【完善考核机制】 加强对行政执法的组织领导、执法主体、执法行为、制度建设、考核方法等方面内容作了进一步明确，并将行政执法责任制考核结果纳入部门（单位）工作目标责任制考核范围，使考核机制更具科学性、规范化和可操作性。

【实施行政处罚自由裁量权试点工作】 以规范行政处罚自由裁量权工作为切入点，深入推进行政执法责任制工作。开展依法行政示范单位创建。通过深化行政执法责任制、规范行政处罚自由裁量权和依法行政示范单位创建工作，在全区广大行政机关工作人员中树立有权必有责、用权受监督、违法要追究、侵权须赔偿的权责一致的法治理念，执法监督制约机制和责任制度逐步健全；执法的合法化、规范化程度不断提高，违法不当行为受到有效制止和纠正，严格执法、公正执法、文明执法的良好环境正在形成。

【化解行政纠纷】 加大行政复议中的协调力度，努力把行政争议化解在基层、化解在初发阶段、化解在行政程序中，努力做到在不护短的前提下，切实解决企业、群众的实际问题。积极探索办理行政复议案件的新方式、新举措，努力提高办案质量。2013年，共收到68件行政复议申请，其中，受理28件，审结后维持原行政行为24件，调解后撤回4件。

【建立政府学法制度】 全面建立政府领导和工作人员学法制度，开展政府常务会议集体学法，加强宪法和部门法学的学习和掌握。将法律学习纳入公务员培训和年度考核，提高公务员法制思维能力和依法行政的水平。

外事活动

【概况】 2013年，开展对外友好合作交流，与美国加利福尼亚州拉克斯珀市、奥地利施泰尔马克州莫塔尔地区、澳大利亚云顿市进行友好互访。全年共办理市政府请示组团12批计61人次，省内外“双跨”（线上组团）团组15批计16人次，纯企业单位人员因公出国（境）组团13批计13人次；共审核邀请外国人员来华访问报批事宜34批计53人次，代办受理审核因公出国（境）人员的护照（通行证）、签证（签注）28批计81人次。

【市政府友好经贸代表团访问澳大利亚、新西兰、新加坡】 10月15日至24日，市委常委、纪委书记王永明应邀率上虞市友好访问、经贸考察代表团访问澳大利亚友城云顿市。代表团就双方在经济、教育、文化等领域开展了交流。受到了云顿市政府的热情接待和市长Mayor Cr Heather Marcus的接见，进一步巩固和推动了双方友好交流合作关系。（陶永清）

侨务和港澳台事务

【侨眷活动】 6月28日至7月1日，市委统战部、市侨办邀请上虞旅港同乡会代表团一行15人到上虞开展“故乡行”活动。10月13日，绍兴旅港同乡会会长车弘健率绍兴旅港乡贤访问团一行聚会上虞，市委市政府主要领导出席招待会，并实地参观了上虞的新城建设，得到了旅港乡亲的高度肯定。8月30日，上虞市首家村级侨联组织——崧厦镇寺前村归侨侨眷联合会正式成立，寺前村“侨之家”同时建成投用，重点在服务村级经济发展、加强侨胞侨眷联络联谊、维护侨胞侨眷合法权益等方面发挥自己独特的作用，并努力使村侨联组织营造成为该村归侨侨眷的“温馨家园”。

【开展海（境）外资源普查】 为深度挖掘全市各类涉台、涉侨工作资源，2013年上半年在全市开展台情、侨情资源普查。这次普查工作自2013年4月底开始至6月底结束，历时两个月时间，通过各乡镇（街道）、部门（单位）的全面摸排和侨办、台办的综合汇总，初步完成全市海（境）外资源信息库建设。10月份，全省基本侨情调查工作启动后，以上半年工作为依托，分别召开由各相关部门参加的基本侨情调查工作协调会和由全市乡镇（街道）、部门(单位)参加的调查工作动员会,成立由市委副书记任组长的基本侨情调查工作领导小组,结合上虞实际出台调查工作方案,落实专项经费,设立专门办公室,聘请专人负责侨情资料的录入和整理工作,累计收集汇总涉侨人员5900余人。

【对台交流交往】 盖北镇与台湾彰化县埤头乡建立结对合作关系。9月18日,埤头乡乡长吴锦潭一行专程来盖北镇开展以"葡萄缘,两岸情"为主题的交流联谊活动,双方签署了结对合作交流备忘录,成为绍兴市首个结对合作乡镇。交流联谊跃上了一个台阶,2013年,上虞3次组团赴台湾开展交流联谊,与台北上虞同乡会乡亲、投资台商和虞籍二三代年轻人的乡情交流方面,得到了深化和发展。

【对台经贸合作】 开展台资企业解难服务月活动,助推台资企业发展,2013年,共有16家台资企业进入纳税100万元榜单,纳税总额9300多万元。

【涉台宣传教育】《岛内县市同乡会面临生存危机,拯救行动刻不容缓》的信息,得到了省委办公厅的录用,实现了零的突破。

利用区领导带队赴台经贸交流考察之机,入岛宣传推介上虞投资环境和人文历史风貌。

(毛利湧)

人事与编制

【概况】 2013年继续做好高层次人才的选拔培养、国外智力引进、专家博士后工作站及职称管理服务、事业单位岗位设置管理工作。全年考试录用公务员94人;全区机关事业单位新成立单位或急需岗位增人进行公开选调,推进中层干部跨乡镇、部门竞职上岗。建立健全公务员日常登记制度,扎实做好首次任职定级新录用公务员、军转干部安置、进机关人员、调任人员的公务员登记;继续推进事业单位参照管理。事业单位公开招聘工作人员445人,着手对事业单位聘用制度推行情况进行总结评估;规范其他事业单位绩效工资;完成全区机关和参照管理事业单位公务员2012年度考核审核和机关事业单位"吃空饷"清理清退工作;完成军队转业干部安置任务。认真实施企业军转干部解困政策,努力维护好社会稳定。

(姚莹凌)

11月20日,上虞区委、区政府与南京理工大学人才战略合作座谈会现场 (阮彩琴 摄)

【招考录用公务员94人】 经过笔试、面试、体检、考核、公示等程序,共招录公务员94名(区级机关80名,乡镇机关14名)。其中,考生网上报名人数5039名,通过资格审核4807人,参加考试4418人,入围体测面试276名,参加体检、考核94名,公示无异议后录用为公务员。 (钱玲娣)

【培训提升公务员能力素质】 全年新录用公务员的初任培训70名;在职公务员更新知识培训,根据国家公务员局印发的《公务员职业道德培训大纲》和《浙江省公务员培训"十二五"规划》要求,在全区公务员中开展了行政伦理与职业道德培训,培训采用自学为主,结合网络辅导,举办骨干培训班、讲座等多种方式进行,在培训的基础上组织了考试考核。全区共3234名公务员参加培训考试,参考率为100%,优秀率达90%以上。对2012年新录用公务员使用期满后实施考核,对考核合格的128人办理了转正定级手续。

(钱玲娣)

【开展公务员表彰奖励】 为激励先进,对当年度被评为优秀等次人员予以嘉奖,连续三年被定为优秀等次、市级以上综合先进个人、优秀共产党员、优秀党务工作者记三等功。2013年表彰2012年度的优秀公务员共640人，其中，嘉奖507人，记三等功133人。（钱玲娣）

【事业单位公开招聘工作人员445人】 人力社保局全年共组织事业单位招聘考试活动9次，为满足全区事业单位的需要，招聘事业人员445人，其中教育系统老师117人，卫生系统卫技人员243人，区级部门下属事业单位80人，党校2人，退役士官符合政府安排工作3人；硕士研究生或副高级及以上高层次人才47名。（石顺康）

【事业单位聘用制度总结评估】 根据省人社厅的通知精神，下发了《关于开展事业单位聘用制度推行情况总结评估工作》的通知，在全区388家事业单位中，随机抽取教体局、卫生局、农林渔牧局、水利局、住房和城乡建设局和百官街道、小越镇政府下属事业单位，采取无记名填写的办法，重点开展了《聘用制度推行情况调查问卷》。并按上级要求进行认真评估和总结。（石顺康）

【选拔培养高层次人才】 开展2013年度浙江省“151人才工程”第三层次培养对象的推荐选拔工作，经层层遴选，省“151人才工程”联席会议批准，浙江龙盛集团股份有限公司陶建国入选该层次培养对象。首次开展151人才培养对象与培养导师结对工作，上虞共有3位培养对象与导师结对。开展企业新引进高层次人才生活补助工作，本年度共有125位企业新引进硕士及以上人才获生活补助，共补助金额74万元。（徐明浪）

【引进国外智力】 2013年，新创建浙江春晖集团有限公司浙江（绍兴）外国专家工作站，成为上虞在企业设立的第三家浙江（绍兴）外国专家工作站。同年，在浙江春晖集团有限公司工作的土井正则、卧龙电气集团股份有限公司工作的冈龙吉两位日本专家获绍兴市外国专家兰花友谊奖称号。（徐明浪）

【4724人取得各类专业技术资格】 2013年，通过评审、考试和认定，共有4724名专业技术人员取得各类专业技术资格。其中，取得正高级专业技术资格13人，副高级专业技术资格312人，中级专业技术资格869人，初级专业技术资格3830人。与往年相比，取得高级专业技术资格人数比例进一步增加，尤其是本年度有6人取得教授级高级工程师专业技术资格，是上虞历年来取得该类资格人数最多的年度。（徐明浪）

【推行空编使用核准工作】 1月1日起，市编办规定机关事业单位使用空余编制调配和招录（聘）工作人员前，须填报《空编使用核准单》提出申请，经编办审核同意后，方可到组织、财政、人力社保等部门申请办理相关手续。

【实行机构编制实名制管理】 根据机构编制实名制管理、规范编制使用和入（出）编手续等意见，明确机构编制使用审核管理的范围、机构编制和职数的登记变更手续、编制使用手续、入（出）编手续等，推行编制使用和入（出）编手续网上申报、网上办理。全年办理出编手续645人、入编手续898人。同时，建立机构编制实名制数据库，7月起延伸至各主管部门，基本实现实名制管理从手工操作转向网上流转。对系统内的人员信息进行集中梳理和查漏补缺，提高实名制信息的准确性和共享性。

【完成事业单位分类改革】 市编办通过剥离、整合等途径，优化事业单位结构，完成25家生产经营或暂缓分类事业单位的职能梳理和定类工作，全区事业单位分类工作全面完成。同时，坚持合理控制总量、优化公益服务资源配置的原则，严格控制从事公益服务类事业单位的设置。

【重新核定教体卫生系统编制】 区编办对全区所有的教体卫生系统编制进行重新核定。按照2年一核规定，对全区中小学教职工编制进行重新分类核定，首次按标准核定公办幼儿园教职工编制，全区中小学（幼儿园）核定教职工编制总编制为6604名（其中幼儿园515名）。按照从高标准，重新核定21家基层社区卫生服务机构人员编制

1266名,比上轮核定增加112名。

【机构编制首次列入考核】 区委、区政府首次将机构编制管理纳入年度工作目标责任制考核体系,区编办制定下发考核细则,对乡镇(街道)采取专项考核,考核结果以加分形式计入总分,对区直部门直接采取倒扣分,有效落实机构编制工作责任。同时,将机构编制工作作为"人事权"的组成部分,纳入党政主要领导履职联审的必查内容。

【政府职能转变和机构改革】 新设曹娥江旅游度假区、高铁新城2个正科级的区政府派出机构,拟定度假区、高铁新城、食安办"三定"规定,明确其主要职能、内设机构和人员编制,有效保障经济发展和社会管理;将区食安办作为区食品安全委员会的常设办事机构,挂靠在区食品药品监督管理局。根据省卫生强市创建工作要求,调整公安局、检察院、法院、上海联络处、服务业发展办、民政局、卫生局、地税局、交通局、审计局、丰惠镇等部门(乡镇)内设机构设置。新设区城市管理行政执法大队度假区中队、高铁新城中队,增强执法力量配置。

【加强和规范编外用工管理】 市编办组织拟订《上虞市机关事业单位编制外用工管理办法》,并以市委办、市府办名义发文。根据相关文件规定,为规范编外用工行为、维护编外人员权益提供制度保障。在原市级机关及全额、差额拨款事业单位编外用工相对规范基础上,将乡镇(街道)、自收自支事业单位、中小学校(幼儿园)、市级和基层医疗单位作为重点清理对象,累计核减编外用工控制数1038名,核减比例达33.2%。同时,在清理基础上,坚持"严控总量、精干高效、依法规范"原则,由机构编制部门统一审批编外用工,严格控制用工规模。截至年底,全区共核定编外用工控制数3966名。

【配合区委区政府做好机构更名的工作】 区编办认真执行绍兴市委、市政府关于调整部分行政区划的决策部署,及时做好撤市设区后区委工作部门、区政府工作部门、区政府派出机构、区群众团体、区委区政府直属事业单位、乡镇政府、部门(乡镇)内(下)设机构及其下属事业单位更名工作,并组织做好相关内(下)设机构及事业单位的更名备案工作。严格执行机构编制有关规定,确保撤市设区工作平稳有序。

行政审批与便民服务

【概况】 2013年,上虞区便民服务中心(招标投标监督办公室)共受理各类行政审批、服务事项2487540件,按期办结率99.9%,群众现在评议满意率99.8%。共完成公共资源交易监督项目849宗,合计成交金额95.73亿元,平均节(增)率7.01%。其中,50万元以上建设工程招投标项目315项,中标金额46.92亿元,平均下浮率8%,其中政府投资项目平均下浮率11.35%;50万元以下备案的建设工程招投标190项。政府采购103笔,中标金额2.2亿元,比预算减少13.7%;产权交易152宗,成交价0.93亿元,比底价增长12.08%;土地交易89宗,成交价45.68亿元,比底价增长6%。

【市公共资源交易中心调整为下属事业单位】 7月,根据市委常委会会议纪要精神,调整市公共资源交易中心为市便民服务中心(招标投标监督办公室)下属事业单位。

【省领导考察行政审批服务工作】 7月24日,省纪委派驻室主任陈灿一行对市行政审批服务工作进行考察指导。12月,省纪委副秘书长蒋秀东一行3人,就区便民服务中心机构改革和职能转变工作情况进行考察。

【主要领导调整】 9月,根据虞政干〔2013〕17号,任命杨科钦为市便民服务中心(招标投标监督办公室)主任,免去徐沛生市便民服务中心(招标投标监督办公室)主任职务。

【评出窗口管理先进144人次】 区便民服务中心完善了《窗口考核细则》和《窗口工作人员岗位奖考核办法》,每月评选红旗窗口和先进个人,至年底，共评选出红旗窗口96个、先进个人144人次。

【探索“模拟审批”】 创新实行政府投资项目、重大产业投资项目“模拟审批”，在不具备基本建设项目审批条件情况下，在未供地前对土地取得主体相对明确的项目，各职能部门按现行审批要求对报送资料进行实质性审查，在报项目主体达到法定审批条件后，将模拟审批转为正式审批。

【审批服务延伸】 区便民服务中心组织经贸、规划、国土、建设、环保、商务、人力社保、工商窗口及公安分中心等业务骨干，联合开展“审批服务下乡”活动，对56家企业进行现场联合审核，对27家企业进行审批服务指导，并提出了整改意见，提供了有关法律法规和审批服务咨询服务。（池如芳）

公共资源交易管理

【概况】 2013年，全区公共资源交易平台共完成交易721项（笔、宗），成交金额98369亿元。分别是建设项目46.93亿元，比底价下浮8.22%；政府采购2.2亿元，比预算降低13.7%；产权交易0.92亿元，比底价增长12.08%；土地交易45.68亿元，比底价增长5.68%；司法拍卖2.95亿元，比底价增长11.19%，五项累计增效节资7.41亿元，平均节（增）率7.51%。

【开展宣传《招标投标法》颁布十四周年暨百名领导干部公开信活动】 对全区58个部门和21个乡镇（街道）的党政一把手分发了《公开信》，同时还附上了《中华人民共和国招标投标法》和《条例》，为招投标工作的健康发展规范流程，夯实基础。

【举办业务培训班】 举办全区政府采购员业务培训班，50余名区级有关部门（含下属单位）的政府采购员参加了培训，区财政局和区监督办机关业务科室人员分别就政府采购基本知识、审批办法和操作方法等方面进行了辅导。

【开展行政事业单位报废资产定点回收机构招标工作】 根据区府办《关于进一步加强行政事业单位国有资产报废管理工作的通知》精神，成功组织了行政事业单位报废资产定点回收机构的招标工作，本着公开、公平、公正的原则，经投标企业现场报价，最终上虞市物资再生利用有限公司以基准价上浮45%竞得。通过招标，确保了报废资产处理及时、安全、环保，加强行政事业单位国有资产管理，提高资产利用效率。

【三项举措抑制围标串标行为】 为维护市场秩序，从源头上抑制借资质挂靠、串标、围标行为采取三项新举措：一是增加会员基本账户信息。根据新《招标投标法实施条例》规定，在今年的投标会员入市中增加了基本账户信息，要求建设工程交易会员提供的投标保证金账户必须是本单位所在地的企业法人基本存款账户，投标保证金必须从企业法人基本存款账户缴纳。截至年底，共有515家投标企业递交了基本账户信息。二是法人代表到场制度。规定新申请入市的投标企业必须由法定代表人前来办理申请登记并签名。三是加强交易员制度。对投标人实行建设工程投标交易员持证交易制度，投标企业的招投标工作必须由交易员本人办理，交易员须与企业签订一年以上正式劳动合同及交纳养老保险金，具有相关专业职称或大专以上学历。（池如芳）

村镇建设与扶贫开发

【成功创建省美丽乡村建设先进县】 10月22日，省“千村示范万村整治”工作协调小组通报表彰上虞市为“2013年度浙江省美丽乡村创建先进县”（浙村整建组〔2013〕1号）。

【历史文化村落得到保护利用】 按照“修复优雅传统建筑，弘扬悠久传统文化”的要求，重点抓好省第一批历史文化村落保护利用重点村丰惠镇通明村的保护利用规划编制，并通过省级会审。申报岭南乡平山村、东澄村为2013年绍兴市级重点培育历史文化村。

【实施农民建房用地保障工程】 组织开展全区“空心村”情况调查，出台《上虞市农村住房改造用地保障工作实施意见(试行)》(虞政办发〔2013〕84号),共立项24个,面积138亩,拆旧6.5万平方米,可解决444户农户的建房用地需求。

【实施农家乐提档升级工程】 申报省级农家乐特色点1家,三星级农家乐经营户2户,绍兴市级农家乐特色村1个,确定上虞区农家乐提档升级项目13只,创建上虞区级二星级经营户(点)12家。

【开展新一轮低收入农户和扶贫重点村调查认定工作】 经过进村入户调查、公示、报批、公告等程序,开展新一轮低收入农户和扶贫重点村调查认定工作,涉及全区318个行政村、21523农户、45106人。在调查的户数中,人均收入8000元以下(地方扶贫标准)24691户,50647人口;其中人均收入5500元以下(省定扶贫标准)10144户,18213人口;已列入低保户的4921户,8308人口,其中:五保户312人口。为切实做好低收入农户和欠发达乡村奔小康工程,上虞区积极落实各项帮扶措施,通过开展产业帮扶,救助帮扶,结对帮扶,培训帮扶等各项举措,全年低收入农户农民人均纯收入增长幅度为12.1%。 (夏 钦)

档案管理

【概况】 2013年,上虞区档案局(馆)接收档案7911卷/66296件,本级馆藏档案总量216498卷/317385件。馆藏档案基本完成数字化,共完成全文扫描21196261页,录入条目4835566条。全年开放档案14834卷,提供查阅利用29810人次,查阅档案31025卷、14600件。全年共接待参观人次2.9万余人,档案馆被评为绍兴市优秀社科普及基地,成为上虞区首条文化示范线路上的第一站,被区委组织部和区委党校命名为全区第一批党员党性教育现场教育基地。

【完成上虞方言语音建档】 5月,市档案局完成上虞方言语音建档的音频、视频录制工作,总时长90分24秒,内容包括浙江方言语音建档规定文本、上虞方言自选内容、绍兴莲花落《梁祝正传》(片段)、现代歌曲《没有共产党就没有新中国》、上虞本地的15条谚语和3首孩语儒歌的音频、视频。上虞方言视频信息得到有效记录和保存。

【省档案局领导调研上虞档案工作】 6月19日,省档案局局长刘芸到上虞考察调研,听取市档案局局长朱金根专题汇报,希望市档案局继续坚持创新驱动的理念,加强档案部门之间的沟通交流,及时总结经验,宣传推广;鼓励市档案局领导干部继续发挥真抓实干的工作作风,争做充满活力、干劲的"狮子型"干部,在实施"两个推进"发展战略中有更大的作为。

【"崇孝守信 务实创新"主题展开展】 7月23日,"崇孝守信 务实创新"新时期上虞精神主题展,在城市档案中心一楼文化展示区开展。主题展共50块展板,配图160余幅,文字1.8万字,涉及典型模范人物100多名,典型先进事例近50个,分为主题解读、精神之窗、人物星空、接力行动、活动剪影、名人名言等六大块内容。

【召开第50次江浙沪毗邻地区县(市、区)档案工作研讨会】 7月25日,以"互联网时代的档案事业发展现状及前景"为主题的第50次江浙沪毗邻地区县(市、区)档案工作研讨会在上虞召开。江浙沪三地31家县级档案部门共78名代表参加会议。会议介绍了上虞近年来档案工作建设情况,与会人员参观了市档案馆特藏库、名贤名人展厅、查阅利用大厅、机房及登记备份中心。

【启动"上虞老字号"抢救保护】 8月27日,市档案局召开《上虞记忆名录·老字号篇》征编工作研讨会,来自有关乡镇(街道)的老字号研究者、民间文化工作者和商贸老干部参加会议,对上虞老字号的发展历史、时代作用、现实意义、经济价值、如何界定等问题提出了建设性意见和建议,并初步形成了上虞老字号档案资料收集和编纂工作的基本框架。

【市档案学会换届】 9月27日,市档案学会第五届一次会员大会在城市档案中心召开,全市有关部门、乡镇(街道)和企事业单位的86家会员单位代表参加会议。会议审议通过了修改后的《上虞市档案学会章程》，选举产生了新一届档案学会理事会，表彰了2013年度档案学术征文获奖论文。

【通过“浙江省规范化档案登记备份中心”考核】 11月1日，浙江省规范化档案登记备份中心专家验收组对上虞市档案登记备份中心进行考核验收。专家组通过听取汇报、检验平台演示、现场提问、实地查看、集中评议及封闭式打分，最终决定上虞市档案登记备份中心通过“省规范化档案登记备份中心”考核验收，成为绍兴地区第一个、全省第八个通过“浙江省规范化档案登记备份中心”考核认定的县级市。

浙江省规范化档案登记备份中心专家验收组对上虞市档案登记备份中心进行考核验收 （蒋 明 摄）

【加强档案行政监管】 完成新批准的121只政府投资项目的档案管理登记督查和113只完(竣)工项目档案的专项验收，实施对69只政府投资项目的档案管理登记行政许可。实现对全区各单位档案管理工作的网上监管，对11家单位开展了档案行政执法现场检查。94家单位通过档案等级复评，4家单位通过省级档案工作目标管理认定，3家单位通过绍兴市级认定，16家单位通过上虞区级认定。 （蒋 明）

机关事务管理

【概况】 2013年，区机关事务管理局按照国务院《机关事务管理条例》的要求，结合本局实际，重新梳理了2008年以来后勤管理工作的各项规章制度，清理与《条例》不相适应的部分，补充完善相关制度，先后出台了《临聘驾驶员考核办法》《绿化养护管理考核办法》《公务车辆停放管理办法》《公务车辆维修管理实施办法》等制度，为进一步完善管理、提高服务质量和后勤保障水平提供了制度保障。全年提供会议服务218场次，参会人员2.44万余人次；机关食堂供餐29万人次(其中行政中心21.98万人次，市民中心7.13万人次)；完成“两个中心”各种设施设备零星维修2980余次；行政中心共登记外来办事人员22000余人次，妥善处置上访111批次、上访人员3700余人次，其中20人以上的79次；全年公务车辆入库率在98%以上，油耗降低6%以上。

【被评为国家级节约型公共机构示范单位】 加大宣传力度。充分利用广播电视、互联网、宣传栏等载体进行宣传，在2013年的公共机构节能宣传周期间，向全区各公共机构发放宣传画200多份，并向全区机关干部发放《公共机构节能知识竞赛》2000余份；平时利用短信平台每周发送一条节约用水、用电、用油、办公耗材等方面的节能小知识；倡导食堂“光盘”行动，在醒目位置张贴节能宣传画和标语，营造低碳节能的宣传氛围；推行节能技改，建设便民服务中心能耗监测系统项目，以获得能耗分析所需的数据为大楼后续的能耗分析、节能降耗提供技术平台；改造便民服务中心玻璃顶棚，通过测试可以降低室内温度3~4摄氏度；改造行政中心开水器，实现自动调节供水时间，较旧式开水器节电约60%；加强对大楼用水设备进行日常检查，从根本上杜绝“跑、冒、滴、漏”现象。全年人均能耗为91.62千克标准煤/人，同比下降3.54%；单位建筑面积综合能耗为4.03千克标准煤/平方米，同比下降4.23%。被国家机关事务管理局、国家发改委、财政部评为节约型公共机构示范单位(国管节能〔2014〕141号)。

【开展办公用房清理整改】 根据绍兴市委办公室、绍兴市人民政府办公室《关于进一步强化办公用房清理整改工作的通知》精神，结合实际，先后下发了《关于进一步强化办公用房清理整改工作的通知》(区委办〔2013〕149号)和《上虞区清理规范办公用房工作实施方案的通知》(区委办〔2013〕154号),并严格按照原国家计委1999年发布的《党政机关办公用房建设标准》,于年底基本完成了整改任务。 (罗关华)

地方志修编

【概况】 2013年,上虞市志办继续推动《上虞市志》各单位稿件的审读和修改进度,对各乡镇(街道)部门上交的初稿逐一反馈,面对修志过程中遇见的普遍问题和难点,邀请专家做针对性的讲解。采取边写作、边搜集、边核实的方法,不断丰富完善《上虞市志》资料内容。

【指导乡镇志书编修】 部分乡镇在收集、整理各方面信息资料的基础上,按期完成了《上虞市志》承编材料的上报工作,并着手开始编写乡镇志书的准备。为进一步开门修志,上虞市志办积极参与各乡镇(街道)部门编志,组织力量为修志人员进行修志培训。为完成初稿的沥海、丰惠召开评审会,抓好带头作用,努力形成全社会关心、支持修志工作的良好氛围。

【举行内部志稿审读研讨会】 7月2日,市志办邀请绍兴史志办编研二处处长李能成指导志稿审读工作。会上,市志编辑部人员围绕志稿审读过程中碰到的情况,畅谈各自的感受和思考,并展开交流探讨。

【绍兴市方志办领导调研上虞地方志工作】 8月20日,绍兴史志办主任何云伟、宣教处副处长朱立元一行到上虞调研,听取上虞市委党史研究室(市志办)主任王志胜汇报关于史志工作的进展情况,指出上虞史志工作 要调动各方力量开门修志编史,与各地多交流多吸取先进经验,保质保量完成各项工作任务。

【举行《上虞市志》中完成编志稿点评会】 8月16日,上虞市志办邀请绍兴市史志办编研二处处长李能成指导《上虞市志》科技编志稿和百官片承编资料。从行文的规范、表达的方式、材料的取舍、详略的处理、特色的表现等方面进行深入剖析,与会人员还就志稿下一步的修改完善工作进行讨论交流,并达成共识。 (屠月玲)

政协上虞区(市)委员会

综　述

【概况】　2013年,政协上虞市委员会(简称市政协。11月8日上虞撤市设区,更名为政协绍兴市上虞区委员会,简称区政协)坚持以科学发展观为统领,牢牢把握团结和民主两大主题,紧紧围绕区委"四个上虞"建设的总体要求,坚持"开放为先,发展为重,民生为本,实干为要"的工作原则,真情履职,力求实效,合力打造"四个上虞"。开展协商议政。运用全体会议、常委会议、主席会议和专题会议等形式,积极参与事关经济社会发展重要问题的协商讨论。政协第九届上虞市委员会第二次会议围绕"四个上虞"建设重大问题,进行集中协商,并就"加快推进工业强市建设""以产业化助推上虞市建筑业再创辉煌""加强乡镇农技机构和队伍建设的建议""积极扶持民办博物馆建设,扎实推动上虞市文化产业发展"等四个课题组织委员进行大会发言,市委书记孙云耀当即在发言材料上作出了重要批示;召开政协常委会议4次,分别就"建设美丽乡村,打造幸福上虞"和"实施创新驱动发展战略,推进工业经济转型升级"等议题进行专题协商,形成《进一步加强美丽乡村建设的建议案》《关于实施创新驱动发展战略,推进工业经济转型升级的建议案》;召开政协主席会议13次,围绕"加强教体系统高层次人才队伍建设""加快发展农业两区,着力打造现代农业"等专题进行了8次视察,对有关工作进行民主监督、建言献策。同时,围绕"四个上虞"建设的总体要求和人民群众普遍关心的热点、难点问题,组织广大委员和参加单位,积极运用提案建言献策、参政议政,共收到以提案形式提交的意见建议210件,经审查立案的提案164件,通过各承办部门单位的共同努力,均已如期办毕,委员对提案办理的满意率达96.9%。会同市政府开展政协第九届上虞市委员会第一次会议提案办理落实情况"回头看"活动,特别是对办理结果为B类的提案进行重点跟踪落实,并首次开展了"百名政协委员促进提案办理"督查活动,切实促进提案的及时办理,提案办理的质量显著提高。编报社情民意反映92期,其中被绍兴市政协采用48条,省政协采用11条,报区委区政府13条,直送部门办理6条,均得到较好办理。开展"走进基层听民声,走近群众送服务"为主题的"界别活动周"暨"委员活动日"活动,组织委员走进乡镇、部门、社区、企业和学校,深入了解民情,及时将各界群众反映的意见建议,报送区委、区政府和有关部门。同时,组织开展为群众办实事、做好事、解难事活动,期间,为民办实事33件,集资捐款31.5万元,慰问困难家庭15户。发挥政协文化文史交流的独特优势,以虞舜书画院为平台,广泛开展书画展览和交流,与相关单位联合举办了徐悲鸿画展等10场次活动,完成《上虞名人信札》编纂工作。

(杜建萍)

重要会议

【政协第九届上虞市委员会第二次会议】　1月20日至22日,政协第九届上虞市委员会第二次会议在百官举行。会议听取并审议通过了卢一勤主席代表市九届政协常委会所作的工作报告、徐光仁副主席所作的市政协九届一次会议以来提案工作情况的报告和吴建平副主席所作的市政协反映社情民意工作情况报告。蒋云等4位政协委员就建筑业回归经济、工业强市、乡镇农技机构和队伍建设、文化产业发展等工作做大会议政发言。会议对2012年度在提案、信息、文史和宣传工作方面取得突出成绩的51个先进集体和先进个人进行了表彰。与会人员列席市第十六届人民代表大会第二次会议,听取和讨论了王慧琳市长所作的政府工作报告及其他有关报告。会议审议通过了市政协九届二次会议提案审查情况的报告和大会决议。

【市政协常委会议】 全年市政协共召开4次常务委员会会议。

1月10日,市政协召开九届常委会第四次会议,听取市委副书记、市长王慧琳关于全市经济社会发展情况的通报,听取市府办主任郑华关于政府系统提案办理情况的汇报,审议通过召开市政协九届二次会议的决定、市政协九届二次会议议程(草案)、日程及其他事项,讨论通过市政协常委会工作报告(草案)、提案工作情况的报告(草案)、反映社情民意工作情况的报告(草案)及报告人。市人大常委会副主任朱森鑫应邀参加会议。

1月22日,市政协召开九届常委会第五次会议,市委书记孙云耀到会作重要讲话,对2012年政协工作作了充分肯定,对新一年的政协工作提出了新的要求;会议听取了市政协九届二次会议各联组关于政府工作报告等报告、市政协九届二次会议决议讨论情况的汇报,通过了市政协九届二次会议决议(草案)和市政协九届二次会议提案审查情况的报告(草案)。

7月13日,市政协召开九届常委会六次会议,围绕"建设美丽乡村,打造幸福上虞"课题开展专题协商,审议通过《政协上虞市委员会关于增设特聘委员的若干规定》和有关人事事项。市委副书记陈坚、市人大常委会副主任蒋国良应邀参加会议。

10月21日,市政协召开九届常委会第七次会议,围绕"实施创新驱动发展战略,推进工业经济转型升级"课题开展专题协商,审议有关人事事项,市委常委、副市长朱润晔和市人大常委会副主任金国松应邀参加会议。

【市政协主席会议】 全年市政协共召开13次主席会议。

4月1日,市政协召开九届十二次主席会议,围绕"加强虞商联谊,助推经济发展"课题开展专题视察活动,参观在甬虞商代表商贸业、工业企事业及文化产业,听取宁波虞商联谊会的情况介绍;审议通过《关于进一步完善政协宣传工作的意见》。

4月27日,市政协召开九届十三次主席会议,围绕"加强教体系统高层次人才队伍建设"课题开展专题视察活动,实地视察市职业中专和盖北镇小,听取教体系统高层次人才队伍建设情况的介绍,并展开协商讨论,副市长方静应邀参加活动。

同日,市政协召开九届十四次主席会议,围绕上虞市行政区划调整方案开展专题协商讨论,审议通过关于开展2013年度"界别活动周"活动初步方案。

6月9日,市政协召开九届十五次主席会议,围绕"加快发展农业两区,着力打造现代农业"课题开展专题视察,实地视察丰惠陈夏谢粮食生产功能区和鸿发果业基地,听取市农林渔牧局关于上虞市农业"两区"建设情况的汇报,并展开协商讨论,副市长徐耘应邀参加会议;会议审议通过《政协上虞市委员会关于增设特聘委员的若干规定》。

6月27日,市政协召开九届十六次主席会议,围绕"美丽乡村,打造幸福上虞"课题开展专题协商。

8月13日,市政协召开九届十七次主席会议,专题视察城乡污水收集系统建设情况,视察崧厦镇污水收集系统建设情况,听取市环保局有关工作汇报,并展开协商讨论,市委常委、副市长朱润晔应邀参加活动。

8月28日,市政协召开九届十八次主席会议,围绕"深入推进和谐寺观教堂创建活动,全面提升宗教场所规范化管理水平"课题开展专题协商,参观谢塘教堂和谢崧福乐园并听取相关情况介绍,会议听取市民族宗教事务局关于宗教活动场所规范化创建工作情况的汇报,并展开协商讨论,市委常委、副市长朱润晔应邀参加活动。

9月27日,市政协召开九届十九次主席会议,围绕"实施创新驱动发展战略,推动工业经济转型升级"课题开展专题协商讨论,审议通过关于开展"百名政协委员促进提案办理"督查活动方案。

10月18日，市政协召开九届二十次主席会议，审议有关人事事项。

11月14日，区政协召开九届二十一次主席会议，围绕“加快征迁改造步伐，拓宽城市发展空间”课题开展专题视察活动，实地视察百官街道二甲、四甲安置房以及星二、星三、星四旧房拆除现场，听取区城市改造局有关情况的汇报，并展开协商讨论，副区长袁建应邀参加活动。

12月9日，区政协召开九届二十二次主席会议，研究讨论2014年政协工作思路。

同日，区政协召开九届二十三次主席会议，围绕上虞日报转型发展工作开展专题协商，实地视察上虞日报社，听取课题组关于上虞日报转型发展的调研汇报，并开展协商讨论，区委常委、宣传部长郑建庆应邀参加会议。

12月17日，区政协召开九届二十四次主席会议，专题视察上虞区优生促进工程实施情况，实地视察区婚姻登记优生服务中心和区计生指导站，听取上虞区优生促进工程实施情况汇报，并展开协商讨论，副区长方静应邀参加视察。

（杜建萍）

主要活动

1月6日 市政协召开九届二次会议筹备情况汇报会，市政协副主席赵畅参加。

1月29日 市政协提案委员会召开成员会议，确定重点提案、重要提案、提案承办单位，市政协副主席徐光仁出席。

2月28日 市政协社情民意信息工作委员会召开成员会议，研究有关社情民意信息工作，市政协副主席吴建平出席。

3月19日 上虞市召开“两会”建议提案交办会议，对“两会”建议提案进行统一交办，市政协主席卢一勤、副主席徐光仁出席。

同日 兰溪市政协考察团到上虞考察政协工作，市政协副主席徐光仁接待。

3月26日 新昌县政协城市建设考察团到上虞考察城市建设情况，市政协副主席吴建平接待。

3月29日 市政协召集政协文史委成员、有关部门领导举行《名人信札》审稿会，市政协副主席赵畅出席。

同日 绍兴市政协副主席、统战部部长倪善贵到上虞调研统战工作，市政协副主席蒲伟明陪同。

4月3日 湖州市政协副主席钟鸣一行到上虞考察提案办理协商和社情民意信息工作，市政协副主席吴建平接待。

4月7日 绍兴市政协原主席、绍兴市茶文化研究会会长沈云姑一行到上虞考察舜龙茶业公司，市政协副主席徐光仁陪同。

4月8日 绍兴市政协原主席、绍兴市旅游协会会长顾秋麟到上虞考察，市政协主席卢一勤陪同。

4月11日 江苏省苏州市吴中区政协副主席刘克平一行到上虞考察特色果品产业发展情况，市政协副主席徐光仁陪同。

4月28日 市政协举行各委室办主任会议，研究部署“界别活动周”工作，市政协主席卢一勤出席。

同日 绍兴市政协副主席、统战部部长倪善贵到上虞调研围涂项目，市政协副主席蒲伟明陪同。

5月10日 绍兴市越城区政协主席陈大平一行到浙江石狮商贸城考察经营、管理工作，市政协主席卢一勤、副主席傅亚文陪同。

5月14日 山东省淄博市临淄区政协主席王秀荣一行到上虞考察，市政协主席卢一勤接待。

5月23日 诸暨市政协副主席王培光一行到上虞考察税源培育、优化税源结构、税收征管工作，市政协副主席傅亚文接待。

5月31日 绍兴市政协到上虞调研深化公立医院改革工作并召开座谈会，市政协副主席徐光仁陪同参加。

6月6日 安徽省广德县政协副主席傅朝一行到上虞考察社情民意及信息员队伍建设有关工作，市政协副主席吴建平接待。

6月8日 绍兴市政协主席陈长兴到上虞调研委员企业生产经营情况，市政协主席卢一勤、副主席傅亚文陪同。

6月26日下午—27日上午 省政协副主席陈加元带队的省委对各地贯彻落实中央和省委有关文件精神进一步加强人民政协和统一战线工作情况综合督查组到上虞督查，市政协主席卢一勤、副主席蒲伟明参与接待。

7月11日 省政协对口协商活动绍兴调研组到上虞调研农村合作银行运行情况，市政协副主席傅亚文接待。

7月12日 市政协召集社情民意信息委成员和部分信息员举行社情民意分析会，研究探讨有关社情民意信息，市政协副主席吴建平出席。

7月18日 上海市嘉定区政协原主席周关东一行8人来上虞市考察交流政协志编纂工作，市政协副主席赵畅接待。

8月2日 绍兴市政协副主席黄文泽率绍兴市政协经济科技委员会到上虞举行“加快开发区转型升级，促进产城融合”专题调研课题座谈会，市政协主席卢一勤参加。

8月7日 慈溪市政协副主席周晓虹一行到上虞考察协商民主与政协机关建设工作，市政协副主席赵畅接待。

8月15日 长兴县政协副主席章玉坤一行到上虞考察调研科技创新驱动工作，市政协副主席徐光仁接待。

8月16日 绍兴市政协驻会常委到上虞考察生态农业，市政协副主席赵畅陪同。

8月27日 市政协召开社情民意信息员座谈会，研究全区社情民意信息，市政协副主席吴建平出席。

8月29日 绍兴市政协原主席顾秋麟到上虞考察上虞市旅游业，市政协主席卢一勤、副主席徐光仁陪同。

9月11日 绍兴市政协主席陈长兴一行到省农发集团上虞公司考察，市政协主席卢一勤陪同。

9月12日 浙江省松阳县政协副主席周永龙一行来上虞市考察城防水利工程，市政协副主席吴建平接待。

9月23日 江西省乐平市政协主席万玉华一行到上虞考察医药化工产业转型升级工作，市政协主席卢一勤、副主席傅亚文接待。

10月下旬 市政府、市政协联合开展“百名政协委员促进提案办理”督查活动，市政协领导带队，市政府领导和有关委员参加，对“城南区块配套设施建设问题”“汽车东站西侧地块开发利用问题”“建立社区居家养老服务中心问题”“人民西路运河桥西侧至道墟段拓宽亮化工程问题”等四方面提案的办理情况开展联合督查活动，进一步促进提案的办理落实。

11月8日 上虞市举行撤市设区挂牌仪式，上虞市更名为绍兴市上虞区。政协上虞市委员会更名为政协绍兴市上虞区委员会。

11月14日 区政府、区政协联合举行政协九届二次会议重点提案、一类提案办理情况汇报会，区政协主席卢一勤、副主席徐光仁出席。

同日 江苏省南通市通州区政协副主席葛涛一行来上虞区考察建筑业转型升级工作，区政协副主席吴建平接待。

11月18—20日 区政协副主席徐光仁带队赴嘉兴市嘉善县、桐乡市、平湖市考察学习政协工作先进经验，调研2014年工作思路。

11月18—20日 区政协副主席蒲伟明带队赴丽水市青田县、莲都区，考察学习统战、侨务等工作先进经验，调研2014年工作思路。

11月18—21日 区政协主席卢一勤、副主席章颖芳带队赴金华市武义县、婺城区、东阳市考察学习政协工作先进经验，调研2014年工作思路。

11月22日 区政协召集社情民意信息委员会成员和部分信息员举行社情民意分析会，探讨有关社情民意信息，区政协副主席吴建平出席。

11月26日 绍兴市政协到上虞调研2014年工作思路，区政协主席卢一勤接待。

11月26日—28日 区政协副主席吴建平带队赴金华市永康市、丽水市景宁县、台州市三门县考察学习政协工作先进经验，调研2014年工作思路。

12月2日—4日 区政协副主席傅亚文带队赴宁波市宁海县、象山县学习考察政协工作先进经验，调研2014年工作思路。

12月11日 新昌县政协社情民意工作考察团到上虞考察社情民意信息工作，区政协副主席吴建平接待。

12月25日 区政协召开文史工作会议，总结2013年度工作，研究2014年工作思路，区政协副主席赵畅出席。

12月31日 区政协召开社情民意反映办理落实情况汇报会，听取有关部门关于社情民意反映办理落实情况的汇报，区政协主席卢一勤、副主席吴建平参加。 （杜建萍）

民主党派·工商联

民盟绍兴市上虞区基层委员会

【概况】 2013年11月8日，上虞撤市设区，根据盟绍字〔2013〕40号文件，民盟上虞市基层委员会更名为民盟绍兴市上虞区基层委员会(以下简称民盟上虞区委员会)。新发展盟员4人，至年底，共有盟员65人，在职盟员52人，退休盟员13人，中高级职称占93.8%。设有教育、科技、文卫、老龄4个支部及爱心艺术团、妇女工作委员会、社会服务工作委员会、宣传调研工作委员会。

开展“知盟兴盟”征文活动，共向上级盟组织报送5篇，盟员徐芳撰写的《争做民盟事业发展合格铺路石》的征文，被盟省委评为优秀奖，赴省参加了表彰会。全国盟员教育基地胡愈之纪念室通过《浙江民盟》“盟员教育巡礼”向全省基层盟组织进行了专栏宣传推介，接待兄弟盟组织参观考察5批次。在保护修缮基础上，加快推进胡愈之故居规划布展设计，召开由胡愈之亲属、市文化界人士参加的布展意见征求会，集思广益。广大盟员也踊跃捐款1.66万元。

【提交各级提案及建议47件】 上虞市政协九届二次会议上，提交集体提案6件，个人提案、建议33件。其中集体提案《关于加快推进工业强市建设的建议》被列为上虞市政协重点提案，集体提案《关于再创资本先发优势，打造上虞经济可持续发展新动力的建议》、盟员何军民《关于全面推进社区居家养老服务工作的建议》被列为一类提案。其中《关于再创资本先发优势，打造上虞经济可持续发展新动力的建议》的提案得到副区长吴志育批示，5月份，市政府正式出台《关于鼓励和推进上虞市企业进入浙江股权交易中心挂牌交易有关政策若干意见》。在上虞市十六届人大二次会议上毛健英提交建议4件。徐鑫祥等在绍兴市政协七届二次会议上，提交提案2件，建议2件。

【报送社情民意信息41条】 召开的市政协会议上，报送社情民意(建议)信息41条。其中盟员周金弟反映的《关于安监局、监管局两本焊工操作证合二为一的建议》被省政协采用；盟员龚宏武反映的15条社情民意，已有10条被区本级采用，9条专报绍兴市政协，其中《别让“钱荒”伤了中小微企业的建议》专报，得到绍兴市领导批示。

【继续打造爱心品牌】 援助四川雅安地震灾后重建，捐款2.17万元；会同盟省委领导看望在虞南山区工作的盟员；老龄支部呼应“点亮一盏灯”开展的“一张纸献爱心”活动，共捐赠废旧报纸、书刊150余公斤。张关卣创作书画作品13幅，定向通过慈善总会捐赠给为上虞慈善事业作为杰出贡献的13位企业家；盟员章婉珍资助2位贫困家庭大学生，并出资赞助虞舜文化研究会；新盟员赵锡江积极参加义工活动，被评为消保委优秀义工。

【盟员活动丰富多彩】 精心组织了4期《盟员智慧讲堂》，开展了急救知识、现代科技生活、公民维护合法权益及中西文化比较等讲座，其中3堂分别由盟员龚宏武、章琴丰、周梅珍主讲。盟员吴宝炎撰写《孝德圣祖·虞舜》，走进上虞各学校，并走进绍兴文理学院等10多所高校巡讲，他编写的《上虞记忆——吴宝炎曲艺作品选》荣获绍兴市优秀文学奖，又成功举办了社会各界祭祀大舜活动及中国（上虞）第二届虞舜文化学术研讨会；盟员吴一笑获浙江省“百名文艺带头人”、绍兴市“五星级”专业人才荣誉称号，莲花落《耳朵官司》获上虞市“谢晋文化精品奖”；盟员经录五带领合唱团登上中央电视台“星光大道”，并参加区组织的阳光惠民公共文化活动数10场；盟员郑国民的书籍《湖边的风》被浙江省图书馆地方文献室收藏；盟员徐鑫祥创办的企业获得多项发明专利和实用新型专利授权，跻身绍兴市科技型企业之列，并积极申报国家级高新技术企业。（桑江珍）

10月8日，民进上虞市基层委组织“迎国庆”为民义诊活动

中国民主促进会 绍兴市上虞区基层委员会

【概况】 2013年，民进绍兴市上虞区基层委员会新发展会员5名。至年底，共有会员62人，在职会员35人，退休会员22人，会员平均年龄54.5岁。基层委设有春晖、医卫、教育、综合4个支部。

【提交“两会”提案多件】 在上虞市政协九届二次会议上，民进上虞市基层委提交提案25件，其中集体提案6件。集体提案《关于进一步加快我市文化产业发展的建议》被定为重点提案，集体提案《关于加快我市农村集体资产股份合作制度改革的建议》和《关于推进城市管理执法体制改革的建议》被列为一类提案。陈尧明撰写的提案《关于进一步加强山区教师队伍建设的建议》和叶维坤撰写的提案《关于进一步加强对网络管理的建议》被列为一类提案。在上虞市十六届人大二次会议上，高彦伟等提交建议案2件。在绍兴市政协七届二次会议上，姚爱芝提交提案3件，其中《大力根治交通拥堵，努力确保道路畅通》的提案，被绍兴市委、市政府确定为一号民生实事工程，由绍兴市副市长冯建荣领办，获绍兴市政协2013年度优秀提案，民进绍兴市委会2013年度参政议政优秀成果二等奖。在绍兴市七届人大二次会议上，杨国华等提交建议案2件，其中梁伟红提交的《关于切实加大中小城市培育试点镇培育力度的建议》被列为优秀议案。

【多次参与社会服务活动】 3月，医卫支部组织“学雷锋、志愿服务月”活动，在百官街道卧龙山庄社区开展为民义诊活动。6月，医卫支部在青春广场举行了大型禁毒知识宣传、咨询活动。春晖支部开展为雅安芦山地震灾区捐款。教育支部组织会员编排“慈善十年”大型巡回演出，出演“崇孝守信、务实创新”大型主题晚会。

【双岗建功成果丰硕】 杨国华演唱的绍兴莲花落《老板密室》获中国艺术节最高奖——全国群星奖，“国华艺术团”被评为绍兴市“十佳艺术团”。钮震江的篆刻作品参展全国第七届篆刻艺术大展；高彦伟荣获2013年“上虞市第八批专业技术拔尖人才”，当选为浙江省麻风防治协会第六届常务理事，主持完成的科研成果获上虞市科学技术三等奖。陈秀春专著《草根文化沉思录》、柴中元中医学专著《老医说医》、徐光炎任《疑难病例影像诊断分析》分别正式出版。刘燕敏获得2013年上虞市农民培训先进个人称号。沈同根辅导的10名学生参加浙江省第七届师范生教学技能竞赛获得综合二等奖、三等奖。姚爱芝被评为绍兴市政协系统反映社情民意工作先进个人，陈尧明获民进绍兴市委会年度社情民意信息优秀成果二等奖。

（刘燕敏）

九三学社绍兴市上虞区基层委员会

【概况】 2013年11月，根据省政府《关于调整绍兴市部分行政区划的通知》(浙政发〔2013〕52号)精神和中共绍兴市委、绍兴市人民政府《关于调整部分行政区划的实施意见》(绍市委发〔2013〕70号)要求，九三学社上虞市基层委员会更名为九三学社绍兴市上虞区基层委员会，下属四个支社也作相应更名。至2013年年底，发展新社员5名，四个支社共有社员81名，其中高级职称45名，退休社员29名，成员主要为科技界、医卫界和经济界。基层委员会主委徐光华。基层委认真履行参政党各项职能，被社绍兴市委评为"2013年度先进基层委员会"，上虞二支社获社绍兴市委2013年度先进支社二等奖。

【3件提案被评为优秀提案】 基层委提交的《加强虞南生态环境保护与建设》《进一步加强基层医疗机构服务能力建设的建议》及贾萍娟提交的《关于加快实现公共交通城乡一体化的建议》3件提案被评为"2012年度优秀提案"。"两会"期间，基层委及"两会"成员向绍兴市"两会"提交人大建议1件，政协提案5件；向上虞市政协会议提交《关于增强村级集体经济的几点建议》《加强虞南生态建设 推进我市科学发展》等集体提案6件，提交《建议对虞城老旧小区改造》《建一批"公寓式农舍"推进"美丽乡村"深度游》等个人提案17件，内容涉及工业经济、三农问题、旅游、交通、医疗、城市建设、环境整治、养老工作等方面。其中基层委提交的《关于增强村级集体经济的几点建议》《加快城乡一体，完善公共交通》和社员张小丽、郑小英提交的《关于完善城区排水的建议》3件提案被区政协立为重点提案；基层委的《做强做优四季仙果之旅，推进我市旅游强市建设》、社员贾萍娟《关于全面推进社区居家养老服务工作的建议》及徐胜军等《关于建立上虞市老年病医院的建议》3件提案被立为一类提案。

【1件社情民意获市长批示】 基层委积极发动社员撰写社情民意，取得较好成绩。陈苗芬的《加强工程建设领域中介服务机构管理的建议》、吕杨青的《建议公务员招考在时间上固定并缩短招录周期》被社省委及省委统战部录用；章云斐、张小丽等撰写的9篇社情民意被上虞政协录用，其中陈双和撰写的《早做谋划，合力推进上虞"四季仙果之旅"》得到了市长王慧琳的批示。

【开展结对共建活动】 根据九三学社浙江省委要求，社浙江中医药大学支社与社上虞基层委员会结对成为共建社组织，10月13日，召开结对共建座谈会，就今后如何深入推进共建活动的开展进行了交流与探讨。建立结对共建这一平台，目的是加强合作联系，优势互补，积极开展参政议政和社会服务活动，为地方经济社会的发展作出贡献。会前组织九位医疗专家在上虞市中医院开展坐堂义诊，让广大患者在家门口享受到省城专家精湛的技术，优质的服务，受惠群众达220多人次，受到群众好评。同时，在市图书馆的"市民讲坛"举行《健康与饮食》科普讲座。

召开结对共建座谈会。

【立足岗位作贡献】 基层委鼓励社员立足岗位，建功立业，有所作为。章云斐获"2011—2013年度浙江省植保技术推广突出贡献奖"，余舟平荣获上海市青年联合会"2012年度事业爱心奉献奖"，陈炯军被评为浙江省财政总决算先进个人，赵国生、章云斐被评为"绍兴市第八批专业技术拔尖人才"和"上虞市第八批专业技术拔尖人才"，吕杨青、陈苗芬、戴慧琴等社员被评为各级各类先进个人。

赵国生主持的《三氧化硫黄化生产分散剂MF新工艺开发及示范》项目获中国质量评价协会科技创新奖成果优秀奖、科技部科技进步奖三等奖。陈双和的科技项目获上虞市科学技术奖三等奖。连妙芬、邵苗根等社员撰写的多篇论文在《中国药业》《浙江医学》《城市建设理论研究》等刊物上发表。

【赵国生发明专利9项】 基层委社员、浙江闰土集团技术副总赵国生潜心科学研究，发明专利9项，分别：一种黑蓝系列分散染料组合物、一种蓝色分散染料组合物、一种低温环保型分散染料组合物、一种黄色环保分散染料组合物、一种活性黄染料组合物、一种环保型黄色分散染料组合物、一种活性黑染料的合成方法、一种活性红染料组合物、一种环保型的分散染料组合物。

【服务社会展风采】 开展社会服务是民主党派的一项重要职能，5月15日，响应社省委开展“九三科技服务月”活动的号召，基层委联合科协赴丁宅乡丁宅村开展送医、送科普活动，为100多位群众做了义诊，发送各类宣传资料1000余份，赠送袜子600多双、圆珠笔300多支，活动深受百姓好评。此外，基层委响应社绍兴市委向陈天立社员募捐的倡议，及时在社员中开展捐款活动，共捐款11825.00元，送去社员们的一份心意。（陈　瑾）

基层委赴丁宅乡丁宅村开展送医、送科普活动

上虞区（市）工商联

【概述】 2013年5月8日，召开上虞市加强和改进工商联工作会议暨工商联七届五次执委会议，贯彻市委〔2012〕47号文件精神，会后邀请浙江大学教授、博士生导师、浙大金融研究所所长王维安作《当前经济金融形势分析会》的讲座。7月4日，上虞市人民政府办公室下发《关于市企业互助基金操作管理办法的补充意见》（虞政办发〔2013〕193号）。7月10日，召开工商联七届六次常委扩大会议，部署上虞市开展非公有制经济人士理想信念教育实践活动的工作，报告市总商会企业互助资金运作情况。8月15日，上虞市工商联（总商会）召开七届六次执委会，选举陈荣力为上虞市工商联（总商会）主席（会长），张金玉为上虞市工商联（总商会）副主席（副会长），免去王锦林上虞市工商联（总商会）主席（会长）。 12月23日，绍兴市上虞区工商业联合会（总商会）召开第八次会员代表大会，选举产生工商联第八届执行委员会，共有成员126名；会长1名，副会长42名，常委40名，执委43名，王湘云兼任秘书长。

2013年，企业互助基金共为68家企业转贷211笔，转贷金额21.35亿元。

【举办书画义拍活动】 5月，举办乐益行书画义拍活动，界别委员共捐献爱心善款21.1万元。

【开展用工法规培训】 5月18日，举办《劳动合同法》修正案、《劳动争议司法解释四》、资金劳动争议裁审新口径精解与用工风险防范的培训。10月25日，举办《最新税收优惠政策梳理、运用与“减、免、抵、退”操作实务》的培训。

【缔结友好商会】 5月13日，市工商联与江西省贵溪市工商联结为友好商会，开展经济合作创新，提供本地区经济活动信息，开展会议活动等。

（陈　晓）

社会团体

总工会

【概况】 2013年，全区有产业工会2个（财贸工会、教育工会），区级机关成立工会联合会，14个系统（局）建立工会工作委员会，金融部门成立工会协作小组，21个乡镇（街道）全部建立工会组织，其中16个乡镇（街道）成立总工会，5个成立工会工作委员会。区总工会紧紧围绕区委“一号工程”“三个年”活动的工作大局，以推动经济转型发展、构建和谐劳动关系、促进职工队伍与社会稳定为主题开展各项工作，取得了一定成绩。区创建劳动关系和谐企业活动领导小组被评为省构建和谐劳动关系先进组织，区总工会被区委评为“崇孝守信、务实创新”主题教育活动先进集体和平安建设（社会稳定）工作优胜部门，被区政府评为2010—2013群众体育工作先进集体，区总工会职工学校被全国总工会命名为“全国职工教育培训优秀示范点”，在绍兴市总工会年度重点工作考核中获得优秀。

【开展“送温暖”活动】 根据区总工会及早部署的2013年元旦春节期间送温暖工作，通过对困难企业和困难职工家庭的上门踏勘和“五清”状况调查，摸清底细，为全市1610名困难职工家庭建立困难档案，实行网上动态管理。在此基础上共筹措帮扶资金78.3万元，为开展送温暖活动提供了必要的物质保证。1月15日，由市总工会主席骆左坚率队的送温暖慰问组到浙江太阳股份有限公司，看望慰问了该公司10名困难职工，并送去了慰问金。乡镇（街道）企业的困难职工由市总工会领导分组带队深入各基层一线进企入户上门慰问，共慰问困难职工520名，发放慰问金52.3万元。除此之外，市总工会职工维权帮扶热线82202206热情为职工服务，受理职工的来信来访，发挥职工维权帮扶中心应有的作用。

【开展“工会帮扶系统”操作培训】 “工会困难帮扶系统”是一个全国性的对困难职工进行建档、帮扶、汇总系列操作的平台，是各级工会开展“两节”送温暖、金秋助学及意外救助的依据所在。自3月份开始，市总工会赴各乡镇（街道）开展“工会帮扶系统”操作培训，使乡镇（街道）、企业工会的初步熟悉“工会帮扶系统”操作，到年底，全区600余家企业建立了工会帮扶系统网上管理平台，有1260户困难职工档案进行网上管理。

【举办劳模代表座谈会】 4月22日，市总工会组织召开“智慧·创新·奉献”劳模代表座谈会。来自全市各条战线的近50名劳模代表欢聚一堂，畅谈劳动感想，共庆“五一”国际劳动节。市委副书记陈坚，市委常委、副市长成明权出席座谈会并讲话，市总工会主席骆左坚主持会议。座谈会上，全体劳模在《凝心聚力谋发展、维护稳定促和谐——致全市劳模和职工的倡议书》上签名，号召全体劳动者要立足岗位，争做维护稳定构建和谐的促进者、与时俱进锐意创新的先锋队、扎根本职苦练内功的排头兵，为实现上虞科学发展创造新业绩、建立新功勋。各位劳模代表结合各自工作实际，就发挥劳模作用、促进上虞经济社会发展做了发言。

【一批先进集体和个人受表彰】 2013年，万杰制冷配件厂包装车间荣获全国工人先锋号，市供电局调度控制室荣获省工人先锋号，市农村合作银行荣获浙江省“五一劳动奖状”，卧龙集团李水军荣获浙江省“五一劳动奖章”。同时新天龙集团天龙漂染厂二车间等5家班组被评为绍兴市工人先锋号，省劳模赵国生和梁佳钧荣获首批绍兴市劳模创新工作室称号，4月27日，他们分别赴绍兴市、省接受表彰。

【举办“光荣属于你”劳动者之歌文艺晚会】 5月28日晚，由市委宣传部、市总工会、市文化广电新闻出版局联合举办的“光荣属于你”劳动者之歌暨三十二届“娥江之春”文艺晚会在市文化艺术中心隆重举行。晚会以“扬和谐文化、展职工风采”为主题，表演节目由各乡镇(街道)、部门工会选送，演员队伍都是来自企业、单位的一线职工。市委常委、宣传部长郑建庆，市委常委、副市长成明权，副市长方静等领导观看演出。晚会在大合唱《做一个守信崇义的人》中拉开帷幕，歌伴舞、情景诗朗诵、鼓乐、姚剧、二胡独奏、小品、魔术、排舞等15个精彩的节目轮番上演，为观众们带来了一场视觉盛宴。

【市财贸工会举行职业道德建设演讲比赛】 5月10日，市财贸工会举行市财贸系统职工职业道德建设演讲比赛，经过前期选拔，来自金融、供销、商贸、粮食、烟草等系统的15名选手参加了比赛。比赛中，选手们围绕主题，结合自身工作的实践和体会，就如何加强诚信经营、取信于民、优质服务、树立形象等方面进行了声情并茂的演绎，诠释了职工对职业道德建设的深刻理解，引起观众的强烈共鸣。经过评委在现场公开、公平、公正的评判，财贸幼儿园胡颖、上百贸易公司陆静荣获一等奖；农业银行上虞支行卢珠等3位选手荣获二等奖；建设银行上虞支行孙国虞等5位选手荣获三等奖；中信银行上虞支行李萍等5位选手获优秀奖。

【组织劳模健康体检】 6月3日，由市总工会组织的本市劳模健康体检活动在市人民医院正式启动，来自不同时期、不同行业的各级劳模200余人参加此次体检活动。

【举办职工心理健康援助辅导员培训班】 6月14日，首期职工心理健康援助辅导员培训在市总工会职校进行，来自全市部分规模企业的工会主席、人力资源部管理人员、办公室主任及相关行政人员，共63名学员，参加此次培训。培训课程由浙江省心理学会常任理事、浙江省高校心理咨询专业委员会委员、绍兴文理学院教育系教授林慧莲等老师主讲，课程完全按照国家三级心理咨询师的要求进行设置，共5天时间8门课。职工心理援助辅导员培训是市总工会积极响应全国总工会“面对面、心贴心、实打实服务职工在基层”，切实关爱职工心理健康，提升广大职工心理素质和抗压减负能力的重要举措，是市总工会在企业设立“劳动争议调解员、外来职工联络员、劳动保护监督员”的基础上增添的第四员——心理援助辅导员的重要途径。市总计划用三年时间对全市职工人数100人以上的近300家规模企业进行心理健康援助辅导员培训，争取到2015年在这些企业中实现心理健康援助指导员100%覆盖。

举行劳模代表座谈会

【举办工会干部培训班】 8月6—7日，市总工会举办工会干部培训班，各乡镇(街道)、系统局、产业工会、金融单位及市总直属工会的98位工会干部参加学习培训。培训期间，省总干校张坚民校长作了关于《工会领导的方法与艺术》的报告；省总组织部曹颂华就如何加强新时期工会干部能力建设作了讲解；绍兴市总工会樊建国部长对当前劳动关系存在的问题作了详细分析并提出了对策；绍兴市委组织部海归留学生创业导师、万杰制冷配件厂樊德洪厂长为大家分享了如何建设企业文化的体会和做法。

【举办2013年职工职业技能大赛】 8月16日，由市总工会、市人力资源和社会保障局主办，市职业中专学校承办的“上虞市2013年职工职业技能大赛”在市职业中专举行。此次职业技能大赛分工具钳工和数控车工两个工种，全市有21家企业共46名选手参加比赛。比赛依据《国家职业技能标准》高级工要求实施，分理论知识及实践操作两部分，理论知识占总成绩30%，实践操作占总成绩70%。对在此次比赛中获每个工种第一名的选手，核发技师职业资格证书；前三名者，将代表上虞市参加绍兴市职业技能大赛。

【95家劳动关系和谐企业受表彰】 9月5日，召开第三轮劳动关系和谐企业表彰暨“双爱”活动现场会，市委副书记、市构建和谐劳动关系工作领导小组组长陈坚出席会议并讲话，市委常委、副市长朱润晔主持会议，市构建和谐劳动关系工作领导小组副组长、市总工会主席骆左坚宣读全市第三轮创建劳动关系和谐企业表彰决定，授予上虞市联银玻璃钢有限公司等95家企业为“上虞市劳动关系和谐企业”。全市有970家企业开展和谐企业创建活动，占单建工会企业的91%，其中已创成省级劳动关系和谐企业8家，省级工业园区1家，绍兴市级156家，上虞市级291家。 （周建桥）

共青团

【概况】 截至2013年年底，全区共有团员50083名，基层团组织1675个，全年新建新经济组织团组织171家，新社会组织团组织20家。团区委直属团组织82个，其中乡镇(街道)团委20个，区直单位团组织41个，区直学校团组织21个。推荐17家两新团组织纳入绍兴市级双重管理。开展全区“星级团组织”和“五四红旗团组织”创评，评定“五星级”团组织9家、“五四红旗团组织”6家；开展各类团干培训5次，覆盖500余人次。团区委获浙江省“2013年度中学生暑期社会实践活动优秀组织工作奖”、绍兴市“2013年度共青团工作先进区、县(市)”荣誉称号。 （宋凯波）

【组织迎“五四”青年歌手赛】 5月4日，传承五四情·激扬青春志·唱响中国梦——“合作银行杯”上虞市第二届青年歌手大奖赛暨迎“五四”青年歌赛决赛在城北文化艺术中心举行，由上虞电视台现场直播。经初赛、复赛，16名选手在全市200多名参赛青年中脱颖而出，晋级总决赛，经过3轮淘汰赛，徐梅莎、孙丽俐、应湘婷三名选手获得一等奖。同时，为推进基层文化发展繁荣，充实、扩大全市专业化志愿服务队伍，充分征求16名选手意见，于决赛现场成立“上虞市青年文化志愿服务队伍”。 （葛如婷）

5月4日晚，传承五四情·激扬青春志·唱响中国梦——“合作银行杯”上虞市第二届青年歌手大奖赛暨迎“五四”青年歌赛决赛现场

【组织开展上虞市首届少儿歌手大赛】 6月1日，“‘嘉利珂杯’寻找最美童声”上虞市首届少儿歌手大赛决赛在市文化艺术中心剧场举行。浙江省青少年校外教育中心常务副主任陈敬，上虞市委副书记陈坚，市委常委、宣传部长郑建庆，市人大常委会副主任朱淼鑫，市政协副主席赵畅到场观看。以“童声唱响中国梦”为主题的上虞市首届少儿歌手大赛由上虞市青少年宫承办，来自全市23所学校的431位(组)选手参赛。5月18日举行初赛，选拔80位(组)选手晋级复赛；5月25日举行复赛，选拔20位(组)小歌手进入决赛。决赛现场，通过两轮比赛和PK环节，最终决出金奖2名、银奖4名、铜奖12名，最具潜质演唱奖2名；同时通过评委和工作人员的综合评定，评选最佳辅导老师奖5

名，优秀组织奖10个。 （李梦嘉）

【团中央书记处书记徐晓到上虞调研指导农村共青团工作】 9月26日，团中央书记处书记徐晓一行到上虞调研农村共青团工作。团省委书记周艳、副书记苗伟伦，团绍兴市委书记杨建根、副书记赵浪平，上虞市委副书记陈坚，市委常委、副市长成明权等陪同调研。调研中，徐晓一行实地走访丰惠镇农村青年创业基地大自然生态农业有限公司、崧厦镇浙江天玮雨具有限公司和华联印染有限公司，与基层一线团干部、团员青年座谈交流，对浙江以“双网互动”工作为统揽，深化推进乡镇团的组织格局创新和实体化“大团委”建设的做法给予充分肯定。在交流中，徐晓对上虞农村共青团推进乡镇团组织格局创新、乡镇实体化“大团委”建设和双网互动团建等三项工作的做法表示肯定，要求继续深化探索，努力夯实团建基础，并表示农村共青团工作要围绕“致富”“增收”来展开，农村创业大有文章可做，青年创业者在自己干得好的同时还应带动一批人，充分实现自身价值和社会价值。

【上虞区首届童玩节暨青少年宫“童玩空间”启用】 12月14日，上虞区首届童玩节暨青少年宫“童玩空间”启用仪式在上虞区青少年宫举行。区委副书记陈坚，区委常委、副区长成明权，绍兴市青少年宫协会常务副会长、绍兴市青少年活动中心主任朱老虎，团区委、区公安局、区科协、区红十字会、区教体局、区司法局等部门单位主要负责人，学生代表和童玩空间专项志愿者共同参与活动。在童玩节期间，1200余名青少年参加童玩节和“童玩空间”各项活动。

上虞是全省首批11个“童玩空间”项目试点之一。“童玩空间”投资67万元，设科技活动区、健身娱乐活动区、平安自护区三大模块，30多个体验项目，免费对外开放。为保障该项目有序运作，团区委成立“童玩空间”专项志愿服务队伍，提供人员引导、秩序维护、场馆整理、平安自护技能传授等服务。“童玩空间”的启用将进一步发挥区青少年宫在推进文化强区建设中的作用，激发和培养青少年的自护能力、创新能力，丰富青少年业余生活，不断满足广大青少年对公益性校外文化服务的需求。

妇　联

【概况】 2013年，上虞区妇女联合会（以下简称区妇联）完成全区388个村级妇代会换届选举工作，新建两新组织妇女组织280个，将下属事业单位市托幼中心移交给曹娥街道。开展村（社区）“星级妇女之家”创评工作，申报推荐五星级妇女之家107个、三星级以上299个。组建巾帼女子健身、“幸福人生”心理咨询志愿者及“幸福牵手”公益红娘等三支妇女工作队伍，招募巾帼健身队员1013名、心理咨询志愿者19名、公益红娘225名。6月，市妇联被评为浙江省先进妇女组织。

【推进城乡妇女创业创新】 举办全市创业女能手培训班，102名农村各类创业女能手参加培训，推荐6名妇女参加省农村妇女“两创”实用人才培训，组织农村妇女科普协会理事到萧山舒兰农场、秋琴现代农业有限公司考察取经，学习产、加、销一条龙产业化经营模式，增强创新意识，开阔创业思路。开展“双学双比”巾帼创业女能手授信卡申报活动，25名女能手获得435万元授信额，3名女能手获省级创业创新专项补助金。3月，市妇联被评为全国妇女小额担保财政贴息贷款工作先进集体。坚持开展“巾帼建功”活动，受表彰命名省“二十佳”巾帼文明岗1个、省级文明岗4个、绍兴市级20个、上虞市级17个，市人民医院陆涯林被授予全国巾帼建功标兵称号。

【提升广大妇女整体素质】 举办“关爱女性、关注健康”女性健康知识培训班，组织女干部、女企业家参加“康泰人生·青春永恒”健康养生周活动。组织女企业家协会全体会员到中国科学院宁波材料技术与工程研究所、宁波工业技术研究院进行学习考察，参加“融资策略”报告会及浙江省青年创业专家培训班等学习培训活动。乡镇妇联积极开展现代文化教育和实用技能培训42期，近2000名农村妇女参加培训。开展“弘扬上虞精神，展现巾帼风采”大型志愿服务活动，联合20多家部门单位及企业的志愿者为市民提供免费理发、配钥匙、健康义诊、家教咨询等服务。组建"巾帼女子健身队",举办"我运动、我快乐、我健康"全市健身舞操比赛,45支健身队的500多名队员参赛。召开全市庆"三八"表彰大会,看望慰问新中国成立以来的全国三八红旗手,在《上虞日报》、上虞电视台分别开设"美丽上虞,美丽女人"和"巾帼风采"专栏,对11位(个)优秀女性及女性集体进行宣传报道。

【维护妇女儿童合法权益】 继续开展"三八"维权周活动,现场举办法律法规、家庭教育、平安建设、防艾禁毒等知识竞赛有奖活动,发放各类维权宣传资料1.5万余份。做好"十二五"妇女儿童两个发展规划中期监测评估工作,扎实开展农村妇女"两癌"(乳腺癌和宫颈癌)免费检查,东关、道墟、崧厦三个乡镇(街道)的3855名农村妇女受惠。成立婚姻家庭纠纷调解委员会,建立婚姻家庭纠纷人民调解员队伍,设立婚姻家庭纠纷调解室,开设婚姻纠纷调解工作窗口,落实场地、经费和人员,有效开展婚姻家庭纠纷调解工作。做好妇女信访工作,全年共接待来信来访142件,办结率达100%。举行妇女发展基金发放仪式,向贫困母亲送上慰问金和"母亲邮包",全年为108名贫困妇女送上慰问金7.2万元。"六一"节期间,组织女企业家和政协女委员慰问虞南山区的特困儿童,市镇两级妇联共走访慰问少年儿童8600人次,送去各类助学金、慰问金16万元。牵头成立留守流动儿童关爱服务领导小组,组织女企业家协会与章镇镇小结对开展"留守流动儿童之家"援建活动,向该校赠予图书基金1万元和电脑等教学设备,女企业家甘彩英出资6万余元为该校更换专用照明灯具。

【弘扬文明健康社会风尚】 组织开展"我与中国梦""崇孝守信 务实创新"新时期上虞精神等主题教育活动,举办第五届"社区邻里月"活动,评选表彰"十佳孝心好儿女"。开展"美丽家园"主题创建活动,申报创建"美丽家园示范户""美丽家园示范点",开展"绿色家庭""庭院洁净户"评选活动。大力推广家庭教育工作,开办"春泥计划"村级家长学校210所,创建各级示范家长学校71所,组织开展"科学家教进万家"家庭教育宣传实践活动,邀请全国家庭教育巡讲团专家为上虞中小学、幼儿园开设公益讲座11次,7000多名家长参加讲座。组织开展以"阅享幸福生活,书写智慧人生"为主题的家庭读书节活动,开展"我家的读书故事"征集活动,与绍兴市小记者协会共同举办"网络家庭英语欢乐赛"活动,组织1068名少年儿童参赛。搭建婚恋交友活动平台,年初由市妇联牵头,由上虞新和成生物化工有限公司出资,设立了"上虞市幸福牵手基金",组织开展了"幸福牵手·玫瑰之约"系列活动2期,并建立公益红娘工作QQ群和单身青年交友QQ群。

(朱黎丽)

6月22日,区妇联举办"幸福牵手"第一期活动"玫瑰之约——转角碰到TA"

文　联

【概述】 2013年,区文学艺术界联合会(以下简称区文联)围绕中心,服务大局,凝心聚力,开展一系列文艺服务、文化为民活动。

在全区开展的"崇孝守信,务实创新"新时期上虞精神主题教育活动中:编著出版《新时期上虞精神读本》一书;开展"新时期上虞精神楹联征集"活动,结集出版《新时期上虞精神楹联集》;完成《孝德之歌》创作;举办"弘扬新时期上虞精神,推进四个上虞建设"主题摄影展;在青春广场举办信义之歌传唱;在全区第三届"孝亲敬老月"活动中,区孝德文化研究会举办了"表彰百名文明健康老人"和"千名老人歌颂党"的两项大型活动,与团委、关工委、教体局、文明办等单位组织《孝德童谣》征集活动,编印出版《孝德童谣集》。

在文艺服务社会、服务人民中：创作、编撰了一批紧跟上虞实际需求的文化专题作品，有《花开上虞》《上虞名人信札》《诗里行走》《夏天之旅》《上虞旅游》《四季鲜果之旅》《上虞创建省卫生强市》等书集、电视片、微电影、歌曲等作品。由区文联牵头编写的上虞乡镇(街道)历史文化丛书出版了首批百官、曹娥、道墟、下管四卷本。作协、书法家、美术家、摄影家协会为上虞第一批开展农村文化礼堂建设的担山村、青峰村、平山村等出谋策划，美化布置，提供书画摄影作品。两次举办书画影作品爱心义卖活动，将拍卖所得的20多万元全部捐助给贫困学生。联合区慈善总会举办上虞“慈善10年”巡回文艺演出10多场。戏曲家协会下乡演出、节会演出达300多场。摄影家协会在春节期间赴崧厦、下管为村民义务摄影80余人次，与“点亮一盏灯”服务总队联合举办“珍藏最美笑脸”大型公益摄影服务活动，为全市21家敬老院、福利院400多位孤寡老人、伤残孤儿拍摄了1500余幅笑脸照片，又联办、承办了7次摄影大展。书法家协会在春节前后赴下管、丁宅、丰惠、盖北等农村，现场为群众书写赠送春联。老年书画研究会组织会员110余人次，向乡镇(街道)、社区赠送春联4850余幅，书画小品1200余幅，组织会员绘制了《共圆中国梦·宣传党的十八大精神》的百米书画长卷在建党节、国庆节等展出，帮助20多个社区、乡村办好宣传窗，在龙山路宣传长廊出专刊7期。乡贤研究会为七大门户靓化工程、丰惠通明村申报历史文化村、祝家庄村打造“爱情第一村”、覆卮山平山村发展古村落等进行文化策划。民间文艺家协会举办“上虞民间工艺品展”，弘扬、传承上虞的越窑青瓷和剪纸民间工艺。

【文联各协会开展多种形式的文化交流活动】 作家协会为罗洪良的诗集《十一月的词场》举行首发式，组织作家参加中国作协、《诗刊》社在绍兴举行的“青春诗会”活动，绍兴市作协、《野草》杂志主办的“野草笔会”和新昌、袍江、富阳的笔会、诗歌交流会。书法家协会举办丁毅个人书法展、“娥江墨海”上虞书法精品展，成立丁宅书法家分会并举办“和美丁宅”书法作品展。美术家协会举办上虞、慈溪国画作品联展、“仰山雅集”国画小品十人联展，组织作者赴嵊州、天台、苏州、泰顺、雁荡山、漳州、武夷山采风写生。摄影家协会组织7次创作采风活动，邀请名家举办摄影讲座，去杭州、绍兴的摄影大讲堂听课。戏曲家协会开拓对外交流，杨国华在绍兴剧院做个人专场演出，吴一笑在四明山区开展百场曲艺下基层演出活动，郑亚萍、孙伟娟等参加江、浙、沪经典越剧大展演。音舞家协会举办茹晓芳《歌唱祖国》的个人演唱会，组织赴覆卮山大型采风活动。孝德文化研究会参与上虞各界公祭大舜活动，发动会员撰写孝德论文31篇，举办范明良孝德书画展。老年书画研究会请进来，走出去，开展名家讲课、参观展览、作品点评和创作演示活动。乡贤研究会召开“国学大师罗振玉学术成就研讨会”、《纪念著名乡贤杜亚泉诞辰140周年暨杜亚泉学术研讨会》，举行纪念谢晋90寿诞暨纪录片《谢晋》首映式，并在联络走访乡贤，传递凝聚乡情做了大量工作。

【创作喜获丰收，首摘文化部全国“群星奖”】 文学作品出版著作8部，赵畅在各地报刊发表散文、杂文100多篇，蒋军辉的长篇小说在《野草》连载。钮震江的篆刻印屏入展“全国第七届篆刻艺术展”，杨永林的扇面书法作品入展“全国第四届扇面书法艺术展”，赵技峰的书法作品入展首届“孙过庭奖”全国行草书大展。陈阳的国画作品入选浙江省优秀美术作品展览，陈永华的国画作品获第三届浙江省视觉艺术展绍兴美术展一等奖，贾炯炬多幅作品入展“沪墨越韵”上海绍兴青年画家当代水墨联展。以经录五为首的“卧龙合唱团”荣登央视“星光大道”，并获得2013年第4—1周优秀节目奖，黄建根的笛子演奏在第八届全国残疾人文艺会演上荣获银奖。杨国华表演、袁伟文创作的曲艺《老板密室》经过3年磨砺打拼，参加文化部举办的第十届中国艺术节获得“群星奖”，这是迄今为止上虞文艺界的最高档次的奖项。何仁山创作的剧本《周瑜出山》获得第八届全国戏剧文化奖·大型剧本铜奖。摄影作品在省级以上影展影赛中获奖90件以上，其中谷嘉的《社戏》入选巴西48届国际摄影展。阮嘉明在报刊上发表多篇民间故事和新故事，孙柏钱的剪纸作品获“神州风韵”全国剪纸大赛铜奖，董文海的越窖青瓷作品在第三届中国·浙江工艺美术精品博览会上获得金奖。陈国富的隶书作品入展华东六省一市老年书画联展。

【召开市第六次文代会】 市文联在下属各协会预先顺利换届的基础上，经市委同意于1月7日下午至1月8日召开第六次代表大会，主要议程：(1)讨论通过五届文联工作报告；(2)通过修改后的文联章程；(3)选举第六届委员会。 （何武玉）

科 协

【概况】 2013年，区科学技术协会(以下简称区科协)开展学术交流，普及科学知识，推广先进技术，服务科技人才。贯彻实施《全民科学素质行动计划纲要》，围绕五大重点人群（未成年人、农民、城镇劳动者、社区居民、领导干部和公务员）开展不同层面，多种形式的科普活动。推进“院士专家工作站”建设，发挥智力优势，服务经济转型升级。举办“大桥经济背景下的经济发展”科学论坛。实施科普惠农兴村行动。共有7家企业“院士专家工作站”，其中1家为省级“院士专家工作站”，9位院士、专家为企业科技服务。整合科技资源，开展“厂会协作”“金桥工程”工作，完成市本级“金桥工程”项目22项。农函大上虞市分校被评为中国农函大先进分校、被浙江省科协授予“2010—2012年度浙江省农函大先进集体”称号。

市科协换届选举大会

【做好科协换届选举】 9月29—30日在上虞宾馆召开上虞市科学技术协会第八次代表大会，198名正式代表，23名列席代表。选举委员35名，常委15名，副主席5名，主席1名。

【推进“院士经济”发展】 参与绍兴市第六届“院士专家绍兴行”活动，做好虞籍院士故乡行工作。邀请中航工业北京航空材料研究院、中国科学院院士曹春晓到上虞走访调研；国家著名装备制造业专家、热能锅炉设备奠基人、中国工程院院士林宗虎带领上海理工大学10余名师生到上虞考察访问。市有关领导赴上海走访虞籍院士袁承业，陪同浙江工业大学名誉校长、院士沈寅初走进企业考察指导。推进“院士专家工作站”建设，新建浙江龙盛集团、上虞颖泰化工等2家绍兴市院士专家工作站。10月，浙江省颖泰绿色农用化学品研究院挂牌成立，并被浙江省科学技术厅认定为省级企业研究院。企业实施的国家“十二五”科技支撑计划《磺草酮的清洁生产技术》和省重大专项(优先)主题项目《硝磺草酮清洁生产技术研发与应用》均获重大突破，多项绿色新技术得以广泛应用。浙江卧龙电气集团股份生产的低压三相异步电动机、稀土永磁三相同步电动机、高压三相异步电动机分别入转国家发改委、财政部第一、二批“节能产品惠民工程”高效电机推广目录。1月6日在上虞宾馆召开推进院士专家工作站建设座谈会，市领导陈坚、徐光华、盛夏锋及相关单位领导参加。

院士专家工作站建设座谈会

【开展科技交流活动】 组织会员、科技工作者开展科技服务，发挥科协网络优势，促进高等院、科研院所学协会的科技力量，开展“人才强市”软件科学研究；地理学会举办“大桥经济背景下的经济发展”科学论坛；会计学会开展“健全合作机制平台，加强会计人员后续管理”“关于幸福上虞建设的研究”等课题研究。全年共举办各种学术交流活动20余次，撰写、发表学术论文200余篇，有26篇论文送绍兴市参选。展示和交流科技工作者的学术成果，促进科技创新型人才的培养和科技成果转化。有1名优秀科技工作者参加绍兴市2013年优秀科技工作者疗休养活动。

【开展青少年科技活动】 市科协组织开展“科技活动周”“全国科普日”系列活动，与区教体局、青少年宫等部门联合举行全区第九届科普节活动；第四届中小学头脑运动会、中小学航模比赛。有40余人在绍兴市青少年科普征文大赛中获奖。联合绍兴市科技馆开展“科普大篷车”进上虞中学、滨江小学博文校区、民工爱心子弟学校活动。让同学们亲身体验“科技的神奇魅力。”

【牵头组织全国科普日宣传活动】 全国科普日其间，区科协牵头组织有关部门在文化广场联合开展“保护生态环境建设美丽中国”为主题的全国科普日宣传活动，近1000人参与。共向市民赠送科普读物1000余册，科普宣传资料500余份，以及科普咨询为民服务。联合市委宣传部、市环保局在《上虞日报》上刊载主题活动知识试题，开展以“科技创新美好生活”为主题的科普知识竞赛活动，有27人获奖。联合九三学社上虞基层委员会等在丁宅乡开展2013丁宅果桑节暨2013科技活动周送医送科普活动。依托“虞舜论坛”平台，面向全区领导干部和公务员举办“美丽乡村建设”科普讲座。“市民讲坛”举办健康与养生科普讲座。

【实施科普惠农工程】 开展申报国家（省）级“基层科普行动计划”项目，上虞野藤葡萄科普展示馆获省基层科普项目。与区农林渔牧局开展“科普惠农”助推“四季仙果之旅”活动，组织农技专家下乡进基地入农户，开展对口帮扶活动，重点普及“四季仙果”发展培育农技知识。举办蔬菜技术栽培培训班，邀请省农科院科技特派员团队为全区50余名种植大户作专题知识讲座。提升农民科技素质，增强农民致富能力。

【开展科普示范创建活动】 申报新一轮省级科普示范单位1家；创建绍兴市优秀农村专业技术协会2个，农村科普示范基地2个，基层科普示范单位4个，有18个种养殖专业户被评为绍兴市农村科技示范户。上虞野藤葡萄科普展示馆被评为绍兴市“十佳基层科普馆”，上虞城南中学中医药文化科普教育基地获绍兴市“十佳科普教育基地”称号。

【加强宣传阵地建设】 改版上虞科普网，完善上虞数字科技馆建设，开设《金色田野》《教育在线》等专题科普栏目，通过报刊、电视、电台、科普网站及时报道科协重大活动和重点工作，利用科普短信平台向全区领导干部定期开展宣传，全年发送科普短信三万多条。及时向绍兴市科协上报重要活动或事件信息。编印《走进科协——上虞市科协五年工作回眸》画册500册，赠送给区属各机关部门及乡镇（街道）干部。

【农函大教育培训42026人次】 农函大上虞区分校与全区乡镇（街道）农函大辅导站联合开展一年制实用技术培训91班4484人，短期适用性培训262期42026人次。开展中央电大农函大“会计”专业中专学历班招生办学2班65人，其中百官街道新叶家埭村农函大教学点1班35人，曹娥街道农函大教学点1班30人。有3名农函大优秀学员荣获“农民高级技师”职称；有1名农函大工作者被评为中国农函大先进工作者；另有3名农函大工作者分别被评为省农函大先进组织者和先进工作者。（吴夏根）

残疾人联合会

【开展职业技术培训】 2013年，区残联共举办12期残疾人职业技能培训，培训残疾人489人次，通过培训，掌握一技之长后，使部分残疾人走上自谋职业之路。

【积极推进“助明”“助行”“助听”工作】 完成白内障复明手术162例，助视器验配8名，助听器验配

73名，假肢验配10名，无障碍进家庭108户，完成“三残”儿童康复训练11名。

【实施四大扶贫工程】 共有14名困难的残疾人中、小学生或残疾人子女享受助学补助，98名大、中专院校学生享受助学补助金；为1009名托（安）养对象发放补助款500万元；3000余名残疾人享受无固定收入残疾人定期生活补助；为25个扶贫基地提供20万元资金扶持；全年对新增的12户残疾人危房实施了改造。

【联手三大媒体扶残助残】 区残联与上虞电视台联合开办手语新闻栏目，坚持每周开设电视手语新闻栏目，为全区聋人了解社会经济形势提供了服务窗口；与上虞日报社联办“关爱”专版，宣传报道上虞区扶残助残先进典型和残疾人自强不息的先进事迹；与上虞广播电台联办了“自强之声”专题节目，每周播三次，着重报道残疾人的自强先进事迹，进一步弘扬残疾人的自信、自尊、自强自立精神。

【深化按比例就业工作】 残保金征收标准从12000元提高到20000元，机关事业从15000元提高到25000元。全年累计征收完成残保金3000万元，同比增长67%。

【开展“全国助残日”活动】 助残日期间，区残联举办残疾人就业招聘会，有20家企业腾出100个岗位，有200多各残疾人参加应聘，共有37名残疾人达成招聘意向；免费赠送残疾人用品用具，共赠送轮椅105辆，盲杖300条；爱心企业免费赠送生活用品500件。（钱丹萍）

红十字会

【概况】 2013年，区红十字会贯彻《中共绍兴市委、市人民政府关于加快发展红十字事业的意见》，围绕区委、区政府和上级红十字会的各项工作要求，动员和依靠广大群众，做精做强核心业务，切实提升公信力，在服务大局、当好助手中充分彰显红十字会的独特优势和作用。

【向市民广泛宣传红十字知识】 深入学习宣传《中共绍兴市委、市人民政府关于加快发展红十字事业的意见》及省市相关的文件，上下联动、精心策划，积极争取区委、区政府的重视和支持，根据绍兴市意见出台本市推动红十字事业发展的具体实施条款。以一届五次理事扩大会议为契机，广泛弘扬“人道、博爱、奉献”的红十字精神，印制了4万份宣传资料2万本紧急避险知识读本，向市民宣传红十字知识、造血干细胞捐献知识、遗体器官捐献知识及现场急救知识等。

【接收各类捐赠款440.73万元】 围绕公开、透明的工作原则，及时公布各类捐赠款物的募集、使用情况，保证捐赠者的知情权，自觉接受社会监督。全年共接收各类捐赠款440.73万元、物资折价13.56万元，支出捐赠款合计443.65万元，物资折价11.62万元。雅安芦山发生地震后，市社会各界爱心人士纷纷伸出援手，向灾区人民捐款捐物，共接收款物合计375277.7元（其中捐款259112.7元，物资价值116165元）。区红十字会及时按上级要求将捐赠款全额汇至浙江省红十字会，捐赠物资全部送达中国红十字会成都备灾救灾中心，相关数据都在上虞日报、上虞区红十字会网站公示。

【关注最困难群体和最急需救助对象】 开展“红十字教育博爱基金”“国祥红丝带爱心基金”“君安博爱基金”及白血病和儿童先天性心脏病患者专项救助工作。春节前开展的“博爱送万家”活动共支出款物98000元，由志愿者上门慰问，分24小组86人次走遍了全市10个乡镇60多个村，扩大了红会的影响力，让受惠群众得到更多的关怀。

10月7日上虞受台风“菲特”影响，发生房屋倒塌、种植养殖业受损、人员伤亡等严重事故。灾情发生后，省红十字会下拨的救灾物资中调拨123475元帮助受灾群众。市红十字会组织志愿者把救援物资第一时间送到各受灾家庭，并对受灾比较严重的永和镇、驿亭镇、曹娥街道、小越镇、丰惠镇等五个乡镇（街道）的受灾困难家庭进行救助，救助金额25万元。绍兴市红十字会把爱心企业捐赠的一批消毒药品送达上虞，由上虞市疾控中心负责接收与发放，灾后陆续发放到需要的灾区。

【全面开展应急救护培训工作】 协调有关行业和部门，推进电力、学校、外资企业等重点行业、重点人群的培训工作。提高人民群众应急自救互救的能力和水平，有效降低意外事故造成的致残率和致死率，共有2380人次通过理论与实践的考核取得救护员合格证。同时大力推进急救知识普及，上虞中学新开设《运动与救护》选修课程，在高二年级中普及急救知识。通过每月开展急救知识进社区农村，共计有9150人次接受过急救知识的普及。开展志愿捐献造血干细胞登记、入库的宣传发动工作，深入宣传志愿捐献造血干细胞的科学知识和登记入库工作的重要意义，结合卫生部门开展的无偿献血活动，常年进行造血干细胞登记入库工作，新增登记入库84人。进一步推动人体器官（遗体、组织）捐献等生命关爱工作，办理了23例的器官自愿捐献登记，5例遗体捐献登记，3例角膜捐献登记。

【健全红十字志愿服务体系】 重点打造应急救援、应急救护、造血干细胞和人体器官捐献等志愿服务，继续加强骨干志愿者培训，充分发挥其志愿服务中的引领和组织作用。广泛吸收社会各界爱心人士加入到红十字志愿工作者队伍，新增志愿者34人。充分调动志愿工作者的积极性和创造性，常年组织具有影响力、深受人民群众欢迎的免费测量血压及普及救护知识的红十字志愿服务活动，已在各社区、车站、广场开展了28次，受益群众5000多人次。少年宫童玩空间已启动，由红十字志愿者作为主要力量普及自救互相知识。10月份台风“菲特”过后，上虞受灾较重，红十字志愿者立即行动起来，协助运送、发放救灾物资。

【推进学校红十字工作】 5月，市红十字会获得绍兴市学校红十字工作示范县（市、区）称号。至此，全市已有2460名教师取得了救护合格证，争取在近三年内完成教师救护员合格证普及率90%以上。开展在学校中招募红十字志愿者，在全区教师和高中学生中开展无偿献血活动，年献血量达9万毫升。配合5·8世界红十字日，大力传播红十字精神，在全市开展“红十字——人道的力量”为主题的红十字系列活动，因地制宜强化红十字知识宣传，通过展示宣传图板、制作红十字文化墙等方式开展红十字特色宣传。芦山地震后，各学校开展相关抗震救灾活动。丰惠镇小、百官小学开展抗震救灾爱心募捐活动，受到家长和全校师生的响应。发动与做好与红会相关的活动，征订纪念汶川地震五周年全国红十字青少年自救互救知识竞赛4万份，征订浙江省红十字应急救护知识3680份。收回全部答案卷并寄回组织方。全区有26所学校荣获中国红十字总会最佳组织奖项，市红会获最佳组织一等奖。9月份组织网络红十字知识竞赛，全市有53所学校约2.5万学生参加网络知识竞赛。各学校按全市统一安排，在学生中推行“日行一善”活动，涌现出许多感人的故事。上虞中学被评为绍兴市红十字示范学校。

【做好换届工作】 按时召开理事会，表彰一年来的先进集体和先进个人，公布捐赠款接收和使用情况，增补和调整理事。根据《中华人民共和国红十字会法》和《中国红十字会章程》对基层组织换届的要求，12月23至24日召开上虞区红十字会第二次代表大会，听取、审议并通过了区红十字会执委会主任朱国华所做的《弘扬人道，开拓创新 努力实现上虞红十字事业快速发展》的工作报告；选举产生了第二届理事会和常务理事会会长、副会长。 （杨冬娥）

法 治

综 述

【概况】 2013年上虞区委政法委以构建全方位掌控、全天候反应、全员化维稳的“三全”维稳体系为重点，以“规范化执法”为主题，以“能力大提升”为主线，全力深化“平安上虞”“法治上虞”建设，大力开展政法队伍建设。上级转办的4件信访件如期报结，全年共对30件案件进行司法救助，使用救助资金112万元，新发展法学会会员37名，编辑《上虞法学》会刊4期。

【成功创建平安上虞“五连冠”】 平安上虞创建顺利通过省考核，得分为947.13分，位列全省第36位，成功创建平安上虞“五连冠”。深入开展19个系列的平安创建工作，年底对各个系统创建进行验收，并评选出100个先进和示范创建单位予以表彰。

【创新实施全员化维稳工作】 4月份，由市委、市政府下发《关于在全市开展全员维护稳定工作的实施意见》(市委〔2013〕25号文件)，由市委办、市政府办下发《关于印发〈上虞市全员维护稳定工作考核办法〈的通知》(市委办〔2013〕59号)，在全市全面实施全员化维稳工作，全年共有86个单位为优胜，4个单位不合格，被“一票否决”。

【创新开展社会稳定风险“第三方”评估工作】 完善重大事项社会稳定风险评估机制，创新实行“第三方”风险评估模式，全年共完成评估52件，共摸排化解不稳定因素109起。

【深化社会稳定“三色”预警机制】 将社会稳定“三色”预警机制向村级延伸对接，实现无缝隙、全覆盖，探索建立即时预警机制，全年共发布即时红色预警1次，红色预警63次，黄色预警143次，发出整改通知书231份。

【加强社会服务管理工作】 扎实推进社会服务管理中心(站)规范化建设工作，盖北、丰惠两镇社会服务管理中心规范化建设如期完成。积极开展新居民IC卡居住证试点工作，启动实施新居民手机“流管通”登记管理，全面实行“数字化”管理，至年底全区新居民登记总数为24.7万人，发放临时居住证16.6万本，新居民登记总数比上年减少6.8%。

【开展平安村培育工作】 制定出台《上虞市“平安乡村”工程建设三年规划》和《关于2013年“平安乡村”工程建设的实施意见》，培育了110个区级平安村。

(许丽娟)

公 安

【概述】 2013年，上虞区户籍人口77.95万人登记流动人口17.06万人。局内设有机构和派出机构共36个，其中综合部门、直属大队21个，派出所14个，另有消防大队、武警中队、边防工作站(与边防派出所合署办公)3支公安现役部队和驾驶员考试服务中心1个事业单位。全局共有在编民警(职工)677人(大学以上学历496人，专科学历172人)；协警1189人。

全年，110有效接警总量为7.64万起，同比上升9.27%，其中四类侵财性案件8581起，同比下降16.98%，盗窃7536起，同比下降19.74%，“两抢”案件126起，同比下降56.7%，诈骗919起，同比上升40.31%，矛盾纠纷13204起，同比上升3.98%，交通事故27187起，同比上升15.98%，火警845起，同比上升37.62%。共立刑事案件6007起，破获刑事案件4168起；起诉犯罪嫌疑人1778人，同比下降1.50%；抓获逃犯190人，同比上升19.50%；查处治安案件1748起，行政处罚3366人，同比下降0.56%。移送起诉犯罪嫌疑人1595人，行政处罚3087人。

全年共收集上报情报线索1300余条，编报动态情报信息743余篇；收集化解重大不稳定因素31条；共打击处理“实际神”邪教人员25名。

全年共破获经济犯罪案件74起，抓获各类犯罪嫌疑人71人，挽回经济损失6000余万元；共破获侵犯知识产权和制假售假案件29起，抓获犯罪嫌疑人26名，捣毁窝点18个。打掉公安部认定的黑恶势力团伙12个，移送起诉侵财犯罪嫌疑人691人，抓获各类逃犯74人；打掉黄赌团伙42人，起诉黄赌犯罪嫌疑人277人，行政处罚1774人，起诉毒品犯罪嫌疑人94人。

进一步完善警备设施，建设完成社会治安动态视频监控系统（六期）监控点472个、易制毒化学品可视化管理监控点52个、城区旅馆业视频（一期）监控点140个、新增社会化视频监控点5103只；已完成虚拟建房330018间，采集常口信息675530人，采集暂住人口136033人，上传房屋照片1099005张，阵地单位信息6682条。全年共查处各类交通违法行为198940起，酒后驾驶1890起，醉酒驾驶96起。

区公安局被评为全省优秀公安局，全省队伍正规化建设优秀单位、执法质量优秀单位，绍兴市优秀公安局，上虞区“五好”党组织。有3个集体、18位民警立功，26个集体、161位民警受到嘉奖，百官派出所民警姚阳潮被评为全省群众满意派出所民警。

【加强情报信息收集研判】 为深入推进“大情报”体系建设，强化情报信息主导警务战略，实现“案件少、秩序好、大局稳、群众满意、党委政府满意”的目标，有效增强打击、防控违法犯罪效能，提高社会管理和服务水平，促进公安工作科学发展，专门成立了“大情报”体系建设领导小组，出台考评细则，深化情报信息日报告、周会商、季分析研判制度，加强情报信息的排摸、分析、研判工作。年内共收集上报情报线索1300余条，编报动态情报信息743篇，供各级领导参阅。并依托重点人员动态管控系统，切实加强对重点人事物的管控，有效遏制邪教“法轮功”“实际神”等邪教和非法宗教违法犯罪活动，共打击处理“实际神”邪教人员25名，劝阻涉军群体串联聚会及上访15起，确保上虞区社会治安稳定。

【加强应急联动处置】 局指挥中心切实加强与区应急办的联系沟通，进一步加强社会应急联动体系建设，社会应急联动全体成员单位基本能保证通讯畅通，处置及时，反馈到位，服务热情，及时为民排忧解难。报警服务台共受理各类群众求助事件11229起，其中公安部门直接处置5819起，区社会应急联动成员单位处置5410起，其中急救卫生类3601起，水、电、气抢修类481起，道路交通类188起，国土、农林渔牧类368起，市政建设、城建类177起，电信抢修类97起，消费投诉类72起，其他426起，全部求助事件及时和正确反馈率达到90%以上，赢得社会各界和人民群众的普遍赞誉。

【切实做好重点项目保驾护航工作】 主动对接“一江两岸”、曹娥江省级旅游度假区建设以及高铁新城、滨江新城、滨海新城的开发建设，依法从重从快打击发生在重点工程、重点项目、中心工作推进过程中出现的强行参工参运、强买强卖、强揽工程、欺行霸市等涉黑涉恶案件，尽最大努力护航重点工程。全年，公安局共抓获阻挠重点项目施工违法犯罪人员14人，其中刑事拘留9人、行政拘留5人，稳妥处置阻挠施工的群体性事件4起。同时配合地方政府圆满完成村级组织换届选举、安置房抽签择房、“四季仙果之旅”等一系列重大活动的安保工作。

【切实加大涉企犯罪打击力度】 坚持大案小案齐抓、破案追赃并重，深入开展打假专项行动、打击整治发票违法犯罪专项行动，严厉打击集资诈骗、传销等涉众型涉企型经济犯罪。共破获经济犯罪案件74起，抓获各类犯罪嫌疑人71人，挽回经济损失6000余万元。并积极参与企业解困工作，开展打击逃废银行债务行为，合力打击侵犯知识产权、生产销售伪劣产品等侵害企业权益的犯罪案件，共破获侵犯知识产权和制假售假案件29起，抓获犯罪嫌疑人26人，捣毁窝点18个，成功发起“何志江等人销售假烟集群战役”“邓永伟等人制售假冒飞利浦节能灯集群战役”，切实维护市场经济秩序，有效确保全区经济秩序的稳定。

【进一步深化防控体系建设】 深化防控体系建设，建立160名专职化巡防队伍，创新完善“网格化”巡防工作机制，全面启动运作城区20个巡区、7条线路，其他乡镇(街道)31个巡区，实现巡防工作常态化和巡控范围覆盖。

【深化严打整治工作】 部署开展“四季行动”、深化打防侵财犯罪大会战、打击电信(网络)诈骗、整治网络犯罪、打四黑除四害、扫黄扫赌“无声风暴”“扫毒害保平安”“肃毒害、创平安”禁毒百日攻坚会战等系列专项行动，大力整治涉及民生犯罪活动，成功侦破“7·12”重大网络诈骗案，打掉公安部认定的黑恶势力团伙12个，移送起诉侵财犯罪嫌疑人768人，抓获各类逃犯190人；起诉黄赌犯罪嫌疑人286人，行政处罚1953人，起诉毒品犯罪嫌疑人100人，成功破获公安部“2013-590号”毒品目标案件和水利厅督办的康纳浴场马金彪等人组织卖淫案，为打造最具安全感的上虞城创造良好的社会治安环境。 (叶拥军)

检　察

【概况】 2013年，区检察院坚持以确保社会和谐稳定为首要任务，以保障经济社会发展为根本责任，以创新社会管理为着力点，开展“崇孝守信、务实创新”“扬虞检精神，谱发展新篇”等主题教育活动，举行弘扬“虞检精神”演讲比赛、“寻找最美瞬间”摄影比赛、“拓展检察事业、留下青春足迹”青年干警座谈会等检察文化活动，推出“网考、面考、笔考”三结合的岗位练兵活动，提高干警业务能力。区检察院被评为全国检察宣传先进单位、省先进基层人民检察院，公诉科荣立集体二等功。

【打击刑事犯罪】 全年共受理提请审查批捕案件567件891人，受理移送审查起诉案件1002件1803人，经审查，批准或决定逮捕504件779人，提起公诉991件1606人，移送绍兴市检察院审查起诉6件6人。在注重打击的同时，严守案件质量底线，依法排除非法证据，对20起重大疑难案件提前介入、引导取证，公诉案件有罪判决率达100%。

【惩防职务犯罪】 全年共立案查办贪污贿赂案件14件18人，渎职侵权案件6件6人，其中受贿案件10件10人，贪污案件1件5人，行贿案件3件3人，玩忽职守案1件1人，滥用职权案5件5人，涉及副科级以上领导干部14人，其中现职领导3人。进一步做好工程预防工作，对滨海大桥跨桥、世纪大道东段、曹娥江大桥主桥和滨海大桥主桥4个亿元以上的重点建设工程进行同步预防。出台《关于建立村级建设工程备案预防职务犯罪工作机制的意见》，对村级工程进行同步备案预防，从源头上预防和遏制农村职务犯罪案件的发生。深化“检察约谈”制度，前移预防关口，滨海、崧厦两个检察室于下半年村级换届前夕，对辖区内10个主要行政村的40余名村干部进行换届约谈。继续做好检察建议、警示教育、行贿档案查询等工作，全年共发出检察建议6份，开展警示教育26次，受理行贿档案查询545批次。

【加强法律监督】 加强对刑事侦查活动的监督，共监督侦查机关立案39件39人，其中3人被判处十年以上有期徒刑，监督撤案5件5人，纠正漏补6人，追诉漏罪7件，追诉漏犯11人，向公安机关发出纠正违法通知书12份。加强对刑事审判活动的监督，健全落实检察长列席审判委员会、检察长出庭支持公诉等制度，积极开展量刑建议和刑事抗诉工作，提出刑事抗诉6件7人，其中绍兴市中院直接改判3件，发回重审并改判1件。加强对民事行政诉讼活动的监督，共清理积案33件，受理各类申诉线索10件，经提(建)抗改判7件，再审检察建议改判3件，办理调处案件5件，执行监督案件10

件，审判监督10件，行政执法监督10件，虚假诉讼1件4人。加强对刑罚执行和监管活动的监督，纠正刑罚变更执行案件不当呈报10人，纠正法院决定暂予监外执行不当1件1人，纠正看守所违法留所服刑罪犯4人，法院违法交付执行1人，纠正违法解除矫正2人，纠正漏管4人，建议收监执行原判刑罚1人，发放约见驻所检察官登记表1760余份，积极维护在押人员的合法权益。

【依法保障人权】 开展捕后羁押必要性审查，变更强制措施7件7人。保障涉案困难群体权益，依法办理首起拒不支付劳动报酬案，并为48名农民工追回欠薪18余万元。开展刑事被害人救助工作，为7名被害人及其近亲属提供司法救助6.6万元。在审查一起交通肇事提请批捕案时，严审细查，从微小细节入手为无名氏被害人找到身份。成立首个检察官工作室，落实信访案件首办责任制和检察长接访、定期巡访等制度，共受理信访案件124件，接待群众来访100余人次，受理刑事申诉案件6件，立案复查后公开审查息诉3件，改变原决定3件，办理刑事赔偿案件1件，赔偿犯罪嫌疑人3.61万元。

【促进社会和谐】 重点打击暴力犯罪、多发性侵财犯罪和毒品犯罪，共批准逮捕307件458人，提起公诉383件705人。依法打击破坏市场经济秩序犯罪，共批准逮捕21件47人，提起公诉40件68人，成功办理涉案金额达8000万元的银行工作人员钟某变造金融票证案。深入贯彻宽严相济刑事政策，通过检调对接成功调解案件34起，对69名犯罪情节轻微、社会危险性不大的犯罪嫌疑人不批准逮捕，对62名不需要判处刑罚或可免予刑罚的犯罪嫌疑人相对不起诉，对2名未成年犯罪嫌疑人附条件不起诉。完善检察机关介入重大责任事故调查机制，参与重大安全生产责任事故调查6起。

【创新工作机制】 出台《附条件不起诉规则》，明确未成年人附条件不起诉工作操作规程，保障未成年人合法权益。推行不起诉案件说理制度，在不起诉决定书中附加说理内容，详细阐述不起诉理由，增强工作透明度。组织召开审查逮捕阶段听取律师意见联席会议，加强审查逮捕阶段检察机关与律师的信息交流，保障律师执业权利。联合法院、司法局等部门出台《暂予监外执行工作规定》，实现对暂予监外执行工作的全程监督。9月初，案件管理中心正式挂牌成立，实现对案件统一受理、登记、扫描、分流、移送的“一站式”管理，年内已流转案卷1200余卷，并对办案流程进行动态监控，预防超期羁押和超期办案，案件质量得到进一步提升。强化案件质量评查，通过承办人自评、案评办评查、院领导抽查层层把好案件质量关。

（平　萍）

法　院

【概况】 2013年，新收各类案件11769件，审结11626件，诉讼执行总标的33.74亿元。区法院荣获“全省法院民事审判工作先进集体”和“商事审判工作先进集体”，司法警察大队荣获“全国法院司法警察体能达标先进集体”，民事审判第一庭荣获“集体二等功”，法院体操队代表绍兴市参加全省广播体操比赛荣获二等奖。

【受理刑事案件910件】 全年共受理各类刑事案件910件，审结918件，判处罪犯1593人。其中，审结危害公共安全、涉毒、两抢一盗等犯罪案件589件。审结食品药品安全领域犯罪的案件5件。审结贪污、受贿、渎职犯罪的职务犯罪案件13件16人。贯彻执行新刑诉法，落实“庭前会议”制度，统一争议焦点，促进控辩双方平等对抗，提高庭审效率和质量。认真落实“同城待遇”，保障外地籍被告人缓刑适用，共对672名被告人判处非监禁刑，其中外地籍344人，占51.2%。加强指定辩护工作，为184名被告人指定辩护人，充分保障被告人诉权。大力开展圆桌审判，实施回访帮教，促进未成年犯早日回归社会。对未成年人犯罪案卷，审理后即作封存处理，并予以保密。

【受理民事案件4191件】 全年共受理各类民事案件4191件，审结4103件，民事案件调解撤诉率达72.85%。审结医疗纠纷、损害赔偿、交通事故等民生案件1685件。审结婚姻家庭、财产继承纠纷案件879件。审结劳动争议案件242件。

【受理商事案件2545件】 全年共受理商事案件2545件，审结2529件。依法受理企业破产案件3件，配合区委、区政府解困企业10家。依法审理金融和民间借贷案件1273件。审结买卖、承揽、租赁、保险等合同类案件769件。共受理知识产权案件27件，审结21件，受理涉外案件22件，审结21件。

【受理行政诉讼案件32件】 全年共受理行政诉讼案件32件，审结30件。继续推行行政首长出庭应诉制度，行政首长出庭应诉率达90.91%。落实“裁执分离”原则，既强化司法审查，又注重调研指导，增强执法行为的合法性和权威性。成立非诉行政执行工作专项领导小组，配合区委、区政府开展控违拆违专项整治活动。

【受理执行案件3881件】 全年共受理执行案件3881件，执结3837件。共对89名被执行人实施拘留强制措施，违法制裁率达2.52%，居绍兴法院首位。实行和建立财产查控“八必查”制度、执行案件领导“会诊”制度、“五大系统”联动执行机制、网上点对点查控机制等，推动和规范执行活动。建立金融案件执行绿色通道，保护金融债权，共执行完毕金融借款合同纠纷案件160件，执行到位标的2.22亿元。开展“夕前专项执行”“程序终结案件回头看”“重点案件协同专项执行”等专项执行活动，执结了一大批疑难案件，有效提升了执行成效。

【加强社会司法管理】 推进网络司法拍卖工作，出台《关于网络司法拍卖（变卖）工作的若干规定（试行）》实施意见，将执行标的物放在淘宝网上拍卖，共对27件财产实行网络拍卖，已成功拍出6件，溢价率达15%以上。开通农民工讨薪案件“绿色通道”，实行优先立案、优先审理、优先执行。推进司法救助，共发放司法救助款90.3万元，对经济确有困难当事人依法减、缓、免交诉讼费35.6万元。开展诉讼费专项清理活动，共清退沉淀诉讼费3275笔，计1641.48万元。先后在汤浦镇、下管镇、崧厦伞业市场增设法官工作室，进一步拓宽大调解工作体系。加大巡回审判力度，共巡回审理案件136件；强化司法建议工作，共发出14份司法建议。

【加强队伍建设】 推进“三色”预警机制建设，努力从源头上杜绝各类不廉洁行为。制定中院司法作风巡查组意见反馈整改方案，改进作风纪律。组织全体干警收看反腐警示教育片、参观廉政教育基地、召开干警家属廉政座谈会，增强干警廉洁司法的自觉性。认真开展“结贫思廉”活动，提升干警思廉思进意识。开展发改案件回访，听取当事人对法官审判作风、廉洁执法等方面的意见，并及时反馈，整改落实。制定《干警业绩档案管理实施细则》，建立部门和干警个人双轨制业绩评价机制并定期通报，切实增强干警工作积极性和执行力。重新聘请12名廉政监督员，加强对干警日常执法执纪的监督。注重发挥人民陪审员的参审、监督作用，普通程序案件陪审率达91.62%。

（王菁菁）

司法行政

【概况】 2013年，上虞区司法局着力把握“稳中求进、进中求好”的工作基调，坚持执法为民、服务为民，深入推进社会矛盾化解、社会管理创新、公正廉洁执法三项重点工作，全力助推“法治上虞”建设。全年全区各级调解组织共调处各类矛盾纠纷3972件，成功3941件，成功率为99.2%。东关司法所成功创建成为省三星级规范化司法所，道墟司法所等5个司法所创建成为绍兴市级规范化司法所。章镇镇泰山村成功创建为省级民主法治村，崧厦镇前庄村创建为绍兴市级民主法治村。医疗纠纷人民调解委员会主任顾建忠被评为全国模范人民调解员。

【社会矛盾纠纷得到有效化解】 全年，医调会共受理赔付金额1万元以上的医疗纠纷45件，成功43件，实际赔付金额203.03万元。交调会共受理交通事故纠纷1023件，调解848件，成功847件，涉及赔付金额831余万元。法院调解室共受理案件427件，成功427件，实际赔付金额8723.52万元。

完善公调对接机制，不断规范百官、曹娥、崧厦等地110调解联动工作，共受理联动调解1133件，全部签订书面协议。深化检调对接机制，加强与检察院工作室的沟通协调，检调对接工作室共受理案件31件，成功31件。

【完善“大调解”工作格局】 加强与人社局、教体局、妇联、民政局等单位的联系沟通，加快筹建行业性专业调委会，出台《关于明确上虞市校园伤害纠纷人民调解指导委员会等三个人民调解指导委员会成员及其工作职责的通知》，明确了各成员单位的工作职责。7月，成立婚姻家庭纠纷调解委员会、劳动纠纷调解委员会、校园纠纷调解委员会。会同盖北、驿亭等地完善新居民调解组织建设，根据《关于在新居民中开展人民调解组织建设的意见》文件精神，推动全区新居民调解组织的建设，全区共有新居民调委会13个。全年共开展各级各类人民调解培训30余场次，累计培训1800余人次。

【落实社区矫正规范化管理】 实施“社区矫正规范化工程”，推进管理规范化、队伍规范化、业务规范化，统一规范接收、管理、变更、解矫等各个执法环节。规范实施社区矫正“三色”预警机制，建立完善“三网一建”的社区矫正监管安全工作机制，全面落实“定人包案”“管控升级”等监控制度，完善发挥GPS系统的实时定位作用，严格将社区服刑人员脱管率控制在1.5%以内，再犯罪率控制在0.5%以内，严重刑事犯罪案件控制在万分之一以内。全年共办理社区矫正审前社会调查570件。

【加强普法宣传教育】 把“浙江法治宣传月”系列宣传活动和“深化‘法律六进’，推进依法治国”主题活动结合起来，充分开展法治实践，提高法制宣传活动覆盖面、影响力，扩大宣传效果。组织开展“送法下乡”主题宣传活动，发放折页8000余份，宣传海报600余份；开展第三届全省青少年“法在心中”法制宣传主题活动，广泛发动全区中小学校参与。创新法制宣传载体，与上虞人民广播电台合作开办《法制时空》栏目，在节目中分设《司法传真》《律师在线》《以案说法》《娥江老娘舅》等小栏目，共开播31期。结合“六五”普法中期督查，加大力度开展了普法依法治理宣传。

【提供优质法律服务】 全年，全区律师共办理案件2858件，担任法律顾问465家，基层法律服务工作者办理案件836件，担任法律顾问268家。深化法律服务“一村一社区一法律顾问”制度，采取政府购买部分法律服务的方式，实现农村（社区）法律顾问全覆盖。推进企业法律顾问工作。组织法律服务工作者为中小企业开展定期法律体检，帮助企业防范法律风险。完善区、镇、村三级法律援助工作网络，构建“一小时法律援助服务圈”，建成法律援助中心劳动人事仲裁院工作站。法律援助中心全年共办理法律援助案件633件，其中民事案件216件，刑事案件417件。 （汪 洋）

军　事

综　述

【概况】　2013年，上虞区人民武装部坚持以科学发展观为指导，聚焦使命任务，谋求科学发展，圆满完成了以军事斗争准备为龙头的各项任务，人武部的全面建设和后备力量建设等各项工作呈现出扎实推进、协调发展、稳步提高的良好局面。上虞区人武部被浙江省军区评为2013年度军事训练先进单位。

民兵参加国防教育和"三个现地"点验现场

【军事斗争准备扎实推进】　围绕使命任务，把军事斗争准备作为一切工作的中心，按照"迅即能动、动之能战"的目标，加强组织领导，狠抓应对多种安全威胁、完成多样化军事任务能力的提高，加速推进军事斗争准备常态化。扎实抓好战备教育和首长机关基础训练；利用个人自学和集中训练的时机，结合上级点、集中训与个人学的方法，完成基础理论、共同训练和业务基础科目的训练提高。先后组织了125人的民兵应急连强化素质训练和全区专武干部集训，3月份和6月份，分别完成军分区专武干部集训和全省民兵情报侦察分队骨干跨区联训的承训和保障任务，并取得优异成绩。7月份参加省军区比武考核，部长周卫星被评为比武先进个人。9月份，在省军区部长比武考核中，副部长项延玳取得军分区第二名的好成绩。

【思想政治建设坚强有力】　把学习党的十八大精神作为思想政治建设的主线贯穿全年。严格按照省军区"九学"措施，努力构建"五个平台"，深入开展"四读"学习。有效组织"干在实处、创新有为"专题教育暨建设高效能机关主题实践活动，积极开展为民务实清廉为主要内容的党的群众路线教育实践活动。根据干部职工岗位特点，分层次、分类别有针对性地开展法律道德、刑事政策、节日战备、理想信念、安全保密等经常性教育。

【安全管理工作持续巩固】　牢固确立安全发展理念，始终扭住"人、车、枪、弹、密"等重点要素，抓好安全管理工作。增强干部职工安全防范意识。坚持把安全教育纳入经常性教育范畴和党日活动内容，严格落实安全责任、安全形势分析和安全检查制度。先后开展了"条令学习月""暑期百日安全竞赛"等活动，抓人、车、枪、弹、密等"九个要素"的经常性、针对性和动态性管控。结合年初"条令学习月"活动，半年安全形势分析和年底总结等时机开展安全排查和专项治理，坚持每周一看、每月一查，每季一评，全年先后组织了5次安全检查、3次安全形势分析，查纠30余个问题，全年保持安全良好态势。加大仓库硬件设施建设，不断完善民兵装备仓库监控设施建设，增强了对仓库全天候监控的效果。

党管武装

【概况】 2013年，上虞人武部严格落实党管武装制度。2月份，组织召开了全市武装工作会议；坚持落实地方党政领导定期过“军事日”制度；进行专武干部队伍调整；年底开展党管武装工作考评，强化了党政领导党管武装的意识，营造了党管武装工作良好氛围。

【加大党管武装考评力度】 年初，上虞市人武部联合上虞市委、市政府制定了《上虞市党管武装工作实施量化考评的意见》和《上虞市党管武装考核评分细则》，从制度落实、基础设施建设、基层规范化建设、服务保障、国防教育等7大方面26小类进行细化，武装工作在市政府年度工作目标责任考核分值也由1分增加至3分。规定每年年底军地组成联合工作组，深入各乡镇（街道），通过进行党管武装工作述职、查阅文件资料、召开座谈会、现场观摩等形式，对党管武装工作情况进行综合考评，并通过电视、报纸、网络等媒体公示评分结果，主动接受社会监督，确保党管武装工作不挂空挡，干出实效。

【开展“三型”党组织创建活动】 以能力建设、先进性和纯洁性建设为主线，深入开展创建学习型、服务型、创新型党组织活动，把两级党委班子建设成为“政治坚定、团结统一、矢志打赢、务实清廉、奋发有为”的坚强领导核心，把基层党组织和民兵应急连党支部建设成为“班子建设好、制度落实好、党员队伍好、工作成绩好、官兵反映好”的坚强战斗堡垒。

国防后备力量建设

【概况】 2013年，上虞人武部按照“迅即能动、动之能战”的目标，狠抓应对多种安全威胁、完成多样化军事任务能力的提高，加速推进军事斗争准备常态化。开展民兵整组工作，对专职武装工作、民兵连长、应急分队等进行全面训练，提高专武干部和民兵、预备役部队整体素质。

【提高民兵多样化军事任务能力】 上虞人武部根据《绍兴市民兵工作调整改革实施方案》和任务部署会精神，按照“调整、巩固、规范、稳定”的原则，着眼“三时一体”、积极推进“三个转变”，突出重点应急力量建设，突出优化编组结构，从1月底至4月中旬，完成基干民兵的组织调整和点验工作，形成以城市民兵为重点，以科技企事业为依托，以提高民兵队伍科技素质为目标的民兵建设格局，把民兵队伍建设成为一支规模适度、布局合理、结构优化、训练有素、管理规范、动员快速的队伍，提高了民兵力量以支援保障打赢信息化条件下局部战争为核心的完成多样化军事任务能力。

【组织民兵进行技战术训练】 5月16日至25日，市人武部在民兵训练基地组织民兵应急连125人进行封闭式训练，完成了军事基础理论、81式步枪和重机枪分解结合、轻武器实弹射击、炸药捆包、佩戴防毒面具、冲锋舟操作、森林灭火、警棍盾牌术等训练课目，进一步打牢了民兵专业分队业务、技能基础，检验了民兵分队的训练水平和遂行任务的能力。5月26日接受了军分区的考核验收，总评成绩良好。其他有训练任务的分队，以“三个现地”和依托组建单位展开训练，共完成460人的训练任务。5月份，先后组织教学法、工兵、情报侦察、核化救援分队骨干9人参加由省军区统一组织的跨区联训，成绩良好。

【承办绍兴市基层专武干部集训】 3月18日至25日，着眼提高基层专武干部工作能力，培养按岗施训、科学组训，市人武部专门成立集训队，采取“集中授课、个人练习、训考结合”的方法，集中组织绍兴市127名基层专武干部在上虞民兵训练基地进行封闭式集训。本次集训以提高专武部长履行职能为目标,以平时基层武装"基本工作"规范和战时组织指挥技能为主要内容,突出民兵组织调整改革相关政策法规学习、应知应会、轻武器射击、识图用图和"四会"教学等基础科目的训练,进一步提高了专武干部业务素质和遂行任务的能力。

【加强基层武装部建设】 严格按照《浙江省国防后备力量基层建设规范》,区人武部对全区21个乡镇(街道)武装部、7个企业武装部、46个民兵连部的建设现状进行分析归类,按照"节俭使用、配套管用、规范实用"的思路,因地制宜,分类明确标准,抓好硬件建设。加大行业武装规范化建设力度,交通运输局、城管执法局等行业武装部起好引领作用。积极在民营企业中拓展武装工作,探索军民融合式发展路子。

【完善国防动员方案计划】 为提高战时动员的针对性和经济与国防发展的融合性,国防动员各办公室根据经济发展变化和任务需要,及时编制国防动员方案计划,并做好方案计划上下对接。编制了《上虞市国民经济动员综合预案》《上虞市战时科技动员方案》《物资器材征集计划》《支前保障队伍人员收拢计划》《支前保障行动情况处置计划》《支前保障队伍机动输送计划》《上虞市动员指挥通信计划》《上虞市科技动员保障计划》《上虞市科技支前保障队伍抽组计划》《上虞市科技支前保障任务区分计划》等40余份方案和配套保障计划,为各部门、行业、系统国防动员战时行动提供了依据。

年度征兵工作

【概况】 2013年,上虞区人武部圆满完成年度征兵工作。针对当年征兵工作提前3个月开展的新形势,上虞区征兵办及时调整征兵工作领导小组,组织召开全区征兵工作宣传动员大会、业务培训会议,与各乡镇(街道)及相关单位签订《征兵工作目标责任书》;设立征兵政策咨询处,印发征兵政策宣传单6000余份,同时通过短信提醒、电视播报、悬挂宣传横幅、制作宣传板等方式,宣传征兵工作,激发适龄青年参军热情。

【做好初定兵员的思想工作】 征兵工作着重在做好初定兵员的思想工作上下功夫。通过走访、调查等形式,深入应征青年家中,摸清青年及家庭成员思想动态,对合格青年逐个排队,好中选优,合理确定初定兵员人选;各乡镇(街道)及时召开座谈会等形式,向应征青年讲述大道理,宣传党的富民政策,讲清有祖国的"大家"才有自己"小家"的幸福安稳生活等道理,引导青年和家长,在当兵问题上要算好"政治账、责任账、义务账、社会效益账",而不是只算经济账,顾眼前的利益;组织初定兵员接受一次爱国主义教育,以观看传统电视录像片,参观革命烈士纪念馆,请专武干部和退伍老兵讲部队的历史和光荣传统等形式,激励初定兵员的当兵使命感。通过教育,使初定兵员主动担当起保家卫国这一使命,做到"一颗红心,两种准备",随时接受祖国的召唤。

【深入法制征兵教育】 突出《中华人民共和国国防法》《中华人民共和国兵役法》等法律法规的宣传教育,利用电视、广播、报刊等新闻媒体,组织民兵深入工厂、乡镇(街道),讲清公民应尽的法律义务,提高青年及家长依法服兵役的自觉性;利用多种渠道,向市民宣传《上虞市关于对应征公民逃避兵役法义务实施处罚的暂行办法》,把逃避兵役的行为和应负的责任讲清,重点抓好典型事例,防止发生"自我淘汰"而铤而走险的现象;对初定兵员,普遍采取联片、联村、联人的方法,逐个承包,层层签订责任书,深入做好一人一事的思想教育工作,确保初定兵员安全上不出问题,思想上稳定不反复。

【访新兵送温暖】 9月中下旬,上虞市人武部组织乡镇(街道)专武部部长远赴西南,开展新兵回访工作。今年新兵回访工作,市人武部政委、部长亲自带领回访组,一一访问了每位新兵所在的部队,鼓励新兵好好在军营学习、生活、训练,同时也给他们带去家乡的问候、父母的关心,还有一些家长事先托付的物品也一一送到了新兵的手中，体现了上虞拥军的良好传统，给刚入军营的新兵定下了心。

全民国防教育

【概况】 2013年，上虞人武部以“第十三个全民国防教育日”、全民国防教育法颁布十周年为契机，在全区范围内开展国防教育征文、国防法规网络知识竞赛、播放爱国主义影片、过“军事日”、国防形势报告会等活动，并组建国防教育讲师团，分别对民兵连长和中小学生进行国防教育授课，在全区主要中小学中建立宣传栏，开展全区领导干部和群众国防知识竞赛，加大国防教育的深度和广度。

【开展领导干部国防教育活动】 在全区631名副科以上领导干部中大力开展国防教育，协调“两办”下发领导干部国防教育通知，组织调整区国教委成员。协调区委宣传部、上虞日报社、上虞电视台开设国防教育专栏，宣传早期上虞籍优秀共产党员、烈士英模，进一步增强地方党委政府国防意识。

【借征兵契机宣传国防教育】 新兵入伍正值学校开学，组织开展军事训练期间，上虞人武部利用有利时机，开展国防教育活动。9月份军训期间，在中小学、职业高中等学校内开展以“当兵尽义务”“强我国防、责任担当”为主题的国防教育活动；利用征兵政审走访、见面谈话、新兵欢送会等契机，把国防教育向应征青年家长拓展，通过青年家长再向周边人延伸，做到“一传十、十传百”的效果；结合新兵欢送，通过现场宣讲、电视播报、平面媒体报道等方式，推动国防教育面向社会，走进群众，扩大国防教育的范围，加深全民国防观念。

双拥共建

【概况】 2013年，区委、区政府及各乡镇（街道）和有关部门广泛开展拥军优属活动，对军人军属的来信来访开展“绿色通道”，开设“巡回法庭”和“法律援助站”，全区军人军属的合法权益得到维护。发挥民兵在社会主义建设中的作用，组织开展抢险救灾、支援灾区建设等活动。

【召开复员退伍军人安置领导小组成员会议】 4月初，上虞市召开复员退伍军人安置领导小组成员会议，会议回顾总结了2012年度安置工作情况，研究部署了2013年安置工作。副市长徐耘出席会议并讲话。会议强调，退役士兵安置工作要适应新形势的需要，确保公开、公平、公正，结合上虞实际，依据《上虞市符合政府安排工作的退役士兵考试考核录用办法》实行档案考核、理论考试相结合的办法进行安置。2013年全区共接收军龄12年以上的转业士官14人，计划20%安排到事业编制岗位，80%安排到国有企业。

【慰问基层干部】 中秋前夕，上虞人武部组织开展“情注基层与爱同行”活动，慰问了辖区内4名基层干部家庭。市人武部领导带领乡镇领导、村相关负责人，逐户登门组织慰问，主动了解军属情况，对困难军属给予关心照顾，筹建相应的帮扶措施，为军属送上了慰问金和礼品，送上党的关怀和部队的温暖，同时宣传了“一人当兵、全家光荣”的理念。

【军警民合力扑灭倪子岙山林大火】 8月14日，上虞梁湖镇倪子岙发生山林大火。市人武部接到火情报警后，第一时间赶赴现场，在掌握火灾种类、范围和受损情况及可能的扩展趋势等情况后，联合市森林消防队、公安消防大队，并召集民兵100余人展开扑救，砍出3道2000米长、3米宽的防火隔离带。经过4个多小时军警民全力扑救，倪子岙山林火势得到了有效控制。

【支援地方经济社会建设】 应区委、区政府的请求，上报军分区审批同意，积极组织民兵支援辖区进行防洪抗台、维稳等参建支建活动，为地方建设贡献自己的力量。8月初为有效应对第11号台风，确保辖区人民生命财产安全，及时组织民兵应急连125人集结，严抗台风洪水灾害；面对因钓鱼岛争端掀起的反日游行活动，在9月18日，组织民兵200人在体育馆集结待命，支援地方维护生产生活秩序，确保辖区治安正常。一年来，组织民兵参加抗台防洪、地方维稳等任务出动人数达600余人次，有力地支援了地方经济社会建设。

【开展军营文化活动】 上虞人武部坚持用先进军事文化凝心聚力，6月份，在民兵训练基地制作了灯箱、板报、橱窗，并购置高清摄像机，形成浓厚的政治氛围。按照省军区《关于军民共建文化示范村建设的意见》要求，以完善设施、建好阵地、丰富活动、健全制度为主要内容，进一步加强与谢塘镇新戴家村开展"军民共建文化示范村"创建活动，先后与新戴家村3次召开专题会议，科学定位军民共建文化示范村功能、深入挖掘共建文化特色，充分利用现有设施，加强策划，把军营文化和乡村文化进行整合，使文化建设成为推动全村经济社会发展和提高人民生活水平的强大动力。

【双拥共建活动】 区人武部与区委、区政府、区委宣传部、民政局、报社、电视台及各个业务对口单位，保持良好的工作关系，为各项工作开展夯实良好的人文基础，确保人武部工作与地方正常接轨。继续与岭南乡4名贫困学生结对助学，落实助学金4800余元；捐助龙山社区10000元、上源闸社区20000元，用于创建平安社区活动。

（卢颖颖）

科学技术

综　述

【概况】 2013年，上虞区牢牢把握“创新驱动”的战略思路，围绕“八倍增、两提高”工作目标，全面推进科技工作，全年研究与试验经费（R&D经费）支出达14.07亿元，占GDP比例达2.25%；研发人员数5460人，发明专利授权量205件，居绍兴市第一位。规模以上工业新产品产值达447亿元，占规上总产值的30.1%；高新技术产业产值达604亿元，占规上总产值的40.6%。实现技术市场交易额11935万元。高新技术企业达到91家，科技型中小企业达到250家。科技进步贡献率达到58%，全社会劳动生产率达到11万元/人。先后获得国家科技部“全国县市科技进步先进县（市）”，被省委、省政府评为“市县党政领导科技进步目标责任制考核优秀单位”，省首批创新型县（市、区），绍兴市科技进步目标责任制考核二等奖等荣誉。

【“浙大网新·上虞科技园”项目盛大开工】 11月21日，“浙大网新·上虞科技园”项目开工典礼在上虞经济开发区举行。科技园立足创新，将重点搭建企业集聚、人才服务、共性技术开发等3大平台，吸引中小企业总部集群布局，孵化科技型企业，培育软件企业，发展服务外包和科技创意、文化创意产业，推动先进装备制造、新能源新材料、节能环保等战略性新兴产业发展。科技园计划建设12万平方米研发办公楼和9万平方米生活配套中心，其中科创中心将回购4万平方米，用于区政府引进的多家大学技术转移中心、科技中介服务机构、地方大学研究院、浙江科技大市场、孵化企业等入驻其内。（张晓蓉）

浙大网新·上虞科技园开工仪式

【全面实施创新驱动发展战略】 制定《关于全面实施创新驱动发展战略加快建设创新型城市的实施意见》，确定“十大”专项行动实施方案，推进高新技术产业、创新平台、民生科技、创新人才等方面六大工程建设。财政科技投入已达到2.3亿元，一般预算内科技支出占财政总支出的比重达到5.1%。（毛建江）

【绍兴市“八倍增、两提高”工作现场会在虞召开】 7月23日，绍兴市“八倍增、两提高”工作现场会在上虞市举行。绍兴市委常委、常务副市长陈月亮出席会议并讲话。“八倍增、两提高”工作是科技创新的重要指标，上虞该项工作谋划早、起点高、举措实、效益好，作为创新试点城市建设具有典型意义，为全市深化推广科技创新提供了有益探索。（张晓蓉）

【科技项目实现规范化管理】 制定实施《上虞市级科技计划项目管理暂行办法》，规范区级科技计划项目工作流程，加强项目后续管理，增强科技经费使用绩效。对2010年—2011年实施的重大、重点项目及补助经费在10万元以上的合作项目进行了验收；对农业社发项目、一般项目及补助经费在10万元以下的合作项目进行了绩效考评。（毛建江）

科技管理

【概况】 按照"因企而异、分类指导、整体推进"的原则，综合考虑企业的技术水平、研发投入、人才储备等因素，分别针对初创型、成长型、成熟型企业制定"菜单式"培育计划，加强创新主体培育。围绕照明电器、机械装备、精细化工、节能环保设备和光伏、轻工纺织产业等优势产业，鼓励企业积极申报国家级、省级科技计划项目。按照"一个优势产业建成一个公共服务平台"的目标，推进行业科技服务平台建设，完善运作机制，发挥平台绩效。（张晓蓉）

【大力培育科技型企业】 新认定国家重点扶持高新企业13家，累计达到91家；新认定省级创新型示范企业1家，省科技型企业52家，分别累计达8家、250家；新认定绍兴市高新技术企业30家，绍兴市级创新型企业20家，分别累计达211家、80家。

【新认定省级企业研究院2家】 推进高端机械制造、汽车零部件等新兴产业领域的研究院建设。新认定省级企业研究院2家，累计达8家；新认定省级高新技术研究开发中心9家，累计达到54家，省级企业创新载体数量居绍兴市第一位。新认定上虞区级企业研究开发中心46家，累计达到219家。（胡伟泉）

【成立首家企业农药研发中心】 4月，上虞颖泰精细化工有限公司农药研发中心成立，成为区首家企业农药研发中心。该公司为国家重点扶持的高新技术企业，排名全国农药百强企业第32位，浙江省农药百强企业前5位，与中国农业大学、浙江工业大学等专业院校有广泛的产学研合作基础。研发中心将整合北京颖泰分析技术中心及中国农业大学、浙江工业大学等高校创新资源，建设一个技术领先、装备精良、管理完善、人才辈出的具有世界先进水平的绿色农用化学品研究中心，并争创省级企业研究院，使公司成为农化行业的引领者。（张晓蓉）

【45个项目列入省级以上科技计划项目】 共有45个项目列入省级以上科技计划项目，其中，国家火炬计划项目16项，国家星火计划14项，国家创新基金项目4项；省重大科技专项11项，争取省级以上科技经费1915.8万元。新列入国家重点新产品5项，累计93项。新列入省级新产品试制计划306项，居全省第三位。（胡伟泉）

【实施区级农业社发科技项目40项】 坚持可持续发展战略，加强农业、社会发展领域科技创新。新实施省级农业成果转化项目2项，省级农业重大科技专项1项。新认定省农业科技企业3家，累计达到23家，省农业企业科技研发中心1家，累计达到12家。实施上虞区级农业科技项目22项、社会发展科技项目18项，共计40项。（田永波）

绍兴市委常委、常务副市长陈月亮参观调研阳光照明

【照明电器科技创新服务平台授牌】 上虞照明电器科创平台筹建于2010年，2012年10月正式开展运行。累计投入资金7800万元，拥有检验检测实验室面积近1.2万平方米，建成1个国家级技术中心和3个省级高新技术研究开发中心。有工程师以上科研人员120名。6月，上虞照明电器科技创新服务平台正式授牌，为进一步集聚照明电器行业创新资源，加快转型升级提供了有力载体。

【投入行业公共科技平台建设资金8327万元】 省级绿色精细化工平台、区级汽车及零部件、照明电器、绿色化学制药平台共发展会员企业113家，投入建设资金8327.16万元，提供科技信息咨询服务395家次，提供培训、讲座1984人次，提供各类科技中介服务106项，实施关键共性技术攻关29项，实施技术转移、推广应用工艺18项，开发新产品115只，申请专利233件，实现服务收入341万元。风机高新技术特色产业基地申报省级高新特色产业基地。 （胡伟泉）

科技成果

【概况】 制定并实施《关于进一步加强科技成果登记和管理的若干意见》，促进科技成果评价工作逐步走向市场化、社会化。全年完成科技成果登记160个，获是省科学技术奖4项，绍兴市科学技术奖10项，评选出上虞区科学技术奖24项。列入省级引进大院名校共建创新载体以奖代补项目1项。

【世界最高精度磨床在上虞研发应用】 7月，副省长熊建平专程到上虞考察调研浙江太阳股份有限公司。该公司自主研发的“863”计划重点项目——高精度随动磨床，其重复定位精度达到了0.6微米，核心技术可以在超精密加工装备掌控万分之一毫米细微移动，超过德国、英国、日本的加工精度，达到了世界第一。 （张晓蓉）

知识产权

【概况】 推进知识产权战略纵深发展，完善工作机制，强化宣传培训，促进自主知识产权的形成，提升企业核心竞争力。制定专利工作细化规划方案，对规模以上尚未申请专利的企业开展“清零行动”，对无专利企业实行科技项目申报“一票否决制”，不断扩大专利在企业中覆盖面。支持市场前景好、技术含量高的专利技术商品化和产业化，通过“抓试点、作示范”的方式，对专利示范企业给予政策与资金扶持，引导企业成为知识产权密集、创新能力领先、具有国际竞争力的知识产权示范企业。 （张晓蓉）

【开展“4·26世界知识产权日”宣传活动】 组织召开《企业知识产权管理规范》达标认证动员会。以“4·26世界知识产权日”为载体，扩大专利知识普及率。举办培训班，帮助企业了解专利、融资担保等专业知识，并进行现场解疑。组织开展关于专利标识的知识产权执法检查1次，加强专利执法工作。

【实施规上企业专利工作“清零行动”】 制定规上企业专利工作清零行动方案，推动企业专利工作开展，确保专利“量质提升”。全年共申请专利4431件，授权专利2676件，其中授权发明专利达到205件，国外发明专利2件，比去年同期增加55%，授权发明专利数居于绍兴市第一位。万人发明专利拥有量达到8.96件。 （董智勇）

【3家企业认定为国家知识产权优势企业】 卧龙电气、龙盛、闰土三家企业被认定为国家知识产权优势企业。全年共实施专利产业化项目25项。新认定省级专利示范企业1家，累计23家；绍兴市级专利示范企业18家，累计79家；上虞区级专利示范企业25家，累计127家。 （唐卫东）

气象服务

【概况】 2013年度平均气温较常年偏高。降水时空分布极不均匀：雨量总体较常年偏多；雨日较常年偏少；强降水天气多，降水时间集中。6月7日入梅，比常年偏早7天，7月1日出梅，比常年偏早6天，梅期24天，与常年基本持平。全年气候异常多变，1～2月频现降雪天气。3月遭受大范围寒潮袭击，低温致使早发茶树遭受冻害。4月强冷空气影响，晚霜冻造成部分山区茶叶冻害。6月梅汛期降水集中、降雨强度大，造成洪涝灾害。7—8月出现近60年来最强的高温热浪少雨天气，高温强度强、持续时间长，且降水少、蒸发大，平均气温、高温日数、极端最高气温和蒸发量等气象要素均接近或达到历史同期最高纪录，各地出现不同程度旱情。8月中旬末由于东风波影响，上虞区出现旱涝急转。10月强台风“菲特”来袭，日降水量创历史新高，内涝严重，给上虞区造成重大损失，对人民生活造成严重影响。12月遭遇历史罕见雾霾天气，空气质量极差。全年气象部门共发布天气周报52期，信息内参18期，重要天气报告22期，各类气象专题66期，发布各类气象预警信号72次，发布预警信息71.6万人次。

【农业气象服务】 制定并修改《气象为农服务周年方案》，开展春茶、春播、秋收冬种、樱桃、杨梅、葡萄等农业气象服务。发布为农专题气象服务18期，并适应农时和四季仙果旅游季节，提供气象滚动预报服务和旅游天气预报。

【防雷检测】 防雷定期检测单体数量为1696，其中一次检测未通过数量为613，需整改单体所占比率为36.2%。定期检测建筑物，按使用功能不同分为化工类、加油站、学校和其他类型，以化工类为最多，为1089，占64.2%；其次为学校，为442，占26.1%。定期检测化工类建筑主要分布在杭州湾上虞经济技术开发区和道墟镇，其中杭州湾上虞开发区数量为990，占91.0%。

【雷电监测】 开展雷电监测，全区共发生地闪3070次（比2012年少3266次，减少51.55%），全年全区雷暴日为50天（比2012年少4天）。从月分布来看，今年主要集中在3、6、7、8、9五个月，五个月地闪数占全年总地闪数的99.71%；从时间分布来看，主要集中在12时到22时之间，该时间段内地闪数占总地闪数的96.68%；从空间分布来看，汤浦镇相对较多为437次。全区地闪平均密度2.19次/平方千米。（李 飞）

科技合作

【概况】 实施引进大院名校共建创新载体战略，充分发挥已有创新载体在承接大院名校科技人才优势、服务上虞经济社会发展中的作用。加快引进高校技术转移中心、科技中介机构，与高校科研院所进行深入战略合作，广泛开展技术难题诊断、技术咨询、项目对接等产学研合作，推进区域创新发展。实现技术市场交易额11935万元。

【与浙工大战略合作走向全面深入】 12月，浙江工业大学校长张立彬、副校长华尔天等领导、专家专程到上虞进行调研考察，就双方加强全面战略合作达成初步意见。浙江工业大学与上虞的产学研合作源远流长，为上虞产业发展和竞争力的提升提供了强有力的科技支撑。下步，浙工大将在上虞建立产业研究院，发挥其人才、科研和智力优势，结合上虞区经济社会发展优势，在各个领域展开全方位、深层次合作。（张晓蓉）

【科技合作交流频繁互动】 11月，省重点实验室与区内30多家相关企业开展了科技对接交流活动。化工、材料、电子通信等领域的36个省重点实验室专家分别作了最新科研成果推介，并达成初步合作意向。全年共组织开展区域科技对接活动3场，参加上海、南京等外地科技对接交流活动2场。（胡耀忠）

【企业科技指导员制度实施】 制定《关于实施企业科技指导员制度帮助企业提升科技创新能力的实施方案》，华东理工等四所大学101位专家学者分别与101家企业成功签约，成为企业科技指导员。签约专家中，研究生以上学历占97%，有教授级以上专家35名。共签约科技合作项目17项，提供最新科技成果信息83条，举办产业论坛、技术讲座、学术报告和技能培训等10次。参与实施各类科技项目22项，帮助解决技术难题35项，帮助开发新产品38项，帮助申请各类专利115件。（毛建江）

【帮助企业融资贷款3亿元】 中新力合科技金融服务有限责任公司上虞分公司共接洽企业41家、达成金融服务意向18项，为家企业解决融资1800万元。组织开展中国银行上虞支行银企对接活动，推出了适合中小科技型企业融资贷款的金融服务项目。推广“建行助推科技创新行动”，全年建行新增放贷企业7家，贷款金额达3亿元。

【科技中介服务机构增至13家】 区科技创业服务中心新入驻高校技术转移中心1家、知识产权中介机构2家，中心科技机构增至13家。中心内各科技机构共接洽企业400多家，签约科技合作项目37项，合同金额达1134.4万元；帮助企业申报科技项目27项，申请新产品鉴定38项，代理专利1083件。（全国江）

地震监测服务

【概况】 2013年，全区广泛开展防震减灾宣传活动，通过摆设宣传展报、发放宣传资料、开展现场咨询等方式，发放《中小学生防震避险教育读本》400本，提高社会公众的防灾减灾意识和应对突发事件的能力。组织乡镇（街道）防震减灾工作助理员参加培训会，提高各级震情信息员的业务素质，学习地震应急工作要点，了解并掌握地震应急工作基本业务知识。加强对烈度速报台地震台站的监督管理，派专人重点检查仪器的运行情况，做到发现问题及时纠正，保证仪器的正常使用和运转。（胡伟泉）

表9 全区新增省级以上高新企业名录表

国家火炬计划重点高新技术企业（1家）			
企业名称		所属乡镇、街道	
上虞颖泰精细化工有限公司		杭州湾上虞经济技术开发区	
国家重点扶持高新技术企业（13家）			
企业名称	所属乡镇、街道	企业名称	所属乡镇、街道
浙江纳特智能网络工程有限公司	百官街道	浙江东轻高新焊丝有限公司	曹娥街道
浙江华亿工程设计有限公司	百官街道	浙江凯萨特电缆有限公司	盖北镇
浙江胜昔信息科技有限公司	曹娥街道	浙江新瑞铭装饰材料有限公司	谢塘镇
浙江万可电气设备有限公司	梁湖镇	浙江神光材料科技有限公司	曹娥街道
浙江上风实业股份有限公司	上浦镇	浙江劲光化工有限公司	道墟镇
浙江钜联风能机械有限公司	百官街道	浙江中博信息工程有限公司	百官街道
上虞市临江化工有限公司	杭州湾上虞经济技术开发区		

教 育

综 述

【概况】 2013年，全区共有中小学88所，其中普通高中8所，职业高中2所，初中21所，小学53所，九年一贯制学校4所，在校生9.1万余人；另有教师进修学校、少体校、特殊教育学校各1所，注册幼儿园90所，在园幼儿1.6万余人。全区教育围绕“省教育现代化县市”创建目标，贯彻“开放办学、民主管理，以德立教、以学定教”原则，大力推进教育教学领域改革，高考成绩高位稳定，职成教考核再次名列全省前列，并获省财政补助；标准化学校创建持续推进，11所中小学通过省标准化学校验收，义教段标准化学校比例达91%，省内领先。特殊教育、符合条件新居民子女入学率达100%。区教体局获绍兴市教育局科学和谐发展业绩考核一等奖。

【顺利通过国家级义务教育均衡县市复评认定】 6月25日，全国义务教育发展基本均衡县(市、区)国家认定组专家督导评估上虞义务教育发展基本均衡工作。评估组经座谈、查阅资料、抽查学校后反馈，上虞以91.6分、绍兴市第一的好成绩顺利通过国家教育部复评。

【神州十号航天员太空授课地面互动落户上虞】 6月20日，由教育部、中国载人航天办、中国科协共同主办的神舟十号航天员太空授课活动在中央电视台进行现场直播，春晖中学与中国人民大学附中、江西南昌的一所中学一起作为全国3个互动点之一，接受实时的太空授课。

【上虞获全国首届“美丽乡村教育奖”】 5月9日，《中国教育报》刊出长篇《乡村教育精彩上演“升级版”——浙江上虞新乡村教育观察》，专题推介上虞乡村教育。4月23日，金近小学办学经验代表全市农村学校在全国美丽乡村建设暨“探索乡村教育变革之路”大会上作典型发言。12月4至5日，由21世纪教育研究院和陶行知教育基金会等权威机构主办的“发现‘美丽乡村教育’——探索农村教育科学发展高峰论坛”在北京举行，上虞获全国首届“美丽乡村教育奖”。

【学生上下学交通安全保障工程在《浙江日报》专题推介】 9月5日，《浙江日报》刊登《校车，奔跑的方向》一文，专题报道上虞在学生交通安全保障工程方面的探索，向全省推介上虞“公司负责、市场运作、部门监管、政府奖励”的校车专业化运营模式。

【校园食品安保体系提前实现三个100%】 全区校园食品安保体系不断完善，提前完成《浙江省“千万学生饮食放心工程”(2013—2015)行动方案》提出的各项目标：全区108所学校的128家食堂，卫生量化考评100%达到B级以上；学校饮用水直接接入城镇自来水管网率达100%；学生饮用水100%实行按QS标准生产的桶装水。

学前教育

【概况】 2013年，全区登记在册幼儿园90所，专任教师1052人，在园幼儿16873人。新创建省二级幼儿园2所，有省等级幼儿园80所，其中省一级幼儿园9所，省等级幼儿园覆盖率88.89%，省等级幼儿园在园儿童比例达98.26%。新创建绍兴市标准化幼儿园6所，全区绍兴市标准化幼儿园达到61所，占全区幼儿园的67.8%。新增绍兴市优秀早教基地1个、上虞区优秀早教基地1个、上虞区星级幼儿园6所，提升星级幼儿园5所。事业编制教师新增24人，90%的乡镇（街道）幼儿园公办教师已达到“3+x”配备要求。招考100名自聘教师骨干岗位，促进自聘教师稳定岗位、提升素质，保障农村幼儿教师的合理待遇。承办绍兴市“相约名师”和“走进名园”活动展示，有关自主性户外活动经验、混龄性户外运动性游戏、户外角色游戏的经验在绍兴市各幼儿园推广，鹤琴、实验、爱弥儿等幼儿园办园经验吸引多地同行前来学习取经。在浙江省幼儿园半日活动评比中，上虞区选派的教师获得省一等奖。上虞区争创成为绍兴市学前教育先进县（市、区）。

【中心幼儿园全面提档升级】 分别投资800万元和280万元的上浦镇、永和镇中心幼儿园投入使用；投入近200万元改建了长塘镇、岭南乡中心幼儿园。投入1亿元的东关街道、汤浦镇、下管镇、丁宅乡、丰惠镇、梁湖镇、小越镇、盖北镇、沥海镇中心幼儿园易地新（改）建工程全面启动。全区21个乡镇（街道）公办中心幼儿园实现全覆盖。

【中心村幼儿园建设加快】 全年投入1000多万元新建改建沥海镇三汇幼儿园、百官街道路东幼儿园、曹娥街道沥泗幼儿园等集体办中心村幼儿园，改建东关街道联星教育点、上浦镇联江教育点、章镇镇龙浦教育点，撤并和取缔了周边区域不合格和无证的民办幼儿园。章镇镇张村幼儿园、小越镇新宅幼儿园、谢塘镇禹峰幼儿园、崧厦镇吕家埠幼儿园、沥海镇沥东幼儿园等12所集体办中心村幼儿园正在建设中，实行“四统一”的管理运行模式。

【高标准推进园安工程】 建立区、乡镇（街道）两级园安工程领导小组，出台园安工程实施方案。并参照校安工程做法，对全区幼儿园进行洪涝灾害、地质灾害、消防安全、防雷安全、抗震安全等全方位排查、检测、鉴定，计划总投资13506万元，预计到2014年年底前全面完工。

义务教育

【概况】 2013年，全区义务教育学校共78所，初中班级数为601班，在校学生数22430人；小学班级数为1296班，在校学生数为44956人。初中专任教师1872人，小学专任教师2350人。初中具有中、高级职称人数为1508人，小学具有中、高级职称人数为1917人。有小学毕业生7637人，100%升入初中；初中毕业生8319人，初中升高中段比例99.6%。2013年全区累计免除课本费及作业本费1985.51万元，受惠学生67386人次。开展绍兴市教育优质均衡示范乡镇创建，5个乡镇（街道）创成绍兴市教育优质均衡示范乡镇。

【地方课程专题化】 在全区小学中推行地方专题课程《孝德教育》、主题读本《可爱的上虞》和原创读本《我有好习惯》。全区小学普及经省教材委员会审核通过的《孝德教育》地方课程，并在全省推广。地方课程《王羲之和王献之》获2013年省小学课堂教学评比一等奖。

【校本课程特色化】 全区50余种校本课程持续推动学生“减负”，促进特色立校，保障学生的特长发展。《礼仪春外》等3所学校特色课程被评为浙江省百堂德育精品课程。《人生导航》等4门选修课程被评为浙江省普通高中精品课程。

【发挥“三结合”教育载体作用】 全年共聘请79位来自司法、公安等部门的骨干为各校的法制副校长（辅导员），评出21位年度优秀法制副校长（辅导员），进一步加强德育力量，优化育人环境。重视“三结合”网络建设，不断完善家长学校机制，进一步发挥家长委员会在社区教育作用，共评出上虞区示范家长学校4所，绍兴市示范家长学校8所。

【班主任队伍建设出新招】 开展班主任队伍建设创新，3月，启动以“传递班主任‘正能量’、奏响班级工作‘好声音’”为主题的班主任文化节，举办全市性班主任文化节开幕式，开展班主任工作专题讲座。同时举行首届上虞市功勋班主任和魅力班主任奖评，组织“我的育人故事”班主任网上论文征集和“说说我的班主任”学生征文比赛。上虞区8位教师在省市班主任基本功大赛中获一、二奖。

【百官小学获授“中华孝德传承示范基地”】 5月7日，“中华孝德传承示范基地”授牌仪式在百官小学教育集团报告厅举行，省人民政府参事室副主任何荣飞为百官小学授牌。这是中华孝德文化联谊会命名的全国首家“中华孝德传承示范基地”。

普通高中教育

【概况】 2013年，全区有普通高中8所，共311班级，在校学生15296人；毕业生数5492人。专任教师1101人，教师中具有中、高级职称的867人。

【高考文理重点上线人数持续领先】 全区参加高考考生5606人，重点上线1005人（不含体艺类，下同），上线率为17.9%，居绍兴市第一。文科类考生1758人，重点上线277人，居绍兴市第一，蝉联绍兴市文科状元；理科类考生3530人，重点上线728人，居绍兴市第二，全区重点上线人数持续突破1000人，重点上线总人数居绍兴市第一。录取率92.85%，高出全省7个百分点。9名学生进入绍兴文理科前10名，7名学生进入全省前100名。504名参加职高类高考的考生469上线，上线率93.1%。

【省一级特色示范高中入围学校占绍兴50%】 12月2日至3日，由省教育厅巡视员组成的省一级特色示范学校督导组，对春晖中学和上虞中学特色示范学校创建工作进行检查评估。此次绍兴市仅有4所高中学校被列入省一级特色示范学校评估氾畴，春晖中学和上虞中学因特色教育成果显著而入围，入围率占绍兴市50%。

【春晖中学连获清华、北大实名推荐资格】 年中，春晖中学接连获得北京大学“中学校长实名推荐”资格、清华大学“新百年领军计划”入选资格和上海交通大学“校长实名推荐”资格，名校地位再次凸显。

【三校入围首批省二级特色示范高中评审】 由省教育厅督学周建达、省教育厅基教处处长方天禄率领的省二级普通高中特色示范学校督导组一行，先后对东关中学、崧厦中学、城南中学三校进行检查评估验收，三校入围首批省二级特色示范高中评审。

职业技术教育

【概况】 2013年，全区有职业学校3所（公办2所，部门办学1所），其中职业中专和职教中心系国家级重点职中。有专业课教师177人，在校学生8668人，为全区企业输送毕业生2898人。2013年，上虞职业教育紧紧围绕争创省教育现代化县市这一中心任务，在省职成教绩效考核、专业建设和创建、师生竞赛、创新创业、中高职一体化办学、技工学校建设、社会培训等方面进行了探索和实践。建有与上虞支柱产业相适应的机电、建筑、数控、商贸、汽修、化工、餐旅等七大类专业，拥有中央财政支持基地2个、省级实训基地3个、省骨干专业1个，形成以机电、数控、商贸、餐旅、化工为框架的骨干专业群。出台《上虞市教育体育局关于开展职校教师入企顶岗实践活动的通知》，8月份，市委书记孙云耀听取职业教育专题汇报并调研职业学校，对上虞职业教育近年来所取得的成绩表示充分肯定。10月，上虞人大视察调研职业教育。

【长三角四省市职业教育联动发展推进会在上虞举行】 10月11—12日，2013年长三角四省市（上海、江苏、安徽和浙江）职业教育联动发展推进会在上虞举行，交流探讨如何提升校企合作，更好推动长三角地区职业教育联动发展等重要课题，上虞校企合作模式与经验在会上交流并获与会代表充分肯定。上海市教委副主任印杰，江苏省教育厅副厅长杨湘宁，浙江省教育厅副厅长鲍学军等出席活动，与会人员还实地考察了职教中心卧龙、阳光教学车间和校企合作企业。

【绍兴市人大常委会主任谭志桂视察市职业中专】 10月23日,绍兴市人大常委会主任谭志桂在绍兴市副市长丁晓燕的陪同下,前来上虞市职业中专视察检查食品安全工作。市人大常委会主任徐尧峰、副主任徐光华,副市长方静等领导陪同视察。

素质教育

【概况】 紧紧突出"优质、均衡、和谐"三大工作主题,做深做实乡贤精神教育、孝德教育和心理健康教育三大德育亮点,推进科普、艺术、劳技、农艺、心理健康和传统教育六大素质教育实验园区,扎实实施"崇孝守信,务实创新"主题教育活动,切实开展"中国梦"主题德育系列活动,积极践行"日行一善",创新全区性"三大"节日活动,不断推动书香校园建设,积极推进"人道、博爱、奉献"红十字教育宣传实践活动,上虞被评为绍兴市学校红十字工作示范县市,教体局被评为区主题教育工作先进集体。

【做靓德育教育特色】 坚持特色德育与校园文化建设相结合,大力开展校园文化建设示范学校创建试点工作,开展全区十大精品社团奖评,举行《精彩德育瞬间》孝德教育课堂观摩研讨会。

【校园文化建设创新载体】 出台《上虞区校园文化建设示范学校创建活动实施方案》,围绕"和美校园、温馨教室、活力社团、阳光学生、经典阅读"五方面开展积极探索,第一批8所学校被确定为区中小学校园文化建设示范学校试点学校。

【深入推进心理健康教育】 开展全区中小学心理健康教育骨干教师研修活动,投入20万元建设上虞阳光健心咨询室,提升心理健康教育辅导水平。全区拥有5个省一级心理健康辅导站和4个省二级心理健康辅导站,有4000多位教师已取得C及以上证书,心育资源居绍兴市前列。

成人教育

【概况】 2013年全区成人学校校园占地面积8.35万平方米,校舍建筑面积1.02万平方米,教室56个,仪器设备总价值28万元,计算机121台,图书15211册。有管理人员73人,其中专职管理人员21人,志愿者122人。

【强化成人教育职业技能培训】 乡镇成校根据各自的区域特点和区域优势,开展文化和各项技能培训。在培训的520名农村预备劳动力学生中,经人社局技能鉴定,493名学生获得相应技能证书。1673名成人居民双证制教育培训,1345名学员通过考试,获得大专或职高文凭。全区乡镇成校承担退役士兵、青年农民、外地务工人员、在职职工等接受成人文化技术教育。拓宽教育培训内容,如法制教育、环境卫生、环境保护、交通消防安全、家政服务、保健等培训。充分发挥社区教育资源,成校已完成培训约45216人次。扫盲培训有序进行,已完成扫盲任务,使文盲率降到3%以下。

【继续实施省标准化成校创建工作】 继百官街道、章镇镇、丰惠镇、崧厦镇成功创建成为省标准化成校后,曹娥、东关、小越、汤浦、梁湖、沥海等6个乡镇(街道)成校创建省标准化乡镇成校又获得成功。

【启动扫盲教育和老年教育培训】 各成校根据上虞老年人实际,开展了扫盲教育和老年人应用现代化技术的培训,14178名文盲接受了"扫盲教育"培训,文盲率降到3%以下,3500多名老年人参加了网络简单应用、家电电器应用、健身保养、家庭教育与服务等项目培训。

师资管理

【概况】 2013年,全区有中小学教职工6275人,专任教师5833人。全区中小学专任教师的合格学历比例为:小学100%,其中大专以上比例96.82%;初中100%,其中本科以上比例95.46%;普通高中

100%;职业学校96.94%。全区具有高级职称的中小学教师共1068人。职业学校专业教师中"双师型"教师占专业课和实习指导教师的比例为85.64%。至年底,累计有特级教师16人,获省农村突出贡献奖3人、获省中小学师德楷模称号7人、获省春蚕奖110人、获省绿叶奖24人。

【招考新教师117名】 全年招考新教师117名。招考工作继续分三批进行:高层次人才、优秀毕业生、普通大学生。2013年对高层次人才、省优秀毕业生实行提前招考,而对一般的师范类毕业生继续采用省统一笔试试卷,首次将幼儿园教师列入紧缺学科教师招考,同时对音乐、体育、美术和幼教、职教专业增加专业技能测试,提高教师招考的科学性和社会公信力。教师招考的每一个环节、每一个政策都在上虞教育信息网和上虞区人民政府网站上及时公布公告。

【加强校长队伍建设】 从三方面加强校长队伍建设:一是组织学校领导干部的教育培训、锻炼学习,选送22名中小学校(园)长参加浙江省骨干校长培训等学习活动,1名校长列入浙江省名校长培养工程,并参加系列培训,组织全区8所普高校长参加普通高中课程改革正职校长全员培训,组织后备干部培训班,40多名青年干部参加学习培训。二是加强校级领导的教学业务管理,4月份开展学校领导干部公开课展示周活动,11月份结合第五届课堂教学艺术节开展中小学校长论坛。三是开展学校领导干部述职(述廉)评议工作,对全区24所中小学、幼儿园局管学校领导进行述职评议和考察。修订出台《关于学校领导干部选拔任用管理工作暂行规定》。全区有2名校长获得省级以上荣誉,4名校长获得绍兴市级荣誉。

【全面启动教师专业发展培训】 建立以农村教师和骨干教师培训为重点,以校本培训为基础,教师教育网络学院为平台的教师继续教育新体系,继续加强与高校的联系合作,选派学科骨干教师、高级教师开展高级研修学习和再发展研训,组织暑期初中英语教师上海培训班;加大骨干教师培训力度。组织18位名优教师参加省级学科带头人培训;12名骨干教师参加其他省级骨干培训;55位中职"双师型"教师、专业课教师参加了各类省级中职培训;4位名师参加国家级培训;100位幼教骨干教师参加国家级远程培训等;在90学时培训形式上多组织分层次培训班。逐步推进教师的区域培训、校际培训,积极实施"体验式"培训和"实战型"培训,组织1500多人次,开出小学语文、小学数学、小学英语、初中英语、中小学体育、幼儿园五大领域等学科共七个班的培训;制定出台《上虞市中小学(幼儿园)教师培训工作绩效考核实施办法》,对全区中小学(幼儿园)进行了考核。

教育教学研究

【概况】 2013年,全区教育教学研究坚持为教学服务、为教师专业发展服务和为学生全面发展服务的教科研工作方向,积极打造教科研特色,不断推进深化新课程改革和课堂教学改革,全力提升教育内涵,全面提高教学质量。上虞区教体局被浙江省教育科学规划领导小组、浙江省教育科学研究院授予浙江省(2011—2012年度)重视教科研先进单位,2所学校被授予浙江省(2011—2012年度)教科研先进集体,3位教师被授予浙江省(2011—2012年度)教科研先进个人。

【教育科研成果丰硕】 在"浙江省第五届教研课题成果评比"中,百官小学的1项课题成果获二等奖;在绍兴市省级课题优秀成果市级评比中,百官小学、春晖中学的2项课题成果获得一等奖;在绍兴市教科规划课题优秀成果评比中,滨江小学、谢塘镇小的2项课题成果获基教类一等奖,4项课题成果获基教类二等奖;在绍兴市普通中小学、幼儿园优秀学科教改项目评比中,上虞8项成果获得一等奖,另有15项获二等奖。一年中,上虞7项课题被确立为浙江省教研系统立项课题,其中2项为重点规划课题,有34项课题被确立为绍兴市教科规划课题,67项课题被确立为绍兴市学科教改项目。

【教师赛课成绩喜人】 华维学校徐晶晶获全国高中地理优质课二等奖;鹤琴小学郑荷囡老师获浙

江省2013年小学地方课程课堂教学评比活动一等奖；张杰中学梁四军、董如中两位老师获浙江省初中科学教师实验改进与创新评比一等奖；鹤琴幼儿园王爱素老师获2013年浙江省幼儿教育学科评比一等奖。在浙江省年度学科教学论文评比中，有9位教师获得一等奖。

【推进"资优生"培养工程】 3—5月，举行上虞市第四届中小学生"头脑运动会"。"头脑运动会"已成为加快"资优生"培养系列工程中的经典项目和重要工程。一年来，在各级各类各学科学生竞赛中，在省人民政府组织的"走进西澳"2013年英语口语大赛中，获一等奖2人、二等奖1人；全国高中数学奥林匹克联赛获国家级二等奖14人次、省一等奖23人次；全国高中化学奥林匹克联赛获国家级二等奖1人次、国家级三等奖2人次、省一等奖19人次；全国高中生物奥林匹克联赛获国家级三等奖3人次、省一等奖4人次；全国高中物理奥林匹克联赛获国家级二等奖9人次、国家级三等奖4人。

【举办第五届课堂教学艺术节】 10月底，上虞市第五届课堂教学艺术节拉开帷幕。本届艺术节以"幸福课堂·教育梦想"为主题，《浙江教育报》头版头条以《上虞："教育家"办学》为题对本次活动做了报道。第五届课堂教学艺术节历时两个多月，分学校、区域、全市三个层面展开，其中教研室牵头组织市级层面各种研讨活动64场，专家讲座51个，名优骨干教师课堂教学展示192节次，累计参加活动人数超过5000多人次。

教育设施

【概况】 2013年，区政府民生实事工程之一的教育体育块重点工程进展顺利。全年新建教育类政府投资项目总额达到1.4575亿元，加上续建和前期应完成的财务数总量达2.2亿元。学校、幼儿园的暑期校舍维修、改造项目均按照"先安全、基本，后配合创建、适当改善、重点加强"的维修、改造原则，确定1490万元的年度维修改造计划，截至年底完成7个续建项目和6个新建工程，共涉及义务教育学校71所、幼儿园13所、高中7所，暑期结束后各项维修工程绝大部分完成投用。

【推进园安工程】 初步制定《上虞市"园安工程"规划（征求意见稿）》，6月初下达《上虞市园舍安全工程项目投资计划》。7—8月份进入快速建设时段，各幼儿园趁放假时间加快工程建设步伐，部分工程项目在秋季开学前已竣工。投资800万元的上浦镇中心幼儿园和投资280万元的永和镇中心幼儿园已分别于9月正式投用。财贸幼儿园加固工程在其主管部门市粮食局的重视下，工程进程快速顺利，并于8月28日竣工验收；丁宅乡中心幼儿园周转房改造工程基本完成。此外，章镇镇中心幼儿园、丁宅乡中心幼儿园、区托幼中心等改造工程、滨海幼儿园新建工程已进入施工阶段。计划2013年关停的百官联新幼儿园、曹娥街道江滨幼儿园等10所幼儿园在新学期已全部关停。

【提高教育信息化水平】 年中，教体局着力创建浙江省教育现代化县市，至年底，普通中小学教育技术装备经费电教类设备总投入2800多万元，区、局财政投入2100多万元，生均投入449元，为创建浙江省教育现代化县市和争创绍兴市教育均衡示范乡镇提供了有力保障。全区已装备计算机20276台，其中教学计算机15263台，普通中小学生机比为5.2:1。88所中小学全部拥有校园网，占中小学总数的100%，全区中小学校共有2555套多媒体，其中普通教室有2263套多媒体，公办中小学校班级多媒体班套比为1:1。

【完善体育设施】 新建实验中学体艺馆达6000平方米，总投资1600万元；春晖中学新建风雨操场3100平方米。

（盛　杰）

文 化

综 述

【概况】 2013年，上虞区充分发挥“文化引领风尚、教育民众、服务社会、推动发展”的作用，进一步加快文化强区建设，促进了上虞区文化工作发展繁荣。完成4家文化创意村、22个文化大礼堂创建，继续开展“阳光文化惠民”行动，不断提升公共文化服务力。（杜留阳）

【活跃基层文化生活】 精心打造“虞舜文化节”品牌，安排全区性文化活动12项。举办庆元宵赏灯猜谜活动、“光荣属于你”职工文艺会演暨第三十二届“娥江之春”文艺晚会、上虞第二届青年歌手大奖赛、第三届排舞大赛、上虞余姚文化走亲、越剧戏迷大奖赛等活动。鼓励镇村结合地域文化、特色经济办好“乡村大舞台”等各类节会，举办了“丁宅桑果节”“驿亭杨梅节”等多个特色地方文艺活动。（宋星亮）

【加强文化精品创作】 鼓励文化工作者深入基层，创作出符合时代旋律，地域特色鲜明的文艺作品。创作莲花落《老板密室》，参加在山东济南举行的全国群星奖决赛，获得最高奖——全国群星奖，成为上虞首个获得群星奖的文艺节目。排演大戏《劈山救母》《白兔记》参加“第十一届江浙沪经典越剧大展演”活动；创作征集文艺作品、诗歌、故事等参加绍兴市十八大精神群众文艺作品专题创作大赛、省第四届“乡村诗歌大赛”和第七届新故事作品征文大赛，获二等奖1人，三等奖2人；参加浙江省文化馆业务干部才艺比赛，共获得1金、5银、3铜的好成绩；参加绍兴片区“美丽中国”——2013浙江省经典歌曲合唱大赛获三等奖；参加第三届绍兴市器乐（民乐）比赛，获2个三等奖，3个优秀奖。参加绍兴市第七届乡镇文艺会演，获2个金奖。（宋星亮）

【推动文化市场健康有序发展】 全年共出动检查1006人次，开展检查334次，共检查文化经营场所1618家次。对各级文保单位按季开展巡查，全年共检查文保单位163处。共查处违规单位40家，其中立案查处案件35件。取缔非法大棚演出7起、无证流商摊点4个、无证电子游戏室5家；共收缴非法音像制品658张、非法书刊293册、游戏机电路板16块、赌博机4台。全年共受理举报投诉17起。（朱妙琴）

专业文化

【概况】 区公共文化服务中心（原上虞越剧团）成立于1955年，是区内唯一的国办专业剧团，先后上演过《金殿赐鸩》《梁山伯与祝英台》《南风歌——舜的传说》《孝女曹娥》《白兔记》《玉堂春》《五女拜寿》《三看御妹》《哑女告状》等20多台大戏，获得社会广泛的认可。2013年1月，中心实行民主测评和选举，选出了新的领导班子。（徐 勇）

【青年演员陈红军拜师金静老师】 6月19日，中心主要青年花旦演员陈红军在上虞宾馆会议室正式拜师于艺术家金静老师，成为戚派第四代传人。（徐 勇）

【排练新业务戏《状元与乞丐》】 10月，中心排练了新业务戏《状元与乞丐》，该剧由鲍玉英执导，王斌桥作曲，周树夫舞美设计，剧目于11月底在城北文化艺术中心剧场完成彩排工作。（徐　勇）

【参加区内各种演出42场】 全年，中心参与“百场戏曲进农村”活动，配合区文广新局组织文化下乡演出3场，参加区政府以及各乡镇（街道）各类文艺活动35场，参与浙东新商都等演出活动4场。（徐　勇）

2013上虞市第六届读书节开幕式暨《上虞文化史》首发式　王海康　摄

群众文化

【概况】 2013年，文广新局有效推进公共文化基础设施建设，完成4家文化创意村、22个文化大礼堂创建；加强与乡镇（街道）衔接，出台乡镇（街道）文化工作考核办法；加强对小越、章镇、崧厦、丰惠中心镇图书馆分馆建设指导，全面做好全区农家书屋正常开放工作，指导乡镇（街道）全面开展丰富多彩的群众文化活动。（章国琛）

【开展文化惠民服务】 全年，积极开展“虞舜文化节”系列活动；组织民营剧团开展“阳光文化行动”送戏下乡216场；向全区1000户低保户和困难户，按照每户200元的标准，发放“阳光文化爱心卡”。开展文化辅导及培训下乡62次，讲座展览下乡112次；多次指导各乡镇（街道）开展文化志愿者队伍培训和业余文艺团队培训工作。（章国琛）

【举办第三十二届“娥江之春”文艺晚会】 5月28日，“光荣属于你”第三十二届“娥江之春”文艺晚会在城北文化艺术中心举行。晚会借鉴了以往的经验，在传统的基础上大胆创新，结合全市企业职工文艺会演，挑选出精品节目组成一台可看性强、内容丰富的晚会。其中由文化馆特别准备的节目情景诗朗诵《我是工人》，将该次活动的主题用诗歌和舞蹈的艺术形式展现，使劳动光荣这一思想更加深入人心。“娥江之春”不仅用艺术的形式传递时代主旋律，同时，还为社会培育了一批文艺团队和创作人才，丰富了群众的文化生活。（喻芝琴）

【免费开办艺术培训班】 面向广大市民提供免费的艺术培训。3月接受社会群众报名，4月全面开班，第一期培训时间为4月1日至6月30日，培训内容包括民族舞、毛笔书法初级班、形意拳、二胡、剪纸、声乐教学、摄影等10个班，培训学员达280人次。7月第二期开办各类培训班15个，培训内容上增加了少儿舞蹈班、少儿国画、老年合唱团、二胡提高班等，培训学员达414余人。10月第三期免费艺术培训班班级由原来的15个班扩展到20个班，培训人数达700余人。（喻芝琴）

【开展“第八个文化遗产日”系列活动】 8月，开展“第八个非物质文化遗产日”系列活动，内容包括曹娥庙会非遗孝德文化主题图片展、非遗摄影大赛、非遗征文大赛等。其中，摄影大赛共征集到参赛作品163件；征文大赛收到参赛作品112篇，包括回忆录、理论研究、诗歌、散文、曲艺等题材。分别评选出一等奖2名，二等奖5名，三等奖10名，优秀奖13名，获奖作品最后汇编成册。（喻芝琴）

【办好《娥江群文》《非遗画报》《上虞文艺》】 全年编印《娥江群文》3期，通过改进，刊物在内容上更侧重于展现全区各类文化活动。共向周边县（市）群艺馆、文化馆、乡镇（街道）等单位和个人发放900余份。作为上虞乃至浙江省第一份专门以“非遗”为主题的报纸，全年共编辑完成《非遗画报》2期，每期均发送至包括上虞各部门在内的全省各个相关单位和人员。《上虞文艺》出刊1期，内容涵盖上虞人文历史、地理名迹、文坛佳作、乡韵特色、

今日文化、当代新作等方面。（喻芝琴）

【全年完成农村电影放映5000场次】 电影公司完善农村放映网络建设，建立以乡镇为单位的责任区，培训专业放映队18个，建立放映监督制度，完善放映服务质量回执单，全年完成上级下达的5000场农村电影放映任务，普及到全区21个乡镇（街道），实现中心村的全覆盖。（方手红）

【开展影企联姻贴片广告宣传系列活动】 年内，电影公司开展电影广告宣传共5期，内容包括：与禁毒委员会、禁毒大队联手开展“禁毒法”宣传活动；配合区委组织部的宣传教育活动，利用农村电影放映平台开展远教移动广场（影院）播映；配合食品药品监督局的国家专项活动，利用农村数字放映平台开展打击保健食品“四非”专项行动为内容的贴片宣传放映活动；开展御景华庭楼盘宣传推介；配合中影公司百花电影放映宣传活动。（方红）

【接待租场活动提供良好服务】 上虞大型演出活动场所，为社会各部门、企事业单位、学校以租场形势提供各类演出活动服务，全年接待30场次。（丁艳飞）

报刊

【概况】 上虞日报社是浙江日报报业集团下属单位，由浙江日报报业集团主管。《上虞日报》由上虞日报社主办，2013年出版发行345期，年发行量3.5万份，年经营总额达到3010万元。

【二轮改扩版成效明显】 6月3日，上虞日报二次改版正式拉开帷幕。本轮改版亮点纷呈、夺人眼球，具有五方面的特色：精心打造头版，要闻稿件有深度，版式出新意；坚决取消“综合版”，打造版面清新、主题凸显的热点新闻；版性更加明晰，令人喜闻乐见；讲求深度报道，充实健全言论栏目；重视舆论监督，推出“百姓问事”栏目，提高区域主流媒体的社会影响力。配合二轮改版，报社举行了部室撤并调整、中层干部竞聘和人员双向选择，进一步提升报社的团队合作和创新力度。

【新媒体两个效益凸显】 上虞日报着力巩固主阵地，致力拓展新媒体。在稳步拓展手机报业务、改革新闻网版面的同时，推出上虞首个政务微博平台“微上虞”。《上虞壹周》《浙江汽车产业》《浙商潮起杭州湾》等周刊、期刊顺利出炉。

【采编系统全面升级】 10月中旬，上虞日报全媒体服务平台正式上线启用，实现了上虞日报采、编、发新闻处理流程的网络化、平台化管理，利用浙报集团技术和资源，实现上虞日报全媒体新闻出版平台从无到有的突破。系统升级使版面管理更加计划、科学、规范，版面编辑、部主任对版面用稿的把握更加有全局性。通过“大样监控”功能，可随时监控后道排版进度和情况，部室主任以及值班总编的执行力得到进一步提升。

【四项总指标再创新高】 经营工作亮点主要表现在四个方面：一是争取区委、区政府的大力支持。从2013年起每年给予报社一定额度的采编和新媒体建设财政预算补助。二是部门、乡镇（街道）的联办、联谊工作再上新台阶。与部门联办的栏目在数量和质量上都有大幅提升，经营业绩也同步上升。三是重视统筹策划。精心策划大桥特刊、高铁特刊、上虞日报复刊廿周年纪念活动，以及“四季车展”活动等，全年创收突破500多万元。四是全面实施项目化管理。手机报、新闻网、《上虞一周》统一实施项目化运作，其中200万元以上项目两个，100万元以上项目六个，50万元以上项目两个，取得突破性进展。（杨晓双）

广播电视

【概况】 2013年，区广播电视总台党委紧紧围绕区委、区政府工作中心，扎实做好新闻宣传、党的建设和其他各项工作，办好《上虞新闻》《商都直通车》《虞视说说看》《清洁家园》《金色田野》《逛街》《民情热线》《今日晚高峰》等栏目节目。广播节目中心、新闻综合频道在《上虞新闻》中相继开设“稳中求进、进中求好”“‘崇孝守信、务实创新’

主题教育活动”“走基层 办实事 解难题”“合力开展控违拆违专项整治”“聚焦大桥经济、融入高铁时代”“中国梦·百姓梦”“建设‘五个一体化’推进城乡统筹发展”“实施三大工程、打好治水攻坚战”“浙东新商都——幸福上虞城”“冲刺四季度——确保完成全年目标任务”等20多个专栏，共播出专栏稿件近1400多篇。新商都频道在《商都直通车》中推出“贯彻经济工作会议精神”“聚焦大桥高铁时代”“商贸之星”等专栏，做好“四季仙果”快乐采摘游、“虞舜文化”精华体验游、“新商都”欢乐购物游等三大系列共35项活动的宣传报道。

【成立外宣和重点节目组】 区广播电视总台成立外宣和重点节目组，整合外宣资源，增加上送节目量，并积极采制专项外宣节目。抗击台风“菲特”的两条报道以最快速度在《央广新闻》里直播，《上虞加强灾后防疫工作》等报道在中央电视台播出。由广播节目中心、外宣和重点节目组联合采制选送的《乡土乡情》节目，10月17日上午在中央人民广播电台中国乡村之声直播45分钟。在上海东方台播出《上虞：品樱桃 赏青瓷》专题，上海台《长三角播报》播出《上虞：东山湖赏景》等新闻和专题9条。

【春晖中学成神州十号航天员太空授课央视直播互动点】 在神州十号航天员太空授课央视直播活动中，春晖中学成为央视直播互动点，是全国三个互动直播点之一。6月20日的神舟十号航天员太空授课活动直播圆满完成。活动通过中央电视台综合频道现场直播，央视新闻频道、中文国际频道同步直播。节目向全国电视观众和网络受众充分展示了春晖中学的人文景观、师生物理实验课程和学生提问航天员等内容，从而提高了春晖中学的美誉度和上虞的知名度。在央视重要节目、重要时段、较大容量地参与直播节目，在上虞尚属首次。

【推出电视特别栏目——《美丽上虞之乡村故事》】 为宣传美丽上虞，发掘农村历史文化故事和现代经济社会发展的闪光点，推出了特别栏目——《美丽上虞之乡村故事》。已摄制播出陈溪太平山村、长塘罗村、东关彭家堰村、上浦东山村等四期《美丽上虞——村庄故事》。

【推出交通直播节目《今日晚高峰》】 5月2日起，广播节目中心推出交通直播节目《今日晚高峰》，以记者、交警和特约通讯员于每天下班高峰期在城区各个交通要道通过电话连线直播的形式，向听众播报路况信息，为广大听众出行提供信息服务。

【摄制完成《花开上虞》微电影】 摄制完成了宣传、弘扬“崇孝守信，务实创新”的新时期上虞精神的微电影《花开上虞》。

【摄制电视对话节目——《浙东新商都头脑风暴》】 围绕“浙东新商都（上虞）购物节”主题，与绍兴电视台共同摄制3期电视对话节目——《浙东新商都头脑风暴》，为上虞旅游服务业发展带来新启发，开启新思路。

春晖中学直播

【录制——《面对面》节目】 围绕“学最美人、做最美事”主题，做好首届信义文化节宣传，拍摄“最美”主题微电影，摄制播出“最美夕阳红”“最美守护神”“最美女人心”“最美志愿者”4期《面对面》节目。 （严月芬）

有线电视

【概况】 2013年，中广有线上虞分公司以农村双向网改推动农村网络质量的提升，华数云宽带、云电视相继落地上虞，建设全区农村便民服务和“三务公开”信息平台，并发布信息12万条次。

【建成全区村级便民服务和“三务公开”信息平台】 中广有线上虞分公司按照省、市纪委《关于加快推进村级便民服务和“三务公开”信息平台建设的通知》（浙纪〔2012〕30号）、虞纪发（〔2013〕3号）等文件精神，开展机顶盒版面的设计和软件的修改，到2月中旬完成了广播版信息平台建设，基本完成互动版信息平台的建设。4月9日，市纪委在岭南乡龙山村召开全市村级便民服务和“三务公开”信息平台建设演示现场会。4月20日，制订全市数字电视“三务公开”实施方案。5月31日，完成全市共计30万台机顶盒的软件升级工作，使机顶盒具备了能够浏览“三务公开”信息的能力。6月18日，顺利完成数字电视“三务公开”前端平台建设。6月30日，完成全区243个行政村“三务公开”信息平台的信息发布工作，全面实现了广播平台对全区行政村的有效覆盖。全年发布全区村级便民服务和“三务公开”信息12万条次。

【实施农村有线网络550MHz双向改造】 中广有线上虞分公司制定《全市有线网络双向业务发展总体技术方案》，启动农村550MHz双向网覆盖工程建设，架设光缆500千米、钢绞线250千米、立杆350支，熔接8000余芯，安装EPON-OLT设备28套、ONU设备2500套、EOC局端2200套，完成17个乡镇站机房至行政村主干光缆网络和89个行政村双向网络的改造，到年末全区双向村数达到325个，占全区总行政村数的87.6%。

【升级优化全区骨干网络】 中广有线上虞分公司加快推进IP城域网的升级优化，至3月底，完成一期12个乡镇的3个虞南、虞北、虞西万兆 IP环网，至6月底完成二期7个乡镇的2个虞南、虞东千兆IP环网。5月26日，开通绍兴至上虞20G环网信号。8月10日，完成城区（含百官、曹娥）1550自愈环网建设。完成7个小区机房建设改造。启动21个小区管线地埋工程建设，新开通12个新建小区的网络信号。完成25条道路近42千米的管道地埋建设，做好15个线路改道工程的建设，启动华数省级骨干环网上虞段32千米的光缆施工。

【华数云宽带、云电视落地上虞】 中广有线上虞分公司与浙江华数公司开展业务合作，3月份华数云宽带业务落地上虞城区，并逐步向全区推开。华数云宽带有云助手、视频天下、华数TV、消息盒子等4种服务产品，具有高速、应用丰富、高带宽等特点，上网速度可达10Mbps～100Mbps，可为用户提供高速互联网接入服务、智能缓存加速及云助手平台应用服务。8月份，完成中心机房华数云电视设备的调试。9月23日，开展数字电视全网搜台升级，升级后有线数字电视基本节目增加到70套、高清节目增加到30套，分别增加了5套数字电视基本节目和14套高清节目，同时推出华数高清直播套餐和高清新视觉套餐。

【参与社会信息化建设】 中广有线上虞分公司参与做好全区信息化建设，争取区信访局信访信息系统网络建设项目并于9月底完成；12月，争取上虞区看守所电化教育闭路电视系统建设项目和上虞中医医院网络宣传工程项目，新增专网专线250条。

【启用规范化有线电视营业厅】 12月26日，经过半年多的筹备，位于市民大道江河大厦西侧一楼（万和城东首）城北有线电视营业厅正式启用，成为上虞区第一个规范化运行的有线电视营业厅。营业厅营业面积达200多平方米，功能布局多样，设立了业务受理区、演示体验区、产品宣传区等功能区，能更好地满足用户服务的需求和市场业务的开展。

（陈建平）

文物保护

【概况】 2013年，完成萧曹运河上虞段文物修缮工程通过省文物局验收。做好大运河上虞段申遗迎检工作。新增4处全国重点文物保护单位，同时起草了《关于进一步加强和改善文物保护的实施意见》《上虞市业余文保员管理办法(试行)》《上虞市文物安全目标管理责任书》等文本。

(陈文娟)

【完成萧曹运河上虞段文物修缮工程】 萧曹运河上虞段文物修缮工程是上虞清水工程的一个子项目,2011年8月工程项目通过发改局立项(虞发改投〔2011〕182号),总投资估算为1000万元,工程主要包括三方面内容:一是修复两岸12千米长的河坎,二是对沿线7座纤道桥进行修复,三是对沿线4千米长的古纤道按实际保存情况进行维修。工程方案由绍兴华汇工程设计集团有限公司编制,并经浙江省文物局审批同意。2012年12月,工程通过政府招投标程序落实施工单位,由绍兴市古建园林建设有限公司中标,工程于2012年12月10日开始施工,施工过程中克服了沿河线路长、地形地貌复杂和面花赔偿涉及面广等诸多不利因素,抢进度保质量,于2013年5月10日顺利竣工。

(王晓红)

【全力做好大运河上虞段申遗迎检工作】 大运河上虞段是中国大运河的重要组成部分,为迎接国际专家对大运河申遗项目的现场考察评估工作,上虞区委区政府高度重视,按照浙江省文物局的统一要求积极部署落实:一是配合绍兴市申遗陈列展馆,搜集整理上虞段运河遗产照片资料133张上报;二是配合绍兴市大运河监测平台数据填报,整理汇总上虞段水利、航运、环保、交通等11个部门单位的大运河相关数据资料上报;三是从交通、水利、规划等部门搜集上虞大运河遗产点段工程修缮的历史档案资料,编制完善萧曹运河段和虞余运河段的四有档案;四是完成上虞段备选点讲解词撰写,制订落实上虞段迎检接待方案;五是落实专项资金,完成大运河上虞段沿线界桩的设计制作安装,在遗产区和缓冲区共设置界桩50根,国保标志4块,遗产标志碑1块,点段解说牌1块;六是落实资金对炼塘桥、曹娥老坝底堰坝、和尚桥、长坝等四处备选点段进行了环境整治。

(王晓红)

【新增4处全国重点文物保护单位】 5月,国务院(国发〔2013〕13号)公布了第七批全国重点文物保护单位名单,上虞又新增国保单位4处,分别是凤凰山窑址群、春晖中学旧址、曹娥庙、大运河。加上原有的国保单位小仙坛窑址,上虞国保单位已达5处。

(王晓红)

【开展第一次可移动文物普查】 国务院决定从2013年2月至2016年12月在全国范围内开展第一次可移动文物普查工作。根据省普查办要求,在政府牵头下,召开了由区委宣传部、区发改局、财政局、教体局、档案局等相关部门组成的普查领导小组成员单位的协调会。根据虞政发40号《关于在全市开展第一次全国可移动文物普查的通知》,成立普查领导小组、制订普查实施方案、明确普查目标、范围、进度安排和部门职责等内容,并对各级国家机关、事业单位、国有企业和国有控股企业等590家国有单位文物藏有情况开展了全覆盖式调查,其中反馈收藏文物单位11家。

(王 玲)

【临时展览接待观众6.5万余人次】 全年引进推出《首届民间手工艺作品展》等临时展览6个,接待观众6.5万余人次。

(王 玲)

【完成上浦古窑址调查工作】 上虞博物馆与浙江省考古研究所联袂,完成上浦甲仗村窑寺前、凌湖、夏家埠一片窑址的调查工作。

(王 玲)

图 书

【概况】 上虞图书馆是国家一级图书馆,新馆于2006年10月8日开馆,具有电子检索、网上阅览、开架借阅、少儿服务、学术交流、社会培训、展览讲座等服务功能。同时设普通图书外借室、报刊阅览室、参考咨询室、电子阅览室、少儿图书室、读者自修室、视障阅览室等服务窗口。馆内有阅览、休息座位630个。是一座体现上虞文化特征、城市个性和社会经济发展水平的标志性文化建筑。

2013年，图书馆采购各类新书36400册，新增电子图书234册；年订阅中文期刊642种、报纸113种；收到赠书188种，382册；至年底总藏书量为40.8367万册。2013年，共接待读者399756人次，图书流通553938册次，有效借阅证28250本，解答咨询、代查资料等457人次，网站访问量183500人次。设馆外图书流通站7个，共借书2347册。

【通过国家一级图书馆评估定级】 11月2日，文公共发〔2013〕52号《文化部关于公布第五次公共图书馆评估定级上等级图书馆名单的通知》文件公布，上虞图书馆顺利通过第五次公共图书馆评估定级，再次被文化部评为"一级图书馆"。

【举办第六届读书节】 6月20日下午，上虞第六届读书节开幕式暨《上虞文化史》首发式在百官小学隆重举行。读书节历时4个月，开展了第七届未成年人读书节、机关干部读书节、家庭读书节、职工读书节、市民讲坛、第六届读书节推荐书目、金科"明志"图书室创建、"阳光文化爱心卡"发放等10多项主题读书活动，全区累计大小读书活动100多项，参与人数达数十万人次。

【建成金科明志图书室7个】 全年创建"金科明志图书基金"图书室的有7个：上浦镇文化中心、长塘镇文化中心、岭南乡中心学校、道墟镇杜浦小学、丁宅乡丁宅村、梁湖镇外梁湖村、小越镇越兴社区，丰富各地群众的文化生活。

【举办各类讲座12场】 全年举办"杨梅种植栽培修剪技术""南美白对虾养殖技术""弘扬信义文化，打造信义上虞""浅谈新时期上虞精神""青年职业生涯规划""健康饮食知识"等市民讲坛6场；"诵读经典——积淀儿童的文化修养"讲座、上虞市"百名青年企业家"培养对象专题讲座、"财税改革动向与企业发展理念"专题讲座、"总经理与人力资源发展战略专题讲座""健康与饮食科普养生讲座""快乐阅读、快乐写作"等专题讲座6场，直接受众1270人次。

【全年承办文化展览11个】 全年承办"仰山雅集画展""崧厦伞业汤浦童装文化创意产品展览""白马湖书画院学生作品展""上虞市首届京舜书画艺术交流会书画展""美在爱弥儿——中国梦自然教育创想课程系列成果展""绍兴籍院士风采展""水墨韵——王姝儿个人书画作品展""春天的故事——正裕幼稚园美术作品展""花开的声音——华维文澜小学师生书画展""丁毅书法艺术展暨《丁毅书法集》首发式""天香书苑2012年度书画汇报展"等各类展览11期，参观展览观众45300人次。

【开展古籍普查及保护工作】 上虞图书馆按照浙江省中华古籍保护计划，由专人负责实施古籍普查工作。对馆藏的古籍进行整理、拍照、数据录入、上传到省馆数据库。同时，加强古籍室的安全防护设施建设，1月15日至18日，由浙江金盾消防器材有限公司在图书馆三楼古籍室内安装柜式七氟丙烷灭火系统一套。6月13日，又在三楼古籍室内安装除湿器一台。为古籍保护提供恒温恒湿环境条件和安全保障。经过申报，并通过验收合格，上虞图书馆被上级命名为"浙江省古籍重点保护单位"，获得了由浙江省人民政府公布，浙江省文化厅分发的"浙江省古籍重点保护单位"铭牌。

【增设上虞家谱数据库】 上虞图书馆新收藏《孙氏宗谱》《虞东杜氏宗谱》《古虞张氏宗谱》《姚氏宗谱》等家谱20种，累计收藏家谱123种。

【开展送万册图书下乡工程】 开展送万册图书下乡工程，共计送书下乡图书57627册。

（王海康）

著述目录

2013年，上虞区图书馆收集地方文献正式出版物95种，95册。

表10　　2013年上虞区图书馆收集地方文献正式出版物汇总

书　名	著(编)者	出版社	内容简介
乐坛逸闻	田沛泽编著	吉林人民出版社	音乐家生平事迹
科学、哲学、社会和历史	范岱年著	科学出版社	本书主要汇集了四方面的内容:范岱年先生关于科学哲学、科学史与科学社会学重要理论问题的新思考;范岱年先生所撰写的书评、书序和译后记等类型的文章,以及相关资料的汇编;范岱年先生关于当代中国现实问题、理论与现实相结合问题的重要思考;范岱年先生关于其父亲、著名教育家范寿康先生及其他几位民国时代知识界人士的回忆文章
竺可桢全集·第23卷	竺可桢著	上海科技教育出版社	本书为《竺可桢全集》第23卷。该卷以时间为序,收录竺可桢从1935—1939年的著述,包括学术论文、科普文章、演讲词、信函、序跋、译作等
罗振玉学术论著集. 第三集	罗振玉著	上海古籍出版社	
竺可桢全集·第24卷	竺可桢著	上海科技教育出版社	本书为《竺可桢全集》第24卷。该卷以时间为序,收录竺可桢从1940—1973年的著述,包括学术论文、科普文章、演讲词、信函、序跋、译作等
家庭教育与父母教育	陈鹤琴著	上海人民出版社	本书由上下篇组成。上篇"家庭教育"以"心理学具体化,教学法大众化"的全新形式,精心选述了儿童心理的基本特点,儿童学习的性质和原则,实证呈现了家庭教育的101条原则。下篇"父母教育"所反映的思想是上篇家庭教育的扩展和延伸,致力于提倡家庭教育,推进与之相辅相成的现代父母教育的思想
转身遇见佛:弘一大师修心录	弘一大师原典	现代出版社	
只谈花香,不谈悲喜:李叔同的清风明月	沈墨雨著	中国华侨出版社	本书介绍了李叔同充满传奇的一生。讲述了他从一个家境优裕、声色犬马的翩翩公子到毅然决然走出红尘、遁入空门成为一代大师的全过程
罗振玉学术论著集·第五集	罗振玉著	上海古籍出版社	
中国人的修行	弘一法师著	中国工人出版社	本书是对弘一法师李叔同关于佛法、人生、国家、文艺等方面的散文、禅讲的整理和总结,并加以疏释延伸
李叔同诗歌评注	朱兴和评注	上海交通大学出版社	

续表10

书　　名	著(编)者	出版社	内容简介
罗振玉学术论著集·第一集	罗振玉著	上海古籍出版社	
走读绍兴	郑休白著	浙江摄影出版社	游记
罗振玉学术论著集·第六集	罗振玉著	上海古籍出版社	
报人往事	于友著	群言出版社	这是一本近百岁老人对其七十年记者生涯的回顾。前一部分收集了作者所写记录范长江、胡愈之、刘尊棋等前辈的文稿,分别叙述着前辈们的突出成就和先进思想;后一部分报告了作者从业七十年左右的经历
怎样做幼稚园教师	陈鹤琴著	华东师范大学出版社	
夏丏尊散文	夏丏尊著	上海科学技术文献出版社	
陈鹤琴教育箴言	陈鹤琴著	华东师范大学出版社	
长亭外,古道边:李叔同的浊酒余欢	谢文婷著	重庆出版社	
上虞五千年	马志坚著	西泠印社出版社	本书是比较系统研究梳理上虞历史文化的专著,史料翔实,以《史记》《后汉书》《越绝书》《吴越春秋》等正规史料加以引证
一飞记述	陈一飞著	金城出版社	本书是陈一飞先生历年著述的合集,分为三个部分,第一部分是关于陈鹤琴研究方面的论述;第二部分是作者本人任新华社记者时所写有关亚非各国的新闻报道及见闻;第三部分是作者与亲友、同学等人的书信往来及个人日记、随笔等
罗振玉学术论著集. 第八集	罗振玉著	上海古籍出版社	
罗振玉学术论著集. 第十集	罗振玉著	上海古籍出版社	
盛夏	艾伟[著]	上海文艺出版社	小说
罗振玉学术论著集. 第二集	罗振玉著	上海古籍出版社	
银东关春秋	王德江著	编者	本书以作者民国中期至新中国成立初期三十多年的人生旅途为脉络,叙述了"银东关"的历史沿革、自然风貌、人文景观、民俗风情,以及从民国到新中国成立初期的重大历史事件

续表10

书　　名	著(编)者	出版社	内容简介
绍兴公共文化服务现状及创新研究	杨志强主编	西泠印社出版社	本书在全面了解绍兴市公共文化服务现状的基础上,分析了公共文化服务的经验和存在的不足,提出了创新的服务机制和推动全市公共文化服务体系建设的对策建议
李叔同画传	金梅著	中华书局	人物传记
田园童话	金近著	湖南少年儿童出版社	童话
罗振玉学术论著集. 第四集	罗振玉著	上海古籍出版社	
罗振玉学术论著集. 第十二集	罗振玉著	上海古籍出版社	
弘一大师传	陈慧剑著	商务印书馆国际有限公司	人物传记
曹娥碑三种	上海书店出版社编	上海世纪出版股份有限公司上海书店出版社	
小猫钓鱼	金近著	春风文艺出版社	童话
马一浮全集. 第六册 下,附录	马一浮著	浙江古籍出版社	本书分年谱传记、生平忆述、思想研究三大块,收录忆述与研究马一浮先生生平事迹、著作成果与思想成就
马一浮全集. 第六册 上,附录	马一浮著	浙江古籍出版社	本书分年谱传记、生平忆述、思想研究三大块,收录忆述与研究马一浮先生生平事迹、著作成果与思想成就
马一浮全集. 第五册,日记·辑佚	马一浮著	浙江古籍出版社	
马一浮全集. 第四册,杂著	马一浮著	浙江古籍出版社	
马一浮全集. 第三册 下,诗集	马一浮著	浙江古籍出版社	
马一浮全集. 第三册 上,诗集	马一浮著	浙江古籍出版社	
马一浮全集. 第二册 上,文集	马一浮著	浙江古籍出版社	本书是马一浮先生的文章汇集,按其题材分编为序跋启、记传铭赞、书札三大部分。内容有:宋遗民诗序、曲苑珠英序、名媛文萃序、题马万里印册、意林续钞序、周易明义小引、周易易解跋、王文成书札真迹跋等
马一浮全集. 第二册 下,文集	马一浮著	浙江古籍出版社	本书是马一浮先生的文章汇集,按其题材分编为序跋启、记传铭赞、书札三大部分。内容有:宋遗民诗序、曲苑珠英序、名媛文萃序、题马万里印册、意林续钞序、周易明义小引、周易易解跋、王文成书札真迹跋等

续表10

书　　名	著(编)者	出版社	内容简介
马一浮全集. 第一册 下,语录	马一浮著	浙江古籍出版社	本书是马一浮先生的语录汇集,内容包括泰和宜山会语、复性书院讲录、尔雅台答问、讲孝经大义序说、问学私记等
马一浮全集. 第一册 上,语录	马一浮著	浙江古籍出版社	本书是马一浮先生的语录汇集,内容包括泰和宜山会语、复性书院讲录、尔雅台答问、讲孝经大义序说、问学私记等
哲学通论 个性教育	范寿康著	武汉大学出版社	本书收录作者两本书,《哲学通论》主要介绍哲学中的一些基本概念范畴等;《个性教育》探讨个性对教育的影响和作用
陈鹤琴教育思想读本. 儿童音乐教育	陈鹤琴著	南京师范大学出版社	幼儿教育
罗振玉学术论著集. 第十一集	罗振玉著	上海古籍出版社	
谢晋	顾志坤著	人民日报出版社	人物传记
董仲舒、王充教育名著导读	王凌皓主编	吉林文史出版社	王充教育思想
徐三庚篆书册	雷志雄主编	湖北美术出版社	
别样的人生:阮文龙. 中	赵菲,赵征著	上海人民出版社	人物传记
高等职业教育理论探新与实践构建:陈鹤琴教育思想在高等职业教育领域的应用研究	沈明,孟琪璐,嵇珺编著	南京大学出版社	
论衡校注	(汉)王充著	上海古籍出版社	
海纳江河 树我邦国:马一浮先生诞辰130周年纪念大会暨国学研讨会论文集	吴光,徐立望主编	浙江大学出版社	马一浮哲学思想文集
罗振玉自述	罗振玉著	安徽文艺出版社	本书分为自述与回忆、序与跋和学术主张三部分,对中国近代金石学家、语言文字学家、甲骨文学家、文物收藏家罗振玉的一生经历进行了回顾
草根文化沉思录	陈秀春著	中国文联出版社	书内介绍上虞民间文化艺术
新农村公共文化研究	马德良著	中国戏剧出版社	上虞文化事业建设
竺可桢与陈寅恪:科学巨擘与史学大师的交往	张荣明著	漓江出版社	竺可桢生平事迹
我做十种人	徐华仁著	中华金孔雀出版集团有限公司	社会科学文集
八十年人生路	章德荣著	天马出版有限公司	章德荣传记

续表10

书　　名	著(编)者	出版社	内容简介
竹林七贤	谢婷婷,贾佳编著	团结出版社	嵇康、阮籍生平事迹
上虞罗振玉	陈秋强主编	北京艺术与科学电子出版社	罗振玉生平事迹
中国伞城的创新与发展:浙江省上虞市崧厦镇经济社会调研报告	陈勇等著	中国社会科学出版社	本书力图通过对崧厦镇发展和创新过程的描述和分析,剖析浙江沿海地区小城镇在经济发展过程中成功的原因和积累的经验,以及他们在探索小城镇发展道路中的新思路等
竺可桢的故事	林承谟主编	华中科技大学出版社	人物传记
举重若轻:徐光宪传	叶青,黄艳红,朱晶著	中国科学技术出版社	人物传记
百年浙校	周崇明主编	浙江大学出版社	本书在绍兴市卷内介绍有上虞区的2所学校
胡愈之	于友著	群言出版社	
在贵州——支教日记	马亚振著	开明出版社	马亚振日记作品集
四个打瞌睡的朋友	陈鹤琴等著	海豚出版社	儿童文学作品集
聪明的审判官	陈鹤琴等著	海豚出版社	儿童故事
一起插在瓶中央	陈鹤琴编	海豚出版社	儿童诗歌
北风	陈鹤琴编	海豚出版社	儿童诗歌
一个老人和他的驴子	陈鹤琴编	海豚出版社	儿童英语读物
大宗逃走了	陈鹤琴编	海豚出版社	儿童英语读物
知更鸟	陈鹤琴编	海豚出版社	儿童诗歌英汉对照读物
冬夜之公园	陈鹤琴编	海豚出版社	儿童诗歌
一个淘井的慈善家	陈鹤琴等著	海豚出版社	儿童故事
蝌蚪变成青蛙	陈鹤琴编	海豚出版社	儿童英语读物
狐狸的口袋	陈鹤琴等著	海豚出版社	儿童文学作品集世界
苦难岁月	潘锦德著	炎黄文化出版社	人物传记
刺猬和乌龟赛跑	陈鹤琴等著	海豚出版社	儿童文学作品集
儒道墨法与易学辩证法	章楚藩著	浙江大学出版社	本书重在评述易学辩证法与儒道墨法等诸子百家的关系,及其对现今社会发展趋向的影响
时空中的莲花. 下册:佛陀过去生的故事	夏丏尊编译	上海三联书店	佛教故事
时空中的莲花. 上册:佛陀过去生的故事	夏丏尊编译	上海三联书店	佛教故事

续表10

书　名	著(编)者	出版社	内容简介
提高孩子学习成绩的66种正能量	王泉根主编	湖北少年儿童出版社	本书着重纠正了孩子在学习过程中常见的66种坏习惯,无疑为孩子提供了提高学习成绩的66种正能量。分为“正视学习的种种坏习惯”“面对学习的种种误区”2个篇章
好习惯 好方法 好成绩	王泉根主编	湖北少年儿童出版社	书着重介绍了66种好习惯、好方法,分为“我爱我师”“他山之石,可以攻玉”“千里之行,始于足下”“兴趣,最好的老师”“动机,学习不断进步的第一推动力”“铁的意志,学有所成的保证”等17个篇章
徐三庚印举	袁慧敏选编	上海书画出版社	
陈鹤琴教育思想读本·儿童游戏与玩具	陈鹤琴著	南京师范大学出版社	幼儿教育
上虞名人信札	赵畅主编	中国广播电视出版社	
岁月流云 赵氏家史. 第一部	赵新秋等编	中华文化出版社	
陈鹤琴教育思想读本. 儿童语言教育	陈鹤琴著	南京师范大学出版社	幼儿教育
江南水乡 有道之墟——道墟卷	徐文华,魏国剑主编	大众文艺出版社	本书记录了道墟的自然与社会、历史与现状,展示了一个从历史源头曲折而来的道墟景象,记下了先人们生活过的社会环境和生存状态,描述了现代道墟的变化、繁荣及其发展前景
孝女故里曹娥——曹娥卷	张爱良,许江军主编	大众文艺出版社	本书记录了曹娥的自然与社会、历史与现状,展示了一个从历史源头曲折而来的曹娥景象,记下了先人们生活过的社会环境和生存状态,描述了现代曹娥的变化、繁荣及其发展前景
千年古镇 生态下管——下管卷	杨科钦,章国琪主编	大众文艺出版社	本书记录了下管的自然与社会、历史与现状,展示了一个从历史源头曲折而来的下管景象,记下了先人们生活过的社会环境和生存状态,描述了现代下管的变化、繁荣及其发展前景
老渡口 新商都——百官卷	范国海,夏万土主编	大众文艺出版社	本书记录了百官的自然与社会、历史与现状,展示了一个从历史源头曲折而来的百官景象,记下了先人们生活过的社会环境和生存状态,描述了现代百官的变化、繁荣及其发展前景

医疗卫生

综 述

【概况】 2013年,全区有各级各类公立医疗卫生服务机构371家。其中区级综合医院2家,专科医院3家,疾病预防控制中心、卫生监督所、医学继续教育中心、卫生信息中心各1家。社区卫生服务中心3家,乡镇卫生院16家,社区卫生服务站103家,村卫生室122家。个体诊所56家,厂矿、学校、机关医务室26家。固定资产总额(不含社会医疗机构)12.2亿元,较上年增长7.3%,市财政投入卫生事业经费2.29亿元,较上年增长15%。全区各级各类医疗卫生机构拥有住院床位2678张,平均每千人拥有床位3.4张。有执业医师1155人、执业护士1421人。全区卫生系统在编员工2988人,其中卫生技术人员2727人,高级职称284人。全年录用研究生学历卫生技术人员14人,普通大中专毕业生229人。根据区级医疗机构基本建设五年消债计划,全年实际消债9538.62万元,占五年消债计划的31.75%。圆满通过省卫生强市随机抽查、中期调研和现场考核。20个乡镇(街道)通过绍兴市卫生应急工作示范乡镇(街道)创建评审。百官街道社区卫生服务中心创建成全国示范社区卫生服务中心。

【不断加强资源整合】 上虞人民医院与瑞金医院、上虞中医医院与省中医院、二院与浙医一院的合作成为常态,中医医院签约为上海六院合作医院,妇保院与红房子医院合作取得实质性进展,实现了每周有大医院专家到上虞门诊、手术和技术指导。全年,上级专家到上虞门诊2900人次,门诊量4万余人次,教学查房70余次,疑难病例讨论248人次,手术示教435余台,远程会诊175人次,到上级合作医院进修学习60余人次。4家区级医院对20家乡镇(街道)卫生院全面结对帮扶,已援助300余人次,门诊量1.9万人次,疑难病例讨论23次,专题讲座19场,接收进修20余人次。加强省基层卫生适宜技术示范基地建设,区级医院向基层卫生院提供11项实用、方便的适宜技术;与香港中文大学合作,在19家卫生院开展高血压社区防治项目,提高基层机构慢病干预能力。

【区域卫生信息化建设不断完善】 率先在绍兴市范围内全面推行健康卡(自费)工作,实现全区能够发放和实时使用健康卡,确保就诊患者信息的唯一性,确保医疗就诊信息调阅和智能提醒服务得到进一步完善,并为先诊疗后付费服务打好扎实基础。开展区域HIS、区域EMR系统、居民电子健康档案系统、区域卫生信息平台医疗服务一卡通系统和健康档案平台等系统进一步完善工作,完成区域HIS与区域PACS系统接口改造工作,实现特检实时电子申请单,进一步完善电子病历和门诊、住院医生工作站系统,根据阳光用药等要求,进一步完善调整报表。按照2013版公共卫生服务规范做好居民电子健康档案升级工作。年底累计居民电子健康档案建档68.07万人,建档率94.64%,整体健康档案质量有了质的提升。到12月5日止,实现自动智能提醒1563136万次,主动调阅档案113552万人次。推进村卫生室工作站和巡回医疗点信息化建设,完成77家(12月底前开通87家左右)村卫生室网络建设工作,完成58家村卫生室城乡居民医保定点工作,完成虞南乡镇8

个巡回医疗点卫生专网网络建设工作。完成村卫生室医生工作站电脑、打印机和读卡器等终端设备采购。

【医疗用房条件进一步改善】 上虞人民医院城北新院址二期工程竣工投入使用。上虞妇幼保健院新门诊综合大楼启用。永和卫生院易地新建、长塘卫生院改造装修；曹娥街道卫生院易地新建工程进入装修扫尾；婚姻登记优生服务中心工程完成项目审批、三通四平并开工建设；皮肤病防治院银山养老服务中心项目进入招投标程序。（孙法元）

【上虞人民医院丰惠分院挂牌】 9月29日，上虞人民医院丰惠分院挂牌启用，副市长方静为市人民医院丰惠分院揭牌，市府办、市卫生局、丰惠镇镇政府、虞南山区片部分卫生院院长、市人民医院部分中层以上干部等参加揭牌仪式。（李　娜）

丰惠分院启用

疾病预防

【概况】 2013年，共报告甲乙丙类法定传染病21种（乙类传染病15种、丙类传染病6种），累计报告发病6210例，年报告发病率为848.64/10万，较2012年下降12.34%；2013年全年死亡3例（艾滋病2例、新生儿破伤风1例），死亡率0.41/10万，病死率0.05%（2012年死亡1例）。报告病种比2012年增加了甲型H1N1流感、乙脑，减少了疟疾。

全年，各乡镇（街道）均有病例报告。报告发病率居前五位的乡镇（街道）为永和镇（2604.20/10万）、盖北镇（1652.35/10万）、百官街道（1132.68.33/10万）、小越镇（1090.08/10万）、驿亭（947.38/10万）。（以上发病率人口数来源于上虞区公安局）全年报告甲乙类传染病15种，累计1596例，死亡3例，报告发病率218.10/10万，报告死亡率0.41/10万，病死率0.19%，报告发病率、死亡率分别比2012年上升11.60%、198.40%。甲乙类传染病中发病数居前五位的依次：梅毒（469例）、病毒性肝炎（409例）、肺结核（386例）、淋病（158例）、麻疹（81例）。共报告丙类传染病6种4614例，无死亡病例。丙类传染病总报告发病率为630.53/10万，较2012年下降17.93%，主要是由于手足口病的发病数下降引起。

【“八苗”接种率95%以上】 1—12月份免疫规划疫苗基础免疫卡介苗应种5114剂次，接种5102剂次；脊灰疫苗累计应种17683剂次，累计接种16941剂次；百白破疫苗累计应种17706剂次，累计接种17663剂次；麻风疫苗应种6332剂次，累计接种6325剂次；乙肝疫苗累计应种17005剂次，累计接种16979剂次，乙脑应种5958剂次，实种5932剂次，流脑1应种5354，实种5336，流脑2应种5617，实种5593，甲肝疫苗应种5706，实种5680，八苗单苗接种率均达95%以上。加强免疫中脊灰疫苗应种5483人，实种5459人，百白破疫苗应种5751人，实种5728人，白破疫苗应种4806人，实种4770人，麻腮风疫苗应种5761人，实种5749人，乙脑疫苗应种5260人，实种5212人，A+C流脑1应种5354人，实种5336人，A+C流脑2应种3918人，实种3901人。加强免疫接种率均达95%以上。开展预防接种异常反应监测：1—12月份报告预防接种异常反应（AEF1）病例25例，均作调查处置并网络报告。

【重点人群强化免疫工作】 5—6月开展了第二轮脊灰疫苗强化免疫活动，共接种脊灰疫苗10702剂次，接种率达95%以上。10月份对全区25家中学开展初三学生麻风二联疫苗加强免疫，共接种麻风疫苗6308剂次。11月上旬开展8月龄-4周岁儿童麻风疫苗查漏补种工作，共摸底调查20084名适龄儿童，新发现儿童数11名，补种疫苗73剂次，补种率达95%。开展计免针对疾病监测及AEFI监测：报告麻疹疑似病例110例，实验室确诊确诊82例。NNT监测：1—12月全区共报告1例新生儿破伤风病例，为外地儿童。AEFI监测：1—12月共报告AEFI病例29例，其中18例为一般反应，11例为异常反应。对所有病例进行调查处置并进行网络报告。7—9月在百官、曹娥、崧厦、道墟、东关5个乡镇（街道）开展省中心水痘疫苗第二针免疫接种效果及安全性观察项目，共调查276名儿童，并进行水痘疫苗预防接种及血清采集。

【霍乱防控、检测】 5月1日开始在全区12家医疗单位开设肠道门诊，5—10月份共检测腹泻病人标本1280份，此外开展外环境水样、海水产品监测，5—10月份采集外环境水样标本228份，农贸市场、酒店海水产品标本240份，霍乱弧菌检测结果均为阴性。

【手足口病监测】 至11月底，共调查手足口病病例52例，采检手足口病病例咽拭子（疱疹液）标本48份，检测结果EV71病毒10例，CoxA16病毒2例，其他肠道病毒9例，其余均为阴性。

【O157:H7出血性大肠杆菌监测】 以上虞人民医院为哨点监测医院，5月份对腹泻病例开展O157:H7出血性大肠杆菌采样检测，截至10月底共检测腹泻病例121例，无阳性病例检出。

【人感染H7N9禽流感防控】 全区累计检测可疑病例咽拭子标本40例，除2例为甲型H1N1流感外，其余均为阴性。

【结核病防治成效显著】 1—12月初，结核病门诊可疑者就诊510人，查痰500例，查痰率98.04%（500/510），其中活动性肺结核388例，检出涂阳病人158例，其中新发涂阳病人145例。肺结核可疑病人转诊183例，转诊总体到位率95.63%（175/183），应追踪病人90例，追踪到位90例，追踪到位率100%（90/90），阳性病人家属筛查率98.92%（275/278），化疗二月末痰菌阴转率为95.86%（139/145），新发涂阳病人治愈率为95.23%（160/168），结核病人系统管理率100%（363/363）。开展全球基金结核病耐多药项目，1—12月计上送痰培养标本114人份，经药敏试验发现1例耐多药病人。

【艾滋病防治形势趋严峻】 启动指导在疾控、治疗在医院、随访在社区的“三位一体”艾滋病综合管理新模式。开展“虞舜同心”MSM人群联谊活动和艾滋病性病防治知识讲座。全年全区发现艾滋病感染者或艾滋病病人35例（2012年31例），首次报告21例，既往阳性14例（其中9例为四川省越西籍患者）。首次报告21例（AIDS3例），较上年同期增长16.7%，艾滋病疫情仍呈上升趋势。至12月底已有45例感染者和病人进行抗病毒药物治疗。

【地方病防治与监测工作】 制定《上虞市2013年布鲁氏菌病防治与监测工作方案》，分层分次实施监测工作，至6月末，总共监测布病高危职业人群240人，查出血清布病抗体阳性12例，确诊布病病人11例，感染者1例。血吸虫病流动人口监测940人，查螺40个村，查螺168个条块和15个监测点，查螺面积约15.0955万平方米，花工416工，未查出钉螺，巩固性扩大灭螺2万平方米。疟疾监测共血检“三热病人”2030人次，未查出疟原虫阳性病例。通过消除疟疾考核。

【麻风病防治工作获省考核优秀】 继续实施《上虞区麻风病可疑症状监测方案》，全年无新发麻风病人。麻风科研课题《麻风病受累者心理健康状况研究》被上虞科技局立项，并开展了针对上虞麻风病受累者这个特殊人群的精神卫生状况的流行病学调查研究。投资380万元的麻风村拆建工程已完成工程量的90%左右。3月浙江省卫生厅发文表彰了“浙江省麻风病防治工作先进集体”，区皮肤病防治院连续两年获得此荣誉。

【公共卫生及慢性病监测】 按月收集出生、死亡、慢性病卡片，审核网络数据库，并做好卡片核对工作。1月至12月，全区共监测报告死亡人数3998

例，慢性病共5357例。其中肿瘤1798例，糖尿病2291例，冠心病急性事件、脑卒中1268例。对全区23家医疗单位1—12月份门诊、住院部登记日志进行医院慢性病漏报调查，抽查恶性肿瘤、糖尿病、脑卒中发作、冠心病急性事件四种慢性病共445例，报告429例，漏报28例，漏报率为9.64%。

【社区慢性病防治】 8月中旬，浙江高血压社区防控适宜技术试点工作在上虞全面开展，对20位乡镇（街道）卫生院院长及社区办主任及相关责任医生进行全面培训。9月中旬完成了4个抽样调查乡镇的高血压病人体检工作，抽样调查共计410人。至10月底共计统计纳入高血压病人6200人，统计纳入率为78%。全区高血压发现患者累计数为65389人，其中男性和女性分别为27902人、37487人；规范管理人数为41393人，规范管理率为65.44%。糖尿病发现患者累计数为14226人，其中男性5895人、女性8331人；规范管理人数7810人，规范管理率为56.48%。精神病患者在档人数4327人，检出率6.01‰，其中重性精神病患者2737人，检出率3.80‰。服药数2007人，治疗率68.14%。

（顾锐林）

妇幼保健

【概况】 2013年，全区医疗单位接产产妇5881人，剖宫产率为38.07%，出生新生儿5922人。本地户籍孕产妇死亡一例，孕产妇死亡率为20.08/10万，婴儿死亡率2.41‰，5岁以下儿童死亡率3.42‰，流动人口5岁以下儿童死亡率5.91‰，婴儿死亡率4.73‰。非本地户籍5岁以下儿童死亡10例，死亡率5.91‰，婴儿死亡8例，死亡率4.73‰，新生儿死亡7例，死亡率4.13‰，围产儿死亡19例，死亡率11.12‰。妇女病普查率为29.58%，疾病检出率为25.56%。为4446位农村妇女发放了叶酸（其中流动人口服务对象892人），叶酸发放率为171%，依从率达到70%以上；农村孕产妇住院分娩补助2509人，补助完成率为114%。10月始启用新婚姻登记中心，全年全区共登记结婚9346人，参加婚检9254人，婚检率为99.02%。检出疾病654人，患病率为7.07%。并对患有影响婚育疾病的50人给予适当的婚育意见。

【孕产妇、儿童保健管理系统化】 全年孕产妇系统管理率95.68%，7岁以下儿童保健服务覆盖率96.53%，3岁以下儿童系统管理率96.08%，产前筛查率81.92%。共监测住院孕产妇5788例（人医和妇保），占全区孕产妇总数93.14%，有合并症或并发症的孕产妇2884例，合并症或并发症的发生率49.83%，危重孕产妇11例，危重孕产妇发生率0.19%，孕产妇死亡1例，孕产妇死亡率为0.02%。儿保门诊共筛查和管理高危儿1270例，筛查率18.36%，当年结案率88.0%，营养性疾病儿童2239例，筛出率为5.15%，其中专案管理297例，当年结案率为88.9%。营养性疾病管理率为100%。

【新婚姻登记中心启用】 全年共登记结婚9346人，参加婚检9254人，婚检率为99.02%。检出疾病654人，患病率为7.07%。并对患有影响婚育疾病的50人给予适当的婚育意见。

【提供计划生育技术服务】 全年开展计划生育手术共13292例，其中放环3221例，取环3050例，输卵管结扎170例，负压吸引术5763例，钳刮术449例，药物流产447例，中期引产192例。

【托幼卫生保健工作全覆盖】 开展全区托幼机构儿童的健康体检和入托入园儿童的体检工作，体检率为100%。

【强化四项筛查工作，做好优生促进工程】 强化四项筛查，降低出生缺陷。全区新生儿疾病筛查率为99.82%，与上年基本持平，确诊先天性甲状腺低下3例，已进一步治疗和随访中。全区听力筛查率达到99.82%，共确诊16例听力损失患儿。2013年产前筛查率创历史新高，达到81.92%，高风险孕妇召回率98.22%，高风险孕妇随访率96.18%，低风险孕妇随访率96.49%。

【启动宫颈癌、乳腺癌两癌筛查项目】 全年共完成3317例宫颈癌和538例乳腺癌的筛查，对发现的乳腺癌和宫颈癌病人均进行相关的干预和治疗。

【开展三项疾病母婴阻断工作】 规范开展预防艾滋病、梅毒及乙肝母婴传播项目，全区科门诊及住院分娩孕产妇的三项检测率均为100%。共检出艾滋病阳性孕产妇3例，梅毒阳性孕妇23人，乙肝阳性孕妇280人，对艾滋病、梅毒阳性孕产妇均实行了母婴阻断，对乙肝阳性产妇所生儿童366人，均注射乙肝免疫球蛋白。（顾锐林）

医政管理

【概况】 2013年1月，市人民医院与瑞金医院合作签约。9月，市人民医院、市中医院和百官街道社区卫生服务中心率先顺利启用健康卡一卡通凭卡就诊。同月，市人民医院丰惠分院正式挂牌。上虞中医医院静脉用药调配中心在中医医院骨科病房正式启用。曹娥街道卫生院新院正式投用。10月，丰惠、章镇、盖北三个急救分站正式运行。11月，上海市第六人民医院合作医院揭牌仪式在上虞中医医院举行。11月百官街道社区卫生服务中心被国家卫计委命名为全国示范社区卫生服务中心，成为上虞区首家获得“全国示范社区卫生服务中心”称号的社区卫生服务机构。12月，上虞区影像诊断中心正式挂牌运行。中医医院章镇分院正式挂牌启用。

全年全区219人参加全国执业医师资格考试。全区公立医疗服务机构门急诊463万人次，较上年增加4.51%，出院7.9万人次，较上年增长8.76%，区级医院床位使用率达91.35%，出院者平均住院天数比上年缩短0.45天。门诊均次费用、出院者均次费用比上年分别下降3.7元和71.76元。

【医疗改革纵深推进】 2013年，在全区范围全面启动公立医院改革。全面实施医药费用总额和均次费用控制，把控费工作与医疗单位年度岗位目标责任制挂钩，实行一票否决。

【有效推进城乡资源整合】 上虞人民医院与瑞金医院、中医医院与省中医院、二院与浙医一院的合作成为常态，中医医院签约为上海六院合作医院，妇保院与红房子医院合作取得实质性进展，实现了每周有大医院专家到上虞门诊、手术和技术指导。全年，上级专家到上虞门诊2900人次，门诊量4万余人次，教学查房70余次，疑难病例讨论248人次，手术示教435余台，远程会诊175人次，到上级合作医院进修学习60余人次。4家区级医院对20家乡镇（街道）卫生院全面结对帮扶，已援助300余人次，门诊量1.9万人次，疑难病例讨论23次，专题讲座19场，接收进修20余人次。利用区域卫生信息化平台，建设临床病理诊断中心和影像诊断中心，全面实施健康卡一卡通工作；加强省基层卫生适宜技术示范基地建设，区级医院向基层卫生院提供11项实用、方便的适宜技术；与香港中文大学合作，在19家卫生院开展高血压社区防治项目，提高基层机构慢病干预能力。

【无偿献血量167.08万毫升】 无偿献血实施“街头献血与团体献血并重，深化志愿者献血”模式，全区自愿无偿献血率达到100%，全年全区无偿献血6306人次，总献血量167.08万毫升。临床用血全部来自无偿献血。

【规范处置医疗纠纷】 区卫生局组织专家对全区补偿1万元以上的医疗纠纷进行分析评审，并将评审情况和整改意见以通报形式下发至各医疗单位。全年受理上送绍兴市医学会鉴定12件，协助区医调会解决医疗纠纷45起，合计赔偿228.76万元。

【推进中医药工作发展】 抓好中医中药工作，完善中医药服务体系建设，实施中医药提升工程，社区卫生服务中心中医科、中药房实现全覆盖。发挥中医药优势，提高“中治率”，鼓励应用中药饮片和开展中医诊疗技术，开展“冬病夏治”“冬令进补”“中医膏方”等中医诊疗项目；举办全区社区卫生服务中心中药饮片质量控制培训班。开展中医药“3+X公益承诺”活动，上虞中医医院在门诊设置中医综合诊疗区、病区中医综合诊疗室（每个病区设一个中医诊疗室），积极开展中医诊疗项目，发挥中医特色优势。11月，成功签约成为上海市第六人民医院合作医院。（孙法元）

城乡社区卫生服务

【概况】 2013年，全区有社区卫生服务中心(乡镇卫生院)20家，社区卫生服务站101家，村卫生室124家。标准化建设村卫生室21家，完成绍兴市村卫生室标准化(示范)管理创建78家，其中示范16家、标准化管理62家。全区规范化乡镇(街道)卫生院全覆盖。

【大力推进城乡一体】 启动区级医院分院建设，人民医院丰惠分院9月挂牌运行，中医医院章镇分院12月挂牌运行。人民医院丰惠分院易地新建和中医医院章镇分院扩建工程已完成立项、总平面图设计。建成投运丰惠、章镇、盖北3个急救分站，120急救指挥中心软硬件更新升级。完善"20分钟医疗服务圈"，在丰惠、下管、丁宅、岭南4个乡镇建成投用8个责任医生驻村工作室。

【城乡居民健康体检26.04万人次】 完成城乡居民健康体检26.04万人，其中60周岁以上老年人体检112209人次，体检率81%。居民电子健康档案系统建立个人档案68.07万份，健康档案建档率94.64%，高血压、糖尿病、重性精神病规范管理率分别为65.44%、56.48%、68.14%。慢性病、肿瘤等一些危害城乡居民身体健康的疾病得到及时治疗。

(孙法元)

医教科研

【概况】 2013年，首次实施8个基层岗位定向培养农村社区医师工作；新招聘人员256人，新增床位200张；推荐10名副主任医师进行各类培养、深造。开展全系统操作比武竞赛和40周岁以下卫技人员基础理论知识考试，上虞人民医院获得省卫生系统青年医学技能竞赛县市唯一一等奖。加强重点学科建设，人民医院心内科通过省县级龙头学科评审，8个学科创建成区级医学重点学科。7个项目获得区级以上科技进步奖。扩大招生规模，春季招生81人。目前共有14个班级，449名在册学员。组织各类考试110场，参考人数5056人次左右。选派47名医务人员到各级上级医院进修。

【完成对全科医师和乡村医生岗位培训】 全年完成2011级全科医师岗位培训面授、考务工作，参训学员22人，至2013年6月，22名学员取得全科医师岗位培训合格证书，合格率100%。共有224名乡村医生参加注册培训。

【加强社区护士岗位培训】 全年完成2012级、2013级49名社区护士岗位培训的面授、考务工作，其中2012级20名学员取得社区护士岗位培训合格证书，合格率100%。

【医学继续教育工作】 初级卫生专业技术人员继续医学教育结合全区卫技人员在职培训工作的实际需求与特点，对卫技人员采取分层次、多形式、有针对性地全员终身医学教育，全年共有742人报名参考，为晋升初、中级职称提供有力保障。完成新职工岗前培训158人。完成2家区级医疗单位、19家乡镇(街道)卫生院以及社会医疗机构652名执业(助理)医师的两年一次医师定期考核。

(孙法元)

卫生监督

【概况】 2013年共接受群众举报、投诉35起，其中医疗卫生17起、公共场所10起，涉水产品1起，职业卫生4起，消毒产品3起，查处35起，查处结果反馈35起，查办反馈率达100%。依法立案处罚结案73起，其中医疗机构9起，公共场所62起，消毒餐饮具3起，共结案60起，处罚没金128300元；没收非法所得4709.6元，申请法院强制执行1件；已结案的案卷中优质案卷25件，优质率41.7%。无卫生行政复议、诉讼案例发生。

【开展"打非"专项整治工作】 全年共出动卫生监督员500余人次，查处非法行医行为17家，取缔17家，输入浙江省"无证行医"黑名单信息平台17家，立案9家，罚款64500元，没收非法所得4709.6元，没收药品700余箱、器械80余件。开展医务室、个体诊所分级监管工作，对全区320家中小医疗机构开展了执业分级，评审结果达到规范级66家、合格级249家、不合格1家，4家校医务室因无执业场所、无执业人员等原因不予分级；全区中小医疗机构分级监管覆盖率达100%。

【公共场所卫生许可证复核及量化分级管理】 全年共有232家单位发放“公共场所卫生许可证”，完成卫生许可证复核253家，量化分级628家，其中评出B级61家，C级561家，不予分级6家。开展重点公共场所的“333”专项治理行动，规范公共场所经营行为。共出动卫生监督员750人次，开展生活美容场所、足浴场所、游泳场所和经济快捷型酒店卫生专项检查，共检查美容店30家、足浴场所165家、游泳场所11家、快捷型酒店12家。采集44份泳池水样开展细菌总数、大肠菌群、尿素、浑浊度、pH值检测，结果合格42份，合格率95.5%；采集泳池水、浸脚池水样共44份开展现场余氯检测，结果合格15份，合格率34.1%。做好大型超市空气质量、住宿场所、沐浴场所、理发美容场所的公共用品用具消毒效果监测，结果大型超市合格率为100%，住宿场所合格率为82.4%，沐浴场所合格率70.8%，理发美容场所合格率为80%。

【餐饮具集中消毒单位专项整治】 加强餐饮具集中消毒企业的监督管理，确保群众用上合格的消毒餐具。定期对全区4家餐饮具集中消毒服务经营单位开展监督检查和产品抽检，抽检120份样品，合格率100%，并督促餐饮具集中消毒单位在清洗、消毒、包装、检验等生产管理的关键环节安装电子监控系统，确保产品质量。

【开展医疗机构医疗废物监督试点工作】 在开展医疗机构医疗废物监督试点工作的基础上，全面推行医疗机构医疗废物规范化管理，全年全区二级以上医疗单位已在医疗废物和有害废物暂存点、重点产生科室等部位安装电子远程监控系统，实时监控医疗机构医疗废物的分类收集和转运。

【加强生活饮用水卫生监督监测】 完成年度水质监督抽样工作。共监测市政供水出厂水16份，合格16份，合格率100%；水源水4份，合格4份，合格率100%；管网末梢水56份，合格54份，合格率96.4%；二次供水水样29份，合格26份，合格率89.7%。对全区4家集中式供水单位开展了量化分级管理工作，量化分级管理率达100%，共评出A级单位2家，B级单位2家。

【职业病防治措施得力】 4月份联合安监、质监、公安、环保、消防、气象、园区管委会等部门，分四组对杭州湾上虞工业园区80家企业开展了安全生产大检查，重点对用人单位的职业病危害项目申报、劳动者职业健康监护、作业场所职业病危害因素检测与评价、职业卫生现场管理情况等进行职业卫生专项检查，对存在职业卫生问题的19家企业下发了53条整改意见，目前整改意见基本到位。对全区195家印染造纸制革化工等行业企业全面开展职业病危害专项整治，截至12月20日，全区基本完成建设项目职业病危害控制效果评价的企业共有99家，完成率为54.7%，其中杭州湾上虞工业园区完成64家，园区外区域为35家。82家企业已与职业卫生服务机构签订职业病危害控制效果评价合同，改进职业病防护设施，安装通风设备，购买个人防护用品、警示标识和毒物周知卡，组织工人开展职业健康检查等。年底前拟完成整治验收的53家化工企业中有46家企业已完成建设项目职业病危害控制效果评价（园区企业22家，园区外企业24家），对申请验收的26家企业进行了专项验收，对验收合格的18家企业已下发验收意见表。开展“放射诊疗许可证”校验。对辖区内开展放射诊疗的19家医疗单位进行了放射防护监督检查，并完成17家单位的校验工作。

【落实学校卫生监督】 与教体局联合下发《关于切实做好2013年校园卫生安全健康系列行动的工作意见》。对全区97所学校的分管校长及学校卫生管理员、各乡镇（街道）社区卫生服务中心公共卫生科负责人共200余人进行联合培训。对各学校开展校园卫生安全健康1号、2号、3号专项行动。检查学校97所，覆盖率100%。重点检查学校卫生工作组织管理、传染病与常见病防控工作，并

开展教学环境卫生设施监测工作。教学环境卫生设施基本达到《国家学校体育卫生条件试行基本标准》要求。（孙法元）

爱国卫生

【概况】 2013年，区爱国卫生运动委员会办公室(以下简称区爱卫办)协调各乡镇(街道)爱国卫生运动委员会办公室按照年初制定的全区爱国卫生工作计划，以卫生创建、农村改水改厕、病媒生物防制、健康教育等为主要内容，以“整洁城乡、美丽家园”为主题的爱国卫生月活动为载体，开展爱国卫生运动，城乡环境面貌进一步改善。灭蚊灭蝇先进城区通过复查。创建2个省级卫生村、23个绍兴市卫生村、3个绍兴市卫生先进单位、21个上虞区卫生村、4个上虞区卫生先进单位，2个上虞区卫生乡镇。2个绍兴市卫生乡镇、2个绍兴市卫生强镇通过考核验收。另外，2个省级卫生村，5个省级卫生先进单位通过上级复查。

【健康教育全面普及】 优化城区、农村健康教育网络队伍，不断完善组织网络，调整充实网络人员，加强理论和实践技能的业务培训，切实提高健教队伍的整体素质。开展疾病防控知识宣教，利用媒体、门户网站和各类宣传阵地，广泛开展流感、麻疹、手足口病、肠道传染病、艾滋病、结核病等重点传染病健康教育。组织开展“百场健康教育讲座进基层活动”，深入社区、学校、企业、机关，采用寓教于乐、通俗易懂方式，针对群众普遍关心的健康问题开展防病知识的宣传，全年讲师团完成137场次巡讲，出动师资112人次，受益人数达9520人，提高群众防病意识和自我保护能力。结合世界防治结核病日、全国儿童预防接种日、世界无烟日、全国高血压日、世界艾滋病日等卫生防病宣传日。加强部门联动，开展形式多样的宣传咨询活动，如第26个“世界艾滋病日”，卫生局、红十字会、疾控中心、百官街道社区卫生服务中心等部门单位在浙江金凤凰电气有限公司联合开展“行动起来，向‘零’艾滋迈进”大型主题宣传活动。

【农村改水改厕继续推进】 贯彻实施“千万农民饮用水工程”，统筹城乡，加强农村水利，切实解决部分农村居民饮用水困难问题。全区自来水覆盖率达98.55%。推进农村改厕工作。围绕美丽乡村建设，继续开展全区露天粪缸整治、创建农村环境卫生达标村、示范村等活动，加强农村改厕工作，提高粪便无害化处理率，有效改善农村环境卫生。全区新增无害化卫生户厕0.41万只，累计卫生户厕21.55万只，卫生户厕普及率91.98%，无害化卫生厕所普及率90.01%。

【病媒生物防制有效巩固】 继续采用市场化模式进行病媒生物密度监测。监测结果表明，各类病媒生物种群构成与2012年监测结果基本一致，“四害”密度在国家标准范围内。结合创建省卫生强区、灭蟑先进城区复查达标活动，统筹安排春秋两季灭鼠、5—10月外环境蚊蝇滋生地季节性地面消杀，6月、7月两次灭蟑统一投药的除“四害”工作，每次活动均做到“四个统一”和“五个不漏”。全年共投放灭鼠药4.3吨，使用杀蟑饵片约15.3万包、杀蟑饵剂约2.1万包、灭蟑胶铒约2000支、杀蟑药笔约6.5万合、胺氯菊酯喷剂约120千克、高氯菊酯喷剂约70千克、热烟雾剂约20千克，发放灭蚊、蝇药物约758千克。通过开展常年除“四害”工作，有效控制“四害”密度，继续巩固了“四害”达标成果。

【爱国卫生月活动深入开展】 积极开展以“整洁城乡、美丽家园”为主题的爱国卫生月活动，下发《关于开展春季爱国卫生运动暨第二十五个爱国卫生月活动的通知》。组织不同规模的活动108次，参与爱国卫生月活动人数达1.89万人次，清理卫生死角2120处，清运垃圾2056吨，治理城中村3个，拆除违章建筑0.9万平方米，新增绿地面积2.7万平方米，清理绿化带0.65万平方米，修筑整治道路35条，整治城郊接合部8处，清除乱贴广告1.2万张，有效改善了城乡环境卫生面貌。

【“清洁家园”行动成效明显】 开展环境卫生达标乡镇、达标村和“洁净庭院户”创建活动。建成农村生活垃圾中转站38座，全区有2200人左右的专职管理人员和农村保洁队伍，实现农村生活垃圾收集率100%。定期不定期地督促检查环境卫生情况，全年累计组织检查400人次，拍摄照片19600张。组织开展农村环境卫生“百日整治”等行动，聘请第三方对“百日整治”工作进行考核评价，集中治理废品收购点、垃圾堆放点332处，总面积达806万平方米，清运农村生活垃圾8余万吨，提升农村人居环境。

【“城乡环卫保洁”机制创新】 完善城区环卫保洁机制，实施网格化和精细化管理，继续保持18小时保洁率达到80%。加强重点地段的夜班清扫值守，新增9辆电动八桶垃圾清运车，抓好环卫机械保洁。创新“垃圾直运”、装饰装潢垃圾规范化管理机制，大力整治城乡接合部环境卫生。全年共清运城乡生活垃圾30.63万吨，其中城区垃圾16.87万吨，农村垃圾13.76万吨，同比分别增长6.65%、4.2%和9.82%。在集中清运的垃圾中，有21.12万吨运往春晖垃圾焚烧厂焚烧，9.49万吨运往蟠龙岙垃圾填埋场填埋，同比分别增长4.2%和9.82%，做到城乡垃圾日产日清和无害化处理。

（顾锐林）

体 育

综 述

【概况】 2013年是备战省十五届运动会和绍兴市八运会的关键之年，也是上虞体育的创强之年、突破之年。上虞区教体局以“立足学校、服务民生、构建和谐体育”为宗旨，围绕“省体育强市”争创这一中心任务，阳光体育蓬勃开展，竞技体育高位稳定，群众体育势头良好，全区体育事业向着务实规范、惠民高效的发展方向大步迈进。投资1.3亿元、占地70余亩、共5000座的体育会展中心体育馆于年底动工建设。成功举办上虞第十一届全民运动会，召开全市体育工作会议，顺利通过省体育强市创建验收工作，区人民政府被评为全国群众体育先进单位。

【全市体育工作会议暨省体育强市创建动员部署会议顺利召开】 1月7日下午，召开全市体育工作会议暨省体育强市创建动员部署会议，省体育局副局长孔建军、绍兴市体育局局长王越新等参加会议。副市长方静就体育强市创建工作进行全面部署，市委副书记、市长王慧琳作专题强调。会议全面细致地分解了各乡镇（街道）、部门、企业、协会的工作职责，各项创强准备工作全面展开。

群众体育

【概况】 2013年，上虞区社会体育工作紧紧围绕《2013年上虞区社会体育工作思路》，加强体育组织管理，广泛开展群众性体育活动，大力建设体育健身场地设施，积极发展体育产业，两个乡镇成功创建为省体育强乡镇，实现省体育强乡镇、城市体育先进街道全覆盖，两个乡镇通过了省体育创强乡镇复评，72个行政村及社区成功创强。上虞代表浙江省参加全国健身气功比赛，获集体赛两个一等奖，创历史最佳成绩。老年人体协乒乓球分会代表浙江省在第二届全国老年人健身体育大会上获混合团体金牌。

【上虞市第十七个全民健身节启动仪式暨千人登龙山活动顺利开展】 4月26日，举行上虞市第十七个全民健身节启动仪式暨千人登龙山活动，各类体育展演活动精彩纷呈。47个市直机关部门、19个乡镇（街道）、27个城市社区、4个体育社团1200余人的登山队伍参与活动。

【举行“合作银行杯”上虞市第十一届全民运动会】 10月17日下午，“合作银行杯”上虞市第十一届运动会在市体育场隆重开幕。省体育局副巡视员孔建军到会祝贺并致辞。省、绍兴市体育局相关领导，上虞市领导王慧琳、徐尧峰、卢一勤、陈坚、郑建庆、方静等出席开幕式，金牌教练朱志根担任裁判员，运动员宣誓护旗手。来自全市21个乡镇（街道）、46个部门（系统）、9个民营企业的76个代表团近4000名运动员、裁判员和1000余名团体操演职人员参加开幕式。该次运动会是上虞历史上规模最大、参加人数最多的一次综合性体育盛会。参赛运动员4394名，超过上届十运会1149人，直接参与人数超万人。

【举办体育创强工作培训班】 3月14日—16日，省体育强乡镇、城市体育先进社区及省体育强市创建主体单位选派骨干赴温州瓯海参加省级培训。3月16日下午，举办省体育强市创建培训班，来自市直部门、乡镇(街道)、社区、体育社团、学校的分管领导和业务骨干共300多人参加本次培训。

【顺利通过省体育强县(市、区)考核验收】 12月5日，由省体育局副局长吕林担任组长的2013年省体育强县(市、区)检查验收组到上虞，通过听取汇报、查验台账、现场实地检查等方式，展开对上虞的全方位验收考核，最终上虞高分通过验收。

竞技体育

【概况】 成功承办2013年浙江省青少年乒乓球锦标赛、柔道冬季锦标赛，绍兴市青少年柔道、摔跤、棋类锦标赛和乒乓球、羽毛球选拔赛(第三站)，积极组队参加2013年浙江省、绍兴市青少年锦标赛和省第十一届少儿田径运动会，共获全国金牌4枚、银牌2枚，铜牌2枚，省金牌30枚，绍兴市金牌175枚。上虞区输送的4名优秀运动员王铁鑫、叶嘉莹、徐银娟、吕章钰赟参加第十二届全运会赛艇、田径、射击、游泳项目的比赛，为历年之最，其中王铁鑫、叶嘉莹分获赛艇项目铜牌和女子跳高第六名。少体校被命名为省高水平体育后备人才基地，实验小学、百官小学被命名为省阳光体育后备人才基地学校。

【《上虞市体教结合工作的经验与做法》全省推广】 《上虞市体教结合工作的经验与做法》在浙江省体育局工作简报《浙江体育工作情况》2013年第1期刊出，《发挥教体合一优势　提升竞技体育实力——浙江省上虞市体教结合工作的创新实践与探索》在国家体育总局主管权威体育杂志《青少年体育》2013年第10期发表；《全面实施体质测试　扎实推进阳光体育　有效促进青少年学生健康成长》在2013年浙江省《国家学生体质健康标准》测试和上报工作培训会上作经验交流(唯一的县级市代表)，《扎实推进阳光体育　有效提升学生体质——浙江省上虞市实施学生体质健康提升工程的实践与探索》在教育部主管的权威体育刊物《中国学校体育》2013年第8期发表；《上虞市备战省运会工作经验》在2013年绍兴市体育工作会议上作典型发言；《阳光体育：助十万学子强身健体——上虞市创新推进学校阳光体育工作纪实》在《体坛报·绍兴体育报》《绍兴教育》《上虞日报·教育周刊》专版报道。

【加强体育教练员、运动员队伍建设】 招聘选调田径、网球、篮球项目教练3名，中小学体育教师11人；8名裁判12次担任2013年浙江省青少年锦标赛和冠军赛裁判，3名裁判5次执裁第十二届全运会预选赛(拳击、跆拳道、摔跤)；7名裁判晋升国家一级裁判，2名裁判成为国家级裁判；引进高水平运动员21名，完成绍兴市下达的引进指标。

体育产业

【概况】 2013年，全区继续以体育彩票为支柱，大力推进体育产业发展。大康体育、金泰泳池等体育产业公司发展势头良好。成功举办了2013上虞国际搏击对抗赛，竞赛表演市场取得突破。进一步拓展体育彩票销售渠道，超额完成年度销售目标。同时规范各单项体育俱乐部、户外营地等的运行，加强对游泳、攀岩等体育经营场所的监管，全年无一起安全事故发生。

【体育彩票全年销售7000多万元】 全年，体彩销售发展势头良好，两次登报公开招募，严格按照设点规范要求，引入优胜劣汰的市场调节机制，有效调控网点布局，积极开展即开彩票的宣传营销活动，与供销系统合作拓展即开销售渠道十多个，全年销售突破7000多万元。

【三家龙头体育产业全年生产销售达1.75亿元】 以大康体育制造有限公司、金泰泳池设备制造有限公司、罗力体育设施建设有限公司为龙头的上虞体育产业发展势头良好，全年生产销售达1.75亿元，占全区GDP的0.65%。

【涉危体育经营场所纳入行政许可管理】 青少年俱乐部和户外营地规范运行，各单项体育俱乐部和健身会所纳入年检管理，涉危的游泳、攀岩等体育经营场所纳入行政许可管理，各体育经营场所和非企单位安全运行，全年没有安全事故发生。

【《武王盛会》栏目走进上虞】 浙江电视台钱江都市频道《武王盛会》栏目暨上虞首届国际搏击对抗赛在国际大酒店举行，来自美国等4国的搏击高手齐聚虞城，与中方选手展开捉对厮杀。是上虞有史以来举办的最高规格搏击大赛，吸引了上千市民观看。

（盛　杰）

社会事务

民族宗教事务工作

【概况】 2013年,全区切实做好民族宗教工作,加强宗教场所规范化管理,组织开展宗教慈善活动,不断发挥宗教社会服务功能,大力推进少数民族关爱工程。

【推进民族宗教统战工作】 以“和谐寺观教堂”创建活动为抓手,通过健全完善管理制度、实施总结场所财务委托团体代理制、举办全区宗教场所负责人和财务人员培训班、定期不定期开展创建督查指导和安全检查等措施,使全区宗教场所规范化管理水平得到了明显提升。2013年,全区达标场所达40处,占总场所的80%,其中省级6处,国家级1处。从加强和创新社会管理入手,积极支持和鼓励宗教界开展社会服务,全区共有7个宗教场所创办了规模不等、各有特色的养老机构,如谢崧大家庭福乐园的规模和规范化管理水平在全国基督教界名列前茅,国家宗教事务局马宇虹司长专程到上虞考察调研,并给予高度评价。继续深入实施“少数民族低收入群众增收帮扶行动计划”,扎实开展宗教界与少数民族困难家庭结对帮扶活动,从2010年起,结对帮扶活动已开展四年,累计落实帮扶资金50万元(每户每年2000元),受惠少数民族家庭累计达到320多户/次。

【成立少数民族联谊会】 2013年1月10日,上虞市少数民族联谊会暨第一次会员大会召开,市委副书记陈坚,市政协副主席、统战部部长蒲伟明,绍兴市民宗局副局长陈秋平出席大会。首届少数民族联谊会会员代表共42名,由14个民族组成,分别来自全市行政机关、企事业单位、农村等各个行业和阶层,其中年龄最大的55岁,最小的24岁,女性会员30名,大专以上学历24名,占会员总数的75%。

【积极引导和鼓励宗教界弘扬公益】 2013年雅安地震后,上虞佛教界举行消灾祈福法会,为灾区捐款12.08万元,基督教谢崧大家庭福乐园选派园内最有经验的5名护理人员赶赴雅安,为灾区的伤员和老人提供24小时护理服务。9月14日,上虞市民宗局组织宗教界人士80余人在时代广场举行“慈爱人间,宗教有为”慈善活动,通过筹集捐款、无偿献血等形式多样的活动,进一步弘扬慈善理念,传播慈善文化。(毛利湧)

老龄工作

【概况】 上虞区全面实施和完成《绍兴市上虞区老龄事业发展“十二五”规划》和《上虞区2012—2014年为老年人办实事的意见》规定的各项目标任务。积极开展浙江省“老年友好型城市”创建、浙江省“老年宜居社区”创建、第一届“敬老文明号”单位创建。全年有27个社区创建成功浙江省“老年宜居社区”,20家单位创建成首届“敬老文明号”单位,其中6家为绍兴市级“敬老文明号”单位、3家为浙江省“敬老文明号”单位、上虞人民医院为全国敬老文明号单位。

【推进老龄工作】 着力抓好农村“星光老年之家”转型升级工作,全年完成转型升级57家。积极开展农村“银龄互助”活动。全年有68个村开展“银龄互助”活动。积极抓好村和社区老年人协会规范化建设，积极开展第三届上虞区“孝亲敬老月”活动，期间举办各类大型活动200余次。办理老年证3725张，办理60至69周岁老年人乘坐公交车IC卡55260张。全区老年电大完成春秋二季招生1.35万人。西横河社区、高丰社区老年电大教学点分别创建成省和绍兴市的示范点。完成区老年活动中心营业房回收及整个活动中心改造工作。（毛利湧）

人口与计划生育

【概况】 2013年，全区户籍总人口720471人，全区共出生4764人，其中一孩3586人，二孩及以上1178人，人口出生率6.62‰，死亡率7.05‰，自然增长率-0.44‰；计划生育率95.82%，出生性别比106.89；婚检率97.24%，优生检测率100%。

【进一步实施优生促进工程】 联合区委宣传部、公安局、卫生局、食品药品监管局、妇联六部门出台《上虞市出生人口性别比综合治理工作制度》，明确工作职责，严格落实凭证引产、凭证分娩实名登记、B超管理、终止妊娠药物市场流通等制度。同时联合开展打击“两非”(非法性别鉴定、非法堕胎)行为，建立高额度的打击“两非”举报奖励制度。综合治理出生人口性别比，全区未发现“两非”案件。充分发挥婚姻登记、免费婚前检查、免费优生检测、优生指导、计生信息采集等“一条龙”服务功能，注重跟踪随访，提高干预效果。1—12月，全区免费婚检8038人，优生健康检测4908人，遗传基因筛查3724人，再生育对象和流动人口对象参加国家项目检查1594人。对发现需干预、重点干预对象，全部给予医学指导、提出医学建议。对5663名农村待孕妇女免费发放叶酸预防神经管缺陷，4889名孕产妇实行免费产前筛查，5838名新生儿进行疾病筛查，5978名新生儿进行听力筛查，3070名孕产妇住院分娩补助，20名独生子女病残儿免费医学鉴定，26名残疾儿童得到康复训练补助金21.27万元。依托计生网络平台，建立优生健康档案，并录入国家孕前优生健康检查服务信息管理系统，全区录入优生健康信息2611条。

【发放计生奖励扶助金847.1万元】 落实农村计生家庭奖励扶助、计生家庭特别扶助制度，保障计划生育家庭权益。全区全年新增奖扶对象2173人，累计享受奖扶对象8824人；新增特扶对象88人，累计享受特扶对象593人；发放奖励扶助金847.1万元，特别扶助金130.32万元。按照将计生特殊家庭纳入社保体系的要求，在调查摸底基础上，起草完成《独生子女特殊家庭关爱制度的实施意见》；全区6082名计生养老保险对象转入城镇职工养老保险，占总参保人数的68.1%，782名农村计生对象享受到一次性1000元奖励。

【计生公益基金总额达1.62亿元】 动员社会力量和资源，全方位关怀、关心、关注计划生育家庭，做强计生公益求助品牌。全年全区新成立冠名基金10只，新增冠名基金额度2300万元，与1只公益金进行续签，全区累计计生公益金49只，基金总额1.62亿元。每年可用救助金额320余万元。区计划生育公益金“提标扩面”，对失独困难家庭救助金额从3500元提高到5000元；救助对象扩大达到208人。全年全区计生公益金发放69.25万元。

【落实流动人口均等化服务】 根据《关于开展流动人口计划生育“网格化管理、组团式服务”工作的指导意见》，百官街道、曹娥街道、东关街道、小越镇进行网格化管理试点。继续与21个外省市签订流动人口计划生育管理和服务双向协作协议书。开展曹娥、盖北全国流动人口动态监测样本点的监测。建设7个流动人口爱心超市，免费查孕查环查病，免费药具领取政策，145名外来流动人口报销四项手术费2.23万元。根据《办理流动人口一孩生育服务登记规定》，办理流动人口一孩服务证63本。全年全区新建达标“一校三室”18个。建成国家级人口计生基层群众自治示范村(企业)1个，绍兴市级11个，区级20个。道墟流动人口服务中心、梁湖行政服务中心等5家镇级便民中心设立计生服务室。全区在省全员人口和计划生育管理服务综合平台上导入信息173319条；提交现居住地重点服务管理对象协查信息32880条；反馈户籍地重点服务管理对象信息707条；已处理省内流动待办62547条。全区共建成生育文化园区7个，生育文化长廊2条，婚育新风路6条。开展流动人口青春健康教育“三进”（进企业、进社区、进学校）“三送”（送知识、送技能、送服务）活动，受教育青年2600余人。（孙　清）

新居民管理

【概况】　2013年，全区登记在册的新居民24.7万人，比上年度减少6.8%，其中居住一个月以上的新居民17万人，比上年度减少7.6%，发放浙江省临时居住证17.3万本、浙江省居住证222本，累计登记出租房屋4.7万间，比上年度减少4.1%。区新居民服务管理工作领导小组提出以新居民结构优化、素质提升为核心，引导新居民有序流动，助推产业转型升级。组织开展新居民和出租房屋基础信息大排查专项行动、春季新居民集中登记与服务活动、“排查整治、强基促稳”专项行动、全区重点村（居委）和城区社区新居民信息登记竞赛活动及新居民事务所规范化建设竞赛活动，强化对新居民“倒挂村”、同籍同业集聚区、城乡接合部、废旧物品收购站、旅馆、娱乐场所、网吧的清理整顿。健全常态化的稽查工作机制，加强对公安重大案事件、收押收拘人员、社保参保人员、教体就学人员等数据抽倒查的结果应用。开展新居民节后返城情况抽样调查、四川雅安籍在上虞新居民情况实地排摸调查、新居民离虞原因问卷调查、重点乡镇（街道）主要产业及企业用工情况抽样调查，取得在虞新居民的第一手资料，为部门出台政策提供决策依据。

【成立区和谐促进会】　新建3家镇级和谐促进会和10家村级和谐促进会，11月29日，区和谐促进会成立，区、镇、村“三级”和谐促进会总数达73家。和谐促进会积极发挥矛盾融解、发展融智、服务融劲、交流融心的“四融”服务作用，依托和谐促进会，百官街道、盖北镇各建立1支新居民志愿服务队，吸纳志愿者219名，6月，部分新居民志愿者赴百官街道上源闸社区参与“清洁家园”行动。

【启用信息采集移动终端】　为提高基础信息采集科技化保障水平，实时采集、查验新居民基础信息，新居民服务管理局在杭州湾上虞工业园区、百官街道、曹娥街道等试点推行移动终端信息采集模式，通过专用网络和设备实时上传采集数据。在成功试点基础上，于11月份全面推开信息采集移动终端。

【市人大审议新居民服务管理工作】　3月，上虞市人大常委会对新居民服务管理工作进行了专题调研。4月27日，上虞市十六届人大常委会第13次主任会议听取并审议了《关于市新居民服务管理工作情况的报告》。

【赴黔、皖等地开展“双向”协作】　9月份，新居民服务管理工作领导小组办公室成员单位，赴贵州省黔东南州三穗县、贵州省黔南州惠水县、安徽省阜阳市颍泉区，对接新居民服务管理“双向”协作工作，就建立“双向”协作联席会议制度、信息通报和反馈制度、流出地派驻流入地工作人员制度达成共识，并签订协作协议。

【加强新居民关爱服务】　为丰富新居民业余文化生活，11月27日，新居民服务管理局组织举办全区第二届新居民象棋联谊赛，16支新居民参赛队、39名新居民选手参加比赛。12月14日，组织相关部门和单位，在百官街道青春广场举办“关爱新居民服务日”大型宣传服务活动，中央电视台“探索·发现”栏目摄制组对活动情况进行了录制。1月30日—2月5日，牵头在汽车西站举办第四届春运送姜汤服务活动。出台《进城务工人员随迁子女接受义务教育后初中升高中工作的实施意见（试行）》，解决新居民子女在虞就读高中难题。计划生育上及时把新居民育龄妇女孕检结果录入新居民信息系统，落实“三免一报销”、优生服务、独生子女父母奖励等政策。同时出台实施《上虞区关爱新居民若

干制度》，组织开展新居民帮困扶贫送温暖服务活动7次。（朱立军）

上虞市与贵州三穗县举行流动人口双向协作签约仪式

残疾人工作

【开展职业技术培训】 2013年，区残联共举办12期残疾人职业技能培训，培训残疾人489人次，通过培训，掌握一技之长后，使部分残疾人走上自谋职业之路。

【积极推进"助明""助行""助听"工作】 完成白内障复明手术162例，助视器验配8名，助听器验配73名，假肢验配10名，无障碍进家庭108户，完成"三残"儿童康复训练11名。

【实施四大扶贫工程】 共有14名困难的残疾人中、小学生或残疾人子女享受助学补助，98名大、中专院校学生享受助学补助金；为1009名托（安）养对象发放补助款500万元；3000余名残疾人享受无固定收入残疾人定期生活补助；为25个扶贫基地提供20万元资金扶持；全年对新增的12户残疾人危房实施了改造。

【联手三大媒体扶残助残】 区残联与上虞电视台联合开办手语新闻栏目，坚持每周开设电视手语新闻栏目，为全区聋人了解社会经济形势提供了服务窗口；与上虞日报社联办"关爱"专版，宣传报道上虞区扶残助残先进典型和残疾人自强不息的先进事迹；与上虞广播电台联办了"自强之声"专题节目，每周播三次，着重报道残疾人的自强先进事迹，进一步弘扬残疾人的自信、自尊、自强自立精神。

【深化按比例就业工作】 残保金征收标准从12000元提高到20000元，机关事业从15000元提高到25000元。全年累计征收完成残保金3000万元，同比增长67%。

【开展"全国助残日"活动】 助残日期间，区残联举办残疾人就业招聘会，有20家企业腾出100个岗位，有200多各残疾人参加应聘，共有37名残疾人达成招聘意向；免费赠送残疾人用品用具，共赠送轮椅105辆，盲杖300条；爱心企业免费赠送生活用品500件。（钱丹萍）

关心下一代工作

【概况】 2013年，上虞区关心下一代工作委员会（以下简称关工委）召开关心下一代工作暨"双先"表彰会议，表彰了40个先进集体，60名先进个人和32个"五好"村关工委；4月24日，绍兴市关工委召开关心下一代工作暨表彰会议，上虞市教育体育局关工委等16个部门关工委和邵作为等16位个人获得先进表彰；崧厦镇关工委获"全国五好基层关工委先进集体"荣誉称号；组织社区、行政村青少年开展暑期社区教育和社会实践活动，全区20个乡镇（街道）开展教育活动的社区35个，行政村227个。参加教育活动的青少年达2.3万人，组织各类教育和实践活动1828场次。

【虞商关心弱势青少年】 广西绍兴商会的上虞企业家们致富不忘桑梓，慷慨解囊，出资10万元，委托上虞区关工委向全区孤儿和上虞民工子弟学校的贫困学生发放春节慰问金，在严寒中给困难学子送去一份温情。

【资助贫困家庭大学生869人】 5月初，市关工委召开完职中校长会议，组织学校申报贫困家庭大学生名单。5月底，学校上报推荐表。6月初，各乡镇（街道）关工委会同有关部门核实。于8月底9

月初发放资助金。资助贫困家庭大学新生424人,发放助学金165.9万元,在读大学历届生445人,发放助学金135.5万元,两者合计,共资助贫困家庭大学生869人,金额301.4万元。

【表彰少年英才和少年道德榜样】 2月,市关工委联合市教育体育局、团市委共同下发了《关于开展上虞市第三届"皇马杯"少年英才暨少年道德榜样评选表彰活动的通知》。通过学校推荐遴选,有38位学生被推选为少年道德榜样,有32位学生被推选为少年英才。经过评审领导小组的讨论评审,授予春晖中学金梦格等10名同学为少年英才奖,陈溪乡中心小学王夏斐等10位同学为少年道德榜样。

【编印假期社区教育读本】 3月,市关工委组织青少年思想道德教育讲师团的成员编写了《新时期上虞精神青少年通俗读本》,耗时近3个月编印成册,于6月底发放到各街道、中心镇社区及全市"春泥计划"实施村,共计发放10000册。

【承办绍兴市基层关工委组织建设现场会】 11月21日,绍兴市基层关工委组织建设现场会在上虞召开,参观考察了崧厦镇天外天伞业有限公司和盖北镇丰富村的关心下一代工作,听取了天外天关工委主任连雅君、盖北镇关工委主任傅春荣及丰富村关工委主任沈德和就企业、乡镇、农村如何开展关工委基层组织建设工作的汇报。(周惠月)

绍兴市基层关工委组织建设现场会在上虞召开

慈善工作

【概况】 2013年,全区有112家慈善冠名企业认捐第二轮第三年度慈善冠名基金,93家企业认捐资金到位,接收增值金3260.5万元,占应完成捐赠金额的92%。全区各乡镇(街道)、区级机关部门广大干部职工和社会各界人士捐款591.3859万元。区慈善总会接受捐款情况及时在《上虞日报》上公示。

4月20日雅安地区发生了地震,上虞社会各界、单位及爱心人士踊跃捐款。截至5月14日,慈善总会共收到捐款4.5401万元。当月上虞慈善总会已通过省慈善总会将捐款送往雅安灾区。

【"王朝杯"2013年全国优秀慈善通讯员揭晓】 11月4日,由中华慈善总会、《中华慈善年鉴》编辑部、《慈善》杂志社、慈善公益报社主办,中法合营王朝葡萄酒酿酒有限公司赞助的"王朝杯"全国优秀通讯员揭晓。来自全国各地的50名慈善通讯员被评为"全国优秀慈善通讯员"。区慈善总会叶和土再次被评为"全国优秀慈善通讯员"。

【扶贫帮困发放慰问金748.64万元】 在2013年春节前夕,区慈善总会慰问新中国成立前老党员、孤儿、城乡低保对象、低保边缘户、患大病困难家庭、敬老院、城镇"三无"对象等十八类困难群体,共计21500人(户),发放慰问金748.64万元。

【开展情暖教职员工慰问活动】 区慈善总会、区教体局、区教育工会等三部门,开展了2013年情暖教职员工慰问活动。走访慰问18名特困教职员工及其家庭,送去慰问金14.7万元。另救助特困退休教师6万元。

【发放大病救助金103.58万元】 区慈善总会对上报的大病救助对象,做到抓紧调查、规范手续、及时救助。全年共救助大病患者155人,发放救助金103.58万元。

【发放贫困大学生助学金165.5万元】 区慈善总会与浙江龙盛集团股份有限公司商定，决定将低保边缘户家庭子女列为助学对象。其助学标准第一学年每人资助4000元，以后每年资助3000元，直至大学毕业，时间从2013年6月起执行。据统计，一年来，共发放助学金165.5万元，受益人数达425名。

【发放慈善助学购物券63.1万元】 按照一孩上学户发券400元、两孩以上上学户600元的标准，一年来共发放"慈善助学"购物券63.1万元。受益家庭达1525户。

【发放孤儿救助金29.6万元】 按照父母双亡的散居孤儿学龄前每月救助120元，小学至高中每月救助150元，大学阶段每月救助200元，对父母一方亡故，一方下落不明两年以上的事实孤儿，学龄前每月救助220元、小学至高中每月救助250元，大学阶段每月300元的标准，一年中共发放孤儿救助金29.6元，受益孤儿114人。

【慰问特困职工985人】 在全区第二轮慈善冠名基金企业中，广泛开展了企业特困职工帮困解难工作。共救助特困职工985人，发放救助金98.5万元。

【拨款支持20个受风灾乡镇(街道)】 10月5日至7日，受强台风"菲特"影响，雨量创历史最高纪录，给全区带来巨大经济损失。慈善总会拨出250万元善款给全区20个乡镇(街道)，解决因灾造成人员伤亡、住房倒塌、生活水电设施损坏，粮食作物绝收等严重影响群众生活的困难家庭。

【扩大慈善扶贫基地3家】 新发展了章镇竹洞湖、长塘桃花源、陈溪虹溪等3家慈善扶贫基地，加上百味园果蔬专业合作社慈善扶贫基地在内，共有四家"造血型"慈善扶贫基地，扶持贫困户213户。z

【选举产生第三届慈善总会领导机构】 11月28日，区慈善总会召开第三次会员代表大会，选举产生了第三届区慈善总会领导班子，副区长徐耘当选为第三届区慈善总会会长。

【举办慈善总会成立十周年系列活动】 为营造"人人可慈善"的良好氛围，区慈善总会在成立十周年之际，开展了"五个一"(巡回演出一台戏、拍摄一部电视专题片、刊出一期报纸慈善宣传专版、制作一本画册、召开一次代表大会)活动，使慈善文化得到进一步深化。 (叶和土)

民生保障

综述

【概况】 2013年，通过组织开展“引智强企”“智汇上虞——英才对接”和“海内外博士绍兴行”等活动，大力引进经济社会发展急需的高层次、紧缺型人才。积极培养企业所需的高技能人才，开展技能人才由企业自主评价试点工作。到年末，全区新增就业岗位21668个，城镇登记失业率控制在3%。继续扩大社保覆盖面，逐年提高社会保障水平。加强劳动保障监察、劳动人事争议调解仲裁工作，处理劳动保障监察投诉案件1568件，结案率达99%，为7351名劳动者追回工资、抵押金款合计2070万元，收缴农民工工资保障金3000万元。累计受理劳动争议案件1529件，结案率达到95%以上，为劳动者挽回经济损失3500多万元。扎实开展“双爱”活动，努力构建和谐劳动关系。推进阳光政务工作平台，按照“阳光政务、透明运行”的要求，在门户网站公开165个行政权力和公共服务事项。健全基层人力社保平台，在全区20个乡镇（街道）和410个行政村（社区、居委）均建立了的相应的中心和站所，初步实现了“机构、人员、经费、场地、制度、工作”六到位。（姚莹凌）

【打造“零欠薪”上虞】 上虞区委、区政府多年来高度重视清理拖欠克扣职工工资，打造“零欠薪”上虞工作。成立了以常务副市长为组长的市构建和谐劳动关系工作领导小组，出台了欠薪群体性事件应急处置预案，落实政府欠薪应急周转资金使用办法，实施建筑、市政、园林、水利、交通等施工企业农民工工资保证金制度，制定用人单位诚信等级评定标准，召开全区防范处置企业拖欠工资促进劳动关系和谐稳定大会，区政府与乡镇（街道）、园区及企业主管部门签订工作目标责任书等。通过一系列工作措施，“零欠薪”上虞的目标基本实现，劳动关系日趋和谐稳定。全年拖欠克扣职工工资的企业下降10%，拖欠克扣职工工资额下降15%。（陈建中）

【“双爱”活动构建和谐劳动关系】 继续开展以“企业关爱职工、职工热爱企业”为主题的“双爱”活动。利用劳动仲裁、劳动监察等专刊及省厅统一印刷的宣传画册重点宣传“六有六要”内容以及和谐企业创建经验等，共发放宣传资料3000余份；上虞区委、区政府专门在卧龙控股集团有限公司召开“双爱”活动现场会，“浙江省和谐劳动关系先进企业”卧龙控股集团有限公司向全区企业发出

9月5日，卧龙控股集团有限公司召开“双爱”活动现场会，企业员工在倡议书上签名（人社局供稿）

倡议书;协调劳动关系三方定期到联系的乡镇(街道)开展调研指导活动,共同构建企业和谐劳动关系;协同上虞电视台,摄制"双爱"活动电视专题片,重点介绍上虞区8家"双爱"活动示范企业活动开展情况;在《上虞日报》专版、《虞舜企业家》杂志刊登"双爱"活动的具体内容。 (郑伟栋)

【建立劳动争议人民调解委员会】 7月8日,市劳动争议人民调解委员会成立,为劳动者维权开辟了一个新的渠道,办公场所设在市劳动人事仲裁院,由两名专职调解员到岗从事劳动争议调解工作,业务受仲裁委员会指导。当事人在进入仲裁程序之前及之后均可以向调解委员会申请调解,调解委员会在收到调解申请之日起,对属于劳动争议受理范围且双方当事人同意调解的,则在3个工作日内受理。受理的案件则在自受理之日起15日内结束。调解委员会成立至年底收到劳动者调解申请54件,成功调解处理30件。 (陈生荣)

【劳动仲裁法律援助】 5月13日,市仲裁委员会同市司法局成立了上虞区法律援助中心上虞市劳动人事仲裁院工作站。工作站设在仲裁院,由专职的7名律师轮流坐堂"门诊",无偿为劳动者和用人单位提供劳动法律、法规的咨询服务,并为符合法律援助条件的给予当事人法律援助。提高了当事人对劳动法律法规知识的了解程度。法律援助工作站成立至年底共受理并代理了劳动争议案件46件,涉及劳动者人数114人,涉案金额386万元,其中还为经济特别困难的劳动者的劳动关系确认、工伤待遇支付等案件提供一站式法律援助。 (陈生荣)

劳动就业

【概况】 2013年,全区新增就业岗位21668个,实现下岗失业人员就业7275人,其中就业困难人员1995人,至年底,城镇登记失业率控制在3%。在进一步做好困难就业人员认定、社保补贴初审、创业后续服务、离校未就业高校毕业生实名登记等重点工作的基础上,出台了一系列的就业政策。联合人才市场管理办公室为离校未就业高校毕业生提供就业帮扶。受理2013年度部分事业单位改制下岗分流人员养老保险补贴244人,补贴金额1033920元。扎实推进省级创业型城市创建和充分就业社区(村)的创建。继续开展劳务协作,引进技能型人才。加大社区(行政村)公益性岗位的开发和拓宽家庭服务业领域,帮助失业人员实现就业。对城镇"零就业家庭"实施就业援助,对上报的4家城镇"零就业家庭"做到"家庭状况、困难情况、技能特长、择业意向、待遇愿望"五清楚,实施了就业援助。 (金　旦)

【制定完善一系列就业补助政策】 根据省和绍兴市有关文件精神,结合上虞实际,制定出台一系列就业补助政策,主要有《上虞市人力资源和社会保障局、上虞市财政局关于印发上虞员工制家政服务企业社会保险补贴实施办法的通知》(虞人社〔2013〕58号)、《上虞市人力资源和社会保障局、上虞市财政局关于扩大失业保险基金支出范围试点政策的实施意见》(虞人社〔2013〕59号)及《关于申报上虞市部分事业单位改制下岗分流人员养老保险补贴的通知》(虞人社〔2013〕103号)等文件。这一系列政策的出台有力推动了上虞市就业创业工作的有效开展。 (徐柏年)

【落实各项就业补贴】 共为8600余名灵活就业人员发放就业困难人员社保补贴资金2466万元;为全区168名就业困难对象(包括低保、低保边缘户对象)发放59.88万元公益性岗位补贴;为全区5家单位的9067人发放31.085万元职业介绍补贴;为全区8家企业的66人发放16.62万元用人单位社保补贴。共发放2012年度大学生创业就业各类补助287.074万元。就业困难人员灵活就业社保补贴和失业保险补贴标准均有所提高,其中就业困难人员灵活就业养老保险补贴由150元/月提高到200元/月,医疗保险费标准,由原先的153.9元/月提高到172.05元/月,基本医疗保险补贴由50元/月提高到80元/月,失业保险金标准由928元/月提高到1048元/月。 (徐柏年)

【支持创建大学生创业园】 上半年,创建了两个大学生创业园,即国通电子城和蒙佩连锁。国通电子城是上虞市第一个创建成功的大学生创业园，对大学生的优惠政策落实情况进行指导并得到巩固；蒙佩连锁——娥江商城大学生创业园刚刚建成并通过审核，就业中心定期向创业大学生积极宣传并落实上虞市正在实施的贷款贴息、税费减免、租房补助等各项创业就业政策。汤浦童装大学生创业园的规模也正在逐渐形成，拓展网购模式，打开产品的销路和市场。在指导大学生创业园创建的同时也不断开拓大学生与创业园之间的合作关系，为大学生创业提供服务。（徐柏年）

【创建充分就业社区(村)】 自2010年9月开始创建充分就业社区(村)活动至2013年，已将创建任务、工作措施和各成员单位工作职责以政府文件形式分解下发给相关部门单位，列入年度工作目标考核，形成了政府推动、部门协同、目标带动、层层落实的创建工作机制。2013年，实现以增加就业数量和提高就业质量并重，政府帮扶与市场调节并重，推进上虞区充分就业社区(村)活动再上新水平。截至年底，全区累计有37个社区和330个行政村达到创建充分就业社区(村)标准，分别完成创建工作目标的100%和88.47%。（金　旦）

社会保险

【概况】 2013年，共受理各类社保业务223万余件，接待参保群众12万余人次。社会保险覆盖范围进一步扩大。从1月1日起全区实施城乡居民基本医疗保险制度，截至12月底，全区共有退休人员55798人。为4万余名城镇集体企业人员办理了参保手续。调整完善了计划生育对象养老保险和被征地农民基本生活保障政策。医保付费制度改革稳步推进，按照“总额控制、节约共享、超支分担”原则，对城乡居民医保基金实行总额控制管理。社会保障水平逐年提高，2013年各级财政补助420元/人。出台《上虞市城乡居民大病保险工作的实施意见》，参保人员住院和特殊病种门诊发生的医保范围内的医疗费用最高限额分别为城镇职工医保24万元，城乡居民医保22万元，对超过统筹基金支付上限部分，由居民大病保险予以赔付，减轻了大病患者的经济负担。加强对定点医疗机构、定点零售药店和医保病人医疗费用进行动态监控，依法查处冒名就诊、挂床住院、违规用药等欺诈骗保行为，全年共收回医保违规费用10余万元。为方便群众就医，年中新增省级联网医院（浙江省内绍兴市外医院）40家，职工基本医疗可以实时刷卡结算的省级联网医院达到129家。全年共计发放社保卡32.81万张，其中，城镇职工社保卡2.88万张、城乡居民社保卡29.93万张，累计发放社保卡77.76万张，基本达到人手一张的要求。（王　筱）

6月17日，市便民服务中心社保窗口参保受理现场（郑松钿　摄）

社会救助与社会福利

【概况】 2013年，全区切实保障了特殊群体、优抚群体、困难群体的各项权益，促进民政事业健康发展。全区共有最低生活保障家庭5615户8850人，其中城镇1038户1636人，农村4577户7214人。全年最低生活保障资金支出4477.78万元，其中城镇940.83万元，农村3536.95万元。全年优待优抚对象5258人，优待总金额2653.21万元。年末全区共有集中供养对象439人，其中农村五保362人，城镇“三无”对象77人，全区供养率达100%。全年共下拨五保、“三无”对象补助资金301.65万元。全年进行医疗救助121960人次，共支出医疗救助资金888.84万元。其中，一站式门诊救助120126人次，救助资金390.04万元；住院救助1834人次，救助资金498.8万元。

全年低生活保障、低保边缘户、医疗救助、临时救助等社会救助预算资金7784.77万元，实际支出7082.3万元。

【敬老院转型升级三年计划出台】 2013年，区委、区政府下发《中共上虞市委办公室 上虞市人民政府办公室关于印发全市敬老院转型升级三年计划的通知》，决定从2013年起实施敬老院转型升级三年计划，从硬件设施、软件服务两方面入手，着力提升敬老院综合服务实力，促进向综合性养老服务中心转型发展。计划投资2亿元，于2014年至2016年全区改造建设7家综合养老服务中心。

【继续做好低收入家庭核查】 区民政局对全区351户申请低保的家庭进行上门调查、审核，新增城镇46户86人、农村257户472人，取消低保对象城镇121户214人、农村260户371人。调查认定城乡低保边缘户共3681户8863人。

【临时救助再落实】 根据省、市相关文件，共临时救助678人，发放资金163.05万元。对53816名困难对象发放基本生活价格补贴共389.21万元。对1494名困难群众下拨冬春补助费75万元。共救助因病致贫户910人，发放救助金额251.5万元。春节期间，对全区低保对象、五保户及"三无"对象、优抚对象等困难对象进行走访慰问，共慰问18983人，发放资金371.52万元。

【加大防灾减灾力度】 区民政局组织开展"5·12"防灾减灾宣传活动，发放宣传资料千余份；新建60个村级避灾安置点。银河社区成功创建全国综合减灾示范社区，恒利社区成功创建省级综合减灾示范社区。下拨台风"菲特"救灾补助资金共计307万元。

【完善社会保险政策法规】 调研制定完善生育保险和改进计生对象养老保险办法，报区政府同意调整女职工生育津贴计发基数和费率，改进计生对象参加社会保险办法，激励原计生对象并轨基本养老保险制度，提高参保计生补贴标准和允许转保补缴职工基本养老保险费并提高计生对象养老保障待遇。会同财政局下发《关于机关事业单位辞职（分流）等人员和原支乡科技人员参加养老保险问题的通知》，进一步明确参保范围对象，规范操作及缴费和待遇享受。 （任黎虹）

【城乡居民实行统一的医疗保险制度】 根据上虞区人民政府《上虞市城乡居民基本医疗保险实施细则（试行）》（虞政发〔2012〕44号）规定，自1月1日起，全区城乡居民实行统一的基本医疗保险办法，由上虞区人力资源和社会保障局管理。新的基本医疗保险办法实行统一的基金筹集标准，统一的医保险待遇，统一管理。至年底，全区城乡居民医疗保障参保人员共计473513人，参保率为98.51%；医保统筹基金支出31264.26万元，大病基金支出454.75万元，共计475.33万人次获得医疗报销。 （徐柏年）

【继续扩大社会保险覆盖面】 全年参加基本养老保险的单位7605家，35.52万人，新增参保37674人。参加基本医疗保险单位7670家，参保27.38万人，新增参保18492人。参加失业保险单位共计7727家，参保17.61万人，新增参保7794人。生育保险参保单位7585家，参保15.82万人，新增参保9594人。工伤保险参保人数略减。被征地农民基本生活保障有16个乡镇（街道），207个行政村参加 参保人数92095人，其中享受待遇人数15533人。参保人数比去年减少4224人。主要是部分被征地农民转保到职工养老保险。城乡居民医疗保障（截止到12月15日）全区20个乡镇（街道）参保人员共计442878人，参保率为91.8%。城乡居民养老保险全区20个乡镇（街道）参保人员215552人，非农户籍的参保人员转保到职工养老保险。全区机关事业参加养老保险9703人。 （王 筱）

【全面落实各项养老保险待遇】 认真落实各项养老保险待遇。按时发放16659名被征地农民对象的基本生活保障一次性生活补贴每人240元。完成全区46660名退休人员养老金的增资工作。核定1963人新增退休人员的退休待遇。根据浙江省人力资源和社会保障厅下发《关于2013年企业退休人员基本养老金计发问题的通知》精神，完成7728人待遇计发。截至12月底，全区共有退休人员55798人，比2012年增加9495人。完成退休人员提待增资工作，年人均增资220.59元，增资人数46702人，增资后人均月养老金1564.29元。同时还完成全区54407名退休人员重阳节补贴慰问金、3414名农村老退伍军人生活补贴、2607名机关事业养老保险退休人员待遇、108885名城乡居民养老保险待遇的发放工作。（王 筱）

【提高落实医疗保险待遇】 根据医保新政策，全面落实医疗保险待遇。医保病人窗口审核备案日益成熟，截至12月底，窗口审核结算17603人次转外就医医保病人的医疗费，审核2566人次医保转外就医并备案，审核970人到期人员“特门”卡并换卡，新增1388人“特门”的审核及发卡，办理247人医保异地定点手续。健全多层次医疗保障体系，全年各级财政补助420元/人。出台了《上虞市城乡居民大病保险工作的实施意见》，提高城乡居民重特大疾病保障水平，对22599名企业退休人员进行了健康体检。调整28名工伤职工伤残津贴，每人每月平均增加220.58元；调整14名工伤人员生活护理费，每人每月平均增加163.63元。审核发放2598人次工伤职工医疗费、伤残补助金、抚恤金等待遇和3194人生育女职工的生育补偿金。（王 筱）

【继续调整企业退休人员养老金】 根据《浙江省人力资源和社会保障厅、浙江省财政厅关于2013年调整企业退休人员基本养老金的通知》（浙人社发〔2013〕70号）文件精神，从2013年1月1日起，对2012年12月31日前退休（退职）企业退休人员再次调整提高基本养老金。全区46702名企业退休人员养老金待遇得到调整提高。普遍调整基本养老金按月人均109元标准和缴费年限每满1年（不满1年按1年计算）每月增加5元调整，人均增资额为220.59元/月，增资后月均养老金为1564.29元/月。（任黎虹）

开 发 区

杭州湾上虞经济技术开发区

【概况】 杭州湾上虞经济技术开发区位于嘉绍跨江大桥以东，前身为上虞精细化工园区，2006年4月经国家发改委核准保留为省级开发区，并更名为杭州湾上虞工业园区，2013年11月经国务院批复升格为国家级经济技术开发区。开发区规划面积133平方千米，主要由四大区域组成。建成区21平方千米，以原有精细化工及生物医药产业为主，重抓现有企业的改造提升。先进制造业产业区主要由7.3平方千米的东一区和9.4平方千米的东二区组成，重点引进和培育汽车及零部件、高端装备制造、绿色电子电器、新能源新材料等产业。至年底，东一区已基本完成招商，落户企业37家；东二区引进项目35个，总投资223.7亿元。东三区规划面积6.6平方千米，依托上虞新港和西侧嘉绍高速，重点发展现代物流、仓储及临港制造产业。滨海新城紧邻嘉绍跨江大桥，规划面积31.5平方千米，主要发展科技研发、金融贸易、教育培训、休闲旅游、城市服务等产业。经过十余年发展，开发区已完成开发建设近40平方千米，有落户企业200余家，累计引进投资700亿元，引进国内外上市公司15家。2013年实现工业总产值700亿元，利税总额60.7亿元，工业性投入121.1亿元，自营出口10.1亿美元，实到外资1.1亿美元。合同外资、实到外资、工业性投入、战略性新兴产业投入、自营出口增幅等五项指标在绍兴各开发区排名第一，综合考评得分首次跃居绍兴各开发区第一，荣获2013年度省先进国家级开发区。

【101家企业产值超亿元】 全年，开发区新增产值超亿元企业11家，总数达到101家，产值超10亿元以上企业14家，产值超5亿元以上企业29家。其中浙江龙盛集团股份有限公司(开发区企业)产值超80亿元，浙江宏达冶炼有限公司超40亿元，浙江闰土股份有限公司(开发区企业)、浙江金盾控股有限公司(开发区企业)超20亿元。1/3的投产企业税收、利润增幅超过50%，浙江龙盛染料化工有限公司税收突破亿元，55家企业列入上虞综合百强，34家企业列入工业纳税百强，新增省级以上高新技术企业3家。

【引进优质项目20个】 开发区继续深化产业招商、区域招商的工作思路和“合作开发”的招商模式，全年共引进优质项目20个，总投资超88亿元。加强与上海浦东、张江、金桥等开发区的对接合作，全年共吸引上海80余家次客商考察。日欣产业园一期项目动工建设，KMT公司明确入驻；规划1800亩的汽车零部件产业园依托周边地区的长

11月21日，举行东二区企业集中开工仪式

安福特汽车有限公司、上海大众汽车有限公司等知名汽车制造企业，积极发展汽车及零部件产业，浙江奥特西散热器制造有限公司年产100万台汽车散热器项目签约落户。新和成控股集团有限公司投资超50亿元的新材料项目已确定落户，新加坡普洛斯投资管理（中国）有限公司4800万美元工业仓储项目成功落户，浙江金垒轴承有限公司、浙江启明生化科技有限公司分别与日本双日株式会社、美国倍合德国际有限公司实现合资合作。

【环保投入超过6亿元】 开发区和企业两级环保投入超过6亿元，强制淘汰13个污染项目，推倒重建16个生产车间，新建或改造223套“三废”处理设施，改造3万米清污分流系统。基本完成印染、造纸、制革、化工等四大行业107家企业整治，扎实推进热电企业脱硫脱硝、印染企业“煤改气”工程和重点企业煤耗控制等节能减排工作，完成6家低效企业退出，环保本质显著提升。

【企业安全规范化试点投入超5000万元】 开发区继续深化项目强制淘汰、设备强制改造、设施强制安装、隐患强制整改、人员强制培训等“五个强制”，有效发挥其提升企业安全水平的积极作用，在此基础上制定开发区化工企业现场管理标准，实施安全生产规范化建设。11家试点企业投入资金超过5000万元，到年底整改工作全部完成，为在开发区化工企业间全面推广奠定基础。

【和谐基金现场认捐1326万元】 开发区推进和谐建设，广大企业在宏观经济面临严峻考验的形势下，不忘回报社会，踊跃捐赠和谐基金，重点骨干企业主动增加捐赠额度，积极发挥企业家生力军的作用，109家企业现场认捐1326万元，再创捐赠新高。

2013年度“和谐基金”捐赠仪式上，109家企业正在踊跃捐赠

【列入国家生态工业示范园区创建名单】 4月，环境保护部、商务部、科学技术部等三部委正式发文，同意开发区开展国家生态工业示范园区创建。开发区是全省首家列入示范创建名单的开发区。国家生态工业示范园区建设规划通过对已有产业优势和存在问题的深入分析，明确了生态工业园区建设目标、规划指标、重点项目，制定了行业生态化发展、资源能源集约利用、污染防治、风险预警及应急响应系统及低碳发展等规划方案，提出了生态工业园区建设项目准入条件和落后产能淘汰退出机制。

【成功发行18亿元企业债券】 9月，开发区获批发行企业债券。10月，开发区以较低利率发行国有债券18亿元，单期发行规模居浙江省县级市之首。所发行债券将用于开发区滨海大道建设、东三区基础设施配套、东二区职工生活区保障性住房、东二区基础设施配套、滨海新城职工生活居住区保障性住房、滨海新城城市主干道路建设等六项工程建设。

【上百盖北购物中心建成投用】 10月，总投资2.05亿元，中心建筑面积4.2万余平方米的浙江上百公司盖北购物中心隆重开业。中心集购物、餐饮、娱乐、住宿于一体，是开发区引进建设的首个商贸综合体。购物中心的建成投用，有利于虞北10万常住人口、5万流动人口和200余家园区企业的购物餐饮和娱乐休闲，使园区和虞北地区的生活配套更加完善，人们生活更加方便。

【成立精细化工区域性科创平台】 成立全省唯一的精细化工区域性科创平台——上虞绿色精细化工科技创新服务平台，承接国家“863”重大科技支撑项目，开发了20项清洁生产关键技术，申请21项发明专利，获得省部级奖励22项，形成3项国家

标准和6项行业标准,2013年开发区高新技术企业产值占比近45%。 (沈 棋)

上虞经济开发区(曹娥街道)

【概况】 2013年,上虞经济开发区实现工业总产值539.59亿元,比2012年增长11.65%;实现利税61.71亿元,同比增长6.09%;完成全社会固定资产投资31.96亿元,增长30.02%;完成工业性投入24.86亿元,同比增长7.71%;实现重点商贸服务业销售营业额52.58亿元,同比增长5.5%;完成自营出口7.63亿美元,同比增长9.47%。

【23家企业列入上虞区100强】 全年,新增规模以上企业2家,新增产值超亿元企业1家,23家企业列入上虞区100强行列,22家企业产值增幅超20%,其中卧龙控股产值突破百亿元大关,金科控股、华孚色纺等2家产值达到40亿元。国地两税增幅明显,与年初最低点相比回升17个百分点,域内前20位工业企业实现税收47397万元,占制造业企业税收收入的67%。

【实到外资3725.86万美元】 走产城融合的招商选资思路,突出从工业项目招商向三产招商的转变,项目招商尤其是商贸服务业项目招商取得重大突破,全年完成合同外资8250.95万美元,增长87.96%;实到外资3725.86万美元,增长72.59%;完成内资7.58亿元,增长51.48%;完成回归经济9.1亿元。

【新引进重大商贸服务项目】 全年新引进重大商贸服务项目8个,已有5个项目正式挂牌出让,产业涉及电子商务、服务外包、高档酒店、总部楼宇、文化产业等,总投资105亿元,其中菜鸟网络总投资50亿元、新华社沪浙港项目总投资50亿元、永康商会项目总投资8亿元、荆州商会总投资4.5亿元。

【实施政府投资项目27个】 基本完成整合提升区控制性详细规划,适度完善区街土地利用总体规划,按照高标准推进滨江新城的要求,着力推进新城内道路管网、基础配套设施、征地拆迁、民生工程等建设,满足项目落户的需要。全年共实施政府投资项目27个,其中新建19个,续建8个。积极保障土地要素,完成征地780亩,有效盘活存量土地484.5亩,出让工业及经营性用地共497.25亩。

【投入科研开发经费11.7亿元】 全年实现规模以上企业新产品产值183亿元,同比增长21.74%,新产品产值率占40.58%;投入科研开发经费11.7亿元,占销售收入的比重达到2.78%;新引进各类海高人才5名,科研人员累计2560人。3家企业列入国家需要重点扶持的高新技术企业,4家企业技术中心列入省高新技术企业研究开发中心,华孚被批准创建省级企业研究院;企业自主创新的成果转化率达到90%以上。开展循环经济和清洁生产,万元工业增加值能耗下降5.8%,淘汰或提升改造落后设备企业8家,提转搬企业18家。

【投入村级民生工程】 实施菜鸟网络地块、青瓷文化创意园地块、五星路改造地块等拆迁收储工作,完成拆迁面积6.12万平方米。以“美丽乡村”建设为契机,扎实开展“三改一拆”及环境卫生、废塑料收集点专项整治和河道保洁专项行动,投入环境卫生工作补助及奖励500多万元,投入村级民生工程补助680余万元,清除清运各类垃圾2.2万吨,清理河道52千米,拆除各类违章建筑5.1万平方米。

【引进“330海外英才计划”项目2个】 注重海外高层次人才引进和战略性新兴产业培育,全年共引进“330海外英才计划”项目2个,其中,英国萨塞克斯大学王伟博士的医疗影诊设备项目被列入330B类,美国佛罗里达大学王祥成博士的LED芯片及驱动产品开发项目被列入330C类。

【5个重大项目开工建设】 4月26日,上虞市重大项目集中开工签约典礼在开发区举行,开发区有2个项目参加,分别是总投资12亿元的惠普上虞市两化融合外包服务及总投资12亿元的余坤·滨江国际项目,计划新建38层五星级酒店和26

层商务中心。11月21日，上虞区组织“一江两岸”重点项目集中开工仪式，开发区有3个项目参加，分别为总投资12亿元的浙大网新上虞科技园项目、总投资为8亿元的永康商会总部大楼项目和总投资为4.5亿元的荆州商会兴建的现代城市综合体项目。　（马国珍）

表11　**曹娥街道各村(居)委会基本情况表(2013年)**

村　名	党　务负责人	村(居)委会负责人	户　数（户）	人　口（人）	水　田（亩）	旱　地（亩）	山　林（亩）	村级集体经济收入（万元）
漳汀村	徐信良	徐利德	292	1002	478	40	2614	303.42
蒿坝村	任建忠	冯志康	478	1212	600	150	1739	64.55
蒿东村	王成章	潜立富	1172	2940	1027	120	3922	70.26
金村村	周仁根	王文新	600	1479	552	56	0	57.23
董村村	孙兴成	朱建钢	560	1325	473	0	65	149.77
丽樟村	沈永刚	任国祥	756	1945	900	0	0	87.82
上沙村	任振方	沈江金	313	783	197.02	0	354	258.35
孝女庙村	吴瑞森	丁贤辉	346	846	160	67	362	44026
朱山头村	殷岳新	夏叶星	966	2560	2100	120	3100	303.47
娥一居委	陈北来	陈岳来	500	1020	0	0	0	19.94
民丰居委	沈南山	吴雪良	438	1085	49	0	0	84.14
娥二居委	田　毅	姜雪民	449	1200	0	30	0	55.54
联丰居委	卢国庆	杨建华	605	1565	0	0	0	119.73
下沙居委	朱东梁	马迪良	641	1599	0	0	0	165.03
三角站居委	陶水龙	林寅江	726	1992	0	0	0	64.09
里睦桥居委	张剑雄	钱　林	319	1057	0	0	0	12.04
狮子居委	陈峥嵘	宋兴富	620	1662	120	0	45	97.27
白米堰居委	金兴苗	陆　标	399	1392	0	0	0	63.27
新沙居委	俞国森	金锦土	765	2118	0	60	0	150.31
梁巷居委	梁根云	孙建国	515	1295	0	60	30	64.35
越爱居委	陈　峰	陈兴海	350	880	0	0	0	22.49
徐家塘居委	潘文明	徐百来	454	1210	0	0	0	62.84
新楼下居委	胡兴荣	徐建方	416	1101	0	0	0	108.94
光明居委	周志刚	徐金昌	1250	3302	0	330	0	158.58
西湖居委	俞国森	钟卫松	206	581	0	0	0	44.91
贺盘居委	任　美	鲁林海	325	857	0	50	0	86.78
大厂居委	王凤元	沈百明	586	1446	0	0	0	95.93

续表11

村　名	党　务 负责人	村(居)委会 负责人	户　数 (户)	人　口 (人)	水　田 (亩)	旱　地 (亩)	山　林 (亩)	村级集体经济收入 (万元)
高田头村	周百海	张宝法	178	505	25	25	0	104.42
红星村	黄洪新	胡立中	396	1005	350	0	0	105.36
新建庄村	郦寿荣	郦　兴	805	2140	0	140	0	203.66
前村村	杜金木	杜志明	500	1402	787	0	30	117.94
茅家村	赵国峰	赵关坤	496	1333	495	0	0	72.66
外五甲村	倪佰芳	陈孟君	275	743	0	899	0	461.32

表12　　曹娥街道各社区基本情况表(2013年)

社区名称	党务负责人	社区负责人	户　数 (户)	户籍人口数 (人)	常住户数 (户)	常住人口数 (人)
江滨社区	金阿仙	金阿仙	1621	2631	1508	4585
舜杰社区	王　颖	王　颖	1279	2013	1265	4056
振兴社区	吴伟芬	吴伟芬	1441	3503	2111	8418
银河社区	徐幼飞	徐幼飞	1358	3022	3285	7230
金桂苑社区	解亚娟	王　莉	1169	2903	1953	5930
德济苑社区	邵玲芬	邵玲芬	910	2158	1860	5586
大三角社区	黄爱娟	黄爱娟	644	1286	1665	4260
曹娥社区	单根法	单根法	612	1017	1175	1678
和城社区	魏燕华	魏燕华	447	988	4742	5592
蒿坝社区	沈金坤	谢培江	367	456	236	279

乡镇　街道

百官街道

【概况】　百官街道地处区中心，是全区的政治、文化、商贸中心，区域面积40平方千米，辖36个行政村(居)委会、16个社区。常住人口12.4万人，另有新居民约39250人，总人口163250人。百官街道办事处是区政府的派出机构。

2013年，街道实现财政收入4.3亿元，同比增长10.6%；实现工业总产值130.9亿元，同比增长12.2%，其中规模以上企业71.8亿元，同比增长12.8%；实现合同外资650.38万美元，完成计划数100%。实到外资869万美元，完成计划数158%。引进内资4.81亿元，完成计划数114.5%。落户重大项目3个，回归项目资金4.4亿元，回归税源2344万元，完成计划130%。完成工业性投资5.96亿元，完成计划112%。商贸服务业销售额达到78.4亿元，完成商贸投入12.72亿元，同比增长25%。新评定国家级重点扶持高新企业4家、省级科技型企业3家、绍兴市级企业研发中心2家、绍兴市级专利示范企业1家、绍兴市级创新型企业3家、区级专利示范企业2家、区级创新型企业1家。申报省级新产品试制计划23只，申请各类专利205件，其中申请发明专利21件。为四家困难企业解困，共盘活土地183亩、厂房8.2万平方米，盘活资产6.4亿元。

实施对前一村黄泥坝、梁家山、横江里等旧房改造，完成签约率达98%以上，完成签约面积17.53万平方米。完成上源岭光嘉园、四甲新家园、二甲新苑的安置房交房工作。完成城南N5-2、城南N5-1、城北41-1、43、岭光J1-1A、路东J1-4、36-2等地块交地工作，交地面积1090余亩。拆除星二、星三、星四、丰二旧房面积约31.92万平方米。查处违章建筑面积4.8万平方米。新增村级集体工程建设项目60只，投入资金2300万元。街道所有村集体经济收入均达20万元以上。开展“河道保洁”和农村环境卫生专项整治活动，专项投入500余万元兑现工作奖励及项目补助。投资500万元“美丽乡村”精品线提升项目全部完工。

基本养老保险新增补缴853人，新增灵活就业养老保险617人，城乡居民医疗保险共支付补偿资金903万元，申报特殊门诊879人。办理最低生活保障19户，落实住房救助7户，发放民政各类救济金、残疾人慰问补助金721万元。慰问困难家庭、五保户、受灾户3685户。成功创建绍兴市教育优质均衡示范街道。通过绍兴市卫生强街道、绍兴市卫生应急工作示范街道、绍兴市药品安全示范街道等创建验收工作，街道卫生院荣获全国卫生示范服务中心。发放计生困难家庭、外来流动人口救助金和奖励费18.2万元。举办青年文化节、农村文化节、社区文化节活动，组织各类文艺演出31场次，参与人数达6万余人次。投入50余万元公益基金支持平安建设、计划生育、新居民、文化教育等社会事业发展。破获各类刑事案件2713起，办结治安案件412起，调解治安纠纷4748起。实现法律顾问村(居)、社区全覆盖，全年共排查矛盾纠纷1026起，成功调处1026起。组建路东、新叶家埭2支村级夜巡队及158人的新居民志愿服务队，成立142人组成的专业巡防队在城区范围内全天候巡逻。全年共受理群众来信、来访、来电及网上投诉共435件(批)/786人次，已办结433件，办结率达99.5%。成功化解信访积案3只，挂牌整治重大不稳定问题1个。组织开展消防、地震等应急演练39次，一年来无重大安全事故发生。完成18个村(居)“三务公开”上网工作。

街道获国家级先进集体1项，浙江省级先进集体2项，绍兴市级先进集体12项，上虞区级先进集体20余项，街道相关村(居)、社区、企业获省、市、区各类专项先进70余项，还有50多人获得上虞区级及以上招商引资、村级工程管理、计生、平安创建、统计、征兵、卫生、文化等各类先进荣誉60余项。

表13 2013年百官街道各社区基本情况表

社区名	党务负责人	社区负责人	户数(户)	户籍人口(人)	常住户数(户)	常住人口(人)
上棉社区	裘凤珍	裘凤珍	482	1201	700	2100
上源闸社区	陈梅英	陈梅英	1549	4000	2350	5548
龙山社区	王辉	王辉	1333	3278	2160	5210
平阳山社区	张剑英	张剑英	952	2322	1250	4500
九浸畈社区	张友君	张友君	1045	2571	1524	4325
阳光社区	陈文静	陈文静	361	1920	880	2220
卧龙社区	金雅娣	金雅娣	1143	2643	1640	5180
凤山社区	王月芬	王月芬	1506	3681	2037	5635
胜利社区	詹爱莲	詹爱莲	1611	3633	2128	6218
半山社区	王瑾	王瑾	1890	4915	2296	7523
文化社区	王荷英	王荷英	3630	9153	4503	15963
金鱼湾社区	宋惠清	宋惠清	2263	6069	2367	8334
西横河社区	陈苗英	陈苗英	2076	5385	2786	8230
恒利社区	谢爱芬	谢爱芬	4070	10525	4973	20636
高丰社区	沈凤仙	沈凤仙	2965	7021	6161	15486
绿城社区	严金红	严金红	2907	5223	6376	15368

表14 2013年百官街道各村(居)委会基本情况表

村名	党务负责人	村(居)委会负责人	户数(户)	人口(人)	农村劳动力(人)	耕地面积(亩)	总收入(万元)
一村	张志诚	陈伟强	373	981	500	0	120
杜家村	杜国荣	陈伯华	523	1219	765	90	140
前二村	柴芳娟	金建华	670	1514	916	0	67
外严村	严小太	严春龙	212	673	514	18	82
金家岙村	任永林	蒋巧明	353	866	654	350	112
路工村	许海山	章钟良	353	955	526	0	81

续表14

村名	党务负责人	村(居)委会负责人	户 数(户)	人 口(人)	农村劳动力(人)	耕地面积(亩)	总收入(万元)
联新村	陈建扬	丁岳明	1082	3203	2018	1893	110
南一村	章银海	朱永标	853	2142	1400	1200	73
南二村	陈志龙	李结根	1021	2801	1517	1907	73
南三村	顾新龙	郎银龙	1090	3220	1815	2400	123
路东村	严振龙	严忠庆	594	1732	1010	406	440
新叶家埭村	叶伟荣	陆永祥	1045	2766	1804	1098	127
梁家山居委	管伟忠	陈桂泉	756	1787	1067	0	143
新建居委	王忠华		340	840	470	170	519
丰一居委	叶南潮	李金良	759	1908	1186	14	304
丰二居委	顾建生	郑伟泉	502	1107	671	0	185
岭光居委	王胜江		315	1165	542	0	156
大坝居委	黎炳炎	陈志木	543	1785	1385	0	92
赵家居委	赵海洋	赵建钢	850	2431	1738	369	274
二村居委	贾铭洋		303	850	540	0	93
三村居委	陈剑平	倪德泰	422	1094	580	0	77
四村居委	茅茂根	王兴桥	359	1145	693	0	103
五村居委	赵森兔		564	1704	1090	0	135
星二居委	朱贡明	徐永尧	421	1066	615	163	28
星三居委	蒋伯荣		469	1085	618	198	116
星四居委	卢银标	徐朝阳	231	477	275	10	2
星五居委	陈友堂		508	1220	745	0	112
中利居委	陈康泉	杜振苗	1141	2676	1650	532	67
后村居委	沈清	孙纪德	433	1117	695	160	33
头甲居委	杜苗根	王金龙	648	1425	1020	0	72
二甲居委	叶洪其	叶云根	671	1600	830	270	28
四甲居委	陈立新	章开春	759	2006	1115	450	36
前一居委	丁海华		643	1584	1368	183	130
前三居委	李荣泉	陈洪昌	400	963	575	127	44
前四居委	金加瑜	金跃进	347	808	566	248	32
横江里村	陈龙根	王海堂	248	649	390		47

【招商选资形势喜人】 全年共实到外资869万美元，完成计划数158%；引进内资4.81亿元，完成年计划的114.5%，实现回归资金4.2亿元，完成计划113.5%；回归税源2344万元，完成计划130%。办理个转企262家，完成计划156%；规下升规上工业企业6家，完成计划150%；限下升限上服务业企业11家，完成计划220%。

【深化环境整治】 街道扎实开展河道保洁和农村环境卫生整治活动，共处理河道中的沉船和废弃船只480只，清理河面漂浮物21万立方米、河岸垃圾1250吨、河中障碍物15处；推进废塑料加工经营点整治，4个加工点相关设备被依法拆除，27个废塑料垃圾收购点被依法取缔。开展城区禁养区整治，拆除违章棚区面积15000平方米。

【强化公共安全】 组织开展消防、地震等应急演练39次，排查隐患和问题165处，完成整改160处，对12处地质灾害点进行修复，一年来无重大事故发生；加强食品药品安全网格化管理，推进无证无照餐饮和食品安全整治专项行动。

【创新社会管理】 积极探索"网格化管理""三色预警"及"和谐促进会"建设等工作，科学制定全员维稳实施意见，深入开展"排查整治·强基促稳"专项活动。全年共计排查矛盾纠纷1026起，成功调处1026起；排查治安隐患情况30个，化解30个；排查公共安全隐患98个，化解98个。

【机关干部作风不断优化】 扎实开展"两问一送"活动，累计走访群众1560户，企业及合作社44家，收到各类需求181件，解决129件。积极开通便民微群平台，畅通群众联系渠道；扎实推进民情通工作，以"周三驻村服务日"为载体，共走访农户12326户，解决实际问题572个。

【换届选举圆满完成】 11月11日至12月30日，历时40天，百官街道26个村(居)党组织、村(居)委会、村(居)经济合作社、村(居)务监督委员会进行换届选举，共选举产生了支部(总支)委员98名，村(居)委委员86名、社管会委员68名、监委会委员77名。

(董国光)

东关街道

【概况】 东关街道位于上虞区西部，距区政府所在地7千米。全境地域总面积27平方千米，辖行政村15个，社区3个。年末总户数12002户，总人口3.18万人。全年实现工业产值35.5亿元，增长8.8%，其中规上企业产值22.5亿元，增长12.3%；工业生产性投入4.1亿元，增长33.6%；实现国地两税收入1.91亿元，增长6%。引进合同外资560万美元，完成目标任务的112%，实到外资554.7万美元，完成目标任务的129%，引进内资1.48亿元，完成目标任务的118%，实现回归税收793万元，完成目标任务的113%。新增销售超3亿元、2亿元、5000万元企业各1家，新增规上工业企业2家，限上服务业企业3家，完成个转企50家。

年末有耕地面积20700亩，有效灌溉面积15525亩，农作物播种面积51405亩，其保粮食播种面积33000亩，粮食总产量12500吨，农业合作社14个，农业合作社成员221户。工业企业436家，从业人员8116人，建筑企业5家，实现建筑业总产值103519万元。社会消费品零售总额106608万元，其中限额以上社会消费品零售总额50522万元。市场1个，50平方米以上超市9个。小学3所，专任教师154人，小学在校学生2290人。幼儿园、托儿所10所，图书馆、文化站1个。医疗卫生机构13所，床位50张，执业医师41人。新型农村合作医疗参保人数20511人，新型农村社会养老保险参保人数18992人，农村居民最低生活保障人数528人。自来水用户12337户，金融机构网点7个，公园及休闲健身广场16个。

表15　　2013年东关街道各行政村(社区)基本情况表

村名	党务负责人	村务负责人	户籍户数(户)	户籍人口(人)	面积(平方千米)	村级集体经济收入(万元)
东塘村	徐幼娟	章华刚	1109	2765	1.72	21.35
马家桥村	朱宝元	朱张金	353	730	0.87	238.07
彭家堰村	严永成	李卫星	274	802	0.38	38.79
联星村	严霞兴	项立新	817	2318	2.17	26.91
高泾村	王张明	徐关华	801	2289	1.89	127.10
大西庄村	潘水尧	徐水松	527	1568	1.56	73.95
凌江村	贺康林	屠志光	772	2164	1.72	33.73
金鸡山村	张关夫	朝松潮	686	1988	2.83	76.90
三丰村	钱幼荣	钱忠海	508	1491	2.27	54.78
保驾山村	徐国友	徐明星	638	1737	2.15	187.18
担山村	姚宝忠	周文苗	436	1391	1.65	192.79
新丰村	鲁关木	丁建华	396	1142	1.95	22.61
傅张村	傅振生	傅永苗	545	1661	1.64	20.22
高旺村	屠关水	高苗成	437	1327	1.12	33.23
马山村	胡建刚	任建标	1149	3144	3.28	352.79
南阳社区	郑徐旗	郑徐旗	989	2122		——
越泉社区	章天芳	章天芳	1319	2755		——
马山社区	胡建刚	胡建刚	246	293		——

【集体经济增收】 扎实推进村级集体经济增收计划，依托村级物业项目，增强村级集体经济增收功能。新丰、高泾、马家桥、马山等4个村新建成物业项目，15个村总收入达1302万元，村均86.8万元，同比增加152万元，增长13.18%，在全区率先实现村均集体经济收入超20万元目标。

【顺利推进村级组织换届选举】 组织开展村组织换届选举，换届过程顺利、结果满意，街道新调整村级党总支书记4名，村委会主任4名，村级班子整体年龄、学历结构进一步优化，战斗力进一步增强。

【科技创新成绩斐然】 全年新增科技产业化项目38项，申请专利293件，其中发明专利2项。新评定科技型企业17家，其中中建路桥等5家企业通过省科技型企业评审，上能锅炉、思纳克热流道、荣企保健等7家企业获得绍兴市创新型和高新技术企业评定。万里轴承研究开发中心通过省级高新技术研究开发中心评审。

【重点项目建设进展顺利】 全年实施工业性项目24只，竣工投产21只。其中，区级重点项目巨龙型材年产3.5万吨铝型材加工项目，累计投资3.7亿元，完成项目建设；宇达化工年产3万吨硅溶胶迁建项目，已投入2452万元。　(徐森培)

【开展农村环境卫生整治】 重点抓好农村环境整治，扎实开展河道保洁、废旧塑料整治和农村环境卫生整治活动，清除卫生死角，实施“河长制”运作，搭建村企挂钩联系平台，投入500余万元兑现整治工作的奖励及补助。成功创建省级“生态街道”，担山村、凌江、保驾山、三丰等四个村成功创建区环境卫生达标村。 （徐森培）

【推进集镇建设】 全年投入2802万元，实施城镇建设重点项目15只。其中，永兴桥桥梁主体工程已经完工，1号泵站已进入调试阶段。樟塘桥等10座列入“危桥改造计划”的桥梁正在进行维修或重建。“海螺地块”“城南商住地块二期”成功出让。104国道两侧、长海公路沿线和东塘相应地块共计2.6平方千米列入城市控制性详细规划编制范围，“门户靓化”完成设计评审。“控违拆违”专项行动开展以来，拆除违章面积4.89万平方米，完成目标任务的109%。 （钱　钢）

道墟镇

【概况】 道墟镇位于上虞区西北部，距城区所在地11千米。全境地域总面积43平方千米，21个行政村，1个社区。年末总户数17293户，总人口45440人，其中非农人口14396人。2013年实现工农业总产值244.66亿元，规模以上企业实现产值212.32亿元；农业产值4.43亿元。实现财政总收入69819亿元，农民人均纯收入25533元。

全年农作物播种面积73185亩，粮食总产量1250万吨。农机总动力2.02万千瓦。公路通车里程32千米，村等级公路通达率100%。全年完成水利建设项目1个，投资700万元。存栏生猪35385头，出栏生猪35788头；存栏家禽150286羽，出栏家禽506354羽。茶园面积19.95亩，茶叶产量2吨。工业企业总数615家，其中规模以上企业45家。工业产品销售收入204.86亿元，产销率96.5%。自营出口3.59亿美元。有初级中学1所，小学4所，幼儿园4所。在校中学生1044人，入学率100%；在校小学生2464人，入学率100%；在园幼儿1020人。社区卫生服务中心1家，卫生服务站4家。全年出生331人，计划生育率96.17%。初级卫生保健率90%。参加农村养老保险24867人，参加新型农村合作医疗保险31085人。最低生活保障救助人数357人。有社会福利性敬老院1个，年底供养老人15人。

表16　　2013年道墟镇各行政村(社区)基本情况表

村名	党务 负责人	村务 负责人	户数 (户)	人口 (人)	农田 (亩)	旱地 (亩)	村级集体 经济收入 (万元)
积山村	范水龙	章春海	847	2317	1356	950	34.39
长娄村	杨建荣	吴五金	471	1396	890	14.6	24.67
云里村	宣四祥	章振法	476	1317	876	282	59.52
新民主村	韩桂珍	谢关海	637	1709	836	151	49.71
中联村	阮德灿	章关金	1434	3480	300		127.31
庙桥村	章根法	章根法	761	1981	945	146	20.20
杜浦村	杜成德	章苗兴	919	2547		594	65.69
称海村	谢华鑫	阮文良	965	2853		1008	121.88
汇联村	阮炎庆	阮加夫	681	1959		1294	29.07
联江村	谢伟德	阮忠海	743	2135		1517	31.76
江协村	阮国兴	金杏芬	900	2631		1748	35.60
新里港村	章水标	章水标	808	2183		1064	30.91
肖金村	张金祥	陈志根	902	2485	2370	280	56.14
沽渚村	阮新标	阮友良	574	1530	173	1020	43.18
东桑村	阮天兴	马明祥	583	1546	1231	98	24.63
大湖村	汪海良	郦强	578	1616	1101	50	27.11
联浦村	张国强	张国强	576	1466	1081	321	24.06
五四村	任银祥	陶红卫	613	1726	847		109.28
韩浜村	陆根炎	陆建明	499	1369	913	80	21.38
新屯南村	陈金德	陈丽娟	1005	2802	1635		38.29
钱上村	许茶梅	许志荣	399	1069	752		61.24
道墟社区	邵国秀	邵国秀	2024	3128			

【建立领导班子下村问政制度】 3月,道墟镇建立了镇党政班子成员每周一到一个行政村(社区)制度,利用一天时间集中进行走访调研,现场解决实际问题。制度实施以来,镇领导班子问政基层5个村,对村里提出的24个困难问题,现场解决2个,明确解决方案8个,主动向有关部门立项9个,还对5个问题提出了指导性意见。

【"重走道墟老街"活动开营】 4月26日,"重走道墟老街"活动开营仪式在闰土小学举行。"重走道墟老街"活动是道墟镇主题教育品牌活动之一,镇里专门编写《重走道墟老街》读本,生动展示道墟古镇形象。全书分为"游戏同年""手艺传承""墟舍文化""道墟名人"四个单元,融合了道墟的物质文化和非物质文化。

【扎实推进控违拆违专项整治】 在全镇范围开展声势浩大的控违拆违专项整治，以“六先拆”为重点强势推进专项整治，有效遏制新增违法建筑，拆除了群众反响较大、来信来访不断的存量违法建筑。截至5月20日，全镇拆除各类违章建筑面积15600多平方米，提前超额完成市下达的目标任务。在拆违过程中，将控违拆违工作与行政村年终双争考核挂钩，同时加大考核比重，结合“三无村”创建工作，对未完成拆违任务的村实施一票否决。

【“救火阿三”又收11名新徒弟】 7月6日上午，一场别开生面的“拜师仪式”在道墟派出所举行。11名来自道墟镇各村的志愿者正式加入到“救火阿三”阮炳炎的义务消防队中。这11名新队员个个都有自备车。义务消防队和专职消防队，均服从所属地消防部门的统一指挥和调度，以保证把抢险救火的时间缩短到几分钟或十几分钟。

【招商选资进展顺利】 积极储备招商项目，改善投资环境，依托地区产业优势，1月至4月招商选资工作进展顺利。截至8月，全镇已实到外资200万美元，引进内资4098万元。抓好工业功能区建设，完成第二、三期规划，做好200亩土地的收储征用工作。同时，新增2只意向项目，即绍兴中德电气设备有限公司17.25万美元的增资项目和新投资515万美元(其中外方投资300万美元)的浙江华泰空调设备生产和零部件加工项目。

【“救火阿三”获首届全国119消防奖】 8月9日，“首届全国119消防奖”颁奖典礼(浙江区)在杭州红星剧院举行。“救火阿三”阮炳炎荣获首届全国119消防奖。

【省委书记走访道墟】 8月15日上午，省委书记、省人大常委会主任夏宝龙轻车简从到积山村，了解村民的生产生活情况。随后又向镇领导了解道墟镇经济社会发展情况，对全镇的经济社会发展及民生问题予以肯定。

【农贸市场改造工程通过验收】 道墟镇商贸业重点项目农贸市场改造工程进展顺利，于9月30日通过了市农贸市场改造提升工作领导小组办公室的考核验收。市场改造完成后，不仅极大改善了市场原先脏乱差局面，为百姓营造了良好的购物环境，而且有效提升了道墟集镇形象，为打造省级中心镇起到积极作用。

【西直河清淤工程启动】 12月，道墟镇西直河清淤及综合提升工程全线开工，3支施工队伍近40名施工人员进行轮流作业。该工程将全面改善河道两边生态景观环境，大大提高内河流域排涝能力，切实为沿河居民营造良好休闲环境，提升城市景观形象。工程总投入1100万元，计划于2014年4月中旬汛期来临前完工。

(胡燕锋)

长塘镇

【概况】 长塘镇位于上虞区西南，行政区域面积39.7平方千米，总人口1.36万人，下辖8个行政村和1个居委会，呈“五山一水四分田”格局。交通便利，距上三线高速公路蒿坝、东关道口均为8千米，是上虞区的西南大门，是山清水秀之乡、历史文物之邦、名人荟萃之地，享有“生态之乡”“状元之乡”“竹笋之乡”的美誉，是浙江省农业特色强镇、浙江省生态镇、浙江省教育强镇、浙江省旅游强镇、浙江省体育强镇。全镇经济发展平稳，有工业企业50余家，产业主要有服装、蜡业、新型建材等，规模以上企业6家，其中国家重点扶持高新技术企业1家，省级科技型企业2家。

表17　2013年长塘镇各村(居)委会基本情况表

行政村名	户数(户)	人口数(人)	农村劳动力(人)	耕地面积(亩)	山林面积(亩)	水域面积(亩)	总收入(万元)
广陵村	387	1065	700	659	3939	0	42.07

续表17

行政村名	户数(户)	人口数(人)	农村劳动力(人)	耕地面积(亩)	山林面积(亩)	水域面积(亩)	总收入(万元)
会篁村	559	1510	960	1050	7170	0	212.9396
罗村村	403	1086	640	665	3600	0	43.4651
长塘村	1286	3483	1567	2300	6400	200	54.6109
桃园村	510	1347	800	1000	0	0	154.192
何家溇村	675	1765	1147	1427	1466	70	58.752
谢憩村	652	1906	1080	1554	3350	260	209.73
湖田村	478	1339	839	830	120	312	92.0072
居委	137	188					

【重抓工业发展】 全镇实现地区生产总值3.40亿元，同比增长7.26%；完成工业总产值8.43亿元，工业性投入1.3亿元，销售收入8.2亿元，分别同比增长11.1%、46.2%、10.3%；实现合同外资100万美元，实到外资50万美元，累计引进内资3000万元，均完成年度任务；新办家庭工业83家；实现财政收入1903.6万元，税收收入1060.5万元；农民人均纯收入15352元，同比增长8.3%。落实节能减排举措，关停落后产能企业3家。

【夯实农业基础】 完成总投资1066万元的里山片小流域综合整治及农业生态工程项目。会篁笋园景点建设工程量已完成50%，谢家菜园的都市农庄认种模式开始试行。扎实做好农业直补、农技推广培训、地力提升工程等工作，全年粮食种植面积达20632亩，新增土地流转面积694.2亩。

【发展生态旅游】 以广陵书院项目建设为抓手，着重抓好桃花源景区配套项目建设。按照“一区三园”的发展思路，“一区”即桃花源景区，“三园”即会篁笋园、桃源柿园、谢家菜园，打造富有长塘特色的乡村生态旅游区。

【村镇建设新突破】 完成集镇部分道路维修工程，新墩桥、应龙桥两座桥梁维修工程即将完工。完成河道保洁整治25千米，投入资金150余万元进行农村环境卫生百日整治。

【民生事业新进展】 抓实抓好新型农村合作医疗保险工作，全年全镇参保9944人，参保率达99.96%。积极开展城乡居民社会养老保险工作，全镇参保5796人，计生符合率达98.72%。改造成立一所镇级公立幼儿园。发放困难群众救助资金55万余元，完成9户住房困难户救助，组织农业技术培训班2期，培训82人，培训企业在岗职工45人，完成农民培训320人，转移240人，超额完成工作任务。推进村级集体经济五年增收计划，新增村级常年可用性收入20万元以上的村2个。完成桃园村文化创意示范村创建工作，举办了镇首届全民运动会，成功创建浙江省体育强镇、绍兴市卫生应急工作示范乡镇。

【平安建设新成效】 排查企事业单位、个体工商户100余家，查处事故隐患72处，全部完成整改。全年新增登记新居民416人，共受理信访86件，均得到成功化解。共摸排出社会矛盾纠纷52起，调解成功率100%，派队参加了浙江省森林消防比赛，并荣获比赛三等奖。

【开展民间人才“万人计划”试点工作】 评鉴确定855名民间人才，全镇约20%左右的家庭有成员获得各级各类民间人才称号，其中，一星级322名、二星级359名、三星级127名、四星级47名；按类别划分：文体类113名、生产生活技能类576名、经营管理服务类166名。

【开展专项整治和河道保洁专项行动】 9月16日，组织全体机关干部、各村党支部（总支）书记、村委主任召开专题工作会议，传达贯彻市重点工作动员部署会议精神，实施开展废塑料加工经营专项整治。通过调查摸底，先后发现有5家企业存在经营加工废塑料行为，要求立即落实整改。对辖区范围内的镇、村级河道杂草、障碍物、河道垃圾进行清查。清除了大面积的河草（已清除64.5亩，占总数的近九成）、河岸垃圾、河道障碍物，清查总体情况良好。

【推动社会管理服务向纵深发展】 设立4个文化类人才工作室、民间调解师工作室，组建镇文体协会和16支专业文体团队，组织8名三星级以上民间调解师，采取坐堂接诊式、预约门诊式、集中会诊式的“三诊式”管理方式，调解民间纠纷，发挥在社会管理服务中的推动作用。

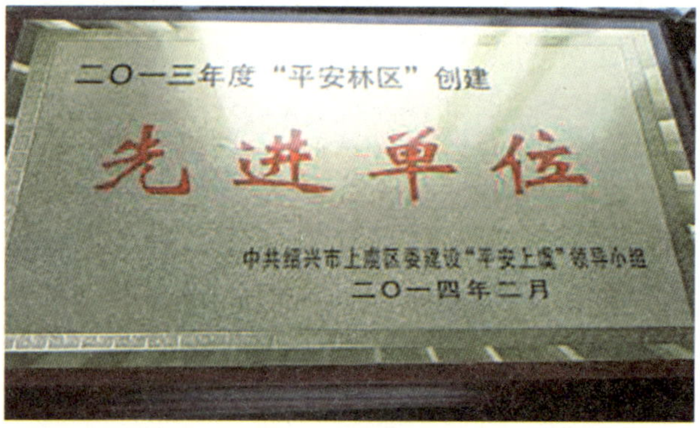

【多方发掘社会人才】 举办镇首届农民运动员，评定各级球艺师、棋艺师25名，其中三星级以上3名。结合长塘民间吹打文化，举办民间吹打擂台赛，评定三星级以上吹打乐师14名，初级吹打乐师38名。根据长塘生态特色和竹笋基地产业优势，评定三星级以上农技师15名。举办“十年辉煌绘长塘”摄影比赛，评定三星级以上摄影师2名。举办镇级“百笋汇”活动、“竹工艺用品展示月”活动，分别评定三星级以上烹饪师、工艺师5名和12名。组织201名三星级以上民间人才参加区级技能比武活动，评定四星级民间人才47名。 （贾文超）

上浦镇

【概况】 上浦镇位于上虞区西南部，距城区15千米。全镇地域总面积89平方千米，辖14个村（居）委会。年末总户数8656户，总人口2.41万人，其中非农业人口2170人。2013年实现工业总产值46.5亿元，财政总收入1.65亿元，农民人均可支配收入21208元。

全年农作物播种面积44677.95亩，粮食总产量1.46万吨。农机总动力1.17万千瓦。公路通车里程67.7千米，村等级公路通达率100%。水利投资2255万元。存栏生猪8649头，存栏家禽2.99万羽，水产品养殖面积3324亩、水产品产量1568吨。绿化造林8700亩，封山育林3750亩，水果种植面积3292.05亩，水果产量248.2吨。工业企业总数300家，其中规模以上工业企业17家。工业产品销售收入32.2亿元，产销率93.74%，自营出口2475万美元。有初级中学1所，在校中学生660人，入学率100%；小学4所，在校小学生920人，入学率100%；幼儿园1所，在园幼儿275人。有社区卫生服务中心1家，村级卫生服务站4个。全年出生169人，计划生育率93.49%，60岁以上老人每年体验率80.77%以上，慢性病管理率87.6%。到年末有9个村饮用小舜江水库的自来水。固定电话用户5102户，移动电话用户14808户，互联网用户3790户。参加城乡居民养老保险7628人，参加城乡居民基本医疗保险16348人。最低生活保障救助人数445人。有社会福利敬老院1个，年底供养老人26人。农户新建房屋115户，建筑面积2.18万平方米。

表18 2013年上浦镇各村（居）委会基本情况表

村（居）委会名	党务负责人	村（居）委会负责人	户数（人）	人口（人）	水田（亩）	旱地（亩）	山林（亩）	村级集体经济收入（万元）
渔家渡村	董鑫勇	董月明	544	1517	967	220	6644	30.38

续表18

村(居)委会名	党务负责人	村(居)委会负责人	户数(人)	人口(人)	水田(亩)	旱地(亩)	山林(亩)	村级集体经济收入(万元)
舜江村	胡立表	董国联	820	2410	2200		4332	43.90
王湖村	沈钧昶	王国贤	458	1329	940	170	4671	41.61
四峰村	姜子龙	罗水昌	790	2290	1390	30	2054	18.26
大善小坞村	黄迪君	赵廷康	653	2020	1600	100	4701	47.11
昆乔村	傅茂土	丁岳祥	436	1180	294	6	3212	21.75
梅坞村	倪子德	倪同彪	366	1104	719	313	4257	18.01
上浦村	董吉林	郑万根	367	1106	90	98	506	27.91
东山村	应新林	梁荣毛	1075	2975	2995	40	10239	70.48
九连村	胡伟平	夏志良	615	1759	2494	400	4893	70.69
戚山村	胡玉忠	胡玉忠	641	1871	2719	275	2245	85.99
冯浦村	冯卫明	王国明	746	2080	2200	200	12766	35.47
夏家埠村	夏张松	夏国祥	474	1517	1660	576	5120	22.76
居委会	赵新良	赵新良						
镇场							1677	
			7985	23158	20268	2428	67317	534.32

【凤凰山窑址群核定为全国重点文保单位】 5月，凤凰山窑址群被国务院核定公布为第七批全国重点文物保护单位。该窑址群位于上浦镇大善小坞村的北面，由尼姑婆山、凤凰山和前山窑址三部分组成，其中凤凰山、尼姑婆山窑址在大善北侧，前山窑址在大善南面。三窑址南北直线距离约1千米，文化层总分布面积为24081.63平方米。其中尼姑婆山窑址12395.14平方米，凤凰山窑址4499.43平方米，前山窑址7187.06平方米。三处窑址地缘相邻，除生产规模略见大小，产品略有侧重外，制作风格和装饰技法一致，时代均为三国至西晋。窑址群所烧产品丰富，制作规正，釉色青润，装饰技艺千变万化。常见器型有碗、罐、钵、盘、篮、泡菜坛、罂、罍、蛙形水盂、砚、扁壶、虎子、樽、洗、直腹罐、器盖等。

【上浦茶花幼儿园落成开园】 9月14日，由上海仲盛建设工程有限工程公司董事长李柏祥捐资建造，总投入899万元，按省二级标准实施建设的上浦茶花幼儿园落成并开园招生。该园占地面积2900平方米，建筑面积2472平方米。设计规模班级10个，已开班7个，入园就读幼儿人数250余人，该园是全区农村幼儿园设施最好、标准最高，是绍兴市标准化幼儿园，随着东山大桥的建成通车和城乡公交的完善，江东片适龄儿童入园难问题得到彻底解决。

【大善小坞村创办文化礼堂】 大善小坞文化礼堂，是上虞首批试点农村文化礼堂，也是上浦镇最早建成投入使用的农村文化礼堂。礼堂建筑面积约1500平方米，礼堂是由原“上风集团”与小坞自然村合建的“农工影剧院”改扩建而来，设施基础配套完善，各种文娱活动功能齐全，“虞舜会堂”“虞舜学堂”“会议室”“多功能厅”“图书室”“棋牌室”“老年室”“展览大厅”“篮球场”“礼堂广场”等一应俱全，特别是宽敞的“虞舜会堂”有观众席近千个，适合各种大中小文艺会演。文化礼堂自投入使用以来，各种活动不断，除了各种文化下乡、送戏下乡、电影下乡、专家讲座、专题活动等节目活动外，村民自发组织的活动也相当丰富，编排的合唱节目曾荣获“上虞区首届村歌大赛”三等奖，“民间庙会”被评为“上虞区十大农村文化礼堂品牌节目”。村民还自发组建了“腰鼓队”“舞龙队”“舞蹈队”“民间吹打乐队”等队伍。

【石井水库除险加固】 投资800万元对石井水库除险加固。石井水库位于上浦镇冯浦村，工程建于1958年，1971年扩建加高，2011—2012年实施除险加固。坝址以上集雨面积6.23平方千米，主流长6.26千米，常水位面积660亩，总库容312.2万立方米，正常库容156.6万立方米，是一座以灌溉为主兼滞涝的小一型水库，受益范围主要为上浦镇联江片冯浦、戚山、夏家埠3个行政村，灌溉面积2400多亩。水库大坝为均质坝，最大坝高12米，坝顶长257米，宽6米，坝顶高程15.2米；防浪墙顶高程16.4米，溢洪道位于大坝右侧，顶高程11.8米；输水隧洞位于右侧水体，断面2米×2.4米。石井水库除险加固工程由绍兴市水利水电勘测设计院设计，设计洪水标准为30年一遇，校核洪水标准为300年一遇。虞发改设计〔2011〕58号文件批复投资概算8491899元。工程主要内容：降坝减载，加宽加高镇压平台，改造拓宽溢洪道，溢流堰和泄水闸拆除重建，坝面整理和干砌石护坡，增设排水棱体，泄洪渠改造，封堵老涵管和新开输水隧洞等。

【鹿鼎山景区建设有序展开】 上浦镇引导山水资源优势明显的行政村发展现代农业，先后引进浙江天玥湖农业开发公司和浙江卧龙绿化工程公司2只现代农业项目，2013年投资5000余万元，实施省级生猪标准规模养殖小区，配套大中型沼气工程和水产养殖基地建设，水果、蔬菜种植等农业观光园区形态初显。 （吴　伟）

汤浦镇

【概况】 汤浦镇地处上虞区西南部，东北与上浦镇相连，东南与章镇镇、南与嵊州市三界镇接壤，西南与绍兴县交界，北与长塘镇相邻，距市区19.3千米。全镇地域面积33平方千米，辖9个行政村(居)委会。2013年总户数5713户，总人口1.54万人，其中非农业人口1485人。全年实现工农业总产值96亿元，财政总收入8862万元，农民人均纯收入20727元。

全年农作物播种面积10236亩，粮食总产量3300.6吨。农机总动力2.435万千瓦，公路通车里程27.7千米，村级公路通达率100%。年末存栏生猪928头，出栏肉猪850头；年末存栏家禽1.43万羽，出栏家禽0.75万羽。水果种植面积85.95亩，水果产量25.4吨。茶园面积765亩，茶叶产量15吨。工业企业总家数725家，其中规模以上工业企业32家。工业总产值93.8亿元。比2012年增加2.9%。有初级中学1所，在校学生266人，入学率100%；小学1所，在校学生970人，入学率100%；幼儿园2所，在园幼儿428人。有社区卫生服务中心1家，村级卫生服务站3个。全年出生人数97人，计划生育率89.7%。固定电话用户5273户，移动电话用户14231户，互联网用户4068户。参加城乡居民养老保险8772人，参保率95%；参加城乡居民医疗保险10891人，参保率96.9%；最低生活保障救助人数286人。有社会福利性敬老院1个，年底供养老人9人。农户新建房屋59户，建筑面积16383.3平方米。

表19　2013年汤浦镇各村(居)委会基本情况表

村(居)委会名	党务负责人	村(居)委会负责人	户数(户)	人口(人)	耕地(亩)	山林(亩)	村级集体经济收入(万元)
汤浦村	宋元兴	陶志苗	828	2169	336	1647	20.1

续表19

村(居)委会名	党务负责人	村(居)委会负责人	户数(户)	人口(人)	耕地(亩)	山林(亩)	村级集体经济收入(万元)
舜岸村	陈烈夫	孙荣强	331	1016	1312.5	64.5	23.6
霞里村	徐建明	徐伟庆	470	1344	694.5	1333.5	32.8
蒋村村	郑四龙	罗国兴	311	868	700.5	4620	20.1
长山新村村	董华生	钟友新	482	1372	2704.5	—	23.7
鹤湖村	吴晓祥	冯宣吉	592	1790	820.5	6358.5	21.1
霞越村	陈新利	颜金海	771	2388	1065	7234.5	21.0
达郭村	王炳根	毛金良	1044	2938	1315.5	9742.5	20.0
居　委	钟秀林	郑金妹	884	1485	—	—	—

【电子商务基地引进企业25家】 镇政府会同童装协会，着力培育全区首个电商基地，举办电子商务培训班2期，先后有25家电商企业落户汤浦中国针织童装城，全年实现交易额7000万元，被评为绍兴市电子商务示范区。

【农田水利建设投资950万元】 完成总投资250万元的九莲寺、大岙等山塘水库除险加固工程；完成总投资700万元的国家级农业综合开发项目建设。

【新农村建设投资超600万元】 全镇各行政村共实施新农村建设项目17只，移民后扶持项目4只，总投资超过600万元，长山新村村河岸整治、蒋村村道路改造、达郭村环卫设施建设、霞越村农房改造等一批基础工程已顺利完工。

【举办消防技能演练比武活动】 5月14日，在镇童装城举办消防技能演练比武活动，来自全镇各村的义务消防队和镇专职消防队共9支队伍的54名队员及10家企业的10名消防员代表参加了比武。比赛设手抬机动消防泵、消防栓操作、手提干粉灭火器操作三大项，经过半天的紧张角逐，霞里村、汤浦村、达郭村义务消防队分别获行政村组手抬机动消防泵操作前3名；鹤湖村、蒋村村、舜岸村义务消防队分别获行政村组消防栓操作前3名；樊昕东、如期锋、柳如龙分别获企业组手提干粉灭火器操作个人前3名。

【举行“金科”强教奖教奖学金发放仪式】 9月8日，汤浦镇在镇小举行第29个教师节庆祝活动暨“金科”强教奖教奖学金发放仪式。中小学、幼儿园教师代表、优秀学生代表等120余人参加活动。活动由镇文教副镇长王华主持，镇长阮建东、金科集团常务副总俞世铭等出席了此次活动。本次“金科”强教奖教奖学金共计发放奖金20万元，奖教、奖学100人，助学30人。　（黄常苗）

章镇镇

【概况】 章镇镇位于上虞区南部，距城区23千米。全镇地域面积138.46平方千米，辖36个村(居)委会。年末总户数15349户，总人口42177人，其中非农业人口4242人。2013年实现工农业总产值60.45亿元，财政总收入3.05亿元，农民人均纯收入17130元。

全年农作物播种面积138622.5亩，粮食总产量3.84万吨。农机总动力37269千瓦。公路通车里程 68千米，村等级公路通达率100%。存栏生猪31281头，出栏肉猪40450头；羊出栏5366只，存栏4404只；存栏家禽186141羽；鹌鹑等其他家禽饲养量1174万只。水果种植面积15264亩，总产量2.80万吨。其中葡萄种植面积4498.5亩，总产量7300吨；猕猴桃种植面积6000亩，总产量4000吨。茶园面积10500亩，总产量915吨；桑园面积

5762.55亩，蚕茧总产量293吨。工业企业206家，其中规模以上企业19家。工业总产值53.66亿元，比2012年增长12.05%。实际利用外资350万美元，自营出口1896万美元。有初级中学1所，在校学生502人，入学率100%；小学5所，在校学生1391人，入学率100%；幼儿园7所，在园幼儿508人。有社区卫生服务中心1家，村级卫生服务站6家。全年出生269人，人口自然增长率-0.234%，初级卫生保健普及率100%。自来水普及率100%。固定电话用户10600户，移动电话用户23912户，电话普及率82部/百人，互联网用户7068户。参加农村养老保险19004人，参加新型农村合作医疗保险32188人，最低生活保障救助人数792人。有社会福利性敬老院1个，年底供养老人54人。农户新建房屋282户，建筑面积57021.05平方米。

表20　　2013年章镇镇各村(居)委会基本情况表

村(居)委会名	党务负责人	村(居)委会负责人	户数(户)	人口(人)	水田(亩)	山林(亩)	村级集体经济收入(万元)
笕桥村	王利松	杜春新	516	1582	1153	2145	35.89
板张村	戚柏军	景吉军	214	703	324	389	83.72
花坎村	叶云灿	叶剑松	293	841	889	4385	27.71
宋马村	陈杏根	马仁义	555	1788	1742	763	24.21
中兴村	卢新尧	林吉尧	382	1224	1105	147	96.66
新区村	颜吉土	冯　军	356	888	285	162	29.77
杭浦村	杭乃华	杭乃华	113	351	408	18	31.44
镇南村	龚水根	王帅军	307	903	1161	120	62.41
新叶村	叶志军	叶迪昌	209	632	772	21	142.57
章家埠村	丁林军	叶建根	501	1517	1547	23	61.73
新江村	张明尧	丁小狗	311	903	1280	689	37.43
公益村	谢达仁	郑　标	185	454	402	0	30.25
青丰村	石凤才	俞彩金	236	684	210	196	25.96
灵运村	刘光明	任国光	423	1109	1350	820	63.24
新南村	张海洪	杨　坚	659	1802	2201	3187	67.33
泰山村	黎国良	竺伯正	559	1747	2150	4292	65.62
河浮村	徐河根	沈杏夫	323	988	1298	1440	20.99
朱光村	屠庆轩	朱李桥	265	711	1300	2096	12.65
龙浦村	张寿南	张根木	378	1053	1289	78	49.99
龙江村	王国卫	吴伟忠	540	1645	2295	2232	23.81
大钱村	童其炎	沈国忠	289	870	1908	3349	85.01
湾头村	景少军	方才良	298	892	1333	926	38.62
新三联村	闫志校	王富根	373	1093	1071	3792	47.05
清潭村	方柏耀	方佰永	324	920	1045	5255	31.20

续表20

村(居)委会名	党务负责人	村(居)委会负责人	户数(户)	人口(人)	水田(亩)	山林(亩)	村级集体经济收入(万元)
新魏村	魏开君	魏苗军	364	1035	1123	7878	48.31
秀峰村	郑祥振	郑祥振	71	206	224	2749	61.60
新魏家庄村	魏勤华	吴建军	483	1401	1287	2181	43.45
大勤村	徐岳炎	王伟强	432	1185	1508	3121	27.27
任叶村	卢小明	沈富官	387	1031	1215	1896	21.94
巴弄村	王维根	任大春	241	648	1170	4550	47.69
陈墩村	陈军强	徐云灿	392	1067	1904	1418	83.29
张村村	陈振华	沈才勇	1002	2807	4643	13910	120.44
建设村	徐双华	徐建华	577	1731	2500	13209	74.21
越星村	丁建明	丁放鸣	446	1276	2204	9901	56.00
陈埠村	王泗宝	阮兴校	315	997	1260	2276	196.09
居委会	陈国金	陈国金	2092	3378	—	—	—

【省支援春耕服务月活动启动】 3月20日上午，由浙江省供销社主办，浙江省农资有限公司、上虞市人民政府、绍兴市供销社承办的“2013年保障供应、支援春耕服务月活动”启动仪式在章镇镇文化商业广场举行。省供销社领导及绍兴市副市长冯建荣，上虞市委副书记、市长王慧琳等领导和本镇农业合作社代表参加启动仪式，仪式后进行送农资和农技知识培训等活动。该次活动除章镇主会场外，全省还有9个分会场。

【农村宅基地置换改革试点】 章镇镇集镇拓展型农民集中居住区是上虞区农村宅基地置换改革试点项目。4月23日至28日、5月29日至31日，该项目在镇宅基地置换办公室进行两次集中交房。第一期完成交付246户306套安置房，第二期交付58户108套安置房。

【打通老集镇交通瓶颈工程启动】 章镇斜拉桥至八洞段道路，总长1380米，位于老集镇，是虞南大环线的重要节点，路面宽约8米，最窄处勉强两车交会通行，该路段的拓宽改造一直是老集镇居民最迫切的呼声，也是历届党委政府最想建设的民生工程。6月22日工程正式启动，10月1日施工进场，拆迁54户居民、13家企业单位，拆迁面积2.4万平方米，工程斥资亿元，路面从8米拓宽成18米，即两车道拓成四车道。

【“中华名果”花落章镇】 8月27日上午，在2013中国·上虞舜阳红心猕猴桃开摘仪式上，中国果品流通协会副会长王海根向章镇镇镇长授舜阳红心猕猴桃为“中华名果”牌。章镇是红心猕猴桃在华东地区最大的产地，以猕猴桃为主打产品的农业合作社有101家，种植面积6000余亩，总产量3500吨，总产值1亿元以上。

【虞南省级现代农业综合区通过验收】 12月18日，由省海洋与渔业局副局长林东勇带队的省现代农业综合区建设验收组一行到章镇镇，对虞南省级现代农业综合区进行考核验收。验收组先后实地考察了杏猕红精品园、南山鹌鹑主导产业示范区、小草湾精品园、嵊州花猪精品园等多个精品园区和产业示范区，听取了关于创建工作的专题汇报，认为虞南省级现代农业综合区效益好，目标定位明确，示范作用明显，达到了省级现代农业综合区建设标准的要求，同意通过验收。

【上虞中医医院章镇分院正式挂牌】 12月28日，章镇中心卫生院举行省级医疗专家“倾情虞南”大型义诊暨上虞中医医院章镇分院挂牌启动仪式，区人大常委会副主任徐光华、副区长方静等领导出席启动仪式。 （吴德裕）

岭南乡

【概况】 岭南乡位于上虞最南端，地处上虞、嵊州、余姚三地交界，全乡区域面积57.4平方千米，总人口1.12万人，农村劳动力6743人，下辖13个行政村。2013年全乡实现地区生产总值1.62亿元，同比增长8%；实现税收收入173.29万元，农业性投资1183万元，农民人均纯收入12680元，同比增长10%。

全年农作物播种面积28540.95亩，粮食总产量4759吨。有林地面积47325亩，其中茶园面积2677.05亩，出产茶叶117吨。存栏生猪1279头，出栏生猪788头；存栏山羊830只，出栏山羊1578只；存栏家禽12350羽，出栏家禽9857羽。公路通车里程30千米，等级公路通车率100%。有中心学校一所，在校学生196人，入学率100%。幼儿园1所，在园幼儿30人，入园率100%。有乡级卫生服务中心1个，村级卫生服务站4个。全年出生74人，计划生育完成率95%。初级卫生保健普及率100%。自来水普及率100%。参加农村新型合作医疗保险9244人，最低生活保障救助346人。有社会福利性敬老院1个，年底供养老人15人。农村新建住房69户，建筑面积10977.8平方米。 （范佳佳）

表21　　2013年岭南乡各村委会基本情况表

村委会名	党务负责人	村委会负责人	户数（户）	人数（人）	耕地（亩）	林地（亩）	村级集体经济收入（元）
龙山村	许庭千	厉建根	459	1247	803	3212	4503.77
白龙潭村	王仁钰	王万兴	280	756	647	1810	660.57
立功村	王中荣	王仲铨	283	730	413.73	1972	3568.8
田山村	王金表	钟建成	444	1245	1050	4558	21951.73
丰树坪村	许连校	徐彩荣	508	1415	1016	4061	61459.29
泰岳村	赵天白	朱堃太	560	1618	1200	980	151826.89
许岙村	梁建祥	张忠良	448	1232	831	7087	21061.56
青山村	叶炳荣	程顺贤	357	1044	1200	5556	14375.57
覆卮村	许学轩	王桂苗	310	905	619	11059	42674.07
东澄村	王水良	王善良	71	199	308	1885.5	5649.22
梁宅村	梁柏根	梁仲平	90	238	153	1037	586.79
平山村	成文姣	王光乔	109	285	428	3253	2751
丁山村	成国萌	成国萌	113	275	256	850	20795.95

【覆卮山景区成功创建为国家AAA级景区】 成立覆卮山旅游开发有限公司，作为开展覆卮山国家AAA级景区创建的主体，重点对照国家AAA级景区创建标准完善提升景区各项基础及配套设施，累计投入600余万元实施覆卮山游步道建设、千年梯田油菜花种植、岭南文旅馆、东澄星级公厕新建、东梁樱桃基地外部道路拓宽、景区标识标牌完善、游客服务中心硬件设施提升等，初步形成了以

万年石浪、千年梯田、百年古村、东澄农庄、冰川漂流等为主要景点的旅游格局。年末，经验收成功创建为国家AAA景区。

【浙江电视台《流动大舞台》走进岭南】 4月14日下午，浙江电视台《流动大舞台》栏目的大型电视直播车开进岭南乡，现场录制歌舞节目，为即将到来的樱桃开摘助兴。演出以歌伴舞《这块宝地叫岭南》拉开序幕，音乐快板《人间仙境岭南乡》、舞蹈《花开岭南》、女声独唱《樱桃红》、歌伴舞《山路十八弯》等10多个富有地方特色的节目，向全省电视观众展示了岭南乡浓郁的乡土风情、乡村文化和新农村面貌，也宣传了覆卮山樱桃、天茶等特色农产品。

【举办首届"覆卮山"杯山地自行车邀请赛】 5月26日上午，首届"覆卮山杯"山地自行车邀请赛开幕式在岭南乡中心学校门口隆重举行。邀请赛共有来自绍兴地区的60余名自行车运动爱好者参加，赛程为全长5千米的爬坡赛，第一个越过终点线的选手用时16分钟。本次邀请赛旨在倡导"低碳生活、绿色出行"，同时也宣传推介岭南的乡村旅游，让更多的市内外游客来岭南享受青山绿水、养生休闲。

【举办首届全民运动会】 6月30日，岭南乡首届全民运动会开幕式在乡中心学校隆重举行，来自绍兴、上虞的领导以及乡党政人大班子成员、各机关事业单位负责人、各村三委会班子及参赛选手们出席了开幕式。开幕式由乡长谢文权主持，乡党委书记王文松致开幕词，市领导朱森鑫宣布岭南乡首届全民运动会正式开幕。开幕式后，来自行政村、机关事业单位的17支代表队共200多名运动员参加了田径、拔河等17个大小项目的角逐。

【统筹推进社会事业】 完成乡中心学校风雨操场新建和幼儿园改建工程。组织开展文艺下乡活动，丰富群众文化生活，建成许岙村文化礼堂。开展"民间人才万人计划"评选活动，评出民间人才1343名。健全计生考核机制，完善体育基础设施，加强食品药品监管，省体育强乡镇、绍兴市卫生乡镇、绍兴市药品示范乡镇成功创建。

【举办纪念建党92周年暨"唱响中国梦"文艺晚会】 7月3日晚，"唱响中国梦"文艺晚会在岭南乡泰岳村委隆重举行，来自市第十七期中青班的学员以及一笑艺术团的演员们为岭南人民献上了一场精彩的晚会。（全杭杰）

陈溪乡

【概况】 陈溪乡位于绍兴市上虞区南部，距上虞城区37千米。地域面积40.2平方千米，辖10个村。年末总户数3350户，总人数9000人，其中非农人数484人。2013年实现农业总产值18242万元；实现国地税收入95万元；农村经济总收入2261.14万元；农民纯收入13400元。

全年农作物播种面积26845.05亩，粮食总产量3866.9吨。有林地面积27375亩，其中茶园面积3037.5亩，出产茶叶318吨。存栏生猪3456头，出栏生猪3987头；存栏山羊6890只，出栏山羊7790只；存栏家禽27520羽，出栏家禽20165羽。公路通车里程21千米，等级公路通车率60%。有小学一所，在校学生137人，入学率100%。幼儿园1所，在园幼儿48人，入园率100%。有乡级卫生服务中心1个，村级卫生服务中心3个。全年出生62人，计划生育完成率98.39%。初级卫生保健普及率100%。自来水普及率87%。固定电话用户2220户，移动电话用户2150户，电话普及率48.6部/百人。参加农村新型合作医疗保险7165人，最低生活保障救助222人。有社会福利性敬老院1个，年底供养老人22人。农村新建住房38户，建筑面积7035平方米。

陈溪乡山水文化休闲游系列活动启动仪式

表22

2013年陈溪乡各村委会基本情况表

村委会名	党务负责人	村委会负责人	户数（户）	人数（人）	水田（亩）	山林（亩）	村级集体经济收入（元）
陈溪村	陈华灿	王永福	452	1534	580.95	2140.05	27060
虹溪村	王柏成	王永良	406	1060	663	6183	22530
石笋山村	戴建平	王灿江 王伟中	248	675	448.95	1863	22300
干溪村	王永良	吴春寿	468	1180	856.05	2997	10080
塔溪村	陈江灿	王庆高	317	921	44955	7773	10282
小陈岙村	王建中	王银达	369	992	592.95	1216.05	10889
夏家岙村	陈江芬	夏大钊 夏明强	311	926	649.95	5764.05	13000
旭峰村	邵富强	徐欢坤	116	301	169.95	523.05	3562
陈家岙村	钟水谷 胡建忠	钟水谷 陈伟元	237	691	585	8775	5180
太平山村	金秋丰	金银表	284	734	562.95	4231.05	6586

【浙东新四军后勤基地纪念馆开馆】 2013年6月17日，浙东新四军后勤基地纪念馆开馆。1945年初，新四军浙东游击纵队后勤基地从余姚县的南部山区陆续迁至上虞南部。在陈溪乡建办抗币印刷厂、皮革厂、兵工厂、弹花厂、织布厂、印染厂、被服厂、鞋底厂、军队医院和总指挥部，在石门建翻砂厂，在檀燕山设鲁迅学院。期间，陈溪人民保卫工厂、运送物资、支援生产，军民同心为支援抗日前线作出了巨大贡献。1945年9月底游击纵队北撤，“九厂两院”停办。陈溪乡政府为传承红色文化，投入150万元，新建占地1260平方米、建筑面积520平方米的纪念馆。内设两个展厅，置图文结合的展板67块，实物或蜡塑展台12个，再现了当年生产和战斗的情景。

【王苗通敬老再增资】 从2011年开始，华通控股公司董事长每年给陈溪乡60岁以上老人赠红包。2013年给每位老人的赠额再次提增。年满60岁的由300元提高到400元；年满70岁的由400元提高到500元；年满80岁的由500元提高到600元。一年一次性共派赠92.52万元，给陈溪乡近2000名老人带来实惠和温馨，给陈溪社会带来敬老行善的巨大正能量。

【王阳明祖居落成】 2013年2月，王阳明祖居在陈溪乡虹溪村虹桥头自然村落成。祖居东靠青山，西面达溪，白墙青瓦，古色古香，建筑面积660平方米。王阳明上十二代祖王补之，为陈溪虹桥头村人，其祖坟尚存。陈溪王氏大都与王阳明同根同祖，王阳明生前多次到陈溪拜祖，诗篇犹存。陈溪乡政府为弘扬乡贤精神，提增陈溪的旅游品质，投资52万元修成祖居。

【通过国家级生态乡镇复验】 陈溪乡政府坚持生态优先的发展理念，2013年继续完善环境保护制度，修订了乡镇环境保护规划，严禁乡内出现滥垦、滥伐、滥采、滥挖现象，严禁捕杀、销售和食用珍稀野生动物现象，继续完善公共设施，继续开展植树造林。在全乡广泛而持久地开展保护青山绿水、保护优美环境的教育，增强民众的环保意识。乡、村两级都配有专职清洁工，常年检查、打扫环境卫生，始终把“脏、乱、差”现象消灭在萌芽状态。全乡的生态环境保持村村优美，时时整洁。

年末顺利通过国家环境保护部的国家级生态乡镇复验。

【陈溪村文化礼堂建成】 2013年8月，陈溪村文化礼堂建成。礼堂设在陈溪乡中心区苗通剧院。整体布局做到内外结合。剧院广场设有信义广场、文化长廊、名人故事牌等。内部利用剧院高档的建筑，设有80平方米的虞舜学堂、80平方米的图书阅览室、638座位的虞舜会堂。前厅设有24块展板，浓缩了陈溪村500多年来的文化精粹，展示了当代陈溪人积极向上的精神风貌。礼堂为上虞首批，建成后成为陈溪村及周边邻村村民的文化活动场所，年末被区委宣传部评为先进文化礼堂。（陈岳来）

下管镇

【概况】 下管镇位于上虞区东南部，距市区28千米，镇域总面积48.5平方千米，下辖10个村1个居委会，年末总户数4346户，人口11853人，其中非农业人口855人。

2013年，全镇有耕地面积7215亩，种粮面积4050亩，粮食产量2700吨；全镇山地面积75510亩，其中山林35400亩，竹山24000亩，年产笋1800吨；茶地2520亩，产干茶156吨；樱桃面积4080亩，产樱桃290吨；板栗面积9900亩，产板栗840吨。桃子等其他水果面积750亩，产果80吨。全年饲养猪22000头，出栏19500头，存栏1250头；山羊全年饲养600头，出栏400头，存栏200头。家禽年饲养45000羽，出栏39000羽，存栏6000羽。全镇实现工农业总产值1.742亿元，其中工业企业27家，家庭企业42家，年总产值6865万元，销售5937万元，产销率85%。农村经济收入9494万元，农民人均收入8078元。镇财政收入1949.7万元。

公路通车里程36千米，村村能通机动车。自来水全镇通水率96%。有文化站和文化中心各1家，业余文化团队伍1支，管梁、振新两村已建有文化礼堂。有两个文化创意村。有镇初级中学1所，在校学生146人；镇小学1所，在校学生248人，入学率100%；幼儿园1所，在园儿童80人。有镇中心卫生院1家，芦山村、东里村等5个村设有医疗卫生服务室（站），参加农村医疗保险人数10560人，参保率98%。初级卫生保健率100%。全年出生85人，生育率6.95‰，自然增长率1.63‰。农村参加养老保险人数3750人，最低生活保障人数316人，在镇敬老院供养人数17人。农村建房72户，建筑面积5618平方米。安装固定电话2711户，手机6070人（户），用移动公司手机4222人（户），安装有线电视3972户。

表23 **2013年下管镇各村（居）委会基本情况表**

村名	党务负责人	村(居)委会负责人	户数(户)	人数(人)	耕地(亩)	山林(亩)	村级集体经济收入(万元)
东里村	郭伯丁	徐同成	373	1102	645	13058	126.2537
联新桥村	徐永昊	徐永清	384	1025	577	7860	74.4707
新民村	朱明江	徐建园	436	1483	796	5878	112.1328
振新村	徐岳阳	林红芬	706	1550	859	3665	44.8775
新庄村	沈仲照	钱建良	349	961	829	2590	208.4095
洙凤村	任建民 周小牛	董建强	554	168	1067	7590	138.6765
兴南村	王永田	石龙盛	515	1465	1043	6870	146.4109
管粱村	桑明华	阮国水	301	901	534	6971	55.4658
下燕村	徐建军	董芙蓉	218	681	297	4168	92.1532
芦山村	潘梁	张建军	362	1129	721	8715	57.7800
居委会		孙霞芬	634	855			

【加高管溪大墩头段溪岸防洪坝】 对管溪大墩头段处溪岸防洪坝实施加固加高，工程于3月动工，9月竣工，从西桥坝至连心桥长1千米的管溪，用水泥、砂石、钢筋等进行加高加固作业，以保护周边田地及村庄的安全。

【整治洙溪1.5千米溪床】 洙溪溪坑陡，两岸的田地农作物常受到洪涝灾害。洙凤村把从窑山后至姚家桥段长1.5千米的溪床进行疏浚，两岸用石块水泥浆砌，并把洙溪汇流管溪的出口加宽，块石砌坎，使洪水畅流，不再危害两岸的田地和农作物。

【镇小学被命名为绍兴市绿色小学】 下管镇小学坚持向学生灌输保护生态环境教育，增强学生的环保意识，被绍兴市环保局命名为绍兴市绿色小学。

【开通童郭高山盘山公路】 动工修筑童郭高山盘山公路1条，公路全长4千米，宽6米，年底竣工，工程总投资150万元。这条盘山公路的开通，方便游客乘车上高山采摘樱桃，去汪家桥景点赏景。

【三村饮用小舜江自来水】 联新桥、新民、振新三村因李家岙水库水质污染，不宜饮用。镇政府与上虞水务集团商议，决定由上虞水务集团投资，接通从丁宅到下管的小舜江自来水，到10月通水。

（徐三祈）

丁宅乡

【概况】 丁宅乡位于上虞南部，距城区23千米，地域面积42.51平方千米，辖9个村。年末总户数3889户，总人口10363人，其中非农业人口459人。2013年人口自然增长率为1.06%。全年工农业总产值7.97亿元，其中农林牧渔总产值1.58亿元，工业总产值6.39亿元（规上企业产值2.73亿元），规上工业企业技改投入1600万元，实现税收收入1624万元。全年引进合同外资90万美元，引进内资350万元，发展个体户（企业）18家，转企5家。农民人均纯收入11882元。

全年农作物播种面积19515亩，粮食作物面积16215亩，全乡水果面积4000.5亩。建成无公害草莓、桑果、水蜜桃、葡萄基地1300亩，完成订单粮365吨，发放种粮补助92万元。

全乡有中心学校（丁宅中小学）1所，中心幼儿园1所，2013年，在校学生中学生112人，小学生271人，入园幼儿140人，最低生活保障救助136户215人。有敬老院1个，床位30张。全乡新建住房71户，建筑面积15432平方米。参加农村养老保险220人，参加农村新型合作医疗保险8122人。

表24　　2013年丁宅乡各村委会基本情况表

村委会名	党务负责人	村委会负责人	户数（户）	人口（人）	耕地（亩）	水田（亩）	山林（亩）	村级集体经济收入（万元）
丁宅村	徐振海	丁建国	698	1745	1741	1722	2823	33.44
上宅村	丁孝章	周赞钿	565	1545	1391	1134.3	5185	11.27
下宅村	丁松青	任海荣	448	1300	1326	1138.9	1338	10.15
新任溪村	任庆灿	任建立	775	2156	2220	1991.9	6273	1.57
双桥村	丁亚珍	李伟祥	440	1270	990	862.1	7482	2.99
缸岙村	邱林华	赵志坚	304	843	813	655.1	6867	6.04
华丰村	钱立新	钱建华	244	642	783	646.3	2897	0.87
庙湾村	王世圻	王八校	168	475	504	467.2	2473	20.5
深湾村	鲍建峰	周乾根	109	264	184	184	4321	1.25

【实施夏溪山区小流域农业综合开发项目】　乡政府实施夏溪山区小流域农业综合开发项目：新修机耕路5.39千米，新修机耕桥7座，新建排灌渠道10.68千米，硬化路面10.54千米，溪流砌石护岸清底12.69千米等，投资1050万元。芋艿湾小溪通过整修后，改变了芋艿湾自然村、中街自然村和丁宅村的300多亩山岙田不受旱涝，道路整洁畅通，年底，农户已种下200多亩水蜜桃，建成3个水果园。

【成立上虞市书法家协会丁宅分会】　5月4日，市书法家协会在丁宅乡蚕桑展览馆举行“上虞市书法家协会丁宅分会”授牌仪式，上虞市书法家协会丁宅分会宣告成立。绍兴市书法家协会领导到会祝贺，丁宅乡乡村干部代表和各村村民代表、果农代表以及参加桑果采摘游的游客500多人参加授牌仪式，并参观了首次“丁宅乡农民书画展”，绍兴市和上虞市的10多名书法家在展室中现场泼墨作书。乡书法家协会成立后，又相继建立起丁宅乡书法展览室、夏溪书画院、朱棉生书画室、叶林伟书法室和华丰村书法研究室，从而使更多农民爱上了书法。在半年多一点的时间里，乡书法家协会办了两次书画展览，展出200多幅作品。还选送20多幅作品在绍兴市书协和上虞市书协组织的书画展中展出。

5月4日，上虞市书法家协会丁宅分会成立仪式

（陈国林　摄）

【举办上虞桑果文化旅游10项活动】　5月5—15日，成功举办上虞桑果文化旅游10项活动，包括采摘游、媒体采访、果园赛诗、桑园现场作书画画、桑葚系列产品推介、农特产展销、桑果诚信评比、文艺演出等，活动期间接待游客10余万人次，桑果销售收入200多万元，餐饮收入200多万元。

【巩固国家生态乡成果】　年中，按照上级要求，乡党委、政府着手从各方面抓好巩固“国家生态乡”创建成果：一、全面加强生态保护工作。严格实施“五条禁令”，高度重视森林防火，全年无大小森林火灾；二、抓好平原绿化和山地造林，一年造林250.5亩，成功创建绍兴市级“森林城镇”；三、对夏溪两岸实行有效整治，关停砂场3个，拆除两岸所有养殖场，成功创建绍兴市级“清水工程”示范乡镇；四、严格整治污水排放、烟囱冒烟等污染现象，关停废旧塑料加工企业2家；五、继续鼓励农户发展“四季仙果”，使丁宅的生态环境更秀美，巩固国家级生态乡的创建成果。

丁宅乡被命名为“国家生态乡”

（陈国林　摄）

【兴办6项民生实事工程】　全年共投入2600万元办好民生实事工程，主要抓了以下六项工作：一、完成群众急盼的丁宅中心河排涝整治和新横闸改造工程；二、实施缸岙、华丰、深湾等村自来水“一户一表”安装工程，至年底全乡实现自来水供水全覆盖；三、新建丁宅站公交停车场，顺利完成公交公营改革；四、新建新任溪村、深湾村两村的公共服务中心；五、增添江滨公园文体设施，完善公园的文体功能；六、以最快速度做好“菲特”台风灾后的救灾重建，确保全乡人民的生产生活正常秩序。

【湖溪任氏宗谱圆谱庆典】 清明节，上虞湖溪任氏宗谱第八次续谱举行圆谱庆典，绍兴市家谱协会，市档案馆、图书馆，市宗谱协会、乡贤研究会、收藏家协会等30多家单位赠送贺联。副市长袁建、市政协副主席吴建平等领导到场祝贺，温州大学副校长任柏强、宁波天一职业技术学院院长任光圆等乡贤参加庆典仪式。来自江苏、安徽、浙江三地700多湖溪任氏后裔欢聚一堂，畅叙血脉亲情。此次修谱由湖溪任氏后裔任映光主持编修，耗时三年，既得完善。（史瑞丰　陈国林）

丰惠镇

【概况】 丰惠镇位于绍兴市上虞区东南部，距市区14千米。全镇地域面积118平方千米，辖30个村（居）委会，年末总户数19030户，总人口52140人，其中非农业人口9685人。2013年实现工业总产值79.33亿元，同比增长10.9%；实现地区生产总值27.22亿元，比2012年增长8.9%；实现财政总收入1.61亿元；农民人均纯收入17680元，同比增长10.9%。

全年农作物播种面积133519.05亩，粮食总产量4.12万吨。村等级公路通达率100%。完成河道整治10.5千米，建设山塘水库10座。存栏生猪5.15万头，出栏肉猪6.9万头；存栏家禽18.25万羽，出栏家禽28.16万羽。水果种植面积11094.9亩，水果产量24589.7吨。茶园2872.95亩，茶叶产量204.8吨。全年完成工业性投资5.2亿元。工业企业总数803家，其中规模以上企业28家。规模以上企业工业总产值47.1亿元，同比增长12.5%。自营出口1.56亿美元。有初级中学1所、小学6所，入学率均为100%；有社区卫生服务中心1家、服务站8个。全年出生336人，计划生育率95.83%。初级卫生保健率100%。自来水普及率100%。固定电话用户15779户，移动电话用户47700户。宽带用户8500户，有线电视用户13900户。累计发放医保卡36734张，补偿支出1764.52万元。有社会福利性敬老院1个，年底供养老人64人。农户新建房屋154户，建筑面积30190平方米。

表25　2013年丰惠镇各村（居）委会基本情况表

村（居）委会名称	党务负责人	村（居）委会负责人	户数（户）	人口（人）	耕地（亩）	园地（亩）	林地（亩）	养殖水面（亩）	村级集体经济收入（万元）
渔门村	金锡其	王松江	573	1653	1446	357	3620	20	2.59
祝家庄村	梁坚士	倪浩丰	484	2508	1833	60	2565	755	8.04
南源村	倪国民	贾立东 2013.1—11 倪仲海 2013.12	543	1765	1811	—	6180	38	20.54
西湖村	周焕梁	赵伟忠	976	3174	3267	—	2267	200	41.07
东光村	龚巧蓉	陈国强	415	1282	600	30	2147	—	27.63
后山村	薛银水	陈金龙	784	2131	2485	451	1636	12	24.22
西南门村	谢振茂	王加青	459	1422	1110	71	1554	10	5.90
南门村	周　翔	王幼申	564	1605	1469	—	1125	13	27.20
通明村	陈汉军	梁芦根	616	1655	1500	—	508	200	3.66
凤鸣村	龚惠民	梁兴龙	408	1359	1173	—	240	—	20.18

续表25

村(居)委会名称	党务负责人	村(居)委会负责人	户数(户)	人口(人)	耕地(亩)	园地(亩)	林地(亩)	养殖水面(亩)	村级集体经济收入(万元)
丰南村	龚伟江 2013.1—11 龚国治 2013.12	丁校根 2013.1—11 龚建林 2013.12	439	1434	1204	560	10000	250	20.66
东门村	许华明	杜志高	808	2209	1968	81	430	58	4.67
五云村	夏福春 2013.1—11 俞伟忠 2013.12	陈建忠 2013.1—11 张冬山 2013.12	664	1776	2095	315	105	—	21.77
谢桥村	叶志明 2013.1—11 叶泽军 2013.12	叶建江 2013.1—11 谢伟强 2013.12	824	2181	2550	—	200	285	2.14
虞光村	贺坚兵	胡溥君	882	2372	2444	34	3300	60	1.17
夹塘村	姚伟明	周建江	954	2588	3035	200	2320	200	8.78
虞东村	叶建阳 2013.1—11 陈友才 2013.12	陈友才	497	1330	1674	—	247	26	2.62
陈夏谢村	夏庆泉	夏久升	476	1328	1835	—	420	88	7.99
盛茂村	何炎华	陈定海	379	1201	1423	508	6343	270	23.38
夏王村	赵新淼	贾永强	641	1886	2389	—	6250	126	1.67
孟尝村	董健华	董青良	365	1160	1454	108	1600	20	1.89
双溪村	任立强 2013.1—11 徐国民 2013.12	徐国民 2013.1—11 唐伟荣 2013.12	410	1310	1033	—	5060	15	1.91
三溪村	王东泰 2013.1—11 江华君 2013.12	周均华	681	2101	1148	100	8015	—	20.29
西溪湖村	刘佳根	王培元	624	1922	1945	150	3626	351	23.06
西郊村	吴建海	柴卫强 2013.1—11 柴岳忠 2013.12	307	1033	907	—	84	105	7.05

续表25

村(居)委会名称	党务负责人	村(居)委会负责人	户数(户)	人口(人)	耕地(亩)	园地(亩)	林地(亩)	养殖水面(亩)	村级集体经济收入(万元)
永庆村	陈志清 2013.1—11 张银海 2013.12	陈灿军	506	1489	450	—	72	—	1.40
北门村	章小魁 2013.1—11 甄维羊 2013.12	甄维羊 2013.1—11 谢娟娣 2013.12	226	554	—	—	—	—	6.42
东门居委会	许如梅	许如梅	665	1346	—	—	—	—	—
南街居委会	任晓燕	任晓燕	547	1101	—	—	—	—	—
庙弄居委会	陈绿珍	陈绿珍	792	1693	—	—	—	—	—

【上虞人民医院丰惠分院成立授牌】 9月29日，举行上虞市人民医院丰惠分院成立授牌仪式，丰惠中心卫生院正式由市人民医院托管，同时启动投资1.1亿元的丰惠分院易地新建工程前期工作。丰惠镇投资100万元完成丰惠医院老院改造及120急救分站建设，并通过绍兴市卫生应急示范乡镇创建。

【首届“东方明珠慈善助学基金”发放】 8月24日，丰惠镇举行首届“东方明珠慈善助学基金”发放仪式，此次共有20位高中学生受到捐助。2012年，丰惠镇政府收到一位不愿公开姓名的慈善家的捐助，指定款项用于资助丰惠镇经济困难家庭学生。后经丰惠镇党委、政府研究决定，颁布实施《丰惠镇“东方明珠慈善基金”助学管理实施办法(试行)》和《丰惠镇“东方明珠慈善基金”助医管理实施办法(试行)》，用于资助丰惠镇困难家庭。

【完成村级组织换届工作】 11月9日，丰惠镇召开2013年村级组织换届选举工作动员会。11月21日，27个行政村全部完成村党支部(总支)换届选举工作，并予以批复。12月30日，27个行政村全部完成村民委员会换届选举工作，并予以上报。 (叶　芳)

永和镇

【概况】 永和镇位于上虞区东部，镇域面积31.32平方千米，总人口1.6万人，下辖8个行政村。全镇实现工业产值15.21亿元，同比增长10.6%；实现销售收入14.45亿元，同比增长10.6%；完成生产性投入1.62亿元，同比增长34.1%，完成全年任务的102.8%；加大“三个一批”企业培育力度，列入区品牌型企业1家，新增规上企业2家，培育完成“个转企”15家，新办工业企业46家；完成自营出口2873.9万元，同比增长9.9%，完成全年任务的101.8%；实现财政收入2936万元，同比增长1.9%，实现农民人均纯收入17751元，同比增长10.5%；全镇8个行政村集体收入达154.28万元，同比增长8%。

做好“菲特”台风抗灾救灾工作，发放救灾款50余万元，救灾被褥310条，家庭救助包200个；完成城乡医疗保险12357人，参保率99.4%，提前超额完成任务；完成农村政策性住房保险5139户，其中农村低保户184户，同时完成19户困难群众住房救助工作；完成总投资2300万元的镇中学和镇中心幼儿园易地新建工程，完成投资500万元的镇农贸市场改造，完成青峰村和三桥村公共服务中心建设，全镇基础设施更趋完善。

完成粮食种植面积28870.05亩，实现粮食总产量12095.9吨。同时，完成标准农田质量提升新建和续建面积12504亩，推广测土配方施肥12760.05亩、秸秆还田27000亩和有机肥应用5620.05亩，完成统防统治3520.05亩，创建区级丰产示范方1个，示范户10个；三农服务抓优化，加大农机推广力度，全年新增各类农机45台套，其中新增高速插秧机7台，收割机13台，中拖16台，烘干机3台，植保机械6台。切实做好农资补贴发放，全年共计发放各类补贴607.89万元。加速培育精品农业，麻侨湖浙东生态农业有限公司创建成为省级精品渔业园区。

表26　　2013年永和镇各村委会基本情况表

村委会名	党务负责人	村委会负责人	户数(户)	人口(人)	水田(亩)	旱地(亩)	山林(亩)	村级集体经济收入(万元)
项家桥村	项相校	王惠君	751	2123	1492.5	258.5	3463	18.27
永和村	陈立军	徐接见	918	2388	1905.1	458.9	1414	23
三桥村	陆森林	吴伟琦	595	1582	1408.17	97.53	221	1.2
安家渡村	戚友山	徐立新	989	2595	2780	388.5	2354	10.21
青峰村	叶建明	胡鹏飞	904	2469	1540	347.4	5633	13.2
新呑村	王鉴苗	朱舜江	356	1039	1278.5	95.8	1926	24.92
朱巷村	朱尧土	朱柏传	1006	2776	2786	280	2081	53.84
大墩村	朱炳强	张小平	333	989	1129.6	110	453	9.6

【市委副书记、市长王慧琳到永和镇蹲点调研】 3月23日，市委副书记、市长王慧琳到永和镇蹲点调研。王慧琳在调研中强调，永和镇要在全力创新边界经济发展新模式，探索土地资源整合、企业兼并重组等方面大胆探索，加快推进企业提档升级和转型升级步伐，科学规划城镇商贸旅游服务业，让全镇百姓共同分享经济发展带来的成果。

【永和镇排舞队在上虞市健身操比赛中夺冠】 5月11日，由永和、朱巷两村组建成立的飞舞排舞队代表永和镇参加由市妇联和木兰拳协会联合举办的“2013年度上虞市健身操比赛”，其表演的排舞《向上攀爬》，以亮丽的服装、优美的肢体语言赢得了场下评委和观众的阵阵掌声。在全市17支乡镇代表队中，一举夺冠，拿到了全场最高分。

【绍兴市委书记钱建民检查指导救灾工作】 “菲特”强台风带来的强降水，永和镇遭受重大损失。8个行政村全部进水，地势最低的安家渡村受灾严重。10月14日上午，绍兴市委书记钱建民到永和镇安家渡村村口的稻田边，向种粮大户徐夏土和徐相贤了解受灾情况，并沿着机耕路走进生猪养殖户叶赞苗的养殖场实地察看，鼓励他们振奋精神、积极自救，要求有关部门加强指导，最大程度减少损失。

市委书记孙云耀检查指导新落成的永和镇九年一贯制学校

【九年一贯制学校和中心幼儿园落成】 9月1日，永和镇中心小学和永和镇中合并为一所九年一贯制学校。合并后，学校有20个教学班，学生645人，占地面积33657平方米，总建筑面积8785平方米，生均13.62平方米；运动场地面积5606平方米，生均8.69平方米；绿化面积4553多平方米，生均绿化面积7.06平方米。永和镇中心幼儿园总投资298万元，总建筑面积为1228.21平方米，可容纳六个班级，幼儿园所有配置均按省二级幼儿园标准建造。该园于9月1日落成，全园共开设五个班级，130余名幼儿。 （叶林尧）

梁湖镇

【概况】 梁湖镇位于上虞中部，距市中心6千米，全镇地域面积62.63平方千米，辖20个村（居）委会。年末总户数9712户，总人口29107人，其中非农业人口10577人，另有新居民1848人。全年实现工农业总产值75亿元。其中工业总产值71.5亿元，同比增长15.2%；农业总产值3.5亿元，增长10%。财政总收入1.2亿元。农民人均纯收入18976元。全年农作物播种面积14877亩，粮食总产量1.21万吨。农机总动力2.34万千瓦。公交车通车里程31.6千米，村等级公路通达率100%。存栏生猪21076头，出栏肉猪50116头；存栏家禽67.5385万羽，出栏家禽149.316万羽。茶园总面积1396.5亩，干茶总产量194.8吨。水果种植面积5709亩，总产量8876.7吨。水产品产量866吨。工业企业221家，其中规模以上企业32家，规上企业工业总产值50.325亿元，产销率97%。工业产品完成自营出口7232万美元；引进合同外资627.95万美元，实到外资500万美元；引进区外内资9389万元。有初级中学1所，在校学生601人，入学率100%；小学3所，学生1185人，入学率100%；幼儿园9所，在园幼儿635人。有社区卫生服务中心1家，村级卫生服务站6个。全年出生人口218人，计划生育符合率97.7%。自来水普及率100%。固定电话用户9022户，移动电话用户2.42万人，有线电视用户8083户。参加城乡居民养老保险7939人，60岁以上老年人参保率100%；参加新型农村合作医疗保险20869人，参保率99.93%。最低生活保障对象253户，共414人。有敬老院1个，供养老人11人。农户新建住房99户，建筑面积7945平方米。大力开展“三改一拆”工作，拆除违章建筑115处，共28000平方米。

表27 2013年梁湖镇各村（居）委会基本情况表

村（居）委会名	党务负责人	村（居）委会负责人	户数（户）	人口（人）	耕地面积（亩）	山林面积（亩）	村级集体经济总收入（万元）
拗花山村	孙宝良	卢新梁	311	965	482	3861	30.11
古里巷村	顾建灿	方尧根	299	922	270	940	29.58
外梁湖村	金佳曙	周皓阳	585	1820	630	333	26.46
花浦村	陈国炎	陈国龙	566	1727	1500	2504	39.11
前旺塘村	曹军	邵松根	246	720	678	1373	20.52
南穴村	李列海	李柏乾	547	1707	1422	2901	25.6
任庄村	葛光辉	任关萍	347	1114	803	5048	20.27
吴家楼村	吴立军	陈苗忠	228	720	458	2392	20.17
玩石村	王永利	沈培申	374	1110	860	6369	20.26
方梁岙村	梁绍定	方百良	190	518	308	4525	22.74

续表27

村(居)委会名	党务负责人	村(居)委会负责人	户数(户)	人口(人)	耕地面积(亩)	山林面积(亩)	村级集体经济总收入(万元)
倪家堡村	倪如庆	赵建平	614	1869	992	2339	20.2
皂李湖村	莫和祥	陈建祥	1496	4970	1854	2864	50.58
潘家陡村	陈云娟	宋卫东	453	1430	855	5069	20.08
西华瑶村	徐培其	黎国仙	649	1995	1267	3329	20.32
大库居委会	潘国芳	陈柏森	339	1077	116	25	-
华山居委会	唐建忠	王柏龙	288	985	225	945	-
洪山湖居委会	徐坤荣	李友夫	359	1194	23	3110	-
华光居委会	张永江	王小青	372	1154	245	1545	-
华东居委会	张军	朱百仁	307	958	205	904	-
禄泽居委会	黎荣土	陈洪根	359	1158	45	20	-

【19家企业技改投入3.557亿元】 工业园区的工业企业将投入重点放在技改上，君辉实业、鸿燕环保、锋龙电机、创新电机、恒大照明、华星橡塑、新建金属和顾大嫂食品等19家企业，共投入技改资金3.557亿元。

【“五水共治”进企业】 对51家有污水纳管条件的企业要求污水强制纳管，至年底有31家企业完成纳管任务，完成工业区污水纳管量每天800吨的考核。在提高污染防治能力上，企业加强污染隐患的管理，结合产业结构调整，改进生产工艺，加大资金投入，治理老污染源，使各项污染物达标排放。在对四大行业和涉汞企业治污中，汇丽环保、万利达化工和远东照明三家企业通过了经信、质监、卫生、安监、环保等部门的合格验收。

【严厉打击侵财犯罪】 镇警务室结合辖区内社会治安热点，开展安全防范工作，推进严打整治，打防并举，严厉打击侵财犯罪。全年共受理群众报警1021起，涉及侵财型报警案件120起；共立刑事案件115起，其中侵财型案件109起；刑拘犯罪嫌疑人40人，涉及侵财型犯罪嫌疑人23人，移送起诉21人。

【信访办结率96%】 全镇共受理来信来访、市长热线电话和网上投诉区级及以上信访238件，镇自办件65件，共303件，办结291件，办结率96%。全年没有出现绍兴市级以上集体上访事件。

【创绍兴市教育优质均衡示范乡镇】 投入教育经费100万元，实施镇中心小学食堂改造，镇中心幼儿园过渡用房装修等一批校安工程建设。发放镇廿强企业出资的奖教奖学基金19.8万元。全镇中小学教育质量继续走在全区前列，通过绍兴市教育优质均衡示范乡镇创建验收。

（陈仰之　陆根土）

驿亭镇

【概况】 驿亭镇位于上虞区东部，距区政府所在地10.8千米。全境地域面积53平方千米，16个行政村，149个村民小组。年末总户数7221户，总人口21322人，其中非农业人口3305人。全年实现国内生产总值10.27亿元，同比增长10%；实现工业总产值44.28亿元，同比增长14.65%，其中第一产业1.98亿元，同比增长10%，第二产业总产值44.28亿元，同比增长14.65%，第三产业实现增加值1.1857亿元，同比增长15.05%。农民人均收入17600元，同比增长10%。国地两税财政收入0.7490亿元。

年末耕地面积15364.5亩，人均0.7095亩，粮食总产量1.0220万千克。农机总动力1.38万千瓦。公路通车里程64.218千米，行政村等级公路通达率100%，共投入近500余万元，完成杨溪至孝丰、和尚桥——马慢桥、五夫西路二期路网建设。完成环境污染治理项目1个，投资额180万元。存栏生猪7510头，出栏生猪6378头；存栏家禽65310羽，出栏家禽23.6010万羽。水产养殖面积7648.5亩，水产品产量160.6万千克。绿化造林160.05亩，封山育林14460亩。水果种植面积17340亩，水果产量8912万千克。杨梅面积14400余亩，产量近4713万千克，实现产值1.4亿元，销售近亿元。全镇已有规模企业总数27家。初中1所，在校学生282人，教职工38人。小学2所，学生915人，教职工53人，适龄儿童入学率100%。幼儿园2所，下设横塘教学点、杨溪教学点、五夫教学点共11个班级，240名幼儿，有教职工27人。年教育经费支出143万元，占财政总支出2.6%。境内白马湖畔有浙江省一级重点中学春晖中学，20世纪20年代聚集了一批思想进步、知识渊博享誉海内外的教师，赢得“北南开，南春晖”的称誉，亦形成了“白马湖作家群”，他们的作品冲淡平和，有着独特而鲜明的个性。驿亭镇社区中心卫生院辖横塘、五夫、杨溪3个社区卫生服务站，袍江、贾家、杨溪3个服务点，全院现有医务人员29人。获中级职称6人，初级23人，完成诊疗6万人次。参加新型农村合作医疗保险1.6166万人，参保率为98.2%。有学校体育场6个，93.75%的村安装了健身器材。有广播电视服务站一个，有线电视用户为6237户，入户率为86.19%。城镇最低生活保障户38户，人数46人，支付23.6万元，比上年增长53%；农村最低生活保障户数254户，人数396人，支付210余万元，比上年增长40%。敬老院1家，收养农村五保户16人。社区服务设施16个，其中社区服务中心16个。有驿亭邮政所、白马湖邮政所，由小越邮政支局管辖，有16个村级代邮点。电话交换机1.1万门，固定电话用户0.52万户，电话普及率72%，移动电话用户1.6万户，互联网用户0.23万户。全年电信业务收入近650万元。全镇通自来水，管道总长35.8千米，年供水190万立方米。D600排水管道6000米，日排污水2.3万吨。属小越供电所维护，共有两座110千伏变电所，101台农村综合变电器，配变容量18065千伏安，10千伏高压输电线路9条，总长度120.487千米，用电负荷1.49万千瓦。成功应对10月7日超强台风“菲特”，未出现伤亡事故。

表28

2013年驿亭镇各村委会基本情况表

村名	党务负责人	村务负责人	户数（户）	人口（人）	水田（亩）	旱地（亩）	山林（亩）	村级集体经济收（元）
新驿亭村	李长荣	李明海	672	2150	580.95	55.05	444	113874
联桥村	施高祥	罗佳明	366	986	262.05		769.95	3464
五夫村	周森成	高四娣	650	1890	463.95	28.05		358313
马慢桥村	马建明	周国海	212	622	294	58.95		13756
西陡门村	张生弟	张生弟	380	1086	900	13.95	667.05	131555
春晖村	赵增荣	徐斯增	542	1475	951		1887	209025
鲁溪闸村	张伟元	茅岳军	525	1652	1317.45	159		44571
贾家村	贾立荣	丁莲珠	634	2012	1468.95	1657.95	61.95	2296538
五洲村	王来江	郑伟明	406	1213	1056.9			44456
袍江村	王建生	王其林	329	986	820.05	10.05	150.75	7446
新横塘村	李水祥	徐荣夫	594	1754	1198.05	496.05	1680	63429

续表28

村名	党务负责人	村务负责人	户数（户）	人口（人）	水田（亩）	旱地（亩）	山林（亩）	村级集体经济收（元）
二都村	宋斌均	徐维杰	352	1055	588			10685
杨梅村	冯松尧	杭永标	367	1167	744	142.05		18525
白马湖村	赵兴祥	赵东夫	663	2040	1551			203071
孝丰村	李建平	李建忠	164	516	304.05	109.95	300	618
杨溪村	谢一军	吕洪水	365	1143	772.05			52385

【美丽乡村精品线路建设】 为打造美丽乡村，建设美丽幸福驿亭，对白马湖、二都杨梅生态园周边春晖、白马湖、新横塘、杨梅、杨溪、二都等6个村开展了美丽乡村精品线路建设，共投入3000余万元。对线路两侧绿化、美化、净化程度全面提升，以环境绿化、旧村改造和立面整治为主要内容，项目涉及入口公园、绿化种植、墙面改造、围墙、村牌、护栏建造，美丽乡村建设初具规模。

二都村　（贾小华　摄）

【创建绍兴市卫生应急工作示范乡镇】 为了加强镇卫生应急工作，健全卫生应急管理体制和运行机制，优化、整合各类资源，保障群众的身体健康和生命安全，促进经济社会全面、协调、可持续发展，提升卫生应急能力和水平，有效应对各类突发公共卫生事件，保障人民群众的身体健康和生命安全，镇政府进行动员部署，组织各单位按标准化实施，于12月底验收通过，成功创建为绍兴市卫生应急工作示范乡镇。

【实施"河长制"】 对镇属河道实行"河长制"。全镇河道总长度81千米，有2条区级河道，即虞甬运河、东进闸排涝河，50条镇级河道。区级河道有区级领导担任河长，镇级河道有镇级领导担任河长，村级河道有所属村负责人担任河长，并在每条河边竖立公示牌，写明河流名称，河长姓名及手机电话号码，明确河长职责，履行"管、治、保"三大职责。

【"恒大管桩"奖教奖学基金成立】 "恒大管桩"企业为回报社会，支持家乡桑梓事业发展，筹集250万元资金设立了奖教奖学基金，用来奖励教书育人中成绩显著的教师，奖励品学兼优的驿亭学子。9月10日，奖教奖学基金成立仪式在驿亭镇中举行，镇党委书记和相关领导，"恒大管桩"总经理，镇中小学师生200余人参加了仪式。　（经富灿）

运动会照片

小越镇

【概况】 小越镇位于绍兴市上虞区东北部，东邻余姚市黄家埠镇、牟山镇，南、西、北三面分别与驿亭镇、百官街道和谢塘镇相连。镇政府所在地小越距城区8千米。镇域总面积29.50平方千米，其中陆地27.0平方千米，水面2.50平方千米。辖21个行政村、2个居民社区和275个村(居)民小组。有常住居民11364户，总人口29906人。其中男性居民14855人，女性居民15051人；农业人口17843人，非农业人口12063人。有外来务工经商人员8997人。

2013年，全镇农作物播种面积46765.5亩(复种面积，下同)。其中粮食作物播种面积34105.5亩，粮食总产15364吨，比2012年增长3.86%。油菜籽394吨，蔬菜6590吨，瓜果2095吨。种植花卉苗木847.95亩。农民人均纯收入20232元。有农、林、渔、服务业专业合作社9个。年末，全镇有工业企业687家，从业人员14650人，实现工业总产值105.19亿元。其中规模以上工业企业48家，实现产值69.45亿元。企业自营出口值2.6亿美元。辖区内有专业市场四个，其中地处杭甬高速公路边墩(上虞)道口附近的石狮商贸城已成为浙东地区最大的专业市场之一；小越汽车城内已进驻汽车4S企业12家，年销售额19.2亿元。全年全镇社会消费品零售总额31.5亿元。工商企业实交国家税金2.54亿元。镇公共财政总收入2.97亿元，其中镇财政可用资金6967万元。

建成区总面积5平方千米，居民5345户，18617人。此外，还有总面积近3平方千米的城北(329国道和越谢公路沿线)工业集聚区块、城西(高速公路道口附近)工贸企业集聚区块和双堰个私企业集聚区块。

有初级中学1所，在校学生709人；小学1所，在校学生1887人；幼儿园4个，入园幼儿679名。幼儿入园率和九年制义务教育入学率均已达100%。还有区属高级中学1所，在校学生1047人。有卫生服务机构1个，服务网点3家，执业医师41名，病床50张。村级卫生服务站9个，从业人员10名。有金融机构5家，服务网点9处。养老服务机构1个，供养老人28名。新农村合作医疗覆盖19423人，农村养老保险参保9566人，农村最低生活保障人数414人。新出生人口198人，计划生育符合率97.83%，全年人口自然增长率-0.97‰。

表29　**2013年小越镇各村委会(社区)基本情况表**

村(社区)名称	党务负责人	村委会(社区)负责人	户数(户)	人口(人)	水田(亩)	旱地(亩)	山林(亩)	村级集体经济收入(万元)
边墩村	胡国明	徐树远	396	1043	715	63	75	3.17
峧里村	徐火根	罗武平	343	930	120		111	29.27
小越湖村	王丽君	毛立忠	751	1990	1025	55	724	9.62
岭南村	吴小坤	袁国军	347	859	528	340	419	12.00
小越村	金小龙	金小龙	482	1325	300		700	1.31
越北村	王建春	赵尧根	517	1389	132	100	423	4.05
新宅村	陈苗根	陈建方	799	2278	1206		1135	83.56
冯柯山村	冯羊牛	冯国军	727	2096	1749	114	52	0.53
横山徐村	徐宗琪	徐伟达	504	1386	1323	250	233	2.45
胜桥村	徐云成	周善荣	485	1299	1038	60	35	1.02
大庙罗村	罗友林	黄国根	156	428	60			5.52
西罗村	罗天忠	罗耀东	364	1002	738		78	10.11
罗家村	罗龙根	罗悍伟	781	2254	1365		140	17.17

续表29

村(社区)名称	党务负责人	村委会(社区)负责人	户数(户)	人口(人)	水田(亩)	旱地(亩)	山林(亩)	村级集体经济收入(万元)
倪梁村	倪建君	倪永海	449	1296	657	140	125	12.79
朱家滩村	罗吉龙	张伯鑫	321	868	842	266	200	1.28
赵巷桥村	陈来夫	赵卫灿	367	1005	770			3.02
孔家岙村	罗冬尧	施正奋	153	398	383	432	400	10.02
新兴村	石洪庆	陈槐杨	399	980	861			5.70
吴山村	莫学飞	吴建明	276	722	115			8.75
田家村	田华军	田银香	866	2220	1308			35.51
幸福村	倪荣春	魏尧祥	368	939	482			6.68
越兴社区	顾小珍	顾小珍	828	1778				
德隆社区	顾小珍	顾小珍	616	1284				

【薄弱村物业联建项目主体结构完工】 “撤扩并”以后，随着经济的快速发展，小越镇出现“两头快、中间低”现象：镇级经济发展和群众收入增长迅速，但有2/3以上的村集体可支配收入不足万元。为了彻底改变村集体无力为群众办实事的窘况，镇政府决定由镇财政和16个薄弱村共同出资，实施村级物业联建项目。项目位于329国道与越谢公路接口以西工业集聚区块内，占地45亩，总投资7000余万元，规划建造6幢三层标准厂房和1幢五层非生产性用房，用于出租，总建筑面积44118.2平方米。项目于2012年春启动，当年完成物业公司的组建、土地出让和工程设计工作，年底开始招投标并进场施工，标准厂房招标工作进展顺利。预计2014年7月项目全部竣工以后，参与联建的村每年有20万元以上的固定收入。

【镇文体中心主体结构基本完工】 动建于2011年的镇文体中心，于2013年底主体结构基本完工。该工程预算总投资5000余万元，占地40余亩，内容包括综合大楼，图书馆，老、中、青少年活动室，文艺排演厅，小型影、视、剧场，以及健身活动场等。

【国际裘皮城开业】 总投资8000万元、建筑面积20万平方米的国际裘皮城一期工程顺利开业。已有圣依、圣雪夫人、兽王、雪豹等国际、国内著名品牌裘皮企业、经销商入驻。

【有效改善人居环境】 结合社会主义新农村建设的推进，小越镇在全镇各村中开展以“三改(旧住宅改造、旧厂区改造、城中村改造)一拆(拆除违章建筑)”、河道保洁、废旧物资回收行业整治、积存废物和垃圾的清理为主要内容的“美丽乡村”建设工作。全年完成“三改”3.5万平方米，拆除违章建筑4.8万平方米，65家废品回收点得到有效清理和整治，清除垃圾、积存废物600多吨，河道清淤、砌坎整治95.06千米，村内河沿处全部安装上扶栏。对清理出的场地，各村安排用于拓宽和硬化村道、种植绿化、辟为村民健身娱乐场所和停车场等。镇财政安排专项资金587万元，用于对村的奖励。通过整个工作的推进，有效地改善了村民的居住环境。被评为绍兴市清水工程示范镇，两个村被命名为浙江省、绍兴市级卫生村。

【汽车城又添生力军】 奥迪4S店在杭甬高速公路道口附近的工贸区块内正式落成开业。同时，建筑面积2300平方米的宝马4S店扩建工程也顺利完工。至此，小越汽车城内汽车4S店已达12家。另有3家汽车(农用车)销售店也在区块内落户。

区块内全年实现销售额19.2亿元。

【工业产值首破100亿】 实现工业总产值105.19亿元，比2012年增长9.71%。首次跻身于100亿镇行列。

【第二届农民运动会举行】 5月20日，小越镇举行第二届农民运动会。运动会设企业、机关事业单位和行政村、社区两个大组，各10个比赛项目。有篮球、乒乓球、羽毛球、100米短跑等常规项目，也有负重接力等农村趣味项目。运动会前后历时12天，共有44个代表队、767名运动员参加竞赛。孔家岙村、绍兴昆隆毛绒制品有限公司还分别获"优秀组织奖"和"道德风尚奖"。

【举办第四届农民艺术节】 4月中旬至5月中旬，举办第四届镇农民艺术节。该届农民艺术节以"欢乐参与、和谐发展"为主题，共设文艺会演、剪纸大赛、绘画比赛、摄影比赛等4个项目，共有17个村(单位)、120名个人参加艺术节活动。

(林章苗)

谢塘镇

【概况】 谢塘镇位于上虞区东北部，距市区9千米。全镇地域面积24.4平方千米，辖15个村(居)委会。年末总户数8803户，总人口2.55万人，其中非农业人口3709人。2013年实现工农业总产值42.97亿元，比2012年增长24.5%；实现财政总收入0.65亿元，农民人均纯收入19902元。

全年农作物播种面积68746.05亩，粮食总产量1.64万吨。农机总动力1.97万千瓦。公路通车里程48千米，村等级公路通达率100%。水利工程建设项目4个，投资400万元。存栏生猪12390头，出栏肉猪20330头；存栏家禽12.95万羽，出栏家禽34.58万羽。水产品养殖面积2320.5亩，水产品产量356.5吨。绿化造林54.6亩。水果种植面积4051.05亩，产量1.36万吨。有工业企业230家，其中规模以上工业企业22家。工业产品销售收入36.70亿元，产销率92.5%。自营出口5684万美元。合同利用外资1176万美元，实际利用外资437万美元。有初级中学1所，在校学生394人，入学率100%；小学4所，在校学生1104人，入学率100%；幼儿园4所，在园幼儿547人。有社区卫生服务中心1家，村级卫生服务站5个。全年出生157人，计划生育率98.73%。初级卫生保健普及率100%。自来水普及率100%。固定电话用户5850户，移动电话用户1.89万户，电话普及率97.02部/百人，互联网用户5540户。参加城乡社会养老保险11672人。参加新型农村合作医疗保险19367人。最低生活保障救助310人。有社会福利性敬老院2个，年底供养五保老人18人。农户新建房屋100户，建筑面积19134平方米。

表30 2013年谢塘镇各村(居)委会基本情况表

村(居)委会名	党务负责人	村(居)委会负责人	户数(户)	人口(人)	耕地(亩)	村级集体经济收入(万元)
晋生村	章溢锋	王绍坤	851	2352	1860	75.49
谢家塘村	徐苗夫	周建青	556	1640	1312	86.81
东联村	胡益军	王夏春	460	1375	338	68.07
新章村	梁剑钟	陆七良	759	2249	2394	39.82
建塘村	罗建成	顾世坚	418	1264	1191	39.71
联民村	朱春芳	冯建良	553	1779	1343	55.21
禹峰村	俞吉祥	陈兴尧	393	1272	1380	38.96
铲还湖村	郑小尧	朱建绪	610	1954	1972	34.58

续表30

村(居)委会名	党务负责人	村(居)委会负责人	户数(户)	人口(人)	耕地(亩)	村级集体经济收入(万元)
新戴家村	戴瑞良	戴爱标	531	1663	1706	68.78
丰园村	任八九	董来土	561	1649	1522	77.90
东闸村	何水清	陈文苗	681	2006	2103	47.47
星明村	邵新灿	顾七二	463	1515	1400	60.93
东升村	陆春	胡晓江	462	1444	1442	62.10
岑仓村	胡建海	谢海祥	545	1711	1900	88.13
居委	陆龙德	朱丽青	1023	1812	/	/

【"平安乡镇"创建通过省、市两级考核验收】 3月9日下午，省平安办考核组到谢塘镇抽查"平安乡镇"创建工作情况。考核组听取了谢塘镇"平安乡镇"创建工作汇报，实地踏看了镇社会服务管理中心阵地建设和镇专职消防队配备情况；查阅了平安创建工作的台账资料；抽查了两个行政村的"平安村"创建工作。绍兴市平安办、上虞市委政法委和谢塘镇党委政府相关领导全程陪同考核。考核组听取了谢塘镇人民政府镇长陈鑫森汇报本镇"平安乡镇"创建的主要做法，还下村进厂，对行政村和企业的平安创建工作进行了检查，考核组对谢塘镇的"平安乡镇"创建工作给予了充分肯定，顺利通过了考核验收。

【开展"志愿者在行动"宣传咨询便民服务活动】 3月26日上午，谢塘镇"志愿者在行动"宣传咨询便民服务活动在晋生街举行。活动由镇妇联、团委、政法综治办联合发起，司法、交警、新居民事务所、禁毒办、计生、文教卫、银行等各线20多个部门（单位）和企业，组织近100名志愿者参加。志愿者根据各自的行业特长和专业优势，分别开展了禁毒、防艾滋病、户籍管理、交通法规、妇女儿童维权、计生服务、社保、金融、法律法规、新居民事务及子女入学、数字电视、企业用工等多方面的宣传、咨询服务，谢塘镇卫生院和谢塘新形象理发店的志愿者分别开展了测血压血糖等医疗义诊和免费理发活动。活动吸引了许多群众的关注，前来咨询和领取宣传资料、宣传品的群众络绎不绝，据统计，这次活动共发放宣传资料2000余份，分发宣传品500多份，为近2000名群众提供咨询服务。

【开展对老党员、困难党员和老干部"七一"慰问】 6月27—30日，在中国共产党成立92周年的"七一"建党纪念日来临之际，中共谢塘镇党委安排镇村两级党组织，对全镇14个行政村和1个居委会及企事业单位的老党员、生活困难党员和老干部开展慰问活动，对党龄50年以上的老党员、老干部和家庭生活困难的党员进行上门慰问，送上组织的关怀。全镇共有188位老党员、老干部和生活困难党员受到慰问，发放慰问金总额11.5万元。

【设立"稳健投资"幼教关爱基金】 9月5日，"稳健投资"幼儿教育关爱基金成立仪式在谢塘镇政府五楼会议室举行，镇党委政府领导、稳健投资有限公司老总姜晓来、各村（居委）、企事业单位和学校幼儿园师生代表参加了仪式。"稳健投资"幼教关爱基金由谢塘镇丰园村乡贤、上海稳健投资有限公司老总姜晓来先生出资设立，基金每年出资5万元用于全镇的幼儿教育事业，主要对家庭生活困难的幼儿在幼儿园入园阶段的生活、教育费用进行资助。

【谢塘镇中心小学新运动场启用】 11月，历时近5个月的施工建设，谢塘镇中心小学运动场改造工程顺利竣工，投入使用。改建后的运动场为6道200米环形塑胶田径场1个，中间设植草足球场1个，南侧附有安装30件健身器材的健身路径1条，工程总投资121万元。运动场的建成,不但大大改善了学校的办学条件,而且早晚向社会开放,为周边群众健身锻炼提供了良好的平台。

(余友根　谢建利)

盖北镇

【概况】 盖北镇位于上虞区东北部,距区政府所在地15千米。境域总面积22.4平方千米,辖10个村。年末总户数 8655户,人口25842万人,其中非农业人口2506人。2013年实现工农业总产值32.61亿元,财政总收入1.15亿元,农民人均纯收入19609元。

全年农作物播种面积39163.95亩,种植粮食7666.95亩,总产量2917吨。葡萄棚架面积12000亩,总产2.55万吨。农机总动力21767千瓦。公路通车里程55千米,村公路通达率100%。水利投入1300万元,完成5个水利工程项目。生猪存栏42000头,出栏肉猪58300头。水产养殖面积1155亩,水产品年产量320吨。工业企业208家,其中规模以上企业8家,个体私营企业135家,工业产品销售产值7.67亿元,产销率91.32%。有初级中学1所、小学2所、幼儿园1所。在校中学生608人,在校小学生2509人,入学率均为100%;在园幼儿390人。有社区卫生服务中心1家,村级卫生服务站5个。全年出生163人,建造垃圾中转站2个,农户生活垃圾全部桶装化,垃圾无害化处理率99%。参加社会养老保险12138人;参加新型农村合作医疗保险18614人;最低生活保障对象214户共319人。有社会福利性敬老院1个,年底供养五保老人10人。农村新建房屋85户,建筑面积22695平方米。

表31　2013年盖北镇各村委会基本情况表

村委会名	党务负责人	村委会负责人	户数(户)	人口(人)	耕地(亩)	葡萄种植面积(亩)	村级集体经济收入(万元)
镇东村	成金山	陈渭夫	784	2519	1925	723	196.3212
镇海村	倪建立	宋金华	616	1825	1107	352	126.8908
丰棉村	杨建锋	朱苗尧	925	2919	2056	1143	58.4287
丰富村	沈德和	周炳华	941	2685	1833	1205	126.0308
珠海村	钱增云	马海江	508	1548	850	810	64.1479
联合村	邵水良	何小江	867	2551	1050	920	73.1497
新河村	应松海	王定尧	632	1957	786	756	75.7542
兴海村	徐佰良	倪张潮	1103	2992	1416	1292	110.6536
世海村	严柏青	王志康	1173	3473	2056	1320	201.5314
夏盖山村	陈岳洪	陈建水	1004	2820	1779	1485	86.9435

【举行'2013首届"中国·上虞野藤葡萄杯"环虞自行车骑游大会】 7月14日,来自省内外200多名骑友从野藤葡萄公园出发,经过盖北、崧厦、道墟、曹娥、汤浦、上浦、章镇、丁宅、丰惠、梁湖、百官等11个乡镇(街道)后在市民大道舜会广场集合,历程95千米。该次"野藤葡萄杯"环虞自行车骑游大会,映衬着上虞秀丽怡人的地域风情,秉承"绿色、环保、健康"主题,在运动中拥抱青山绿水,享受健康快乐,对推动省体育强市创建,促进体育、文化、旅游产业联动发展有着重要意义。

【盖北镇与台湾彰化县埤头乡结对】 9月18日上午盖北镇与台湾彰化县埤头乡签订结对合作仪式在盖北镇政府大会议室举行，台湾彰化县埤头乡乡长吴锦潭与盖北镇镇长赵伟平签订了结对交流协议，双方强调将以特色农业培育为抓手，深化两地以农业科技为主体的各个领域交流合作，促进两地农民增收、增进两地人文交流。

【举办第二届中国·上虞野藤葡萄文化节】 隆重推出经贸洽谈会、华东学术论坛、浙江省精品葡萄擂台赛、环虞自行车骑行大会、开摘仪式、葡萄吉尼斯擂台赛等11只精彩纷呈的活动，吸引全国30多家媒体竞相报道。文化旅游节网络发布会、首届微信大赛等活动，注重网络平台的运用推出文化旅游节网络发布会、微信大赛、1号店网上销售等活动，野藤葡萄首度进驻水果超市，并在淘宝、百度、阿里巴巴等网站开设6家专卖店。

【成立镇和谐促进会】 10月29日，盖北镇召开镇和谐促进会成立大会，各村（企业）新居民负责人，新居民代表，市、镇有关领导70余人参加会议。和谐促进会建设是盖北镇在“平安盖北”建设上的一项新举措，它并不是单纯的维稳工作，既有协调利益、化解矛盾的职能，也有增进劳资和谐、激发发展活力、提高人的素质、繁荣文化生活等方面的重要作用，是促进发展、保障和谐的一个综合性载体。

【农业部部长韩长赋考察野藤葡萄公园】 9月17日，农业部部长韩长赋一行考察野藤葡萄公园。浙江省副省长黄旭明，绍兴市委副书记、市长俞志宏陪同调研。在盖北葡萄主导产业示范区，韩长赋认真听取永绿农场负责人有关休闲农业发展情况介绍，实地察看了野藤葡萄公园游客服务中心和葡萄种植基地。韩长赋要求，按照基地化建设、精品化培育、产业化发展的方向，大力发展休闲农业，不断促进农业增效、农民增收。 （汤 逸）

崧厦镇

【概况】 崧厦镇地处上虞区北部，东临谢塘镇、盖北镇，南接百官街道、曹娥街道，西接道墟镇、沥海镇，北濒杭州湾上虞经济技术开发区。全镇地域面积84.8平方千米，辖38个行政村（其中外五甲村由曹娥街道托管）和3个社区。年末总户数3.87万户，户籍人口10.59万人，其中农业人口8.18万人，非农业人口2.41万人。2013年实现国内生产总值51.1亿元；全社会固定资产投资6.8亿元；国地税收入2.55亿元；工业总产值203.5亿元，首次突破200亿元大关；自营出口3.48亿美元；农业总产值6.22亿元；农民人均纯收入22858元。2013年3月成功列入浙江省小城市培育试点镇。

表32　　2013年崧厦镇各村委会（社区）基本情况表

村（社区）名	党务负责人	村委会（社区）负责人	户数（户）	人口（人）	耕地（亩）	村级集体经济收入（万元）
陆家村	陆信成	陆松友	1117	3113	1550	27.49
章家村	章岳寿	顾建忠	2560	6683	3302	34.62
时华村	连燕燕	王炎昌	977	2645	1005	17.35
西华村	叶坤潮	顾银灿	776	2174	2833	23.19
三华村	桑炳才	蒲飞尧	1639	4396	818	31.11
内五甲村	赵娟女	章明山	292	801	360	4.03
丁泽村	陈仰华	丁江辉	874	2405	1763	19.5
严巷头村	严老虎	严松桥	1629	4496	2017	41.8

续表32

村(社区)名	党务负责人	村委会(社区)负责人	户数(户)	人口(人)	耕地(亩)	村级集体经济收入(万元)
潘韩村	韩红标	潘忠良	940	2536	700	94.9
共何村	费　炜	何阿金	806	2050	975	120.57
新光村	金柏明	单伟耀	985	2801	430	129.02
万湖村	俞永胜	余月根	472	1583	1380	26.86
东上湖村	连小祥	连永尧	779	2376	1906	21.9
新下湖村	胡九英	郭建龙	742	2375	3232	29.82
联胜村	朱高山	蒋根祥	1458	4514	1148	78.73
庙川村	钟阿良	潘永林	763	2091	430	39.26
杭郭村	杭金兔	蒋金生	755	1997	1074	15.62
寺前村	郑建江	王正钢	1085	2901	2235	37.47
勤联村	王明江	阮柏龙	720	1962	1018	45.49
联塘村	何雅娥	陆军钢	801	2213	1110	40.54
联海村	潘金尧	吕信根	797	2275	1172	34.11
雀嘴村	王铭标	徐　瑛	2032	5497	110	20.82
前庄村	陈交良	夏张龙	818	2127	825	14.74
任谢村	任尚云	任校夫	688	1905	1199	21.42
章黎村	王潮夫	潘顺康	414	1174	665	13.68
福海村	叶炳祥	沈新法	665	1823	826	25.48
双埠村	何明辉	潘小夫	728	2069	1117	48.63
祝温村	杭兰英	王茂桃	599	1597	1217	24.86
金中村	钟建祥	金建平	958	2663	1560	21.77
舜源村	钟茶荣	黄建明	681	2043	4399	45.96
蔡林村	朱尧龙	桑建林	670	1832	2566	56.34
东凌湖村	李立惠	李水火	1901	5122	1105	74.09
杨凌湖村	王伯林	严水荣	421	1110	517	25.82
三友村	严桂芳	严佳根	965	2577	2222	20.28
港联村	朱柏灿	夏金英	460	1193	1043	7.09
黄家堰村	范伟军	夏高军	568	1512	951	40.88
吕家埠村	吕灿良	吕信龙	2442	6345	5957	53.58
祝家街社区	—	柯小珍	1014	2399		
顾家弄社区	—	俞新华	779	1846		
跃进桥社区	—	潘顺表	918	2145		

【伞业集群成省级现代产业示范基地】 继2012年被命名为浙江省出口基地后，2013年7月崧厦伞业集群又被命名为浙江省第三批省级现代产业示范基地。作为国内制伞行业起步较早的区域，崧厦镇经过多年努力，已形成较为完善的伞业产业链，并逐渐向休闲、旅游、户外用品等方面拓展延伸，成为全国伞具生产中心、零配件供应基地和出口基地。

【长海公路与百崧公路连接线工程竣工通车】 7月6日，长海公路与百崧公路连接线工程竣工通车。该工程的建成有利于强化上虞城市副中心（崧厦镇）与上虞城区、绍兴滨海新城的连接，促进"百崧组团"发展，同时进一步优化全镇公路交通网络，推进城市化进程。

长海公路与百崧公路连接线工程全长824米，起于上虞百红线与前华线交汇点，向西沿堤塘经西华村与绍诸高速上虞互通至九六丘连接线工程（长海线）相交，路基宽15米，总投资1462万元。于3月17日进场施工，6月16日全线完工，6月28日通过质量鉴定。

【重点企业负责人组团取"股经"】 7月10日，崧厦镇组织20余家重点企业负责人组团前往浙江股权交易中心，听取专家讲座，为企业健康把脉。浙江股权交易中心负责人为企业家讲解了企业挂牌和融资业务相关知识，并对股权交易中心"成长板"和即将形成的"创新板"两大业务板块作详细介绍。中国银河证券股份有限公司的专家为企业家们详细讲解资本市场融资方式及并购业务。

【推动文化创意产业发展】 8月2日，崧厦镇举行伞业文化创意产品评比活动，邀请相关专家对崧厦伞业企业提供的文化创意产品进行评比。评审专家从作品的文化内涵、创意性、流行性、市场性、实用性等方面进行评分。经过激烈角逐，最终评出设计创意奖与产品创意奖各12个。

近年来，崧厦伞业企业根据企业实际，结合文化创意元素，开展了一系列文化创意产品设计、生产，从而迈出了用文化创意引领伞业转型升级的步子。通过开展文化创意产品评比活动，倡导伞业文化创意产品设计，提升伞业文化创意产品水准，挖掘和培养更多的伞业文化创意人才，搭建伞业文化创意产业上、下游互动平台，提升企业品牌价值，推动文化创意产业发展。

【寺前村举行归侨侨眷代表大会暨侨之家揭牌仪式】 8月30日，崧厦镇寺前村举行第一次归侨侨眷代表大会暨"侨之家"揭牌仪式。这是上虞首个在村一级举行归侨侨眷代表大会、成立侨联组织的村。

寺前村是上虞著名侨村，有旅外香港台湾同胞和国外华侨海外落户达414户，共有1826人，主要分布在美国、比利时、泰国、瑞士、加拿大、澳大利亚、尼日利亚等10多个国家和中国港澳台地区。近年来，广大侨胞、港澳同胞热心家乡公益事业建设，累计捐资者达130余人，为家乡做出无私贡献。

【农业部部长韩长赋到崧厦调研新农村建设】 9月17日上午，农业部部长韩长赋到崧厦调研新农村建设、粮食功能区、农村土地流转和家庭农场建设情况。浙江省副省长黄旭明，省农业厅厅长史济锡，绍兴市委副书记、市长俞志宏等陪同调研。调研中，韩长赋一行到崧厦镇祝温村田头察看农情，饶有兴致地参观了祝温村文化长廊，察看村公共服务中心，走访农户，对祝温村新农村建设表示肯定。

【国务院副总理汪洋调研崧厦镇祝温村】 10月9日上午，中共中央政治局委员、国务院副总理汪洋来到崧厦镇祝温村，实地考察农村人居环境建设工作情况。浙江省委副书记、省长李强，全国供销合作总社理事会主任王侠，绍兴市委书记钱建民，绍兴市委副书记、市长俞志宏等陪同考察。

祝温村通过旧村改造，大力建设美丽乡村，进行了水改、路改、厕改，全面提升农村人居环境。在村公共服务中心，汪洋仔细参观创业文化陈列室和乡贤美德长廊，详细了解村级集体收入情况和土地流转、农村宅基地审批等问题，并走进农户，与村民交流，仔细询问村民收入和生活情况。

8月2日，崧厦镇举行伞业文化创意产品评比活动

【镇关工委荣获“全国五好基层关工委先进集体”荣誉称号】 10月，在全国关工委基层建设年总结表彰大会上，崧厦镇关工委获得“全国五好基层关工委先进集体”荣誉称号。这是上虞首个荣获“全国五好基层关工委先进集体”荣誉称号的单位。

崧厦镇已创建“五好”村关工委11个、“五好”社区关工委3个，组建了民营企业关工委18家，涌现了一批关心下一代工作的先进典型。全镇建立5个扶贫助学基金，每年帮扶贫困家庭青少年近200名，全镇关心下一代工作全面、均衡发展。

【全国伞业年会在虞举行】 12月7日，全国制伞专业委员会2013年年会暨理事扩大会在上虞召开。来自全国各地的200多家制伞企业和伞业协会负责人汇聚一堂，共商发展大计。与会人员考察参观了中国伞城崧厦的伞业企业和总投资4500万元建设的科创平台，对崧厦伞业近年来加快转型升级、推进产业集群发展表示肯定。

中国伞城崧厦是全国最大的伞业集聚地之一，全镇拥有1300余家制伞企业，18个伞业专业村，伞品占全球销售的三分之一左右，已形成沙滩伞、晴雨伞、广告伞、庭院伞、多功能伞具等五大系列上千个品种的集群生产能力，是中国轻工工艺品进出口商会命名的“中国伞具出口基地”，也是“浙江省区域名牌”。 （何小军）

沥海镇

【概况】 沥海镇位于上虞区西北部，距区政府所在地20千米。地域面积57平方千米，其中陆地面积52.3平方千米，水域面积4.7平方千米，辖24个村（居）委会。年末总户数22873户，总人口5.65人。2013年实现工农业总产值55.77亿元，财政总收入2.52亿元，农民人均纯收入17459元。

全年农作物播种面积108361.5亩，生产粮食1.56万吨，农机总动力3.39万千瓦。存栏生猪3.94万头，出栏肉猪6.83万头；存栏家禽5.67万羽，出栏家禽7.98万羽。水产品养殖面积7000.05亩，水产品产量7140吨。水果种植面积279亩，水果产量309吨；蔬菜复种面积21603亩，总产量50892吨；棉花种植面积11056.5亩，总产量773吨。沥海镇工业企业444家，其中规模以上企业30家，工业产品销售收入48.93亿元，产销率94.94%，自营出口1.36亿美元。初级中学1所，小学3所，幼儿园6所，在校中学生1068人，在校小学生2492人，入学率100%，在园幼儿1082人。社区卫生服务中心1家，村级卫生服务站9个，标准化村卫生室5个。全年出生391人，计划生育率96.4%，人口出生率为6.6‰，人口死亡率为7.8‰，人口自然增长率为-1.2‰，初级卫生保健普及率100%。完成被征地农民养老保险参保624人，实施被征地农民养老保险并轨7023人，城乡居民养老保险实行常规化管理，新参保、调档1200余人，完成城乡居民医疗保险参保40275人，参保率达99%以上，企业退休人员社区化管理服务工作同步跟进，阳光庇护中心建设完成，社会救助体系不断健全。完成农房新建及改造93户，建筑面积21473平方米，用地面积9243平方米。

表33 **2013年沥海镇各村(居)委会基本情况表**

村(居)委会名	党务负责人	村(居)委会负责人	户数(户)	人口(人)	内陆耕地(亩)	海涂(亩)	村级集体经济收入(万元)
阮家村	阮建尧	阮荣标	848	2415	557	969	85.61
四联村	赵全江	邵伟成	684	1914	601	546	72.45
城西村	邵林信	顾沥海	954	2603	1331	750	73.13
百沥村	陈培康	朱友堂	995	2802	952	968	81.42
南桥村	俞文浪	杨江丰	662	1817	783	502	52.50
联邵村	邵伟堂	邵国昌	819	2245	786	567	160.56
城沿村	徐正峰	许文夫	1011	2616	229	1067	101.04
渔村村	徐尧成	赵海丰	893	2289	172	50	55.42
舜海村	黄勇才		535	1665		1600	159.22
民生村	王国良		656	1856	1075	728	99.17
伟明村	苗荣根	陈宝云	989	2678	2240	1045	146.03
光荣村	阮志灿	沈光尧	805	2190	1582	1301	140.13
联谊村	崔国良	王小通	905	2428	1772	961	124.00
新联村	沈纪云	沈百铨	1170	3048	1804	1222	304.14
华平村	张加坤	杨吉良	1491	3883	1784	1545	336.15
南汇村	张彩根		1460	3674	1581	1793	134.90
华东村	厉正表	叶铭华	1137	3217	1291	1190	194.78
潭许村	李建坤	李越忠	1072	3073	1583	559	197.15
郭渎村	杭国达	柯国洋	804	2253	1069	825	110.00
东海村	阮龙坤	陈水楚	694	1872	524	516	67.09
二渡村	张巧芬	金国良	752	2093	1145	508	86.66
沥东村	顾钿钩	姚永良	700	1959	620	600	68.84
沥海居委	顾莉萍	李寿生	2257	3327			
三汇居委	朱金木		580	1026			

【启动镇区综合整治工程】 根据《绍兴滨海新城沥海镇区综合整治规划》,沥海镇启动镇区综合整治工程。整治工程的实施范围主要是海东路以北的沥海集镇区及工业区,总面积约2325亩。规划整治的主要内容是道路改造、建筑立面改造、市政管线整治、环境改造提升工程4个方面。2013年实施了综合整治工程第一期工程,完成投资7500万元。完成了海滨路、海峰路西段、城东路、渔舟路、万峰路改造工程,沧海路新建工程,万峰住宅小区第二、三、四期雨污分流改造工程,海滨路及海东路立面改造工程,在道路及小区改造同时,电力、水务、通信、天然气等相关单位同步实施了管网新建或改造工程。

【落实"枫桥经验"50周年纪念大会安保工作】 加强重点对象的教育监管,落实工作责任,明确稳控人员，切实做到上下联动，信息互通，防止脱管漏管和重新犯罪现象发生，确保大会期间全镇社会稳定。

【开展“矛盾排查调处百日攻坚”专项活动】 7月份开始在全镇范围内开展了“矛盾排查调处百日攻坚”专项行动，着力解决影响社会和谐稳定的各类突出矛盾和问题。通过提高认识，深入细致排查、强化责任，对各类信访重点人员，认真落实管理服务措施，依法做好稳控工作。

【嘉绍大桥及南北接线工程正式建成通车】 2013年7月18日，嘉绍大桥举行通车仪式，嘉绍大桥于2008年年底动工，是继杭州湾跨海大桥之后第二座跨杭州湾大桥，总投资约139亿元。嘉绍大桥的建成通车，将沥海纳入上海“1.5小时经济圈”、长三角“2小时经济圈”，成为名副其实接轨大上海的“桥头堡”，区位优势凸显。

【完成全镇村党组织换届选举工作】 2013年11月9日至11月21日，沥海镇完成全镇村党组织换届选举工作。全镇22个村党组织全部一次性选出选足，整体班子结构比上届有所优化。共选举产生村党总支委员110名，其中新当选56名，占51%；妇女29名，占26.4%，比上届增加18名；党员大学生村干部7名，比上届增加6名；平均年龄45岁，比上届降低4岁；高中以上学历85名，占77.3%。选举产生村党总支书记22名，其中高中以上学历17人（大专以上9人），占77%；平均年龄51.7岁；新当选书记7名，其中妇女1名。

【上虞设区，沥海镇人民政府更名】 根据中共绍兴市委、绍兴市人民政府《关于调整部分行政区划的实施意见》（绍市委发〔2013〕70号）和绍兴市机构编制委员会《关于原上虞市党政工作部门等机构更名的通知》（绍市编〔2013〕76号）文件精神，撤销县级上虞市，设立绍兴市上虞区，原上虞市沥海镇人民政府更名为上虞区沥海镇人民政府，12月1日起启用“中国共产党上虞区沥海镇委员会”“上虞区沥海镇人民政府”新印章和新牌子。

【通过绍兴市教育优质均衡示范乡镇评估】 12月13日，绍兴市教育优质均衡示范乡镇评估验收组对沥海镇进行评估验收。在25条指标中，有23条达标，2条基本达标，顺利通过验收。

【学校工作创特色】 推进全镇各中小学、幼儿园与绍兴市区各校（园）结对帮扶工作。沥海镇中与绍兴市第一初级中学教育集团，沥海镇小与鲁迅小学、沥东小学与北海小学，镇中心幼儿园与鲁迅幼托中心结对帮扶，在全面巩固上虞优质教育资源辐射、引领的基础上，充分发挥绍兴市区教育资源的骨干、示范、辐射、带动功能，整体提升沥海教育的质量和水平，全力打造沥海优质教育品牌。

【举办第六届文化艺术节暨民间人才评选活动】 6月17日，沥海镇第六届“滨海之声”文化艺术节暨民间人才评选活动在沥海市场隆重开幕。该活动结合“七一”党日活动，以“迎大桥经济，展滨海风采”为主题，热烈庆祝建党92周年，喜迎嘉绍大桥通车。本次文化艺术节活动主要包括优秀歌手大赛、越剧大赛、器乐健身舞大赛、摄影书画展览等八项活动，通过系列活动为民间文艺人才搭建才艺展示平台，丰富群众文化生活，为沥海转型发展、跨越发展营造良好的人文环境。

【妥善解决新居民子女就学难问题】 随着开发建设的推进，企业落户园区日益增多，外来民工子女数量逐年攀升，其就学问题成为教育迫切需要解决的难题。沥海镇于每年6月召开新居民子女入学咨询现场会，组织各校在企业设摊为新居民子女入学做好摸底调查、咨询解释工作。沥海镇汇总各企业新居民子女入学需求，提前告知办理转学相关手续。相关学校克服校舍紧张、师资紧缺的难题，通过资源配置优化、区域教师流动等措施，切实解决新居民子女入学问题。同时，在奖教助学基金中，单设新居民子女学习进步奖，每年奖励各校新居民子女学习优异者，真正实现教育公平化。 （王　杰）

统计资料

统计图

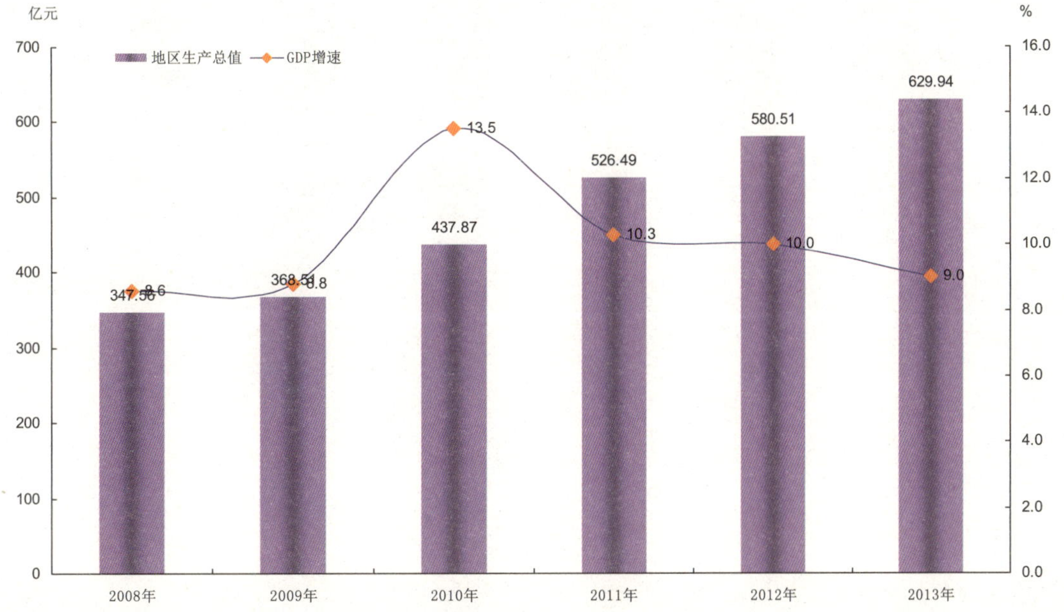

地区生产总值

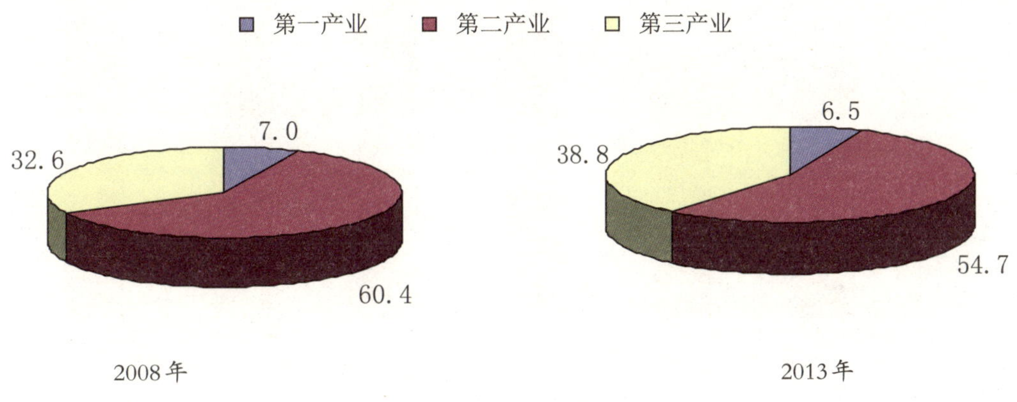

三次产业增加值比重

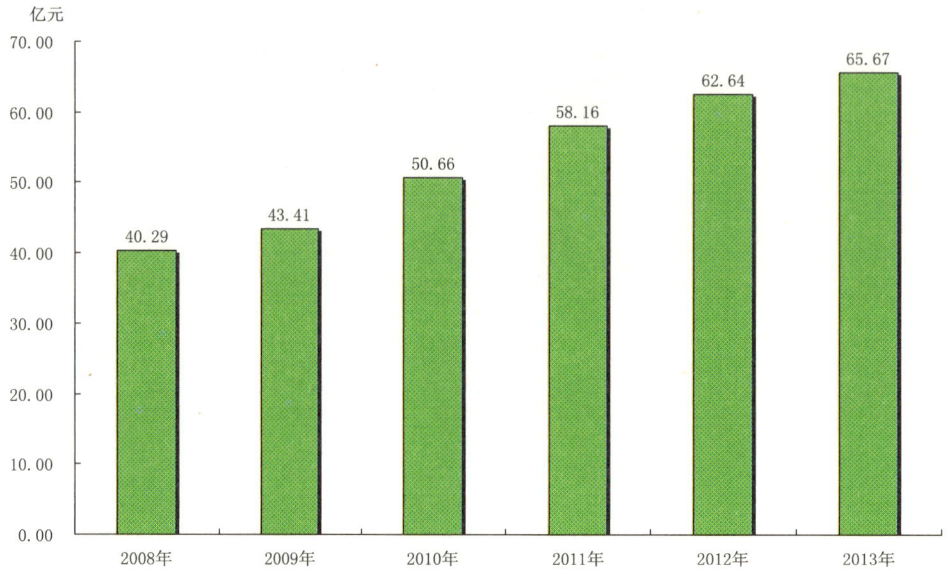
亿元
70.00
60.00
50.00
40.00
30.00
20.00
10.00
0.00
40.29
43.41
50.66
58.16
62.64
65.67
2008年
2009年
2010年
2011年
2012年
2013年

农业总产值

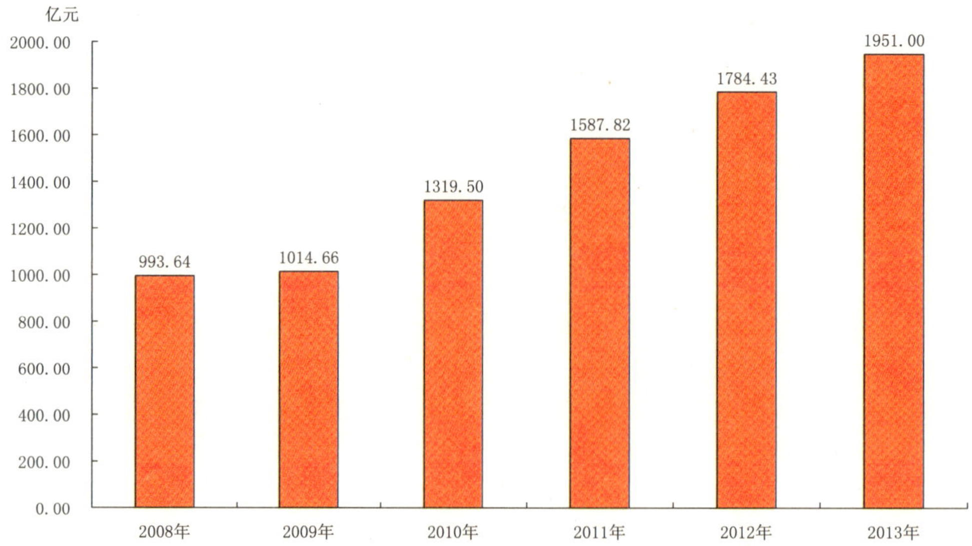
亿元
2000.00
1800.00
1600.00
1400.00
1200.00
1000.00
800.00
600.00
400.00
200.00
0.00
993.64
1014.66
1319.50
1587.82
1784.43
1951.00
2008年
2009年
2010年
2011年
2012年
2013年

工业总产值

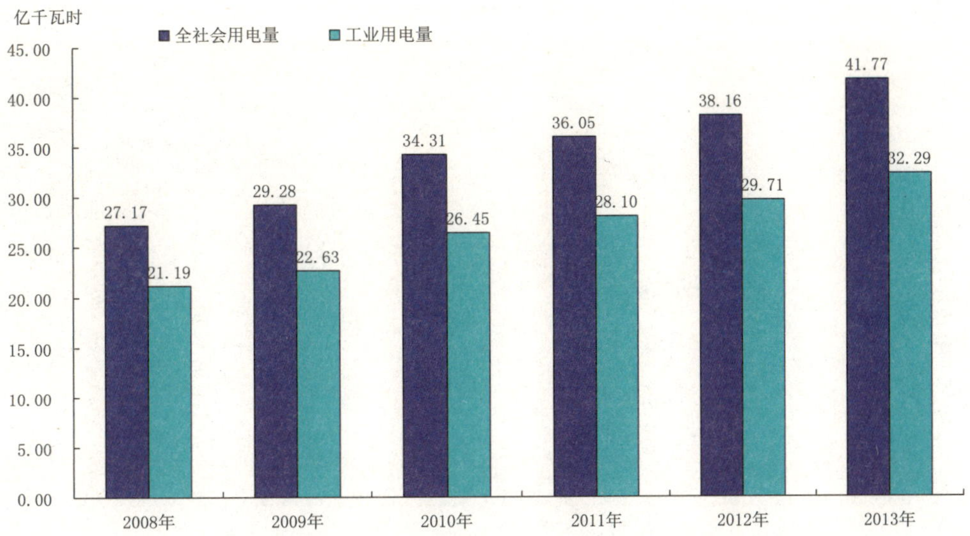

全社会、工业用电量

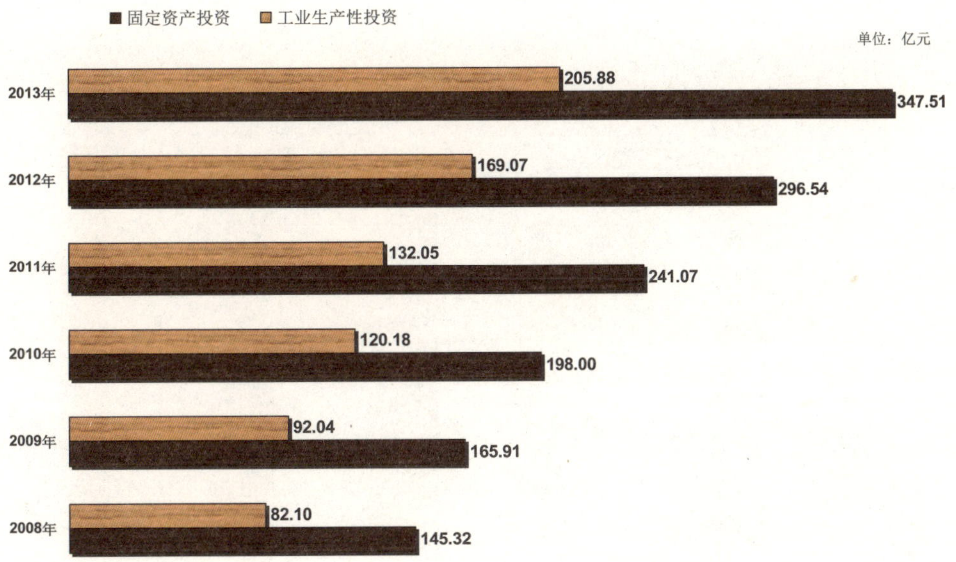

固定资产投资、工业生产性投资

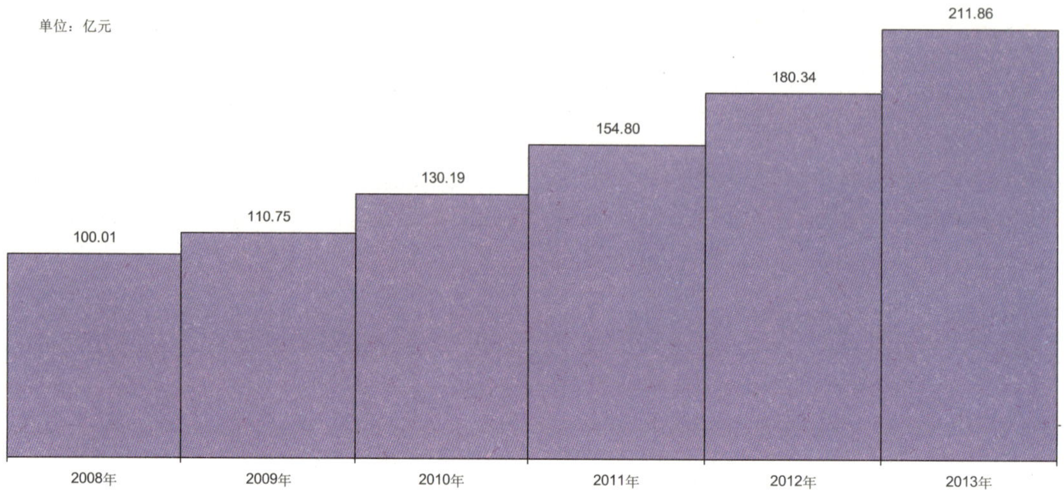

社会消费品零售总额

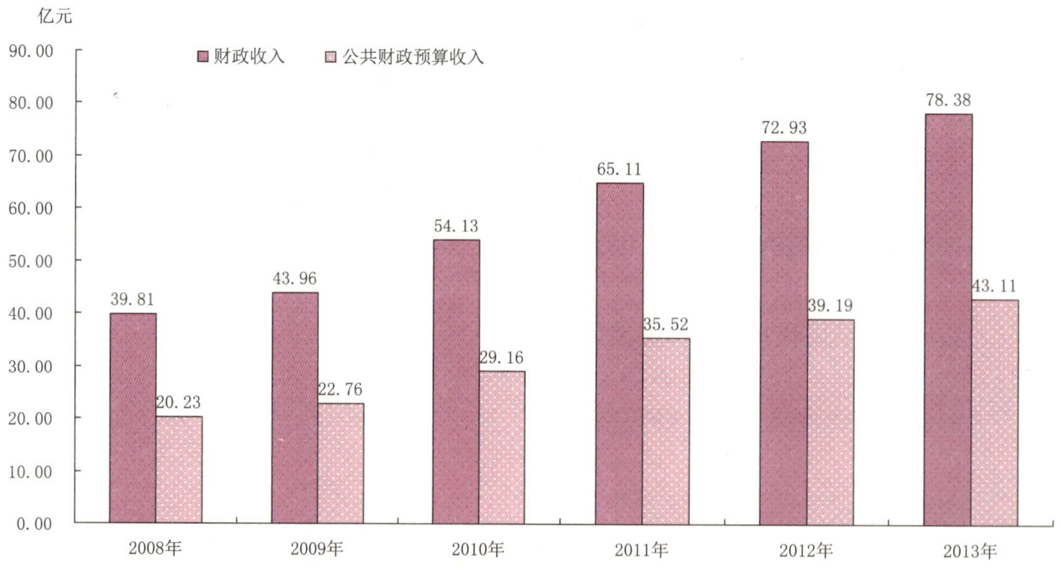

财政收入情况

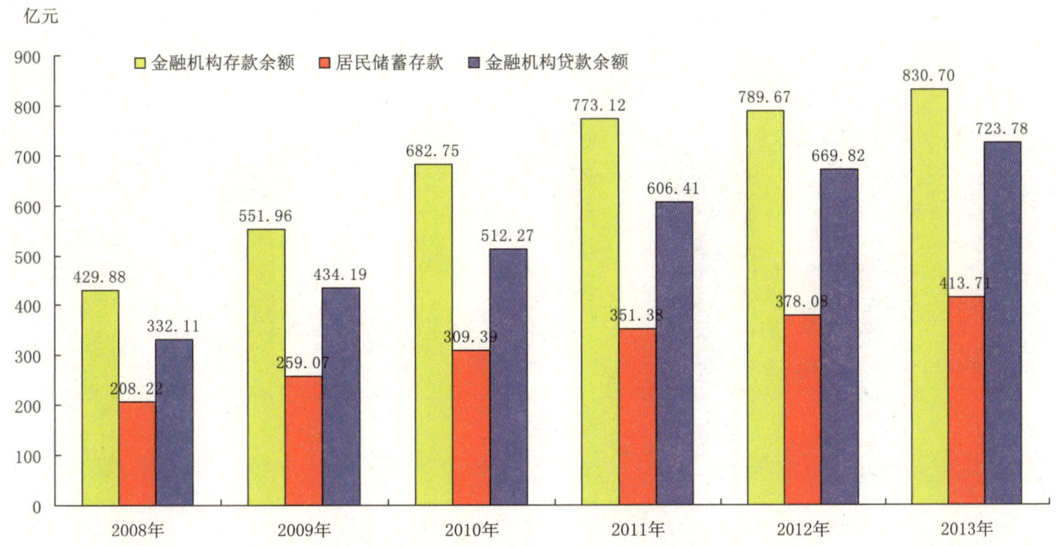

金融机构存贷款余额(人民币口径)

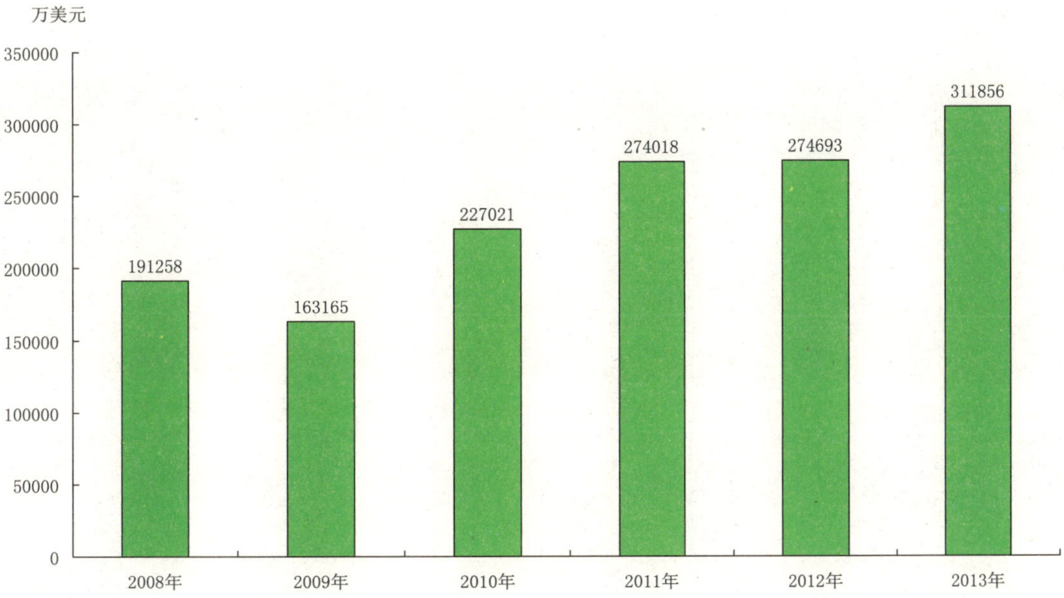

自营出口额

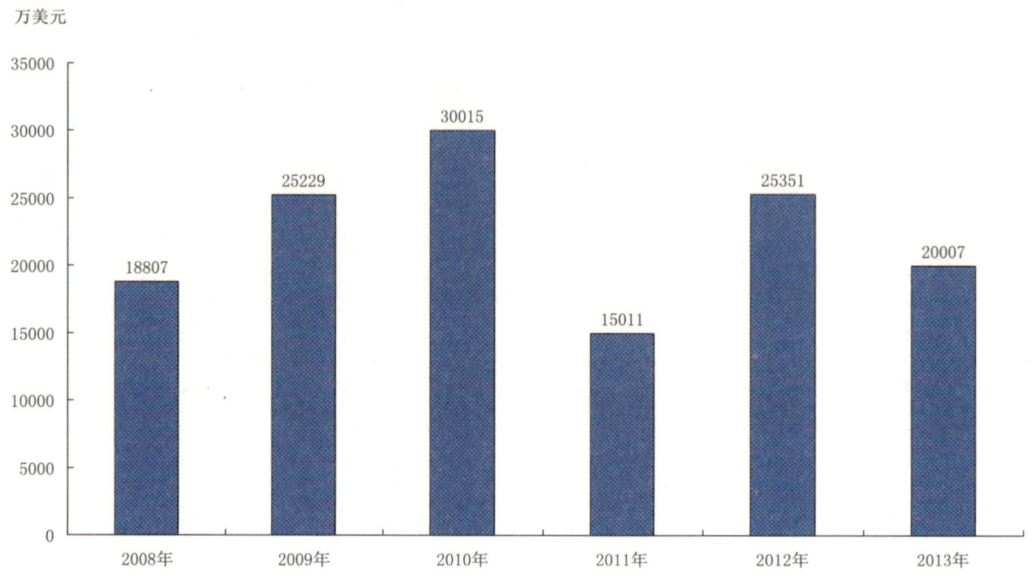

实际利用外资额

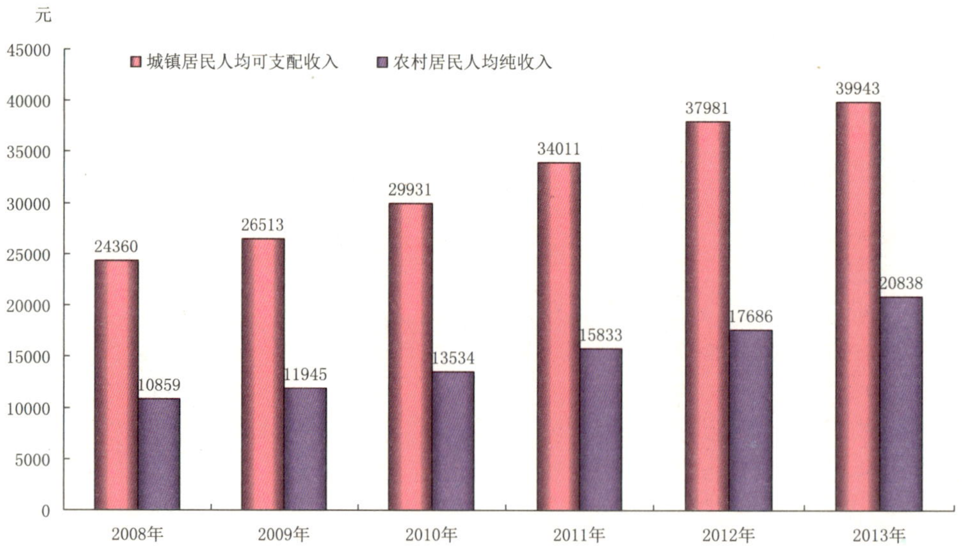

城乡居民收入

统 计 表

表34

2013年上虞概况

	计量单位	2012年	2013年	增幅(%)
一、行政区划面积	平方千米	1403	1406	0.2
二、行政组织				
镇人民政府	个	15	15	0.0
乡人民政府	个	3	3	0.0
街道办事处	个	3	3	0.0
居民委员会(社区)	个	102	104	2.0
村民委员会	个	340	339	-0.3
三、人口				
年末总户数	万户	29.41	29.14	-0.9
年末总人口(户籍)	万人	77.85	77.95	0.1
#男性	万人	38.57	38.57	0.0
女性	万人	39.28	39.38	0.3
#农业人口	万人	49.13	47.98	-2.3
非农业人口	万人	28.72	29.97	4.4
暂住人口	万人	20.83	17.74	-14.8
全年出生人口	人	5537	5606	1.2
出生率	‰	7.12	7.20	0.08
全年死亡人口	人	5761	5539	-3.9
死亡率	‰	7.41	7.11	-0.3
自然增长人口	人	-224	67	—
自然增长率(公安)	‰	-0.29	0.09	0.38
年末城镇登记失业人员数	人	3625	4191	15.6
城镇登记失业率	%	2.89	2.90	0.01
城镇职工养老保险参保人数	万人	31.75	35.73	12.5
城镇职工医疗保险参保人数	万人	25.53	27.40	7.3
城乡居民养老保险参保人数	万人	22.66	21.50	-5.1
城乡居民医疗保障参保人数	万人	55.28	49.21	-11.0
失业保险参保人数	万人	14.95	16.11	7.7
工伤保险参保人数	万人	21.82	21.23	-2.7
生育保险参保人数	万人	14.86	15.85	6.7

表35 经济发展主要指标

指标名称	单位	2012年	2013年	增幅(%)
地区生产总值(现价)	亿元	580.51	629.94	9.0
#第一产业	亿元	39.24	40.65	3.2
第二产业	亿元	323.26	344.63	9.9
#工业	亿元	273.56	293.08	11.2
第三产业	亿元	218.00	244.66	8.6
人均地区生产总值	元	74619	80866	8.9
农业总产值	亿元	62.64	65.67	3.2
工业总产值	亿元	1784.43	1951.00	9.3
#规模以上工业企业总产值	亿元	1324.02	1447.07	9.3
固定资产投资	亿元	296.54	347.51	17.2
#工业生产性投资	亿元	169.07	205.88	21.8
社会消费品零售总额	亿元	180.34	211.86	17.5
全社会用电量	亿千瓦时	38.16	41.77	9.5
#工业用电量	亿千瓦时	29.71	32.29	8.7
自营出口总额	万美元	274637	311856	13.6
实际利用外资	万美元	25351	20007	-21.1
旅游总收入	亿元	45.55	58.23	27.8
财政总收入	亿元	72.93	78.38	7.5
#公共财政预算收入	亿元	39.19	43.11	10.0
公共财政预算支出	亿元	39.92	45.21	13.3
金融系统年末存款余额(本外币)	亿元	801.45	842.49	5.1
#城乡居民储蓄	亿元	379.36	414.85	9.4
金融系统年末贷款余额(本外币)	亿元	682.84	734.32	7.5
邮电业务收入	亿元	7.63	8.25	8.2
年末公路通车里程	千米	1511	1559	3.2
在岗职工平均工资(不含私营)	元	48616	54674	12.5
城镇居民人均可支配收入	元	37981	39943	—
农村居民人均纯收入	元	17686	20838	—

表36

农业基本情况

指标	单位	2012年	2013年	增幅(%)
农村从业人员数	万人	37.85	38.51	1.7
#外出劳动力	万人	10.79	10.70	-0.8
#农、林、牧、渔业	万人	11.85	11.69	-1.4
工业	万人	12.85	13.20	2.7
建筑业	万人	7.87	8.01	1.8
附:外来劳力	万人	5.71	6.22	8.9
农业总产值	亿元	62.64	65.67	3.2
#农业产值	亿元	39.79	41.51	3.9
林业产值	亿元	3.41	3.70	9.8
牧业产值	亿元	9.35	9.26	-3.5
渔业产值	亿元	9.53	10.58	4.2
农作物总播种面积	万亩	125.81	122.84	-2.4
#粮食作物	万亩	74.51	74.39	-0.2
#油料	万亩	10.37	9.71	-6.4
#蔬菜	万亩	26.85	25.29	-5.8
#果用瓜	万亩	5.40	5.20	-3.7
#花卉苗木	万亩	2.89	2.95	2.1
粮食作物总产量	万吨	29.41	29.30	-0.4
油料总产量	万吨	1.54	1.51	-1.9
蔬菜总产量	万吨	71.40	64.10	-10.2
水果总产量	万吨	23.71	24.89	5.0
年内生猪出栏数	万头	41.76	41.72	-0.1
年内牛出栏数	头	1162	988	-15.0
年内羊出栏数	万只	5.55	5.47	-1.4
肉类产量	万吨	4.08	3.78	-7.4
水产品总产量	万吨	3.88	3.77	-2.8
#淡水产品	万吨	3.73	3.64	-2.4

表37　　规模以上工业企业主要经济指标

指标	单位	2012年	2013年	增幅(%)
企业单位数	个	552	599	8.5
工业总产值	亿元	1324.02	1447.07	9.3
#新产品产值	亿元	370.21	412.51	11.4
工业销售产值	亿元	1265.87	1386.75	9.5
#出口交货值	亿元	201.76	218.77	8.4
主营业务收入	亿元	1251.88	1360.18	8.7
利税总额	亿元	132.55	136.44	2.9
利润总额	亿元	94.88	95.78	0.9
应收账款	亿元	184.70	209.75	13.6
存货	亿元	172.72	184.60	6.9
应付职工薪酬	亿元	52.81	60.91	15.3
固定资产合计	亿元	295.00	360.35	22.2
资产总额	亿元	1278.90	1397.25	9.3
负债总额	亿元	664.71	723.43	8.8
所有者权益	亿元	614.19	673.66	9.7
产销率	%	95.61	95.83	0.22
资产负债率	%	51.97	51.78	-0.19
成本费用利润率	%	8.18	7.55	-0.63
每百元固定资产原值实现利税	元	32.94	28.42	-13.7
每百元销售收入实现利税	元	10.59	10.03	-5.3
流动比率	%	1.38	1.36	-0.02
速动比率	%	1.08	1.07	-0.01
企业亏损面	%	18.00	18.36	0.36
亏损率	%	3.33	3.89	0.56
出口交货值占工业销售产值比重	%	15.94	15.78	-0.16
利润总额占利税比重	%	71.58	70.20	-1.38
存货周转次数	%	6.13	6.28	0.15

表38

固定资产投资

单位:万元

指　　标	2012年	2013年	增幅(%)
固定资产投资	2965372	3475055	17.2
1.房地产开发投资	602967	736691	22.2
2.项目完成投资数	2362405	2738364	15.9
工业投资	1690682	2058830	21.8
#工业技术改造投资	1003507	1354118	34.9
基础设施投资	638808	648747	1.6
按三次产业分:			
第一产业	24603	30330	23.3
第二产业	1690682	2058830	21.8
第三产业	647120	649204	0.3

表39

房地产开发投资主要指标

指　　标	单位	2012年	2013年	增幅(%)
房地产开发投资额	万元	602967	736691	22.2
按构成分				
建筑工程	万元	309471	380904	23.1
安装工程	万元	28882	52218	80.8
设备工器具购置	万元	9166	4047	-55.8
其他费用	万元	255448	299522	17.3
按用途分				
住宅	万元	530480	621157	17.1
办公楼	万元	33278	57199	71.9
商业营业用房	万元	24567	41558	69.2
其　他	万元	14642	16777	14.6
新增固定资产	万元	177719	207650	16.8
竣工房屋价值	万元	150531	179268	19.1
房屋建筑面积				
施工面积	万平方米	353.21	416.46	17.9
#住宅	万平方米	288.26	339.93	17.9

续表39

指　标	单位	2012年	2013年	增幅(%)
竣工面积	万平方米	60.23	60.46	0.4
#住宅	万平方米	50.27	37.04	-26.3
商品房销售面积	万平方米	44.86	80.92	80.4
商品房待售面积	万平方米	48.42	52.11	7.6
商品房销售额	万元	381023	689704	81.0

表40　建筑企业主要经济指标

指　标	计量单位	2012年	2013年	增幅(%)
资质企业个数	个	123	129	4.9
建筑业总产值	亿元	1155.71	1282.21	10.9
#在外省完成的产值	亿元	837.71	919.83	9.8
房屋建筑施工面积	万平方米	10365.32	11448.18	10.4
房屋建筑竣工面积	万平方米	3860.88	3965.97	2.7
施工机械设备年末净值	亿元	18.88	19.15	1.4
主营业务收入	亿元	913.37	1017.24	11.4
主营业务成本	亿元	824.16	904.66	9.8
主营业务税金及附加	亿元	33.84	38.50	13.8
营业利润	亿元	32.25	37.03	14.8
利润总额	亿元	32.90	37.18	13.0
固定资产原价	亿元	59.89	66.08	10.3
流动资产合计	亿元	396.52	438.93	10.7
资产合计	亿元	472.59	522.49	10.6
负债合计	亿元	255.70	279.05	9.1
所有者权益	亿元	216.83	243.43	12.3

表41　国 内 贸 易

指标名称	单位	2012年	2013年	增幅(%)
社会消费品零售总额	亿元	180.34	211.86	17.5
#城镇消费品市场	亿元	146.55	172.49	17.7
农村消费品市场	亿元	33.79	39.37	16.5

续表41

指标名称	单位	2012年	2013年	增幅(%)
#批发零售业	亿元	162.00	190.32	17.5
住宿餐饮业	亿元	18.34	21.55	17.5
商品交易市场个数	个	56	54	-3.6
#成交额超亿元	个	6	8	33.3
商品市场成交额	亿元	131.12	112.96	-13.9
#消费品市场成交额	亿元	72.87	71.36	-2.1
生产资料市场成交额	亿元	58.25	41.60	-28.6

表42

对外经济

指标名称	单位	2012年	2013年	增幅(%)
对外贸易				
进出口总额	万美元	322922	374092	15.8
#进口总额	万美元	48285	62236	28.9
出口总额	万美元	274637	311856	13.6
#一般贸易出口	万美元	250054	283053	13.2
加工贸易出口	万美元	24577	28373	15.4
利用外资				
本年新签外资企业数	个	40	41	2.5
增资企业数	个	25	15	-40.0
总投资	万美元	51344	41932	-18.3
注册资本	万美元	33891	31888	-5.9
合同利用外资	万美元	35054	34972	-0.2
实际利用外资	万美元	25351	20007	-21.1

表43

交通主要经济指标

指标	单 位	2012年	2013年	增幅(%)
一、公路通车里程	千米	1511.09	1559.09	3.2
1. 干线公路	千米	112.36	138.32	23.1
国 道	千米	108.84	134.80	23.9
省 道	千米	3.52	3.52	0.0

续表43

指标	单 位	2012年	2013年	增幅(%)
2. 农村公路	千米	1398.73	1420.77	1.6
县　道	千米	371.65	391.10	5.2
乡　道	千米	122.58	122.58	0.0
村　道	千米	904.50	907.10	0.3
境内高速公路里程	千米	61.37	87.32	42.3
二、客运量	万人	2465	2468	0.1
客运周转量	万人千米	69024	71309	3.3
公路:客运量	万人	2465	2468	0.1
客运周转量	万人千米	69024	71309	3.3
三、货运量	万吨	1323	1486	12.3
货运周转量	万吨千米	213392	232631	9.0
公路:货运量	万吨	1085	1154	6.4
货运周转量	万吨千米	112061	119997	7.1
水路:货运量	万吨	238	332	39.5
货运周转量	万吨千米	101331	112634	11.2

表44　　邮政电信基本情况

指标	单位	2012年	2013年	增幅(%)
邮电业务收入	万元	76278	82542	8.2
函件	万件	820	668	-18.5
包件	万件	4	4	0.0
汇票	万张	13	9	-30.8
特快专递	万件	4	3	-25.0
订销报纸累计数	万份	3276	3565	8.8
订销杂志累计数	万份	102	100	-2.0
集邮业务	万枚	89	89	0.0
邮路总长度	千米	268	268	0.0
农村投递路线长度	千米	3434	3464	0.9
固定电话期末户数(包括小灵通)	万户	30.47	28.14	-7.6
移动电话期末户数	万户	72.36	75.36	4.1
互联网用户数(包括手机上网用户)	万户	60.01	70.90	18.1

说明:移动电话用户数统计口径为通话用户数

表45

全社会用电量

单位:万千瓦时

项 目	2012年	2013年	增幅(%)
全社会用电量总计	381631	417712	9.5
一、全行业用电量	340702	369503	8.5
农林牧渔业	4378	5120	16.9
工业	297084	322867	8.7
建 筑 业	5582	5379	-3.6
交通运输、仓储、邮政业	1151	1487	29.2
信息传输、计算机服务和软件业	2123	2307	8.7
商业、住宿和餐饮业	15761	16203	2.8
金融、房地产、商务及居民服务业	4739	5513	16.3
公共事业及管理组织	9885	10628	7.5
二、城乡居民生活用电量	40929	48208	17.8
#城镇居民	18047	21231	17.6
乡村居民	22881	26977	17.9

表46

财政预算收入

单位:万元

收入项目	2012年	2013年	增幅(%)
1. 中央收入	337374	352695	4.5
#中央“两税”	210052	219825	4.7
企业所得税	100511	101106	0.6
个人所得税	26811	31764	18.5
2. 公共财政预算收入	391888	431075	10.0
①工商税收	329967	359275	8.9
#增值税	69398	78693	13.4
营业税	92271	100792	9.2
个所税	17874	21176	18.5
企业所得税	67007	67404	0.6
其他工商税收	83417	91210	9.3
②契税和耕占税	39834	48935	22.8
#耕占税	18072	9754	-46.0
契 税	21762	39181	80.0

续表46

收 入 项 目	2012年	2013年	增幅(%)
③国有企业计划亏损补贴	-5206	-7714	
④专项收入	11386	12044	5.8
#排污费收入	919	839	-8.7
教育费附加收入	10208	11194	9.7
水资源费收入	259	11	-95.8
⑤罚没行政事业性收费收入	14439	12644	-12.4
⑥其他收入	1468	5891	301.3
收入合计	729262	783770	7.5

表47

财政预算支出

单位:万元

支出项目	2012年	2013年	增幅(%)
一般公共服务支出	60539	66289	9.5
国防支出	587	532	-9.4
公共安全支出	27432	34336	25.2
教育支出	99902	109436	9.5
科学技术支出	18371	20207	10.0
文化体育和传媒支出	5489	6057	10.3
社会保障和就业支出	33036	38435	16.3
医疗卫生支出	23435	26699	13.9
环境保护支出	21229	25486	20.1
城乡社区事务支出	11133	13021	17.0
农林水事务支出	56901	62336	9.6
交通运输支出	15856	27368	72.6
资源勘探电力信息等事务支出	7376	7754	5.1
商业服务业等事务支出	7679	7945	3.5
金融监管等事务支出	1148	911	-20.6
国土资源气象等事务支出	886	695	-21.6
住房保障支出	877	1272	45.0
粮油物资管理事务	484	635	31.2
国债还本付息支出	844	760	-10.0
其他支出	6013	0	-100.0
支出合计	399217	452132	13.3

表48

金融系统年末本外币存贷款余额

单位:亿元

指　标	2012年	2013年	增幅(%)
金融系统年末存款余额	801.45	842.49	5.1
#企事业单位存款	406.42	409.68	0.8
居民储蓄存款	379.36	414.85	9.4
金融系统年末贷款余额	682.84	734.32	7.5
#短期贷款	528.05	565.25	7.0
中长期贷款	151.79	167.13	10.1
票据融资	2.23	1.26	-43.5
存贷比率(%)	85.20	87.16	1.96

表49

城乡居民生活

指标名称	单位	2012年	2013年	增幅(%)
农村居民生活				
农村居民人均纯收入	元	17686	20838	—
#工资性收入	元	12369	14180	—
家庭经营收入	元	4057	4594	—
农村居民人均生活消费支出	元	10717	13665	—
#食品支出	元	4551	4624	—
恩格尔系数	%	42.5	33.8	—
人均居住住房面积	平方米	57.78	54.26	—
城镇居民生活				
城镇居民人均可支配收入	元	37981	39943	—
#工资性收入	元	28930	26616	—
城镇居民人均消费性支出	元	24106	23536	—
#食品支出	元	7664	7550	—
恩格尔系数	%	31.8	32.1	—
人均居住使用面积	平方米	30.71	36.18	—

说明:从2013年开始采用城乡住户一体化调查数据,与2012年数据不做衔接

表 50　　科学、教育、文化、卫生基本情况

指标	单位	2012年	2013年	增幅(%)
一、科学技术				
从事科技活动人员数(科技报表)	人	7916	8645	9.2
R&D经费内部支出	万元	116573	140662	20.7
专利申请受理量	项	3489	4431	27.0
专利申请授权量	项	2353	2676	13.7
其中:发明	项	127	205	61.4
二、教育事业				
各类学校数(含幼儿园)	个	191	181	-5.2
#普通中学	个	33	33	0.0
小学	个	55	53	-3.6
在校学生数	人	116337	110592	-4.9
#普通中学	人	39503	37726	-4.5
小学	人	46036	44956	-2.3
教职工数	人	8169	8205	0.4
#普通中学	人	3285	3307	0.7
小学	人	2651	2617	-1.3
专任教师数	人	6962	6887	-1.1
#普通中学	人	2966	2973	0.2
小学	人	2487	2452	-1.4
小学毕业生升学率	%	100	100	0.0
初中毕业生升学率	%	99.59	99.60	0.01
三、文化事业				
艺术表演团体	个	1	2	100.0
演出场次	场次	243	226	-7.0
艺术表演场所	个	1	1	0.0
公共图书馆	个	1	1	0.0
总藏书量	万册	38	41	7.9
电影院	个	3	3	0.0
电影放映场次	场次	19800	23300	17.7
电影观众人次	万人次	192.10	186.15	-3.1
群艺馆、文化馆(站)	个	1	1	0.0
四、卫生事业				
卫生机构数	个	30	32	6.7

续表50

指标	单位	2012年	2013年	增幅(%)
卫生机构床位数	张	2468	2678	8.5
#医院床位	张	1639	1798	9.7
卫生技术人员数	人	3496	3770	7.8
#医生数	人	1445	1555	7.6
注册护士数	人	1283	1421	10.8
每万人拥有医疗床位数	张	31.70	34.36	8.4
#每万人拥有医院床位数	张	21.05	23.07	9.6
每万人拥有医生数	人	18.56	19.95	7.5

表51 旅 游 经 济

指标名称	单位	2012年	2013年	增幅(%)
旅行社数	个	16	16	0.0
星级饭店总数	个	10	9	-10.0
星级饭店客房总数	间	1727	1667	-3.5
国内外旅游人数	万人次	570.00	725.79	27.3
#国内旅游人数	万人次	564.10	719.59	27.6
入境旅游人数	万人次	5.90	6.20	5.1
旅游总收入	亿元	45.55	58.23	27.8
#国内旅游收入	亿元	44.18	56.81	28.6
旅游外汇收入	万美元	2162	2303	6.5

（朱佳玲 ）

文件目录选编

中共上虞市委(市委办)文件选目

市委〔2013〕1号　关于大力开展“崇孝守信 务实创新”主题教育活动的实施意见
市委〔2013〕2号　关于进一步加强体育工作的意见
市委〔2013〕3号　关于严格执行“六个严禁”切实加强廉洁自律的通知
市委〔2013〕4号　关于印发上虞市创建浙江省卫生强市实施方案的通知
市委〔2013〕5号　关于加快旅游业发展的若干意见
市委〔2013〕6号　关于加快曹娥江旅游度假区开发建设的意见
市委〔2013〕7号　关于表彰2012年度“五好”基层党组织优秀党务工作者和优秀共产党员的决定
市委〔2013〕8号　关于表彰2012年度先进集体和先进个人的决定
市委〔2013〕9号　关于开展“作风建设年”活动的实施意见
市委〔2013〕10号　关于开展“城建攻坚年”活动的实施意见
市委〔2013〕11号　关于深入开展“项目推进年”活动的实施意见
市委〔2013〕12号　关于深入实施招商选资“一号工程”的实施意见
市委〔2013〕13号　关于加快“一江两岸”开发建设的实施意见
市委〔2013〕14号　关于加快高铁新城开发建设的实施意见
市委〔2013〕15号　印发《贯彻落实中央政治局关于改进工作作风密切联系群众八项规定的实施办法》的通知
市委〔2013〕16号　关于加快中心镇发展和推进小城市培育试点工作的实施意见
市委〔2013〕18号　关于公布2013年度市级领导“六个一”联系点名单的通知
市委〔2013〕19号　中共上虞市委上虞市人民政府2013年工作要点
市委〔2013〕20号　关于批转《上虞市人大常委会2013年工作要点》的通知
市委〔2013〕21号　关于批转《政协上虞市委员会2013年工作重点》的通知
市委〔2013〕22号　关于印发中共上虞市委理论学习中心组2013年学习计划
市委〔2013〕23号　关于对省委第五巡视组反馈意见的整改工作报告
市委〔2013〕24号　关于印发《2013年全市经济社会发展重点工作任务分解表》的通知
市委〔2013〕25号　关于在全市开展全员维护稳定工作的实施意见
市委〔2013〕26号　关于明确2013年度市级先进评比项目的通知
市委〔2013〕27号　关于进一步加强乡镇(街道)干部队伍建设的实施意见
市委〔2013〕28号　关于调整市国防动员委员会成员的通知
市委〔2013〕29号　关于绍兴市管领导干部2012年度考核等次的报告
市委〔2013〕32号　关于印发《上虞市集中开展厉行节俭反对浪费专项整治活动实施意见》的通知

市委〔2013〕33号　关于进一步密切联系群众扎实开展民情通工作的实施意见
市委〔2013〕34号　关于进一步提升执行力的意见（试行）
市委〔2013〕35号　关于全面实施创新驱动发展战略加快建设创新型城市的实施意见
市委〔2013〕36号　关于进一步完善企业重组政策的若干意见
市委〔2013〕37号　关于印发《关于贯彻〈中国共产党党和国家机关基层组织工作条例〉的实施办法》的通知
市委〔2013〕38号　关于组建上虞市交通集团有限公司的若干意见
市委〔2013〕39号　转发《中共绍兴市委绍兴市人民政府关于调整部分行政区划的实施意见》的通知
市委〔2013〕40号　关于认真做好村级组织换届选举工作的意见
市委〔2013〕41号　关于要求继续保留县（市）级经济社会管理权限的请示
市委〔2013〕42号　关于中共上虞市委所属机构名称和干部职务名称变更的通知
市委〔2013〕43号　关于成立区委党的群众路线教育实践活动领导小组的通知
市委〔2013〕44号　关于认真学习宣传贯彻党的十八届三中全会精神的通知
市委〔2013〕45号　关于表彰奖励2012年度优秀公务员的决定
市委〔2013〕47号　关于开展新一轮“百企联百村、共建新农村”活动的意见
市委〔2013〕48号　关于表彰“双十佳”村主职干部的决定
市委〔2013〕49号　关于印发上虞区委理论学习中心组2014年学习计划的通知
市委〔2013〕50号　关于进一步加强老龄工作的意见
市委〔2013〕51号　关于申报绍兴市上虞区创建省级双拥模范城（县、区）的请示
市委办〔2013〕2号　关于表彰“2012浙东新商都（上虞）购物节”活动工作先进单位和个人的决定
市委办〔2013〕3号　关于深化提升“四季仙果之旅”品牌的若干意见
市委办〔2013〕4号　关于在全市机关干部中开展“两问一送”转作风活动的通知
市委办〔2013〕5号　关于成立创建浙江省卫生强市工作领导小组的通知
市委办〔2013〕6号　关于印发孙云耀同志在市委十四届四次全体（扩大）会议上的报告的通知
市委办〔2013〕7号　关于成立上虞市控违拆违专项整治工作领导小组的通知
市委办〔2013〕8号　关于切实做好2013年度房屋征迁改造工作的通知
市委办〔2013〕12号　关于认真做好《面对面》电视访谈节目的通知
市委办〔2013〕13号　关于表彰“四季仙果之旅”’2012上虞生态休闲旅游节活动工作先进单位和个人的决定
市委办〔2013〕14号　关于成立上虞市互联网信息工作领导小组的通知
市委办〔2013〕15号　关于表彰2012年度应急联动工作先进单位和个人的通知
市委办〔2013〕16号　关于印发2013年“市民讲坛”报告会方案的通知
市委办〔2013〕17号　关于表彰2012年度人民调解工作优胜单位和先进个人的通报
市委办〔2013〕18号　关于表彰2012年度“城市提质年”活动工作先进单位和个人的通报
市委办〔2013〕19号　关于2013年春节期间开展拥军优属慰问活动的通知
市委办〔2013〕20号　关于在全办开展“崇孝守信务实创新”主题教育活动的实施意见
市委办〔2013〕21号　关于2012年度乡镇（街道）、市直部门单位和“两区”工作目标责任制考核结果和奖金发放的通知
市委办〔2013〕22号　关于2013年市领导接待群众来访日安排的通知
市委办〔2013〕23号　关于表彰2012年度行风评议各类先进的决定
市委办〔2013〕24号　关于2012年度市级各类先进评比项目奖金发放的通知
市委办〔2013〕25号　关于表彰2012年度工业经

济先进集体和先进个人的通报
市委办〔2013〕26号 关于表彰2012年度"项目推进年"活动先进单位和个人的通报
市委办〔2013〕27号 关于表彰2012年度"企业服务年"活动工作先进单位的通报
市委办〔2013〕28号 关于表彰2012年度办公室先进个人的通知
市委办〔2013〕29号 关于表彰2012年城市"门户靓化"工作先进集体和先进个人的通报
市委办〔2013〕30号 关于印发《上虞市深入开展控违拆违专项整治工作方案》的通知
市委办〔2013〕31号 关于成立上虞市加快中心镇发展和推进小城市培育工作领导小组的通知
市委办〔2013〕32号 关于加快"一江两岸"总部楼宇建设的实施意见
市委办〔2013〕33号 关于表彰2012年度回归经济税源工作先进集体和先进个人的通知
市委办〔2013〕34号 关于表彰2012年度现代服务业发展工作先进单位和个人的通报
市委办〔2013〕35号 关于表彰2012年度招商选资"一号工程"先进集体和先进个人的通报
市委办〔2013〕36号 关于表彰2012年度自营出口二十强企业的通报
市委办〔2013〕37号 关于表彰2012年度生态文明建设工作先进集体和个人的通知
市委办〔2013〕38号 关于转发中共上虞市委宣传部2013年全市宣传思想文化工作意见的通知
市委办〔2013〕39号 关于表彰2012年度上虞市"谢晋文华奖"的通知
市委办〔2013〕40号 关于命名和表彰2012年度"魅丽文化十大行动"各类称号和先进的通知
市委办〔2013〕41号 关于成立上虞市创建"全省老年友好型城市"和"老年宜居社区"工作领导小组的通知
市委办〔2013〕42号 关于切实做好全国"两会"期间维稳安保工作的通知
市委办〔2013〕43号 关于成立上虞市纪念"枫桥经验"50周年活动领导小组的通知
市委办〔2013〕44号 关于表彰2012年度人口和计划生育工作先进集体和先进个人的通报
市委办〔2013〕45号 关于进一步加强人民政协提案办理工作的实施意见
市委办〔2013〕46号 关于实施乡镇(街道)干部驻村联户住夜制度的通知
市委办〔2013〕47号 关于印发上虞市社会稳定工作"三色"预警办法的通知
市委办〔2013〕48号 关于印发2013年全市政法工作意见的通知
市委办〔2013〕49号 关于财税支持虞商发展回归经济的补充意见
市委办〔2013〕50号 关于印发2013年"虞舜论坛"报告会方案的通知
市委办〔2013〕51号 关于印发2013年全市信访工作意见的通知
市委办〔2013〕52号 关于成立上虞市第十一届运动会组织委员会的通知
市委办〔2013〕53号 关于印发《上虞市2013年度乡镇街道人口计划生育目标管理责任制考核办法》和《上虞市2013年度市直部门人口和计划生育目标管理责任制考核办法》的通知
市委办〔2013〕54号 关于切实做好2013年度控违拆违专项整治工作的通知
市委办〔2013〕55号 关于印发《"四季仙果之旅"——2013上虞生态休闲旅游节总体方案》的通知
市委办〔2013〕56号 关于打击逃废银行债务行为的实施意见
市委办〔2013〕57号 关于印发《上虞市"三改一拆"行动实施方案》的通知
市委办〔2013〕58号 关于印发2013年度上虞市平安建设(社会稳定)工作考核办法的通知
市委办〔2013〕59号 关于印发《上虞市全员维护稳定工作考核办法》的通知
市委办〔2013〕60号 关于开展纪念"枫桥经验"50周年活动的通知
市委办〔2013〕61号 关于成立上虞市促进"两个健康"工作领导小组的通知
市委办〔2013〕62号 关于印发《2013年全市干部教育培训工作要点》的通知
市委办〔2013〕63号 关于印发2013年度上虞市生态文明建设工作计划的通知

市委办〔2013〕64号　关于印发《2013年全市人才工作要点》的通知
市委办〔2013〕65号　关于印发《市委人才工作领导小组服务人才专项会议制度》的通知
市委办〔2013〕66号　关于印发《2013年度党风廉政建设责任制考核办法》的通知
市委办〔2013〕67号　关于印发《2013反腐倡廉建设组织领导与责任分工》的意见
市委办〔2013〕68号　关于印发《上虞市2013年行风效能建设实施意见》的通知
市委办〔2013〕69号　关于进一步加强和改进政府内部审计工作的指导意见
市委办〔2013〕70号　关于进一步加强党管人才工作的意见
市委办〔2013〕71号　关于印发《市党政领导、市委人才工作领导小组成员联系高层次人才和重大人才工作制度》的通知
市委办〔2013〕72号　关于推进惩防体系建设和落实党风廉政建设责任制的整改通知
市委办〔2013〕73号　关于印发2013年度乡镇(街道)工作目标责任制考核办法的通知
市委办〔2013〕74号　关于印发2013年度市直部门(单位)工作目标责任制考核办法的通知
市委办〔2013〕75号　关于印发2013年度"三区一城"工作目标责任制考核办法的通知
市委办〔2013〕76号　关于印发《上虞市"平安乡村"工程建设三年规划》的通知
市委办〔2013〕77号　印发《关于进一步深化村级便民服务中心建设意见》《关于进一步深化村务监督委员会建设的实施意见》《关于建设健全非公有制企业纪检组织的实施意见(试行)》的通知
市委办〔2013〕78号　关于印发《加快推进"四季仙果之旅"诚信体系建设的若干意见》的通知
市委办〔2013〕79号　关于表彰2012年度全市党政信息工作先进集体和先进个人的通报
市委办〔2013〕80号　关于印发《2013年度上虞市党政信息工作考核办法》的通知
市委办〔2013〕81号　关于印发《上虞市推行重大决策社会稳定风险第三方评估工作意见》的通知
市委办〔2013〕82号　关于进一步规范市行政中心门口群访事件处置工作的通知
市委办〔2013〕83号　关于成立上虞市劳动人事争议仲裁委员会的通知
市委办〔2013〕84号　关于做好2013年度《浙江领导参考》征订工作的通知
市委办〔2013〕85号　关于印发《2013年全市服务业发展工作实施意见》的通知
市委办〔2013〕86号　关于印发《2013年服务业投资实施意见》的通知
市委办〔2013〕87号　关于印发《2013年度上虞市现代服务业企业创优争先竞赛活动实施办法(试行)》的通知
市委办〔2013〕88号　关于印发上虞市2013年"回归经济"发展工作目标责任制考核办法的通知
市委办〔2013〕89号　关于进一步加强和改进律师工作的实施意见
市委办〔2013〕90号　关于印发上虞市创建省美丽乡村先进县(市)实施方案的通知
市委办〔2013〕91号　关于成立上虞市视频监控系统(天网工程)建设领导小组的通知
市委办〔2013〕92号　关于印发2013年上虞市普法依法治理工作要点的通知
市委办〔2013〕93号　关于"三个一批"企业培育的实施意见
市委办〔2013〕94号　关于开展《上虞市国民经济和社会发展第十二个五年规划纲要》中期评估工作的意见
市委办〔2013〕95号　关于明确上虞市校园伤害纠纷人员调解指导委员会等三个人民调解指导委员会成员及其工作职责的通知
市委办〔2013〕96号　关于做好反恐维稳安全隐患大排查工作的通知
市委办〔2013〕97号　关于印发2013年度上虞市生态文明建设工作考核办法的通知
市委办〔2013〕98号　关于印发2013年度应急管理(联动处置)工作考核办法的通知
市委办〔2013〕99号　关于切实做好全市农村文化礼堂建设工作(2013—2015)的意见
市委办〔2013〕100号　关于印发《中共上虞市委全

委会成员民主推荐提名重要干部人选实施办法(试行)》的通知

市委办〔2013〕101号　关于印发《上虞市乡镇、街道和市直部门(单位)中层干部选拔任用工作实施办法(试行)》的通知

市委办〔2013〕102号　关于印发孙云耀同志在市委十四届五次全体(扩大)会议上的报告的通知

市委办〔2013〕103号　关于印发《2013年度"平安上虞"创建责任分解》的通知

市委办〔2013〕104号　关于印发全市敬老院转型升级三年计划的通知

市委办〔2013〕105号　关于开展建军86周年纪念活动的通知

市委办〔2013〕106号　关于印发《上虞市事业单位编外用工管理办法》的通知

市委办〔2013〕107号　关于开展城乡环境卫生"百日整治"行动的实施意见

市委办〔2013〕108号　关于进一步加强项目审批代办员队伍建设的意见

市委办〔2013〕110号　关于印发严格财政性资金使用管理、严格公务用车管理、严格机关办公用房建设管理、严格公共机构节能管理等实施细则的通知

市委办〔2013〕111号　关于成立与省物产集团合作交流工作领导小组的通知

市委办〔2013〕112号　关于公布2013年市领导联系第二批重点工业新建项目名单的通知

市委办〔2013〕114号　关于印发《上虞市社会治安动态视频监控系统建设三年规划(2013—2015)》的通知

市委办〔2013〕115号　关于2013年上虞市社会治安动态视频监控系统建设的实施意见

市委办〔2013〕116号　关于成立上虞市文化产业发展领导小组的通知

市委办〔2013〕117号　关于建立上虞市村级组织换届试点工作领导小组的通知

市委办〔2013〕118号　关于印发《2013浙东新商都(上虞)购物节总体方案》的通知

市委办〔2013〕119号　关于我市党政机关停止新建楼堂馆所和清理办公用房的通知

市委办〔2013〕120号　关于进一步明确领导干部请销假制度的通知

市委办〔2013〕121号　印发《关于加快推进城乡商贸流通一体化的实施意见》的通知

市委办〔2013〕122号　印发《关于加快商贸服务业发展的补充政策意见》的通知

市委办〔2013〕123号　关于印发上虞市废塑料加工经营专项整治工作实施方案的通知

市委办〔2013〕124号　关于开展河道保洁专项行动的实施意见

市委办〔2013〕125号　关于实施河长制管理工作的通知

市委办〔2013〕126号　关于印发《河道保洁专项行动考核细则》的通知

市委办〔2013〕127号　关于印发上虞市创新驱动专项行动实施方案的通知

市委办〔2013〕128号　印发《关于进一步推进城乡公交一体化发展的若干意见》的通知

市委办〔2013〕129号　关于印发《上虞市城乡公交运营体制改革实施方案》的通知

市委办〔2013〕130号　关于做好当前防灾救灾工作的紧急通知

市委办〔2013〕131号　关于深化作风建设 提升执行力的实施意见

市委办〔2013〕132号　关于推进城乡卫生一体化的实施意见

市委办〔2013〕133号　关于进一步加强卫生人才队伍建设的实施意见

市委办〔2013〕134号　关于成立上虞市防震减灾工作领导小组的通知

市委办〔2013〕135号　印发《关于加快推进城乡供水一体化建设的实施意见》的通知

市委办〔2013〕136号　关于加快推进城乡供水一体化建设的实施意见

市委办〔2013〕137号　关于切实做好2014年度党报党刊发行工作的通知

市委办〔2013〕138号　关于印发《上虞市机关事业单位人员流动管理若干补充规定》的通知

市委办〔2013〕139号　关于建立上虞市村级组织换届选举工作领导小组的通知

市委办〔2013〕140号　关于印发2013年市委读书

会重点交流课题调研安排的通知
市委办〔2013〕141号　关于加快引进“名师、名医、名家”的若干政策意见
市委办〔2013〕142号　上虞市民间人才“万人计划”实施意见
市委办〔2013〕143号　转发《中共绍兴市委办公室绍兴市人民政府办公室关于在我市部分行政区划调整过程中严肃有关纪律的通知》的通知
市委办〔2013〕144号　关于成立上虞市行政区划调整工作组的通知
市委办〔2013〕145号　关于做好撤市设区有关工作的通知
市委办〔2013〕146号　关于印发《上虞市基本侨情调查工作方案》的通知
区委办〔2013〕147号　关于进一步加强环境执法查处工作的通知
区委办〔2013〕148号　关于成立绍兴市上虞区“八倍增、两提高”创新驱动专项行动协调小组的通知
区委办〔2013〕149号　关于进一步加强办公用房清洁整改工作的通知
区委办〔2013〕150号　关于印发《第二届“杰出虞商”评选活动实施方案》的通知
区委办〔2013〕151号　关于做好区级非常设机构更名工作的通知
区委办〔2013〕152号　关于成立绍兴市上虞区电子商务工作领导小组的通知
区委办〔2013〕153号　关于开展上虞区“双十佳”村主职干部评选活动的通知
区委办〔2013〕154号　关于印发《上虞区清理规范办公用房工作实施方案》的通知
区委办〔2013〕155号　关于开展2013年度党风廉政建设责任制考核的通知
区委办〔2013〕159号　关于进一步加强废塑料加工经营行业的若干意见
区委办〔2013〕160号　关于规范对乡镇（街道）年终考核工作的通知
区委办〔2013〕161号　关于开展“让网络空间清朗起来——当战士，不当‘绅士’”学习讨论时间活动的通知
区委办〔2013〕162号　关于印发《2013年度考核评比工作实施意见》的通知
区委办〔2013〕164号　关于成立上虞区职工住院医疗互助活动管理委员会的通知
区委办〔2013〕165号　关于组织开展清薪维稳专项行动的通知
区委办〔2013〕166号　关于进一步完善区级部门结对联系村制度的实施意见
区委办〔2013〕168号　关于印发2014年“虞舜论坛”报告会方案的通知
区委办〔2013〕169号　关于培育扶持青瓷文化创意园的政策意见

上虞市人民政府文件选目

虞政发〔2013〕5号　上虞市人民政府关于进一步加强道路交通安全工作的实施意见
虞政发〔2013〕8号　上虞市人民政府关于进一步加大招商选资（外资）力度的若干奖励政策意见
虞政发〔2013〕9号　上虞市人民政府关于进一步促进外贸外经发展奖励政策的意见
虞政发〔2013〕10号　上虞市人民政府关于调整上虞市城乡居民最低生活保障标准的通知
虞政发〔2013〕12号　上虞市人民政府关于深化完善社会养老服务体系建设的意见
虞政发〔2013〕14号　上虞市人民政府关于抓好2013年粮食生产的通知
虞政发〔2013〕16号　上虞市人民政府关于实施2013年现代农业园区建设的政策意见
虞政发〔2013〕19号　上虞市人民政府关于调整城镇土地使用税政策的通知
虞政发〔2013〕20号　上虞市人民政府关于调整全市最低工资标准的通知
虞政发〔2013〕26号　上虞市人民政府关于加快构建病死动物无害化处理和监管长效机制的通知
虞政发〔2013〕28号　上虞市人民政府关于在全市开展控违拆违专项整治工作的通告
虞政发〔2013〕29号　上虞市人民政府关于调整农村计划生育对象社会养老保险若干政策问题

的通知

虞政发〔2013〕30号　上虞市人民政府关于印发上虞市2013年主要污染物减排工作计划的通知

虞政发〔2013〕31号　上虞市人民政府关于个体工商户转企业及小微企业规范升级的实施意见

虞政发〔2013〕36号　上虞市人民政府关于进一步加强城乡居民基本医疗保险管理工作的意见

虞政发〔2013〕38号　上虞市人民政府关于限期禁止现场搅拌混凝土和禁止现场搅拌砂浆工作的实施意见

虞政发〔2013〕39号　上虞市人民政府关于加快“腾笼换鸟”促进转型升级的若干意见

虞政发〔2013〕46号　上虞市人民政府关于加快发展融资性担保机构若干意见的补充意见

虞政发〔2013〕56号　上虞市人民政府 上虞市人民武装部2013年夏秋季征兵命令

虞政发〔2013〕57号　上虞市人民政府关于调整2013年度年森林采伐限额指标的通知

虞政发〔2013〕61号　上虞市人民政府关于进一步推进商品交易市场提升发展的意见

虞政发〔2013〕62号　上虞市人民政府关于开展废塑料加工经营专项整治的通告

虞政发〔2013〕65号　上虞市人民政府关于调整政府投资项目审计范围的意见

虞政发〔2013〕69号　上虞市人民政府关于印发《上虞市第十届村民委员会换届选举工作实施细则》的通知

虞政发〔2013〕72号　上虞市人民政府关于修改《上虞市第十届村民委员会换届选举工作实施细则》部分条款内容的通知

虞政发〔2013〕78号　上虞市人民政府关于公布市政府及市政府办公室行政规范性文件清理结果的通知

虞政发〔2013〕79号　上虞市人民政府关于印发《上虞市2013年标准农田质量提升地力培育项目实施方案》的通知

虞政发〔2013〕87号　绍兴市上虞区人民政府关于进一步加强见义勇为工作的意见

虞政发〔2013〕89号　绍兴市上虞区人民政府关于印发绍兴市上虞区开展调整城镇土地使用税政策促进土地集约节约利用试点工作实施方案的通知

虞政发〔2013〕91号　绍兴市上虞区人民政府关于试行国有资本经营预算的意见

虞政办发〔2013〕1号　上虞市人民政府办公室关于调整被征地农民基本生活保障待遇的通知

虞政办发〔2013〕17号　上虞市人民政府办公室关于印发《上虞市政府非税收入减收、免收、缓收管理办法》的通知

虞政办发〔2013〕35号　上虞市人民政府办公室关于印发上虞市印染造纸制革化工等行业整治提升实施方案的通知

虞政办发〔2013〕52号　上虞市人民政府办公室关于以“四边”绿化为抓手全面推进2013年平原绿化建设的政策意见

虞政办发〔2013〕53号　上虞市人民政府办公室关于进一步加强2013年农业社会化服务工作的政策意见

虞政办发〔2013〕54号　上虞市人民政府办公室关于2013年扶持发展农业龙头企业的政策意见

虞政办发〔2013〕55号　上虞市人民政府办公室关于进一步引导2013年农村土地承包经营权流转促进农业规模经营的政策意见

虞政办发〔2013〕62号　上虞市人民政府办公室关于深化企业安全生产主体责任落实工作的通知

虞政办发〔2013〕63号　上虞市人民政府办公室关于印发《上虞市建设项目测绘管理规定》的通知

虞政办发〔2013〕66号　上虞市人民政府办公室关于印发《上虞市水库山塘巡查工作管理办法》的通知

虞政办发〔2013〕72号　上虞市人民政府办公室关于进一步加强户外经营性会展管理的意见

虞政办发〔2013〕83号　上虞市人民政府办公室关于杭州湾上虞工业园区企业污水处理费征收有关问题的通知

虞政办发〔2013〕84号　上虞市人民政府办公室关于印发《上虞市农村住房改造用地保障工作实施意见（试行）》的通知

虞政办发〔2013〕86号　上虞市人民政府办公室关于完善生育保险政策的意见
虞政办发〔2013〕87号　上虞市人民政府办公室关于印发《上虞市团队游客招徕奖励实施办法》的通知
虞政办发〔2013〕88号　上虞市人民政府办公室关于印发《上虞市发展新型墙体材料专项补助资金暂行办法》的通知
虞政办发〔2013〕95号　上虞市人民政府办公室关于印发《上虞市工业固定资产投资项目节能评估和审查办法》的通知
虞政办发〔2013〕96号　上虞市人民政府办公室关于印发上虞市"十二五"主要污染物减排专项资金使用管理办法的通知
虞政办发〔2013〕97号　上虞市人民政府办公室关于印发上虞市新型墙体材料专项基金和散装水泥专项资金预征管理办法的通知
虞政办发〔2013〕99号　上虞市人民政府办公室关于积极应对H7N9禽流感扶持家禽业持续健康发展的通知
虞政办发〔2013〕106号　上虞市人民政府办公室关于印发上虞市重污染项目强制性淘汰改造专项资金使用管理办法的通知
虞政办发〔2013〕111号　上虞市人民政府办公室关于鼓励自然人限售股交易的政策意见
虞政办发〔2013〕112号　上虞市人民政府办公室关于印发上虞市财政农业专项资金管理办法的通知
虞政办发〔2013〕121号　上虞市人民政府办公室关于印发《上虞市农村生活污水治理工作实施细则》的通知
虞政办发〔2013〕125号　上虞市人民政府办公室关于做好2013年度政策性农业保险工作的通知
虞政办发〔2013〕127号　上虞市人民政府办公室关于印发上虞市城乡居民临时救助实施办法的通知
虞政办发〔2013〕136号　上虞市人民政府办公室关于印发上虞市进城务工人员随迁子女接受义务教育后初中升高中工作的实施意见(试行)的通知
虞政办发〔2013〕140号　上虞市人民政府办公室关于鼓励和推进我市企业进入浙江股权交易中心挂牌交易有关政策的若干意见
虞政办发〔2013〕143号　上虞市人民政府办公室关于印发上虞市2013年重污染项目强制性改造计划的通知
虞政办发〔2013〕144号　上虞市人民政府办公室关于鼓励实施"零增地"技改项目的政策意见
虞政办发〔2013〕146号　上虞市人民政府办公室关于印发上虞市信息化财政专项资金使用管理暂行办法(试行)的通知
虞政办发〔2013〕147号　上虞市人民政府办公室关于印发上虞市产业集群发展财政专项资金使用管理办法的通知
虞政办发〔2013〕148号　上虞市人民政府办公室关于印发上虞市工业循环经济(节能降耗)财政专项资金使用管理暂行办法的通知
虞政办发〔2013〕149号　上虞市人民政府办公室关于印发上虞市淘汰落后产能专项资金管理暂行办法的通知
虞政办发〔2013〕150号　上虞市人民政府办公室关于印发上虞市鼓励"机器换人"加大工业有效投入奖励办法的通知
虞政办发〔2013〕154号　上虞市人民政府办公室关于在行政机关事业单位编制外合同制职工中建立住房公积金制度的通知
虞政办发〔2013〕155号　上虞市人民政府办公室关于印发上虞市特种设备安全标准化管理工作实施方案的通知
虞政办发〔2013〕158号　上虞市人民政府办公室关于实施上虞市城乡居民基本医疗保险费用结算管理办法的通知(试行)
虞政办发〔2013〕176号　上虞市人民政府办公室关于进一步加强粮食安全保障体系建设的意见
虞政办发〔2013〕177号　上虞市人民政府办公室关于印发上虞市大中专院校毕业生户口"非转农"实施办法的通知
虞政办发〔2013〕193号　上虞市人民政府办公室关于市企业互助基金操作管理办法的补充意见

虞政办发〔2013〕194号　上虞市人民政府办公室关于印发上虞市高层住宅二次供水管理办法(试行)的通知
虞政办发〔2013〕202号　上虞市人民政府办公室关于印发上虞市城乡困难群众医疗救助实施办法的通知
虞政办发〔2013〕214号　上虞市人民政府办公室关于印发《上虞市地理空间数据交换和共享管理办法》的通知
虞政办发〔2013〕221号　上虞市人民政府办公室关于加强渔船安全管理促进渔业安全生产的意见
虞政办发〔2013〕222号　上虞市人民政府办公室关于明确联审联批"五联动"职能、流程的通知
虞政办发〔2013〕225号　上虞市人民政府办公室关于进一步完善工业建设项目国有土地使用权期满续期的实施意见
虞政办发〔2013〕226号　上虞市人民政府办公室关于印发《上虞市城市管线管理办法》的通知
虞政办发〔2013〕230号　上虞市人民政府办公室关于印发《上虞市土地出让金收缴管理实施办法(暂行)》的通知
虞政办发〔2013〕239号　上虞市人民政府办公室关于印发《上虞市不动产余额再抵押登记暂行规定》的通知
虞政办发〔2013〕244号　上虞市人民政府办公室关于进一步加强政府投资项目设计变更管理的意见(试行)
虞政办发〔2013〕245号　上虞市人民政府办公室关于提高政府投资项目前期工作质量的实施意见(试行)
虞政办发〔2013〕246号　上虞市人民政府办公室关于印发《上虞市城乡商贸流通一体化建设资金管理办法》的通知
虞政办发〔2013〕270号　上虞市人民政府办公室关于加强村邮站信报箱运营管理的通知
虞政办发〔2013〕271号　上虞市人民政府办公室转发市教体局 市财政局关于加强全市室外公共体育设施维护管理实施意见的通知
虞政办发〔2013〕276号　上虞市人民政府办公室关于完善城乡居民基本医疗保险政策的若干意见
虞政办发〔2013〕283号　上虞市人民政府办公室关于加强和改善我市住宅小区物业管理工作的若干意见
虞政办发〔2013〕288号　上虞市人民政府办公室关于印发《上虞市违法用地违法建设网格化防控管理办法》的通知
虞政办发〔2013〕298号　上虞市人民政府办公室关于加强农村(社区)集体聚餐食品安全管理工作的实施意见
虞政办发〔2013〕299号　上虞市人民政府办公室关于严厉打击非法行医、进一步整顿和规范医疗服务市场秩序的通知
虞政办发〔2013〕300号　上虞市人民政府办公室关于推进我市建筑产业化的若干意见
虞政办发〔2013〕303号　绍兴市上虞区人民政府办公室关于调整职工基本医疗保险和生育保险待遇政策的通知
虞政办发〔2013〕310号　绍兴市上虞区人民政府办公室关于印发《绍兴市上虞区城乡商贸流通一体化建设考核细则》的通知
虞政办发〔2013〕334号　绍兴市上虞区人民政府办公室关于我区2013年工业企业社会保险费减征实施方案的批复
虞政办发〔2013〕338号　绍兴市上虞区人民政府办公室关于印发绍兴市上虞区扶持企业发展财政专项资金监督管理暂行办法的通知
虞政办发〔2013〕344号　绍兴市上虞区人民政府办公室关于印发《绍兴市上虞区造地改田专项资金筹集和使用管理办法》的通知
虞政办发〔2013〕349号　绍兴市上虞区人民政府办公室关于做好2014年政策性农村住房保险工作的通知

人　物

上虞籍学部委员和两院院士

【竺可桢】 竺可桢(1890—1974年),男,上虞东关人,中国近代气象学和地理学的奠基人。早年就读绍兴东湖通艺学堂、上海复旦公学。1910年留学美国。1918年获哈佛大学博士学位,同年回国,先后在武昌、南京、上海等地工作,1936年任浙江大学校长。抗战时期率浙大师生流亡办学,被称为"文军长征"。1949年7月应周恩来邀请参加中华全国自然科学工作者代表会议筹备会;9月被推选为全国政协委员,出席政协一届一次会议。中华人民共和国成立后,历任中国科学院副院长、全国科协副主席、中国地理学会理事长、中国气象学会理事长等职,1955年当选为中科院生物学地学部学部委员(院士)。系第一、二、三届全国人大常委会委员。著有《我国五千年气候变迁的初步研究》《气象与农业之关系》等书,辑有《竺可桢文集》。

【陈梦熊】 男,1917年10月出生于南京,祖籍上虞,著名水文地质学家,我国水文地质事业主要创始人之一。1942年毕业于西南联合大学地质系,历任国家地矿部水文地质工程局副总工程师、地矿部高级工程师、国土资源部科技咨询研究中心咨询委员、中国地质调查局高级咨询专家。曾组织、领导全国区域水文地质普查,创立具有中国特色的水文地质编图方法和统一图例等,受到国内外专家高度评价。参与完成国际水文计划(IHP)两项重大合作课题——地下水系统研究、水资源的开发和管理,具有较高的权威。20世纪80年代后,致力于地下水资源与环境水文地质问题的研究。在区域地质、水文地质、地貌第四纪地质、铁路工程地质以及环境地质等方面发表论文130余篇。先后获全国科学大会奖,国家科技进步二等奖,地矿部科技成果二等奖、三等奖等多项奖励。1991年当选为中科院院士。2012年逝世。

【徐光宪】 男,1920年11月出生,上虞汤浦人,著名物理化学家,2008年国家最高科技奖获得者,被学者誉为"稀土之父"。早年就读于春晖中学和稽山中学。1944年毕业于上海交通大学,1951年获美国哥伦比亚大学博士学位。回国后,历任北京大学教授、教研室主任、稀土化学研究中心主任,稀土材料化学及应用国家重点实验室学术委员会主任,以及《中国稀土学报》主编。长期从事量子化学、稀土化学、配位化学、萃取化学、核燃料化学等领域的教学和科研工作,发表论文500余篇,著有专著及教科书共10卷,其中《物质结构》获国家优秀教材特等奖,并获首届何梁何利科技化学奖等国家级奖项多项。系第三届全国人大代表,第五、六、七、八届全国政协委员。1980年当选为中国科学院化学部学部委员。

【周炯槃】 男,1921年1月出生,上虞崧厦人,通信技术专家。1943年毕业于上海交通大学电机系。1948年赴美国哈佛大学,翌年获理学硕士学位。回国后历任天津新安电机厂总工程师,天津大学电信系教授,北京邮电学院教授兼无线电系副主任、科研所所长,国务院学位委员会学科评议组第一、二届委员,北京邮电大学信息工程学院名誉院长、教授、博士生导师。长期从事信息和通信网理论的科研,在其指导参与下,北京邮电学院于1958年创建中国第一个实验电视台——北邮教学电视台，后又领导研制了飞点扫描彩色电视实践系统，填补了国内在该领域的空白。在20世纪60年代首次把卷积码引入无线数字通信信道的纠错和检错中；在国家科研项目“6401”的实验样机中取得成功。20世纪70年代将伪随机码理论应用于抗衰落技术，指导完成了对流层散射数据传输通信设备的研制，装备六大军区使用，获1978年全国科学大会奖。20世纪80年代指导研制报纸传真压缩传输设备，领导和建立了中国数字化卫星报纸传真网。获“北京市劳动模范”“全国劳动模范”等荣誉。1995年当选为中国工程院信息与电子工程学部院士。2011年12月6日，因病在北京逝世。

【袁承业】 男，1924年8月出生，上虞小越人，有机化学家。1948年毕业于南京国立药学专科学校。1955年获苏联科学副博士学位。1958年，建立与领导核燃料萃取剂研究组，解决了我国国防工业的亟须问题。1960年9月，成为中国科学院上海有机化学研究所研究员。20世纪70年代，结合我国有色金属的综合利用研制成功分离稀土及钴镍的多种萃取剂。后与合作者在大量实验数据基础上进行“萃取剂的结构与性能研究”，以后又用量子化学、分子力学、模式识别、因子分析及相关分析进行处理，从而将萃取剂化学提高到一个新水平。先后获包括国家自然科学一等奖、国家科技进步二等奖及国家发明三等奖在内的国家级奖励6项。2001年获何梁何利基金奖。与徐光宪院士合著的《稀土的溶剂萃取》一书获全国优秀图书一等奖，发表学术论文280余篇。1997年当选为中国科学院化学学部院士。

【周勤之】 男，1927年11月出生，上虞沥海人，著名机械制造工艺与设备专家，上海机床厂教授级高级工程师，中国静压轴承开创人之一。1950年毕业于中华工商专科学校。开发的静压轴承在高精度外圆磨床用卡盘夹磨工作圆度小于0.08微米，达到当代国际最高水平。吸收国外技术试验开发MBG1432A镜面磨削外圆磨床，开中国镜面磨削先河。直接参与并组织指导研究开发的精密分度技术、接长丝杆技术、磁分度技术、平面智能研磨技术等，分别达到国际先进水平和领先地位。1995年当选为中国工程院机械与运载工程学部院士。

【徐如人】 男，1932年2月出生，上虞下管人，无机化学家。1952年毕业于上海交通大学，现任教于吉林大学化学系，从事无机合成化学、分子筛化学与分子工程学领域研究工作。历任教授、化学系主任、合成与催化研究所所长、吉林大学无机合成与制备化学(国家)重点实验室学术委员会副主任、中科院长春应化所稀土化学与物理重点开放实验室学术委员会主任，吉林省第八、九届人大常委会副主任等职。是第六至第九届全国人大代表，国务院学位委员会第二、三届化学学科评审组成员和召集人，第三届国家自然科学基金委员会委员，第十五届国际分子筛会议主席。在无机合成与微孔晶体化学领域，获国家自然科学奖2次，国家教委科学进步一等奖3次、二等奖2次，1995年获何梁何利科技进步化学奖。累计发表学术论文400多篇，出版论著7部。曾被评为全国模范教师，全国教育系统劳动模范。1991年当选为中国科学院化学部学部委员(院士)，2003年当选为第三世界科学院院士。

【曹春晓】 男，1934年8月出生，上虞人，材料科学家，钛合金专家，中国钛合金研究与应用的创始人之一。1956年毕业于上海交通大学，一直从事以钛合金为主的航空材料研究工作，历任中航工业北京航空材料研究院研究员、博士生导师、高级顾问、学位评定委员会主席和南昌航空大学学术委员会主任，兼任国家国防科工局科技委委员、中国航空研究院学位评定委员会副主任、先进高温结构材料国防科技重点实验室学术委员会主任、大型飞机重大专项专家咨询委员会委员、中国航空学会常务理事兼材料工程分会名誉主任、中国航空学会学术工作委员会副主任、中航工业科技委高级顾问、《材料工程》主编、《航空材料学报》副主编等。曾任中国机械工程学会塑性工程学会主任、中国有色金属工业协会钛业分会会长。共获国家级和省部级科技成果16项，其中国家科技进步一等奖1项和二等奖3项，国家发明三等奖2项，获国家发明专利2项。发表论著约200篇。培养博士后、博士、硕士成绩显著，1989年获国家级“有突出贡献中青年专家”称号,1993年被航空航天部评为优秀研究生导师。1996年获光华科技基金一等奖。1997年当选为中国科学院技术科学学部院士,2001年获航空报国金奖——航空工业系统最高奖,2003年获航空报国突出贡献奖。

【钟群鹏】 男,1934年10月出生,上虞丰惠人,著名机械装备失效分析预测和预防专家。1957年毕业于北京航空学院研究生班,留校任教,历任教授、博士生导师、材料和失效预防研究所所长,兼任中国机械工程学会技术委员会副主任、失效预防工作委员会主任等职。20世纪80年代初创立中国第一个失效分析技术组织,90年代又创建中国科协工程联失效分析和预防中心。撰有专著24部,在国内外发表论文120多篇。先后获国家和部委科技进步一等奖11项,多次被评为北京市优秀教师和航空航天工业部有突出贡献专家。1999年12月当选为中国工程院院士。

【强伯勤】 男,1939年9月出生,上虞人,分子生物学家。1962年毕业于上海第二医科大学医疗系,历任中国协和医科大学生物化学与分子生物学系主任、教授,中国医学科学院基础医学研究所研究员,并曾任医科院副院长、协和医大副校长。在国际上首次发现了八核苷酸限制酶sfil,合作鉴定出第二种八核苷酸限制酶Notl的识别特异性;发现新酶Nallll、Nlalv和Msll;构成了基因工程高产菌株,提高限制酶或甲基化酶产量10~100倍;1993年起从事人类基因组研究。主要领域是脑发育以及与神经系统疾病相关基因的结构与功能。1991年当选为中国科学院院士。

【王基铭】 男,1942年6月出生,上虞百官人,炼油、石油化工及工程管理专家。1964年毕业于华东化工学院石油炼制专业,分配至上海炼油厂从事技术工作。1972年参加筹建上海石化总厂,先后担任化工一厂基建指挥部副指挥、副厂长。1984年起,历任上海石化总厂副厂长、厂长。1993年任上海石化股份公司董事长、总经理。1994年任中国石油化工总公司副总经理、党组成员兼上海石化股份公司董事长。1998年赴京任中国石油化工集团副总经理,并兼任集团公司科技委员会主任。2005年3月任中石化股份有限公司副董事长、总裁,兼任中国可持续发展工商理事会执行会长。同期,当选为中国石油化工协会副会长、中国国际商会石化行业商会会长等。系中共第十四次全国代表大会代表、第十届全国政协委员。2005年12月当选为中国工程院院士。

【陈润生】 男,1941年6月生于天津市,籍贯天津,祖籍上虞,中国科学院生物物理研究所研究员,博士生导师。1964年毕业于中国科技大学生物物理系;1978至1980年,在吉林大学理论化学进修班学习;1985年至1987年,获洪堡奖学金在德国纽伦堡大学从事量子生物学研究;1994年至2003年,作为访问学者或访问教授先后在香港中文大学;美国加州洛杉矶大学;美国哈佛大学;日本大阪大学蛋白质研究所;台湾理论科学中心等从事合作研究。是中国最早从事理论生物学和生物信息学研究的科研人员之一。在生物信息学领域进行了系统的研究,曾参加中国第一个完整基因组泉生热袍菌B4基因组序列的组装和基因标识,曾参加人类基因组1%和水稻基因组工作草图的研究。共发表学术论文100余篇,自1996年以来在国际学术会议上共作大会报告及分组会报告十余次。由于其在基因组信息学领域的早期工作,1996年9月29日至10月3日在日本筑波召开的第十五届国际科学技术数据委员会(CODATA)大会上应邀作“Kotani Memorial Lecture”,同时获得“小谷正雄”奖(“Kotani Prize”,生物领域)。2007年当选中国科学院院士。

【金力】 男,1963年出生,上虞百官人,进化遗传学家,复旦大学教授、副校长。1985年毕业于复旦大学,1987年获该校硕士学位,1994年在美国德克萨斯大学获博士学位。1999年获教育部长江学者(讲座教授),2002年被科技部聘为973项目首席科学家,2006年获国家杰出青年基金,2011年入选国家“千人计划”。曾任美国德克萨斯大学公共卫生学院副教授(终身教职,1999年)、美国辛辛那提大学医学院教授(终身教职,2001年)。长期研究人类群体的遗传多样性和人类性状的进化机制。在分子进化、重复片段位点和连锁不平衡等领域，创新性地发展了多个理论和方法，在基因组水平深入解析了东亚人群的遗传多样性特征，阐明了东亚人群多个性状的适应性变异的分子遗传学基础，揭示疾病的遗传易感性与自然选择密切相关，为研究人类性状的进化机制和疾病的遗传易感性提出了多个新思路和新策略，推动了进化遗传学和疾病遗传学的发展。曾获何梁何利基金科学与技术进步奖、国家自然科学奖二等奖等奖项。2013年当选中国科学院院士。

表52

2013年度省级及以上各类先进集体

集体名称	奖项	颁奖单位
上虞市文明办	浙江省文明办系统信息工作先进单位	浙江省精神文明建设委员会办公室
绍兴市上虞市(上虞区)	2013年度全国县市科技进步先进县(市)	科技部
上虞区公安局	全国公安机关取保候审突出问题专项督察行动成绩突出单位	公安部
上虞区公安局丰惠派出所	2013年度全省政法系统先进集体	浙江省委政法委
中国共产主义青年团上虞市委员会	浙江省共青团服务农村青年就业创业工作先进县(市、区)	共青团浙江省委，省委、省政府农业和农村工作办公室
中国电信上虞分公司崧厦支局工会小组	全国模范职工小家	中华全国总工会
绍兴出入境检验检疫局上虞办事处检务窗口	省级巾帼文明岗	浙江省巾帼建功和双学双比活动协调办公室
绍兴出入境检验检疫局上虞办事处检务窗口	全国检验检疫示范窗口	国家质检总局
盖北镇	2004—2013年省级平安创建工作先进单位	浙江省委、省政府
盖北镇	全国青少年农业科普示范基地	农业部、共青团中央

表53

2013年度省级及以上各类先进个人

姓名	奖项	颁奖单位
毛建江(科技局)	2013年度全国县市科技进步考核先进个人	科技部
屠赛飞(科技局)	2013年度全国县市科技进步考核先进个人	科技部
奕建江(禁毒大队)	全国艾滋病防治工作先进个人	人力资源和社会保障部
胡江水(禁毒大队)	全国公安机关“肃毒害、创平安”禁毒百日攻坚会战成绩突出个人	公安部
罗小芬（出入境管理大队）	全国维权妇女儿童权益先进个人	中华全国妇女联合会、全国维护妇女儿童权益暨平安家庭创建协调组
邵杰（章镇派出所）	全国优秀法制员	公安部

续表53

姓名	奖项	颁奖单位
王琪(杭州湾上虞经济技术开发区)	2013年全国石油和化学工业先进工作者	人力资源和社会保障部、中国石油和化学工业联合会
陈泉忠(沥海镇中心小学)	农村教师突出贡献奖	浙江省人民政府

逝世乡贤

【程乃珊】 女，汉族，1946年出生于上海，母亲为上虞小越人。1965年毕业于上海教育学院英语专业，任上海惠民中学英语教师。1979年开始发表作品，1983年加入上海作家协会，后从事专业创作，1985年加入中国作家协会。系上海作家协会专业作家、中国农工民主党上海市委委员、上海基督教女青年会董事、上海市政协第六、七届委员、上海市文学发展基金会理事。著有中短篇小说集《天鹅之死》《调音》《丁香别墅》，散文集《香江水，沪江情》《你好，帕克》《让我对你说》《双城之恋》，译著《上海生死劫》(合作)、《福乐会》(合作)等。《欢乐女神的故事》获上海市优秀作品奖，中短篇小说集《蓝屋》获“钟山”文学奖、上海市文学奖及“蜂花杯”上海优秀小说奖，《蓝屋》《穷街》《女儿经》获上海青年敦煌文学奖，长篇小说《银行家》获首届《文汇》月刊双鹿文学奖，《华太太的客厅》获香港第三届《亚洲周刊》短篇小说创作赛亚军。1993年，出版长篇小说《金融家》，2000年以后出版有《上海探戈》《上海Lady》《上海Fashion》《上海罗曼史》《海上萨克斯风》《上海女人》等，其中《上海Lady》一上柜便登上了畅销书排行榜。2013年4月22日去世，享年67岁。

(万国通　章懿清)

表54

2013年上虞区百岁老人统计表

序号	姓名	性别	出生年月	家庭住址
1	袁惠英	女	1913.11.7	上虞区百官街道金鱼湾新村
2	钟阿爱	女	1913.12.24	上虞区百官街道人民中路191号301室
3	樊如胜	男	1912.6.17	上虞区百官街道金鱼湾新村
4	范瑞庆	男	1913.2.1	上虞区百官街道金鱼湾新村
5	徐金花	女	1913.4.4	上虞区百官街道路工村
6	倪洪章	男	1910.6.29	上虞区梁湖镇花浦村
7	陈玉花	女	1911.2.11	上虞区盖北镇丰棉村
8	姚阿荼	女	1911.5.31	上虞区崧厦镇勤联村
9	王莲芝	女	1913.3.25	上虞区谢塘镇建塘村前165号
10	戴荷花	女	1912.7.25	上虞区章镇镇龙江里民
11	倪成根	男	1912.11.17	上虞区东关街道医院路后永兴11号
12	朱光正	男	1913.2.22	上虞区永和镇朱巷村
13	申屠海山	男	1913.9.18	上虞区崧厦镇时华村裴家

说明：百岁老人中，其中男性占46.15%，女性占53.85%

附　录

表55　**2013年度行政新认定驰著名商标企业名录**

中国驰名商标企业	
浙江友谊菲诺伞业有限公司	
浙江省著名商标企业	
浙江新力化工有限公司	上虞市大康体育设施制造有限公司
浙江阮氏塑业有限公司	浙江天玮雨具有限公司
浙江华盛电机有限公司	
绍兴市著名商标企业	
上虞关山果业专业合作社	浙江海洲伞业有限公司
上虞市众昌化工有限公司	上虞市万里汽车轴承有限公司
上虞市光明化工有限公司	上虞市风帆电气附件有限公司
浙江新益控制系统有限公司	浙江世纪华通车业股份有限公司
浙江阿克希龙舜华铝塑业有限公司	上虞市龙兴水果专业合作社
上虞龙浦葡萄专业合作社	上虞市晶梅杨梅专业合作社
绍兴大通购物中心有限公司	绍兴民康消毒用品有限公司

（胡晓东）

2013年新增名牌产品

表56

上虞区2013年浙江名牌产品名单(工业产品)

序号	产品名称	商标	企业名称	地址	法定代表人	联系电话	联系人	联系电话	传真	邮编	备注
1	烯丙醇聚醚	HUANGMA	浙江皇马科技股份有限公司	上虞区章镇工业新区	王伟松	82097088	陈松堂	82097002/15958530343	82096153	312363	新评
2	铝碳化硅碳砖	自立	浙江自立股份有限公司	上虞区百官街道百谢路338号	马列鹰	82197663	邬晓滢	82184961/13567567311	82216914	312300	新评
3	色纺纱	华孚	浙江华孚色纺有限公司	上虞经济开发区人民西路1088号	孙伟挺	82187666	李泽燕	82187666	82189388	312300	新评
4	虾青素	NHU	上虞新和成生物化工有限公司	杭州湾上虞经济技术开发区纬五路32号	胡柏剡	82734108	章　真	82734108/18069593444	82730234	312369	新评
5	无缝内螺纹铜管	星鹏	浙江耐乐铜业有限公司	上虞经济开发区人民西路	罗奇梁	89288268	杜莺莺	89288259/13675737595	82206869	312300	新评
6	分散染料	龙盛	浙江龙盛集团股份有限公司	上虞区道墟镇龙盛大道1号	阮伟祥	82042778	叶炜昌	82046589/13758526299	82516911	312368	新评
7	燃气调压计量箱	CHUNHUI	浙江春晖智能控制股份有限公司	上虞区春晖工业大道288号	杨广宇	82152488	余　玲	82157525/13758569790	82156222	312300	新评

表57

上虞区2013年浙江名牌产品名单(农业产品)

序号	产品名称	商标	企业名称	地址	法定代表人	联系电话	联系人	联系电话	传真	邮编	备注
1	二都杨梅	上虞市二都杨梅协会	上虞市二都杨梅协会	上虞区驿亭镇驿五东路3号	徐霞飞	82417503	袁兴祥	82410618/13906851352	82417517	312353	新评

表58

上虞区2013年浙江名牌产品名单(服务产品)

序号	产品名称	商标	企业名称	地址	法定代表人	联系电话	联系人	联系电话	传真	邮编	备注
1	广告服务	雅图	浙江雅图传媒环艺有限公司	上虞区人民中路323号	吴　德	—	宋凌昊	82197985/13819577693	—	312300	新评
2	百货零售	上百	浙江上百贸易有限公司	上虞区百官街道龙山路26号	骆左强	82181600	卢兰萍	82181600/15088528886	—	312300	新评

表59

上虞区2013年绍兴市名牌产品名单(工业产品)

序号	产品名称	商标	企业名称	地址	法定代表人	联系电话	联系人	联系电话	传真	邮编	备注
1	色纺纱	华孚	浙江华孚色纺有限公司	上虞经济开发区人民西路1088号	孙伟挺	82189388	陈裕萍	13587392237	—	312300	新评
2	液体活性染料		浙江劲光化工有限公司	杭州湾上虞经济技术开发区	王国林	82735788	王飞波	82735788/13575527618	—	312369	新评
3	刚玉尖晶石浇注料	自立	浙江自立股份有限公司	上虞区百官街道百谢路338号	马列鹰	82184961	邬晓滢	13567567311	—	312300	新评

续表59

序号	产品名称	商标	企业名称	地址	法定代表人	联系电话	联系人	联系电话	传真	邮编	备注
4	铅酸蓄电池	欧德	浙江古越电源有限公司	杭州湾上虞经济技术开发区纬五路9号	曹苗根	82736888	严伟飞	13588536872	—	312369	新评
5	三轴仪	逾锋	浙江土工仪器制造有限公司	上虞区道墟镇工业功能区	陈志明	82047388	金关花	82047088/13967528944	—	312368	新评
6	摩托车铅酸蓄电池		上虞奥龙电源有限公司	杭州湾上虞经济技术开发区纬三东路3号	董志根	82739718	袁业飞	18069536611	—	312369	新评
7	屋顶排烟风机	虞风	上虞通风机有限公司	上虞区曹娥街道大三角开发区	俞水娟	82150555	孙燕燕	13857547475	—	312300	新评
8	Y2系列高压三相异步电动机		浙江创新电机有限公司	上虞区梁湖工业功能区	沈建生	82431000	沙宇峰	13858542133	—	312300	新评
9	Y3系列三相异步电动机		浙江创新电机有限公司	上虞区梁湖工业功能区	沈建生	82431000	沙宇峰	13858542133	—	312300	新评
10	玻璃钢冷却塔	南方企业	绍兴市南方制冷工业有限公司	上虞经济开发区亚厦大道1088号	黄海洋	82150558	黄英英	82150558、13656851954	82150228	312300	新评
11	非电节能智控双向热力膨胀阀	CHUNHUI	浙江春晖智能控制股份有限公司	上虞经济开发区春晖工业大道288号	杨广宇	82152488	余 玲	13758569790	—	312300	新评
12	内螺纹铜管	星鹏	浙江耐乐铜业有限公司	上虞经济开发区	罗奇梁	89288288	王建新	13732477613	—	312300	新评

表60 上虞区2013年绍兴市名牌产品名单(农业产品)

序号	产品名称	商标	企业名称	地址	法定代表人	联系电话	联系人	联系电话	传真	邮编	备注
1	天香翠茗		绍兴市天香茶叶有限公司	上虞区梁湖镇吴家楼村	陈金富	13757570606	陈金富	13757570606	—	312300	新评

续表60

序号	产品名称	商标	企业名称	地址	法定代表人	联系电话	联系人	联系电话	传真	邮编	备注
2	葡萄	龙浦菁岑	上虞龙浦葡萄专业合作社	章镇镇大钱村	钟光辉	82956518	卢建明/陈丽君	13858403315/13967536001	—	312363	新评
3	南美白对虾	雷云	上虞市滨海农业发展有限公司	上虞区海涂九六三丘	陈兴江	13858585801	李小耿	15958536858	—	312365	新评
4	蘑菇	舜菇	上虞市桃花源蘑菇专业合作社	上虞区长塘镇何家溇村	何幼定	82599668	汪云香	15157536808	—	312352	新评

表61

上虞区2013年绍兴市名牌产品名单(服务产品)

序号	产品名称	商标	企业名称	地址	法定代表人	联系电话	联系人	联系电话	传真	邮编	备注
1	商品经营服务		上虞市水务物资贸易有限公司	上虞区百官街道江东北路616号	潘立安	—	禹　东	81288207	—	312300	新评

外媒看上虞

【概况】 2013年，全区对外宣传工作紧紧围绕区委区政府建设创新上虞、精致上虞、人文上虞、幸福上虞“四个上虞”的总体目标，大力宣传报道经济社会发展过程中的重要亮点和特色品牌，极大地提升了上虞的美誉度和知名度。据不完全统计，全区在绍兴市级以上重要媒体刊（播）的报道1100余篇（条）。

附表：全年媒体报道重点篇目

表62　　全年媒体报道重点篇目（2013年）

级别	媒体名称	稿件／节目标题	刊播日期
国家级	《人民日报海外版》	《六月杨梅红》	6月20日
	《光明日报》	《浙江上虞：民间爱心基金引领社会风尚》	9月13日
	《中国教育报》	《“互助共同体”齐唱教育大戏》	12月19日
	《中国文化报》	《梁湖年糕带来浓浓年味》	1月17日
	《中国旅游报》	《上虞：又是“绿海红波”时》	6月26日
	中央电视台综合频道	《我国首次太空授课成功完成》	6月20日
	中央电视台新闻频道	《太空新旅　天宫课堂：我问航天员》	6月20日
	中央电视台新闻频道	《太空新旅　天宫课堂：地面学生静待天空课堂》	6月20日
	中央电视台新闻频道	《我国首次太空授课成功完成 —— 浙江上虞：春晖中学学生展开热烈讨论》	6月20日
	中央电视台综合频道	《上虞加强灾后防疫工作》	10月14日
	中央电视台综合频道	《禽流感影响渐小，上虞市已有养殖户开始补栏》	10月14日
	中央电视台综合频道	《上虞：三务公开上电视 ，遥控一按看得清》	12月23日
浙江省级	《浙江日报》	《小寒访民生》	1月6日
	《浙江日报》	《上虞：志愿者情系困难家庭》	2月13日
	《浙江日报》	《搡年糕搡出欢乐年》	2月13日
	《浙江日报》	《“养老院”里的幸福老人》	2月22日
	《浙江日报》	《春澜唤春风　幸福新商都》	2月28日
	《浙江日报》	《做一家有良心的企业》	3月12日
	《浙江日报》	《新村新景新期盼》	3月20日
	《浙江日报》	《曹娥江边送农资　全面服务全省农业现代化》	3月21日
	《浙江日报》	《董国光：点亮一盏灯》	3月20日
	《浙江日报》	《梁荣富：为古窑“守夜”》	3月25日
	《浙江日报》	《逐村号脉　对症下药》	4月2日
	《浙江日报》	《“我太幸福啦，谢谢大家！”》	4月5日
	《浙江日报》	《上虞：鲜榨菜卖得俏》	4月16日
	《浙江日报》	《乡村传递正能量》	4月26日

续表62

级别	媒体名称	稿件/节目标题	刊播日期
浙江省级	《浙江日报》	《上虞:诚信经营桑果园》	5月10日
	《浙江日报》	《说唱就唱,广陵不绝》	5月14日
	《浙江日报》	《上虞:科技牵引 经济快跑》	5月26日
	《浙江日报》	《上虞工业强市规划关键字:强》	6月19日
	《浙江日报》	《上虞:医疗报销不出村》	6月4日
	《浙江日报》	《挥汗炒熟四百菜淡定自如》	6月20日
	《浙江日报》	《太空第一课,梦想飞起来》	6月21日
	《浙江日报》	《上虞:腾笼换鸟盘活存量》	6月24日
	《浙江日报》	《上虞杨梅吆喝品质 每筐杨梅都可以追溯》	6月28日
	《浙江日报》	《乡村因果而变》	7月9日
	《浙江日报》	《拥抱大桥经济 开启高铁时代》	7月11日
	《浙江日报》	《上虞工业园打"桥牌"》	7月19日
	《浙江日报》	《上虞严防村级工程变"唐僧肉" 抓住核心监管到位》	7月25日
	《浙江日报》	《上虞:三轮车运水进山》	8月15日
	《浙江日报》	《轻车简从走基层 走亲连心听实情》	8月16日
	《浙江日报》	《一盏灯,照亮一片天》	9月2日
	《浙江日报》	《校车,奔跑的方向》	9月5日
	《浙江日报》	《回归三农,天高地阔》	9月23日
	《浙江日报》	《上虞人争看徐悲鸿》	9月27日
	《浙江日报》	《上虞市:把路边乱象作为拆违突破口》	9月29日
	《浙江日报》	《上虞市:为民点亮"平安灯"》	10月10日
	《浙江日报》	《村干部:一次激流中的推船》	10月11日
	《浙江日报》	《上虞:腾房子救幼鸭》	10月14日
	《浙江日报》	《上虞问责倒逼整治城镇环境》	10月23日
	《浙江日报》	《上虞:急救点延伸至乡镇》	11月4日
	《浙江日报》	《上虞:异地物业扶持穷村》	11月11日
	《浙江日报》	《上虞崧厦:"中国伞城"的美好前程》	11月11日
	《浙江日报》	《秘色青瓷东山再起》	12月20日
	《浙江日报》	《上虞工业园跻身"国家队"》	12月22日
	《浙江日报》	《"一江两岸"将成精致上虞样板》	12月24日
	《浙江卫视》新闻联播	《网络订票:组合买票 让员工顺利返乡》	1月3日
	《浙江卫视》新闻联播	《捕冬鱼酿米酒，浙江各地年味足》	2月7日
	《浙江卫视》新闻联播	《曹娥江发现国家二级保护动物施氏鲟》	2月23日
	《浙江卫视》新闻联播	《浙江企业赶制救灾物资驰援灾区》	4月23日
	《浙江卫视》新闻联播	《宁杭甬高铁6月底开通 ,长三角高铁交通圈形成》	5月8日

续表62

级别	媒体名称	稿件／节目标题	刊播日期
浙江省级	《浙江卫视》新闻联播	《最美乡村：清凉夏日之上虞祝温村》	7月20日
	《浙江卫视》新闻联播	《高山村用水告急，各地紧急送水解渴》	8月7日
	《浙江卫视》新闻联播	《上虞：徐悲鸿精品画展开展》	9月25日
	《浙江卫视》新闻联播	《农业保险理赔快速推进，帮助受灾农户恢复生产》	10月13日
	《浙江卫视》新闻联播	《上虞：曹娥江东山大桥主桥合龙》	11月10日
	《浙江卫视》新闻联播	《上虞警方破获公安部督办贩毒大案》	12月5日
绍兴市级	《绍兴日报》	《上虞迎来大桥经济高铁时代》	1月25日
	《绍兴日报》	《杭州湾上虞工业园区迎来“大桥经济”元年》	3月3日
	《绍兴日报》	《崧厦印象：奔行在小城市的春天》	3月9日
	《绍兴日报》	《从贵金属冶炼到还原国宝经典》	3月10日
	《绍兴日报》	《“太阳”曲轴转动制造业大市场》	4月6日
	《绍兴日报》	《上虞“蓝海环保”急事急办 千套净水设备陆续驰援灾区》	4月24日
	《绍兴日报》	《上虞“一江两岸”掀投资热潮》	4月27日
	《绍兴日报》	《小小套筒扳手做成“单打冠军”》	5月31日
	《绍兴日报》	《省“十佳美德少年”揭晓 上虞少年丁泽上榜》	6月2日
	《绍兴日报》	《上虞北站：静候“子弹头”》	6月20日
	《绍兴日报》	《沥海镇：1200名民间人才显身手》	7月13日
	《绍兴日报》	《打造伞城里的配货中心》	9月1日
	《绍兴日报》	《上虞助推商贸“接地气”》	9月16日
	《绍兴日报》	《上虞国际裘皮城开业》	9月29日
	《绍兴日报》	《曹娥江上行 水天秋色新》	11月1日
	《绍兴日报》	《上虞“惠农计划” 开启种养大户绿色融资通道》	12月1日

【媒体报道选刊】

小寒访民生

原载于2013年1月6日《浙江日报》
作者：陆遥　童颖骏　阮国明

今天是小寒，进入一年中最寒冷的日子。上午，记者从杭城出发来到上虞县城，再行车一个多小时，到达与嵊州接壤的岭南乡。

上山路上，我们碰到章镇镇新南村的“村医”俞岳成。今天凌晨3时，他被63岁村民朱信堂的手机叫醒，冒着寒风赶到心脏病突发的老人那里，给他做了检查、配了药。朱信堂告诉我们，卫生室就建在村老年公寓的门口，天再冷，风雪再大，老人们都不再为看病而烦心。

车子开到覆卮山脚下的岭南乡政府就戛然而止。“山上封路了，走到里面的龙山村，需要爬山2个多小时，怕是要天黑了。”乡里的值班干部王立标说。“山上住着多少乡亲？大雪封山有没有影响他们的生活？”“4个行政村，3000名左右村民，大雪前必需物资都送上山了。上午8点半通过一次电话，下午2点半又通过一次电话，村里一切都好。”王立标对答如流。昨天晚上，岭南乡政府所有干部通宵值班，排查危房，一早就去路上扫雪。

http://gb.corp.163.com/gb/legal.html

傍晚5时，我们踏雪来到许岙村104号。在这幢崭新的泥瓦房里，63岁的独居低保户祝华荣正在烧晚饭。揭开锅盖一看，老人今天的晚饭是娃娃菜煮油豆腐，菜是自家地里种的，豆腐是小贩到家门口来叫卖的，雨雪天气并没有对他的生活造成太大困扰。

“以前，这种天我肯定得搬到亲戚家去了。”好长一段时间，祝大伯都住在破旧的泥房里。去年8月，村干部张罗着，帮他申请了2.8万元补助金，将旧房翻修成了两室一厅一厨的新房，为防积水，还细心地将地基抬高了30厘米。“吃好饭，看会新闻就能钻进热被窝，再也不用担惊受怕了。”祝大伯开心地笑了。

春澜唤春风 幸福新商都

原载于2013年2月28日《浙江日报》

作者：金长青　朱凤娟　陈建齐

当桃花源中沾染了青瓷的韵律，浓烈的历史、悠然的河川，激荡一江两岸。

当柔软东风吹绿了凤鸣的山峦，温热的朝阳，漫山的茶香，滋润虞舜大地。

娥江之畔的曹娥庙，龙山脚下的祝家庄，东山之麓的谢安墓，是昨日上虞的悠悠回响。

上海彼岸的新商都，上善之地的信义林，虞味无穷的仙果旅，是今日上虞的楚楚动人。

所谓城市，先有“市”后有“城”，故城市建设的主体便是集聚于市的“人”。为“人”造城，造城为“人”，为“人”完善和美丽这座城——这是上虞城市发展的主旨与归宿。

这是一座在古朴与现代间盎然生长的城市——腹地醇厚，承载悠久而丰厚文化底蕴的老城区，酿就了一壶历久弥新的人文之酒；新城豪迈，意蕴开拓与进取时代之风的新城区，展开了一幅鼎新革旧的发展蓝图。

这是一座崛起于杭州湾南岸，以先进制造业为主导的滨江生态型现代化城市——接轨大上海，融入长三角、呼应大绍兴，它在创新和图强中日新月异。从“龙山时代”，走向“曹娥江时代”，再从“曹娥江时代”迈向“杭州湾时代”，看似是地理坐标的不断变迁和更新，实则是城市发展内涵、外延的不断深化与拓展。

“过上更好生活”这一愿望，一直是推动人类社会文明进步的不竭动力。今天，在上虞，这一愿望因充满希望而愈加强烈。

有发展，才能有幸福。工业强市和服务业兴市双轮驱动；中心城区与重点乡镇平台共同发展；有和谐，才能有幸福。抓统筹、惠民生，共享水平日益提高；创新驱动、品质升级，“四个上虞”建设有序推进……

再回首，春澜唤春风，辉映西雨楼。

看前程，一座信义城，幸福新商都。

无论是政府报告中掷地有声的承诺，还是日常工作中务实有效的践行，都让我们有理由相信，上虞的民生幸福，注定将更加瑰丽多彩！

开放格局 融合姿态拥抱变化

美国地理学家詹姆斯·E·万斯说过，城市是文化与地理最杰出的作品，是各种力量综合运用的产物。

居山海之利又处江南水乡的上虞，不仅具有相对成熟的农耕文明，孕育和催生了上虞人文中耕读传家、敦厚淳朴的民风；同时，虞北地区面朝大海而受到了海洋文化的浸染和影响，从而在其人文传统中植入了开放、自由和敢于闯荡、善于走出去的精神特质。

以长三角视野观照上虞，不难发现，地处杭甬间的这座城市“正在被重新定位”。形容上虞的改变，有人说，以前的上虞属“T”字形路网结构，如今像一个“才”字。嘉绍大桥的开通使得上虞迈入了发展新纪元。

快乐、高效出行是上虞的幸福触点之一。现在，从上虞乘高铁到杭州只需17分钟，到宁波20分钟，走高速公路到上海只需90分钟。“即便在长三角金南翼，也不是所有城市都拥有这样的便利交通。”

空间、时间格局的嬗变，引发的是新一轮区域地位的升级战。在上虞“城市提质计划”五大任务中，“拉大城市框架”排在首位。这是一种对“大而全”的盲目崇拜，还是对发展空间的深层次认识？无疑，上虞的回答是后者。城市空间的扩展，为提升城市功能，优化城市空间提供可能，对增强城市发展后劲有着重要而深远的意义。

“我们要做的是如何把潜在优势变成现实优势，把资源优势变为经济优势。”上虞市政府相关负责人说，上虞提出构建接轨大上海、融入长三角的特色制造业基地、现代物流基地、都市农业基地和旅游休闲基地，正基于此。工业化是城市化的加速器，城市则是工业化的结晶体。上虞还设想通过启动新一轮城市建设，做到平台拓展、功能完善和现代服务业发展的“三位一体”。

曹娥江潮涨潮落，记录下一座江岸之城的起伏。历史的纵深与商业现实交错，正是各股奔走、穿行于上虞的经济力量，再次带动了一场全新的起航。大桥经济、高铁经济时代的真正来临，空间优势加速放大，新兴产能加速释放，城市能级加速提升，“四个上虞”建设正迎来美好前景。

枝叶关情　民生福祉事事关心

今年80岁的章余庆老人每天早上6点钟，就到西横河社区图书室开始管理工作。周二、周五上午，他还要到老年大学活动室，开门搞卫生、烧开水，10年来都是如此，雷打不动，因为他已经把这里当作了另一个“家”。

幸福是什么？或许1000个人有1000种答案，但走进老人的内心世界，你会发觉幸福就是不孤单，生活中有人照顾，精神上充实快乐。如何让老年人晚年生活更有“幸福感”？上虞通过机构养老和居家养老模式构建养老服务体系，让老年人的生活更加幸福安康、丰富多彩。

目前，上虞市有20个乡镇（街道）建立了社会养老服务机构，25个城市社区建立了居家养老服务站，344个村、社区建起了农村“星光老年之家”。许多老人都过上了像章大伯这样的幸福生活。

老吾老及人之老，幼吾幼及人之幼。有人曾说，你要评价一户家庭，就先看看生活在里面的老人和小孩。因为从对待老人和小孩的态度可以看出这个家庭和睦与美满的程度。之于一座城市也同样适用。

驿亭镇横塘完小原来的教学楼，一到下雨，屋外大雨、屋内小雨。政府投入400多万元，新建了3幢标准教学楼，现代教学设备与城镇学校同步。而章镇清潭小学，也从低矮破旧的老房子喜迁新居，建筑面积从3100平方米一下子扩大到8000多平方米。

为了让每一个学生都能上好学，上虞市精心调整中小学布局，不断缩小城乡差距和校际差距，全面推进区域教育均衡，把新增教育资源向农村倾斜，帮助农村小学“强筋壮骨”。

从“小家”，到“社区”，再到“城市”，如沐春风是每个人对于自己居住环境的最佳感受。而作为一座城市，“有家的感觉”不仅仅是打造富丽堂皇的建筑造型，而是从心出发，呵护和关爱每个人切实的生活所需。

上虞市谢塘镇东升村村民陆师傅平时头痛发热，首先选择的是距离自己家才几十米远的村卫生服务站。“村里的卫生站服务质量好，收费便宜，关键是方便，看病买药真的很方便。”

在上虞，这样的村卫生站惠及了众多的农村居民。建立和完善“20分钟医疗服务圈”，让市民感受到医疗服务的便利。目前，上虞已有143个布局合理、规模合适的医疗卫生机构，有效改善了医疗环境，缓解了群众就医难问题。全市社区卫生服务中心（站）覆盖率和社区卫生服务中心（站）标准化建设率均达到100%。

上虞慈善总会始终抓住“助学助孤助医”3个环节，使全市贫困家庭的入学儿童、孤儿和低保户家庭患病儿童得到了党和政府的关怀。从2011年起，慈善总会又将未成年人大病患者列入救助范围之一。到目前，共救助未成年人大病患者52人次，缓解了贫困家庭经济上的压力。

民生事小，开门七件事，柴米油盐酱醋茶，一枝一叶总关情。

民生事大，社会保障、教育医疗、住房保障、扶贫攻坚，关乎社会稳定、长远发展。

“民生实事一头连着民心，一头连着内需和发展。”在2012年年底召开的市委读书会上，市委书记孙云耀强调，必须把保障和改善民生放在更加突出的位置，促进改革发展成果共享。

回眸过去的一年，上虞民生实事扎实推进，公立医院综合改革、公交运行体制改革和城乡居民医保等工作积极开展；社会保障、教育文化、公共卫生等各项社会事业加快发展；启动实施“蓝天行动"和"清水工程"5年计划，生态建设水平有力提升。

春风化雨，润物无声。农贸市场改造提升，城市门户改造持续推进，新建改建停车位，新增改造绿地，改造积涝、排污点，中小学校、幼儿园等建设改善……这些民生工程让上虞百姓真切感知到了身边一系列实实在在的变化。

一滴水可以折射出太阳的光芒。从老百姓生活一天天的改善中，政府民生工作的温暖和关爱充分彰显。多谋民生之利，多解民生之忧。观察上虞近几年的发展，可以看到，解决民生领域突出问题的步伐在加快，老百姓的幸福指数在攀升。

幸福普惠　美丽人居城乡共进

龙卧舜水边，山绿鸟鸣欢。

春满荷花塘，早安游人嫣。

上虞是一个传统的水果之乡。这里一年四季花果飘香：春有草莓、樱桃，夏有杨梅、葡萄，秋有黄花梨、水蜜桃，冬有柿子、猕猴桃……可以说，各种时令水果应有尽有。

从"水果"到"仙果"，从"农业"到"旅游"，从"经济"到"民生"——上虞市在最近3年大力展开的"四季仙果之旅"品牌建设，是一个堪为成功的典范。目前，"四季仙果之旅"已成为全省休闲体验旅游的一大亮点，并成为广受上海、杭州等长三角重要城市游客喜爱的休闲旅游产品。

而"四季仙果之旅"，其实就是一次城乡的大整合、大融合、大合唱，是城乡统筹的一场生动实践。

整体提升城乡统筹发展水平，是今后上虞发展的重点之一。在市委、市政府持之以恒的探索实践下，一曲统筹发展的奔腾乐章正在上虞大地上奏响：

今年开年，作为上虞城乡公交一体化改造收官之笔的30条农村客运班线改造工作顺利完成。从元旦起，全市所有城乡公交客运班线都将实现刷卡坐车。站点增加了，刷卡方便还有优惠，市民出行享足了实惠。

"城乡公交一体化改造是交通推进城乡统筹发展的一大实践，今后，这样的步伐将进一步加快加大。"市交通运输局局长徐克铭表示。

在"四个上虞"的建设中，"精致上虞"尤为引人关注。城市的精致从何体现？

在上虞人看来，他们不需要和大城市比规模、比气势，而是要在自有的空间里，努力提升城市"品质"，由内而外，彰显精巧与细致。

在已经进行的"品质提升"工程中，上虞市坚持规划精益化、建设精品化、管理精细化，更加注重内涵的提升、环境的营造、功能的完善、集约式的发展。行走于上虞的城北新城，仿佛置身于欧美现代都市。星级酒店随处可见，大型商场顾客盈门。工业强市与服务业兴市的双轮驱动，使得这座城市更显活力与生机。

大凡一个城市的发展都离不开水，上虞城市的水就是母亲河曹娥江，"一江两岸"将成为彰显上虞特色、提升城市品位的亮丽一笔。

作为未来上虞城市建设的核心地带，在今后5年到10年内，上虞总部大厦、重点功能性项目和标志性建筑等高品位的建筑都将尽可能聚集在"一江两岸"，使曹娥江绕城而过变为穿城而过。与此同时，结合曹娥江综合整治工程，将这块区域打造成为体现城市文化特色的核心景观带，一条美丽的城市天际线将在不久将来靓丽登场。

值得注意的是，上虞推崇的"精致城市"，不仅仅包括市中心热闹繁华的新商都，更注重的是特色城镇、美丽乡村的建设。

没有农村的快速发展，就不会有全市的快速发展；没有农村的现代化，就不会有全市的现代化。在全市会议中，市委领导多次提出要不断增强城镇发展活力。加快城镇化发展步伐，深化"扩权强镇"，大力培育现代小城市，优化中心镇发展各类规划，加快实施一批功能性项目，确保中心镇主要经济指标增速高于全市平均水平。

打造生态休闲、宜居宜业的"美丽乡村"，是上虞市委、市政府"抓统筹"的主载体之一。

根据《上虞市美丽乡村建设规划》，上虞的美丽乡村建设以"一心一带一环四线"为总体布局，以环境提升、产业发展、人居建设、文化繁荣等四大工程建设为载体，打造一批"科学规划布局美、村容整洁环境美、创业增收生活美、乡风文明身心美"和"宜居、宜业、宜游"的美丽乡村精品村。

一道道绿色屏障环绕着整座城市，一条条鲜

花掩映的道路伸向远方，星罗棋布的湖泊水域洒落在虞舜大地，宁静祥和的生态园区构筑起人与自然的和谐统一……白马湖的鱼、虾、蟹，雨水充足的淡水养出的绿色水产连同曹娥江的浪里白条一起鲜美在了农家的餐桌上。长塘的春笋、下管的板栗、盖北的野藤葡萄、岭南的覆卮山樱桃、驿亭的二都杨梅、章镇的红心猕猴桃……四季仙果丰富了虞舜人快乐生活的滋味。

城市形象"三分建设、七分管理"。因此，一座"精致"城市也体现在城市管理水平方面——

全面实施七大城市门户靓化改造，大力推进城乡"三改一拆"工作，力争完成旧房拆除62万平方米，新签约40万平方米；调整优化城市管理体制机制，探索建立城管义工队伍，加强交通组织管理，实施对乱停乱放、占道经营等的专项整治，推进背街小巷和城郊接合部环境治理；重视村（居）、社区基层组织建设，发挥社会组织在基层管理中的积极作用。

文化惠民　精神丰富幸福加分

经济发达，可以为城市贴上强大的标签；

而唯有精神的力量，可以让城市担当起幸福的字眼。

上虞——青瓷发祥地，祝英台家乡，浙东"唐诗之路"的重要一站。历史上这里曾形成了"舜会百官""东山雅聚""白马春晖"3次文化大聚会。

这样的上虞被称为"有故事的城市"。而这样一座具有丰厚文化底蕴的城市，正在新时代的背景下绽放新文化的光辉——数以百计的农家书屋、文化站点、文艺表演团队出现在虞舜大地上。虞舜文化的血液在加速流动，带着知识文化的营养从城镇流向乡村，流向每一个需要的人。

文化惠民，不仅改变了上虞，更为百姓幸福加了分。

曾几何时，在农村，文化设施短缺、文化生活贫乏，相当多的农民一年到头读不到一本书、看不上一场电影。在城里唾手可得的文化服务和文化产品，在许多农村地区可望而不可即。

群众的需要，就是上虞市委、市政府努力的方向。为改变农村文化建设的薄弱局面，近年来，上虞市委、市政府始终把文化重心倾向基层，把公共服务体系建设作为构建和谐社会的重中之重来抓，把满足人民群众的精神文化需求作为出发点和落脚点，以民生的视野让公共文化服务设施真正为民所享。可以说，今天的上虞，文化惠民行动已进入历史上最好的发展时期。

在上虞，惠民不再是指令性的安排，老百姓的幸福生活被烙上了文化的印记，一本书、一场演出、一场电影……每个文化细节都在谋求百姓文化享受最大化。

市委书记孙云耀坦言，要将上虞文化建设提升到新的高度，需要结合自身的发展实际，并采取扎实有效的举措。

在政策方面，上虞市已出台三大奖励补助政策措施。如《关于加快文化产业发展若干政策的意见》要求，市财政每年安排不低于300万元的专项资金，支持文化产业发展。同时，已有的《上虞市阳光文化惠民行动实施办法》规定市财政每年安排300万元作为"阳光文化资金"，用来活跃繁荣城乡文化活动，实现文化产品的统一配送。

上虞市还为民众发放了"阳光文化"爱心卡，实现了日常文化"一卡式"消费，并在群众文化的人力支撑等方面实施奖励和补助。此外，每年奖励基金总额达200万元的"谢晋文化奖"，将奖励在基层开展有较大影响的大型文体活动、有较高表演水平和竞技能力的特色民间文艺团队，以及对上虞文化事业发展做出特殊贡献的组织和个人。

与此同时，上虞市开展了"魅力文化十大行动"。已出台的《上虞市"魅力文化十大行动"实施意见》，对综合文化站提升行动、优秀文化示范点建设行动、企业文化示范点建设行动、名人故居整修行动、文化队伍建设行动、"双百"文化结对行动、文化品牌建设行动、地方文化书籍编撰行动、一村一品特色文化展示行动和文化示范户建设行动十大行动的项目评选细则做出了规定。目前，上虞市正按照3年行动计划的要求，逐步推进文化建设，发展文化事业。

在走访上虞的过程中，有两位上虞先贤的名字经常被提起，他们的事迹，给我们留下了深刻的印象。其一，是气象学家竺可桢先生。他担任浙江大学校长13年，用"求是"理念，将一所名不见经传的大学提升为"东方剑桥"。求是精神，可说是

"幸福上虞"的逻辑起点。其二,是金融实业家陈春澜先生。在上海滩创业成功后,他积极回乡投资,创办春泽公司,设立大同殖业银行,因地制宜,开辟富国益民之道。奉献精神,可说是"幸福上虞"的实现途径。

创新、精致、人文,上虞实现幸福的路径清晰可见。生态、公正、和谐,上虞抵达幸福彼岸的畅想却远未停止:

希望天更蓝、水更清、树更绿、景更美;

希望公共服务更加均等、便捷、廉价与优质;

希望公平和公正更加成为社会管理的共同理念和基本准则;

希望社会各阶层能够更加和谐相处;

希望市民文明素养能够持续提升;

希望城市文化能够更加深厚……

董国光:点亮一盏灯

原载于2013年3月20日《浙江日报》

作者:金敖生

年届不惑的董国光,是上虞市的下岗工人,经济并不宽裕。可3年来,他创建的"点亮一盏灯"网上民间慈善品牌,志愿者达400多人。志愿者中不仅有绍兴本地和杭州、宁波的,还有来自内蒙古、海南的。至今,受"点亮一盏灯"帮扶的困难群体达100多户,资助金额达60多万元。

董国光爱好文学,爱去乡下访古村、觅旧碑,搜寻写作素材。2009年12月12日,天寒风大,董国光在丰惠镇燕河岗山上,遇到独居在一间破房里的八旬老人王松堂,看着室内只有一床、一灶、一桌,董国光心里沉甸甸的。

晚上,室外寒风起时,董国光又想起老人在寒风穿堂中是否睡得安稳。"我虽不能改变他的生活,但我学过电工,可以给老人装上电灯啊。"董国光眼睛一亮。

到了星期天,董国光骑上摩托车,买来电线、插座和灯泡,赶到老人家里安装好电灯。看着亮堂堂的家,老人笑呵呵的,董国光心里更是乐开了花。

回到家,他以"点亮一盏灯"为题写了篇文章发到网上。许多网友跟帖,表示对老人的同情和关爱。此后一个月,他和网友相约,4次拎着物品上山看望老人。

从此,董国光走上民间慈善之路,每个休息天骑车至偏僻山村寻访特困户,在网上发布"爱心贴"。许多网民加入了他的爱心列车:一位网友把150万元存款的利息,每月寄来支持这个活动;一位网友拿出年薪的十分之一约三四万元,给爱心团队做善事;一位叫"海生银龙鱼"的网友,长期资助"点亮一盏灯"慈善活动……

"网民的善良,如巨大的矿藏,需要不断激发。"董国光的期盼是,聚沙成塔,为更多困难者点亮心灯。

抖落越窑青瓷的历史尘土

原载于2013年4月1日《解放日报》

作者:阮国明　吴长亮

沉睡的文明正在醒来,上虞的越窑青瓷在经过了800余年的沉寂后,又将迎来一个崭新的春天。

浙江上虞,沿着曹娥江堤塘行车至上浦镇甲仗村,走过一条泥泞的山路,经过一片竹林,一个7米长、8米宽、4米深的古窑探方展现在世人眼前。这些天,工作人员正在忙着挖掘青瓷碎片,遍布在探方内的窑土、匣钵、垫饼、瓷片让人感觉它的古老和壮观。

"我们与省文物考古研究所合作,计划用5年时间,对考古调查资料显示的上虞350多处历代窑址进行调查、发掘,并将发掘成果在省博物馆进行展出,让上虞的越窑青瓷重现光彩。"上虞市博物馆副馆长杜伟介绍说。

仔细观察探方剖面,可以发现剖面就像一块夹心饼干,被分成了五层,颜色由最底层的土黄色向上逐渐变深,到接近地表层时呈现黑色。浙江省文物考古研究所野外考古技术人员王春民解释说,这些不同颜色是由不同时期的瓷片堆积形成,越底下的年代越早,从中可推断出这些瓷片的年代，上起唐末五代，主要造烧在宋代，下至元明时期。这里地表堆积如此丰富，可见当时在这里烧制官窑的兴盛。据介绍，考古队伍将通过辨识、挖掘、揭露、收集、记录五个环节来进行发掘，根据土质土色区分堆积，确定早晚关系，先挖晚的，后挖早的，按原貌揭露遗迹。

越窑是世界上最古老的窑厂之一，主要出产青瓷，主要分布在浙江上虞、慈溪一带。青瓷因其坯体表面施以青色釉得名，以瓷质细腻、线条明快流畅、造型端庄浑朴、色泽青翠晶莹等特点闻名于世。杜伟说，追溯越窑青瓷的发源地，就在曹娥江两岸的章镇、上浦、梁湖一带，其中60%以上的古窑址位于上浦，由此也印证了东山再起地的上浦在中国青瓷制造史上的重要地位。

在政府的政策扶持下，近年来，上虞已经涌现出一大批青瓷工艺的传承者，其中董晖的东山越窑青瓷坊和俞辉所负责的上虞越瓷陶业有限公司各具代表性。走进东山越窑青瓷坊的样品陈列室，上百件纯手工仿制的越窑青瓷形神逼真、美轮美奂。在这里，纯手工的制作方式让作品保持了古代越窑青瓷的风格，无论制坯原料，还是花纹装饰，都十分接近原物。通过不断探索与创新，青瓷坊解决了诸多技术难题，设计出一批既保留传统青瓷的古朴大气、又兼顾现代的审美气息的新产品，远销北京、上海等地。

越窑青瓷将成为上虞的一张金名片。上虞市旅游局局长夏明尧说，越来越多上海人正在慕名而来，感受虞山舜水和灿烂的青瓷文化。

上虞：科技牵引 经济快跑

原载于2013年5月26日《浙江日报》

作者：裘一佼　周智敏　陈肖平　阮国明

宁杭甬高铁通车在即，随着“试跑”的列车飞驰上路，沿线的上虞已感受到城市的新脉动。

一个让上虞人自豪的细节是，在中国，高铁沿线每隔50千米，就有一组由当地卧龙集团研发生产的牵引变压器。在全国近一半的高铁主干线上，这项技术创新为列车提供着动力支持，打通了区域经济的发展脉络。

科技与经济并轨前行，这是上虞人的追求，更是发展的远见。今年1至4月，上虞新产品产值同比增长30.7%，高新技术产业产值增长15.3%；万人发明专利拥有量达到14.3件，远超国家“十二五”规划要求。

“在产能过剩、生产成本不断上升的经济环境下，创新驱动，是区域经济持续的动力，必须坚持科技创新，才能提高产品附加值和经济竞争力。”上虞市委书记孙云耀说，上虞正以企业为主体，加速科技与经济的融合，让区域经济快车承载更多梦想。

创新平台，铸就“大心脏”

走进卧龙集团的产品展示厅，仅电机产品一项，就让人目不暇接：从微电机、空调电机、家用电机到工业电机、振动电机、伺服电机……“在每一个应用领域，我们的电机产品，都力求走在行业发展的前沿。”卧龙集团总裁助理朱亚娟说。

9个国内生产基地，10个欧洲生产基地，层出不穷的产品，不断刷新着“卧龙”的产品目录。而在这背后，是一个强大的创新“心脏”——获得省政府和上虞市政府各1000万元资金支持的省级企业研究院，它通过一条条看不见的企业“神经”，把创新动力源源不断地输送到全球各个产业终端。仅在上虞杭州湾畔的海涂上，一个实验室的投资就高达3000万元。今年，就有25个战略新产品，在研究院进入研发和储备阶段。

曹娥江畔，浙江皇马化工集团内，平均每年有100多只特种表面活性剂的新产品，启程销往世界各地，市场占有率已近40%。

皇马一马当先，奥秘源自绿色精细化工科技创新服务平台。针对当地几百家精细化工企业共同面临的难题，上虞以中科白云精细化工、皇马等四家企业为牵头单位，组建省级行业创新平台，为230余家会员企业提供科技信息咨询、培训讲座、科技中介、检测分析等服务，建成4年来，这个创新平台获国家、省部级科技成果8项，授权国家发明专利91项，参与制定国家和行业标准21项，产业的整体竞争力、话语权大大增强。

现在，上虞又相继成立了照明电器、汽车及零部件、绿色化学制药三个创新平台，正在筹建伞件、风机等行业服务平台。

一个个创新平台，浓缩着上虞对经济转型的重新定位和期盼。眼下，上虞已有各级高新技术企业261家，正在实施的新兴产业“1331”培育计划，从2011年起3年内，以1万亩土地、30亿元资金抢滩先进装备制造、新材料等战略性新兴产业，预计新增产值1000亿元。

上善之地，打造“梦工场”

上善之地，虞味无穷。

早在上世纪80年代，这个小小的沿海城市，每到周末，来自大上海的专家“亲戚”，就会“飞”到上虞，走进并不宽敞的车间，解决技术难题、研究产品销路……正是他们的加盟，让上虞涌现出众多“小型巨人”企业和行业“单打冠军”。

科技创新，以人为本。今天的上虞，深化产学研合作，已成为政府打造经济升级版的重要抓手。

申请发明和实用新型专利4项，这是浙江理工大学青年教师周健为自己定下的年度梦想，眼下，这个梦想已变成现实；引进高校研发、信息和检测方面的优势，进行技改和产品升级，这是浙江胜昔科技有限公司的年度目标，也提前物色到了合适的人选。

两个梦想相遇和实现，源于上虞今年开始实行的科技对接“双百”工程。到4月底，已经有101位专家学者入驻上虞的101家企业，成为企业“科技指导员”，代理专利277件。

据统计，近3年来，上虞引进两万多名科技人才，每年科技经费支出都超过1个亿，去年达到2亿元。

如今，上虞正以全球化眼光，打造区域经济创新的“梦工场”：卧龙集团并购全球电机业巨头ATB集团，龙盛集团并购全球最大的染料供应商德司达；同时，作为拥有12家上市企业的“资本高地”，上虞鼓励1万多家企业完善治理结构，举办中小企业培训班，主动对接省股权交易中心等资本市场，以更加开放的姿态吸纳创新元素。

太空第一课，梦想飞起来

原载于2013年6月21日《浙江日报》

作者：李月红 赵南兴

来自教育家孔子家乡的女航天员王亚平，20日上午在天宫一号里成功进行我国首次太空授课。

在指令长聂海胜和摄像师张晓光的协助下，王亚平通过质量测量、单摆运动、陀螺运动、水膜和水球等5个实验，展示了失重环境下物体运动特性、液体表面张力特性等物理现象，并回答了学生们关于航天器用水、太空垃圾防护、失重对抗和太空景色等问题。

全国8万余所中学6000余万名师生通过电视直播同步收看。

太空授课活动由中国载人航天工程办公室、教育部、中国科协共同主办，持续约40分钟。

除了运用牛顿第二定律，还有什么办法可以在失重环境下测量物体的质量？

今天上午10时11分，中国载人航天史上的首堂太空授课正式开讲。课堂上，王亚平向全国青少年布置了这样一道课后思考题。幸运的是，这道题目由我省上虞市春晖中学学生连线作答，并获得专家赞许和指点。

开课后，3位航天员老师先给同学们露了几手“功夫”“悬空打坐”“大力神功”。在失重环境下，航天员们都成了“武林高手”，高二(7)班顿时响起同学们阵阵惊呼声：“好神奇的中国范儿！”

接着，王亚平做了一个质量测量演示：没有了重量，是否意味着失去质量？通过天宫一号上的质量测量仪现场测出聂海胜老师质量为74千克。这时，王老师给同学们布置了一道课后思考题：除了运用牛顿第二定律，还有什么办法可以在失重环境下测量物体的质量？

“我想到了有两种方法。一种是用弹簧振子周期公式称重，一种是用向心力公式称重。”10时50分，课堂直播连线春晖中学。高二(1)班物理课代表李望来走上讲台，迅速在黑板上写下两个物理公式，并画出实验模型。同时，他的同学戴御钦提出了自己的好奇："平时生活中常见的毛细现象是指液柱上升到一定的距离因重力作用而停止上升，在太空中有吗？"

在"天宫课堂"上，地面连线专家对孩子们的奇思妙想进行了一一点评。"这两种质量测量方法在理论上完全是行得通的，只是在太空环境下具体操作时会有一些难度。比如说，人体如何做圆周运动，该做多大尺寸的弹簧来测量。"同时，专家们也肯定了戴同学的好奇，太空中不仅有毛细现象，而且会比地面更加明显。

与其说这是一堂物理课，不如说是一堂好奇课。最令同学们大开眼界的是水膜演示实验，只见王亚平略微抖动水袋，水珠便悬浮在半空中，与天宫一号舱壁上鲜艳的五星红旗图案交相辉映。

从航天的旁观者变成了参与者，激发了更多孩子们的科学精神和探索热情。在高二(7)班，好奇写满了整个黑板：在太空打喷嚏会怎么样？太空里神州行还行不行？在太空失重情况下怎样梳头发？每一个问号里，都闪烁着一颗通往科学的好奇心。

"青少年的科学精神是人类进步的动力。"春晖中学校长李培民说，春晖学子回答了唯一一道"太空作业"，展示了同学们的科学素养。

飞天梦永不失重，科学梦张力无限。孩子们，你们记住王老师的下课寄语了吗？假如你由此寻声凝望那深邃的太空，大时代有大梦想，中国航天之薪火等待你们来接力！

乡村，因"果"而变
——浙东上虞的四季仙果之旅

原载于2013年7月9日《浙江日报》

作者：童颖骏　阮国明

一条条"杨梅路"，连起都市食客与二都梅农；一次次推介，让寂静白马湖引来五湖四海客；一回回邀约，都市夜归人变身葡萄架下自在人；一声声呼唤，让远离泥土芬芳已久的游子，重发回归田园生活的激情……

从肩挑背扛到坐等客来，从苦寻销路到门庭若市，从上海滩打拼到返乡逐梦，从意兴阑珊到壮志满满，我们在上虞体验"四季仙果之旅"时，采撷到各类创富样本，聆听到的，更是曼妙婉转的乡野呼唤。

春之渴盼
串点成线，告别水果卖难

"不向东山久，蔷薇几度花。白云还自散，明月落谁家。"

诗仙李白在浙东抒写的这份浪漫情怀，几年前的冯常斌怕是体会不到。这个土生土长的上虞驿亭镇二都农民，每到杨梅丰收季节，总是分外犯愁。

"门前一条泥路，现摘的杨梅，肩挑背扛送到百官镇的集市上，却要被贩子压价。"谁都知道上虞最好吃的杨梅就长在二都，却不曾想到，如今坐等客来的种植大户冯常斌，也曾有过这般辛酸经历。

这几天，杨梅采摘处于收尾阶段，双休日，依然有一批批外地客人自驾前来，到冯常斌担任社长的上虞真山杨梅合作社采摘游，顺便吃个农家饭。

迎客大厅里，堆放着一筐筐深红种、荸荠种的杨梅，客人想要挑挑拣拣，小平头、光脚丫、穿着条纹T恤，苹果手机响个不停的冯常斌，走上前去劝阻道："一样的，都一样的哦。"

来的都是客，"篮底垫草"之类缺斤少两、破坏诚信的事，真山合作社是坚决杜绝的；杨梅畅销靠回头客，更靠品质，农药不能随便打，管理要跟上去，且舍得投入，凡此种种，让真山获得了上虞市委宣传部颁发的"信义林"称号。

真山108户农户投产的200亩杨梅林，通过采摘游带来的客流，基本上都能销售一空。换句话说，要吃正宗的真山杨梅，就必须赶去上虞。"杨梅卖难"成了历史，冯常斌提起政府2010年起力推的"四季仙果之旅"，赞不绝口。

"上虞有山有水，更有大片海涂，种植水果有天然优势。"冯常斌对家乡这方百果园的情况了如指掌，"春有草莓、樱桃，夏有杨梅、葡萄，秋有黄花梨和水蜜桃，冬有柿子、猕猴桃。"

点点滴滴的水果种植，上虞有，其他地方也

有。但有心的上虞市串点成线,修路建桥,引导农民,把各地水果采摘游与乡村体验游连成一体,并把“鲜果”提升为“仙果”加以营销——调研发现,上虞拥有全省罕见的富硒土壤,而且拥有量占市域面积的30%。富硒土壤带上结出有营养的鲜果,可不就是都市客人心中梦寐以求的“仙果”吗。

“周末一天就有1000多位客人来摘杨梅,合作社去年销售额近400万元,今年有望达到500万元。”冯常斌说,水泥路直通杨梅园,把各地客人尤其是上海客商一批批带到杨梅树下。今年,上虞市将投入3500万元用于驿亭新农村精品线路规划。来年,冯常斌的“爱疯”手机怕是会响得更“疯狂”。

夏之热望

集中吆喝,打响仙果品牌

“白马皂李兮,湖水悠悠;闲庭信步于江畔,或感惬意之至;游憩山水田园之间兮,亦感世外桃源之豁然……”

这是一位上虞诗人对家乡的赞美。这样的感觉,也是春晖村“客家庄”庄主郑森标所乐于向游客展示的。

农家乐“客家庄”,石雕迎客,小池清幽,低倚山脚,别有情趣。其位置,恰好处于二都杨梅基地与上虞城区的连接处,距离白马湖和文化圣地春晖中学又不远,每逢采摘游和文化游的旺季,“客家庄”宾客盈门,座无虚席。

晚饭期间,郑森标又是迎客,又是给客人倒水、换餐盘,笑意盈盈。“杨梅节太闹猛了,客人一年比一年多,我们忙得连花钱的时间都没有了!”郑森标看似抱怨的话语间透出自豪。

这样的场景,让上虞市农办主任吴焕九也颇有成就感。“打造四季仙果游,是辛苦的事,更是甜蜜的事。”这几年,上虞专门成立了四季仙果之旅品牌培育小组,编写专项策划书,对内,加强园林绿化、道路设施改善,统一村庄的立面改造;对外,把集中吆喝“仙果游”的范畴从上虞拓展到整个长三角。

到白马湖,除了摘杨梅、品湖鲜,更能追寻夏丏尊、朱自清、朱光潜、丰子恺等一代名师的步履。郑森标还希望,上虞作为东山再起故事的发生地,大导演谢晋的故里,孝女曹娥之乡等等人文典故,都能通过“仙果游”让客人感受到,“既能饱口福,又能留得住”。

夏之热望,我们在上虞不时能感受到。岭南镇老百姓津津乐道的是,8年前,他们的樱桃才2.5元一斤,而如今,自驾车频频光顾,樱桃卖到25元一斤。还有上海客人前来“包树”采摘,一棵树“承包价”高达2万元。

就连最普通的农妇,致富梦也由此被点燃。白马湖村虎岙村55岁的李美英告诉我们,仅帮人采摘杨梅一项,前年的工钱是120元一天,去年增加到150元,今年涨到了180元。

秋之丰盈

资本返乡,助推规模效应

“若教月下乘舟去,何啻风流到剡溪?”如画的虞山舜水,让李白感怀,也让严永三的人生之旅,有了别样的思考。

这个在上海滩建筑界闯荡多年的中年人,2008年约了朋友,一起到老家上虞盖北镇镇东村摘葡萄。彼时彼刻,盖北的野藤葡萄,在上海的上虞人商圈里已有些名气。村里30元一公斤的葡萄,居然“缺货”。这让严永三萌生了投资种葡萄的念头。

“土地租金太高,原本想合作的上海朋友‘逃走’了。”每亩地2000元的年租,比上海市郊的地价要高得多,种稻谷的毛收入都难以到达这个价位。但严永三却留了下来,流转了200多亩地,建起永绿葡萄合作社。让他的心慢慢安稳下来的,除了葡萄架下自在的心态,更有上虞对于“仙果之旅”的倍加重视。

“从樱桃、杨梅到葡萄,再到猕猴桃,市里每年投入1000万元扶持优势果业。6月18日到杭州推介,是市长亲自带队的呢。”严永三说,葡萄丰收季即将到来,他的手机起码每天接上百个电话。

资本和能人返乡,对于果业发展推动效应明显。祖上并不种葡萄的严永三,雇了技术顾问、技术工人,种植大棚葡萄300多亩,建起永绿农庄,汽车直通葡萄架下,农家乐一次性可接待300人用餐……短短几年,“永绿”就成为镇东村葡萄精品线路游的重点，发展成盖北镇单体最大的葡萄园。

“村里变化很大，柏油路的文芳路，连通盖北葡萄公园和我们永绿农庄，很快将从4米拓展为6米，分别由镇里和村里出资。”严永三也谋划着自家果园的转型升级，下半年计划建2000多平方米的玻璃温室，把农家乐也办在里边，拓展观光农业。

“做建筑总是要去求人，心累，做农庄总是有朋友夸：你那里不错，我们要过来坐坐。东道主的感觉，真好。”坐在葡萄架下跟我们攀谈的严永三，从容自在。

冬之坚韧

游子回归，再造童年梦境

“四明三千里，朝起赤城霞。日出红光散，分辉照雪崖。”诗中美景，一直印刻在金建荣关于老家的记忆和畅想里。

这位2011年从上虞汽运总公司退休的工人，总想着要找一片环境无污染的农田，造一个“外婆家”般的瓜果园，跟亲戚分享原生态的菜蔬鸡鸭，邀友人共享纯天然的田园风光。

机会来了。章镇镇朱光村，紧挨着通村公路，有一片近50亩的农田，适合种猕猴桃；而舜阳牌红心猕猴桃，是上虞“四季仙果之旅”力推的重点品种之一，章镇作为农业大镇，又是上虞猕猴桃的重要产地。

6间农田边的平房，设施简陋，但是闻得到新鲜的泥土气息。这正是走南闯北多年的金建荣，梦想中的“家园”味道。他一提议，亲戚们也颇为心动。杭州3家、上虞3家，表兄弟及其子女纷纷出资、出力，共同建设属于大家庭自己的“花果园”。

“每亩地投入在2万元左右，去年挂果不多，今年会有4万斤猕猴桃产出。”金建荣和其表兄陈峻林带我们穿梭果园。嫩绿的猕猴桃挂满枝头，长势喜人。为防止烈日伤果，工人们正在果实上套袋。

“镇里农林部门有要求，不打农药。我们还开过家庭会议，不用激素，施用有机肥，这样才能尝到自然的果实味道。”金建荣指着田头成堆的羊粪告诉我们。

“老则老矣，我们要回归田园，感受劳动创造幸福的滋味，重逢久违的头顶的星空。”陈峻林老人充满诗意地说，他还为大家庭的“竹干塘猕猴桃专业合作社”写了副对联：上联是“风调雨顺硕果累累”，下联是“国泰民安幸福满满”，横批“天道酬勤”。

在这片“天道酬勤”的瓜果园，除了主打的猕猴桃，茭白即将丰收，葡萄已经挂果，鸡鸭成群，蔬菜成片。而在不远处，700多亩水域面积的主山湖水库，静待开发。

热情的朱光村村支书屠庆轩，开车带我们前往水库周边观光，一路上，他感慨“带动农民致富，说说容易干干难”，更在畅想观光农业的未来，“挣钱要到外面去，休闲要到山里来”。

就在这周边看不到烟囱，路灯尚未安装的主山湖边，可以远眺杨梅林，近观荷叶田，不时看到白鹭飞起，更能感受水杉林的寂静，茶园的旖旎，水稻和板栗的成长。而种种湖光山色美景，就在距离上虞市区半小时的车程范围内。

“不要急着开发，这里可以让城里人找到童年般的梦境家园。”屠庆轩听了我们的建议，不时点头。

嘉绍大桥通车　杭甬高铁开通
拥抱大桥经济　开启高铁时代

原载于2013年7月11日《浙江日报》

作者：虞外宣

这个夏天，对浙东新商都上虞来说，可谓好事多，大事多！

他们翘首以盼的嘉绍跨江大桥，终于建成；期盼多年的杭甬高铁，也已开通。

这就意味着，经嘉绍大桥往上海，由原来的3个多小时缩短为1小时50分左右，上虞已真正融入上海两小时经济圈；而从上虞坐高铁往杭州、宁波，只需短短30分钟，与这两大都市的“同城效应”进一步显现。

为这一天，上虞等了很久；为这一天，上虞做了很多！

构建交通新格局

摊开上虞的交通地图，我们可以看到：杭甬高速横贯东西，上三高速直通温台；前年刚刚建成的绍诸高速，也使得上虞到金华变得更为便捷。

但一直来，这个“丁”字形的路网结构，让上虞人感到美中不足。跨过奔腾咆哮的钱塘江，直奔上海，是上虞人多年的梦想。

而现在，梦想终于成真。随着嘉绍跨江大桥的开通，这个“丁”字形高速公路，终于“出头”，化身为南下福建、北接苏沪的“十”字形枢纽。上虞实现了走廊式交通向枢纽式交通的华丽转身。

如果把嘉绍大桥比作“大动脉”，那么与它相连接的道路，就是一根根“血管”，只有与大动脉“无缝对接”，全身的血液才会流动起来！

为与大桥“无缝对接”，2009年，上虞市投入8.17亿元，启动建设绍诸高速上虞互通至九六丘连接线工程(长海线)。这一快速通道，全长19.3千米，衔接嘉绍、绍诸、杭甬、上三等4条高速公路，将上虞经济开发区与杭州湾上虞工业园区两大省级经济开发区连接在一起。这条一级公路，已赶在嘉绍大桥通车前开通。

杭州湾工业园区内，双向八车道的滨海大道，目前也已建成。从这条东西向的大道上高速，仅几分钟时间就可驶上嘉绍大桥。

另外，长海线与百崧公路连接线、新329国道绍兴孙端至道墟至四环线段等工程，都正在建设或将启动建设。这些公路，都与上虞境内的四大高速公路相通。

上虞市交通局一位告诉笔者：目前，在上虞境内，共有8个高速道口，从四面八方都可上高速。除此之外，还有一条铁路、一条高铁、一条运河和一个出海码头。

这样的交通优势，使上虞从早年的“走得了”进入到“走得好”的层面，市民出行更为快捷方便。

今后的日子更值得憧憬。据介绍，上虞城北客运中心将配套高铁上虞北站规划新建，今后主要承担长途客运、城乡公交换乘等功能，实现高铁、长途客运、轻轨及市内交通、出租车、社会车辆等立体式零距离换乘，打造综合型换乘枢纽。这一计划投资2.84亿元的配套项目，将在明年初动工建设。

打造产业新体系

向南一跨过嘉绍大桥，其东侧就是杭州湾上虞工业园区。作为接轨大上海的“桥头堡”，他们早在2008年大桥一开建，就已经在做拥抱“大桥经济”的热身准备了。

近日，笔者在杭州湾上虞工业园区走访，发现接轨大上海的氛围更加浓郁。园区管委会负责人向笔者介绍，整个园区分东一、东二、东三三大区块，面积133平方千米。目前，东一区有38个项目落户，总投资超200亿元，年产出可达500亿元以上；东二区，有20多个项目落户，总投资100多亿元。大桥通车后，为接受上海产业溢出，园区管委会一方面加快东二区招商，另一方面启动了东三区的基础设施配套建设，估计到明年下半年，也可具备招商条件。

与此同时，杭州湾上虞工业园区与上海开发区的互动也在加强。去年，他们与上海金桥经济技术开发区达成合作建区协议，在上虞设立金桥开发区上虞分区；同时，又与上海张江高科技园区建立友好关系。5月中旬，金桥开发区管委会组织包括上海通用电气在内的25家区重点企业，来到杭州湾上虞工业园区，在近距离考察园区发展环境时，对园区的交通区位优势十分赞赏！

不错！嘉绍大桥通车后，上虞相对较低廉的成本和突出的交通、产业优势，对上海等周边大城市外溢产业和资本，具有较强的吸引力。尤其是像高端先进装备制造业、汽车整车零部件等为主的新兴产业，受到外界更多的关注，是必然的。

其实，早在大桥开建之际，上虞就提出并实施了发展“大桥经济”的构想，依托大上海或环杭州湾、长三角经济圈，来定位自己的产业布局和发展方向。从2010年开始，上虞市已经确立起打造五大战略性新兴产业的发展规划，它不仅包括先进装备制造业、汽车整车零部件，还包括新能源新材料、生物医药和节能环保产业等。2012年，该市借助列入全省20个工业强县市(区)建设契机，再次明确产业发展重点为新兴装备制造业、绿色化工和新能源新材料产业。

这种精心培育，现在已经有了收获。在战略性新兴产业方面，上虞已经有了一定的发展基础，形成了良好的产业链。今年1至5月份，全市战略性新兴产业产值168.99亿元，同比增长10.7%，已占工业总产值的31.2%。

不光新兴产业，其他产业也都加快转型升级步伐，有关加快"腾笼换鸟""机器换人"，推进龙头型、创新型、品牌型等"三个一批"企业建设发展的政策密集出台。同时，该市不断架设政府服务平台，其目的，就是用行政倒逼、鼓励激励的手段，为先进产业腾出空间、腾出能源、腾出环境容量，引导土地、资金等资源要素向现代产业集中，最终实现产业重构和经济发展方式的更新。

谋划城市新构架

笔者近日在上虞滨海新城看到，杭州湾商贸综合体项目已经动工，这是迄今上虞市投资规模较大的服务业项目。该项目是滨海新城先行启动的功能性项目之一，将成为长三角休闲旅游新地标。

借助大桥、高铁开通的新契机，上虞市以"三城一区域"为平台，一批品位档次高、投资规模大、推进速度快的新兴服务业项目，正在抓紧开工建设，联袂演绎上虞城市建设、现代服务业发展的新传奇。

作为嘉绍大桥的"桥头堡"，上虞市超前规划了31平方千米的滨海新城，突出"一核四区"，即核心生态型综合功能区、滨海运动休闲区、大型生态居住社区、教育科研综合区、临港物流产业区，提前建设南北中心大道、滨海大道、东西中心大道等，把滨海新城与嘉绍高速等快速联结，同时与中心城区有机衔接，意在把新城建设成为"生态型、低密度"的具备现代产业功能、综合服务功能、高端城市功能的长三角新兴科技城。

为呼应高铁带来的巨大效应，上虞市从高铁选址开始，就着手编制《高铁新城规划》，提前对高铁站前区域进行谋划布局。以站前交通枢纽和体育会展中心两大核心功能为重点，同时布置了相应的沿曹娥江商业带及靠近城北的居住区。高铁新城作为城北新区的延伸，通过道路、河网、交通站点建设，两者完美地融为一体。

受高铁经济利好促动，上虞高铁新城则从开发建设伊始，就广受关注。高铁新城以交通枢纽为内核，以文化休闲、居住生活、商贸服务、客运集散服务为外缘，已经吸引了上海等多地投资客纷至沓来。

岂止是高铁新城，可以说整个上虞城区，皆因大桥、高铁开通而变得炙手可热。城东商业物流中心、杭甬运河曹娥作业区等现代物流项目的强势推进，使得一个点线结合、业态齐全、水陆联运、辐射长三角的重要区域物流基地，逐渐从蓝图走进现实。

"浙东新商都"，是上虞近年来打造得最成功的品牌之一。尤其是每年举办的浙东新商都(上虞)购物节，一次次点燃了市民的激情，吸引了周边县市的众多消费者，进一步扩大了上虞市的知名度和美誉度。上虞曾多次被评为福布斯中国大陆最佳县级商业城市，还荣膺了中国现代服务业投资环境十佳区县称号。

如今，这一品牌，在大桥、高铁开通的背景下，面临新的发展机遇。随着高铁、大桥开通，拉近了上虞与上海、杭州、宁波、绍兴等大城市的距离，周边县市的市民到上虞消费、旅游更方便、更快捷，引进国际一线商业品牌的吸引力，也变得更强。上虞市现在要做的，就是进一步发挥优势，加强服务，做足"桥头堡"文章，吸引更多的人到上虞投资、消费；进一步丰富繁荣商贸服务业，引进、培育电子商务等各种新兴服务业态，满足市民的多种需求。

建好都市后花园

眼下，正是葡萄的采摘期。每年这个时候，上虞的青山之上、绿水之畔，笑声朗朗，都是前来采摘葡萄、呼吸新鲜空气的游客。他们当中，有许多是从上海等大都市过来的。

"从水泥森林的上海到仙果之乡的上虞，其实只有一个小小行李箱的距离，打包些衣服即可踏上这个时空不远的江南城市。"这是上海一位媒体人对上虞的印象。

其实，这还只是嘉绍大桥通车之前的印象！

随着大桥开通、杭甬高铁通车，上海到上虞的便捷印象还会更加深刻。有着丰富山水文化资源的上虞，对上海、对长三角其他地区的游客，将更具吸引力。

上虞与上海有割不断的地域情缘。说上虞就是大上海的“后花园”，一点也不会过。该市旅游部门曾有过统计，近年来，到上虞旅游的游客中，有六成来自上海！

为把这个“后花园”建好，上虞近年来，大力发展观光农业。将果园建成景区，推出的“四季仙果”之旅，受到了长三角地区的游客，特别是上海客人的青睐。每逢水果采摘时节，上虞的各大宾馆爆满，拉动了商贸服务产业的发展。而农民，卖果又卖景，收入大为增加。上虞也因此被评为中国最佳休闲小城、浙江省生态旅游名城。

近几年来，上虞市还瞄准了沪杭甬会务休闲市场，推出了“沪杭甬都市会客厅”这一新名片。上虞市正在规划培育大龙山、覆卮山等会务休闲旅游集群，培育开发不同模式的特色会务旅游产品，使上虞成为沪杭甬大城市及周边地区会务度假休闲的首选地。

作为历史文化名城，上虞建县历史距今2200多年，是传说中古代“三皇五帝”之一舜的故乡，是全球最早的青瓷发源地之一，是经典爱情故事“梁祝”传说中祝英台的家乡。上虞也是中国孝德文化之乡、中国信义城市，这里处处闪耀着人文光环。有王充、嵇康、谢安、谢灵运等一路留下的历史足印，有丰子恺、李叔同、朱自清、夏丏尊等深深打下的神韵印记。近年来，上虞市大力挖掘厚重的文化资源，修缮名人故里，弘扬名人文化，吸引远近游客。

作为嘉绍大桥的“桥头堡”、杭甬高铁的中间站，上虞市的“四季仙果之旅”和“沪杭甬都市会客厅”品牌，将迎来新的发展契机。上虞市将目光聚焦长三角地区最具山水田园特色的生态休闲度假目的地，以建设休闲福地、运动天地、爱情圣地、崇孝高地为目标，将大手笔规划建设曹娥江旅游度假区，重点引入休闲娱乐、康体养生、文化创意、商务度假等产业，并根据生态乐活区、人文主题区、休闲度假区等主题区域不同的自然资源和地域文化进行项目布局。

夏日，去上虞采野藤葡萄

原载于2013年7月24日《新民晚报》

作者：梅璎迪　楼丽君

“西园晚霁浮嫩凉，开尊漫摘葡萄尝。满架高撑紫络索，一枝斜弹金琅珰。”骄阳似火的七月，上虞野藤葡萄已是芳香四溢，串串晶莹剔透如珍珠般的葡萄挂满枝头。上虞盖北这个拥有700年葡萄种植历史的浙东小镇，如今正努力做大舌尖上的产业。

葡萄品种一年一新

走进满目翠绿的野藤葡萄公园，一股清凉之感扑面而来，将夏日的骄躁一扫而空。碧叶连天的葡萄棚下，一串串晶莹剔透的葡萄，上虞市国兴果蔬专业合作社的理事长应国兴正和工作人员一起，忙着把新鲜的葡萄剪下装箱。

“今年的葡萄比以往提早了十多天成熟，从6月下旬开始，夏黑、贵妃玫瑰、甬优一号等早熟品种就已经上市。”应国兴告诉记者，从6月下旬开始，夏黑、贵妃玫瑰、甬优一号等早熟品种已纷纷上市，价格和去年差不多，每斤在12至15元。“再过几天，醉金香、维多利亚、美人指等中晚熟品种也都可以采摘了，采摘园里很多都是你们‘阿拉’上海人的自驾游客。”

为了做大葡萄产业，这几年盖北一直在优化葡萄品种，每年都要淘汰一批老品种，引进新品种。在应国兴的葡萄基地里，今年就试种着数十个葡萄新品种，不仅形状各异、口味独特，而且成熟期也错落有致。“我们的新品种克伦森无核葡萄明年冬天就能上市了。到时候，游客想在冬天吃到野藤葡萄也不是难事了。”应国兴说。

从销葡萄到卖“文化”

作为“中国葡萄之乡”，上虞盖北单单卖葡萄还不够，要做大葡萄产业还必须多元化发展。自2006年开始，盖北举办一年一度的野藤葡萄旅游文化节，从请“小百花”走进葡萄园到举行流行歌手大奖赛、摄影比赛；从宁波、黄岩的青果洽谈会到绍兴、杭州、嘉兴等地广场的红果展示展销；从上海鲜食葡萄拍卖会到葡萄精品擂台赛……丰富多彩的葡萄文化活动，使盖北葡萄从上虞走向长三角地区。

近三年来，借力上虞“四季仙果之旅”品牌提升的契机，盖北镇累计投入2000余万元，建设了野藤葡萄门楼、野藤葡萄游客服务中心、野藤葡萄文化展厅、野藤葡萄丰富基地、葡萄文化长廊等9个景点，推出了休闲旅游、自助采摘、科普欣赏、活动参与、自酿葡萄酒5个特色旅游项目，景区旅游配套设施进一步完善，游客接待服务水平进一步提升。

去年7月，野藤葡萄公园成功创建国家3A级景区，游客人数突破30万人次。盖北“野藤葡萄之旅”真正成为集采摘、品尝、赏景、农家乐为一体的葡萄文化旅游体验活动。

浙江上虞：民间爱心基金引领社会风尚

原载于2013年9月13日《光明日报》
作者：严红枫　袁伟江　阮国明

日前，一年一度的“舜杰奖教奖学基金”颁奖大会在浙江省上虞市隆重举行，来自全市的277名优秀学子和10名获得育才奖的优秀教师受到表彰。目前，上虞市拥有奖教助学基金近50个，其中“舜杰奖教奖学基金”已设立有20个年头。

由上虞市市委宣传部牵头成立的十大民间爱心基金，总额达5000万元，每年可提取利息达150万元，全数用于社会文明风尚的引领、塑造上。如“农合”崇尚孝德基金通过“十佳好婆媳”“十佳好儿女”“十佳和谐家庭评选”等活动，在全社会营造孝亲敬老的良好氛围；“江河”百姓好事基金，通过对身边人、身边事的挖掘、表彰、帮扶，来传递社会正能量……

而十大民间爱心基金只是该市众多民间爱心基金的一个小小缩影。

爱心持续传递　涌现百余基金

奖励凡人善举，有好人基金；关爱农村独生女孩，有计生公益基金；鼓励新上虞人创业，有创业基金……在上虞，现在要再设一个名称不重复的基金项目还真不容易。

“我们红十字会想设立一个爱心基金，但想不好取什么名。这时候，正好有一个艾滋病患者来向我们求助，我们当即就想：何不设个红丝带爱心基金，来关爱艾滋病人这个特殊群体呢？”上虞红十字会秘书长杨冬娥告诉记者，日前，由浙江国祥空调设备公司出资的这一爱心基金成立，每年将出资5万元救助因患艾滋病致贫的家庭。

从1994年设立第一个“舜杰奖教奖学基金”至今，上虞的民间爱心公益基金从无到有，从小到大，逐渐打造成一个独特的爱心品牌。目前，该市已拥有各类民间爱心公益基金163个，涵盖扶贫济困、教育体育、助残关爱、社会治安、医疗卫生、计生老龄、宣传文化、外来人口、孝亲敬老等多个领域，基金本金总额达15.2亿元，每年实际支付款超过6500万元，受惠群众达到30多万人。基金遍布全市20个乡镇（街道），而且基金扩张优势明显、发展后劲非常足，不少企业不仅不断追加本金额度，还另外拓展领域成立新的基金。去年该市仅百官街道就新增基金4个，基金总数增加到10个，总金额达3650万元。

企业竞相认捐　共担社会责任

作为编织基金爱心网的主力军，该市目前已有200多家企业加盟慈善大军，认捐金额高达7亿多元。

“企业发展了，不能忘了回报，更应担起社会责任。”浙江华通控股集团董事长王苗通这样说。这位出生在上虞偏远山区陈溪乡的老总，已累计为家乡发展捐资1600多万元。去年年底由他的企业出资1000万元成立的“华通帮困扶贫送温暖基金”又为2000多名老人派送了红包。他的爱心公益行动已拓展延伸至全市范围。

天外天伞业有限公司在建立慈善基金和妇女发展基金两个市级基金的基础上，又在企业所在的崧厦镇设立500万元公益基金、省外企业拓展地湖南也设立相应的基金。镇里举办首届金近儿童文学奖，承办企业主动出资45万元，附近的学校、村需要一些资金扶持，企业主动出资相助。目前，崧厦全镇已设立百万元以上公益基金21个，本金达7538万元，直接用于公益活动230万元。

上虞市市委书记孙云耀表示，基金点燃了企业家回报社会的热情，推动了广大企业反哺桑梓的热潮。越来越多的上虞企业家在物质富裕的同时，不忘追求精神富有，主动联系要求成立爱心公益基金，积极承担起了服务大众、奉献社会的责任。

基金汇聚能量　引领社会风尚

上虞市爱心公益基金不仅走上了规模化、规范化的道路，基金效应带来的社会效益日益凸显，在引领社会风尚上起到了四两拨千斤的作用。

坚持用民间力量帮助民间，为老百姓排忧解难，不仅激活了创新社会管理的动力，而且提高了当地的社会管理创新能力，形成了可持续发展的循环模式。

这些涵盖社会各领域的公益基金的成立与运作，既为加快精神文明建设、引领社会良好风尚提供了物质基础，又很好地借助基金的力量助推了社会事业的更快发展。如该市最大的慈善冠名基金实施6年来，已出资1.165亿元用于助医、助困、助学、助孤及贫困乡村公益事业建设等，惠及困难群众14万人次。

民间爱心基金，不光“输血”，而且还经常“造血”，帮助援助对象提升发展能力。丰惠镇西溪湖村的陈夏琴承包了村里的30亩荒山，办起了养猪场。但很快，自己七拼八凑的10万元资金用完了，陈夏琴一筹莫展。上虞市妇联得知此事后，从妇女发展基金中出资3万元，又从上级妇联争取扶持资金8万元，帮助陈夏琴渡过了难关。

像陈夏琴这样通过民间爱心基金脱贫致富的例子还非常多，单在妇女发展基金的扶持下，该市已建立起近200个加工基地，带动4万名妇女参与创业，从事绣花、纺织等来料加工项目，高的每月可增收千余元。

“民间爱心基金”这棵苗能在上虞的土地上生根发芽、茁壮成长，一方面它实实在在地惠及了广大民众，得到了社会的认可和支持，同时也体现了我们上虞的企业家回馈社会的强烈意愿，符合“崇孝守信 务实创新”新时期上虞精神的内涵实质。”上虞市委常委、宣传部部长郑建庆说。

上虞市：为民点亮“平安灯”

原载于2013年10月10日《浙江日报》

作者：周智敏

对社会稳定工作实施“三色”预警，建立110联动联调工作体系，乡镇、村平安（综治）协会遍布虞舜大地，新居民服务管理无盲区……上虞市坚持发展“枫桥经验”，平安工作亮点纷呈。人民群众对平安建设的安全感满意率、知晓率、参与率和幸福指数不断提高。至目前，该市已连续5年成功获评“平安县市”，连续4年获得绍兴市平安乡镇街道创建“满堂红”。

“三色”预警，实现源头维稳

最近，上虞市6个乡镇街道的“一把手”，因上半年亮的黄灯和红灯比较多，而受到了上虞市委主要领导的约谈。一次约谈，就像一次专家坐诊，把脉、开处方，直到解决所有的问题。

在上虞市平安建设工作中，有“红、黄、绿”三种颜色，代表着社会和谐稳定的程度和趋势，这就是上虞市推出的社会稳定“三色”预警机制。

2010年，上虞市以110相关报警、安全生产、群体性事件等作为预警内容，按照“平稳、趋于严峻、严峻”三个类别，分别用绿、黄、红三种颜色表示，制成图标，附上主要数据，并对每月的预警内容进行数据的收集汇总、分析研判，经该市“三色”预警工作领导小组审定后，通过电子政务系统发送至各乡镇街道。对于出现红色、黄色预警的，及时要求有关乡镇街道、“两区”进行整改。

以“三色”预警机制为抓手，上虞市各级领导干部的维稳意识不断强化，“一手抓经济，一手抓平安”已成为常态。同时新居民服务管理、社区矫正等重点、难点工作，也被纳入到预警内容。今年，上虞市还探索建立了重大社会稳定隐患的即时“三色”预警机制，对已经发生或者可能发生的重大不稳定案（事）件进行即时红色预警。

不光市级层面有“三色”预警机制，乡镇街道也参照市里的“三色”预警考核机制，对下辖的所有村居(社区)全面实施“三色”预警考核。

通过这样的层层“设卡”,该市将维护社会稳定的责任、平安创建的意识延伸到了最基层,预警的内容也被纳入了干部的实绩考核,直接与报酬、评先、任用等挂钩。

“三色”预警机制实施3年多来,工作效果较为明显,全市刑事案件发案总量、安全生产事故死亡人数和直接经济损失、信访总量等实现连年下降。2011年3月,省维稳办专门下发通知在全省推广,5月中央维稳办也专门刊发了该市的经验做法;2012年8月,全省召开“三色”预警现场会,推广了这一做法。

整合资源,联动化解纠纷

2009年,上虞市委政法委、市公安局、市司法局联合部署开展110矛盾纠纷调解联动工作,在派出所建立110调解联动工作站,聘请专职人民调解员与值班民警合署办公。

“现在,老百姓遇纠纷打110报警,有调解意愿、符合调解条件的都在联动工作站解决,既符合老百姓‘有事找警察’的习惯,又能在第一时间化解矛盾纠纷。”上虞市政法委负责人说。

截至目前,上虞市共建立乡镇街道110调解联动工作站15家,基本实现了全市矛盾纠纷“小事不出村,大事不出镇,矛盾不上交”的目标。

自110联调联动工作机制建立以来,上虞市各类矛盾纠纷调解成功率达到99.2%,有效地发挥了调解工作职能,维护了社会安定。

在建立110联调联动机制的同时,上虞市加强基层综治组织建设,扎实推进综治基层基础规范化建设步伐。2008年以来,通过实施基层综治组织“星级示范”工程、“星级提升”工程、“固本强基”工程等五大工程,在全市各乡镇街道建立健全了综治委(办),创建五星级综治工作中心15个和一级综治工作站室159个,规模企业实现了综治工作站全覆盖。

2012年,上虞市及时开展了综治委(办)更名工作,并切实推进了社会服务管理中心(站)示范创建活动,建立了10个示范社会服务管理中心和97个示范社会服务管理站。今年,为稳步推进中心规范化建设,该市先行在盖北、丰惠两镇试点,积极开展乡镇街道社会服务管理中心规范化建设季度竞赛活动,按照“三区办公”和“多中心合一”的要求,通过统筹整合各类社会公共服务资源,为百姓提供综合性、一站式、一条龙服务。

加强服务,提升幸福指数

国庆节前夕,上虞市小越镇新居民事务所联合政法办、禁毒办、司法所、计生办、食品药品监督管理所等部门,针对新居民,开展系列宣传服务活动。工作人员向新居民发放宣传资料,现场接待各类免费咨询,提供真假药材鉴别、食品快速检测以及血压测量等免费服务。

“新居民对国家的一些新出台的法律法规不太了解,需要我们开展这样的服务活动,有针对性地开展宣传,让他们及时掌握新居民信息登记、出租房屋消防安全、计划生育、食品药品安全等方面的知识。”现场一位工作人员说。

要为新居民提供服务,掌握相关信息是关键。为此,上虞市切实加强新居民基础信息登记和稽查力度。该市新居民服务管理局工作人员,经常到新居民比较集中的地方,检查信息登记情况,对没有登记的外来人员,补录相关信息,并纳入上虞新居民数据库。

为方便新居民登记信息,上虞市全面强化了市、镇、村、企业新居民服务管理四级组织网络,在市级专设市新居民服务管理局,在乡镇街道设立新居民事务所,在村居(社区)设立新居民事务站,在企业也设立新居民事务室,专门负责新居民服务管理工作。

服务管理工作的加强,提升了新居民的幸福感。近年来,上虞市深入推进新居民民生实事工程,着力完善《浙江省居住证》配套政策待遇,在教育、医疗、计生、社保等方面实现同城化待遇,将新居民纳入住房保障对象,投资6.9亿元,启动建设首个“人才公寓”,设立“母婴平安”医疗资助项目,建立新居民“神舟”关爱基金,有效营造全社会共同关爱新居民的良好氛围。2009年,省委、省政府专门在上虞市召开现场会,全面推广了“上虞经验”。

建立协会,壮大群防群治力量

近日,上虞市崧厦镇杭郭村举行和谐促进会

暨村级平安(综治)协会分会成立仪式。村相关负责人介绍:目前,在杭郭村居住的新居民已有638人,占该村居民总人数的25%。成立村级和谐促进会暨平安(综治)协会分会,可以加强“新”“老”居民之间的沟通和互助,强化平安建设保障,有利于村庄的稳定和发展。

在上虞,民间的平安(综治)协会组织,发展较早。2007年5月,该市永和镇率先“试水”成立平安(综治)协会,协会按照“谁受益、谁出资”“取之于民、用之于民”的原则,由会员单位自愿缴纳会费,共同保障协会建设,确保了社会力量对治安防控的长期投入。

两年后,平安(综治)协会在该市各乡镇街道全面开花。至2009年年底,全市各乡镇街道均成立了协会。2010年10月,市级平安(综治)协会也宣告成立。同时,该市积极尝试在有条件的行政村成立协会分会。截至目前,该市共建立新居民村级和谐促进会暨村级平安(综治)协会分会66家。

平安(综治)协会在整合社会资源、健全基层综治网络、加强群防群治队伍建设、强化平安综治宣传等各个方面均发挥了积极作用。贵州人雷成明,到上虞已经十多年。他加入到盖北镇平安(综治)协会新河村分会后,小到邻居吵架,大到劳资纠纷,大家碰到困难麻烦,都喜欢找他求助。不久前,雷成明的一位老乡在工厂意外身亡,死者妻子从老家找来一群人,要把死者抬到厂里讨说法。雷成明陪着死者家属3天3夜,最后终于调解成功,死者家属得到工厂的合理赔偿,一场大风波得以平息。

淘汰“低小散”引进“高富帅”
上虞工业园跻身国家队

原载于2013年12月22日《浙江日报》头版

作者:郑志勋　周智敏　袁伟江

国务院办公厅日前正式批复同意杭州湾上虞工业园区升级为国家级开发区,定名为杭州湾上虞经济技术开发区。从杭州湾上虞精细化工园区到工业园区,再到经济技术开发区,两次更名的背后,是两次产业结构的大升级。

杭州湾上虞工业园区,其前身为创办于1998年的精细化工园区,化工曾是其主导产业。它在为上虞带来GDP的同时,也让人们感受到了环境承载的压力。2006年,该园区被国家发改委核准为保留的省级开发区,并更名为杭州湾上虞工业园区。绍兴市上虞区以此为契机,开始大刀阔斧走上产业结构升级之路。园区一方面淘汰56个落后项目,强制性改造企业70余家,今年又将有6家企业完成“退出”改造;另一方面,不再引进新的化工企业,而以高端装备制造、汽车及零部件、绿色电子电器等“高富帅”的新兴产业项目取而代之。

“在产业升级上,我们企业与园区做到了同频共振。”新和成上虞基地总经理周贵阳对记者说。该基地原来从新昌迁移至此,是一家以生产原料药、维生素E中间体为主的化工企业。精细化工园区更名为工业园区不久,他们开始向新材料行业迈进。今年,一种在汽车、环保等行业及军工领域应用很广的耐高温新材料,投入了生产,结束了该产品长期依赖进口的历史。最近,该企业又将实施一个更大的项目——总投资达50亿元的新材料项目,已进入实质性启动阶段。

国字号的开发区,就需要有国字号的项目相匹配。该园区抓住创建国家级开发区和嘉绍大桥通车等有利时机,调整招商思路,以对接上海为重点,将目光锁定成熟型项目、知名企业项目、实质性外资项目等三大类型。到目前,绿野汽车、金港客车、恒康特种车等三大整车项目以及新时代新能源、中化蓝天太阳能薄膜、韩国SK电池材料、普洛斯仓储物流等新兴产业项目纷纷落户。

“今年11月,我们园区开工30个重大项目,个个都是‘高富帅’,总投资达140.07亿元!”杭州湾上虞工业园区管委会负责人欣喜地对记者说。

(陈肖平)

附件 1

上虞市政府投资项目工作流程图

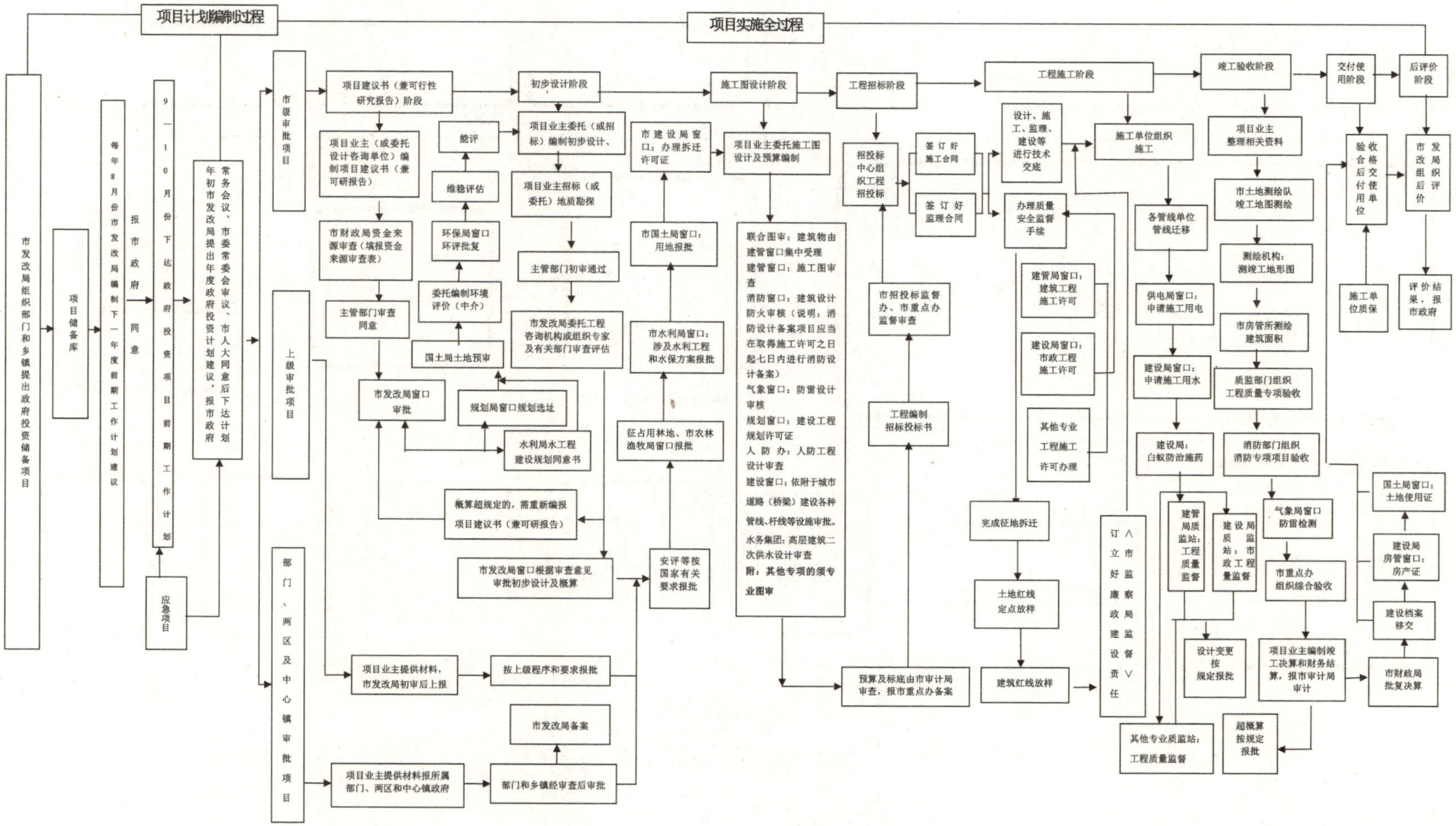

上虞市经营性投资项目行政审批流程图
（发改窗口牵头）

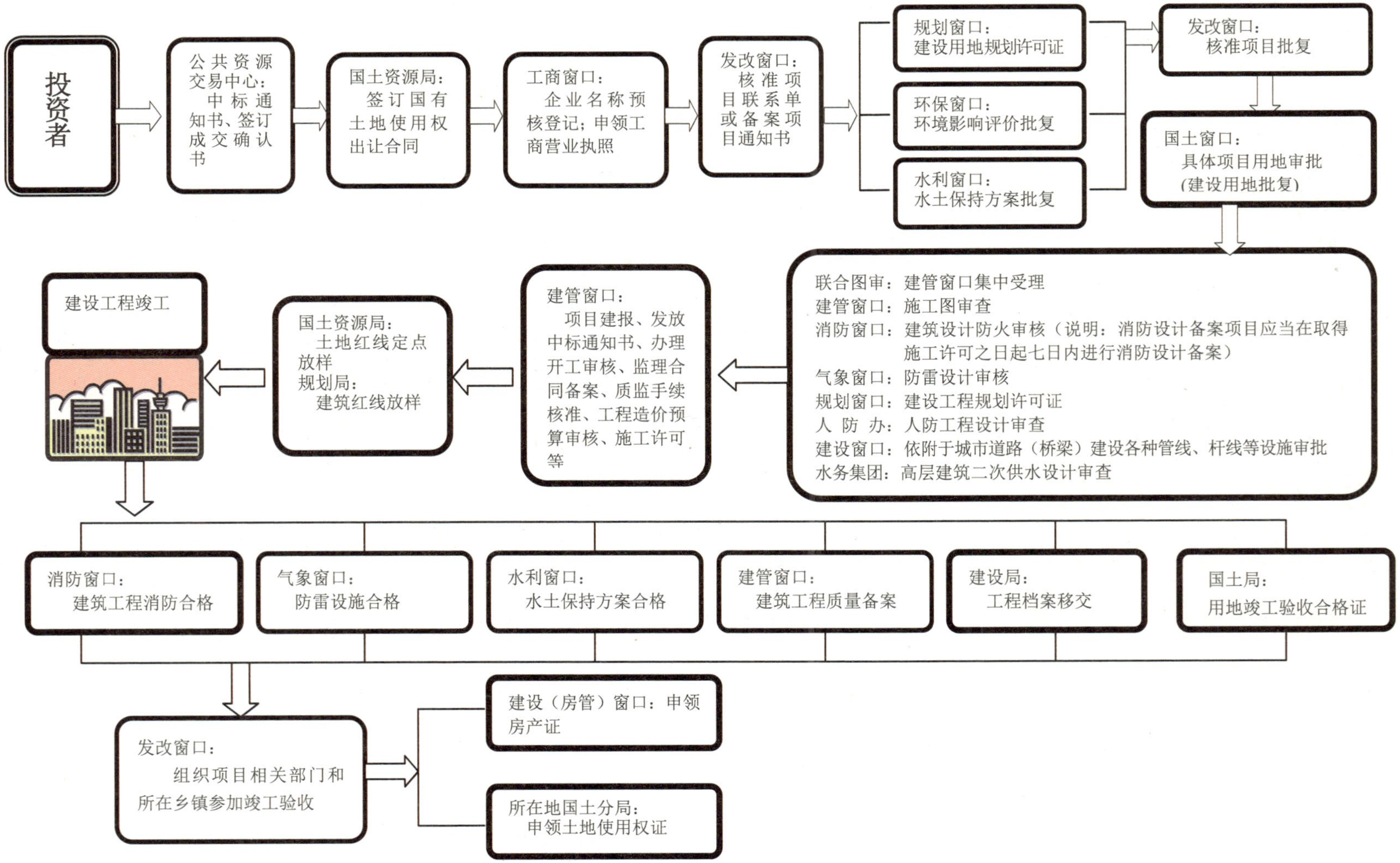

附件3

上虞市企业生产性投资项目行政审批流程图
（经信窗口牵头）

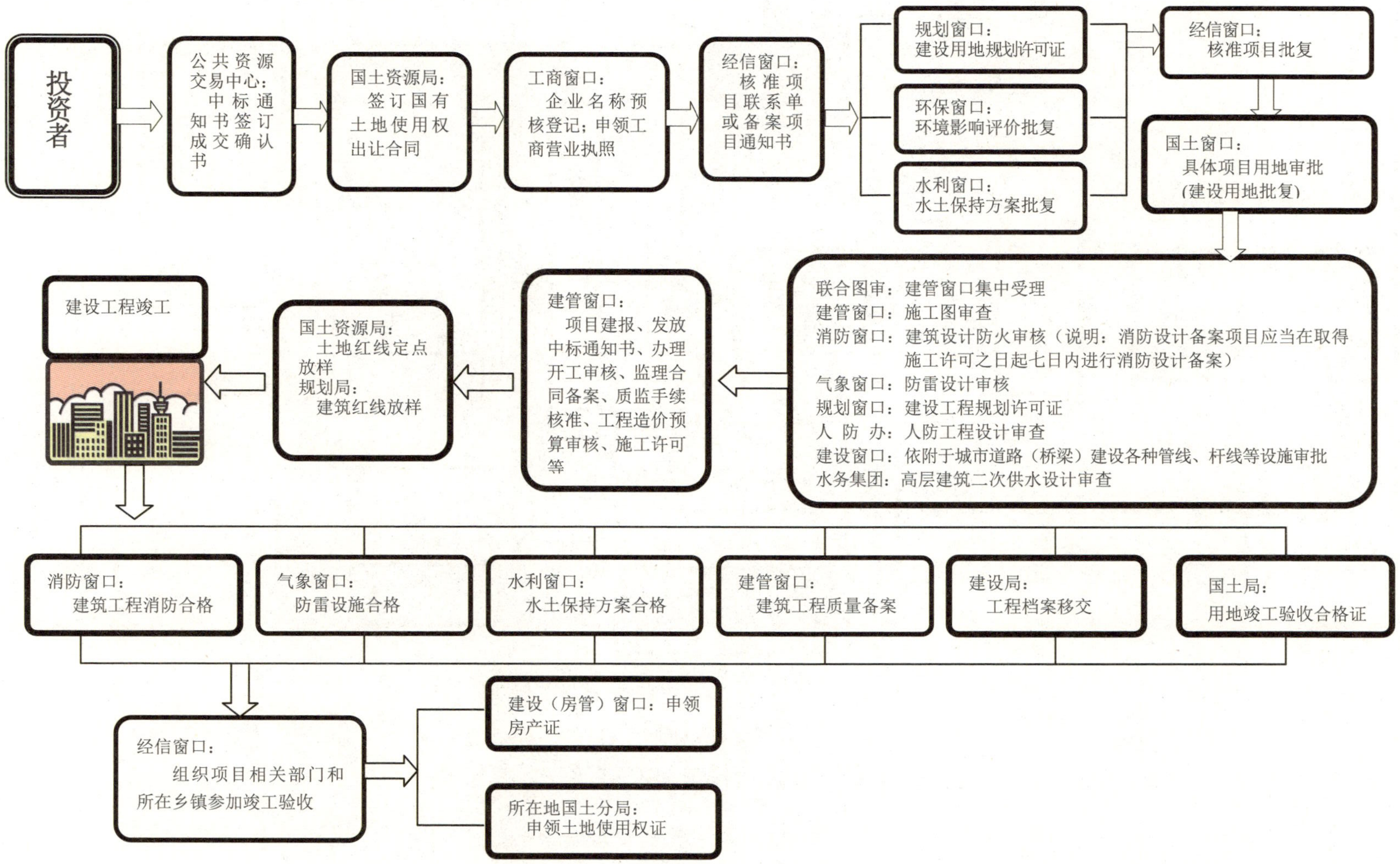

上虞市住宅开发建设项目行政审批及办事流程图
（规划窗口牵头）

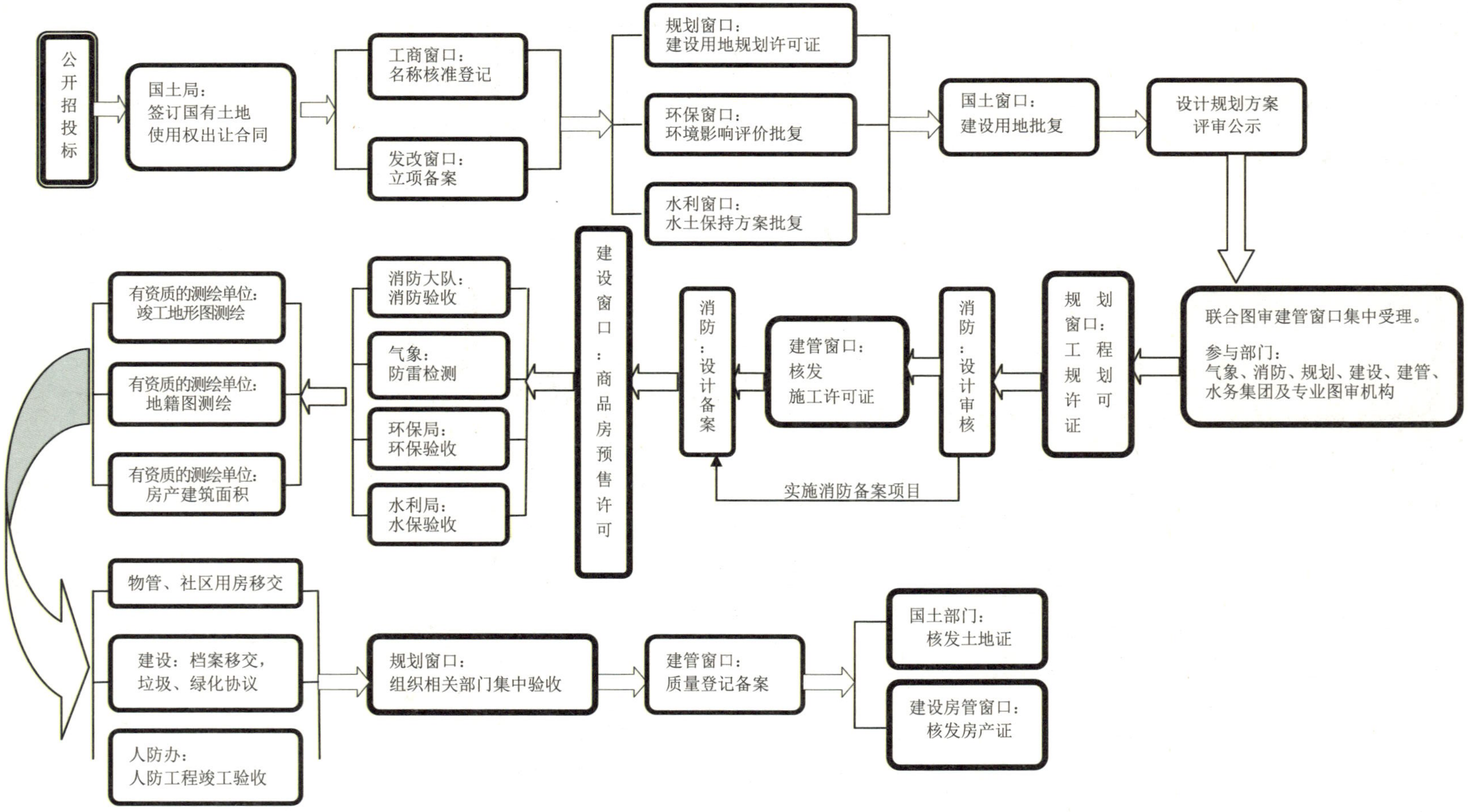

附件5

上虞市企业注册登记前置并联审批操作流程

（工商窗口受理）

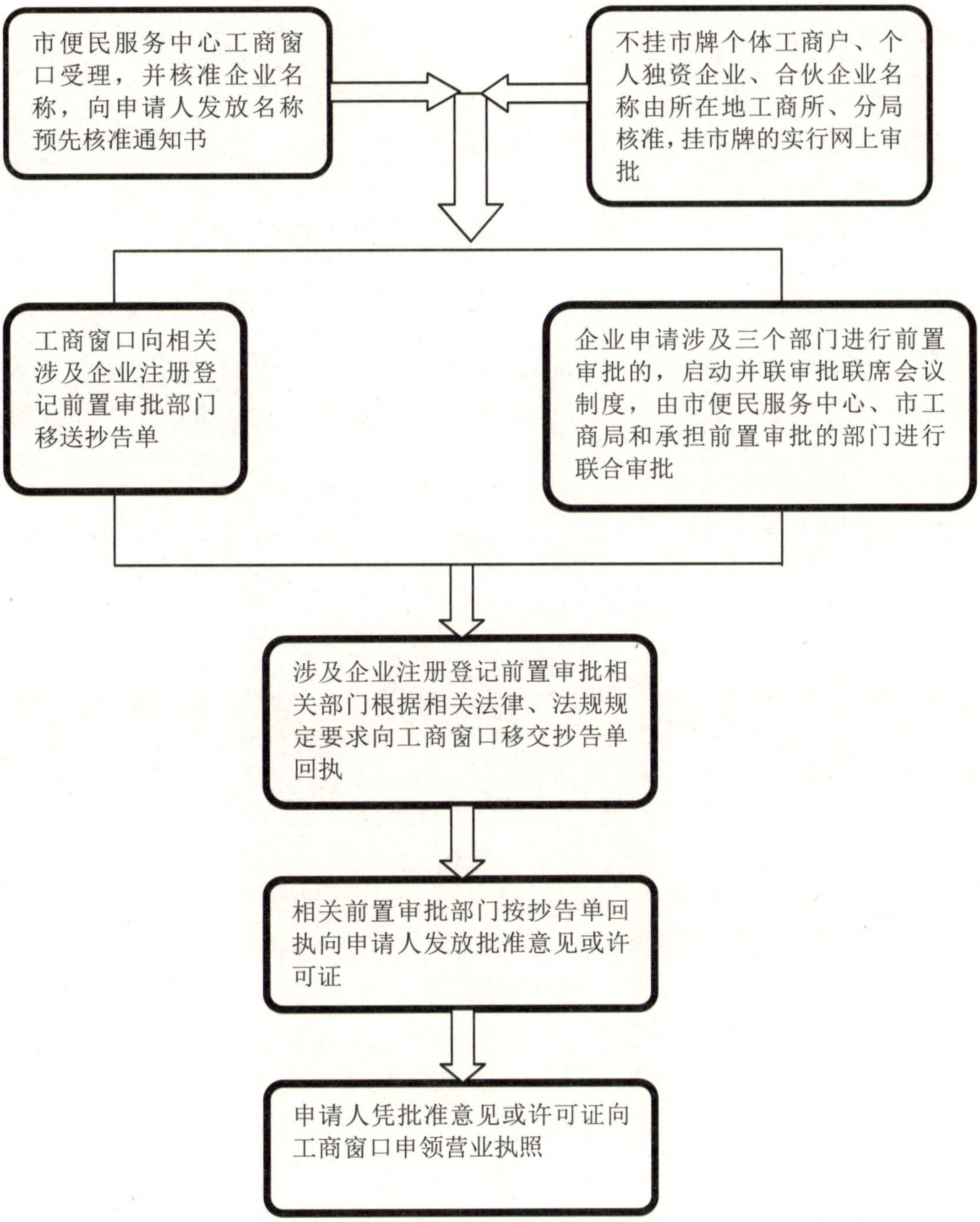

附件 6

建筑工程施工图集中审查流程图

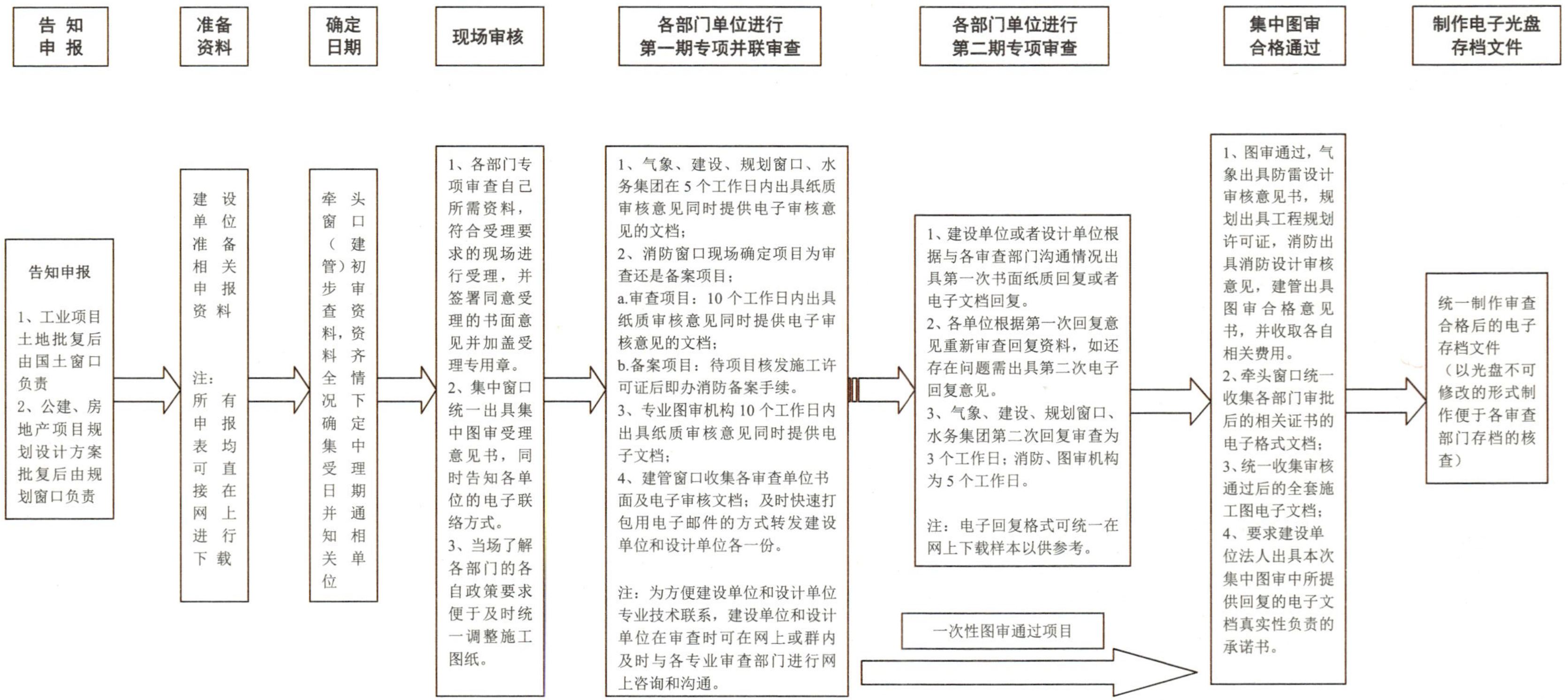

索 引

说 明

1. 索引分正文索引和正文图表索引。按标引词首字汉语拼音(同音字按声调)顺序排列,首字相同按第二字排列,以下依此类推。

2. 正文索引仅限于具体条目、类目、分目、及条目中的"概况"、"概述"不作索引。

3. 标引词后的阿拉伯数字表示页码。

4. "特载"、"特辑"、"大事记"、"机构及负责人"、"统计资料"、"文件目录选编"、"附录"类目及彩页未编索引。

正文索引

0-9

D

E

F

H

J

K

L

M

N

R

S

T

W

X

Y

Z

正文图表索引